全国法律硕士专业学位教育综合改革试点规划教材

经济法——制度·学说·案例

ECONOMIC LAW: SYSTEMS, THEORIES AND CASES

主编 冯果
副主编 李安安 田春雷

撰稿人（以撰写章节先后为序）
冯果 李安安 霍昱廷
于连超 郭娅丽 袁康
王宗涛 陈映川 田春雷

武汉大学出版社

编委会名单

顾　问　李　龙　曾令良　周叶中　蔡守秋　莫洪宪
主　任　肖永平　康均心
委　员　肖永平　康均心　陈晓枫　张里安　宁立志
　　　　林莉红　陈　岚　刘学在　李新天　徐亚文
　　　　郭玉军　张庆麟　黄德明

编写说明

经济法学是一门应用科学，天生具有贴近生活、解释实践的内在品性。为了使经济法教材能够反映最新的科研成果，更贴近社会经济生活的实际，我们试图通过案例教学的形式，让法科学生对经济法有一个更深刻的认识。在编写本教材的过程中，我们尝试着进行了以下努力：

一是努力实现案例的新颖性与理论的前沿性相结合。本书所筛选的案例大多是近年发生的，多为热点和焦点话题，能够揭示经济法的深层问题。在法理分析部分，本书时刻关注经济法学的学术动态，注重吸收最新的研究成果，尽力实现法律文本与制度实践之间的贯通与融合。

二是努力实现"传承"与"超越"相结合。对于经济法学界已经达成共识的制度原理，本书不作过多评述，但对于学界仍存争议的议题，本书则不惜笔墨加以展开。与国内既有的经济法教材相比，本书对经济法的和谐价值、经济法责任独立性的诉讼实现机制、社会团体自治的界限与向度、宏观调控行为的经济法解释等方面进行了新探索。

三是努力实现知识的深度、广度与受众的可接受性相结合。在深度与广度的选取上，本书秉持了"有所为有所不为"的思想，在坚守传统经济法"疆域"并尽量拓展学理分析深度的同时，果敢丢弃了社会分配法、涉外经济法等制度范畴。为了引领学生对经济法作进一步的研究，本书在每一节后面均设置了有一定深度的思考题。从受众的可接受性来看，本书的目标读者群体以法律硕士专业学位研究生为主，但同样可作为法学专业教学研究人员及司法实务部门工作人员研究与学习经济法的读物。

本书的写作分工是：冯果、李安安撰写第一、二、三、四章；霍昱廷撰写第五、六章；于连超撰写第七、八章；郭娅丽撰写第九、十章；袁康撰写第十一、十二章；王宗涛撰写第十三、十五章；陈映川撰写第十四章；田春雷撰写第十六章。全书由主编进行审稿、定稿。

最后，我们要衷心感谢所有支持和帮助本书出版的朋友和同仁。感谢武汉大学出版社的大力支持以及张琼编辑一丝不苟的认真工作，感谢武汉大学法学院经济法教研室每一位同事,感谢本书所引用的每一篇文献的作者。当然,尽管我们在编写本书的过程中尽力做到认真和严谨,但受能力和学识所限,本书的疏漏在所难免,敬请读者不吝指正,以使本书能够进一步完善。

编 者

2012 年 3 月

目 录

第一编 经济法总论

第一章 经济法的基本范畴 ……………………………………… 3
第一节 经济法的调整对象 ……………………………………… 3
一、知识点精解 …………………………………………………… 3
二、案例分析
政府干预 SARS 疫情案 ……………………………………… 9
三、深度拓展思考题 ……………………………………………… 13
第二节 经济法的价值 …………………………………………… 13
一、知识点精解 …………………………………………………… 13
二、案例分析
"拉美陷阱"与中国构建社会主义和谐社会 …………………… 19
三、深度拓展思考题 ……………………………………………… 24
第三节 经济法的社会利益本位原则 …………………………… 25
一、知识点精解 …………………………………………………… 25
二、案例分析
新一轮房地产市场调控与保障性住房建设案 ………………… 35
三、深度拓展思考题 ……………………………………………… 38

第二章 经济法主体 ……………………………………………… 39
第一节 市场主体 ………………………………………………… 39
一、知识点精解 …………………………………………………… 39
二、案例分析
商业银行践行社会责任案 ……………………………………… 52
三、深度拓展思考题 ……………………………………………… 55
第二节 经济行政主体 …………………………………………… 56

一、知识点精解 …………………………………………… 56
　　二、案例分析
　　　　中央代发地方债券案 …………………………………… 57
　　三、深度拓展思考题 ……………………………………… 68
第三节　社会团体 …………………………………………… 68
　　一、知识点精解 …………………………………………… 68
　　二、案例分析
　　　　温州市服装商会自治案 ………………………………… 79
　　三、深度拓展思考题 ……………………………………… 82

第三章　经济法行为 …………………………………………… 83
第一节　政府经济行为 ……………………………………… 83
　　一、知识点精解 …………………………………………… 83
　　二、案例分析
　　　　中国人民银行上调存款准备金率案 …………………… 84
　　三、深度拓展思考题 ……………………………………… 96
第二节　社会团体行为 ……………………………………… 96
　　一、知识点精解 …………………………………………… 96
　　二、案例分析
　　　　中国扶贫开发协会内讧与"丽江妈妈联谊会"财务造假案 …… 105
　　三、深度拓展思考题 ……………………………………… 108

第四章　经济法责任 …………………………………………… 109
第一节　经济法责任的制度要素 …………………………… 109
　　一、知识点精解 …………………………………………… 109
　　二、案例分析
　　　　"5.30"事件：印花税"半夜鸡叫" …………………… 116
　　三、深度拓展思考题 ……………………………………… 119
第二节　经济法责任的独立性及其诉讼实现机制 ………… 119
　　一、知识点精解 …………………………………………… 119
　　二、案例分析
　　　　江苏铁本公司案 ………………………………………… 128
　　三、深度拓展思考题 ……………………………………… 131

第二编 市场规制法

第五章 市场规制法基本原理 ……………………………………… 135
第一节 市场规制法的含义与制度要素 ………………………… 135
一、知识点精解 ………………………………………………… 135
二、案例分析
腾讯诉360不正当竞争案 …………………………………… 146
三、深度拓展思考题 …………………………………………… 148
第二节 变革中的中国市场规制法 ……………………………… 148
一、知识点精解 ………………………………………………… 148
二、案例分析
煤改新风暴 …………………………………………………… 151
三、深度拓展思考题 …………………………………………… 156

第六章 市场准入与市场退出法 ………………………………… 157
第一节 市场准入法 ……………………………………………… 157
一、知识点精解 ………………………………………………… 157
二、案例分析
邮政法修改，快递业准入设限 ……………………………… 163
三、深度拓展思考题 …………………………………………… 168
第二节 市场主体退出法 ………………………………………… 168
一、知识点精解 ………………………………………………… 168
二、案例分析
帕菲克健身中心退卡风波 …………………………………… 173
三、深度拓展思考题 …………………………………………… 176

第七章 反不正当竞争法 ………………………………………… 177
第一节 反不正当竞争法的基本原理 …………………………… 177
一、知识点精解 ………………………………………………… 177
二、案例分析
中国药科大学诉福瑞科技不正当竞争纠纷案 ……………… 179
湖南王跃文诉河北王跃文等侵犯著作权、不正当竞争纠纷案 …… 179
爱特福药公司诉北京地坛医院等不正当竞争纠纷上诉案 ……… 180

三、深度拓展思考题 …………………………………………… 183
第二节　市场混同行为的法律规制 ……………………………… 183
　　一、知识点精解 ………………………………………………… 183
　　二、案例分析
　　　北京市海淀区健翔冷冻食品厂诉北京市宣武区菜蔬冷库在近似
　　　装潢包装上冒用其产品质量认证标志不正当竞争纠纷案 …… 186
　　三、深度拓展思考题 …………………………………………… 187
第三节　虚假商业宣传行为的法律规制 ………………………… 187
　　一、知识点精解 ………………………………………………… 187
　　二、案例分析
　　　中化四平制药厂诉敦化华康制药厂虚假商业宣传案 ………… 190
　　三、深度拓展思考题 …………………………………………… 191
第四节　不正当有奖销售行为的法律规制 ……………………… 192
　　一、知识点精解 ………………………………………………… 192
　　二、案例分析
　　　上海东洋之花化妆品公司欺骗性有奖销售案 ………………… 194
　　　深圳市腾讯计算机系统有限公司有奖销售案 ………………… 194
　　三、深度拓展思考题 …………………………………………… 195
第五节　商业贿赂行为的法律规制 ……………………………… 195
　　一、知识点精解 ………………………………………………… 195
　　二、案例分析
　　　瑞安市珍味楼酒店在购销商品过程中收受他人贿赂案 ……… 197
　　三、深度拓展思考题 …………………………………………… 199
第六节　侵犯商业秘密行为的法律规制 ………………………… 199
　　一、知识点精解 ………………………………………………… 199
　　二、案例分析
　　　山东省食品进出口公司诉青岛圣克达诚贸易有限公司
　　　不正当竞争纠纷案 …………………………………………… 202
　　三、深度拓展思考题 …………………………………………… 204

第八章　反垄断法 …………………………………………………… 206
第一节　反垄断法的一般条款 …………………………………… 206
　　一、知识点精解 ………………………………………………… 206

二、案例分析
　　中外应对金融危机中的竞争政策 …………………………………… 214
　三、深度拓展思考题 ……………………………………………………… 216
第二节　垄断协议的规制 ………………………………………………… 216
　一、知识点精解 …………………………………………………………… 216
　二、案例分析
　　浙江省富阳市造纸行业协会组织经营者达成价格垄断协议
　　受到严厉处罚 …………………………………………………………… 220
　三、深度拓展思考题 ……………………………………………………… 221
第三节　滥用市场支配地位的规制 ……………………………………… 221
　一、知识点精解 …………………………………………………………… 221
　二、案例分析
　　互动百科诉百度垄断案 ………………………………………………… 226
　三、深度拓展思考题 ……………………………………………………… 227
第四节　经营者集中的法律规制 ………………………………………… 228
　一、知识点精解 …………………………………………………………… 228
　二、案例分析
　　商务部附条件批准诺华股份公司收购爱尔康公司案 ……………… 233
　三、深度拓展思考题 ……………………………………………………… 234
第五节　行政垄断的规制 ………………………………………………… 234
　一、知识点精解 …………………………………………………………… 234
　二、案例分析
　　点头隆胜石材厂不服福鼎市人民政府行政扶优扶强措施案 ……… 237
　　"绿坝软件"事件 ………………………………………………………… 238
　三、深度拓展思考题 ……………………………………………………… 239

第九章　消费者权益保护法 …………………………………………… 240
第一节　消费者的界定及其权利 ………………………………………… 240
　一、知识点精解 …………………………………………………………… 240
　二、案例分析
　　青鸟健身会员要求退回预付款事件 ………………………………… 251
　三、深度拓展思考题 ……………………………………………………… 252
第二节　经营者的界定及其义务 ………………………………………… 252

一、知识点精解 ··· 252
　　二、案例分析
　　　　全国首例航班超售案——肖某诉南方航空公司航班超售案 ········ 253
　　三、深度拓展思考题 ·· 264
　第三节　消费争议的争端解决机制 ·· 264
　　一、知识点精解 ··· 264
　　二、案例分析
　　　　三鹿问题奶粉事件中的民事赔偿案 ······································ 274
　　三、深度拓展思考题 ·· 278

第十章　产品质量法 ·· 279
　第一节　产品与产品质量的界定 ·· 279
　　一、知识点精解 ··· 279
　　二、案例分析
　　　　输血感染丙肝医疗损害赔偿案 ·· 281
　　三、深度拓展思考题 ·· 286
　第二节　产品质量监管制度 ·· 286
　　一、知识点精解 ··· 286
　　二、案例分析
　　　　双汇瘦肉精事件 ·· 294
　　三、深度拓展思考题 ·· 295
　第三节　产品召回法律制度 ·· 295
　　一、知识点精解 ··· 295
　　二、案例分析
　　　　锦湖轮胎事件——国内首例轮胎召回案 ································ 306
　　三、深度拓展思考题 ·· 308

第三编　国家投资经营法

第十一章　国家投资法 ··· 311
　第一节　国家投资的原则与投资政策 ·· 311
　　一、知识点精解 ··· 311
　　二、案例分析
　　　　四万亿人民币投资计划 ·· 319

三、深度拓展思考题 …………………………………………………… 321
　第二节　国家投资管理体制和程序 ……………………………………… 321
　　一、知识点精解 …………………………………………………………… 321
　　二、案例分析
　　　　南京紫金山观景台建而复拆案 ……………………………………… 329
　　三、深度拓展思考题 …………………………………………………… 331

第十二章　国有资产法和国有企业法 ………………………………………… 332
　第一节　国有资产的界定 ………………………………………………… 332
　　一、知识点精解 …………………………………………………………… 332
　　二、案例分析
　　　　丰田中心诉国资委产权界定纠纷案 ………………………………… 340
　　三、深度拓展思考题 …………………………………………………… 343
　第二节　国有资产管理体制 ……………………………………………… 343
　　一、知识点精解 …………………………………………………………… 343
　　二、案例分析
　　　　国有资产管理体制的典范——新加坡淡马锡公司 ………………… 354
　　三、深度拓展思考题 …………………………………………………… 356
　第三节　国有资产转让与国有企业改制 ………………………………… 357
　　一、知识点精解 …………………………………………………………… 357
　　二、案例分析
　　　　陕西渭河发电厂新厂国有产权转让案 ……………………………… 370
　　三、深度拓展思考题 …………………………………………………… 372

第四编　宏观调控法

第十三章　产业政策法 …………………………………………………………… 375
　第一节　产业政策法原理 ………………………………………………… 375
　　一、知识点精解 …………………………………………………………… 375
　　二、案例分析
　　　　产业政策：珠三角产业的"腾笼换鸟" …………………………… 382
　　三、深度拓展思考题 …………………………………………………… 385
　第二节　产业结构政策法 ………………………………………………… 385
　　一、知识点精解 …………………………………………………………… 385

二、案例分析
　　　　十大产业调整振兴规划：产业结构政策与竞争政策之协同……… 390
　　三、深度拓展思考题……………………………………………………… 394
　第三节　产业组织政策法…………………………………………………… 394
　　一、知识点精解…………………………………………………………… 394
　　二、案例分析
　　　　产业组织：中小企业，遭遇生存困境………………………………… 399
　　三、深度拓展思考题……………………………………………………… 401

第十四章　财政法……………………………………………………………… 402
　第一节　财政法原理………………………………………………………… 402
　　一、知识点精解…………………………………………………………… 402
　　二、案例分析
　　　　从"吃饭财政"到民生财政：财政法的现代转型…………………… 406
　　三、深度拓展思考题……………………………………………………… 408
　第二节　财政管理体制法…………………………………………………… 409
　　一、知识点精解…………………………………………………………… 409
　　二、案例分析
　　　　财政管理体制改革的创举：广东"双转移"专项资金
　　　　引入竞争性分配方式…………………………………………………… 416
　　三、深度拓展思考题……………………………………………………… 418
　第三节　预算法律制度……………………………………………………… 418
　　一、知识点精解…………………………………………………………… 418
　　二、案例分析
　　　　中央和地方财政级次划分的悖论：地方政府"小马拉大车"……… 424
　　三、深度拓展思考题……………………………………………………… 426
　第四节　国债法律制度……………………………………………………… 426
　　一、知识点精解…………………………………………………………… 426
　　二、案例分析
　　　　谢百三诉财政部国债回购案…………………………………………… 431
　　三、深度拓展思考题……………………………………………………… 433
　第五节　财政转移支付法律制度…………………………………………… 433
　　一、知识点精解…………………………………………………………… 433

二、案例分析
　　　中央专项转移支付管理中存在的问题…………………… 437
　三、深度拓展思考题 ……………………………………… 439
第六节　政府采购法律制度 …………………………………… 439
　一、知识点精解 …………………………………………… 439
　二、案例分析
　　　夷陵："灵活"运用采购方式获成效 …………………… 450
　三、深度拓展思考题 ……………………………………… 451

第十五章　税法 …………………………………………………… 453
第一节　税法基本原则 ………………………………………… 453
　一、知识点精解 …………………………………………… 453
　二、案例分析
　　　税收法定：沪渝房产税试点合法吗？………………… 458
　三、深度拓展思考题 ……………………………………… 461
第二节　纳税人权利保护 ……………………………………… 461
　一、知识点精解 …………………………………………… 461
　二、案例分析
　　　纳税人权利保护：政府财政信息应公开 ……………… 465
　三、深度拓展思考题 ……………………………………… 467
第三节　流转税法 ……………………………………………… 467
　一、知识点精解 …………………………………………… 467
　二、案例分析
　　　流转税：改革整体规划，渐次推进 …………………… 470
　三、深度拓展思考题 ……………………………………… 476
第四节　所得税法 ……………………………………………… 476
　一、知识点精解 …………………………………………… 476
　二、案例分析
　　　所得税法：个人所得税，收入再分配之利器 ………… 482
　三、深度拓展思考题 ……………………………………… 484
第五节　税收程序法 …………………………………………… 484
　一、知识点精解 …………………………………………… 484
　二、案例分析

　　　　纳税人诉讼：纳税人权利保障之创举……………………………… 487
　　三、深度拓展思考题…………………………………………………… 492

第十六章　金融法………………………………………………………… 493
　第一节　金融调控法律制度……………………………………………… 493
　　一、知识点精解………………………………………………………… 493
　　二、案例分析
　　　　次贷危机背景下的金融调控国际合作………………………………… 498
　　三、深度拓展思考题…………………………………………………… 500
　第二节　金融监管法律制度……………………………………………… 500
　　一、知识点精解………………………………………………………… 500
　　二、案例分析
　　　　金融资源配置失衡引发的金融监管变革……………………………… 508
　　三、深度拓展思考题…………………………………………………… 512

第一编　经济法总论

第一章 经济法的基本范畴

[本章知识结构图]

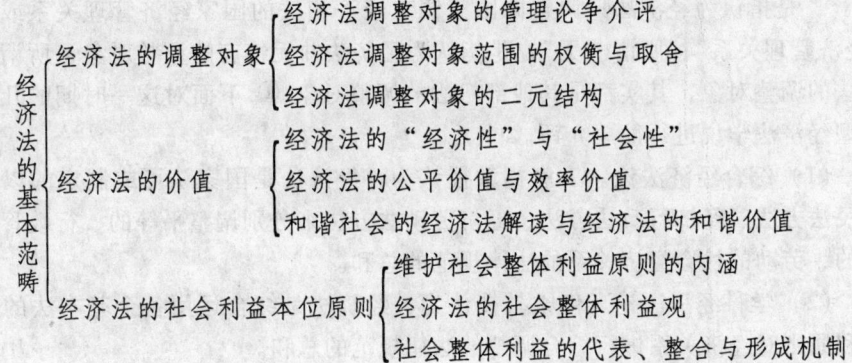

第一节 经济法的调整对象

一、知识点精解

（一）经济法调整对象的学理论争介评

时至今日，中国的经济法学已经走过了30年风雨历程。在中国法学体系中，经济法以其持久存在和不断发展壮大的事实，为自身赢得了独立法律部门的地位，2008年2月28日国务院发布的《中国的法治建设》白皮书将经济法作为中国特色社会主义法律体系的重要组成部分即为明证。然而，作为判断经济法是否独立的重要标志，其调整对象并不像民法、行政法那样具体和明确，而是具有一定的不确定性。学界围绕经济法的调整对象展开了旷日持久的学理论证，形成了诸多理论学说，可谓百家争鸣。以1992年党的十四大确立社会主义市场经济体制为分界点，中国学术界关于经济法调整对象的论争可以分为两个鲜明的阶段。

1. 市场经济体制确立之前的经济法诸论

在中国开始确立市场经济体制之前,学界对经济法调整对象的争论极为激烈,陆续形成了诸如"纵横经济关系说"、"密切联系说"、"管理—协作说"、"经济管理关系说"、"综合说"、"学科说"等学说。漆多俊教授将这一时期的经济法诸论概括为全、大、小、无四类。所谓"全",是指主张经济法调整一切经济关系;所谓"大",是指主张经济法所调整的社会关系范围过大,把应由别的部门法,尤其是民法调整的范围也视为经济法的调整对象;所谓"小",是指认为经济法只调整同国家调节经济相关的国家经济管理关系或者"经济管理关系";所谓"无",是指认为经济法并无特有的调整对象,所谓经济法的调整对象,其实都是其他部门法的调整对象。① 下面对这一时期的几种典型经济法学说进行简单介评。②

(1) 综合经济法论。王家福教授认为,经济法是国家认可或制定的以经济民法方法、经济行政法方法、经济劳动法方法来分别调整平等的、行政管理性的、劳动的社会经济关系的法律规范的总和。

(2) 学科经济法论。佟柔教授认为,经济法是综合运用各个基本法的方法和原则对经济关系进行综合调整的法律规范的总和。

(3) 经济行政法论。梁慧星、王利明教授认为,经济行政法是国家行政权利深入经济领域,对国民经济实行组织、管理、监督、调节的法律规范的总称。

(4) 纵向经济法论。如孙亚明教授认为,经济法是调整我国社会主义经济关系中的宏观纵向经济关系的法律规范的总和。谢次昌教授认为,经济法是调整宏观国民经济管理关系和微观企业管理关系的法律规范的总和。

(5) 纵横经济法论。这种观点认为,经济法既要调整一定范围内的纵向经济管理关系,也要调整一定范围内的横向经济协作关系。如潘静成、刘文华教授认为,经济法是确立国家机关、社会组织和其他经济实体在国民经济体系中的法律地位,调整它们在经济管理和与管理、计划密切相联系的经济协作过程中所发生的经济关系的法律规范的总称。

2. 市场经济体制确立之后的经济法诸论

1992年党的十二大确立了社会主义市场经济体制,这是我国经济体制改革的重要里程碑,也给经济法的发展带来了前所未有的机遇和挑战。市场经济

---

① 漆多俊:《经济法基础理论》(第四版),法律出版社2008年版,第97~100页。
② 详见李昌麒主编:《经济法学》(第二版),法律出版社2008年版,第50~51页。

意味着市场成为了社会经济结构和运行的基本调节机制,这就需要放松过去那种无处不在的国家干预,构建政府与市场之间的良性互动关系。这一时期的经济法诸论,虽然依然存在不少分歧,但都强调经济法是为了克服市场失灵和维护社会公共利益的需要而存在的,对经济法本质属性的揭示更为客观和真实。市场经济条件下的经济法诸论主要包括:①

(1) 国家协调论。北京大学的杨紫烜教授认为,经济法是调整国家协调本国经济运行过程中发生的经济关系的法律规范的总称。这种观点认为经济法的调整范围包括企业组织管理关系、市场管理关系、宏观经济调控关系和社会保障关系。

(2) 社会公共性经济管理理论。清华大学的王保树教授认为,经济法是调整发生在政府、政府经济管理机关和经济组织、公民个人之间的以社会公共性为根本特征的经济管理关系的法律规范的总和。这种观点认为经济法的调整范围包括市场管理关系、宏观经济管理关系和对外经济管理关系。

(3) 国家调节论。武汉大学的漆多俊教授认为,经济法是调整国家在调节社会经济过程中发生的各种社会关系,以保障国家调节,促进社会经济协调、稳定和发展的法律规范的总称。这种观点认为经济法的调整范围包括市场障碍排除关系、国家投资经营关系和宏观调控关系。

(4) 国家调制论。北京大学的张守文教授认为,经济法是调整在现代国家进行宏观调控和市场规制的过程中发生的社会关系的法律规范的总称,即经济法是调整调制关系的法律规范的总称。这种观点认为,经济法的调整对象包括宏观调控关系和市场规制关系。

(5) 需要国家干预论。西南政法大学的李昌麒教授认为,经济法是国家为了克服市场调节的盲目性和局限性而制定的调整需要由国家干预的、具有全局性和社会公共性的经济关系的法律规范的总称。这种观点认为,经济法的调整对象包括市场主体调控关系、市场秩序调控关系、宏观经济调控关系和社会分配调控关系。

(二) 经济法调整对象范围的权衡与取舍

1. 确立经济法调整对象的现实依据

前述各种理论学说反映了人们对经济法认识的不断深入,各种理论的提出

---

① 详见肖江平:《中国经济法学史研究》,人民法院出版社2002年版,第289~296页。

者也以自己的智慧为中国经济法的发展与进步作出了贡献,其学术探索均值得尊重和肯定。但综观我国学者对经济法调整对象的研究,存在的问题是:视野大多过于狭隘,把对存在于某一特定场合的具体的经济法现象看成人类社会普遍的经济法现象;缺乏共同的语境,使用的术语来源不同、含义差别甚大,造成概念使用的混乱,人为地割裂了经济法的整体性和统一性;研究方法的僵化,以概念法学的思维追求构建突破概念法学的新兴学科的目标,研究方法陷于困境。因此,欲求得一个公正、客观的评价,我们必须具有开放的思维、宏观而富有洞见的视角以及超越功利至上的心态。① 事实上,关于经济法调整对象的研究,与其先入为主、抽象地研究经济法的调整对象,不如遵循科学研究的一般规律,先研究经济法的具体法律现象,然后从具体现象中抽象出一般规律。正如有学者所言,中国正处于从计划经济到市场经济的转型期,市场机制还远未成熟,我们对现代市场经济和市场经济对法律的内在要求还缺乏充分的认识,同时也没有足够的立法和司法经验供我们总结和归纳,所以研究问题比匆忙构建体系更为重要和务实。② 从现象发生学的角度观察,政府与市场构成了经济法的基本概念范畴,克服市场失灵与规制政府失灵成为经济法的基本任务。透视我国市场经济条件下的经济法诸论,无论是"协调"、"调节"、"调制",还是"管理"、"干预",只是语言表述上的差异,在实质意蕴上都是围绕政府与市场的关系展开的,在价值旨趣上均是在国家权力与市场自由之间寻求平衡。基于此,厘清政府与市场的关系是探求经济法调整对象的必然认知进路。

市场机制被公认为迄今为止最有效的资源配置方式,自由主义的鼻祖亚当·斯密在其巨著《国民财富的性质和原因研究》中对此作了最为充分的求证。但市场机制并非万能,而是经常会出现低效运行的非理想状态。市场失灵主要表现在:③ (1) 垄断和不完全竞争。市场经济就是竞争经济,但竞争必然导致集中从而产生垄断,垄断打破了市场主体之间的平等和公平交易,从而破坏了市场机制的正常运行,所以政府要采取反垄断的措施维护市场公平自由的竞争秩序。(2) 不完善信息。市场主体要根据对市场信息的判断来决定自己的经营决策,但是由于市场调节有一定的盲目性和滞后性,加上市场风险和

---

① 吕忠梅、陈虹:《经济法原论》,法律出版社2007年版,第111~112页。
② 季强:《关于经济法调整对象理论的回顾与创新》,载《广西政法管理干部学院学报》2005年第3期。
③ 王全兴:《经济法基础理论专题研究》,中国检察出版社2002年版,第80页。

市场欺诈等不利因素,经营者的决策受到很大干扰而导致决策失误,决策失误必然导致资源配置效率降低。所以需要政府为市场主体提供必要的信息搜集、传播服务,即政府要服务于市场。(3)公共产品短缺。公共产品比如国防、治安、法律等无法通过市场来有效提供,但也是市场正常运作所不能缺少的,所以需要政府来提供公共产品。(4)社会分配不公。市场机制会产生收入的巨大差别,继而会引发社会矛盾威胁到市场经济的正常运行,政府应该介入社会分配领域,缓解市场机制造成的社会分配不公问题。(5)宏观经济运行问题。市场运行中总会出现诸如通货膨胀、经济萧条、失业等宏观经济不稳的现象,需要政府采取措施,比如运用金融、财政等宏观经济政策进行调控。

市场失灵的存在为政府介入经济运行提供了强有力的依据,于是,现代市场经济国家的政府在社会经济活动中扮演着垄断的规制者、公共物品的提供者、外部性的消除者、收入和财富的再分配者以及市场秩序的维护者、宏观经济的调控者等多重角色。但如同市场失灵一样,政府干预同样会出现失灵现象。事实证明,在引入政府干预的同时,如果不能有效地制约政府权力,防止政府权力的无限扩大及腐败,反而可能成事不足、败事有余,给社会带来更大的灾难,造成更大的资源浪费。政府失灵主要表现在:(1)政府应该以社会公共利益为出发点,但是政府是由一定的机构和公务人员组成的,他们难免会有自身的利益和目标,当其自身利益和公共利益不一致的时候,政府的干预行为就有可能为了自己的利益而偏离社会公共利益目标。(2)寻租行为。在市场经济中,总会有一些具有某种强势地位的主体有机会通过寻租的办法为自己牟取额外利益。随着政府权力介入市场,政府可能为了增加自身或政府官员个人的利益,将政府权力出租给交付租金的市场主体,寻租行为不仅会降低政府配置资源的效率,而且导致政府腐败。(3)官僚机构膨胀。伴随政府经济权力的扩大,官僚机构不断膨胀,这不仅导致政府支出增加而且降低了政府的效率。因此,经济法在克服市场失灵的同时,也必须承担起规制政府失灵的重任。

克服市场失灵与规制政府失灵成为经济法的核心使命,也直接限定了经济法调整对象的范围。消除垄断和不完全竞争,需要经济法对市场规制关系进行调整;公共物品和公共信息的提供、社会分配不公的破解以及宏观经济问题的化解均需要政府运用投融资、产业政策、财政转移支付、信贷、价格、利率、存款准备金等财政与货币政策工具进行宏观调控,进而需要经济法对宏观调控关系加以调整。因此,经济法的调整对象呈现出二元结构,即市场规制关系和宏观调控关系,而且这两种调整对象之间互相关联,以一种耦合的方式实现着互动，所以说经济法是市场调节与宏观调控关联耦合之法。① 时至今日，国家投资经营关系、社会分配关系和涉外经济管理关系是否应当纳入经济法的调整范围，在学界依然没有定论，② 但将市场规制关系和宏观调控关系作为经济法的调整对象已经成为学界共识。这一共识的取得，凝聚了几代经济法学者们筚路蓝缕的艰辛和前无古人的贡献，连同经济法其他领域的重要创新，已经成为中国法学界对世界法学的重要贡献。③ 本书秉持"三三制理论"④的学术立场，在章节安排上将国家投资经营法作为重要的一编进行阐述，但基于求同存异之考量，在此仅对市场规制关系和宏观调控关系进行论述。

2. 经济法调整对象的二元结构

（1）市场规制关系。市场规制关系是指国家在培育和发展市场体系过程中，为了维护国家、经营者和消费者的合法权益而对市场主体的市场行为进行必要规制而发生的社会关系。在一个市场体系中，总会存在垄断、不正当竞争、假冒伪劣产品、虚假广告等损害消费者和经营者合法权益的行为，由于民商法遵从意思自治、平等、自愿的原则，所以这些行为的规制仅靠民商法是远远不够的，而必须借助于具有强烈国家干预色彩的经济法。国家通过出台反垄断法，打击损害竞争秩序的滥用市场支配地位、经营者集中和限制竞争协议以及行政性垄断等行为；国家通过出台反不正当竞争法，打击商业贿赂、搭售等侵害消费者和其他经营者利益的行为；国家通过出台消费者权益保护法，对消费者作出倾斜性的立法保护；国家通过出台产品质量法，打击制造假冒伪劣产品的行为，为消费者营造一个安全健康的消费环境。总之，将市场规制关系纳入经济法的调整对象，是现代市场经济发展的必然要求，也是经济法义不容辞的社会使命。尤其是我国这样一个市场体系远未成熟的国家，政府更是担负着

---

① 徐孟洲：《论市场机制与宏观调控的经济法耦合》，载徐杰主编：《经济法论丛》（第二卷），法律出版社2001年版。

② 陈旭初：《经济法之调整对象之再研究》，载《河南省政法管理干部学院学报》2000年第2期。

③ 王全兴主编：《经济法前沿问题研究》，中国检察出版社2004年版，第62页。

④ 漆多俊教授认为，市场有三种缺陷（即市场障碍、市场机制的唯利性、市场调节的被动性与滞后性），所以国家调节采取了三种方式（即国家对市场强行干预规制方式、国家参与直接投资经营方式、国家对社会经济的引导调控方式），所以经济法体系有三构成（即市场规制法、国家投资经营法、宏观调控法）。这一理论学说被称为"三三制理论"。参见漆多俊：《经济法基础理论》（第四版），法律出版社2008年版，第10～25页；漆多俊、冯果主编：《经济法学》（第三版），武汉大学出版社2011年版，第29～40页。

培育和发展市场的重任,规制各种市场违规行为和维护健康有序的市场秩序是我国政府的一项重要职能。

(2)宏观调控关系。宏观调控关系,是指国家从全局和社会公共利益出发,对关系国计民生的重大经济因素实行全局性的调控过程中与其他社会组织所发生的社会关系。垄断、不正当竞争等市场缺陷的普遍存在必然会对宏观经济产生不良影响,宏观经济总是表现出从繁荣到衰退的循环往复过程,失业、通货膨胀和经济危机便是宏观经济不稳定的主要表现。历史实践已经证明,宏观经济的种种问题,仅依靠市场调节难以克服,必须依靠政府的有形之手进行调控才能保持经济的均衡发展。现代政府也已经习惯于运用财政、货币等政策手段对宏观经济进行总量和结构的调节。

总之,市场经济的自由竞争导致市场的垄断、不正当竞争等限制竞争性和盲目无序性,这会严重地影响市场经济社会有效、健康、稳定、协调地发展,必须加以反对和克服,而这只有通过国家干预市场竞争和进行宏观调控才能达到目的,这样就形成了一种特定的社会关系,即由国家干预而形成的市场规制关系和宏观调控关系。这两类关系必须依法进行调整,而这些关系又恰恰是传统部门法所不能有效调整的,于是市场规制关系和宏观调控关系便成了新兴的经济法的调整对象。①

二、案例分析

【案例】

政府干预 SARS 疫情案②

2003年,中国面临了一场突如其来的 SARS(非典)疫情。这场危机不仅给人民群众的生命健康造成了威胁,同时也引发了道德危机和对法律的冲击,其中一个突出的表现就是有的地区出现了借机抬高据说可预防"非典"的白米醋、板蓝根等的价格,接着又推动了医用口罩、消毒剂、体温表等与防治 SARS 有关的药品、医疗器械和用品的价格迅速上涨,由此导致了许多居民大肆囤积相关物资。面对这种情况,国家对生产口罩用

---

① 张守文:《经济法理论的重构》,人民出版社 2004 年版,第 208 页。
② 陈孜:《从 SARS 引发的物价危机看我国的价格监管制度》,载《价格月刊》2003 年第 7 期;李昌麒:《论经济法语境中的国家干预》,载《重庆大学学报》(社会科学版) 2008 年第 4 期。

的棉纱、卫生纱布与生产过氧乙酸等消毒液用的化工原料价格实行了临时性干预措施,加大了对价格违法行为的打击力度。具体采取三种形式:一是在生产环节实行利润率控制。比如生产口罩的企业规定企业利润率不能超过5%,或者是多少由各地政府根据当地实际情况来定。二是流通环节实行差率控制。比如消毒液,如果10块钱的消毒液加20%的差率的话,它就是12块钱,也就是高来高走。三是最高限价。比如北京市对"八味方"实行最高限价,对口罩也实行了最高限价。为了弥补"SARS灾难行业"的损失,国家出台了一系列减税、减费、节支、贴息等应急性的财政政策和税收优惠政策,帮助这些"SARS灾难行业"渡过了难关。如在财政政策方面,2003年4月23日,国务院从年度财政预备费中拨出20亿元成立"非典"防治基金。在税收优惠政策方面,2003年5月12日,财政部、国家税务总局发出紧急通知对受"非典"影响的行业实行税收优惠,包括:对民航的旅客运输业务和旅游业免征营业税、城市维护建设税、教育费附加,对出租汽车司机免征个人所得税或降低征收定额等。

【问题聚焦】

在政府干预SARS疫情的过程中,与民商法、行政法相比,经济法有哪些独特的价值功能?如何评价政府干预的效果?如何把握政府干预经济的正当性边界?

【法律剖析】

在SARS疫情中,出现了两种社会关系:一是部分企业趁机浑水摸鱼、瞒天过海,大量生产销售假冒伪劣非典商品,坑害消费者,扰乱市场秩序,威胁全国人民的生命健康,需要工商、税务、质检等执法部门的介入,此为市场规制关系;二是SARS疫情给旅游业、零售业、交通运输业、农业、餐饮业等行业造成了致命性打击,引发了宏观经济波动,需要国家从全局利益出发进行干预,此为宏观调控关系。在调整市场规制关系和宏观调控关系方面,民商法与行政法表现得无能为力,惟有经济法能够肩负起调整这两种社会关系的重任。

1. 民商法在调整市场规制关系和宏观调控关系时的有心无力

首先,民法是私人本位法。民法的主体是私人,民法的核心是私权,民法的宗旨是私利。民法通过设定权利义务来划定国家和其他个体不得随意进入的私人空间,使私人的物质生产、交换和消费活动摆脱政府干预,私人利益最大化。SARS疫情期间要修正紊乱的市场秩序,维持、促进经济增长需要国家介入和公权干预,但公权介入私域却是与民法的基本精神背道而驰的。

其次,民法是主体平等法。民法追求的平等是形式平等、抽象平等,它无视市场主体之间的千差万别，而是遵循优胜劣汰的游戏规则。① 在这样的价值预设下，民法只是要求民事主体消极地不侵害社会公共利益，而不要求其积极地促进社会公共利益。这样的民法有利于保护市场竞争中优胜者的利益，而疏于对弱者利益的保护，对于社会整体利益的保护更是熟视无睹。SARS疫情期间，国家必须采取一切可能的手段，包括牺牲部分市场主体的利益，来维护社会整体利益。对此，民法是心有余而力不足的。

最后，民法是意思自治法。受制于私人地位、私人信息和私人能力的限制，民法的意思自治只能是微观自治，犹如"井底之蛙，坐井观天"，难免"一叶障目，不见泰山"，而不可能是宏观调控。SARS疫情可能给市场主体带来意外的商机，使其在短期内获取意外的高额利润，也可能给市场主体带来巨大损失，这些都符合意思自治原则。按照民法的制度逻辑，SARS疫情将会迅速蔓延，难以得到有效遏制。

2. 行政法在调整市场规制关系和宏观调控关系时的鞭长莫及

首先，从法的价值取向看，行政法的作用有限。行政法是关于权力资源配置之法，属于典型的公法。公权力配置的法理依据是安全优先兼顾效率、秩序等其他价值取向，这一价值取向使得行政机关具有追求安全的先天倾向，办事拖拉、相互推诿和厌恶冒险正是这种价值取向的真实写照，这使得行政法处理应急事件和突发事件的能力大打折扣，往往丧失了解决问题的最佳时间。2003年北京市长与卫生部长对SARS疫情的谎报、隐报和瞒报不能不说与行政法的价值取向有关。

其次，从调整对象来看，行政法的作用有限。一般认为，行政法是调整行政关系，规范和控制行政权的法律规范系统，其调整对象包括行政管理关系、行政法制监督关系、行政救济关系和内部行政关系。② 这一调整范围仍显过宽。从本质上来看，行政法的要义在于控制和规范行政权，正如英国行政法权威韦德教授所指出的，"行政法是控制政府权力的法"。③ 伯纳德·施瓦茨也指出，"行政法的要害不是实体法，而是程序法""行政法是管理行政机关的

---

① 邱本：《经济法研究》（上卷：经济法原理研究），中国人民大学出版社2008年版，第83页。

② 姜明安主编：《行政法与行政诉讼法》，北京大学出版社、高等教育出版社1999年版，第7页。

③ H. W. R. Wade, *Administrative Law*, Oxford, 1989, p. 4.

法，而不是由行政机关制定的法"。① 所以，行政法应以程序法为中心展开制度设计，以控制和规范政府权力为旨趣。行政法的这一特质决定了其在应对社会突发事件中只能发挥有限的作用。

最后，从调整方法来看，行政法的作用有限。行政法主要采取行政命令式的直接调整方法，具有典型的刚性特征。这一调整方法决定了行政法主要是在微观领域发挥作用，很难站在总体和宏观上把握国民经济运行状况和变化趋势。SARS 疫情波及的范围极为广泛，属于宏观经济与社会问题，需要国家站在全局的高度进行干预和调控。如果行政法不固守自己的疆域而越俎代庖，或者无功而返，或者破坏法治，只会收到适得其反的效果。

3. 经济法在调整市场规制关系和宏观调控关系时得心应手

首先，调整市场规制关系和宏观调控关系与经济法的理念相契合。所谓经济法的理念，是指人们对经济法的应然规定的理性的、基本的认识和追求，是经济法及其适用的最高原理。通说认为，经济法的理念是经济社会化条件下的实质公平正义，其核心内容是社会整体经济利益的实现。② SARS 疫情对我国国民经济和人民群众的生命安全造成了严重损失，使社会整体利益的维护面临严峻挑战。面对民商法与行政法在应对 SARS 疫情的捉襟见肘，经济法充分利用自身的制度优势，通过反不正当竞争法、反暴利法、价格法、产品质量法和财政税收法等法律的介入，维护了社会整体的效率、秩序、安全、公平和正义。在 SARS 疫情的治理过程中，国家通过补贴救助、贴息、费税减免等进行调控，通过价格干预进行市场规制，对贫困非典患者和农民患者提供完全免费治疗，从而使疫情得到了有效控制。这是国家自觉运用经济法进行国家干预的结果，也有力证明了国家干预的正当性。

其次，规范市场规制关系与宏观调控关系与经济法的调整方法相契合。与民法、行政法的调整方法相比，经济法调整方法的特点是：既采取强行性规范方式，又有许多任意性规范，尤其采取大量提倡性规范方式，实行提倡性规范与必要的强行性规范和任意性规范相结合；既规定经济法责任和经济法制裁等否定式法律后果，又注重采用奖励这种肯定式的法律后果形式，实行制裁与奖励相结合。③ 不难发现，在干预 SARS 疫情的过程中，国家更多地采取了提倡性或诱导性措施，如通过财政补贴、税收减免、低息贷款等方式帮助"SARS

---

① ［美］伯纳德·施瓦茨：《行政法》，徐炳译，群众出版社 1986 年版，第 3 页。
② 史际春、李青山：《论经济法的理念》，载《华东政法学院学报》2003 年第 2 期。
③ 漆多俊：《经济法基础理论》（第四版），法律出版社 2008 年版，第 147 页。

灾难行业"走出困境，这体现了"促进型经济法"的特有秉性。①

总之，尽管我国学术界对于经济法的调整对象尚有论争，但对于价格法、税法、计划法、产业结构法、金融调控法等宏观调控方面的法律，以及反垄断法、反不正当竞争法、反倾销与反补贴法、消费者权益保护法、产品质量法和广告法等市场秩序方面的法律属于经济法的调整对象却无异议。前者关注的是整体性和社会本位等宏观总量的平衡，后者关注的则是排除市场障碍，维护经济发展的微观秩序，此即"宏观着眼，微观着手"。② SARS时期维护秩序尤其是经济秩序，控制物价尤其是与SARS有关的商品价格，保障供给以维护经济秩序从而维护生活秩序和社会秩序，市场秩序规制法发挥了十分重要的作用；后SARS时期使国民经济保持较高的增长速度，关注社会整体利益，以及非典肆虐时期保护社会整体利益，宏观调控法有充分发挥其调节功能的空间。

三、深度拓展思考题

1. 如何看待经济法调整对象学术研究中的"问题"与"主义"之争？
2. 如何通过"经济性"与"社会性"来确定经济法的研究框架？
3. 如何看待和处理公私法融合背景下的经济法与社会法的关系？

第二节 经济法的价值

一、知识点精解

（一）经济法价值的含义

法的价值是一个历久弥新的命题，它深奥而实在，艰涩又丰富，吸引着一代又一代法律人思索和探悉，正如著名的法学家庞德所言："在法律史的各个经典时期，无论在古代或近代世界里，对价值准则的论证、批判或合乎逻辑的

---

① 张守文：《论促进型经济法》，载《重庆大学学报》2008年第5期。
② 孙效敏：《经济法与非典防治》，资料来源：http://www.chinavalue.net/Article/5149.html，2011年8月6日访问。

适用，都曾是法学家的主要活动。"① 作为法学本体论的重要内容，法的价值研究关注法的内在功能和外在评价，通过确立法的价值构成和价值内涵，来把握法的形式构建和内容设计，最终实现法的目标追求。②

在我国关于法的价值的学术探讨中，卓泽渊教授的研究比较受关注。他认为，法的价值是指法对人的需要的满足以及人关于法的绝对超越指向。价值都是相对于主体而言的，都是对主体需要的满足。没有主体的需要，就无所谓价值。可以说，满足人的需要是法的价值的最基本的内容，是法对于人的首要意义。"指向"是指法的价值具有目标、导向等含义，"绝对"则是指法的价值具有永远的、不断递进而又不可彻底到达其极致的性质。③ 由此看出，卓泽渊教授对法的价值的内涵表述不仅突出了法的价值的多元性和多层次性，而且强调了其永恒性，比较科学、合理。相应地，经济法的价值也可以从两个方面进行解读：首先，经济法具备满足人们某种需要的制度秉性。人的需要是多层次的，如人们普遍对安全、效率和公平具有不同程度的需要，这就需要经济法发挥其制度功能，创造一个经济安全、社会公平和富有体制效率的竞争环境。其次，人们可以根据自己的需要对经济法的价值作出权衡与取舍。在不同的阶段，人们的需要具有排序上的优劣性。例如，在一个物质匮乏的年代，强调效率无疑比突出公平更为重要，但当社会发展到一定阶段，公平的价值更为凸显。我国过去一直提倡"效率优先、兼顾公平"，这一口号时至今日仍有很强的感召力，但伴随着社会经济变迁，在当下中国强调社会公平具有更强的现实意义。尤其是在建设社会主义和谐社会的背景下，将和谐融入经济法的价值体系，成为社会发展的必然要求。

上述分析来源于对法的价值内涵的推演，尚不足以揭示经济法价值的特质。厘清经济法价值的本原面目，必须从分析经济法的基本属性入手。现代意义的经济法产生于20世纪初的德国。这一新兴法律部门一出现就给德国法学家留下了"具有很强的经济性和社会化特征"的印象，"经济性"和"社会

---

① ［美］罗斯科·庞德：《通过法律的社会控制——法律的任务》，沈宗灵、董世忠译，商务印书馆1984年版，第55页。
② 穆虹：《经济法价值研究》，山东大学出版社2009年版，第3页。
③ 卓泽渊：《法的价值论》，法律出版社1999年版，第81页。

性"也成为经济法的两个本质属性,① 对经济法这两个本质属性的阐释自然成为探究经济法价值的逻辑起点。

经济法的"经济性",是指经济法的调整具有降低社会成本,增进总体收益,从而使主体行为及其结果更为"经济"的属性。经济法的这一本质属性至少体现在:它作用于市场经济,直接调整特定的经济关系,调整的目的是节约交易成本,提高市场运行的效率;它要反映经济规律;它是经济政策的法律化;它运用的是法律化的经济手段;它以提高社会整体福利、社会总体的经济效益和社会效益为目标,因而经济法在这个意义上可称为效益法。② 经济法的"社会性",是指经济法是以维护社会整体经济利益为目标之法。经济法是在全球生产社会化大背景下出现的新兴法律部门,该法律部门的出现是因为一种新兴的利益保障诉求的需要,这类新兴利益就是社会整体利益。经济法的"社会性",决定了经济法是以社会为本位的法,以维护社会整体利益为价值圭臬。③ 经济法的这两大本质属性基本上奠定了其价值体系格局,其中"经济性"对应着效率(整体效率),"社会性"对应着公平(实质公平),于是效率与公平当然成为了经济法的价值追求目标。无独有偶的是,在我国学术界,"效率论"与"公平论"构成了经济法价值论之争的主要线索,如何处理效率与公平之间的关系也成为经济法价值研究首当其冲的任务。

(二)"效率优先、兼顾公平"的法理反思与经济法价值的观念更新

如同经济法的调整对象一样,学界对于经济法价值的认识同样是仁者见仁、智者见智,其中比较有代表性的观点是:(1)经济法的"和谐价值论"。如史际春教授认为:"经济法的价值表现为实质正义、社会效益、经济自由和经济秩序的和谐,它们在本质上是统一的,但又表现为不同的方面。"(2)经济法的"总体价值论"。如漆多俊教授认为,在法的"秩序—效率—公平—正义"价值链条中,"经济法的中心价值环节应是:社会总体经济效率和社会总

---

① 冯果:《经济法本质探微——经济法概念界定与制度构建的理性基础分析》,载《学习论坛》2007年第2期。

② 张守文:《经济法理论的重构》,人民出版社2004年版,第221~222页。

③ 冯果、万江:《求经世之道 思济民之法——经济法之社会整体利益观诠释》,载《法学评论》2004年第3期。

体（实质）经济公平"。① 也有学者提出经济法的总体价值包括"整体公平"、"整体效率"和"混合扩张秩序"。②（3）经济法的"二元价值论"。如张守文教授认为："经济法的价值，主要包括两个方面，一是经济法的内在价值，即经济法作为一种部门法，其自身具有的内在功用，它体现的是经济法的有用性或使用价值，二是经济法的外在价值，即社会公众或研究者所认同的或所期望的经济法具有或应当具有的价值。"透视这些理论学说的背后，总或多或少地存在关于效率与公平的权衡，如何处理二者的关系成为经济法价值之争的关键命题。事实上，"效率论"与"公平论"构成了经济法价值论之争的主要线索。"效率论"认为，经济法应以社会本位为原则，将个体的个别行为放在整个经济运行和经济效益中考察与评价，从保证整个社会经济运行的总体利益和效益需要去分配权利和义务，构筑行为模式。经济法的根本价值就是实现对经济社会运行总体效益和效率的保护。③ "公平论"则认为，经济法应以社会公平作为其主导价值，它所追求的社会公平应涵盖竞争公平、分配公平以及根据不同主体的具体情况对权利和义务作有差别的分配等内容。④ 在过去很长一段时间内，"效率论"成为主导性的学说，"效率优先、兼顾公平"也成为我国经济法立法与执法的真实写照。在新的时空背景下，我们需要对这一被国人津津乐道、而且似乎是不可争辩的合理性解释进行深刻反思。

首先要强调的是，效率与公平这两个经济法的价值目标都很重要，不可或缺。无效率的公平或无公平的效率都是有害的，在处理二者的关系时切忌走极端。其实，效率与公平的权衡与取舍是多种政策因素综合考量的结果，具有深厚的体制依赖背景。一般来说，民主法治程度较高的国家都很重视公平，集权专制国家则会把效率放在首位。对于经济社会处于发展中或正在进行体制改革和转型的一些国家而言，开始时由于急于发展经济而往往更加重视经济效率，有了初步发展之后，经济和社会不公平问题便会凸显出来，于是法的公平价值开始彰显。中国改革开放的 30 年历程一直对"效率优先、兼顾公平"奉若神

---

① 漆多俊：《经济法基础理论》（第四版），法律出版社 2008 年版，第 134 页。
② 刘水林：《经济法基本范畴的整体主义解释》，厦门大学出版社 2006 年版，第 72 页。
③ 李中圣：《经济法：政府管理经济的关键》，载《吉林大学社会科学学报》1994 年第 1 期。
④ 鲁篱：《经济法价值初论》，载《现代法学》1994 年第 4 期。

明,诸多社会不公问题与这一指导思想密切相关。对效率的过度吹捧以及对公平的严重漠视让我国付出了惨重的社会代价,从"社会断裂"到"权利失衡","效率优先、兼顾公平"几乎成为我国每一个严重社会问题的经典记忆符号。为了弥补贫富分化带来的社会裂痕和解决权利缺位与非制度化生存①所带来的法律困境,我国需要循序渐进地推进行政体制改革,公平地配置权力资源,重构社会弱势群体的利益表达、利益整合与利益实现机制,建立起市场经济条件下的利益均衡机制。在经济法的视域内,"效率优先、兼顾公平"已经到了风雨飘摇的时刻,急需新的理论主张取而代之。如有学者指出,"效率优先、兼顾公平"在理论上存在缺陷,在实践中已经表现出负面效应,因此该提法亟待调整,必须调整,认为较为妥当的提法是"努力实现公平与效率的优化结合"。② 该观点虽然貌似科学合理,但由于缺乏一个基础性的价值取向,在实践中难以操作。还有学者提出我国目前应确立"公平为主、兼顾效率"的经济法价值取向,③ 尽管这一提法尚需求证,但其将公平价值置于更加突出的位置是值得赞许的,这是因为,在市场经济条件下,公平与效率是有分工的,市场追求效率,政府促进和保障公平。市场机制能够激发社会成员创造大量的社会财富,却无法自动实现社会财富的公平合理分配,这是市场机制作用最大的局限。解决收入分配悬殊问题,必须借助政府的调节机制,以实现公平分配的目标,避免社会发展步入"拉美化"陷阱。公平分配社会财富,作为政府的一种公共服务,通过持续、规范的再分配措施,如预算制度、财政转移支付制度、价格补贴制度、贴息贷款等,以经济法手段矫正不合理的财富分配,避免出现两极分化的"哑铃型"社会分层结构,以期增强社会成员公平分享经济增长的成果,是政府应尽的社会责任,也是市场经济不可或缺、也无法提供的公共产品。④

---

① 所谓非制度化生存,是指人们所赖以生存的制度环境缺乏确定性,在遭遇某种需要解决的问题或情况的时候,不是依据明确而稳定的制度安排来解决,而是依靠一次次的具体博弈。参见孙立平:《失衡——断裂社会的运作逻辑》,社会科学文献出版社2004年版,第36页。
② 应宜逊:《"效率优先、兼顾公平"原则必须调整——兼与周为民先生商榷》,载《中国经济时报》2002年11月2日。
③ 胡家强:《对我国经济法价值取向重新定位的思考》,载《郑州轻工业学院学报》2008年第1期。
④ 徐孟洲:《经济法的理念和价值范畴探讨》,载《社会科学》2011年第1期。

将经济法的公平价值置于更加突出的位置具有深厚的法理基础。处于社会转型期的中国,制度变迁被深深地打上了政府主导的烙印,以至于国家干预经济主要体现为一种政府行为,这种行为既包括行政行为也包括经济法行为。经济法以社会为本位,以维护社会整体利益为原则,因而金融资源配置中的经济法行为应当以维护与坚守公平为己任。以宏观调控行为为例,它是一种超越局部与个体的经济法行为,要求宏观调控主体站在社会公共利益的立场矫正失灵的市场机制,进而维护公平的经济与社会秩序。① 至于行政行为,20世纪以来的行政法学认为,行政主体与行政相对人的关系在状态上是一种利益一致关系,在行为上是服务与合作的关系,在观念上是一种相互信任的关系。在这种行政法人文精神的统领之下,行政行为的本质并不取决于它的来源即行政权,而取决于它的目的即向公众提供服务,行政行为实质上是一种公共服务行为。② 公共服务当然要讲究效率,但更应当注重公平和强调普惠,尤其是在"行政国家"的现代社会和提倡"责任政府"理念的当下,政府提供公共服务应优先考虑到社会弱势群体的需要,将推动社会的公平与正义视为责无旁贷的历史使命。

当然,将公平置于更加突出的位置,并非一味强调公平的优先性,也并不意味着在任何领域效率都退而求其次,这只是根据我国的现实国情作出的阶段性选择。我国所追求的经济法的公平是一种实质公平,是一种与效率之间保持良性互动的公平,是一种"注重效率的公平"。这种提法有三层含义,一是在分配方式上注重公平,反映了这种分配范式在和谐社会的语境中对现实存在的贫富差距不合理扩大的有力回应,因为这种分配范式的落脚点在于"公平";二是"注重效率"体现了对生产力的终极性作用、以经济建设为中心的党的政策等方面的至真考虑;三是"注重效率的公平"的提法有效地避免了对公平和效率进行两难选择,也避免了"优先"与"兼顾"这些模糊操作性的提法,从而成为和谐社会建构的崭新分配范式的必然选择。③ 因此,我们有必要将"注重效率的公平"作为今后很长一段时期我国经济法的基本价值取向。

---

① 冯果、武俊桥:《超越局部与个体的经济法行为——以中央银行宏观调控行为为视角而展开》,载《法学杂志》2008年第3期。
② 马怀德主编:《行政法与行政诉讼法》,中国法制出版社2007年版,第123页。
③ 李昌麒主编:《中国改革发展成果分享法律机制研究》,人民出版社2011年版,第230页。

二、案例分析

【案例】

"拉美陷阱"与中国构建社会主义和谐社会[①]

从20世纪50年代中期起,拉美许多国家全面推进工业化和城市化进程,工业发展战略纷纷由初级产品出口为主转向进口替代工业化为主,各国政府集中资源和要素,重点和优先发展与工业化和城市化相关的基础设施,并且巨额投资制造业。这期间他们实施了牺牲"三农"利益、扶持"幼稚工业"的产业倾斜政策和一系列吸引外国资本向制造业投资的优惠政策。工业年均增长8%以上,国民经济年均增长6.5%。到20世纪60年代,拉美国家经济全面"起飞",除个别国家外,拉美主要国家人均GDP一举突破1000美元大关,有的国家人均GDP达到1500美元左右。在短短的十多年内,拉美国家依托工业化和城市化的强大动力,促进了经济的快速增长,使人均GDP从400多美元一下提升到1000多美元,创造了被人们普遍赞誉的"拉美奇迹"。然而,"拉美奇迹"背后,存在着严重的问题,最突出的是经济与社会的畸形发展,城乡二元矛盾突出,分配不公,社会两极分化严重,大量的城市贫民和失去土地的农村移民陷入严峻的生存困境之中,从而导致社会动荡和政局动荡,以及严重的经济危机和外债危机,使拉美国家经济增长速度急速下滑,进入80年代出现了持续的衰退。80年代拉美地区GDP年均增长率仅为1.2%,人均GDP则是负增长0.9%,以至于被称为"失去的10年",出现了世界经济的"拉美陷阱"。

在我国,20世纪90年代以来的十几年,是经济发展最快的时期,也是人民群众得到实惠最多的时期,但不是群众意见最少的时期。随着改革开放的逐渐深入,各种利益冲突与社会矛盾不断凸显出来,改革、发展和稳定的大局受到干扰和挑战。影响社会和谐的矛盾和问题主要是:城乡、区域、经济社会发展很不平衡,人口资源环境压力加大;就业、社会保障、收入分配、教育、医疗、住房、安全生产、社会治安等方面关系群众切身利益的问题比较突出;体制机制尚不完善,民主法制还不健全;一些

---

① 参见刘连祥:《拉美经济为何走不出失衡"陷阱"》,载《经济参考报》2010年7月15日;杨绪盟:《中国:当心"拉美陷阱"!》,载《书摘》2011年4月1日。

社会成员诚信缺失、道德失范，一些领导干部的素质、能力和作风与新形势新任务的要求还不适应；一些领域的腐败现象仍然比较严重；敌对势力的渗透破坏活动危及国家安全和社会稳定。在此背景下，2004年9月，党的十六届四中全会明确提出构建社会主义和谐社会的战略任务；2005年2月，胡锦涛总书记在省部级主要领导干部专题研讨会上发表重要讲话，提出了社会主义和谐社会的内涵，即"民主法治、公平正义、诚信友爱、充满活力、安定有序、人与自然和谐相处"；2006年10月，党的十六届六中全会审议通过《中共中央关于构建社会主义和谐社会若干重大问题的决定》，提出了2020年构建社会主义和谐社会的美好目标，对当前和今后一个时期构建社会主义和谐社会作出全面部署。

【问题聚焦】

中国提出构建社会主义和谐社会的背景是什么？如何保持经济社会又好又快发展？经济法在构建和谐社会中有什么作用？

【法律剖析】

（一）和谐社会的经济法解读

胡锦涛总书记指出，我们所要建设的社会主义和谐社会，应该是民主法治、公平正义、诚信友爱、充满活力、安定有序、人与自然和谐相处的社会。民主法治，就是社会主义民主得到充分发扬，依法治国基本方略得到切实落实，各方面积极因素得到广泛调动；公平正义，就是社会各方面的利益关系得到妥善协调，人民内部矛盾和其他社会矛盾得到正确处理，社会公平和正义得到切实维护和实现；诚信友爱，就是全社会互帮互助、诚实守信，全体人民平等友爱、融洽相处；充满活力，就是能够使一切有利于社会进步的创造愿望得到尊重，创造活动得到支持，创造才能得到发挥，创造成果得到肯定；安定有序，就是社会组织机制健全，社会管理完善，社会秩序良好，人民群众安居乐业，社会保持安定团结；人与自然和谐相处，就是生产发展，生活富裕，生态良好。和谐社会的这六个特征，实际上包括三层基本关系，即人与人的关系、人与自然的关系、人与社会的关系。这三层关系的核心或称为和谐社会的本质内涵，是以人为本，即和谐社会就是要在法律许可的范围内为人的自由发展提供最大的空间。① 以人为本可以说是经济法灵魂的集中表达，是经济法存在的

---

① 邱盛：《解读和谐社会视野下的经济法价值》，载《长春理工大学学报》2011年第5期。

宗旨和意义的集中体现，也是经济法人性价值的集中彰显。法律应该是讲人性的，只是不同的法律追求人性价值的向度不同。在人性视域下，民法的精神是人性自由，行政法的精神是人性控制，经济法的精神是人性和谐。① 人性和谐是和谐社会的精神在经济法视域下的投射，和谐社会的经济法意蕴也需要从人性和谐中发掘。

首先，经济法视域下的和谐是指竞争和谐。竞争是市场经济的基本构成要素，是市场社会的主要运行机制。人们生活在一个资源稀缺的世界，"僧多肉少"的矛盾决定了竞争存在的必然性。其实，在市场社会，竞争已成为人们的一种人生态度、一种生存和发展方式，处在市场社会中的人们必须面对竞争、敢于竞争、参与竞争、善于竞争。② 但由于人与人之间存在禀赋差异，总有人在"丛林法则"中被淘汰。这种竞争机制成为推动社会进步的强大动力，但也衍生出垄断、不正当竞争等诸多社会问题，而民商法对解决这些问题无能为力。经济法重新审视并修正了传统竞争观的缺陷，克服了以往竞争法律制度安排只重形式不重实质、对垄断和不正当竞争规制不力的弱点。经济法的竞争观以社会为本位，是一种合作竞争观、有限竞争观、公平竞争观、差别竞争观、自由竞争观、保护竞争观。它们体现的是一种和谐的竞争观，即竞争主体之间的和谐、竞争程度的和谐、竞争结果的和谐、竞争起点的和谐、竞争存在的和谐、竞争目的的和谐。③

其次，经济法视域下的和谐是指分配和谐。社会财富的分配包括初次分配（市场分配）、再次分配（政府分配）和第三次分配（慈善捐赠），一个理想的分配格局是以权利配置为中心，以市场分配法律机制为基础，以政府分配法律机制为保障，以第三次分配法律机制为补充。一般认为，初次分配主要依靠民商法，再分配主要依靠经济法，第三次分配则依靠成熟的公民社会。众所周知，我国的社会财富分配极其不合理，形成了显著的收入分配鸿沟，基尼系数早已超过国际上的警戒线，这说明民商法的初次分配亟待经济法再分配功能的矫正。在促进社会财富的分配和谐上，经济法有自己的制度优势，如在实现分配公平的手段方面，政府可以通过财政转移支付实现产业分配公平和地区分配公平，可以通过收入转移支付实施贫富差距调节，实现收入公平，可以通过政

---

① 胡光志：《人性经济法论》，法律出版社2010年版，第169~170页。
② 邱本：《经济法研究》（上卷：经济法原理研究），中国人民大学出版社2008年版，第122~123页。
③ 胡光志：《人性经济法论》，法律出版社2010年版，第177页。

府补贴和救济保障实现社会分配的基本公平，满足人们生存和保障的要求。①由此可以看出，经济法的分配观是一种实质公平的分配观，是一种和谐的分配观。

最后，经济法视域下的和谐是指发展和谐，这要求将可持续发展的理念融入到经济法的制度设计当中。1987年，联合国世界环境与发展委员会在《我们共同的未来》的报告中，将可持续发展定位为"既满足当代人的需要，又不对后代人满足其自身需要的能力构成危害的发展"。换言之，可持续发展既要关注当代人之间自然资源利益分配的代内公平，又要强调当代人与子孙后代之间自然资源利益分配的代际公平，这种空间和时间的二维公平观是可持续发展公平观相辅相成的两个方面。经济法的社会本位的价值定位和维护社会整体利益的原则定性，决定了可以在经济法的制度设计中融入可持续发展的理念，如在财政法中合理确定人口、环境和资源方面的财政支出，在税收法中通过开征环境税来完善国家对环境保护的税收调节手段，在金融法中通过信贷和其他融资手段来配合国家产业政策的实现等。这些都是构建社会主义和谐社会的重要内容，体现出鲜明的和谐精神。

（二）和谐应被纳入经济法的价值体系

前文的分析表明，公平与效率是经济法的两个基本价值目标。事实上，经济法的价值体系中还包含着自由、秩序、正义等。法的价值是指法对人的需要的满足以及人关于法的绝对超越指向，由于人的需要具有多层次性，法的价值也必定呈现出多维性。除此之外，法的价值还具有变异性，即法的价值随主体需要和利益的变化而变化，随主体认识的变化而变化。和谐一直是人类社会孜孜以求的社会理想，尤其是在社会矛盾不断涌现的转轨时期，人们对和谐的价值需求与日俱增。当构建社会主义和谐社会成为时代主旋律之际，将和谐视为法的一项重要价值目标，不仅具有深厚的人文思想基础，而且具备丰富的社会实践依据。事实上，法的和谐价值已经进入学者的视野，并渐趋成为学术研究的热点。如著名法学家孙国华教授认为，法的和谐价值就是法所具有的那种协调不同主体或同一主体之间多种、多样、多变的价值追求，从而促进人们之间的和谐、促进社会和谐的价值。它表现在：协调和化解不同的利益；缓和矛盾、化解矛盾；协调个人与国家、公平与效率、发展与稳定等诸方面的关系，

---

① 单飞跃：《经济法理念与范畴的解析》，中国检察出版社2002年版，第14页。

来促进和谐。① 冯果教授认为，社会经济的变迁必然深刻地影响和推动着经济法的理论与制度的创新。具体表现在：由单一发展、重点发展、区别发展的不均衡发展观向全面、协调和可持续的科学发展观转变；由单纯或过多地强调政府干预或国家调节的必要性和合理性的国家观向强调政府的超越性和可问责性转变；由"国家本位"的法益观向"社会本位"的法益观的转变。这些转变会带来对经济权力及经济效益的重新认识，及经济法基本范畴的拓展，如在安全、发展与公平之外，"和谐"也应成为经济法所追求的目标和价值。② 基于经济法与和谐社会的深层关联，将和谐融入经济法的价值体系可谓理所当然，但如何把握和谐在经济法价值体系中的位阶、如何处理和谐与其他价值目标的关系以及如何确保和谐价值的实现，成为亟待研究的课题。

从法的价值角度看，一个和谐的社会是自由的社会、有秩序的社会、公平的社会和高效率的社会，也就是说，和谐价值本身已经蕴含了对自由、秩序、公平和效率的价值追求，对这些法价值具有统摄作用。正因如此，有学者认为，和谐是法的最高层次的长远价值，自由、秩序、公平与效率等法的价值目标都要置于其下。③ 在经济法视域下，也有学者提出，经济和谐价值对经济法的其他价值有平衡作用，在公平、自由、安全等价值发生冲突时，它为协调这一冲突提供了一条可能的路径，并可以作为其评判价值。因此，经济和谐价值是其他价值的基础和源泉，是经济法的"原价值"或终极价值，在经济法的价值体系中居于核心地位，在价值序列中处于第一位阶。④ 该观点对经济和谐的强调无疑是对经济法的经济性这一本质属性的确认，但正如前文所述，除了经济性，经济法还具有社会性的基本属性，因此，社会和谐也理应成为经济法的终极价值。

在明确了和谐是经济法的终极价值之后，还要明确和谐价值与经济法其他价值之间的关系，主要是与效率、公平之间的关系。就和谐与效率的关系而言，效率是和谐价值得以实现的基石，没有效率的支撑，和谐社会的构建无异

---

① 孙国华：《论法的和谐价值》，载《法学家》2008年第5期；孙国华：《再论法的和谐价值》，载《中共中央党校学报》2010年第1期。

② 冯果：《社会经济变迁与经济法观念更新》，载吴志攀主编：《经济法学家》2004年卷。

③ 徐孟洲：《论法的和谐价值与财政法核心理念》，载《重庆大学学报》2008年第4期。

④ 张燕：《试论经济法的经济和谐价值》，载《辽宁教育行政学院学报》2007年第1期。

于空中楼阁。和谐社会的构建需要强大的物质基础，首先要"做大蛋糕"，其次才能"切好蛋糕"，而效率正是"做大蛋糕"的前提。市场经济是讲效率的，我们不能片面地将各种社会矛盾和不公平问题的出现全部归结于效率，相反，实现经济公平必须注重经济体制效率。① 实现效率价值与和谐价值的融合，就需要从市场与政府的关系入手，在提高市场经济整体效率的同时，让政府真正承担起矫正社会财富分配失衡、维护社会公平正义的责任。就和谐与公平的关系而言，和谐不仅要求个体之间、团体之间及个人与团体之间利益分配的合理性，更要求各主体之间互相配合与合作，这无疑比经济法的实质公平价值目标更进一步，成为实质公平的理想方向。应当明确的是，和谐社会并不是要"劫富济贫"，更不是为了迎合国人"不患寡而患不均"的心理实现"均贫富"，而是在于实现社会公平。

为了防止"拉美陷阱"的悲剧在中国重演，我们必须坚定不移地推进和谐社会的建设进程。和谐社会的构建及其和谐价值的实现，需要经济法进行深刻的理念更新与制度变革。在理念更新方面，除了在公平与效率的关系上要纠偏"效率优先、兼顾公平"的错误指向，树立"注重效率的公平"这一新的指导思想，还要将和谐视为经济法的终极价值追求。在制度变革方面，经济法至少可以通过公平分配和宏观调控来促进社会和谐。在公平分配方面，一是通过反垄断法与反不正当竞争法促进市场自由竞争，鼓励优胜者自由发展；二是通过财税法收拾市场竞争的残局，维护市场竞争的秩序，救助劣汰者保障其生存，实现社会公平。在宏观调控方面，政府一是要通过税收，以富济贫，改变收入分配，缩小贫富差距，缓和贫富悬殊所导致的利益冲突与社会不和谐；二是通过财政转移支付为社会不幸者和市场劣汰者提供社会保障。② 构建社会主义和谐社会与经济法治的完善相互交融，是一个相互促进的过程。构建和谐社会将推动经济法治进一步发展，厉行经济法治同样会对构建和谐社会深有助益。总之，在构建和谐社会的进程中，经济法大有可为。

三、深度拓展思考题

1. "效率优先，兼顾公平"的提法有何缺陷？

---

① 顾功耘主编：《和谐社会的构建与中国经济法》，北京大学出版社2007年版，第12~20页。

② 邱本：《经济法研究》（上卷：经济法原理研究），中国人民大学出版社2008年版，第335~340页。

2. "注重效率的公平"的提法有何正当性基础？
3. 经济法在规制社会收入分配方面有何作为？

第三节 经济法的社会利益本位原则

一、知识点精解

（一）经济法的基本原则释义

所谓经济法的基本原则，是指集中体现经济法的本质、理念和价值，贯穿于经济法的立法、执法、司法和守法全过程，并为经济法所确认和实现的根本法律准则。在学术界，虽然关于经济法的基本原则有过持久而广泛的探讨，但时至今日，其依然是一个悬而未决而又亟待解决的重大经济法理论问题。

综观学界对经济法基本原则的归纳和提炼，比较有代表性的观点包括：一是认为经济法的基本原则包括平衡协调原则、维护公平竞争原则、责权利相统一原则；① 二是认为经济法的基本原则包括社会本位原则、维护社会公平原则、平衡协调利益原则、责权利效相统一原则；② 三是认为经济法的基本原则是维护和促进社会经济总体效率和社会公平；③ 四是认为经济法的基本原则包括适当干预原则、合理竞争原则；④ 五是认为经济法的基本原则包括自愿配置的帕累托有效（最优）原则、分配中的交叉公平原则；⑤ 六是认为经济法的基本原则包括社会整体效率原则、经济公平与公正原则、经济协调行为法定原则；⑥ 七是认为经济法的基本原则包括调制法定原则、调制适度原则、调制绩效原则；⑦ 八是认为经济法的基本原则包括资源优化配置原则、国家适度干预原则、社会本位原则、经济民主原则、经济公平原则、经济效益原则、经济安

---

① 史际春、邓峰：《经济法总论》，法律出版社 2008 年版，第 157～164 页。
② 徐孟洲：《耦合经济法论》，中国人民大学出版社 2010 年版，第 73～77 页。
③ 漆多俊：《经济法基础理论》（第四版），法律出版社 2008 年版，第 140 页。
④ 鲁篱：《经济法基本原则新论》，载《现代法学》2000 年第 5 期。
⑤ 刘水林：《经济法基本原则的经济学及法哲学解释》，载《法商研究》1998 年第 5 期。
⑥ 肖江平：《中国经济法学史研究》，人民出版社 2002 年版，第 228～229 页。
⑦ 张守文：《经济法理论的重构》，人民出版社 2004 年版，第 337～342 页。

全原则、可持续发展原则。① 上述这些研究有力地拓展了经济基本原则研究的视域与深度，为经济法基本原则的进一步深化研究提供了有益的借鉴。但也必须承认的是，人们对经济法基本原则认识上的见仁见智和莫衷一是，深刻反映出经济法基础理论研究的任重而道远。正如有学者所言，"作为一门学科，一门在世界上有了上百年、在中国也有数十年发展历史的学科来说，没有一致的理念，共同的信守，基本的共识，统一的话语，是不应该的。特别是对于作为法律的经济法来说，这种混乱不堪与法律所要求的统一性也是相差甚远的"。② 因此，必须深化对经济法基本原则的认识，提炼出具有时代回应性的原则共识。

我们认为，经济法的基本原则一定要反映出经济法独特的精神气质，在理论上能够表现经济法的总体面貌和表明经济法的根本宗旨，在实践上能够规划经济法立法、监督经济法执法、规范经济法司法和指导经济法守法。这种质的规定性决定了不能将社会主义法的一般原则表述为经济法的基本原则，也不能将其他部门法的原则表述为经济法的基本原则，更不能将经济法子部门法的原则表述为经济法的基本原则。例如，责权利相统一原则几乎是任何部门法都要遵循的原则，不宜视为经济法的基本原则；可持续发展原则更多的是环境资源法的基本原则，也不宜表述为经济法的基本原则。我们认为，经济法基本原则的揭示，同样需要从经济法的本质属性上找寻。前文指出，"经济性"和"社会性"是经济法的两个基本属性，其中"经济性"阐述了经济法是规范和保障政府干预社会经济之法，表述的是经济法的制度范畴；"社会性"阐述了经济法是维护社会整体利益之法，表述的是经济法的价值范畴。经济法两属性至少有以下意义：一是经济法区别于其他法律的根本特征；二是成为构建经济法基本理论范畴的基石和渊源。关于经济法的概念、原则、制度体系、调整手段、诉讼方式等理论问题都以此两属性为基础演绎而来。法律制度的基本范畴是制度规范和价值追求，借助此两个基本概念构建经济法法律制度体系和理论体系具有逻辑上的完整性，不会如盲人摸象般地只见一端，而这恰恰是经济法理论显得羸弱不足的原因。③ 透视前文中学术界归纳和概括的经济法基本原

---

① 李昌麒主编：《经济法学》（第二版），法律出版社2008年版，第77～85页。
② 邱本：《经济法研究》（上卷：经济法原理研究），中国人民大学出版社2008年版，总序。
③ 冯果：《经济法本质探微——经济法概念界定与制度构建的理性基础分析》，载《学习论坛》2007年第2期。

则，能够同时涵盖"经济性"和"社会性"的基本原则惟有维护和促进社会经济总体效率和社会公平原则，这一原则又可以称为维护社会整体利益原则或社会利益本位原则。因此，维护社会整体利益原则才是真正能够揭示经济法精神气质的基本原则。

(二) 维护社会整体利益原则的法律解释

1. 社会整体利益的内涵厘定

社会整体利益是指将社会作为一个单一的利益主体看待而具有的利益形态。20世纪初，在西方世界掀起了一场声势浩大的"社会化"运动，这场运动影响了整个社会学领域的发展，人们将越来越多的目光投向社会范畴的新领域，无论是关注社会的公平正义，社会财富的分配，乃至全球（人类社会）的经济发展平衡，无不将社会作为一个整体看待，这个社会的范围相当广泛，可以指某个范围当中的一切联系，其广泛的程度取决于我们选取的范畴，它可以是一个区域内的所有公民，一个国家，乃至整个人类世界，其涉及的范围越广泛，整体利益的抽象性、模糊性和不确定性就越明显。经济法是国内法，其是以一个国家政权的强制力为保障得以适用于世的，所以，经济法关注的"社会"是指一个主权控制范围内的社会，其利益诉求体现的是这个范围当中的成员的整体利益，它不是个人利益的简单加减，不是个人利益的共性提炼，而是在衡量社会权利成员的共同要求的基础上，依据公平正义理念由各方利益博弈形成的最终利益形态。

把握社会整体利益的内涵，还必须澄清其与"社会公共利益"、"社会利益"、"国家利益"的关系。关于社会整体利益、社会公共利益和社会利益，在我国无论是立法方面还是学术研究方面都存在混用的现象，认为无论是社会公共利益还是社会利益、社会整体利益都是同一种利益，即社会整体利益，[①]但这种混用本身体现出我们的法学理论早期使用概念的随意性，因为从词义上理解三个不同的用语，我们仍然可以认为这三者的含义有所不同，尽管这种区别相当细微，但我们认为依据对"公共"与"整体"的不同解释，社会公共利益与社会整体利益的内涵并不完全重合，而社会利益也不是在任何情况下都是指社会整体利益。

社会公共利益应该指社会中全体成员个人利益中的共性利益，往往社会公

[①] 李友根：《社会整体利益代表机制研究》，载《南京大学学报》2002年第2期；王保树、邱本：《经济法与社会公共性论纲》，载《法律科学》2000年第3期。

共利益不会与个人利益发生冲突。社会公共利益的范畴决定在"公共"而不是"社会"上，与其说是社会公共利益倒不如直接称之为"公共利益"为好，所谓公共就是指特定范围内的共性特征，公共利益就是指特定范畴当中的成员个人利益中的共性利益，这种形态的利益不会与该特定范畴中成员的个人利益发生冲突和不协调。而社会整体利益则不同，首先，社会整体利益的范畴存在于一个国家政权控制范围之内，指的是与国家地域和人口外延重合的组织性联系体，但其又不同于国家，一个是市民社会，一个是政治国家，两者在具体内涵上有很大的区别。社会整体利益是以这个与政治国家在地域和人口外延上重合的组织性联系体为基础生成的利益要求，其形成过程比"公共利益"的形成过程复杂得多，公共利益与社会整体利益是两类不同的利益，公共利益是微观的，整体利益是宏观的；公共利益的形成不过是共性的提取，整体利益的形成取决于社会利益各方博弈协商的结果；公共利益与个人利益不存在冲突，而整体利益与个人利益（即社会某些成员的个人利益）必然存在冲突。当然，社会公共利益是社会成员个体利益的共性追求，这种追求往往也包含于社会整体利益当中，只是我们认为社会公共利益是整体利益当中不需要人为整合主动形成的那部分。社会公共利益属于社会整体利益的一部分，也是社会整体利益当中最稳定、最符合人类本性需要的那部分利益，表现出相当的抽象性。在一定情景条件下，社会公共利益与社会整体利益是可以互换使用的。

  社会利益是一个模糊的利益形态术语，兼有公共利益和整体利益的含义，且在更多时候它与社会整体利益是一个意思，只是学界对社会整体利益的理解比较模糊，通常在整体利益与公共利益之间不作区分。然而，使用社会整体利益的表述无疑将使整体利益的含义更鲜明。

  国家利益是个很复杂的概念，因为人们从不同角度对国家有不同的理解。仅在法律意义上讲，国家利益至少存在以下三种情况：一是国家政权的稳定与安全，这是政治统治利益的需要；二是国家法上国家主权意义上的利益，在此与民族利益相近；三是民事法律上的国家财产所有权的利益（与这种利益相对应的权利，有人称为"私权利"）。[①] 由于国家兼有政治统治和社会管理的双重职能，国家利益和社会整体利益一般都需要借助于国家来实现和维护，而且社会整体利益和国家利益之间的确存在着某种良性的互动关系，如国家政权的稳定与安全，可以使政府的经济政策延续有力，有利于社会的稳定和社会经

[①]　孙笑侠：《论法律与社会利益——对市场经济中公平问题的另一种思考》，载《中国法学》1995年第4期。

济的持续健康发展；而社会的稳定、经济的安全、高速、持续有效发展，也有助于国家政权的稳定，因此，人们常将社会整体利益与国家利益混为一谈。但国家作为独立于社会存在的政治实体，其必然代表统治集团的利益，作为一个会异化的权力机器，它不仅不等同于社会整体利益，甚至有时会损害社会整体利益。由于国家的"权力"本性而带有较强的"强权色彩"，它有一个可依靠而且在相当程度上非常可靠的利益获得手段，而社会整体利益的形成机制则偏弱，在很大程度上要借助于国家权力的整合。因此，为避免国家借社会之名为自己牟利，进而侵犯社会及私人的合法利益，必须严格限制国家权力实现自身利益的领域，不允许国家利益任意扩张侵犯社会整体利益。但更重要的是要不断强化社会整体利益的整合和实现机制。

2. 经济法的社会整体利益观①

（1）摆脱国家主义。如前所述，国家利益与社会整体利益是两个根本不同的主体利益。经济法从其诞生之日起，就以"社会本位"作为其思想基础，旗帜鲜明地追求社会整体利益，以维护社会正义、追求社会进步为己任，代表着人类社会的超越和进步。但遗憾的是，在过去相当长的时期内，经济法的社会整体利益观一直受到各种各样的"误读"，社会整体利益往往被混同为国家利益，而对立于个体利益，经济法也就被视为"国家主义法"，这些"误读"造成人们对经济法产生抵触和排斥心理，经济法难以为世人所理解和接受，导致中国经济法今日的困境。因此，经济法的社会整体利益观必须摆脱"国家主义"的阴影，回复到社会本位的起点，否则，不仅经济法自身的价值不能得以弘扬，反而会助长国家权力的膨胀，成为扼杀个人权利和自由的魁首，助纣为虐的工具。

（2）弘扬和凸现社会本位。经济法要保障的社会整体利益是符合社会全体成员的共同要求的利益，高于个人利益，在当今这个"社会性"价值张扬的时代，此观念早已为人们所接受。所以，当社会整体利益与个人利益冲突之际，原则上，个人利益处于弱势地位，应该给社会整体利益让路，这一点在作为典型经济法的反垄断法中表现明显。事实上，在很多法律领域都存在，比如国家垄断经济领域排斥私人资本的进入，公众公司的设立需要经政府职能部门的审查批准等。这是由社会整体利益优位于个人利益决定的。当然，社会整体利益要符合社会整体的发展方向目标，这个发展方向和目标往往基于人们对现

---

① 冯果、万江：《求经世之道 思济民之法——经济法之社会整体利益观诠释》，载《法学评论》2004年第3期。

实的认识而确立，人类社会的发展最终要走向的是物质的丰富、社会的平等，社会生存环境的优越等，经济法要保障和增进的是社会整体的经济利益，所谓社会整体的经济利益就是社会整体的物质财富得以合理高效的增加，同时，社会财富增进的最终目标是使社会中绝大多数个体获益，这就涉及社会财富需合理地分配到社会成员手中。所以经济法要达到的社会总目标就是实现社会财富的"总量增进，合理分配"，这也是经济法法律制度建立的宗旨。

(3) 尊重个体利益。经济法所强调的社会整体利益绝不是将社会整体利益与个体利益相对立。正如有学者所指出的那样："社会整体利益与个体利益有区别，有矛盾，但并不是绝对对立的。社会整体经济利益的源泉和动力在于个体私利的激励与追求，即使于二者背离之处，国家对于社会公益的自觉推进和维护亦不能不以个体私利的弘扬为其价值基础，界定依据及逻辑规定。"[①] 蒋安教授更是明确地指出，经济法应该通过个体利益的最大化、普遍化和持续化来实现社会整体利益。他认为，个体利益的最大化是社会整体利益的前提，整体利益根植于个体利益，不能实现个体利益的最大化，就无法实现社会整体利益；个体利益的普遍化是社会整体利益的根本，整体利益不是个体利益的机械叠加，而是个体利益相互博弈的结果，只有尽量逼近绝大多数人的利益最大化的"帕累托最优"，并在不能实现最优的情况下尽量促进最小受惠者利益，才能实现从个体利益到社会整体利益的初步进化；个体利益的持续化是社会整体利益的升华，只有每一代人形成的个体都持续发展，历史长河中的人类才真正形成一个整体，才实现个体利益到社会整体利益的最终完成。[②] 这里所提出的"社会优位，个体基础"的经济法社会整体利益观堪为精辟，当成为经济法面对利益冲突时制度选择的基石。实际上，社会整体利益的承受主体是被看为一体的社会整体，此利益的最终受益者仍是社会成员，无论何种利益，其最终的受益者都是社会当中的个体，区别往往仅仅是受众的多寡，个人利益仅仅由个人承受，集体利益则是某个集体中的成员得益，但我们之所以要将整个社会作为一个团体考虑，是因为我们希望能够使社会全体或者绝大部分成员都受益，这其中蕴含着深刻的社会公平观念。因此，以维护社会整体利益为己任的经济法与维护个体权益为己任的民商法之间不仅不存在对立，而且完全应该互为衔接和补充。

---

① 刘红臻：《经济法基石范畴论纲》，载《法制与社会发展》1999年第4期。
② 蒋安、李晟：《经济法的社会整体利益观解读》，载《第十届中国经济法理论研讨会论文集》，第159页。

3. 社会整体利益的代表、整合与形成机制①

（1）国家可以也应该成为社会整体利益的代表。任何利益的伸张都需要有代表者，每一个代表者身后都站着一个利益集团。各利益集团的代表通过国家立法机构，在立法过程中依照相应程序伸张自身所代表的利益，通过多方的讨价还价，最终与其他不同利益集团形成博弈的妥协，并必然反映为一纸"契约"，该"契约"一旦在立法机构获得通过，就成为国家认可的法律，颁行于整个社会。该法律案是以国家的名义发布的，对全体社会成员均有约束力，具有最高的权威性。从这个层面上说，任何法律的出台，都是社会中不同利益集团彼此间冲突妥协的结果，是对利益分配方式和界定状态的认可，并是由国家的强制力保障实施的。

然而，社会整体利益是具有社会广泛性、整体性及"理性共性"的。首先，该利益因为"社会"的广泛性决定了其不可能仅仅由特定的小范围成员构成的利益集团享有。因为社会整体利益是整个社会所有成员共享的利益，这些利益不是仅仅对社会中某些人带来好处。小范围的社会成员组成的利益集团代表不了全社会的利益，这决定了非具有社会广泛性的团体不可能成为社会整体利益的代表。其次，社会整体利益的整体性意味着该利益的承受者是社会整体，这一整体并不是简单的社会成员的个体集合，而是通过一定的组织性联合在一起的一个团体。这个团体有其自身复杂的内部运行模式，并有其特殊的利益诉求。这意味着社会整体利益必然要求特定的利益代表者存在，以伸张维护该利益的诉求。而不可否认的是，正是国家将整个社会的成员集合在了一起，并将社会成员间的不同联系方式以法律这一权威性的"文件"固定下来，使社会得以稳定的状态存在着。因此，毫无疑问，国家具有代表社会整体利益的适格性。最后，社会整体利益还具有"理性共性"。所谓"理性共性"是指一定的个体通过一定的纽带彼此间产生联系，结成一个整体，该整体无论内部如何有冲突和争执，但是对外有共同的生存利益，该生存利益并不是简单的所有个体的共同的利益要求，事实上，要在整个社会中所有人在一个领域内同一时点寻找到共同的利益诉求是不可能的，但是社会这一由人组成的团体会出于人的理性而"自觉"抽象出符合社会发展规律的、对社会绝大多数人有益的利益诉求，该诉求就是具有"理性共性"的社会整体利益。而社会内部通过大量的争执、交易、妥协达成的以社会整体的名义对外的利益诉求只有借助于具

---

① 冯果、万江：《社会整体利益的代表与形成机制探究——兼论经济法视野中的国家与政府角色定位》，载《当代法学》2004年第3期。

有广泛的民主商议机制来实现。而在现代，唯有国家具有如此成熟的覆盖面最广的民主商议机制，自然，国家作为社会整体利益的代表具有制度上的现实性。

（2）政府在社会整体利益整合过程中的角色。所谓整合，是指"对系统内各单位之间关系进行调适使之具有一定的同向性、协调性乃至团结性的过程，其方向正是国家为社会发展所规定的方向"。① 而所谓社会整体利益的整合是指在社会成员个体利益产生冲突进而彼此协调的过程中，通过国家特定的商议博弈机制，各个体利益一方面彼此协调妥协，在利益的退让与获取之间达成一致；另一方面，在成员之间复杂的联系之上抽象出作为整体性的共性的利益指向，两方面结合，形成共同的整体性的利益诉求的过程。在社会整体利益的整合过程中，政府因为其自身的特殊性而扮演着特殊的角色。

首先，毫无疑问的是，政府具有自身的利益。现代社会政府事实上扮演着国家统治者和社会公共管理者的双重角色。作为统治者的政府，无疑掌控着国家的大部分资源和权力，这些利益对于政府中的政治家以及政治家身后的既得利益者们而言，必然不会轻言放弃。但随着民主政体的发展，社会公民对统治权的赋予具有越来越强势的选择权利，政府作为统治利益既得者，必然通过满足具有选择权利的社会民众的要求的方式以稳固其统治权力。于是，政府的行为当中为社会公众考虑的内容会越来越多，也就体现出政府作为公共管理者的角色了。应该说，随着政治文明的发展，政府由统治者向社会公共管理的转变是必然的趋势，但在这一转变过程中，政府的统治者身份不消亡，统治利益就不会消失，政府就会为维护其统治利益而努力。作为社会公共管理者，对社会的公共管理需要掌握一定的经济和权力资源，政府掌控的经济和权力资源越多，其能力也越强，可为的公共服务也就越完善，获得民众的认可度就越高，因而，即便是作为社会公共管理者的政府，其仍然有自私性的利益诉求。正是这两部分利益，构成了现今政府的自身利益。但是，政府的自身利益是附随于社会整体利益之上的。国家法律要求政府以维护社会整体利益为己任，但法律又限制政府利用手中权力谋求私益的行为。因此，在法律的框架下，政府只有在最大化地维护社会整体利益的基础上，才能实现自身利益的最大化。

其次，政府因为有了自身的利益诉求，在为公众谋求利益的过程中不可避

---

① 龚廷泰、戴瑞：《社会利益关系中政府的角色定位与行为定阈》，载《江苏社会科学》2001年第6期。

免地会有"私心",从而在社会整体利益的整合过程中不可能保持完全的中立性。因为政府手中掌控的大量经济与权力资源,可以为社会整体利益的最终整合一致发挥重要作用,因此,社会整体利益的整合不可能摒弃政府的参与。事实上,作为国家的核心构成"部件",政府如果不介入,任何的利益诉求都会显得缺乏实际,困难重重。同时,我们也应该注意,政府利益尽管存在,但其与社会整体利益的关系并非完全对立,相反,政府的利益往往是在政府满足社会整体利益诉求的前提下实现的,因此,在大部分情况下,政府也同样是以维护社会利益这一面目出现的,这也是有人认为政府是社会整体利益的代表者的原因之一。与社会整体利益相比,政府利益与社会成员的其他个体利益性质相同,均为可能会与社会整体利益产生冲突从而损害社会整体利益的利益形态,只不过与社会其他个体利益相比,政府如不被良性控制,政府对自身利益的谋求更有可能给整个社会带来不可估量的灾难,因此,在社会整体利益的整合过程中,既要依赖于政府的力量,又必须防范政府在谋求自身利益的过程中对社会整体利益的损害,这决定了政府在社会整体利益整合过程中表现为在国家立法机制的框架下推动社会整体利益的整合力量。

(3) 社会整体利益的整合与形成机制。社会整体利益整合的动力源自于社会化时代社会整体化理念的张扬,源自于社会共同发展的需要带来的社会作为一个单一整体的利益诉求,正是因为存在社会整体利益的诉求,才有了对社会整体利益的整合要求。而社会整体利益的整合者非国家莫属,唯有国家具有社会整体利益的利益代表资格和能力,整体利益的整合唯有以国家名义,通过国家的商议博弈机制,最终通过形成国家权威性的法律来实现,当然政府在其中发挥了重要的工具性作用。因此,社会整体利益的整合最终的结果会表现为通过国家颁布法律对其进行确认和保护。

社会整体利益的整合过程包括两个阶段:第一是形成同向性的利益指向阶段,第二是在该利益指向之下,个体利益之间、个体利益与社会整体利益之间的冲突和对峙的解决方式的设计。换言之,先要形成一定的共同指向性的利益诉求,在此基础上,需要设计相关的制度解决可能会面临的该利益与其他利益之间的冲突,前者重在确定利益之内容,后者重在保障利益之实现。就第一个阶段而言,在没有形成社会整体利益之前,社会成员纷纷为谋求自身利益以理性人的"牟利理性"牟取各自利益的最大化,政府作为个体之一在其中也不例外。然而,个体取得的利益多寡的不均衡,使得社会成员因既得利益的差异而出现竞争地位的分化,处于利益冲突间强势地位的个体发现通过损害其他个体利益方式牟取自身利益的过程比通过自己投入产出获取利益的效率更高,于是就出现了社会成员个体通过以掠夺他人利益的方式来增进自身利益，而放弃了单纯的创造物质财富的利益牟取模式，如此，对于整个社会和国家而言，整体的物质利益远不像小国寡民时代因成员各自忙于生产创造物质财富而获得总量上的增长，却一方面因为成员们相互之间的恶性竞争，剥削和掠夺而放弃对生产和创造财富的追求使得社会财富的总量增长缓慢，同时在另一方面因为成员个体地位的分化导致成员之间的矛盾集中和扩大化，带来社会的不稳定，如此对社会整体利益的增进反而产生负面影响，于是，社会整体的利益增进出现危机，最终使得社会绝大多数成员利益遭受损害。在这一背景之下，以维护和保障社会整体利益的方式谋求个体利益的增进成为社会上绝大多数成员的共识。可见，在全社会范围内，形成同向性的利益指向几乎是一个自发的过程，之后会有代表性的社会成员提出，经过广泛的社会成员间的商讨，最终形成一定的社会共识。与第一个阶段相比，社会整体利益整合的第二个阶段则要复杂得多。这个阶段也是决定整体利益能否得到切实实现的关键。一方面，其要面临与其他利益之间的冲突，另一方面，要在与其他利益妥协的基础上获得国家的权威性的认可和保护。社会整体利益是具有"理性共性"的，其并非简单的社会成员个体利益的共性的提取，因为正如上面我们所论述到的，不可能在某一个时点在全体社会成员利益中有一个同一指向的共性利益诉求，社会整体利益只能是对成员个体利益抽象的共性提炼。比如，所有人都有生存利益需要，在某一个时点，穷人需要社会的救济，而富人则不需要，而在另一个时点，之前的富人可能变为穷人，这时他也会需要社会的救济，如此，对穷人的社会救济就成为社会成员的个体利益的共性提炼，这是社会整体化的体现，也是社会整体利益的局部实现。既然如此，在任何一个时点，任何一个场合，社会整体利益都不可能与所有的社会成员的个体利益协调，因为不同时点下不同场合成员的利益诉求都不尽相同，这样，社会整体利益与个体利益的冲突自然就出现了。既然社会整体利益不能只停留在口号与观念上，要深入到社会各项具体制度当中去，其必然要面对在不同的微观领域与不同个体利益的冲突。解决冲突的唯一方式就是双方达成妥协。于是，我们可以看到在不同的法律制度当中，体现出的社会利益侧重面都有所不同，就在于在该项制度中，社会整体利益的保护在某些方面作出了让步。

综上所述，经济法是社会整体利益维护机制的法律化形式，维护社会整体利益原则不仅契合于经济法的精神、理念和价值旨趣，而且贯穿于经济法制度设计的始末，将其作为经济法基本原则，可以说是天经地义、无可非议。

二、案例分析

【案例】

新一轮房地产市场调控与保障性住房建设案①

中国的房价,自 1998 年房地产市场化改革后,一路上涨。特别是 2005 年后,房价更是猛涨。有报道称,北京、上海、深圳等地的人均收入还不到东京的 1/10,而房价已比肩东京,甚至比芝加哥的房价还贵。为了化解高房价带来的社会矛盾,维护房地产市场的健康和理性发展,从 2009 年底,中央政府开始了新一轮的房地产市场调控。2010 年 1 月 10 日,国务院办公厅发布了《关于促进房地产市场平稳健康发展的通知》(简称"国 11 条"),出台了 11 条措施,剑指高房价。2011 年 1 月 26 日,国务院常务会议再度推出 8 条房地产市场宏观调控举措(简称"新国 8 条")。在这些宏观调控措施中,保障性住房是最大的亮点之一,也是中低收入群体最为关注的问题。所谓保障性住房,是指根据国家政策以及法律法规的规定,由政府统一规划、统筹,提供给特定的人群使用,并且对该类住房的建造标准和销售价格或租金标准给予限定,起社会保障作用的住房,主要包括城市的廉租住房、城市的经济适用住房,也包括在一些林区、垦区、煤矿职工的棚户区(危旧房)改造、游牧民定居工程。

"十一五"期间,我国以廉租住房、经济适用住房等为主要形式的住房保障制度初步形成。通过各类保障性住房建设,五年间,全国 1140 万户城镇低收入家庭和 360 万户中等偏下收入家庭住房困难问题得到解决。到 2010 年底,我国城镇保障性住房覆盖率已达 7%~8%,城镇居民人均住房面积超过 30 平方米;农村居民人均住房面积超过 33 平方米。今后一段时期,我国将进入保障性住房建设"加速跑"阶段。保障形式继续以包括廉租房在内的公共租赁住房、包括经济适用房在内的政策性产权房和各类棚户区改造安置房等实物住房保障为主,同时结合租金补贴。未来五年,全国计划新建保障性住房 3600 万套,大约是

---

① 参见《9000 亿保障房资金 变局楼市 改善民生》,资料来源:地产中国网,2011 年 8 月 8 日访问;冯辉:《论地方政府在当下房价调控问题上的角色转换及法律规范》,载《广东社会科学》2011 年第 4 期。

过去10年建设规模的两倍；同时，每年还将改造农村危房150万户以上。值得一提的是，2011年全国就将开工建设保障性住房和棚户区改造住房1000万套，比上年增长70%以上，创历年之最。目前，上述任务已分解到各地。通过大规模保障性住房建设，到"十二五"末，全国城镇保障性住房覆盖率将提高到20%以上，基本解决城镇低收入家庭住房困难问题，同时改善一部分中等偏下收入家庭住房条件，帮助更多困难群众实现"安居梦"。

【问题聚焦】

如何认识高房价背后的利益格局？政府大规模建设保障性住房的动因是什么？如何遏制房地产市场的非理性繁荣以维护社会整体利益？

【法律剖析】

房地产调控涉及房地产开发商、购房者、地方政府等众多主体之间的利益博弈，无论是二套房首付比例、限购政策，还是房产税试点、保障性住房建设，任何一项房地产调控措施都牵动着利益相关者的敏感神经。房地产开发商属于社会精英群体，他们只代表少数权贵阶层的利益，因此绝对不能将其利益置于社会整体利益之上。地方政府在房地产调控中充当着重要角色，是中央政府宏观调控的执行者，但这并不意味着地方政府的利益等同于社会整体利益。其实，地方政府是高房价的最大受益者之一，出于地方财政以及其他寻租行为的考虑，地方政府甚至会与房地产开发商沆瀣一气，达成利益共谋。在房地产调控涉及的利益相关者当中，惟有广大购房者（尤其是中低收入群体）的利益才属于社会整体利益的范畴，他们的利益诉求理应成为房地产调控的价值基点。在房地产调控的利益博弈中，中低收入群体无疑是天然的弱势方，如果他们的正当利益不能得到维护，则社会的实质公平与正义将遭受减损，经济法的社会整体利益观也将形同虚设。鉴于高房价引发的诸多社会矛盾，代表社会整体利益的国家必须出重拳打击房地产泡沫和非理性行为，矫正失衡和扭曲的房地产利益格局。我们也可以清晰地看出，中央政府最近的房地产调控措施，无不带有明显的维护社会整体利益的"良苦用心"。首先，明确住房问题是重要的民生问题，这在房地产调控措施中还属首次，体现了以人为本的精神；其次，强调改善群众居住条件是城市住房制度改革和房地产业发展的根本目的，和以往的调控措施相比，新一轮的房地产调控措施没有再把住房商品化、社会化作为目的，彰显了对社会弱势群体的人本关怀；再次，明确要加快建立健全以廉租住房制度为重点、多渠道解决城市低收入家庭住房困难的政策体系，并出台了强有力的制度措施，凸显了中央政府维护中低收入群体利益的决心与信心。

在现代财产法理论上，住房不仅是不动产，还是生存财产和人格财产，因此，住房是一个厚重的民生问题。① 住房保障制度关注的是中低收入群体的住房需求，带有浓郁的维护社会整体利益色彩，正如有学者所言，住房保障制度有利于防止房地产市场的过度物化，体现了人本关怀，有利于人的自由发展，有利于人与人之间关系的和谐。② 从理论上分析，拥有适当的住房是每一个人生存的基本权利之一，与教育、医疗、就业、养老保障一样，也是社会保障体系中的一个重要组成部分。应当说，保障每一位公民的基本住房权是政府应承担的义务和责任。而从实践上看，世界各国和地区也普遍实施不同形式、不同程度的住房保障制度，而且都取得了令人满意的社会效果。③ 因此，保障性住房制度的建立有理论依据和实践基础。从我国十余年保障性住房的建设成果上分析，虽然存在不可回避的问题，但保障房建设取得的成绩也显而易见。首先，确实有一大批中低收入的家庭解决了住房困难，实现了居者有其屋的理想。保障性住房制度是从低收入到高收入次序解决住房问题，而商品房制度在市场机制中，客观上永远是从高收入到低收入次序解决住房问题。如果没有保障性住房制度，中低收入家庭将会长期或永远也不能获得基本住房权。至少，我国保障性住房制度的实施，让一部分中低收入的家庭实现了住房梦，让更多的家庭也看到了拥有住房的希望。因而，在众多的质疑声中，也得到了不少专家学者和家庭的认同。其次，保障房建设对调控房地产市场、拉动国民经济增长起到了重要作用。我国已将土地供给作为第四大宏观调控手段，保障房的建设就是土地宏观调控的有力政策工具。通过加大保障性住房用地供应，减少商品房用地投入市场，可以降低房地产总体价格水平，既能拉动经济增长又能抑制房地产过热。实践证明，一些以保障住房供应为主题的国家或地区，如新加坡、中国香港，住宅市场运行都较为平稳。

---

① 生存财产是指为维持所有人最低限度的生存所必需的财产，人格财产是指与人格紧密相连、其灭失造成的痛苦无法通过替代物补偿的财产。参见徐国栋：《民法典与民法哲学》，中国人民大学出版社2007年版，第130页。

② 王炳：《论我国房地产调控新政的现代性突破及完善》，载《现代管理科学》2007年第10期。

③ 陈耀东、田智：《我国保障性住房制度的法律思考——以房地产宏观调控政策为背景》，载张守文主编：《经济法研究》（第8卷），北京大学出版社2011年版，第225~226页。

为此，我们看到，十余年来，我国的保障性住房制度建设不但没有削弱或停止，而且越来越得到中央和地方各级政府的重视，也逐步得到广大专家学者和社会群众的认同。近几年的保障性住房制度建设和投入说明，我国保障性住房建设已进入快速发展时期。2010年12月10日至12日在北京召开的中央经济工作会议又明确提出："要加快推进住房保障体系建设，强化政府责任，调动社会各方面力量，加大保障性安居工程建设力度，加快棚户区和农村危房改造，大力发展公共租赁住房，缓解群众在居住方面遇到的困难，逐步形成符合国情的保障性住房体系和商品房体系。"而已经列入国务院立法计划中的《住房保障法》则会将我国的保障性住房建设纳入法制管理的轨道。地方政府已充分认识到保障性住房建设的重要性和紧迫性，不少地方政府开始加大保障性住房建设。各地根据中央的政策，正在迅速完善保障住房体系建设、制度体系建设、投资体系建设。未来，不同层次、不同类型的保障性住房建设将成为中低收入家庭解决住房问题的主要途径。

三、深度拓展思考题

1. 可持续发展是否应当成为经济法的基本原则？
2. 政府为什么不是当然的社会整体利益的代表？
3. 社会整体利益的实现和维护机制面临哪些制度上的障碍？怎样克服？
4. 住房权能否入法甚至入宪？政府在保障公民"免于匮乏的自由"方面应如何作为？

第二章 经济法主体

[本章知识结构图]

```
           ┌ 市场主体 ┬ 投资者、经营者、消费者与劳动者
           │         ├ 公用企业的社会责任
           │         └ 商业银行的经济法主体地位
经济法主体 ┼ 经济行政主体 ┬ 经济法中的政府角色及其合理定位
           │             ├ 中央与地方财政关系的经济法调整
           │             └ 中央代发地方债券的信用、风险与责任
           └ 社会团体 ┬ 经济法中社会团体的角色
                     ├ 商会的经济法主体地位
                     └ 商会自治的缘由、路径与限度
```

第一节 市 场 主 体

一、知识点精解

（一）市场主体的界定与经济法中的企业角色

市场经济是一种主体经济，具备独立地位的市场主体是市场经济发展的根本动力。在市场这个平等、自由的舞台与空间里，市场主体因其抽象的平等性而成为民事主体，因其营利性而成为商事主体，因其具体性和不对等性而成为经济法主体。谓其"具体性"，是指经济法视野下的市场主体打破了民商法用"权利能力"和"行为能力"对市场主体法律人格的高度抽象，将其还原为投资者、经营者、消费者与劳动者四种具体身份。① 谓其"不对等性"，是指经

---

① 王全兴：《经济法基础理论专题研究》，中国检察出版社2002年版，第416～435页。

济法视野下的市场主体被社会分化为不同的层次,强者恒强,弱者更弱,尤其是在消费领域、竞争领域和劳动领域,由于市场主体力量的不对等、信息的不对称和资源占有的不均衡,导致大量无意志自由、无选择自由的市场主体沦为社会弱势群体。要改变这种状况,就必须对市场主体进行重新定位,在承认他们形式上平等性的同时,还必须正视他们实质上的不平等。经济法应当以市场主体的不平等为价值预设,建立倾斜保护与矫正机制,以实现社会实质正义为目标,尽力缩小市场主体在经济力量与社会地位方面的差距,维持整个社会的持续和健康发展。①

将经济法市场主体界定为投资者、经营者、消费者与劳动者四种具体身份虽然颇有新意,但该观点过于注重形式上的体系化,对经济法市场主体内在标准的统一考量不周。因为投资者更多地适用于经济学领域,而劳动者更多地归属于劳动法或社会法领域,将经济法的市场主体界定为经营者与消费者才较为合理。鉴于本书对消费者有专章阐述,在此仅对经营者的经济法主体地位进行探讨。

在经济法中,经营者是一个广泛使用的概念。如《反不正当竞争法》第3条规定:"本法所称的经营者,是指从事商品经营或者营利性服务的法人、其他经济组织和个人。"《反垄断法》第12条规定:"本法所称经营者,是指从事商品生产、经营或者提供服务的自然人、法人和其他组织。"尽管法律对经营者的概念表述有所差异,但经营者的涵盖范围却是大同小异,主要包括企业、个体工商户、农村集体经济组织以及从事营利性活动的事业单位等。毫无疑问,企业是最主要的经营者。企业并不是经济法主体的特有范畴,它同样是非常重要的民商事主体,二者的区别就在于对企业的"经济人"和"社会人"两种角色的强调程度不同。② 民法实行意思自治原则,强调和维护民事主体的"经济人"本质,疏忽和淡化民事主体的"社会人"本质。商法遵循营利性原则,营利性是商事关系的本质属性,商法规则以保障商主体和商行为的营利目的为己任,③ 所以商法同样强调和维护商事主体的"经济人"本质。与民商法不同,经济法的目的在于克服市场失灵和政府失灵,实现自由经营和国家干

---

① 吕忠梅、陈虹:《经济法原论》,法律出版社2007年版,第165~166页。
② 单飞跃、王显勇:《经济法视域中的企业法》,中国检察出版社2005年版,第235~236页。
③ 叶林、黎建飞:《商法学原理与案例教程》,中国人民大学出版社2006年版,第11~12页。

预的良性互动，因此，在对待企业的问题上，经济法一方面要确认国家干预，以适当限制企业的"经济人"属性，强化企业的"社会人"属性，最终预防或消除企业的自利所引发的社会问题；另一方面，经济法要规范和限制国家干预，以充分尊重企业的"经济人"属性，从而调动企业及其投资者经营的积极性，最终利用企业及其投资者的"经济人"动机，实现社会经济生活的繁荣。① 因此，经济法视域下的企业便具有了"经济人"和"社会人"的双重角色，经济法以实现企业的这两种角色的协调为其基本任务，企业（尤其是银行、铁路、民航、石油、电信等公用企业）社会责任的强调，在一定意义上就是为了协调企业的双重角色，特别是保障企业的"社会人"角色的重大措施。商法也强调企业社会责任，甚至开展了企业社会责任立法。② 与商法视域下的企业社会责任相比，经济法视域下的企业社会责任，无论是在责任主体还是责任内容上均有其特殊性，也需要法律作出有针对性的制度设计。下面以公用企业的社会责任为例对此进行展开。

（二）公用企业社会责任的特殊性考量

我国 1993 年国家工商行政管理总局颁布的《关于禁止公用企业限制竞争行为的若干规定》将公用企业定义为从事供水、供电、供热、供气、邮政、电讯、公共运输等公用事业或行业的经营者，其实，从事银行、石油、石化等行业的经营者也应被纳入公用企业的范围。公用企业相对于非公用企业而言，具有特殊的社会地位。正是这种特殊的社会地位决定了其要承担更多的特殊类型的社会责任。公用企业特殊的社会地位主要体现在以下 7 个方面。

第一，一定程度的垄断性。世界各国从事公用事业的公用企业都或多或少地居于垄断地位，而且很多细分行业的公用企业还居于自然垄断地位。西方国家的经济学理论更是认为，"在公用事业产业领域具有自然垄断性，过多企业进入可能导致传送网络和相关基础设施的高成本重复投资"。③ 虽然，伴随着技术的进步和社会的发展，当今世界各国对公用企业的自然垄断性有了新的认

---

① 李昌麒主编：《经济法学》（第二版），法律出版社 2008 年版，第 179 页。
② 如 2005 年修订的《公司法》第 5 条第 1 款规定："公司从事经营活动，必须遵守法律、行政法规，遵守社会公德、商业道德，诚实守信，接受政府和公众的监督，承担社会责任。"
③ ［美］丹尼尔·F.史普博：《管制与市场》，余晖、何帆、钱家俊、周维富译，上海人民出版社 1999 年版，第 5 页。

识,相关公用企业的自然垄断性不断受到质疑。"20世纪中后期,世界主要发达国家如美国、英国、日本对公用事业进行了改革,对于原本公用事业自然垄断领域引入竞争机制,如英国的电力市场改革和日本的邮政行业改革"。① 然而,这并不能否定公用企业的一定程度的垄断性地位,只能说是公用企业的自然垄断性一定程度的弱化。引入竞争机制的公用事业领域并不能实现充分的竞争,市场大都具有或多或少的寡头垄断性。我国公用企业同样具有高度的垄断性,相关细分行业或具有自然垄断性或具有寡占垄断性。国家电网、铁路线路、公共交通、民航、电信等经营领域的公用企业,要么具有国家或地方性垄断地位,要么就是几大经营寡头实际上居于垄断地位。

第二,公益性。公用企业作为一个从事生产经营的企业,必然要从事大量的经营行为。这些经营行为虽具有直接的营利性,但就公用企业的公用本质而言,该经营行为仍然服务于公用企业之"公用",不以营利为目的,而是追求公益的终极目标。公用企业追求社会公益目标是公用企业之"公用"的必然要求。公用企业之公益性目标可以从两个层面来理解:一是公用企业提供的产品或服务是社会生活或生产主体维系其生产或生活的必需品,具有公用性;二是公用企业的存在就是为了向社会提供符合各方面要求和满足供应需求的公用产品,其存在目的具有公益性。公用企业的公益性目标要求公用企业不断追求良好的经营效益,不断追求公用产品的质量安全以及追求产品供应量的稳定等具体公益目标。

第三,政府管制性。"政府管制又被称为政府规制、管制和行政管制"。② 现今的学者更喜欢用"政府规制"这个词。对于公用企业的政府管制,学者往往认识不一,所下定义也层出不穷。但多数学者都认为公用企业的政府管制是政府运用行政手段对公用事业领域进行的市场介入和控制,实质上是国家干预经济,从而弥补市场调节的不足。传统上各国对公用事业经营领域都实行严格的政府管制,确认并维持这些行业的自然垄断地位,同时基于公共利益理论和自然垄断理论对公用企业的经营行为进行各方面的政府管制。"20世纪70年代以后,各国管制机构开始根据新的环境和条件,调整自己的管制方法和活动,把自己从对自然垄断企业的直接干预中解放出来,公平对待新的市场参与者,政府管制的重点也从直接对企业行为的规制转移到对市场结构的调整,即

---

① 赵西亮:《自然垄断行业:竞争与管制的选择》,载《理论学刊》2000年第6期。
② Majone, Giandomenico, *The Rise of the Regulatory State in Europe*, *West European Politics*, 1994, pp. 77-81.

降低市场壁垒和导入竞争机制,从而使各国管制机构处于一种超然的地位"。① 然而这种改变只是一种放松管制,是根据市场条件的变化对具体管制方式的调整,目的是为了更好地管制公用事业,而不是对政府管制的放弃。总之,公用企业现在以及将来都必然面对着政府的不同程度的行政管制。

第四,封闭性。所谓公用企业的封闭性是指公用事业领域大多是国家直接投资,国家垄断经营,社会资本不能或难以进入,企业财物、职工收入等企业信息处于封闭状况的社会状态。对公用事业领域的市场准入和退出,世界各国大都实行不同程度的政府管制。社会资本很难进入公用事业服务领域,经营主体的流动性不强,公用企业经营领域具有封闭性。相对于非公用性企业而言,公用企业的封闭性还体现在,企业财物、职工收入等企业信息的封闭性。公用企业的信息,社会公众很难知晓,有时即使是处于监管者和投资者地位的政府也难以获取公用企业的真实经营信息。因此在公用事业领域,我国常见的奇怪现象是公用企业一边大肆虚报亏损额,另一边却是企业职工高额享受垄断福利。

第五,从事行业的基础性。公用事业主要是指供水、供电、供热、供气、邮政、电讯、公共运输等行业,这些行业具有国民经济基础产业性质。公用企业从事的公用事业都是国民经济其他产业发展所必需的基础产品或服务。国民经济整体的平稳发展有赖于国家公用事业的健康、繁荣发展。人要喝水,企业要用电,社会生产和生活,脱离不了从事公用事业的公用企业而存在。

第六,提供产品或服务的连续性。公用企业从事的公用事业亦即提供的产品或服务具有供应过程的连续性。公用企业必须满足社会对公用产品的长期不间断的普遍需求。公用企业这种特殊的社会地位表现在宏观和微观两个层面。宏观层面,与一般的商事企业相比,公用企业不享有进入和退出市场的自由,公用企业必须长期保证提供公用产品过程的可靠性和稳定性;微观层面,公用企业的订约和解约的自由受到极大的限制,乃至其基于法定理由暂时中止履行合同也必须履行相关通告等先行义务。

第七,消费者的广泛性。公用产品是社会生产和生活的必需品,每个社会主体无时无刻都需要消费公用产品。公用企业的消费群体通常涵盖了整个社会,公用企业实质上是为了整个社会的发展服务。与一般商事企业的特定消费群体不同,公用企业从事的公用事业领域具有消费者的广泛性特点。

现代企业公司法理论认为公司除了追求企业利润,考虑股东的利益,在企

---

① 祁欢:《公共服务与反垄断法豁免制度》,载《政法论坛》2007 年第 4 期。

业生产经营过程中还要考虑职工、环境、社会等利益相关者的利益。企业社会责任理念，今天已成为了一种世界性共识。公用企业作为现代市场经济中的生产经营组织，其必然也要承担相应的社会责任。非公用企业所要承担的基本的社会责任，如保护环境，保护职工权益等社会责任事项，公用企业也应该无一例外的承担。但公用企业具有垄断性、公益性等特殊的社会地位。公用企业一定程度的垄断性，使得公用企业提供的产品和服务，消费者没有或很少有替代选择；公用企业的公益性要求公用企业要时刻考虑社会公益目标，而不是营利最大化。公用企业所有的这些独特地位，都要求公用企业必须充分考虑消费者、社区等利益相关者的利益。公用企业除了要承担一般商事企业应该承担的基本的社会责任，还要承担基于其自身的特殊社会地位而抽象出来的不同于一般商事企业所应当承担的特殊类型的社会责任。概言之，公用企业社会地位的特殊性，要求公用企业承受更多的特殊类型社会责任的拘束。这种社会责任是公用企业所独有的，一般商事企业不用承担这种严格的社会责任。

（三）公用企业社会责任的法律化及其限度

1. 公用企业社会责任法律化的类型展开

（1）公用企业承担的强制性法律规范义务。

其一是强制缔约义务。作为民法三大基本原则之一的契约自由思想，促进了市场的自由竞争，也促进了资本主义市场经济的发展。但是古典绝对契约自由的理论，在资本主义进入垄断阶段以后，产生了一系列社会问题。在垄断资本主义阶段，经济生活中的社会主体在博弈能力各方面已经有了巨大的反差。这时绝对的契约自由的思想，成为了垄断资本家谋求暴利的合法工具，造成了"强者恒强，弱者恒弱"的社会畸形发展现象。劳动者和雇主、大企业和消费者、出租者和租借者之间的矛盾日益加剧，经济弱者的利益在契约自由的原则下受到了损害，契约自由思想受到了严重挑战。于是产生了法律演变的两条路径，一是注重实质正义和社会整体经济利益的现代经济法的产生，二是民商法理论自身的修正。强制缔约义务正是在这种背景下，作为契约自由的一种例外，作为民商法理论的一种修正而被提出。

强制缔约义务是指缔约一方当事人，在另一方当事人发出要约后不得拒绝与其订立合同的一种强制义务。对于强制缔约义务的适用范围，虽未有统一的认识，但公用事业领域适用强制缔约义务，已成为了一种共识。如我国台湾地区的"邮政法"、"电信法"、"电业法"、"自来水法"、"铁路法"；日本《电气事业法》、《煤气事业法》；德国《邮政法》、《铁路运输条例》、"能源法"

等有关强制缔约的规定；在法国，根据判例，司法助理人员以及公共服务机构等享有垄断权利的个人或法人必须和任何一个向其提出请求的人订立合同。① 我国《合同法》也有类似规定，如第289条规定了从事公共运输的经营者的强制缔约义务。但总体而言，我国对于公用企业的强制缔约义务的立法规定过于模糊，适用范围明确限定于公共运输领域，且没有对违反强制缔约义务的法律责任作出系统性规定，实务中难以操作。

公用企业的强制缔约义务主要是为了追求实质正义，保护处于博弈弱势地位的交易者的利益。基于这一核心理念，笔者以为，当交易相对方没有其他替代选择，或虽有替代选择但情势紧急，不尽快缔约会造成难以弥补的损失时，公用企业应当承担强制缔约义务。也就是说任何公用企业在满足上述条件时都必须承担强制缔约义务。如在我国，电信行业已经初步形成良好的竞争格局，消费者已经有了选择权，那么立法一味规定各大电信企业承担强制缔约义务，势必会增加企业的运营成本和企业发展战略。但若消费者作出替代选择，成本会大大增加，相关公用企业应当承担强制缔约义务。在明确公用企业承担强制缔约义务的适用条件后，进而就要在立法上确定强制缔约义务在公用事业领域的适用范围。对于违反强制缔约义务的责任制度体系，包括民事责任、行政责任和刑事责任，立法也应尽快予以完善。

其二是价格非自主义务。所谓公用企业的价格非自主义务是指公用企业承担的在公用产品或服务价格确定上的非自主决定性，而需依据政府定价或政府指导价来确定产品和服务价格的法律上的强制义务。对公用企业提供的产品或服务价格实现政府管制，主要是出于保护处于弱势地位的消费者利益和维护社会公共利益，防止公用企业利用其垄断地位和自主定价权超高标准定价。虽然20世纪80年代以来，西方国家大多放开了大部分商品价格，然而对交通运输以及自来水、煤气、电力、房租等公用事业的价格和收费，仍由政府管理。例如美国1978年通过的《联邦能源法》、《公用事业调节法案》中就有对电价的制定与管理的专门规范，以及在许多国家的宏观经济调控法律中，也有关于公用事业价格调控和管理方面的规范内容。② 我国《价格法》规定了公用事业领域实行政府定价和政府指导价的价格管理制度，同时规定了制定关系群众切身利益的公用事业价格的政府指导价、政府定价，应当建立听证会制度。现实

---

① 任毅：《违反强制缔约义务之民事责任研究》，大连海事大学2008年民商法学硕士学位论文。

② 漆多俊主编：《经济法学》（修订版），武汉大学出版社2004年版，第553页。

中，在我国举行的诸多价格听证会，也主要是为了确定公用事业的价格。

公用事业价格实行政府定价和政府指导价，通过听证制度来确定公用事业价格，这种制度设计有利于保护消费者利益和整体社会和谐。但要激发制度的应有功效，笔者认为要注意三点。一是价格听证制度的实现形式应多样化。我国《价格法》只规定了听证会形式，显然过于狭窄。听证制度的实现还可以采用网上抽查、问卷调查或信函方式；二是要协调好各方利益，反映在价格听证制度中就是要科学设计参与听证的各方人员的比例；三是确保听证参与人的信息知情权，只有充分获取了公用事业的各方信息尤其是价格信息，听证参与者才能正确发表听证意见；四是确保价格听证制度在价格决定中的地位，不能为了听证而听证。

其三是持续信息披露义务。持续信息披露义务是证券法上的重要概念。一个公司进入证券市场融资不可避免地面临着大量的信息披露事务。公司在发行股票及股票上市时的信息披露，被称为初始披露。根据法律的要求，发行人公司要在上市期间不断地向市场中的投资者披露信息，这被称为"持续的信息披露"。初始披露是一次性的，是静态的，是向市场的第一次信息注入；而持续信息披露却是长期的，通过不同阶段所披露信息之间的对比，投资者可以获得一种动态的印象。

有学者提出，为了配合公司社会责任的落实，督促公司承担社会责任，提高公司履行社会责任状况的透明度，建议在全国实施公司行为公开化的阳光工程。① 公用企业具有一定程度的封闭性，为了便于对公用企业的政府管制和社会监督，确保消费者和相关方的知情权以及保障价格听证制度的充分实施，笔者认为应该从法律上确定公用企业的持续信息披露义务，而不仅仅是建议信息公开。就持续信息披露义务具体制度设计而言，首先，持续信息披露主体应是具有垄断地位、社会难以从正常渠道获取各方面信息的公用企业；其次，披露范围应该主要包括产品成本、企业财物、人事和行业发展规划和布局等信息；再次，应当建立并畅通社会获取这些信息的渠道，如要求公用企业定期在相关网站、媒体、报刊上披露信息，并建立可供查询的机制；最后应建立信息披露义务豁免的制度，如已经实现竞争的公用事业，出于竞争的考虑，对于合理的商业秘密信息，法律应允许豁免。公用企业的信息只有充分公开，才能便于社会和政府监督，防止公用企业经营的道德和法律风险，实现我国公用事业的可持续发展。

---

① 刘俊海：《公司的社会责任》，法律出版社1999年版，第115页。

其四是合同履行中的先行通告义务。合同履行中的先行通告义务是指公用企业在合法中断履行和迟延履行之前，应该履行事先通告义务。之所以要求公用企业承担这种事先的强制通告义务，是因为供用电、水、气、热力以及公共运输等公用企业提供产品和服务的合同具有履行时间的连续性、合同相对人的广泛性以及强制缔约性特点。① 合同一旦突然中断或迟延履行，将严重影响社会生产和生活，容易造成社会恐慌和社会动荡。

我国《合同法》第180条规定：供电人因供电设施计划检修、临时检修、依法限电或者用电人违法用电等原因，需要中断供电时，应当按照国家有关规定事先通知用电人。同时《合同法》第184条规定：供用水、供用气、供用热力合同，参照供用电合同的有关规定。这是对相关公用企业合法中断履行合同的事先通知义务的法律规定。但对公用事业迟延履行《合同法》以及各行业法典都没有对公用事业履行的事先通告义务做出明确的强制立法规定。笔者以为，基于公用企业的特殊性及其合同法的诚实信用原则，公用企业迟延履行合同义务，也应该承担事先通告义务。而实际上有些公用企业，如铁路运输、航空运输等企业，在实际操作中都对运输合同迟延履行作出事先通告，如列车和航班延误的事先通告。整体上来说，我国法律对公用企业履行合同中的先行通告义务作出的规定还不尽完善。立法应对先行通告义务的主体、适用条件及责任制度作出明确的规定。

其五是公用企业提供的产品或服务升级的义务。公用企业提供的产品或服务升级的强制义务是指公用企业应当随着社会经济的发展，不断提升产品和服务的层次。公用企业要承担产品或服务升级的强制义务主要是公用事业的基础产业性。公用事业基础产业的发展，对国民经济其他产业的发展具有重要而深远的影响。公用企业提供的产品都是国民经济其他产业发展所必需的基础产品。国民经济的整体平稳发展有赖于国家公用事业的繁荣发展。现实中公用事业的发展、升级快慢，往往会成为其他产业发展的瓶颈，如道路交通网络的发展和升级。因此公用企业应当不断承担积极、主动更新产品的法律义务，从而对国民经济其他产业提供支持。这也是我国多年来实行振兴国民经济基础产业的经济政策的最大考虑。

然而，我国现有的规范公用企业行为的法律并没有对公用企业这方面的法律义务作出明确的规定。此前，我国国务院国有资产监督管理委员会在《关

---

① 马俊驹、余延满：《民法原论》（第二版），法律出版社2005年版，第663~664页。

于中央企业履行社会责任的指导意见》的文件中,确定了中央企业提高产品性能,加快自主创新和技术进步的社会责任内容,这其实是对产品升级的义务性规定。中央企业其中有些是公用企业,这表明国家政策层面已经开始注意到了这一点。只是这样的规定只是政策指导性意见,而不是法律上的强制性规定,对公用企业的拘束力太弱。公用企业提供产品或服务升级的义务的执行力自然会陷入困境。因此,我国应该尽快完善这方面的立法,对产品或服务升级的强制义务的义务主体、适用条件、责任体系作出规定,从而确保公用企业充分履行其应当履行的社会责任。

(2) 公用企业承受的倡导性法律规范义务。

公用企业基于其特殊性,除了应承担强制性法律规范义务外,还应承受特殊的倡导性规范义务。正如前文所述,确定具体规范要求的指导思想是"能为且应当为"。之所以不定位为法律上强制规范义务,主要是优先考虑公用企业的自主经营权,典型的例证就是公用企业应当承受的"经营网点合理分布"的义务要求。"经营网点合理分布"的社会责任要求公用企业在进行经营网点布局时要做好充分的调研,要充分考虑其特殊的社会地位,一切以服务于社会公众为最高标准,合理化经营网点的布局。

公用企业之所以要承担法律上的倡导性社会责任,主要是因为作为市场主体的公用企业本身不成熟以及市场机制不健全,需要倡导性法律规范的具体的行为要求提供指示和引导,从而促进公用企业特殊社会责任的履行。公用企业需要承受的倡导性规范要求本质上仍是属于公用企业自治范畴,随着市场机制的完善和公用企业本身的成熟,有些先前需要在法律上作出倡导性规定的社会责任,会逐渐消失,相应的社会责任会通过市场作用自发得到履行。对于其他的倡导性法律规范要求,尚有很多,限于篇幅本书不一一列举和论述。

(3) 公用企业承受的任意性法律规范义务。

确定公用企业承受的任意性法律规范要求的指导思想是"能为且可以为",该种法律化的社会责任属于公用企业与其他市场主体的意思自治范畴。虽然现实生活中,该种法律化的社会责任可在合同中载明,但意思自治总有缺失与不完备之处。任意性法律规范分为补充性法律规范与解释性法律规范,前者的作用主要在于弥补当事人意思表示的欠缺,在当事人就相关事项没有作出约定时予以补充适用;后者的作用在于解释约定不明确的情形,使得法律关系趋于明确。公用企业具有特殊的社会地位,当公用企业与其他社会主体就某个事项没有约定或约定不明确时,会对社会公共利益产生巨大影响,这时就需要任意性法律规范要求作出调整。就具体法律适用而言，一旦出现前述情形，则可适用合同法中的补充性与解释性的任意性法律规定的调整。然而，有必要说明的是针对公用企业的补充性任意性规范要求，我国《合同法》并不是专门为公用企业设置的法律，其有关公用企业的补充性任意性法律规范屈指可数，因此就补充性的任意性规范要求而言仍有立法完善之必要，而相比解释性的任意性规范要求，因其具有普适性之性格当可直接适用《合同法》的有关规定，当然，这并非企业社会责任立法所应关注的重心。

2. 公用企业社会责任法律化的限度

首先，法律化的社会责任符合公用企业的特殊要求。早期学界对企业社会责任的探讨集中在道德层面，对于企业社会责任的定义大多从道德规范的角度作出模糊的定义，企业社会责任制度长期具有泛道德化的倾向。这种泛道德化的社会责任制度在实际落实过程中产生了诸多困境，例如履行什么样的责任才算履行了社会责任，以及只是在道德上来谈企业社会责任，不仅责任认定困难，而且执行不易，企业即便不履行，也不用承担法律责任等。随着企业社会责任制度的发展，人们逐渐认识到，在法律层面探讨企业社会责任，通过法律的规定，建构规范化的社会责任体系对于社会责任的具体落实更具有现实意义。在我国，虽然在学术界和实务界对于主要通过法制建设还是主要通过道德建设来实现企业的社会责任尚有争议，但是需要通过法制建设而不仅仅是通过道德规范来落实企业的社会责任已是一个不争的事实。可以说，企业社会责任的法制化渐行渐进，企业社会责任落实的法制与道德二元基础已成定局。

公用企业特殊的社会地位要求公用企业承受特殊的社会责任得到切实有效的规范化的执行。唯如此，公用企业的存在才能满足社会发展的需要。公用企业所要承受的特殊的社会责任要想得到强有力的执行，就不能只停留在道德层面，而必须借助法律的规定使得公用企业的社会责任的认定和执行有法可依。当然，对于公用企业承担的各类企业所共有的社会责任，则不必也不能一概实现法律化。但公用企业所要承担的特殊的社会责任只有也必须实现法律化，因为只有法律化的社会责任制度才能符合公用企业的特殊要求。

其次，公用企业社会责任的法律化需张弛有度。公用企业社会责任的法律化是指公用企业社会责任应当通过法律进行规范，使得公用企业承担的社会责任的认定标准和执行具有法律规范依据。法律规范分为行为规范、组织规范和其他规范，诚如有学者所言，只有行为规范才会有严格意义的"违反"，而生行为人的"责任"问题，组织和其他规范的逆反，则只有"效力（是否不生效力、无效或得撤销）上的问题"。① 因此，公用企业社会责任的法律化实质上指通过法律上的行为规范具体规定公用企业的各种行为模式，确保公用企业在从事经营抑或非经营行为过程中充分考虑利益相关者的利益，承受法律的拘束，从而实现社会不同利益主体的利益调和。法律规范可分为强制性、倡导性与任意性规范，虽然在我国理论界与实务界对倡导性法律规范的认识不一，但大多数学者都承认法律上的倡导性规范。法律上的行为规范，亦有强制性、倡导性与任意性行为规范之分。对于三种行为规范的区别表现为：强制性行为规范是强制行为人必须采取特定行为模式（为或不为某种行为的法律义务），是裁判者裁判的依据；倡导性行为规范只是提倡和诱导行为人采取特定行为模式，不能作为裁判的依据；任意性规范也提供行为人明确的行为模式，但这种行为模式既不是强制性的也不是倡导性的，行为人可以通过意思自治排除适用，但在没有约定与约定不明确时，则可以作为裁判者裁判依据，是另一种裁判类规范。②

正如前文所述，公用企业特殊社会责任的法律化符合社会对公用企业的特殊要求。即便如此，公用企业特殊社会责任的法律化也应该张弛有度，对于需要强制性法律规范调整的，则可作出强制性的法律义务性规定，而不需要强制性行为规范予以调整的，则可通过倡导性与任意性行为规范调整之。概言之，应该综合通过强制性、倡导性与任意性行为规范对公用企业的特殊的社会责任作出刚柔相济的体系性的规定。然而，对于公用企业所应当承担的何种社会责任法律化为相应行为规范的法律义务或法律要求，则不是一个可以提供标准化方案的问题，但提供某种指导思想，理论上则是可行的。路径是，我们可以借助立法上对不同法律规范的用词来总结出对公用企业社会责任法律化的指导思想。

我国现行立法在用语上大多没有区分强制性与倡导性法律规范，而一并使用"应当"的表述，但《德国民法典》通过区分"应该的规定"（Sollvorschrift）与"必须的规定"（Mussvorschrift），较好地区分了倡导性规定和强制性规定。③ 对于任意性规范，查阅我国合同法法典虽然也大多不使用"可以"一词，而使用"当事人另有约定的除外"之表述，但任意性规范的精神就是体现行为人的自由选择性。当然，法律对公用企业提出的各种法律要

---

① 苏永钦：《民事立法与公私法的接轨》，北京大学出版社2005年版，第88~89页。
② 参见王轶：《论倡导性规范》，载《清华法学》2007年第1期。
③ 参见王轶：《论倡导性规范》，载《清华法学》2007年第1期。

求,前提必须是公用企业具备承担社会责任所必须具备的科技、资本水平,即具有承担某种具体法律化的社会责任的前提基础。综上所述,公用企业社会责任法律化的指导思想具体可概括为:(1)对于公用企业社会责任法律化为强制性行为规范义务的指导思想是"能为且必须为";(2)对于公用企业社会责任法律化为倡导性法律规范要求的指导思想是"能为且应当为";(3)对于公用企业社会责任法律化为任意性法律规范要求的指导思想是"能为且可以为"。

(四)公用企业社会责任的实施路径

立法只是为公用企业社会责任的落实提供了一个法律上的依据,公司社会责任的落实还需要其他内在和外在的条件,我们并非法律万能论者,深知企业社会责任落实的复杂和艰巨,企业社会责任制度的建设应该是个庞大的系统工程。本书认为应在健全立法的同时,着力培育企业自身的内生性自律和外源性助推实施路径。

1. 内生性自律实施传导

所谓公用企业社会责任的内生性自律实施传导,是指公用企业自主或参与的行业组织通过自律,从而实现公用企业社会责任的落实。这种内生性的自律实施路径可以从两个方面来理解。一是公用企业自身在社会责任实现过程中的角色,另一是公用企业参与的行业组织在促进公用企业承担社会责任过程中的角色。(1)公用企业自身的角色。如公用企业为承担社会责任,在公司章程和公司治理中融入企业社会责任的理念和各种具体要求,以及制定符合公用企业社会责任要求的企业自身行为规范来自主履行公用企业的社会责任。与此同时,公用企业还可以通过发布《公用企业社会责任报告》,公开企业履行社会责任的情况,接受社会公众的监督,从而自主履行相关的社会责任。(2)行业组织的角色。行业组织在促进公用企业承担社会责任方面的作用也是多方面的。如制定行业守则,实施行业自律监管来约束成员,进而强化公用企业社会责任的履行,或者进行会员典型示范宣传和相关奖惩等评价工作来激励和促进公用社会责任的履行等。

2. 外源性助推实施传导

所谓公用企业社会责任的外源助推实施传导是指借助政府、社会综合环境的外力来落实公用企业的社会责任的实施。这种外源性助推实施传导路径也可以从两个方面来理解,即政府和社会的角色。(1)政府的角色。政府在推动公用企业落实社会责任方面的角色主要表现在:一是推动立法,将现代公用企业承担的特殊类型的社会责任通过立法程序,转化为法律上实在的社会责任,如强制性的法律义务、倡导性和任意性法律要求;二是发布社会责任指引,如国资委曾发布《关于中央企业履行社会责任的指导意见》,针对公用企业,国务院以及各级政府都可相应出台《公用企业社会责任标准》,通过责任标准来指导、促进公用企业社会责任的实施;三是对出现社会责任危机的公用企业实施政府接管处置。(2)社会的角色。一个开明的社会,对公用企业行为的约束机制主要有:一是传统思想观念。我国传统上讲究企业办社会的思想,但随着企业现代化改革的深入,企业的社会职能被完全剥离,但不能矫枉过正,企业仍应当承担广泛的社会责任,公用企业更是如此。二是敏感而又具有时代责任感的新闻媒体。比如每年的"3·15",对损害消费者权益,不讲诚信的公用企业进行曝光,从而监督公用企业社会责任的履行。三是一个具有广泛知情权和参与权的公民社会。对于市场准入放松,引入竞争的公用事业领域,享有广泛知情权的公民可以参与社会责任投资,从而实现对公用企业社会责任承担的间接约束。

总之,公用企业作为一种现代经营组织,作为一种企业类型,其特殊的社会地位决定了公用企业要承担特殊类型的社会责任。公用企业特殊社会义务有必要视经济发展的不同阶段与水平适时地转化为法律上的强制义务、倡导性和任意性要求,通过与企业内生自律机制和外部的外源性推动形成相应的制度合力,从而使公用企业更好地承担其社会责任。

二、案例分析

【案例】

商业银行践行社会责任案[①]

近年来,国内外银行业掀起了一股践行社会责任的潮流。在国际层面,国际机构、非政府组织以及包括跨国银行在内的许多跨国公司,围绕企业的社会责任出台了许多具有重要影响力的举措,包括赤道原则、沙利文原则、联合国全球契约、联合国环境规划署金融倡议、联合国负责人的投资原则、全球报告倡议组织(GRI)的可持续报告编制指南、国际金融公司的社会和环境绩效标准、《关于金融机构可持续性的科勒维科什俄宣

---

① 刘志云等:《商业银行社会责任的法律问题研究》,厦门大学出版社2011年版;王卉彤、高岩:《商业银行社会责任研究》,知识产权出版社2010年版。

言》、道琼斯可持续发展指数、富时社会责任指数、SA8000 社会责任管理标准等。这些标准或指数极大地增强了企业公民意识,促进企业社会责任运动的开展。在国内,总的来说,我国商业银行在取得良好经营业绩的同时,也开始积极践行其企业社会责任。2006 年,上海浦东发展银行率先在其网站发布《企业社会责任报告》,这是我国第一份商业银行《企业社会责任报告》。随后,建设银行发布了《2006 年度企业社会责任报告》,这是我国国有控股商业银行第一份企业社会责任报告。尤其值得一提的是,2008 年 10 月 31 日,兴业银行宣布采纳"赤道原则",成为中国首家采纳该原则的金融机构,这是国内银行业践行社会责任的一个标志性事件。自此,发布年度企业社会责任报告成为我国主要商业银行的一项重要活动,报告的内容也日益丰富和充实。为引导商业银行践行社会责任的健康发展,银监会 2007 年发布了《关于加强银行业金融机构社会责任的意见》,指出银行业金融机构履行社会责任是构建和谐社会的必然要求,也是提升银行业金融机构竞争力的重要途径,并要求主要银行业金融机构定期发布社会责任年度报告。中国银行业协会 2009 年出台了《中国银行业金融机构企业社会责任指引》,将企业社会责任界定为"银行业金融机构对其股东、员工、消费者、商业伙伴、政府和社区等利益相关者以及为促进社会与环境可持续发展所应承担的经济、法律、道德和慈善责任",并认为银行业金融机构的企业社会责任至少应当包括经济责任、社会责任与环境责任。

【问题聚焦】

与普通商事组织相比,商业银行的社会责任有何特殊之处?如何处理商业银行公益性与私益性之间的利益冲突?

【法律剖析】

银行在整个社会经济发展中处于核心地位,它通过资金流向配置,对社会经济发展、产业结构、环境、人们的消费和生活方式产生着重要影响,因此,让银行承担一定的社会责任是时代发展的必然要求。与其他公用企业相比,商业银行的特点在于其资产的不透明性、较强的政府管制性以及其资本结构的高杠杆经营,① 这些特性也决定了银行践行社会责任的特殊性。如在责任内容上,商业银行的社会责任主要包括审慎经营和风险控制责任、保护金融消费者

---

① 王红一:《银行公司治理研究——中国国有银行改革的法律路径》,法律出版社 2008 年版,第 202~207 页。

的责任以及反洗钱等其他社会责任。

在社会转轨时期,我国的企业普遍缺乏社会责任观念,商业银行也不例外。2003年的"铁本事件"、① 2005年的"新丰电厂事件"、② 2010年的"跨行取款手续费上调事件"③ 等将商业银行推向了舆论的风口浪尖,充分暴露出我国商业银行社会责任意识淡化的问题。虽然此状况近年内有所改观,但总体而言,我国的商业银行在践行社会责任方面依然存在诸多问题,主要表现在:(1)《商业银行法》与《公司法》都没有将社会责任嵌入到商业银行治理结构与经营流程之中,从而使得银行践行社会责任的法律义务不明确;(2)缺乏一个既有强制力的监管体系,也没有一个统一的监管标准,使得国内商业银行践行社会责任方面处于无序状态;(3)定期公布银行社会责任报告的行为尚不普遍,选择性披露动机强烈,立法对此问题尚处于盲区,缺乏有效的引导和监督;(4)银行信贷投向盲目,只顾追求自身利益最大化,环境保护方面的立法得不到有效执行;(5)侵害雇员利益的现象屡屡发生,相关劳工保护立法可操作性差,执行力度不容乐观;(6)支持慈善事业力度不够,现有税法与公司法及相关政策都没有提供合理的激励机制;(7)与银行业践行社会责任紧密相关的社会责任投资基金的增长不尽如人意,使得现有的社会责任投资基金"形单影吊"。④

如同其他公用企业一样,推动商业银行践行社会责任的深入开展,也要遵循内生性自律和外源性助推两种传导路径。就内生性自律而言,应当充分发挥中国银行业协会等自律组织在推动银行践行社会责任方面的作用,2009年中国银行业协会出台的《中国银行业金融机构企业社会责任指引》标志着商业银行在践行社会责任的内生性自律方面迈出了关键一步。国内银行应当以此为契机,主动将社会责任嵌入到自身的经营活动中。就外源性助推而言,银行践行社会责任需要金融监管等强制性手段的确保,需要通过相关立法将银行公司

---

① 参见林毅夫:《铁本事件祸起银行放贷》,载《京华时报》2005年1月10日。

② 参见韦黎兵:《什么因素促成了新丰电厂事件》,载《南方周末》2006年8月31日。

③ 参见《多家银行同城跨行取款手续费涨至4元》,载《广州日报》2010年7月25日。

④ 刘志云:《商业银行社会责任的兴起及其督促机制的完善》,载《法律科学》2010年第1期。

治理、金融监管和社会责任统一起来。① 这就要求：(1) 修改《商业银行法》对商业银行的界定，明确商业银行社会责任中的经济责任与法律责任为法律上的义务，并将商业银行的性质界定为"追求经济效益，同时兼顾社会责任"的独立法人实体。同时，《商业银行法》的修改还必须考虑将银行社会责任的具体内容纳入立法体系，尤其是对于环境保护、反洗钱、配合金融调控与金融监管等基础责任，对于股东、员工、消费者等利益攸关者的权益保护的具体责任，须以法律义务的形式加以规定。而对于更高层次的道义责任，包括慈善捐赠、帮助社区建设等，也可以以倡导性条款形式纳入其中。为了不流于形式，能促使商业银行将社会责任的履行真正落到实处，还必须对商业银行践行社会责任的法律条款的执行与监督、奖励与惩罚等作出明确的规定。② (2) 修改《公司法》的相应条款，将践行社会责任的法律义务嵌入商业银行的内部治理结构与经营流程，缔造良好的商业银行践行社会责任的内部环境。与一般公司相比，银行的社会责任更多的是通过有关商业银行组织和金融监管立法而成为银行公司治理的法律框架的组成部分。依据有关银行公司治理的国际准则，将银行社会责任纳入银行公司治理框架具体包括以下内容：界定银行的社会角色；将银行经营活动与银行社会责任标准相结合；注重利益相关者的作用，使代表各种利益相关人的利益者进入或影响银行内部治理结构，促使或监督银行更负社会责任；增加银行透明度；增加银行经营者对利害关系人的责任，为利益相关者提供私权救济途径，以影响银行经营，落实银行社会责任。

三、深度拓展思考题

1. 与普通商事公司相比，公用企业的社会责任有何特殊之处？
2. 如何通过《反垄断法》的规制来助推公用企业践行其社会责任？
3. 商业银行践行社会责任的法哲学依据是什么？
4. 如何协调商业银行公益性与私益性的矛盾？
5. 商业银行的三个经营目标"安全性"、"流动性"、"营利性"如何权衡？能否将"公平性"纳入银行的经营目标系统？
6. 如何确保社会弱势群体金融服务的可获得性？能否将融资权作为一项

---

① 王红一：《银行公司治理研究——中国国有银行改革的法律路径》，法律出版社2008年版，第207页。

② 刘志云：《商业银行社会责任的兴起及其督促机制的完善》，载《法律科学》2010年第1期。

基本人权加以推进？如何从经济法的视野解读"民生金融"？

第二节 经济行政主体

一、知识点精解

无论是在经济法的理论研究还是经济法的制度实践中，政府（国家）均被认为是最重要的经济法主体之一。尤其是在政府主导型的经济体中，政府始终是经济运行的中枢，也是决定经济和社会发展最为重要的因素，政府甚至在很大程度上被赋予一种人格化的力量，被描述为一种能够为了公共利益而进行理性决策的能动力量。[①] 政府既是行政法的主体，又是经济法的主体，但行政法与经济法视域下的政府，在角色、作用与功能定位等方面却迥然有异。行政法所调整的是政府行政管理关系，是政府为了维护社会治安或政治秩序，保障政府行政管理职能实现，而对社会经济活动以及对国家机关自身的经济活动实施的管理。经济法所调整的国家经济调节关系，则是国家为了调节社会经济的结构和运行，促使社会经济协调、稳定和发展，对于社会经济的总体或同总体密切相关的部门或方面实施某种干预、参与和调控，这两种国家管理及由其产生的管理关系在管理目的、管理方式、原则、内容、深度、侧重角度、主体等方面均有所区别。[②] 为了避免引起歧义，本书用"经济行政主体"来指代经济法中的经济管理主体，即政府及其职能部门或机构。至于国家权力机关和国家司法机关是否应当成为经济法中的经济管理主体，由于学界存在较大的争论，在此不予置评。

在不同的历史时期，政府有着不同的角色定位，"守夜人"、"看得见的手"、"裁判员"、"经济人"、"万能之主"等形象称谓都曾是政府在特定时空中的角色标签。在经济法视域下，政府的适当角色应当定位于"有限政府"、"民主政府"、"责任政府"和"法治政府"。"有限政府"的角色定位要求经济法确认和规范政府经济干预权，防止"政府失灵"；"民主政府"的角色定位要求经济法以社会整体利益的维护为中心，构建一套程序民主机制，实现公共事务的公众参与；"责任政府"的角色定位要求完善政府违法行使经济

[①] 孙同鹏：《经济法理论中的国家问题研究》，载《当代法学》2001年第2期。
[②] 漆多俊：《经济法基础理论》（第四版），法律出版社2008年版，第92页。

干预权的法律责任,从而使政府真正树立起责任意识;① "法治政府"的角色定位要求经济法摆脱法律虚无主义的人治法律观,树立起法律至上的经济法治观。

　　上述定位为经济法中的政府角色描绘了全新的理想图景,但为了确保政府正确行使自己的职能,不越位、错位和缺位,还需要有一系列的制度设计相配套,其中最为重要的莫过于政府的权力分配与制衡。由于经济行政主体既包括横向的,也包括纵向的,这就需要处理好横向分权与纵向分权的问题,前者是指政府内部各职能部门的分权,后者则是指上下级政府之间(尤其是中央与地方政府之间)的分权。在计划经济体制下,地方政府缺乏独立人格,在经济调控方面没有什么作为和建树,中央政府是中央与地方关系调整中的唯一变量。但改革实践已表明,地方政府已经逐渐摆脱完全被动的地位,其对中央政府的主动影响和制约作用日益显露,中央和地方政府间早已呈现出博弈与合作的动态格局。中央政府随意放权和收权的行为,任意放大或者曲解经济决策的行为,必然使地方政府产生经济"对抗"的冲动,诱使其采取相应的对策以尽可能减少或避免自己的损失。正如有学者所言,"中央和地方利益分化,以及现行制度上对地方经济管制的放松,引起地方对中央博弈能力增强,也诱发了地方政府片面追求局部利益最大化的冲动,削弱了中央政府的权威,国家宏观调控政策在地方政府的抵制下屡屡受挫就是明证"。因此,没有规则约束的、通过一对一谈判与协商进行的中央—地方博弈造就了诸多不良后果:地方保护主义、地方政府间的不正当竞争、三农问题、地方债务问题、宏观调控的周期反复问题等②。为此,如何在中央与地方之间建立一种规范的博弈规则已成当务之急。

二、案例分析

【案例】

中央代发地方债券案③

　　近年来,居高不下的地方债务成为社会关注的焦点问题。据统计,截

---

① 李昌麒主编:《经济法学》(第二版),法律出版社 2008 年版,第 137 页。
② 吕忠梅、陈虹:《经济法原论》,法律出版社 2007 年版,第 175~176 页。
③ 参见《财政部:2000 亿地方债期限 3 年　面向投资者发行》,资料来源:新华网,2011 年 8 月 11 日访问;冯果、李安安:《中央代发地方债券的经济法分析——兼论政府间财政关系的法治化进路》,载《广东社会科学》2011 年第 4 期。

至2010年底，全国地方政府负债已经超过10万亿元，其中78个市级政府债务率高于100%。在化解地方债务风险的诸多方案中，赋予地方发行债券的权力被认为是一种最有价值的思路。在2009年全国"两会"上，温家宝总理在其政府工作报告中指出，国务院同意地方发行2000亿元债券，由财政部代理发行，列入省级预算管理。这是我国首次在全国范围内发行地方政府债券，具有重大的制度探索意义。

2009年3月17日，财政部详细披露了有关地方政府债券的具体内容。财政部有关负责人说，2009年地方政府债券是指经国务院批准同意，2009年发行，以省、自治区、直辖市和计划单列市政府为发行和偿还主体，由财政部代理发行并代办还本付息和支付发行费的可流通记账式债券。地方政府债券冠以发债地方政府名称，具体为"2009年××省（自治区、直辖市、计划单列市）政府债券（××期）"。债券期限为3年，利息按年支付，利率通过市场化招标确定。这位负责人说，地方政府债券统一由财政部代理，按照记账式国债发行方式，面向记账式国债承销团甲类成员招标发行。发行后可按规定在全国银行间债券市场和证券交易所市场上市流通。这位负责人强调，凡在中央国债登记结算有限责任公司开立债券账户及在中国证券登记结算有限责任公司开立股票和基金账户的各类投资者（包括个人投资者），都可以购买2009年地方政府债券。这次地方政府债券由财政部代理发行，由财政部代办还本付息，其信用实际上接近于国债。同时，由于债券利率随行就市，投资者可以根据自己意愿选择投资组合。此外，为便于地方政府债券的顺利发行，借鉴市场经济国家通行做法，这次发行地方政府债券税收优惠政策比照国债税收优惠政策执行，对企业和个人取得的2009年发行的地方政府债券利息所得，特案免征企业所得税和个人所得税。财政部指出，由于经济增长下滑，加上实施结构性减税，今年地方财政收入增幅将较大幅度下降，同时"三农"、民生等各项支出压力很大，中央投资配套资金及扩大本级政府投资所需资金难以通过经常性收入安排，需要举借债务筹集。而发行地方政府债券是地方政府筹措资金比较规范的途径。

【问题聚焦】

中央代发地方债券能否缓解地方的财政风险？如何认识中央代发地方债券的信用、风险与责任？肇始于2010年的清理地方政府融资平台风暴将会给地方债带来什么样的影响？

【法律剖析】

(一) 政府间财政关系扭曲是中央代发地方债券的制度诱因

财政是国家的根基,财政法是经济法的龙头法。① 基于财政和财政法在现代社会中的重要地位,政府间财政关系的制度设计成为法治国家建设的核心命题之一。无论是采取联邦分权制的美国,还是采取单一分权制的日本,甚至采取单一分权制的法国,法律均是其中央与地方财政关系调整与变革的支配性方式。在这些国家,中央与地方政府之间的财权与事权的划分较为明确,政府间财政关系相对规范和稳定。相比于美国等国家的法律调整模式,我国政府间财政关系属于典型的政策调整模式。政策调整虽然具有灵活性的特点,但更存在着随意性大、变动性强、缺乏可预测性等弊端,体现出较强的人治色彩,与财政法治、财政民主的理念背道而驰。1994年的分税制改革虽然取得了预期目的,但也遗留了不少隐患。中央政府财权上移、事权下移的做法导致地方政府不得不寻求预算外资金和制度外路径来维持地方社会经济的发展,这不仅积聚了巨大的财政风险,而且导致法律的权威荡然无存,使政府间财政关系处于被扭曲状态。政府间财政关系的这种扭曲状态可以概括为"失范"、"失衡"和"失控"。② 所谓"失范",是指政府间的事权与财权没有在宪法和法律层面上得到明晰划分,财政收入与支出责任界定模糊,缺乏可操作性的法律标准;所谓"失衡",是指非规范化与非法治化的财政分权导致各级政府之间的财政资源非均衡化配置;所谓"失控",是指政府间财政资源的配置更多地依赖于各级政府之间变动频繁的内部文件,公民对于地方政府的财政滥权行为无法获取有效的权利救济途径。

分税制改革之后,中央政府的财政收入大幅度提高,地方政府的财政收入则明显下降,现阶段中央与地方的收入比例为55:45,而支出的比例为30:70。这意味着地方政府用30%的财权承担着70%的事务,地方承受的财政压力可想而知。地方财政的入不敷出导致地方的经济与社会发展举步维艰,其对中央财政转移支付的依赖性日益增强。但是,中央的财政转移支付远远不能满足地方的财政支出,再加上《预算法》的限制,地方政府不得不寻求预算外的资金,以缓解政府的财政压力和改善政府的收支平衡。预算外资金的泛滥

---

① 史际春、宋槿篱:《财政法是经济法的龙头法》,载《中国法学》2010年第3期。
② 周刚志:《论我国府际关系的法治化——以我国政府间财政关系为切入点》,载《法商研究》2008年第2期。

成灾，已经到了不得不关注的程度。从1994—2003年的统计数据来看，地方政府的预算外收入几乎占了全国统计数据的90%。① 但即便预算外资金为地方提供了一条融资渠道，地方政府的负债依然十分高昂。据统计，目前我国地方债务总额在4万亿元以上，约相当于2008年GDP的16.5%，财政收入的80.2%，地方财政收入的174.6%。② 可以说，地方政府存在着严重的财政风险，这种政府债务风险甚至超过了金融风险，成为威胁中国经济安全和社会稳定的头号杀手。

为了化解巨额债务，地方政府使出了浑身解数，可谓无所不用其极。一方面，地方政府大搞"圈地运动"和"土地财政"，将土地出让给房地产开发商以赚取巨额的土地出让金。1994年分税制改革之后，土地出让金逐渐成为地方政府的"第二财政"。在一些发达地区，来自土地的财政收入占地方预算内收入的半壁江山。③ 另一方面，地方政府竞相发行"准市政债券"，即以地方政府投融资平台为发行载体、以公用事业产生的现金流及地方政府信用为基础发行企业债券，以规避《预算法》的限制。在此背景下，中央代发地方债券应运而生。虽然这只是一种具有过渡性质的制度安排，甚至有违反《预算法》的嫌疑，④ 但其功用与意义值得肯定，正如有学者评论的那样，中央代发地方债券是"一次具有重大理论价值和极强现实意义的创新，绝不是单纯为应对国际金融危机而筹集保增长所需资金的应景之作"。⑤

（二）中央代发地方债券的法律隐忧：信用、风险与责任

1. 脆弱的政府信用

信用是市场经济的生命与灵魂，市场经济就是信用经济。政府信用是社会信用的核心，关系到整个社会的进步与发展。在市场经济条件下，政府更应当

---

① 郭维真：《地方举债权与财政联邦制的思考》，载《河南省政法干部管理学院学报》2007年第3期。

② 参见《专家称地方财政存潜在危机 目前债务总额超4万亿》，载《数字商业时代》2009年5月27日。

③ 陈少强：《中央代发地方债研究》，载《中央财经大学学报》2009年第7期。

④ 现行《预算法》第28条规定："地方各级预算按照量入为出、收支平衡的原则编制，不列赤字。除法律和国务院另有规定外，地方政府不得发行地方政府债券。"虽然该条规定了但书条款，但目前尚没有法律与行政法规规定地方政府可以发行债券。中央政府通过"代发不代还"的方式，规避了发行地方政府债券的合法性问题。

⑤ 闫鲁宁：《关于中央代发地方政府债券的延伸思考》，载《地方财政研究》2010年第8期。

讲究信用,自觉遵守市场经济的游戏规则。然而,处在急剧社会转型期的当下中国地方政府,失信行为时有发生,导致民众缺乏对政府的信任并感到不能依靠法律的力量。① 地方政府信用缺失,有着深刻而复杂的社会诱因。就政府间财政关系而言,扭曲的财政体制使中央与地方的利益分化日益明显,作为"理性经济人"的地方政府为了追求利益的最大化,惯于利用体制的漏洞进行权力寻租,巧立名目征收行政规费,千方百计转嫁危机,置加重纳税人的负担于不顾,"取信于民"的政治宣言不攻自破,同时也丧失了公众信任的社会心理基础。

中央代发地方债券等于把地方政府推向了市场,地方政府作为4000亿元资金的债务人(2010年,中央政府延续了2009年的做法,再一次代发地方债券2000亿元并纳入地方财政预算),一旦无法偿还债券本息,原本脆弱的政府信用将更是雪上加霜。问题是,当地方政府不能偿还到期债务时,该如何解决困局呢?一种可能是政府赖账不还,任由投资者遭受损失。这种结果将危及政府的合法性并带来严重的社会问题,绝对不能成为问题的解决之道。另一种可能是让该地方政府进行财政破产,这种情形虽然在国外经常见诸报端,但在我国目前单一制的政治体制和"稳定压倒一切"的现实语境下,地方政府破产显然缺乏可行性。最有可能的解决方案是由中央政府承受兜底责任,尽管这种方案亦有其缺陷,但可堪称"最不坏的选择"。我们注意到,在2009年中央代发2000亿元地方债券时采取的是中央担保方式,即当地方政府偿还不能时由中央政府买单。这其实是以中央政府的信用作为担保,是中央对地方债券的一种背书。中央政府的担保虽然可以消除债权人的疑虑,但软化了地方政府的债务约束,容易诱发地方政府的道德风险。例如,在1998年亚洲金融危机期间,我国曾通过发行1080亿元长期建设国债并转贷给地方的方式,增加地方政府财力,但其后转贷资金的偿还情况并不理想。一些财力薄弱的省份无力偿还,最后还是由中央财政兜底。②

2. 多重的风险类别

中央代发地方债券的风险种类繁多,不一而足。首先是前文提及的因地方政府的信用缺失所引发的信用风险。在一个成熟而规范的债券市场中,信用评

---

① 雅诺什·科尔奈:《从后社会主义转轨的角度看诚实和信任》,载《比较》2003年第9期。

② 贾洪文、胡琴:《中央代发地方政府债券的理论分析与实践探讨》,载《甘肃行政学院学报》2009年第6期。

级机构发挥着重要作用，它不但对债券发行主体的发行资格进行市场评估，还对债券发行主体的资信情况和偿债能力进行调查和评判，为投资者的投资选择提供重要参考。当前，我国地方政府的信用评估几乎是完全通过权力体系内部完成的，政府之外的市场投资主体难以实际了解地方政府的实际信用状况。信息不对称导致信用风险被掩盖，弱化了投资者"用脚投票"的约束机制。

其次是通货膨胀风险和证券市场风险。国务院2008年底出台的4万亿经济刺激计划，掀起了公共投资的热潮，加速了资本流动，银行存款货币成本扩张，通货膨胀风险暗潮涌动。地方债券虽然具有丰富债券品种、优化债券市场结构等功用，但若其监管疏漏或风险扩散，必将冲击现有的债券品种间的流动性格局，对证券市场造成冲击。

最后是操作风险以及社会风险。虽然财政部规定地方债券所募集资金限定用于中央财政投资于地方项目的配套工程与民生工程，但地方政府在使用债务资金过程中的挪作他用现象时有发生。由于我国存在严重的社会经济发展不平衡，东部发达地区发行的地方债券受到投资者的青睐，而西部欠发达地区受制于经济实力，其发行的债券收益相对较低，不容易受到市场认可。例如，分别于2009年4月3日和8日上市交易的新疆债与安徽债在上市首日分别遭遇了破面值和零成交的厄运。同期上市的河北省政府债券、内蒙古自治区政府债券和陕西省政府债券交易寥寥。而同期由财政部代理发行的广东、厦门、海南等政府债券则交易活跃，投资者竞相认购。东部地区与西部地区同时由中央代发债券，势必造成资金的逆向流动，形成地方债券上的"马太效应"，反而进一步拉大了地区差异。因此，中央代发地方债券的社会风险亦值得关注。

3. 模糊的责任边界

20世纪以降，政府权力不断扩大，在社会中的作用越来越重要，出现了所谓"行政国家"现象。在凯恩斯主义盛行的年代，政府的作用更是备受推崇。与之相对应，政府责任的研究便成为学界的一个热点研究领域。在我国这样一个行政主导的国度，合理划分政府责任的边界，建立各种利益集团的公平表达与博弈机制显得尤为必要。

在政府间财政关系扭曲的背景下，地方政府独立的财政主体地位如何确立，中央代发地方债券引发的争议如何解决，中央与地方的责任边界何在，这些问题在现行的制度框架内难以找到合理的解释。审视中央代发地方债券这一行为，中央与地方的关系既不是委托代理关系，也不是严格的审批法律关系，发行地方债券究竟是谁的权力不甚明了，"代发"模式最终由谁来偿还债务也是一个不够清楚的问题。① 我国现行的官员政绩考核机制仍主要是唯 GDP 马首是瞻,地方政府为了制造"政绩",肆意举债,盲目上项目,最后把烂摊子移交给下届政府,由其概括承受。冰冻三尺非一日之寒,长此以往的恶性循环,必然造成地方财政生态恶化,酿成政府的责任危机。本次中央代发地方债券,采取根据额度决定项目的做法,容易混淆项目责任人、项目使用方和项目受益人的责权利关系,模糊了本届政府和下届政府的责任界限,并最终将财政风险转嫁给了中央政府。

正如前文所述,当地方政府不能偿还到期债务时,由中央政府承担兜底责任是一种"最不坏的选择",尽管该方案亦有其缺陷。中央政府的兜底责任意味着全体纳税人要为某个地方政府的债务买单,这不仅缺乏法理依据,而且有违公平正义。市场经济条件下,地方政府只有成为独立的产权主体和责任主体,才能有效地受制于债务约束和尽量避免道德风险的出现。虽然 2007 年的《破产法》并不适用于政府机关,但我们可以合理借鉴"地方政府财政破产"的理念与制度,合理划定地方政府的责任边界。具体来说,当地方政府不能清偿到期债务时,可认为濒临破产,地方政府与债权人均可向上一级政府提出报告或投诉,由上级政府召集相关当事人进行协商处理。地方政府可以草拟还款协议,与债权人达成和解,还款协议执行完毕后,双方的债权债务关系终结。该学者还认为,为了使地方政府财政破产程序具有足够的权威性,国务院应当制定《关于地方政府财政破产程序的试行条例》,若干年后,在取得经验的基础上,提请全国人大常委会启动破产法修改程序,将地方政府财政破产程序纳入其中。② 虽然这种设想存在很大的争议,但其隐含的"风险自担、责任自负"理念颇有价值意蕴。从长远来看,赋予地方政府独立的财政主体地位不可避免,而厘清其责任边界亦是必须要考量的问题。

(三) 完善中央代发地方债券的法律机制:方法与路径

中央代发地方债券虽然具有明显的过渡性质和强烈的"试水"色彩,但这种现象并非昙花一现,在真正的地方债券出台之前,中央代发地方债券可能还将有较长的存续期。因此,探讨完善中央代发地方债券的法律机制,为将来地方政府发行真正的债券累积制度经验,无疑具有现实意义。

---

① 王红健:《地方公债、财政分权与宪政的实现》,载《河南社会科学》2009 年第 2 期。
② 曹思源:《直面地方财政破产》,载《上海经济》2008 年第 12 期。

1. 完善中央代发地方债券的监管机制

在西方一些发达国家，中央政府通过对地方债券的有效监管，不仅化解了地方债务风险，而且利用债务融资改善了地方的投资环境，促进了地方经济发展。如美国建立了对地方债券从筹集、使用到偿还等环节严密的监管制度，地方债券的违约率占所有发行债券的比例低于1%。美国对地方债券进行监管的一大特色是预警机制，即当地方政府债务利息达到总预算的20%～25%时，就达到了警戒线，要求地方政府及时进行补救。如果情况比较严重，还可以依据联邦破产法提出破产请求。① 日本地方公债的监管制度特色主要体现为地方公债计划与协议审批制度相配合，采取了较为严格的审核制。② 我们可以借鉴国外地方政府债券监管的成功经验，以中央代发地方债券为契机，探索和完善地方债券的法律监管机制。

首先，设立专门的地方债券监管机构，提高监管的专业化水平。目前，我国的国债监管机构是以财政部为主，以中国人民银行为辅。由于中央政府的信用要远远高于地方政府，作为"银边债券"的地方债，其监管难度要远大于作为"金边债券"的国债，再加上地方公债日益市场化的现实，地方债券的监管机构很难直接套用国债的监管模式。因此，有必要设立相对独立的地方债券监管机构，并以此为核心建立综合性的地方债券政府管理体系。当地方债券进入二级市场流通时，中国人民银行与证监会应当承担起相应的监管职责，如地方债券一级自营商的市场准入监管、地方债券的招标和承销监管等。此外，充分发挥审计机关和地方人大对地方债券的监管作用亦不可或缺。

其次，引入市场化的信用评级制度，让地方政府接受市场的检验。由于我国各地的财政风险千差万别，投资者必须非常重视债券的风险状况。对地方政府进行信用评级，不仅可以解决政府与投资者之间的信息不对称问题，而且可以为地方债券在银行间债券市场的资本定价提供重要参考。对地方政府债券进行信用评级将会促进政府行为的公开后与透明化，对于提高地方政府的执政能力亦不无助益。③ 但是，在我国开展地方政府信用评级尚有不少困难，理论研究的盲点与实践运作的缺失增添了这种难度，我国特殊的财政体制也决定了地

---

① 参见周艳：《比较国际经验探讨我国地方公债发行问题》，载《黑龙江对外经贸》2007年第8期。

② 参见赵卿：《我国地方政府债券的开放与监管体系的构建》，载《金融与经济》2009年第9期。

③ 参见邓少平：《地方债不能忽视信用评级》，载《中国证券报》2009年3月26日。

方政府信用评级不能简单地复制国外的评级规则。现阶段,中央政府可以选择以下若干地方政府进行试点,在积累经验的基础上循序渐进地推进。对于地方政府的信用评级,可以重点考虑以下几个因素:一是地方政府预算管理的基本形式,二是地方政府的财政收入水平与增长预期,三是地方政府的支出机构与历年财政资金的使用效率,四是地方政府的真实债务水平与结构。在充分掌握地方政府财政信息的基础上,信用评级机构设计地方政府收入预测模型,运用预测模型同债务违约率的相关性来确定地方债券的信用级别。地方政府信用评级机构应当有超然的地位,不受地方政府权力的制约并具备相当的专业精神。在不违反国家主权原则的前提下,中央政府可以引入国际知名的信用评级机构,如穆迪、标准普尔、惠誉等,来对地方政府进行信用评级。需要注意的是,在2008年金融危机中,国际知名信用评级机构暴露出来的独立性丧失、评级质量失真、利益冲突以及监管缺位等问题值得反思,因此我国在引入这些国际知名评级机构来对地方政府进行信用评级时应当持审慎态度。①

再次,强化中央代发地方债券的信息披露机制。目前,中央对地方政府的负债具体数额并没有很清晰的认知,一是因为地方举债的透明度低,形形色色的预算外资金难以统计,二是因为中央掌握的用于评估地方债务的信息工具十分有限,难以制定相应的控制措施。② 中央政府可以代发地方债券为契机,建立强制性的信息披露规则,要求地方政府在申请发行债券时提供明晰的财务状况、债务负担、偿债能力等方面的信息。地方政府应当定期向财政部披露债务资金的使用与偿还状况,自觉接受质询与监督。通过信息披露制度,可以确保公众的知情权与监督权,约束政府非理性的发债行为。

最后,建立地方政府偿债基金。国外对地方债券的偿还采取的举措主要有四种方式:一是在发行地方公债时由地方财政提供担保,二是建立地方公债保险制度,三是建立地方公债偿债基金,四是发新债偿旧债。③ 比较这四种方式,建立地方政府偿债基金是一种比较可行的制度选择。地方政府应根据年度预算安排、财政结余调剂以及债务投资项目收益的一定比例的划转等途径筹措

---

① 白云:《从金融危机审视信用评级业务监管制度》,载《商业研究》2010年第3期。

② 信息工具作为一种新型的规制工具,对决策起着重要作用,具有独特的功能优势。参见应飞虎、涂永前:《公共规制中的信息工具》,载《中国社会科学》2010年第4期。

③ 华国庆:《中国地方公债立法研究》,载《安徽大学学报(哲学社会科学版)》2010年第4期。

偿债基金。为了防止资金被挪用,偿债基金最好存放于财政部,单独设立账户管理。当地方政府出现不能清偿到期债务情形时,中央优先用该基金偿还债权人。

2. 构建中央代发地方债券的争端解决机制

中央代发地方债券所引发的争端既包括投资者与政府之间的争端,也包括中央政府与地方政府之间的争端,前者属于民事争议,可以纳入民事诉讼的审理范围,后者则具有政治争端的意味。在我国条块分割的权力体制内,由于民主发展的相对滞后,地方政府还不是独立的财政主体,政府间财政关系还远未步入理性化的法治轨道,再加上我国司法体制的局限,政府间的财政争端只能在权力体制内部消解,而不能纳入司法解决渠道。①

既然政府间的财政争议无法在司法体制内得到解决,在行政体制内解决又背离了政府间财政关系法治化的方向,那么通过立法解决的方式或许是个正确的选择。我国《立法法》第42条规定:"法律解释权属于全国人民代表大会常务委员会。法律有下列情况之一的,由全国人民代表大会常务委员会解释:(一)法律的规定需要进一步明确具体含义的;(二)法律制定后出现新的情况,需要明确适用法律依据的。"根据该条的立法精神,将政府间的财政争议交给全国人大常务委员会进行解释或裁决较为妥当。假如中央代发地方债券成为一项长期的制度安排,那么其引发的争端不在少数,这对于会期短促且事务繁琐的全国人大常委会将是"不能承受之重"。所以,最好由全国人大常务委员会授权国务院设立地位独立而超然的"政府间财政权限争端解决委员会",专门处理政府间的财政争端案件,不服者可以请求全国人大常委会作出最终裁决。从长远来看,赋予地方政府相对独立的财政主体地位是大势所趋,我们应当借鉴国外的成功经验,探索解决中央与地方财政争议的有效法律机制。如日本作为单一制的国家,其处理政府间财政纠纷的做法颇值得借鉴。日本不但通过《地方自治法》建立了现代地方自治制度,而且还通过设立国家地方纷争处理委员会确立了行政组织系统内部的纠纷调处机制。此外,普通地方公共团体对于国家的干预不服者,亦可向高等法院提起诉讼。这种行政调处与司法调

---

① 从应然角度来讲,中央代发地方债券所引发的争端理应纳入司法解决渠道。事实上,不少学者已经描绘了中央与地方关系司法调控的理想图景。相关论述可参阅郭殊:《中央与地方关系的司法调控研究》,北京师范大学出版社2010年版,第205~220页;刘海波:《中央与地方政府间财政关系的司法调节》,载《法学研究》2004年第5期。

处的二元纠纷调处机制,可以有效地解决政府间财政关系的法律纠纷。① 当然,我国政府间财政关系争议解决机制的最终建立尚有赖于违宪审查制度的完善,甚至有学者认为,只要违宪审查制度设计到位,我国财政分权领域的相关争议即可迎刃而解。②

(四) 从中央代发地方债券看我国政府间财政关系的法治化进路

2008 年的全国"两会"上,温家宝总理说,一个国家的财政史是惊心动魄的,从中可以看到社会结构的变迁与公平正义。但考察我国政府间财政关系的制度变迁史,虽然也是惊心动魄,但法律在其中的作用相当微弱。2009 年中央代发地方债券,虽然是一项精巧的制度尝试,但其强烈的法律规避色彩注定了不能代表政府间财政关系法治化的发展方向。而从中发现政府间财政关系的体制缺陷,并找到政府间财政关系法治化的进路,③ 或许是更有意义的事情。

政府间财政关系的法治化既包括形式法治,也包括实质法治。就形式法治而言,修改《预算法》和制定《政府间财政关系法》已是大势所趋。2009 年 4 月,全国人大常委会启动了《预算法》的修订工作,目前在广泛征求社会意见。就赋予地方政府发行债券的合法性而言,有两种方案可供选择。一是利用《预算法》的但书条款,由国务院制定关于地方政府发行债券的行政法规,为发行地方政府债券扫清法律障碍。二是直接对《预算法》第 28 条进行修改,修改后的立法条文拟可表述为:"地方各级预算按照量入为出、收支平衡的原则编制。经国务院批准,地方政府可以举借一定额度用于特定用途的债务,列入本级政府预算,报本级人民代表大会或者本级人民代表大会常务委员会批准。除前款规定外,地方政府不得以任何方式举借债务。"第二种方案立法成本低,且立法位阶较高,更为可行。假如第二种方案得到采纳,国务院还应制定相应的实施细则,对地方政府债券的发行主体、发行程序、发债计划与规模、风险审核、信用评级、资金用途、期限利率、信息披露与争议解决方式等做出全面的规定。

---

① 万鹏飞、白智立主编:《日本地方政府法选编》,北京大学出版社 2009 年版,第 117~126 页。

② 王振民:《中国违宪审查制度》,中国政法大学出版社 2004 年版,第 384~387 页。

③ 目前,我国学界对政府间财政关系的改革方案主要有两种,一是法律改革方案,即继续推进省以下"分税制"等财政体制改革,二是宪政改革方案,即借鉴域外地方自治制度对地方政府予以宪政改革。关于这两种方案的具体论述,可参阅周刚志:《财政分权的宪政原理——政府间财政关系之宪法比较研究》,法律出版社 2010 年版,第 192~200 页。

在我国宪法和法律没有规定政府间财政关系的情况下，1993年12月15日发布的《国务院关于实行分税制财政管理体制的决定》事实上发挥着"财政宪法"的作用。区区一个行政法规居然调整着整个国家最重要的经济事务，而且持续十余年，其正当性颇值得怀疑。正如有学者所言，"只有在开启了主权在民、私权神圣的新型国家体制之后，以平衡公权和私权关系为根本使命的经济法才获得了生根发芽的政治土壤，也只有在宪法精神的引领之下，经济法制度才能逐步充实完善并不断发展"。① 我国应当总结分税制改革以来的经验与教训，以宪法精神为指引制定权威的《政府间财政关系法》，合理划分中央与地方的财政权力边界，矫正失衡的政府间财政关系，真正实现财政法治的理想。

财政立法固然重要，但若实现政府间财政关系的实质法治，必须引入更为宽广的社会视角，将"实质合理性"或"社会妥当性"注入财政体制的内核，惟其如此，才能实现政府间财政关系脱胎换骨式的转换，从扭曲的状态步入法制化的轨道。在实现政府间财政关系法治化的过程中，解决经济社会发展严重不平衡的问题，打破条块分割与僵化保守的权力体制，发展财政民主与贯彻财政法治都是必须要完成的任务。而重构行政区划与政府层级，合理划分政府间的财权与事权，建构政府间财政争议的纠纷解决法律机制则是政府间财政关系走向实质法治的基本路径。

三、深度拓展思考题

1. 能否在我国现行的财政体制内引入地方财政破产制度？
2. 财政联邦主义在我国是否具备适应性？
3. 如何运用财政宪法学的思维化解地方债务风险？
4. 如何确保地方政府经济行政主体角色的独立性？

第三节 社会团体

一、知识点精解

（一）社会团体的界定与经济法中社会团体的角色

以往，学者们将社会划分为政府和市场两个部分。然而，20世纪80年代

---

① 冯果：《宪法秩序下的经济法法权结构探究》，载《甘肃社会科学》2008年第4期。

以来，随着社会团体在全球范围内的勃兴，一个健康、完整的社会制度被看成是由政府、企业和社会团体构成的"三足鼎立"。如果说政府构成了行政资本，企业构成了市场资本，那么社会团体则构成了社会资本。无怪乎一些学者惊呼，21世纪将是社会部门的世纪，其特点就是"结社的全球化"。① 在我国，改革开放之后，社会团体如雨后春笋般出现，并迅速发展壮大。民政部统计资料显示，截至2008年，我国社会团体数量为229681个，而在体制外，还有大量未登记注册的、半公开的、临时性的社团组织。社会团体的发展对于满足社会不同层面的需求、培养公民民主的生活方式、深化社会领域的变革②和保持社会稳定，都发挥了积极作用。

根据1998年10月25日国务院颁布的《社会团体登记管理条例》第2条规定，社会团体是指由公民或者单位自愿组成，为实现会员共同意愿，按照其章程开展活动的非营利性社会组织。与"第三部门"、"非政府组织"、"非营利组织"、"社会中间层主体"等概念相比，"社会团体"是一个下位概念。"非营利组织"、"非政府组织"与"第三部门"是可以互相通用的概念，其范畴除了包括社会团体之外，还包括各种事业单位和民办非企业单位。"社会中间层主体"则是一个内涵更为宽广的概念，它包括各种工商业团体、消费者团体、劳动者团体、国有资产投资机构、商业银行、政策性银行、资产评估机构、交易中介机构、产品质量检验机构等。③ 本书所指涉的社会团体只是存在于社会中间层主体当中、介于政治国家与市场体系之间的一类组织的核心构成与代表。

"全球化结社革命"④ 的到来并非空穴来风，而是有着深刻的社会背景的，其中一个重要动因就在于社会团体在克服市场失灵和防止政府失灵方面具有不可替代的作用。在克服市场失灵方面，消费者社会团体通过定期发布商品

---

① [美]詹姆斯·P.盖拉特：《21世纪非营利组织管理》，邓国胜等译，中国人民大学出版社2003年版，第1页。

② 由于"路径依赖"客观现实的存在，我国走向了政府主导型改革之路，政府通过市场化改革化解了文革带来的合法化危机。在经过二十余年的经济体制改革和政治体制改革之后，社会领域变革的重要性凸显出来，尤其是在当前构建和谐社会的语境下，培育公民社会并大力发展非营利组织，成为重要的制度选择。相关背景知识，参见[美]塞缪尔·P.亨廷顿：《第三波——20世纪后期民主化浪潮》，上海三联书店1998年版，第59页。

③ 王全兴：《经济法基础理论专题研究》，中国检察出版社2002年版，第525页。

④ 信春鹰、张烨：《全球化结社革命与社团立法》，载《法学研究》1998年第3期。

信息,改变信息不对称问题,促使市场正常运行;劳工组织通过团体契约(如集体合同)改善个别劳动者由于"弱势"地位而陷于受压迫之地位,通过举行罢工、游行等手段,迫使雇主让步,以实现社会公正;合作社通过"互助、互济"机制,以克服股份制企业的"资本多数决"机制之弊端,实现社会资源共享;中小企业联合组织通过反垄断、反独占,以确保市场机制有效运行;民间商业团体以 BOT 的操作方式,来克服自然垄断的弊端;环保团体通过团体诉讼、代表人诉讼等方式,维护环境污染受害者的权益,最终克服经济外部性问题。在防止政府失灵方面,社团参与公共选择,可以影响甚至左右政府的经济性政策,促进"经济民主化";社团利用组织游行、罢工、宣传等手段,可以使政府做出有利于消费者、劳工、环保主义者等社会弱者的决策措施;社团通过自律、竞争等方式,可以锻炼其成员,提高社会自治水平,抵御政府对经济事务的过度干预和政府公务员的行政恣意行为;社团作为介于市民与政府之间内缓冲力量,有效地防止了国家暴力对个人的侵害。① 可以说,在经济法视域下,社会团体的存在具有天然的正当性。

当然,社会团体欲真正成为"市场失灵与政府失灵下的第三条道路",还需要政治、经济、法律等环境的塑造以及制度的完善,正如有学者所言,"在社会团体回归自己的本来面目之前,还必须面对各种习惯势力、体制惯性及既得利益集团对利益和资源重新分配的顽强阻挠和掣肘,还必须得到法律的承认和制约,寻求完善的法律保障与约束机制"。② 在支撑社会团体的制度要素中,独立性与自治性无疑是至关重要的,尤其是在我国这样一个有着悠久"强政府、弱社会"传统的国家,确保社会团体的自治,有着更为现实和紧迫的意义。③ 下面以我国最具有典型性的社会团体——商会为例对此进行详细展开。

(二)商会缘何自治:自治是商会制度的天然要求

"自治",顾名思义就是"自己治理自己",是相对于"他治"的一个概念,其基本内涵就是自己决定和管理自身事务的权力和能力,是自己事务决定权的延伸。商会自治属于团体自治的范畴,而团体自治就是指团体的自主治理,即特定的群体自己组织起来,在不依赖外部代理人的情况下,为解决群体

---

① 郑少华:《经济法中的社团——从社会法视角展开》,载《法学》2000 年第 2 期。
② 吕忠梅、陈虹:《经济法原论》,法律出版社 2007 年版,第 111~112 页。
③ 王建芹:《第三种力量——中国后市场经济论》,中国政法大学出版社 2003 年版,第 280 页。

所面临的共同问题，增进共同利益而进行自主协调，以实现自我设权、自我决策、自我约束、自我管理、自我发展和自我实现的能力及行为方式，它包括团体自主和团体自律两个基本层面的基本内涵，是个人自治的联合和延伸。商会自治同样是商会制度的基石和灵魂，商会制度之所以至今仍能够保持旺盛的生命力，缘于其自治功能的存在和发挥，丧失了自治性，商会组织的生命力也就会荡然无存。

1. 商会自治是商会自愿性本质的必然要求

无论是从历史还是从现实角度考察，我们都不难发现，商会是商人自发组建的以自我服务为目的、以政府监督下的自我行为为准则、以非官方的民间活动为方式的非营利性社团组织，是一种具有特殊共同利益的团体组织。尽管关于商会的地位和性质，学界还有不同的认识，但商会的民间性和自治性则是学界的普遍共识。① 作为一种社会组织、一种法人团体，商会自治的动力不在于政府的管理需求，而在于市场主体对行业或区域内整体利益认同基础上的个人利益最大化的追求，商会产生的根本原因在于单个的市场主体无法达致某些利益追求，为寻求某些利益的集体保护商人们才自愿结合起来组成商会这类商人社团。这就决定了商会是一种自发和内生的自治组织，其性质和职能都是由市场和商人的需求决定的，即市场选择和商人自愿结合的结果，而非制度设计的产物。由此我们不难找出，自治和商会自愿性本质之间的天然联系。

首先，作为成员自愿联合的社团组织，立基于自愿性背后的是商会成员对自身利益的关切。成员企业正因为商会在反映和实现他们利益方面有很大希望才愿意支付成本而构建商会。由于人是自己利益的最佳判断者，商会成员组建商会或加入商会并非希望别人来决定或主导他们对自身利益的获取，而是希望亲自介入商会在争取全体成员共同利益的行动中，从而实现成员的自我利益。相反，如果商会不能自治而实行的是他治，不仅违背商会的自身属性，也会使商会因丧失其吸引力而面临主体动力不足的问题，商会也就丧失了其存在的根基。

其次，商会是商会成员自愿结合的产物，其经济本质就是一种典型的"关系型契约"。从法与经济学分析的角度看，商会是商人（企业）为维护自身利益以及协调行业内的生产经营秩序，降低市场活动中的各种交易成本而构

---

① 陈清泰：《商会发展与制度规范》，中国经济出版社1995年版，第110~120页。

建的自治自律组织，其本质是一种"关系型契约"。① 我国商会史学界也从商会产生的历史角度进行了充分的考察，并充分阐释了商人的经济理性。② 如果基于契约理论来分析商会自治权的性质，我们便不难看出，商会自治的天然合法性。商会成员通过契约条款（商会章程）让渡部分控制资源的权力于商会，商会通过获得成员让与的权利而获得了权威取得了团体自治权，商会自治权的取得依据最为根本的是来自于成员企业（商人）的契约性授权，而非来自于或主要来自于政府的行政授权，因此，保障商会自主和自治，特别是防御政府等外在力量的不当干预是立法的任务，而非立法的恩赐。

2. 商会自治是商会经济功能实现的前提、基础和保证

一方面，商会可以提供一些特殊的公共产品，以弥补"市场失灵"和"政府失灵"的缺陷，主要是信息不对称及因商会成员主人地位欠缺而导致的动力不足等问题。我们知道，商会对内的管理是建立在成员之间信息沟通便捷、充分，成员认同感强等基础之上的，因而才具有政府管理所不具有的有效性和针对性，但如果商会不是自治，而是他治，尤其是政府的严格主导和支配之下，甚至沦为政府的附属，那么商会在进行行业协调和内部管理方面的上述优势将不复存在，其特有的职能就难以得到有效发挥。丧失自主与独立性的商会，也会因成员主人地位的欠缺，而失去对商人的吸引力。另一方面，商会所特有的社会制衡力量也是建立在社会能够充分和有效自治的基础之上的。根据现代市民社会理论，一个由多种独立的、自主的社团组建的多元社会，可以对权力，特别是政府的公权构成一种有效的"社会制衡"，但市民社会对国家权力的制衡是以其独立、自主为前提的。商会作为市民社会的基础性力量，其发挥对国家权力的制衡功能也必须以自治为前提。如果商会不是自治，而是完全依附于国家，或沦为"二政府"，那么它无法以独立的面目呈现在公众与国家面前，当国家权力扩张时，其完全处于国家权力的掌控之下，无法以平等的身份对抗国家，其制衡作用将无从发挥。③ 此外，商会法律创制功能的实现也必须以自治为条件。商会规章本身就是商会自治的结果，其之所以能够成为制定法的渊源和必要补充，在于其更具有灵活性，更能快速回应变动不居的社会现

---

① 周林彬、董淳锷：《中国商会立法刍议：从契约的视角》，载《南开学报》（哲学社会科学版）2007年第5期。

② 冯筱才：《1911—1927年的中国商人与政治文献批评与理论构建》，载《浙江社会科学》2001年第6期。

③ 鲁篱：《行业协会及自治权研究》，法律出版社2003年版，第114页。

实,而这种灵活性正是源自商会的自治。如果商会无法自主地制定规则,而是取决于政府的同意,则其灵活优势和法律创制的功能也就无从谈起。因此,缺乏自治的商会不可能成为真正意义上的商会。

3. 商会自治是商会历史发展的必然逻辑

从商会的历史演变看,自治是其表象和主流,或者说是组织追求的主要目标。尽管在不同国家和不同的历史时期,商会自治的程度也有很大的不同,但自治仍是商会历史发展的主流,而且也是现代商会所追求的最高价值目标。①

因而无论从历史还是从现实的角度看,自治一直而且仍然是商会制度的灵魂,离开自治,商会将无从立基,其制度功能也将无从发挥,自治欠缺的"商会"不能称之为真正意义上的商会。

(三) 商会何以自治:商会自治实现的基本路径

1. 独立主体地位的确立

商会自治的前提是商会法律地位的独立,商会必须拥有独立于其他主体,包括政府的法律地位,即能够独立地享有权利、独立地承担义务和责任。从目前各国商会法的规定看,虽然各国对商会法律地位的规定不尽相同,有的国家将商会界定为公法人(如德国、法国等),有的却规定商会为私法人(如日本、俄罗斯、美国和英国等),但各国法律均赋予商会以法人资格。

2. 充分自治权的享有

法律地位的确立并不困难,商会能否实现自治的关键在于商会是否用拥有充分、有效的实现自治的各项权利。商会自治的内涵首要在于排除外界,尤其是国家权力的不当干涉,因此,自治权首先应该是一种获得保障的、不被任何外力尤其是公权力随意干预的私权,即商会享有抵御国家权力的不当干预和入侵的权利,而国家则负有保护这种权利不受侵害的义务。同时,商会自治权是一种通过契约安排的、经过成员同意的权威,具有内部强制力和权威,具有权力的属性,这种权力通过商会内部的自治规范予以确立并获得保障,与强制力奠基于国家机器暴力基础上的国家权力不同,它属于社会权力的一

---

① 详见鲁篱:《行业协会及自治权研究》,法律出版社 2003 年版,第 114 页;胡光明、宋美云、任云兰:《首届商会与近代国际学术讨论会综述》,载《历史研究》1998 年第 6 期;冯筱才:《1911—1927 年的中国商人与政治文献批评与理论构建》,载《浙江社会科学》2001 年第 6 期。

种典型形式。① 商会自治权就其内涵来看，应包括：规章制定权、管理权、奖罚权以及争端解决权等。规章制定权是行会自治权行使的基础，它是一种以制定规范为目标的权力，通过制定规范来对商会内部资源进行分配，确定成员的权利义务以及行为规则，为进一步行使权力提供框架和制度基础，相对于国家法而言更具专业性和针对性，也更富有效率性，同时也为制定法提供了试错机制，可为制定法的补充，具有民间法的属性。管理权是商会社团依据规章管理其成员的权力，包括对成员企业进行指导和接受咨询，对有关技术、技能进行普及和鉴定、进行调研并收集和发布信息等日常管理权，以及产品认证、标准制定及实施权等。奖惩权和争端解决权则是保障商会内部有效运作的必要条件。惟有赋予商会充分的自治权，商会才能真正做到自我规范、自我管理、自我约束、自我实现和自我发展，才能实现真正意义上的自治。

3. 实现和保障自治的治理结构建设

自治权的赋予是实现自治的基础，但能否实现自治还取决于其是否拥有足以保障自治实现的治理结构。如果商会没有足以代表商会成员利益和意愿的决策机构和执行机构，如果商会的负责人受命于政府甚或直接由政府委派，商会自治就很难实现。因此，是否有真正体现和反映商会会员集体利益和意志的决策机构，是否真正贯彻保障商会决策机构决议得以有效实施的执行机构和监督机构对于商会自治能力的建设至关重要。这也是各国商会法法律制度建设的核心问题。

总之，商会自治是商会制度的灵魂，而其制度建设离不开国家法律的支撑和保障。只有明确确立商会的独立主体地位，赋予商会充分且有保障的自治权力和实现自治的治理结构，商会自治才有可能得以实现，商会组织才有可能得以健康发展。

（四）商会自治的缺失：我国商会发展的瓶颈

我国商会发展正处于转型期，表现为"体制内生成"、"体制外生成"和

---

① 关于自治权权利属性学界有不同的理解，有人为公权者，也有人为其为公权与私权的混合体，因为自治权产生的途径毕竟不限于契约取得这一唯一形式，还包括基于法律或行政授权而取得。笔者认为，商会自治权取得的根本途径和主要来源在于其成员的契约授权，因此，私权属性为其根本。

"混合生成"三种类型同时并存。① 然而,自治性缺失或不足已成为我国商会发展的最大症结。体制内生成的商会,如工商联、贸促会以及其他由政府主导发展起来的各种行业协会,因其生成路径,决定了其对政府的高度依赖,由于其"二政府"、"准政府"的性质决定了其不可能真正代表所有行业的利益,也缺乏提供功能服务的激励,难以获得企业,特别是民营企业的认可和信任,有的甚至长期处于瘫痪状态。而体制外生成的商会由于现实条件的限制,不得不寻求政府的庇护,其命运仍然被操纵在政府手里,其生存只能游走在政府许可的范围之内,甚至不少体制外生成的民间商会还处于非法状态,遭遇行政合法性的困境。各方面的资料显示,由于自治性的缺失,我国商会还没有真正发展成为市场经济中不可或缺的力量,其影响力相当微弱。如果自治性不能得以及时解决,商会发展的前景实为堪忧。

造成商会自治性缺失的原因众多,如"强国家、弱社会"的权力格局没有改变,国家对商会的定位不准、民营经济不够发达、民间商会自治意愿和动力不足等,但商会法律制度的欠缺和不合理也是导致商会自主性不足和自治能力欠缺的重要因素。我国目前商会法律制度存在的主要问题集中体现在以下三个方面:

其一,立法分散。目前我国尚没有国家层面上的商会统一立法,商会仅依据国务院颁布的《社团登记管理条例》进行管理和运作,即便是《社团登记管理条例》也只是对社团登记管理的行政程序作了规定,而缺乏对社团权利、义务、地位、作用等方面的实体规定,目前不少地方立法机关根据自己的需要制定了地方性的法规,但在立法名称、使用对象、法律地位等方面都存在很大的差异,有的以行业协会命名,有的以商会冠名,有的仅限于经济类行业协会,有的则不限于经济类行业协会,甚至还包括非经济类的职业协会,有的将体制内的行业协会与与体制外的民间商会分类立法。

其二,立法指导思想错位。一是现行的有关立法将商会作为管制的对象,管制法的色彩十分浓厚,这在我国的《社团登记管理条例》中表现得尤为明显。我国长期处于"强政府、弱社会"的权力格局之下,尽管随着改革的深入,这一格局有一定的变化,但政府对民间组织,包括商会一直处于一种戒备的心理状态之下,唯恐商会成为独立于政府的一支经济力量,对体制外自发生成的商会尤其保持着高度的警惕,加之为了确保体制内生成的商会已有的垄断

---

① 余晖等:《行业协会及其在中国的发展:理论与案例》,经济管理出版社 2002 年版,第 20 页。

地位和已有的既得利益，政府及其相关部门有意无意地不断强化着管理的力度，如《社会团体管理条例》及各级地方立法所坚持的"一地一业一会"原则和双重管理体制，无不反映出政府的上述心态，对商会的健康发展已经产生了严重的后果。二是将商会这类经济类社团与其他政治类和宗教类社团混为一团，根本没有考虑和顾及经济类及职业类社团的特殊性，以对待政治类或宗教类社团的标准来对待商会组织，从而必然产生管制过严的问题。过于严格的政府控制，自然难以保证商会的独立和自治。

其三，商会自治规则的缺失。目前我国没有统一的商会立法，商会的法律地位、权利义务、治理结构、权益受损后的救济等都无章可循，无论是体制内生成的商会还是体制外生成的商会，其独立地位、自治权及商会成员自主选择管理者等实现自治所需的条件都缺乏相应的制度。

事实上，目前立法的缺失已经成为真正意义上的商会尤其是民间商会，难以取得合法地位的制度瓶颈，也成为体制内商会走出困境的制度原因，因此，现有社团登记管理制度的改革和单独商会法的制定已经迫在眉睫。

（五）商会法：铸造中国商会自治之魂

自1903年清政府颁布《奏定商会简明章程二十六条》至今，一百年过去了。今日商会法的制定又被重新提上议事日程，其中滋味颇值得思量。① 然中国的现实是法不缺而良法缺。中国商会法如何定位对于未来的商会立法至关重要，若不能解决商会发展的瓶颈问题，商会法的制定将意义顿失，甚或成为进一步遏制商会法发展的制度屏障，与其如此，有法倒真不如无法。自治既为商会制度的灵魂，商会法自应担当起铸造商会制度之魂的重任，确保商会的独立和自治功能的发挥。为此，本书认为商会法有必要明确以下几点：

其一，在商会的定位上，必须坚持自愿性、自治性和非营利性这三个基本特征，使商会真正成为商人的自治性团体。这就要求在商会组建方面，改变已有的定位和思路，由政府选择改为社会选择，鼓励民间商会的存在和发展，对

---

① 自1994年林钮等30位全国人大代表在全国人大第八届二次会议上联名提出制定商会法议案以来，几乎近年来每届人代会都有代表联名呼吁制定商会法。据悉商会法已被全国人大财经委员会作为二类立法，即迫切需要立法，待条件成熟时纳入人大常委会立法规划的立法项目（详见：全国人大第十届五次会议上《全国人大财经委关于代表议案审议结果的报告》，http://www.southcn.com/law/fzzt/fifth/fifthflwj/200311050638.htm，2011年8月16日访问）。

体制内生成的商会尽可能地使其向超民间化的方向发展；在成员入会方面，坚持自愿入会的原则，以意思自治、平等协商的私法原则来构建我国的商会法律制度，使之更加贴近市场和社会。

其二，正确厘定商会法的属性。商会法究竟应该以什么样的面目出现，理论界颇有争议。毫无疑问，任何自治都有其边界，没有完全的自治，商会作为一种法律主体，它不是孤立存在的，其行为也同样会具有涉他性，因其代表利益的特殊性，加之商会作为一种组织本身所固有的缺陷，使得商会自治必然带有某些局限性，商会的自治离不开国家的必要监督，因此建立商会的外部监督机制也是商会立法的应有之义。但商会组织的最大特点是组织身份上的私法性，而商会的契约性质要求实现立法本位的转型。因为从私法立场来看，主体关系契约化应该与立法上的权利本位相对应。商会法就其本质应该是赋权法而不应是管理法或管制法。

其三，立法本位问题。即社会公共利益是否应为商会法所应坚持的立法本位。有人认为商会（行业协会）是成员企业的代表，本质是维护成员团体的利益，相对于社会公共利益而言，团体利益可被视为一种个体利益，在现代社会个体利益应该服从社会利益，如果以商会（行业协会）名义实施价格同盟或垄断等行为其危害比单个的企业实施垄断行为的后果更大，因此，商会法（行业协会法）必须坚持以社会公共利益为本位的理念。① 上述见解并非不无道理，但犯了一个命题性错误。任何主体的行为都必须在法律规定的框架内进行，商会同样如此。商会之行为不得违反竞争法等其他法律的规定，因此，此处所说的立法本位及相关问题不会也不应该是商会法所能承载的，就如我们强调公司的社会责任，但显然公司法不可能以社会本位作为其立法本位。退一步来讲，即便商会是一种非营利组织迥然有别于以营利为目的的公司企业，但它绝对不同于以社会公益——即为了社会上不特定人的利益为目的的公益法人，它仍然是为了特定群体的相互利益而集结的社会组织，属于互益组织性质的中间法人。既然如此，社会公共利益应该是商会需要考虑的，但绝不能简单将此等同于商会法的立法定位。

其四，正确界定商会和政府之间的关系。商会自治的核心问题是妥善处理

---

① 杨晋：《经济法视野下的行业协会及其经济职能研究》，重庆大学 2006 届硕士学位论文，第 35 页。行政法学界也有学者持此观点，认为社会政治经济的发展要求行业协会超越行业利益的限制，在争取自身利益的同时，更加关注社会普遍利益，参见黎军：《行业组织的行政法问题研究》，北京大学出版社 2002 年版，第 8 页。

政府和商会之间的关系。商会的自治需要商会的独立,因此"民间化"应该成为商会的发展方向,也是目前学界较为普遍的主张,即政府尽可能地与商会脱钩。但是,商会自治并不意味着商会与政府之间关系的绝对割裂甚至对立,且许多现实状况恰恰显示了并非所有的商会都愿意脱离政府的"扶持"(事实上商会的发展也不可能完全与政府干预绝缘)。为此,一种务实的做法就是在商会与政府之间建立起一种互动的参与模式,这种参与模式不能单纯地用传统的公法理念来构建,代用契约这一私法规则来设计,当不失为一种明智的选择,即政府可以有条件地参与商会,但其前提是建立在商会自愿的基础上,而不是强制性地参与。这需要通过制度安排来解决政府参与的方式及不当参与的权利救济等问题。具体来讲,就是明确商会自治权的内涵、行使的边界、政府与商会之间的扶持与服务,侵犯自治权的后果及权利救济途径。

其五,坚持商会组建的自愿与市场化导向,改革现行的"一地一业一会"模式和"双重管理管理体制"。我国现行的"一地一业一会"模式烙有很深的传统体制的痕迹,违背市场经济的规律和契约自由的精神,其废止当不存异议,如果基于社会资源和成本的考量,可以考虑对同一地区跨行业的综合性商会在数量上作出限制,而对专业性的行业商会则不应严守一业一会的现行规则,以引入竞争机制。立法的任务仅仅是对商会的设立加以引导,即严格规定商会设立的资质认定、严格规定商会运作的规范、严格规定商会违规的法律责任并建立商会的退出机制。

此外,必须将工商经济类社团和政治类、宗教类及公益类社团严格加以区分。就国外情况来看,政治团体与经济团体对国家政权和人们的生活影响是根本不同的,其设立标准和管理模式大相径庭。商会就其性质而言属于经济类团体,而非政治、公益和宗教类团体,作为经济类团体并无强调主管部门的必要,因此,应考虑废除现行的"双重管理体制",符合条件可直接到有关部门进行登记。当然鉴于商会与一般的企业这类经济组织的不同,可以考虑设立特定的监督和协调机构,其登记也并非一定纳入工商登记。

与此相关的是商会法所调整的范围问题。本书赞同贸易促进会、工商联合会这些带有政治性和政策性的"商会"组织不宜纳入商会法的调整范围。因为工商联的作用是维持党和工商界的联系,体现为统战作用;而贸促会设立的最初目的是打破西方势力对新中国的经济封锁以及代表中国工商界与世界进行交流,因此他们设立的初衷与一般商会不同;而且这些组织一般由政府进行直接领导,具有较强的"身份优势",其组成方式和管理模式也有区别,商会法也不便于将其纳入调整范畴。

其六，健全和规范商会的治理结构。自治能力如何取决于社会团体是否拥有科学合理的治理结构。健全的治理结构是商会实现内部决策民主的前提，也是商会自身确保外部不当干预，实现自治的关键。因此，商会内部治理结构的安排，应以实现和保障商会自治为原则。商会的互益性和服务性等特点决定，商会内部治理结构的安排应尽可能地遵从社员自身的意愿，商会法对商会机关的设置宜采取引导而非强制。法律可以对商会的意思机关、执行机关及监督机关等必备机构的组成、权限、决议程序相互关系做出原则性规定，但应注意保留一定的供当事人选择的空间，商会可以根据自身的需要，自行决定某些机关的设置和权限。这样，既尊重了商会的自治权，又为商会的机关设置提供了样本，保证商会具备必要的组织机关。

二、案例分析

【案例】

温州市服装商会自治案①

服装行业属于温州第二大支柱产业，起步于20世纪80年代初，开始是地摊式经营，属于"弄堂市场"，虽然服装的销量不少，但大多是家庭手工作坊制作，属于低档次产品。到了20世纪90年代初，温州的服装业还处于"前品牌竞争阶段"，服装企业之间相互仿冒，竞相压价现象严重，行业秩序极为混乱。为了规范行业发展，1994年温州金三角服装厂厂长刘松福等一些有先见之明的企业家在温州市工商联的支持下自发成立了温州市服装商会，商会成立后积极为会员企业办实事、规范同行竞争、防止和打击不正当竞争行为，赢得了会员的信任。十年来，经过两任会长（刘松福、陈敏）的努力，温州服装商会已发展成为一个拥有1000多家会员企业，覆盖了全行业90%的大中型企业；有健全的组织机构和行业自律机制的自治性行业组织。商会始终坚持以为会员服务为宗旨，以提高产品质量为重要环节，以市场为导向，以打响品牌为重点，有力地推动了温州服装业的发展。商会成立前一年，温州服装业总产值不到20亿元，到2001年，全市服装企业达2500多家，年产值265亿元，翻了三番多

---

① 陈剩勇、马斌：《温州民间商会：自主治理的制度分析——温州服装商会的典型研究》，载张曙光、金祥荣主编：《中国制度变迁的案例研究》（浙江卷第5集），中国财政经济出版社2006年版，第606~614页。

（销售超亿元的就有 16 家），出口创汇 3.29 亿美元，比 2000 年增长了 27.5%，2002 年产值更是达到了 302 亿元。2001 年底，温州市经委对市 30 个行业协会（商会）进行考核验收，确定授予 25 个市行业协会（商会）为示范单位，服装商会名列榜首，成为了温州民间组织的榜样。

温州市服装商会的成功源于其民主的治理机制、合理的组织机构和完善的自治规则。在治理机制方面，温州市服装商会是第一个采取差额选举的方式产生正副会长的商会，其领导人产生模式从民主协商产生到直接民主选举，深刻地表明了服装商会民主治理机制的变迁和完善。在组织机构设置和权力配置方面，目前的温州服装商会已经是一个结构完善、各层级职权界定清晰、会议制度健全的自治性组织。在自治规则方面，温州服装商会是温州众多自治性行业组织中组织化程度最高、制度体系最为健全的行业协会之一。在多年的治理实践中，在政府的有效引导下，商会全体成员逐步发展出了一整套行之有效的制度规则，其自治规范包括：温州市服装行业行规行约、服装集体标志使用及管理章程、服装质量检测知识咨询网、商会公益基金会、人才供求数据库和档案的实施办法。这些制度规范的出台，奠定了温州服装商会自主治理的制度基础。

【问题聚焦】

温州市服装商会成功的秘诀是什么？如何协调好商会自治与行政管制的关系？我国现行的立法如何修改才能推动行业自治水平的提升？

【法律剖析】

温州市服装商会之所以成为我国商会自治的典范，与温州市宽松的民营经济环境、"体制外"的生成路径以及行政干预的弱化等因素紧密相关，但最为重要的因素莫过于其民主的治理机制、合理的组织机构和完善的自治规则。①

温州市民间商会的领导机构一般都是根据商会的章程由会员民主选举产生，而且制度化、规范化程度比较高，业务主管机关对于商会的具体领导一般不予干涉。在温州民间商会和行业协会中，会长的选举一部分实行差额选举，大部分依然实行等额选举，而温州服装商会"敢为天下先"，是温州市第一个采取差额选举方式产生正副会长的商会。由于服装行业是温州的主导产业，因此，服装商会实行差额选举产生会长的民主治理机制所产生的社会效应尤为明

---

① 详见陈剩勇、马斌：《温州民间商会：自主治理的制度分析——温州服装商会的典型研究》，载张曙光、金祥荣主编：《中国制度变迁的案例研究》（浙江卷第 5 集），中国财政经济出版社 2006 年版，第 606~614 页。

显。在组织机构方面,温州服装商会的章程规定,会员大会是民间商会的最高权力机构,理事会是会员大会的最高执行机构,秘书处是在秘书长领导下负责具体日常工作的常设机构,从而建立了比较制度化的组织架构。1998年温州服装商会依据专业化和服务多样化的要求对组织结构作出了重大的调整,在常务理事会下设立了设计师专业委员会和休闲服专业委员会。1999年6月又根据行业管理的实际需要设立了法制维权、宣传推广、对外联络、会员服务、技术监督、国际拓展、人才交流和财务管理八个工作委员会,各副会长分别担任了各委员会的主任,并且各委员会有明确的职责和分工。2003年针棉织品分会、外贸服装分会和女装分会这3个分属机构又相继成立。这些专业职能机构的设置,充分体现了"事本主义"导向的原则,为服装商会更好地服务会员企业,保证高质量、高效率、有针对性地开展商会工作奠定了组织上的保障。在自治规则方面,服装商会在长期的治理实践中,基于本行业的自身特点,发展出了一套行之有效的自治规范:温州市服装行业行规行约、服装集体标志使用及管理章程、服装质量检测知识咨询网、商会公益基金会、人才供求数据库和档案的实施办法。这些制度规范的出台,奠定了温州服装商会自主治理的制度基础。

考察温州市服装商会的历史变迁,可以发现其发展过程是一个借助于政府的行政资源逐步壮大的过程,同时也是一个非行政化的过程,伴随着其自身组织资源汲取能力的增强和制度环境的逐步改善,商会对政府的依赖日渐减弱。具有标志意义的是,2003年6月25日,在温州市服装商会四届一次会员大会上进行了一项重要的制度创新,即决定取消政府官员、各职能部门领导挂名顾问的做法,而是成立了一个由行业内有威望的人组成的决策顾问委员会,该委员会中看不到一个政府官员的名字。为了确保这一制度常规化,温州市服装商会对其章程进行了修订,在其章程第四章第30条规定:"本会设立决策顾问委员会,主要由德高望重的业内行家和具有一定影响的知名人士组成。"这标志着温州服装商会自主性力量的进一步成长,开始逐渐摆脱对行政性资源的依赖和幻想,而进一步走向自治,同时也体现了民间商会发展的制度环境开始逐步改善。

温州市服装商会的个案分析也表明,自治是商会制度的灵魂,贯穿于商会设立、运行和治理及退出的各个制度层面,也应该成为商会立法的最高指导原则和制度建设的重心。中国商会法的起草与制定如果脱离了这一立法目标,商会法制定的目的和价值均将会大打折扣,商会发展的道路也就会倍加曲折和坎坷。然而,对于中国的商会制度建设来讲,自治却又是一个并不轻松的话题,其中不仅仅有观念的问题,还有更多利益的纠缠。可以坦言,我国商会立法能否走出观念、体制的窠臼,将直接决定了我国商会立法的质量和寿命。

三、深度拓展思考题

1. 我国的社会团体立法如何回应"全球结社革命"?
2. 商会自治与政府干预的关系如何协调?
3. 我国的社会团体在克服市场失灵与规制政府失灵方面有何不足?
4. 如何改进现有的经济法制度才能确保商会的自治权?

第三章 经济法行为

[本章知识结构图]

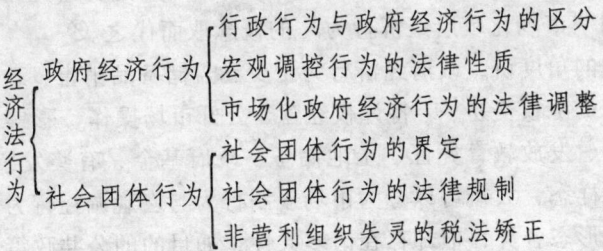

第一节 政府经济行为

一、知识点精解

随着社会经济变迁与演进，以及经济属性的嵌入和公私融合的驱动，现代国家正在经历着从"行政国家"到"经济国家"的蜕变，政府经济行为的普遍存在成为现代经济国家的真实写照。① 有学者由此认为，随着经济和社会的发展，呈现出一种"从市民社会和民商法向经济国家和经济法的时代跨越"。② 也有学者从全球化的视角出发，强调"经济国家"在经济全球化、国家间竞争激烈的当代具有普遍性，凸显了经济国家这个命题的实践意义。③ 关

---

① 冯辉：《论"经济国家"——概念、发生及其意义》，载史际春主编：《经济法学评论》（第十卷），中国法制出版社 2010 年版，第 1~49 页。

② 史际春、陈岳琴：《论从市民社会和民商法到经济国家和经济法的时代跨越》，载《首都师范大学学报》2001 年第 5 期。

③ 陈乃新：《略论"经济国家"——我国政府在经济全球化中的角色创新初探》，载《南华大学学报》2003 年第 1 期。

于政府经济行为的内涵,学界尚未形成统一的界说,其主要是指涉以实现政府经济社会职能为目的和内容的法律行为。目前,学界主要存在两种观点来界定政府经济行为,一是从传统思路切入,将政府经济行为解释为政府作为经济法主体而进行的旨在设立、变更或终止经济法律关系的行为;① 二是从贴近经济现实的思路切入,将政府经济行为解释为政府及其职能部门所从事的调控、规制行为,亦即在宏观上通过调节来控制,在微观上通过规范来制约,从而在整体上通过协调来制衡。② 当然,也有学者认为,政府经济行为复杂多样,其本质上虽有共性,但制度要素上的共性甚为单薄,因而这种研究路径的效果不甚理想,主张用"市场化政府经济行为"的概念取而代之。③

从类型化的角度讲,政府经济行为至少涵盖储备品销售、政府投资、政府采购、政府间资源权交易、④ 特许权经营、公开市场操作、彩票发行、国债发行、政府收费、发放教育凭证、土地储备、政府基金、有奖发票、政府担保、债转股等行为样态,大概可以分为市场规制行为与宏观调控行为两大类。虽然政府经济行为形态各异,但却存在诸多共性,如目的的公共政策性、功能的财产供给性、意思表示的政府主导性等。

二、案例分析

【案例】

中国人民银行上调存款准备金率案⑤

2007 年 11 月 10 日,中国人民银行宣布,从 11 月 26 日起,上调存款类金融机构人民币存款准备金率 0.5 个百分点。这是央行年内第 9 次也是

---

① 吕忠梅、刘大洪:《经济法的法学与法经济学分析》,中国检察出版社 1998 年版,第 150 页。

② 张守文:《略论经济法上的调制行为》,载《北京大学学报》(哲社版)2000 年第 5 期。

③ 管斌:《混沌与秩序——市场化政府经济行为的中国式建构》,北京大学出版社 2010 年版,第 22 页。

④ 发生在 2000 年的浙江东阳—义乌水权转让案是非常典型的政府经济行为,标志着政府间关系新模式的诞生。参见郑忠成、毛湘宏:《开创水权制度改革先河——浙江义乌出资 2 亿元购得东阳市 5000 万方水权》,载《光明日报》2001 年 3 月 13 日。

⑤ 参见《中国央行把存款准备金率调至 13.5% 创历史新高》,资料来源:中国新闻网,2011 年 8 月 14 日访问。

2003年以来第14次上调。至此存款准备金率已达13.5%，创下1984年中国人民银行专门行使中央银行职能以来的历史最高水平。调整存款准备金率是传统的三大货币政策工具之一，通常是指中央银行强制要求商业银行按照存款的一定比率保留流动性。相比再贴现、公开市场操作等相对温和的货币政策工具，存款准备金政策属力度较强的工具，被认为是收紧银行资金，减少放贷的最有效方法。分析人士认为，原本属于猛烈的政策工具逐渐成为常态，以及存款准备金率升至新高，都说明银行体系流动性过剩的问题依然严峻，央行政策调控力度日渐加强。此外，存款准备金率调至历史新高也体现出央行进一步加大货币调控力度的决心。

【问题聚焦】

中国人民银行上调存款准备金率这一行为的性质如何认定？该行为与行政管理行为有何区别？如何从政府与市场关系的角度来看待现行的货币政策？

【法律剖析】

（一）中央银行宏观调控行为的经济法属性分析

中央银行的宏观调控行为是指中央银行利用各种货币政策工具调节、控制货币和信用，从而实现既定的货币政策目标并促进国民经济协调、稳定和持续发展的行为。各国的中央银行经过长期的历史发展，被立法者赋予了宏观调控的法律地位；通过对宏观调控目标的选择和实践，并交替使用了各种宏观调控的法律手段——不同的宏观调控行为方式，对社会总体经济的结构和发展发挥调节作用。中央银行的这种宏观调控行为实质上分为决策和执行两个层次，但是这种分离的决策和执行具有同源性，基于同一个机构、同一个目标并且在某些情况下决策也就意味着执行，所以应该作为同一个行为进行研究，不同的仅仅是行为方式。

中央银行基于不同的行为方式而对经济的调节行为，从形式上类似于行政行为，因而被不少学者简单地视同为行政行为，但是从性质上来看，其与普通的行政行为是不相同的，当然，与民事行为的差别就更为明显。下面我们着重就其与行政行为之间的差异性作一比较和研究。

行政法学界对行政行为本质的认识，在理论上有不同的学说。[①] 但目前通

---

① 其主要的学说有行为主体说、行政权说、公法行为说等几种不同的学说。参见姜明安主编：《行政法与行政诉讼法》，北京大学出版社、高等教育出版社1999年版，第139～141页。

说采公法行为说,也即行政行为是享有行政权的组织(行政主体)运用行政权对行政相对人所做的法律行为,其中不包括不具有法律意义的事实行为。① 且成立一个行政行为必须具备四个条件:主体要件——行政权能的存在,权力要件——行政权力的运用,内容要件——法律效果的存在和形式要件——表示行为的存在。② 已经成立的行政行为具有单方性、强制性、无偿性等几个法律特征。③ 但央行的宏观调控行为无论在行为要件还是在行为特征上都难以符合上述要求。

首先,中央银行与普通的行政机关不同。一般的职权行政主体——行政机关,自该组织设立时就自然取得了行政主体资格,即具有行政权能,并能以自己的名义运用行政权力、独立承担相应的法律后果。但是基于中央银行宏观调控目标的特殊性,许多国家都是通过专项立法赋予中央银行制定和执行货币政策、维护金融秩序、促进经济发展等方面的特殊的职责和权力,以确立中央银行在一国金融体制中的特殊位置和宏观调控的权威地位。在中央银行和政府的关系上一直有中央银行的独立性问题。当然,中央银行的这种独立性一直是相对的,即相对于政府或者说是相对于财政部的独立性,而且各国法律一般都规定中央银行应该在政府的政策框架内活动,中央银行和财政部应该加强协调和配合,即这种独立性的目的,仅在于保证央行货币政策的制定和执行的独立性而不是行政职能的不同。尽管如此,央行相对于政府的这种独立还是在一定程度上标示了央行有别于一般行政主体的特殊身份和特殊使命。

其次,从行政权力运用的角度看,中央银行的宏观调控行为可以采取不同的行为方式,尽管这些行为方式有的看似具备行政行为的特征,可被视为行政行为,如存款准备金率的制定和执行;但有的行为方式则采用的是纯私法的手段,具备民事法律行为的特征,如公开市场操作业务。但需要说明的是,这些行为与一般的行政行为或者民事法律行为在本质上还是有很大的不同:它们既不在于实现一般行政行为的目的——进行行政管理,也不在于实现一般的民事法律行为的目的——获取利益,这些行为方式都是中央银行宏观调控权力的行使,其目的在于实现货币政策目标,保证国家经济的稳定、持续和发展。所

---

① 姜明安主编:《行政法与行政诉讼法》,北京大学出版社、高等教育出版社1999年版,第142页;周佑勇:《行政法原论》,中国方正出版社2005年版,第174页。
② 周佑勇:《行政法原论》,中国方正出版社2005年版,第174页。
③ 姜明安主编:《行政法与行政诉讼法》,北京大学出版社、高等教育出版社1999年版,第143页。

以，中央银行宏观调控权力的运用，与一般行政权力的运用在根本目的和具体任务上是完全不同的。

再次，法律效果的异质性。中央银行进行宏观调控，可以采取多样的行为方式，这些行为方式的多样性决定了其法律效果的复杂性。由于不同行为方式所具备的不同的法律特征，依据不同的法律规范自然会产生不同的法律效果，如产生行政或者民事法律效力。这种法律效果是这些具体行为所产生作为法律行为本身所应该具有的直接的法律拘束力，也即最为一般意义上的法律效果，如央行采取的强制商业银行提取存款准备金及对违反规定者采取惩戒措施的行为等会在央行和商业银行之间形成某种行政法律关系；而央行在宏观调控过程中进行的公开市场操作业务也同样会在央行和相对方之间形成民事法律关系。然而，我们想强调的是这种法律拘束力并非央行进行宏观调控的核心目的或根本目的，央行调控行为的最根本的目的在于对经济进行宏观调控，进而求得总体经济的稳定和发展。这样，就会在行为目标和单个行为意思表示之间产生一定的背离。如果说央行调控行为在某些采取行政性手段的情况下，在具体的行为过程中还有可能体现强制、引导或促进经济的意思表示的话，那么在众多的私法手段采用的情况下，即在民事性的行为方式上，其效果意思和内心意思则通常是不相同的，如公开市场操纵行为中所体现出来的就只能是央行买卖证券的意思表示，而央行对经济进行调控的意思表示则难以在具体的行为意思表示中直接体现出来，这样其所产生的行为效力就不具有行政行为或民事行为所表现出的单一性。这种行为效力的多重性我们在后文中将作进一步详尽的阐释。

总括以上几点，我们可以看出，中央银行的宏观调控行为并不具备行政行为的成立要件，那么，其外在特征又是否符合行政行为的基本特征呢？答案也并不难以寻找。

我们知道，已经成立的行政行为，是运用行政权对公共利益的一种集合、维护和分配，只是代表公共利益的行政主体的一种单方的意思表示，具有单方性的特征。但是中央银行的宏观调控行为由于其所采用的行为方式的不同，具有行政行为特征的行为方式，可以说具有单方性的特征。但是，民事法律行为性质的行为方式，一般采用的是契约方式，相对方的意志必须要在该法律行为中体现，并且需要双方的合意。央行进行宏观调控所追求的货币政策目标就无法在意思表示中体现，只能在效果的实现中体现出来。所以就央行的整个的宏观调控行为来看，具有单方性和双方性的双重特征。

行政行为还具有强制性的特征，其意义在于行政行为是法律的一种实施，是法律在相应领域或事项上的表现，于是法律的强制性就必然体现为行政行为的强制性。就行政主体而言，这种强制性表现为行政主体做出意思表示的法定性，不以意思自治为原则。就行政相对人而言，这种强制性表现为对行政行为必须服从和配合。如果行政相对人不予服从和配合，就会导致强制执行。① 然而，很显然中央银行的宏观调控行为缺乏这样的强制性。中央银行货币政策手段中的存款准备金制度一般具有强制性，相对人——商业银行不执行，可能有相应的法律责任的承担，但是，再贴现和公开市场操作业务，都是以引导的方式进行的，相对方即使不执行，也并不导致相应的法律责任，仅仅有可能会引起其自身利益受损的后果。因此，从整体上看，中央银行的宏观调控行为的强制性不同于一般行政行为的强制性。

此外，行政行为是一种通过法律来实施的公共服务，是无偿的。中央银行的宏观调控本质上也是一种公共服务，但是这种服务的提供则包含了有偿和无偿两种类型。虽然再贴现和公开市场操作业务其目的在于对货币进行调控，但对相对方而言，是以一种等价有偿的方式来实现的。

综上所述，无论是从成立要件还是从特征上来看，中央银行的宏观调控行为都不可能是行政行为，而是具有复杂的行为方式、双重的法律属性，从而使调控行为本身很难纯粹归属于传统行政行为和民事行为中的任何一类。因为同样道理，即便是某些采取了具体的私的（也就是市场化的）手段，甚至通过买卖或者交易这种明确的意思表示，也并不意味着其就是一种单纯的民事行为，因为买卖或交易虽是单个行为的意思表示，但在这个意思表示背后蕴含的维护特定的经济政策，实现金融秩序乃至整体经济的持续、稳定和发展，才是这些行为的共同目的，才是央行的整体行为目标。也正是这种目的的同一性，才使上述两类完全不同的行为模式能够组合成为同一性质的行为，即央行的宏观调控行为。这种行为目的的特殊性已经使上述行为能够超越传统的行政行为和民事行为，而引发经济法上的相应的效果，并受到经济法的相应规制，从而转换为具有经济法意义的行为，即经济法行为。

（二）央行宏观调控的行为方式：基于具体行为样态的分析

前面我们从行为的目的、承载的使命和担负的功能等方面论证了央行宏观调控行为的经济法属性，即中央银行的宏观调控行为是体现经济法的法律效果

---

① 姜明安主编：《行政法与行政诉讼法》，北京大学出版社、高等教育出版社1999年版，第143页。

的经济法行为，但是这些法律效果的实现，有赖于具有直接法律拘束力的具体行为方式的实现。因此，有必要对央行宏观调控行为的行为方式作进一步分析，并从另一个层面把握经济法行为与传统的行政行为和民事行为之间所存在的千丝万缕的联系。

以具体行为样态为表现的央行宏观调控行为具有复合性的特征，为了实现其对经济进行宏观调控的目的，既有可能使用公法手段的行为方式，也有可能使用私法手段的行为方式。

1. 公法手段的调控行为方式

公法手段的调控行为方式，具有单方性、强制性、无偿性等特征，能够较为迅速地实现宏观调控的目标。但是，这种公法手段的行为方式对于整个市场信心的影响是巨大的，因此，应该严格限制其使用的条件和范围。

（1）中央银行对存款准备金率的调整行为方式。

法律指定的金融机构，有义务从自己吸收的公众存款中，按照中央银行根据法律授权所确定的比率，提取一定的金额存入中央银行。此项金额称为"存款准备金"，而中央银行依法确定的提取存款准备金的比率，被称为"存款准备金率"或"法定准备金率"。① 存款准备金率的小幅度的变动，就会引起货币供应量的巨额变化，因此，在金融调控上该制度一直被视为威力巨大但必须慎用的武器。但凡采用这种制度的国家，都授权中央银行根据银根紧缩或者松动的需要，决定、变更或终止存款准备金率。中央银行对于存款准备金率的调整行为，实际上是中央银行宏观调控行为的一种行为方式。存款准备金率的调整，从作出到实现，包含着决策和执行两个层次。就决策层面来看，由中央银行采取公法上的强制方式，要求商业银行按照变动的存款准备金率交存存款准备金。这种行为，从特征上看，具备单方性、强制性、无偿性的特征。从行为的构成上，由具有法律特别授予行政职权的组织——中央银行实施，这种行为实际上也是运用这种法律授予的行政权所做的行为，并且该种行为也具有为相对方设定、变更或者消灭某种法律关系的意义，形式上也存在意思表示行为，因此，该行为可以被认定为行政行为。而且这种行为是以社会的公共利益——保证整体经济的持续、稳定和发展为目的，针对不特定的对象作出的，在该行为作出后的时间内可以反复适用，从性质上来看，这一部分类似于抽象行政行为。

但是该行为效果的实现，可以通过相对人——商业银行的相应的法律行

---

① 朱崇实主编：《金融法教程》，法律出版社2005年版，第26页。

为予以直接实现,即由商业银行按照变动后的存款准备金率主动交存存款保证金,亦即通过行政相对人以自己主动实施的法律行为实现了该抽象行政行为所规定的义务。须注意的是该行为内容的实现需要中央银行的协助。如果中央银行对于相对人未按照该抽象行政行为所确定的内容履行义务,为此而对商业银行予以强制执行或者予以处罚,则相应的就会出现具体的行政行为。

因此,中央银行调整存款准备金率的行为从该决定作出到内容的实现,实际上包含着决策和执行两个层次。就决策层次而言,可以说具有抽象行政行为的性质;就执行层次而言,可能会包含具体行政行为的性质。但是,这两个层次的内容是不应分离的,决策是执行的前提,执行是决策的实现,二者的整体构成了央行这种宏观调控行为方式的整体。将二者分离,仅将决策部分定为宏观调控行为,实际上将会背离宏观调控的意义之所在,也无法实现中央银行进行金融调控的目标。

(2) 中央银行信用控制的调控行为方式。

中央银行的信用控制的调控行为方式,包含选择性的货币政策工具和直接的信用控制工具。选择性的货币政策工具包括证券市场的信用控制、消费信用控制、不动产信用控制等几种。直接的信用控制工具则包括利率上下限、信用分配、流动资产比率。

中央银行的这种信用控制行为方式,从特征上看与存款准备金率的调整行为是相似的,实质上属于抽象行政行为。但是该抽象行政行为内容的实现与存款准备金率的调整行为不同,一般都是相对人以自己遵守的法律行为的方式来实现的,无需中央银行的协助即可实现。如果相对人未能以自己的行为实现该内容,中央银行对该行政相对人的处置,才会产生具体行政行为。

同样的,就该行为方式的实现来说,也包含着决策和执行两个层次的内容,尽管这一行为方式中决策的意义要更大一些,但是执行层面的意义同样不能够忽略,否则会产生难以达到宏观调控效果的结果。

(3) 窗口指导或道义劝告。

这种行为方式是中央银行凭借其在金融体系中的特殊地位和威信,通过与金融机构之间的磋商,来指导其信用活动,达到控制信用的目的。这种行为方式一般认为具有以下几方面的特征:一是不具有直接的法律拘束力。它不会也不能为相对方创设权利义务。从形式上表现为一种倡导、劝告、号召或者建议。但是相对方接受中央银行的指导或者劝告后会产生相应的法律后果,这种后果的形成不依赖于中央银行的指导或者规劝行为,而依赖于相对方的自觉协助或者相应的法律规定。但实际上这种法律后果才是中央银行所追求的，也即金融宏观调控的目标。从这一点上来看，窗口指导或者道义劝告不是普通的行政行为。二是不具有强制性。中央银行对于相对方未按照该指导或者劝告的内容为一定的作为或者不作为的，中央银行不得对相对方采取某种处置的具体行政行为，因此相对于其他公法手段的行为方式，这种行为方式对于金融调控目的的实现具有间接性。三是这种行为方式在程序上具有简便性。其他的行为方式多会对相对方的权益产生巨大的影响，并且如果相对方的义务得不到履行，还有强制性的措施迫使其履行，因此对于相对方权益损害的可能性会更大，所以要以严格的程序保证相对方的权益。窗口指导或道义劝告对相对方权益的影响则要小得多，因此在程序上的要求就较为简便了。

2. 私法手段的调控行为方式

私法手段的宏观调控行为方式主要是再贴现政策和公开市场操作业务。

再贴现政策调控信用的主要机制是通过调整再贷款利率和再贴现利率，影响商业银行自中央银行借款或贴现票据的成本，控制其超额准备金的头寸，并间接带动市场利率的升降，进而实现对货币供应量的调控。① 再贴现政策实际上也可以分为两个层面，即决策和执行。就决策层面言之，中央银行为了进行金融调控而对再贴现和再贷款的利率进行调整，该利率只能够约束中央银行自己和在中央银行进行再贴现和再贷款的商业银行，对社会大众并无直接的约束力。同时，由于再贷款利率和再贴现利率的变动，是该行为方式发挥调控作用的关键因素，所以中央银行对再贷款和再贴现利率调整的决策行为，各国央行法一直都赋予中央银行这样的权力。该行为方式执行层面则与公法手段不同，其仅能够通过规范或约束在中央银行进行再贷款或者再贴现的商业银行。因此，从性质上看，这种再贷款或者再贴现的利率类似于格式合同条款，再贷款或者再贴现说到底是一种契约行为，只不过是带有格式合同条款的契约行为。与一般的格式合同不同，这种利率的格式条款具有法律的强制性，排除了双方当事人对该条款的一般的解释规则。除此之外的双方行为还是以意思自治为基础的。因此，这种调控的行为方式整体上还是属于私法手段。但是，为了达到金融调控的目的，则带有某些强制性。

公开市场业务是中央银行通过在金融市场买卖有价证券或者其他的金融资产，以此来影响货币供应量和市场利率的宏观调控的行为方式。这种调控方式是通过中央银行的证券或者金融资产的买卖来实现的，因此从行为方式外观上

---

① 朱崇实主编：《金融法教程》，法律出版社2005年版，第27页。

来看，具有买卖合同的特征，是一种双方的民事法律行为。与一般的民事法律行为不同的是，所追求的效果不同。一般的民事法律行为，即依据行为主体的意思表示发生了直接的法律拘束力，则行为主体的目的就会实现。但公开市场业务不同，其追求的合同的效果具有群聚性，单个的或者说少量的证券买卖合同的实现或者履行，并非其所追求的最终目的，必须具有相同或类似的大量的证券的买卖合同才能够实现其对市场的调控作用。

通过以上分析，我们得出一个初步的结论是，作为后生于传统民商法和行政法的经济法，在行为理论上是无法摆脱传统的行政行为和民事行为理论而独立存在的，整体效果的取得依赖于具体行为的实施，而就具体的行为来看，其很难超越已有的行为样态，而呈现出新的行为模式。随之而来就产生了一个新的困惑：既然在具体行为样态上，经济法行为无法超越已有的民事行为和行政行为，那么经济法行为又何以能够存在或者基于何种目的而存在？即经济法行为研究的价值何在？这是我们本书所需要着重解决的问题。我们认为，具体的行为样态可能没有其特殊性，但并不意味着经济法行为就没有在理论上或制度上存在的价值。这种价值集中在间接行为效果的合法性评判上和追求上。

（三）央行宏观调控行为的法律效果：直接法律效力与间接法律后果的分野

中央银行进行宏观调控的目的在于保证整体经济的持续、稳定和发展，因而中央银行宏观调控行为具有双重的法律意义：一是直接的法律效力；二是间接的法律效果的实现。传统行为理论认为，研究行为的目的在于评判行为的合法性，并对合法的行为予以肯定性地评价而对违法行为予以否定性评价，从而为行为提供具体的规范。行政法和民法上对行为的研究和规制的主要目的也在此。经济法研究行为同样不能脱离这一目标。但我们认为，经济法行为合法性评判，与行政行为等的评判可能还有一个根本的不同就是，其要超越单个的行为，而注重对行为的综合性评判上，即具有一种整体主义的观念，因而就宏观调控行为的法律效果我们完全可以从单个行为和整体行为两个不同的角度去分析宏观调控行为的法律效果。一方面，我们应看到具体行为会产生直接的法律效力，另一方面，我们更应该看到单个行为之间相互作用聚合而成的间接上的效果。前者更多地可以从已有的传统的民事行为或行政行为理论中去寻求解决，而后者则是经济法更应该去关注和思考的，因而对经济法具有更为重要的意义。

1. 宏观调控行为的法律效力

中央银行的宏观调控行为横向上可以采用不同的行为方式，既可以采用公法手段的行为方式又可以采用私法手段的行为方式，因为其行为方式的不同所具有的直接的法律效力也是不相同的。此外，中央银行的宏观调控行为纵向上又可以分为决策和执行两个层面的内容，由于其决策和执行对于相对方的影响是不同的，因此其所具有的直接的法律效力也不相同。虽然，这些直接的法律效力并非中央银行进行宏观调控的最终目的，但是这些直接法律效力的实现能够保证达到间接的法律效果。

(1) 公法手段调控行为方式的法律效力。

公法手段的调控行为方式实际上都可以分为决策层面和执行层面两个层次。在决策层面因其具有抽象行政行为的性质，而且在执行层面又主要依靠相对方实施相应的法律行为的方式（自觉履行）来实现决策层面所确定的内容。因此，公法手段的宏观调控行为方式直接的法律效力可以借用抽象行政行为的效力解释之。行政行为的效力在内容上包括公定力、确定力、拘束力和执行力。[1] 因此，公法手段的宏观调控行为方式也可以具有以上的效力内容。就公定力来说，宏观调控行为一经做出，无论是否合法，即具有被推定为合法而要求所有机关、组织或者个人予以尊重的一种法律效力。其确定力是指宏观调控的行为一经做出，非依法定原因和法定程序，任何人不得随意撤销或者变更。其拘束力是指宏观调控行为一经做出，对于相对方就有约束的效果，相对方不执行、不服从宏观调控行为，将承担相应的法律责任。其执行力是指对生效的宏观调控行为要求相对方予以实现的法律效力。[2]

(2) 私法手段宏观调控行为的法律效力。

私法手段宏观调控行为方式其直接的法律效力取决于其采用的具体的法律行为的效力。再贴现和公开市场业务行为实质上是合同行为，因此，就私法手段的宏观调控行为方式来说，其直接的法律效力即为合同这种双方法律行为的法律效力。对此，我们不再赘述。

2. 宏观调控行为的法律效果

直接的法律效力并非宏观调控行为所追求的目的，宏观调控行为其目的在

---

[1] 姜明安主编：《行政法与行政诉讼法》，北京大学出版社、高等教育出版社1999年版，第155~157页。

[2] 邢会强：《宏观调控权运行的法律问题》，北京大学出版社2004年版，第30~31页。

于通过具体的调控行为方式法律效力的实现，实现其货币政策目标，进而保证整体经济的持续、稳定和发展。这也构成了宏观调控行为与一般行政行为或者民事行为的区别：其所追求的法律效果不同。

这种法律效果具有间接性、群聚性、终极性和非强制性的特征。

所谓间接性是指与宏观调控行为方式的法律效力不同，这种法律效果是通过追求或者实现宏观调控行为方式的法律效力，进而间接实现的。就法律效力而言，因具有直接的法律依据，可以通过相应的法律责任保证其实现。但法律效果则不具有直接的行为依据，无法以行为责任来保证其实现。

所谓群聚性是指单个的行为方式其法律效力的实现，在多数情况下，是无法实现宏观调控的法律效果的，一般要通过集中性的相同或者不同的行为方式的结合，才能够达到或者实现宏观调控的最终目的。

所谓终极性是指对于宏观调控行为来说法律效果是其追求的最终意义，而一般的民事行为、行政行为其所追求的一般就是该法律行为效力实现后的结果，例如：一般的证券买卖行为，证券权利的转移，相应的价金的支付，该行为主体的行为目的也即实现。但是宏观调控行为则不同，公开市场业务中，央行买卖证券的行为，其目的并不在于取得证券上的相应的权利，而在于通过买卖证券影响货币供应量和市场的利率。

非强制性是指这种法律效果与宏观调控行为方式的法律效力是不同的，不具有直接的法律依据，很难以强制性的法律责任保证其实现，进而保证最终的宏观调控目的的实现。

通过以上分析，我们认为法律效力与法律效果是两个不同的概念，经济法行为不能仅仅关注和考察单个具体行为的法律效力，即有效或无效，而更应该分析和考察具有行为整合后所产生的群聚性、终极性的效果，这种将单个行为和整体行为分别考察，行为的直接的法律效力和间接效果之分野应成为经济法关注的重点，这也从一个侧面反映出经济法行为的特殊性，并进一步折射出经济法的高一层级性和现代性。

（四）央行宏观调控行为的责任的多样性与双重性

与宏观调控行为的法律后果相联系的是宏观调控行为的法律责任。与宏观调控行为的法律效力和法律效果相对应，其法律责任可以分为严格意义上的法律责任和非严格意义上的法律责任两个层次。

严格意义上的法律责任是指宏观调控行为的双方主体，在具体的宏观调控行为方式中，违反其相应的法律规则所规定的义务，应该承担的具体的责任，包括中央银行作为调控主体的责任和相对方作为被调控主体的责任。这种具体的法律责任可以通过相关的行政法或者民法的途径予以实现。因具体行为在直接的法律行为后果上会因行为性质的差异，其责任形态亦会呈现多样化的特点。

非严格意义上的法律责任对应的是宏观调控行为的法律效果。法律赋予中央银行宏观调控权，可以采取各种宏观调控的行为方式，其目的在于实现货币政策目标，并进而保证整体经济的持续、稳定和发展。同时，就中央银行而言，这也是其职责所在。但如果由于其决策失误、程序违法等未能实现宏观调控的目的，也即无法达到宏观调控行为的法律效果，中央银行应该承担相应的责任，这种责任姑且可以称为非严格意义上的法律责任。本书提出特殊意义上的责任这一概念，是考虑目前政府对宏观调控不当应该承担什么样的责任，还没有在我国的法律制度中加以明确，尚不能体现为严格意义上的法律责任，充其量只能是由央行官员承担引咎辞职等相应的政治责任。① 但作为一种责任在实际生活中是存在的，随着我国政治体制改革进程的加快和我国法制的不断完善，最终会上升为一种独立的法律责任形态，至于这种责任究竟定性为宪政责任或者是经济法责任则可另作研究。所以在此我们姑且称之为非严格意义上的法律责任（或者准法律责任）。非严格意义上的法律责任，无论最终体现为宪法责任或是经济法责任，都会与民事责任或者行政责任处于不同的水平线上，不会属于同一层级的责任，应该是高于行政法或民法之上的高一阶位法上的责任，因相对于目前严格意义上的法律责任而言，具有层级性的特点。

（五）结论

宏观调控行为作为一种基本的经济行政行为，一般具有行为方式多样性、行为法律后果和法律责任双重性等几个特征。就行为方式而言，因为公法和私法手段的综合运用，其行为特征必然呈现出私法行为和公法行为的双重特征；就法律后果来看，单个的具体行为会产生直接的私法（民法）或公法（行政法）后果，但这种直接的法律效力并非宏观调控行为所追求的目的，以央行宏观调控所代表的经济行政行为更注重对间接效果和整体效果的追求，经济行政行为所追求的这种法律效果具有间接性、群聚性、终极性和非强制性的特

---

① 邢会强：《宏观调控权运行的法律问题》，北京大学出版社2004年版，第33~56页。

征,这就要求我们在分析经济行政行为效果时必须跳出狭隘的法律效力理论,而透视其整体效果和终极效果。效果的双重性必然决定其责任后果的双重性,我们不能拘泥于具体行为来讨论责任,而要视整体效果来追求相关主体的责任,这才是经济法责任的特殊性所在。而央行宏观调控行为的复杂与特殊性也告诉我们:经济法作为后生于民商法和行政法而存在的新兴法律部门,其目的在于弥补民商法和行政法的局限与不足,其行为方式的复杂性决定经济行政行为与民事行为和行政行为具有千丝万缕的联系,不可能完全独立于民事行为和行政行为而孤立存在,但经济法的整体主义视角,必然使经济行政行为超然于具体的或单个的行政行为或民事行为而存在,并表现出其独有的价值魅力。

三、深度拓展思考题

1. 如何规制市场化的政府经济行为?
2. 加入 WTO 给政府经济行为带来了哪些挑战?
3. 如何认识政府经济行为的合法性边界?
4. 如何从宪政框架与法解释学的立场来认识政府经济行为?
5. 如何认识私法视野下宏观调控行为的法律效果?
6. 如何认识宏观调控行为的可诉性问题?
7. 如何实现宏观调控行为的法治化?宏观调控如何从"混沌"走向"秩序"?如何强化央行宏观调控行为的问责制与透明性?

第二节 社会团体行为

一、知识点精解

(一)社会团体行为的界定及其法律规制

法律的重要作用,就是通过对人类行为的规范来实现对权力配置和利益分配的调整,正如有学者所言,"由于社会关系不过是人与人之间的交互行为,因而法律调整的对象实质上就是行为"。[①] 尽管法学中的"行为理论"研究炙手可热,但经济法学界在这方面的研究无疑相当稚嫩,关于社会团体行为的研

---

① 张文显:《法学基本范畴研究》,中国政法大学出版社 1993 年版,第 124 页。

究更是处于荒芜地带,亟待拓展。

在经济法的语境下,社会团体行为是指社会团体作出的、以意思表示为要素、能够引起一定法律效果的行为。作为一种自治组织,社会团体享有广泛的经济干预权,如规章制定权、监管、非法律惩罚权、争端解决权、起诉权等。这些权利的行使必定伴随着丰富多元的经济法行为。以社会团体对其成员的非法律惩罚行为为例,其行为类型至少包括批评教育、赔礼道歉、赔偿损失、内部通报、行业曝光、道德谴责、开出会籍、集体抵制、终身禁入、罚金等。① 从类型化的角度看,可以将社会团体行为概括为管理行为、团体利益代理行为与接受管理行为三类。② 其中,管理行为是最为常见的社会团体行为,包括自律管理行为和授权管理行为,前者是指社会团体通过内部组织机制的运行,规范成员的行为,维持组织内部的良好秩序,使之与整个社会的法律秩序相协调的行为;后者则是指社会团体根据法律的授权或有权机关的依法决定,对组织成员和其他相关的市场主体进行管理的行为。与政府的管理行为相比,社会团体更加了解其组织成员的管理需求,有力地减少了因为信息不对称而引发的道德风险问题,所以其管理行为往往会收到意想不到的良好效果。例如,1993年温州烟具协会的《烟具行业维权公约》规定:"凡经我会维权的产品,在有效期内如发现他人有侵权行为,一经查实,将对侵权产品的模具和专用夹具予以就地销毁,仿冒的产品和专用零配件给予没收,情节严重者,提请工商部门吊销营业执照。"这一社团管理行为取得了良好效果,据统计,自公约颁布之日起五年内,该行业只发生过5起侵权事件,堪称创举。

当然,就如同"有权利就有救济"一样,有法律行为就应当接受规范制约,社会团体行为也不例外。实践也证明,社会团体欲实现健康发展,必须接受一定的法律规制,包括社会团体活动与目的法律规制、社会团体不正当竞争和垄断的法律规制、社会团体资本与财务的法律规制等。下文所选取的两个案例均突显了我国社会团体在其资本和财务法律规制方面存在的诸多问题,而其问题的实质则在于社会团体的税法规制存在疏漏和缺陷。下文以税法为中心,对我国社会团体(非营利组织)的法律规制进行深入分析。

---

① 鲁篱:《论非法律惩罚——以行业协会为中心展开的研究》,载《河北大学学报》2004年第5期。

② 吕忠梅、陈虹:《经济法原论》,法律出版社2007年版,第214~216页。

(二) 我国非营利组织税法规制的理论阐释与现状检视

1. 非营利组织税法规制的理论解释①

学术界对规制的探讨，已经蔚然成风，甚至形成了规制经济学。② 一般意义上，规制是指限制或禁止。但其科学内涵应该是"有规定的管理"或"有法规的制约"，除了限制或禁止的意蕴之外，还有积极的鼓励和促进之义。以此为逻辑起点，本书认为，非组织的税法规制是指通过税收政策及税收手段的法律化，对非营利组织的活动进行规范和调控。下文正是在这一语境下来探讨非营利组织的税法规制问题的。

(1) 可税性理论。税法上的可税性理论，其主要内容是：征税与否，取决于主体是否有收益，这是征税的前提；如果有收益的主体是以营利为目的，其宗旨和活动具有突出的营利性，则应当征税；如果有收益的主体不以营利为目的，其宗旨和活动具有突出的公益性，则不应当对其征税；如果公益性的组织存在着营利性的收入，则对其营利性的收入的部分，是应当征税的；同时，一个营利性的组织，其某些活动具有突出的公益性，则应当考虑对其公益性的活动予以褒奖，即应给予一定的税收优惠。③ 根据可税性理论，收益性、公益性和非营利性是确定征税范围的三个基本要素。下面从这三个要素出发，来寻求对非营利组织实施税收优惠政策的法理依据。

首先是收益性。根据税法基本原理，税收是对社会财富的分配与再分配，只有当存在收益时，才存在收益的分配问题。当然，收益只是征税的前提要件（这里存在例外情形，如消费税、财产税等），并非有收益就一定要征税。判断某类收益是否具有可税性，还要考虑收益的可确定性、既存性、效率性和公平性等目标。非营利组织作为社会分配中的一个重要角色，存在捐赠收入、拨款收入、营利收入以及会费等收益来源，这些收益既有货币性收益也有实物性收益，属于现实发生的有形收益，符合可税性的前提要件。至于非营利组织收益的认定，首先要看其会计报表。其次，非营利组织向税务机关申报其收入状

---

① 陈风、张万洪：《非营利组织税法规制论纲——观念更新与制度设计》，载《武汉大学学报（哲学社会科学版）》2009 年第 5 期。

② 规制经济学是 20 世纪 70 年代以来在西方国家发展起来的一个新兴的经济学分支学科，其代表性著作有卡恩的《规制经济学》(The Economics of Regulation, 1970)、贝利的《法规性制约的经济理论》(Economic Theory of Regulatory Constraint, 1973)、植草益的《公共规制经济学》(1990)。

③ 张守文：《论税法上的可税性》，载《法学家》2000 年第 5 期。

况，由税务机关来审核认定该收益是否应课税。

其次是公益性。"公益性"是一个比较泛化的概念，其内涵与外延都具有不确定性。一般意义上，判断某一行为是否具有公益性，主要考虑的因素是主观性、客观性与社会性。凡从事社会需要而市场本身不能满足，政府又无能力或难以满足的事业，有助于社会公共问题的解决，使不特定的社会公众从中受益的行为，即可认定其具有公益性。从非营利组织所从事的活动来看，它不仅满足了人们社会交往的需要，而且对公共物品的多元化需要满足起到了拾遗补缺的作用。

最后是非营利性。"非营利性"的具体衡量标准有三，一是组织的宗旨不以营利为目的，二是组织的利润不能在成员之间进行分配，而只能用于组织所开展的各种社会活动及自身发展，三是组织的资产不能以任何形式转变为私人财产。① 这一衡量标准与我国现行的法律规定基本吻合。作为我国第一部民间非营利组织的会计制度，财政部于 2004 年 8 月 18 日发布的《民间非营利组织会计制度》第 2 条就规定，民间非营利组织应当同时具备以下特征：一是不以营利为宗旨和目的，二是资源提供者向民间非营利组织投入资源不得取得经济回报，三是资源提供者不享有民间非营利组织的所有权。

美国学者霍姆斯说过："税收是文明的对价。"依法纳税，是公民应尽的光荣义务，也是社会文明的重要标志。但现实生活中，偷税、漏税、骗税等现象层出不穷，尤其是一些营利性组织采取各种欺骗性手段把自己包装成"非营利组织"，进而享受税收优惠待遇。更有非营利组织利用税收优惠待遇，大量从事与其宗旨无关的商业行为，逃避税收。由于立法上的偏差和实践操作中税收优惠待遇的滥用，造成了市场的不公平竞争，给国家税收利益造成了重大损失。因此有必要强化对非营利组织的税法规制，具体到对其税收优惠的适用，要从可税性的三个要素，即收益性、公益性和非营利性来判定，一方面使那些符合法律和政策要求的非营利组织享受应得的优惠待遇，另一方面又防止非营利组织滥用其税收优惠资格，从而促进非营利组织的健康发展。

(2) 非营利组织税法规制的边界。非营利组织的特殊性主要是非营利性和公益性，因为其非营利性，它不能通过以营利为目的的经营活动来获取收入，从而维持自身的存续和发展；因为其公益性，能够在一定范围内代替国家提供公共物品，满足公众需求，因而国家多对其采取鼓励发展政策。但税法在多大的范围内和多深的程度上来规制非营利组织的活动，即规制的边界，却是

---

① 王名：《非营利组织管理概论》，中国人民大学出版社 2002 年版，第 3 页。

个值得探讨的理论问题。下面从两个角度来对此进行分析。

第一,非营利组织税法规制的作用点。对非营利组织的税法规制,肯定是以其收入为落脚点。非营利组织的收入主要包括捐赠收入、拨款收入和经营性收入,税法对这三种收入规制的力度是不同的。各国税法对非营利组织的捐赠收入一般都给予免税待遇,这主要是基于公共政策的考虑,因为对捐赠收入免税,符合公认的社会道德,对社会与经济发展都有利。现实生活中,一些非营利组织会得到国家的财政拨款,这部分收入一般也是享受免税待遇的,因为拨款收入不属于应税所得,缺乏纳税的合理性。随着现实生活的发展,非营利组织从事一定的营利活动日益普遍,由此产生的营利收入及其如何课税便成为一个值得关注的问题。一般认为,如果非营利组织从事经营活动并有经营收入,就应当依法纳税。笔者认为,对此应当做具体分析。假如非营利组织所从事的经营活动是与其宗旨相关的和必要的,那么给予其免税待遇是比较恰当的,假如这种经营行为已经背离了其宗旨,则应当照章纳税,否则就有损公平竞争的市场理念。在此问题上,美国税法给我们提供了较好的借鉴。①

第二,非营利组织税法规制的侧重点。前文提及,规制有两层含义:一是消极的限制或禁止,二是积极的鼓励和促进。这两点是不可偏废的,对非营利组织的税法规制,既不能过度放任,否则将违反税收法定原则和税收公平原则,也不能管制过严,否则将窒息其发展。但这两点又不能等量齐观,而应当有所侧重。过去(如文革时期),我国对非营利组织采取了消极的管制办法,视之如洪水猛兽,甚至将其取缔。那么现在,就应该在税收法定的原则下,更多地采取积极的做法,通过税收优惠等政策措施来促进其发展。

2. 我国非营利组织税法规制的现状检视

目前,我国对非营利组织实行的是一种税收优惠政策,即对非营利组织从事与其宗旨有关的非营利活动所取得的收入及相关的财产及行为给予免税待遇。这种税收优惠政策并不是通过一部法律来明确规定的,而是散见于若干具体税种的规定之中。

---

① 美国将非营利组织的商业收入区分为与宗旨相关的商业收入和无关的商业收入,并给予不同的税法规制。相关的商业收入可以享受免税待遇,而无关的商业收入则不能享受免税待遇。据此,除政府机关、公众集资兴办的大学和学院以外的所有免税机构,都可能因存在"无关经营的所得"而成为具体的纳税人。参见[美]约瑟夫·佩契曼:《美国税收政策》,李冀凯等译,北京出版社1994年版,第182页。

(1) 企业所得税制度对非营利组织的税收优惠政策。企业所得税是以企业在一定期间内的纯所得为征税对象的一种税。针对非营利组织的企业所得税征税问题，2008年1月1日起施行的《中华人民共和国企业所得税法》第26条规定，符合条件的非营利组织的收入为免税收入。按照同日施行的《中华人民共和国企业所得税法实施条例》第84条的规定，所谓"符合条件的非营利组织"，是指同时符合下列条件的组织：①依法履行非营利组织登记手续；②从事公益性或非营利性活动；③取得的收入除用于与该组织有关的、合理的支出外，全部用于登记核定或者章程规定的公益性或者非营利性事业；④财产及其孳息不用于分配；⑤按照登记核定或者章程规定，该组织注销后的剩余财产用于公益性或者非营利性目的，或者由登记管理机关转赠给与该组织性质、宗旨相同的组织，并向社会公告；⑥投入人对投入该组织的财产不保留或者享有任何财产权利；⑦工作人员工资福利开支控制在规定的比例内，不变相分配该组织的财产。另外，《企业所得税法》第26条规定的"符合条件的非营利性组织的收入"，不包括非营利组织从事营利性活动取得的收入，但国务院财政、税务主管部门另有规定的除外。

(2) 流转税制度对非营利组织的税收优惠政策。流转税，国际上又称"商品与劳务税"，是指以纳税人商品与非商品的流转额为征税对象的一种税种。它并不是一个单独的税种，而是就流转额进行征税的几个单独的税种的总称，主要包括增值税、消费税、营业税和关税四种。根据2008年11月5日修订通过的《增值税暂行条例》第15条的规定，对直接用于科学研究、科学实验和教学的进口仪器、设备以及对由残疾人组织直接进口供残疾人专用的物品免征增值税。该规定显然是针对科研、教育机构和残疾人福利组织的。营业税对非营利组织的优惠较多，主要体现在《营业税暂行条例》第8条。该条规定免征营业税的项目主要有：托儿所、幼儿园、养老院、残疾人福利机构提供的育养服务、婚姻介绍、殡葬服务；医院、诊所和其他医疗机构提供的医疗服务；学校和其他教育机构提供的教育服务；纪念馆、博物馆、文化馆、美术馆、展览馆、书画院、图书馆、文物保护单位举办文化活动的门票收入，宗教场所举办文化、宗教活动的门票收入等。

(3) 其他税种对非营利组织的税收优惠政策。1986年，国务院发布的《房产税暂行条例》第5条规定："下列房产免纳房产税：一、国家机关、人民团体、军队自用的房产；二、由国家财政部门拨付事业经费的单位自用的房产；三、宗教寺庙、公园、名胜古迹自用的房产；四、个人所有非营业用的房产；五、经财政部批准免税的其他房产。"由此看出，我国对非营利组织制定了比较优惠的房产税税收减免政策。此外，契税、耕地占用税等均对非营利组织作出了税收优惠规定。①

我国现行税法除了前述对非营利组织所采取的优惠政策之外，还对向非营利组织捐赠的企业和个人实行税收优惠。截至2006年7月，财政部、国家税务总局已下发文件，先后批准宋庆龄基金会、中国红十字会等共计60个社会团体接受企业、事业单位、社会团体和个人等社会力量的公益、救济性捐赠后，捐赠人可以在交纳所得税前享受全部或部分扣除优惠，其中享受全额扣除的受捐团体有25个。

（三）我国非营利组织税法规制的不足与完善

1. 现行税法对非营利组织规制之不足

（1）非营利组织的类型区分不合理，由此导致某些税收政策难以适应社会现实需要，违背了税收公平原则。国际上通常将非营利组织划分为公益性组织和会员性组织，并实行不同的税法规制措施。② 根据中国现行的法规和管理体制，非营利组织要在民政部门登记注册才能成为合法的民间组织，因此，各种形式的非营利组织实际上分为两个大类，一类是在民政部门登记注册的非营利组织，另一类是未在民政部门登记的非营利组织。后一类组织从某种意义上说是非法社团，也有学者称其为"灰社会"。③ 这种分类造成很多不具有非营利特点的组织也称为"非营利性组织"，享受免税待遇，这无疑违背了税收公平原则。以此分类为逻辑前提而存在的某些税收政策，其合理性也是值得商榷的。例如，根据《营业税暂行条例实施细则》第22条，普通学校及地、市级

---

① 参见1997年《契税暂行条例》第6条，2008年《耕地占用税暂行条例》第8条。值得注意的是，1986年的《车船使用税暂行条例》第3条作出了对非营利组织税收免税的规定，但2006年12月国务院通过的《车船税暂行条例》却取消了对非营利组织免税的规定。

② 美国的做法最为典型。美国联邦税法第501条区分了25种可以享受豁免联邦所得税的非营利组织。其划分的标准是组织的活动宗旨。这25种组织被归为两大类：一类是公益服务性组织，另一类是会员服务性组织。所有组织自身的收入都可以免缴所得税，但公益服务性组织还额外享受一种优惠：为它们捐赠的个人、企业和基金会可将捐赠数额从其收入中扣除，少缴他们的所得税。参见王绍光：《多元与统一——第三部门国际比较研究》，浙江人民出版社1999年版，第84页。

③ 苏力等著：《规制与发展——第三部门的法律环境》，浙江人民出版社1999年版，第17页。

人民政府或者同级政府的教育行政部门批准设立、国家承认其学员学历的各类学校，免除营业税。但是，我国的民办学校，多为投资兴办而非捐资兴办，普遍以营利为目的，实行商业化运作，在此情况下，不加区别地对其免税是不适宜的。

（2）对非营利组织的税务管理方法规定不完善，不利于税收征纳。根据《税收征管法实施细则》第 12 条和《税务登记管理办法》第 2 条的规定，不从事生产经营活动的单位一般不需进行税务登记，但如取得应税收入、发生应税行为或者拥有应税财产，依照法律、行政法规规定负有纳税义务的，应在纳税义务发生之日起 30 日内向所在地主管税务机关申报办理税务登记。由于非营利组织大都未进行税务登记，而是在登记机关（主要是民政部门）登记注册后自动获得免税资格，因此如果发生纳税义务后不主动履行税务登记义务，就会出现非营利组织偷逃税款的情况。例如，《非营利组织税收制度研究》课题组成员单位（江苏省地税局、陕西省地税局、辽宁省地税局）通过向辖区内的税务机关和非营利组织的登记机关、主管部门调查发现，几乎所有的税务机关都反映非营利组织基本上既不纳税也不接受税务管理（领取工商执照的事业单位实行企业化税务管理的除外）。

（3）关于捐赠的制度设计不合理，影响了公益捐赠事业的发展。按照现行非营利组织税收制度，可直接接受（享受税前扣除的优惠政策）捐赠的非营利组织需要财政部、国家税务总局以文件的形式加以特许。现已获得特许的非营利组织有 25 个。其他非营利组织直接接受的捐赠，捐赠方不能在税前扣除。"特许制"是现行非营利组织捐赠税收制度的主要特征，它进一步强化了非营利组织与官方的紧密联系，与我国非营利组织发展的趋势背道而驰。其问题主要表现在:① 其一，"民间性"是非营利组织的重要特征。在国家与非营利组织的关系上，我国的非营利组织正由国家领域向社会回归，而"特许制"不利于非营利组织由官方走向民间。其二，国家向非营利组织的财政拨款正在收缩，以后非营利组织要自己筹资开展公益活动，但"特许制"削弱了非营利组织向民间筹集资金的能力。其三，"特许制"有碍税收公平，对官方背景不强的民间非营利组织是一种歧视和打压。其四，"特许制"为寻租预留了制度空间，妨碍税收公正。

---

① 国家税务总局政策法规司课题组：《非营利组织税收制度研究》，载《税务研究》2004 年第 12 期。

2. 完善非营利组织税法规制的几点建议①

（1）明确非营利组织的法律界定。为了使非营利组织成为一个比较有权威性的概念，应该在效力较高的法律中予以规定，或者在"民法典"中，或者在"税法通则"中。为了贯彻税收法定原则，在税收基本法中对非营利组织的概念、基本特征、基本类型、法律地位以及与营利组织的区分标准等作出规定更适宜。在基本类型问题上，有必要区分公益性组织与互益性组织，对前者的捐赠享有税收扣除优惠，后者则不享有，从而确保捐赠财产服务于社会利益。在税收基本法中应对非营利组织与营利组织的区分标准作出统一规定，从而使真正的非营利组织享受免税待遇。对于以往已经享受免税的营利组织，可以考虑给予一个过渡期，让其所有者作出选择，或者放弃对该组织的所有者要求，重新登记为非营利组织，或者坚持所有者身份，依法纳税。

（2）区分非营利组织的相关性经营收入与无关性经营收入，前者可以享受优惠待遇，后者则必须征税。《社会团体登记管理条例》、《民办非企业单位登记管理条例》和《基金会管理条例》等都规定，严格禁止社会团体、民办非企业单位和基金会从事以营利为目的的经营活动，但对何谓"以营利为目的的经营活动"却没有规定，缺乏衡量标准。本书认为，这种规定过于僵硬，与其严格管制，不如合理引导。我国台湾地区税法鼓励非营利组织借助经济手段，为追求非营利宗旨筹集资金，这种做法很值得大陆地区借鉴。区分的意义，一是有利于增强非营利组织的经济能力，更好地实现其宗旨，二是能够有效制约非营利组织从事营利活动，促进其规范发展。

（3）采取有针对性的税收征管措施，提高规制的有效性。首先，制定与税法相协调的非营利组织会计准则。目前，我国大多数非营利组织所执行的事业单位财务规则、会计准则和会计制度已经不能适应经济社会发展需要，已经成为对其税务管理的一大障碍。我们可以借鉴美国的非营利组织会计公认原则（Generally Accepted Accounting Principles for Not-profit Organizations 简称 GAAP），即大型的非营利组织采用权责发生制进行会计记录，小型非营利组织采用简便的收付实现制进行会计记录。其次，修改《税收征管法》及其实施细则，规定非营利组织必须向税务机关办理税务登记，登记其资金及其来源、经营活动宗旨及范围、财务管理办法等，由税务机关核定其税收征免范围。对取得免税资格的非营利组织，也应当令其按年度向税务机关报送财务会

---

① 陈风、张万洪：《非营利组织税法规制论纲——观念更新与制度设计》，载《武汉大学学报（哲学社会科学版）》2009年第5期。

计报表,以便税务机关实施监管。在此基础上,可以制定适合非营利组织使用的纳税申报表,制定专门针对非营利组织的稽查办法等。

(4)改进捐赠税收减免制度。我国对企业和个人捐赠的税收优惠较多,但带给捐赠人的收益却较少,效果很不理想。主要原因是优惠力度小,影响了公益捐赠人的积极性。从实践来看,对参与捐赠的部分特定机构给予所得税前全额扣除的优惠措施难以使不同性质的非营利组织有公平的发展空间,也难以使非营利组织的投资者直接受益。因此,应考虑多采用符合税收公平原则和国际惯例的间接优惠措施,如税收抵免、亏损结转、加速固定资产折旧等。另外,还应提高纳税人捐赠的扣除比例,合理加大税收优惠力度,扩大公益性捐赠的渠道,提高社会民众向非营利组织捐赠的积极性。

二、案例分析

【案例一】

中国扶贫开发协会内讧与"丽江妈妈联谊会"财务造假案①

中国扶贫开发协会(以下简称"扶贫协会"),一个成立14年的有官方背景的NGO,因为"工资改革"而引发了内讧事件。自2007年7月31日起,不断有自称是协会高层的人士在网络上揭露协会财务混乱的内幕。与此相呼应的是,北京中辰兴会计师事务所出具的审计报告显示,扶贫协会及其所拥有的北京中富达公司存在大量的财务违规操作。2006年全年费用明细单据显示,仅有两名工作人员的协会办公室,一年的总成本为309522.36元,秘书处的总成本为768622.94元。协会2006年有1600多万元的收入,但其中只有5%用于扶贫项目投资。中辰兴会计师事务所在审计意见中称,"协会2005年7月以前,管理制度不完善,财务管理混乱,具体表现在:固定资产管理不完善,没有建立固定资产明细账进行分类核算;总分明细账设置不规范、不完善;没有编制会计报表;对账不及时造成的支出款项长期挂账;对外投资缺乏严格的审批程序,造成资产大量流失;财务人员变动频繁且没有按照财务制度的有关规定办理交接手续。"

【案例二】

90年代初胡曼莉因为收养孤儿而被其单位武钢集团树立为爱心典型,

---

① 参见《中国扶贫开发协会内讧的罗生门》,载《凤凰周刊》2007年第25期;《美国妈妈联谊会起诉丽江市政府监管不力》,载《昆明日报》2011年5月10日。

随后她于 1992 年在武汉正式注册了中国第一个民办孤儿院——中华绿荫儿童村。1998 年，胡曼莉与美国妈妈联谊会会长张春华及云南丽江政府合作建立孤儿学校。学校教师和常务副校长由丽江县教委委派，胡曼莉负责筹钱来支持学校。与学校同期成立的管理和善款接受机构"丽江妈妈联谊会"，除了胡曼莉外，其余成员全部是政府官员。开学之后不久，学校混乱的账目引起了人们的关注。在张春华的推动下，丽江审计局 2006 年对"丽江妈妈联谊会"的财务进行了审计，结论是"在管理使用各项捐款上，存在一些不规范的问题，有的违反了《中华人民共和国会计法》等法律法规的相关规定"。这次审计中，胡曼莉的丈夫段灿标提供了胡曼莉用孤儿名字开私人账户的证明文件，做假的票据证明等材料。张春华以善款使用违背捐款人意图为由将"丽江妈妈联谊会"告上法庭，从丽江中院到云南高院，张春华和她的"美国妈妈联谊会"两度获胜，法院责令"丽江妈妈联谊会，将未按照美国妈妈联谊会捐赠意愿使用的 907890 元人民币如数返还"。2007 年 2 月 14 日，丽江市民政局作出对"丽江妈妈联谊会"给予撤销登记的行政处罚。

【问题聚焦】

如何评判我国非营利组织的法律困境？如何认识非营利组织在"政治国家"与"市民社会"二元结构中的角色定位？

【法律剖析】

上述两个案例均透视出我国非营利组织严重的失灵现象，其中中国扶贫开发协会内讧事件主要反映出官办非营利组织官僚作风十足、财务操作混乱、内部人贪污腐败、工作效率低下等问题；"丽江妈妈"胡曼莉事件则反映出我国法定非营利组织独立性被蚕食、内部人控制突出、财务运作极不规范等问题。① 这两个案例集中反映了我国非营利组织的生存与发展困境，值得深入反思。

中国扶贫开发协会作为一个官办非营利组织，其诸多困境主要根源于僵硬的行政管理体制。根据 1998 年国务院颁布的《社会团体登记管理条例》，我国对社会团体实行"归口登记、双重负责、分级管理"的体制。这一行政管理体制的弊端在于：（1）过高的设立门槛，即该条例在人员、资金等方面对社团设立规定了苛刻条件，变相剥夺了社会弱势群体的自由结社权；（2）严

---

① 简智伟：《我国非营利组织失灵的法律规制》，载李昌麒主编：《经济法论坛》（第 6 卷），群众出版社 2009 年版。

格的审查控制,即该条例赋予了社团主管部门广泛的财权与事权,极大地挤压了社团的自治空间;(3)限制社团竞争,即该条例第13条规定:"有下列情形之一的,登记机关不予批准筹备:……(二)在同一行政区域内已有业务范围相同或相似的社会团体,没有必要成立的;……"至于什么是"业务相同或相似"、"没有必要",该条例语焉不详。这极有可能诱发官办社团为了阻止新社团的成立而对民政部门进行游说,以避免财政补贴、社会捐助等资源的分流,进而形成垄断。"丽江妈妈联谊会"作为一个法定的非营利组织,其法律困境则主要根源于治理结构的缺漏。从内部治理结构来看,"丽江妈妈联谊会"缺乏分权制衡的组织安排,而是属于长官意志决策模式,这难免引发治理风险。从外部治理结构来看,"丽江妈妈联谊会"既缺乏利益相关者的有效监督,也缺乏有效的绩效评估机制,政府的监管亦乏善可陈,这些因素共同导致了非营利组织管理者的动力不足和短视行为。

求解非营利组织的法律迷局,除了要借助于税法规制外,还需要在以下方面进行制度上的改善:首先,按照分权制衡原则、民主原则和绩效原则建立起非营利组织的监管机制、决策机制和激励机制。在监管机制方面,应明确非营利组织会员大会(非会员制的社团则另当别论)、理事会、董事会、监事会以及独立董事的权限分工,各司其职、各负其责,避免懈怠和滥权;在决策机制方面,民主原则的确立和决策程序的透明公正是决策环节最需要解决的问题,法律在这方面可以借鉴公司法的规定,对非营利组织各级会议的召集、提议、决定等作出相应的规定;在激励机制方面,非营利组织需要建立公开竞争的管理者选任制度和与业绩相挂钩的报酬激励机制。其次,完善非营利组织的信息披露制度。"阳光是最好的防腐剂,灯光是最好的警察",一句经典名言道尽了信息披露制度的重要性。完善非营利组织的信息披露制度,要求法律应当列举出非营利组织所必须公开的信息,主要包括根据会计准则做出的每一时段的资产负债表、利润表、现金流量表等财务报表,组织的管理层人事构成及变动、组织最近开展的活动等。法律还要明确非营利组织有提供上述信息的义务,并对普通民众和相关政府部门获取信息的途径和操作步骤做出详细规定。此外,在索取这些信息的主体资格上,法律不应当做过多限制,任何公民都有权了解非营利组织的运作状况。最后,改进政府对非营利组织的监管体制。在非营利组织的设立登记环节,应当从人员、资金等方面降低设立门槛,放松行政管制的力度,尤其应当尊重社会弱势群体的结社权;在政府监督的手段上,法律上应减少行政强制手段的使用,鼓励以经济手段为主,采取间接管理的方式，以降低对非营利组织自治性的损害。① 总之，在对待非营利组织的态度上，既需要扶持和激励，也需要规制和督导，唯有如此，才能更好地推动非营利组织的健康发展，发挥其在克服市场失灵和规制政府失灵方面的作用，使其真正成为"市场失灵与政府失败下的第三条道路"。

三、深度拓展思考题

1. 如何认识我国非营利组织失灵的制度诱因？
2. 如何运用可税性理论规制非营利组织的营利行为？
3. 如何完善税法来确保非营利组织的健康发展？
4. 如何运用萨拉蒙的"志愿失灵"理论来解释我国非营利组织的法律困境？
5. 非营利组织在社会财富的"第三次分配"中充当怎样的角色？
6. 在放松管制与强化自治的过程中，如何实现非营利组织的监管平衡？

---

① 简智伟：《我国非营利组织失灵的法律规制》，载李昌麒主编：《经济法论坛》(第6卷)，群众出版社2009年版。

第四章 经济法责任

[本章知识结构图]

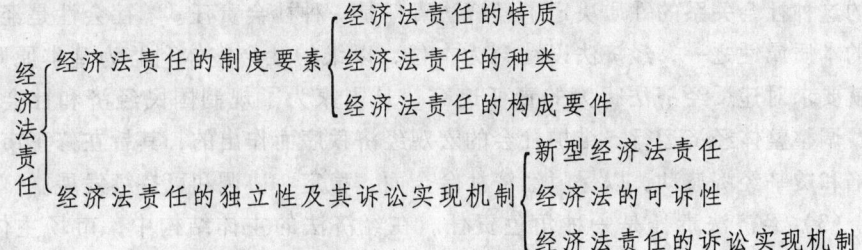

第一节 经济法责任的制度要素

一、知识点精解

在经济法的基础理论研究中,除了经济法行为之外,经济法责任也是一个具有较高研究难度的"戈尔迪死结"。尽管经济法责任理论研究的必要性已经得到充分肯认,但公众对既有研究成果的认同度依然偏低。在经济法独立性的感召之下,经济法同仁需要对经济法的责任制度进行更深入的探索。

(一) 经济法责任的独特性分析

(1) 经济法责任是一种综合责任。经济法主体违反经济法所承担的责任往往表现出非单一性的特征,而是表现为民事责任、行政责任与刑事责任等多种传统责任形式的结合。这一方面是因为经济法作为新兴的部门法,很难发展出全新的法律责任形式,只能借用其他部门法的责任形式,另一方面是因为经济法作为高级法和现代法,其所要解决的问题多属于复杂问题,单靠某一种类型的法律责任很难实现其宗旨和目标。① 对于违反经济法的行为，如果仅剥夺其资格权力（利），而不同时要求其赔偿经济损失，限制其自由或剥夺其生命，那么就无法弥补其造成的损害、惩罚其犯罪行为，结果只能导致"以权代责"、"以官抵罪"。从这个意义上讲，只有综合性的经济法责任才能有效地制裁违反经济法的行为，为了责权利相统一，经济法责任也必须是一种综合性的责任。

（2）经济法责任是一种社会责任。无论是市场规制关系，还是宏观调控关系，都不是一种私人间的社会关系，而是一种宏观性的社会关系，经济法调整的这种社会关系的性质决定了经济法责任是一种社会责任。② 社会性是经济法的本质属性之一，经济法以社会为本位，以维护社会整体利益为基本原则，这就要求对违反经济法行为的责任追究，是国家为了规制国民经济和社会发展、调整整体经济运行、维护社会的宏观经济秩序而作出的，其旨在修正市场缺陷和熨平经济波动，以保障经济社会全面、稳定、协调和可持续发展。

（3）经济法责任是一种角色责任。在经济法的主体结构中，市场主体、行政主体和社会团体的角色不同，身份和地位各异，行为目标和宗旨有别，所需承担的责任自然不同，从而形成不同的"角色责任"。例如，经济行政主体的权利与义务来源于宪法性的组织法，并通过经济法加以确认，其违反经济法所承担的责任，就不可能是市场主体承担的私法性质的责任，而应当是公法性质的责任，甚至是违宪责任。由于经济法主体角色分工的明显差异，经济法责任呈现出典型的不对等性和不均衡性，"角色责任"也相应地分化出预防性责任、罚补性责任、罚补制裁性责任等不同类型。③

（4）经济法责任是一种差别责任。所谓差别责任，是指经济法责任因责任主体的不同而呈现出差异性。由于市场主体、经济行政主体与社会团体的权利义务存在重大差别，其在经济法责任的构成要件、性质范围、承担方式等方面也相应地存在差异。如根据我国《反垄断法》的规定，经营者实施垄断协议、滥用市场支配地位、违法实施集中将会承担不同的法律责任，反垄断者的法律责任也因其是否构成犯罪和造成经济损失而有所不同。同样，在税法、金融法等其他经济法律中，差别责任也体现得非常明显。

---

① 吕忠梅、陈虹：《经济法原论》，法律出版社2007年版，第226页。
② 邱本：《经济法研究》（上卷：经济法原理研究），中国人民大学出版社2008年版，第233~234页。
③ 郑鹏程、刘璨：《经济法责任特征新论》，载《财经理论与实践》2010年7月。

(5) 经济法责任是公共责任与财务责任的融合。公共责任是指在一个宪政体系下，政府领导人必须对其领导的系统中产生的重大失误，承担不利的个人后果。随着新公共管理的兴起，公共责任中的职业、角色、法律等因素不断突出，公共责任的含义日益超出政治责任的范围而带有复合性的特点。① 财务责任强调的则是责任的经济性与可计算性，这种责任理念与新公共管理运动的价值旨趣相契合，也是经济合同的内在要求。自 20 世纪 80 年代以来，西方国家开始了大规模的"政府企业化"、"第三部门"和"公用事业市场化"运动。这种公共部门和私人部门的融合，带来了法律理念上的"公私融合"、"纵横统一"的变化，这与 20 世纪以来国家参与经济活动中的"责任"日益成为法律规范核心概念是相吻合的。有学者认为，公共部门和私人部门的融合导致国家对经济生活的调整，表现在法律上，就是行政上的公共责任和会计上的财务责任的融合。这种融合主要表现在经济法领域中，是与经济法的"责权利相统一"原则以及"组织关系与财产关系相融合"的特点完全一致的，这种新的责任模式，可以被界定为经济法上的责任。②

(二) 经济法责任的类型化考察

根据不同的标准，可以对经济法责任进行类型化。如根据主体标准，可以将经济法责任划分为市场主体责任、经济行政主体责任、社会团体责任（或称为调制主体责任与调制受体责任）；根据内容标准，可以将经济法责任划分为财产责任、经济行为责任、经济信誉责任、经济管理责任。③ 下面几种分类尤其值得关注。

(1) 财产责任与非财产责任。由于明确责任的重要目的在于"定纷止争"，而各类纷争实际上都与一定的利益相关，为此，要使法律保护的法益不受侵害，就必须注意财产上的补偿或惩处，从而使罚款、罚金、没收财产等财产性责任的追究较为普遍。但除此之外，非经济性的责任也很重要，如体现在立法上的政治性责任（如引咎辞职）、社会性责任（如"专业不名誉"责任与制裁）等，因其已经转化为法律责任，故同样亦属经济法研究需予关注的重

---

① 邓峰：《领导责任的法律分析——基于董事注意义务的视角》，载《中国社会科学》2006 年第 3 期。

② 邓峰：《论经济法上的责任——公共责任与财务责任的融合》，载《中国人民大学学报》2003 年第 3 期。

③ 漆多俊：《经济法基础理论》（第四版），法律出版社 2008 年版，第 151~152 页。

要责任类型。① 例如，企业承担社会责任过去一直被认为是一种道德责任，但随着企业社会责任法律化浪潮的兴起，② 各国广泛开展了企业社会责任立法，时至今日，企业的社会责任已经成为经济法非财产责任的重要范畴。

（2）补偿性责任与惩罚性责任。补偿性责任是指以法律上的功利性为基础通过当事人要求或者国家强制力保证要求责任主体承担弥补或赔偿的责任方式；而惩罚性责任是指以法律上的道义性为基础通过国家强制力对责任主体实施惩罚的责任方式。③ 这种分类，无论在民法上还是在经济法上甚至在刑法上，都有适用性。例如，民法上的损害赔偿、税法上的滞纳金等，一般都被看做赔偿性责任的形式，而财产罚、自由罚、声誉罚等，无论是侧重于物质还是侧重于精神，无论是体现为传统的刑罚还是行政罚，抑或新型的某种"罚"，往往会被看做惩罚性责任的形式。可见，赔偿性责任并非都是民事责任，惩罚性责任也并非都是行政责任或者刑事责任。④

（3）违反市场规制法的责任、违反国家投资经营法的责任和违反宏观调控法的责任。在经济法体系中，市场规制法、国家投资经营法和宏观调控法在法律主体、法律行为和法律规范的性质上大相径庭，这对于责任的构成要件与承担方式有重大影响。市场规制法对权利义务的规定较为明确，相关主体及其责任往往可以特定化，且可以通过诉讼机制得以实现，与一般的责任承担方式并无大的差别。但国家投资经营法与宏观调控法的法律规范多是以政策指导的面目出现，法律责任的表述往往含混不清，缺乏可操作性，缺乏"法感"和必要的"刚性"，面临较大的可诉性缺陷。这两个领域法律责任的缺失或弱化，诱发了决策失误的道德风险，助长了官僚主义和专断意志，也是造成国有资产流失和宏观经济失序的重要制度诱因。为了加强各部门、各级政府及其主

---

① 张守文：《经济法责任理论之拓扑》，载《中国法学》2003年第5期。

② 当然，企业社会责任的法律责任化也会受到诸多因素的限制，在条件允许的情况下应尽可能扩大法律责任化的范围。有时，软法可以借助其特有的提倡性规范促成企业社会责任的实现，但由于缺少国家强制力的推行，因而软法化的企业社会责任的实现总体上变得不确定。我国企业社会责任的法律化途径主要有两条：一是对于道德底线要求的企业社会责任（如对环境、消费者、劳工的某些保护），在条件允许的情况下应尽可能将其转化为法律责任；二是借助软法特有的提倡性规范促成企业社会责任的实现，同时辅之以司法能动主义的发挥。参见蒋建湘：《企业社会责任的法律化》，载《中国法学》2010年第5期。

③ 孙笑侠：《法的现象与观念》，山东大学出版社2001年版，第107~203页。

④ 张守文：《经济法责任理论之拓扑》，载《中国法学》2003年第5期。

要领导人对经济实行有效的投资和调控,必须将问责制常规化和制度化,将领导责任纳入法制化的轨道。①

(三) 经济法责任的制度构造

1. 经济法责任的归责基础

在法理学上,法律责任的归责基础存在"道义责任论"、"社会责任论"、"规范责任论"等学说分野。"道义责任论"是基于人的意志自由强调主体应对自己的过错承担责任;"社会责任论"是基于法律对社会上的各种权益的保护主张主体应对自己的危害社会的行为负责;而"规范责任论"则是认为法律责任是法律规范对行为进行评价的结果。② 这三种理论对阐释经济法责任的归责基础均有一定的解释力,但又都失之偏颇。有学者从成本补偿的角度入手,认为经济法调整所要解决的基本矛盾,是个体营利性与社会公益性的矛盾,要对其进行协调和解决,就必须既要看到个体的私人利益,又要看到社会的公共利益。在发生私人成本(即个体的私人利益受损)时,就应考虑弥补私人成本;当发生社会成本(即社会的公共利益受损)时,同样应考虑如何解决"公害"问题。可见,基于对两类利益的保护,以及经济法基本矛盾的解决,对于经济活动中产生的私人成本和社会成本,必须按照一定的"问责规则"来作出补偿,这既是经济法责任制度产生的原因,也是归责的基础。③这种观点无疑受到了制度经济学和经济分析法学的影响,正如诺斯所言,一个有效率的制度,主要应考虑如何实现在私人成本与社会成本之间的均衡。④ 其实,成本—收益分析已经广泛应用于政府行为、法律制度和诉讼程序的分析中,并且成就斐然。⑤ 经济法作为一个具有浓郁"经济性"的部门法,用成

---

① 在党的纪律条例和行政法规之中,领导责任是问责制的核心组成部分。从目前的规则和实施来看,领导责任不仅属于政治责任,而且也是法律责任,是与懈怠和不作为之间存在"非直接因果关系"的一种新型责任。公法上并不存在"非直接责任"的司法审查,而私法的侵权模式也不能通过法院对行政机关的自由裁量进行审查,由此,领导责任类似于公司法"督导系统"的责任,包括"红色警报"和"警察巡逻"的事前义务,以及作为免责事由的"业务判断规则"。参见邓峰:《领导责任的法律分析——基于董事注意义务的视角》,载《中国社会科学》2006 年第 3 期。

② 王成栋:《政府责任论》,中国政法大学出版社 1999 年版,第 11~13 页。

③ 张守文:《经济法责任理论之拓扑》,载《中国法学》2003 年第 5 期。

④ [美]道格拉斯·C. 诺斯:《西方世界的兴起》,华夏出版社 1989 年版,第 7 页。

⑤ 钱弘道:《法律的经济分析》,清华大学出版社 2006 年版,第 116 页。

本—收益等经济分析法学的工具来阐释其具体制度富有新意,也为人们重新认识经济法责任的归责基础提供了新的理路。

2. 经济法责任的归责原则

归责原则是责任主体与责任承担形式的连接点,是确定责任归属的判断准则。传统的法律责任归责原则主要包括过错责任原则、无过错责任原则和公平责任原则,这些原则对于私法主体的责任归责具有理论的自足性,但对于经济法主体(尤其是经济行政主体)的适用性却大打折扣。正如有学者所言,传统的以主观状态为主导的法律责任归责原则不能适应社会利益救济对法律的诉求,只有通过定性定量分析的方法把经济法责任主体与其应承担的经济法责任连接起来,形成具有经济法特色的新型归责原则,才能使得经济法矫正市场失灵功能落到实处。① 该学者提出的"定性定量原则"看到了经营者与政府在经济法主体范畴中出现的普遍性,对于确定二者的经济法责任确有其制度价值。具体而言,所谓定性原则是指基于政府或经营者是否违反经济法为其预设的义务来决定其是否应承担经济法责任的法律原则,而定量原则是根据政府或经营者所实施的违反经济法的行为的具体程度或危害后果来决定其应承担多少经济法责任的法律原则。以定性和定量为内涵的经济法责任归责原则的具体操作方法是:从追究经营者经济法责任来说,首先用法定绝对责任原则来定性,以解决经营者是否应承担经济法责任的问题;在确定经营者必须承担经济法责任的基础上,采用动态的量化方法,用成本收益的比例原则使其责任量化,规定经营者自其行为的损害结果发生之日起,一定期间内(如5年)所拥有的资产为一个最高限额,基于损害行为而连续发生的损害结果在最高额度内给予赔偿,以实现其惩罚和预防的目的。而对于政府而言,由于政府是经济调节主体,在市场经济运行中行使经济调节权力,其承担的义务必须围绕权力而设定,而政府权利和义务不对称的现实,使得它更容易对社会整体利益造成损害,因此,对政府的经济法责任必须采用更为严格的结果责任定性原则,以保障其权力正确行使。在考虑量化归责原则时,基于政府的特殊地位,不能把财产补偿作为中心,而应把目光转到政策或行为的补偿上来,既然公权力的滥用造成了社会整体利益受损,就应当用公权力来补偿。在政府的经济法责任归责原则中,定性原则倾向于惩罚性和预防性,定量原则倾向于补偿性和回复性目的。② 当然,目前经济法学界的不少学者都主张构建一种以消费者为中心的经

---

① 陈婉玲:《经济法责任的归责原则》,载《政法论坛》2010年第6期。
② 陈婉玲:《经济法责任的归责原则》,载《政法论坛》2010年第6期。

济法主体体系,① 那么以经营者和政府为二元结构的定性定量归责原则能否扩大适用于其他经济法主体,还值得进一步商榷。

3. 经济法责任的构成要件

经济法责任的构成要件不能一概而论,而应对具体的经济法主体再进行细分。从理论上说,经济行政主体的经济法责任主要包括经济法上的国家赔偿责任与经济法上的国家补偿责任,这两种责任的构成要件迥然有别。前者的构成要件:一是经济行政主体违反了经济法义务,二是给相关其他主体造成了损害,三是经济行政主体的行为与损害后果之间存在因果关系。而后者的构成要件:一是经济行政主体不当行使了经济法权力(利),二是这种不当行为是出于社会公共利益的需要,三是须有经济法明确而直接的规定,即实行责任法定原则。当然,这些都是理论上的推演,在宏观调控法治化实现之前,让市场主体追究国家的赔偿责任和国家补偿责任尚面临着制度和观念上的诸多障碍。对于经济法主体中的市场主体和社会团体而言,其承担的责任至少包括赔偿性责任和惩罚性责任,其构成要件同样存在差异。赔偿性责任的构成要件是:一是有违反经济法义务的行为存在,二是有致他人合法权益受损的事实,三是须市场主体与社会团体主观上有过错。惩罚性责任的构成要件则包括:一是有较为严重的违反经济法义务的行为,二是造成的社会危害较为严重,三是市场主体与社会团体主观上有过错。②

4. 经济法责任的承担方式

经济法责任的承担方式是以民事、行政和刑事责任为基础的。具体而言,经济法上的国家赔偿责任的承担方式包括行政赔偿、司法赔偿甚至立法赔偿;③ 经济法上的补偿责任的责任承担方式包括责令纠正错误、恢复原状、实际履行、支付补偿费以及采取必要的保障措施等。对于经济法的市场主体和社会团体而言,其赔偿责任的承担方式除了停止违法行为、恢复原状、采取相应的补救措施外,主要就是赔偿损害;而其惩罚性责任的承担方式,除了罚款、罚金和自由罚之外,还包括资格罚、能力罚、声望罚等。④ 我们除了要关注经

---

① 这种观点的理由是:(1)"以人为本"的理念要求"以消费者为本";(2)从经济学的理论出发,消费者应当得到优先保护;(3)消费者处于弱势地位,应当给予特殊的保护;(4)对消费者的保护是经济法的本质要求。参见徐孟洲:《耦合经济法论》,中国人民大学出版社2010年版,第102~103页。
② 焦富民:《论经济法责任制度的建构》,载《当代法学》2004年第6期。
③ 张守文:《经济法理论的重构》,人民出版社2004年版,第456页。
④ 漆多俊:《经济法基础理论》(第四版),法律出版社2008年版,第155页。

济法传统的责任承担方式外,还应该对惩罚性赔偿、产品召回、资格减等与信用减等、强制分拆大企业、政府经济失误赔偿等新的责任承担方式给予更多的关注。

二、案例分析

【案例】

"5.30"事件:印花税"半夜鸡叫"[①]

2007年5月30日凌晨,中国财政部和国家税务总局决定证券交易印花税税率由1‰调整为3‰。这一决定,不仅在5月29日的《新闻联播》中没有播报,连当天出版的《中国证券报》和中国证监会直属的三大证券报都没来得及在第一时间进行报道,可见政策出台之突然。而且,由于在此前一周网上即流传着即将调整印花税的消息,中国财政部、国家税务总局新闻办有关负责人在5月23日答复《上海证券报》等三大证券报关于上调印花税的传闻时,都表示未听说近期将调整交易印花税。这一突然来临的消息使得5月30日的深沪两市反应激烈:当天,两市骤现跳水行情,沪综指暴跌6.5%,两市跌停的非ST类个股超过850支,而跌幅在9%以上的个股更是达到925支。统计资料显示,两市3日内共蒸发市值1.65万亿元,而数百支个股连续3日跌停的惨况更是自2005年启动股改以来首度出现。"印花税事件"影响的不仅仅是股市,更重要的是,它使股民乃至更多的民众对政府产生了信任危机,政府诚信及其行为的公信力受到质疑。例如,在2007年6月7日,《上海证券报》又刊发了一条有关权威人士针对广受市场关注的资本利得税传言所做的澄清:"认为资本利得税会像印花税税率调整一样可以随时出台,是不懂法律的表现,是完全没有根据的",而有人就此消息的可信度发起调查,提出"0;50%;100%"三个数字供大家选择,结果所有的人都选择了"0",更有网友调侃说:"这位权威人士的话听着耳熟!"网友的态度,当然有宣泄情绪的因素,但"印花税事件"所留下的阴霾,显然还没有散去,有关部门及其权威人士的公信力,全都受到了重创。有实证分析表明,此次调整印花

[①] 参见郭剑寒:《宏观调控、政府诚信与公众参与——以"印花税事件"为视角》,资料来源:法律教育网,http://www.chinalawedu.com/new/16900a172a2011/2011625caoxin171640.shtml,2011年8月28日访问。

税对中国股价和股市的影响是显著的。

【问题聚焦】

政府调控经济行为是否应遵循一定的程序法则？如何进行制度改进才能避免政府决策的合法性危机？

【法律剖析】

作为国家经济宏观调控机关，财政部与国家税务总局调整证券交易印花税税率本来是天经地义的，但"5.30"事件却凸显了政府在宏观调控过程中诚信意识、法治意识以及程序正义意识的缺失，从而使得这次调控既面临合法性危机，又遭受着正当性拷问。置于经济法责任的语境之下，本次调控行为严重失当，给调控受体造成了不可估量的经济损失，因此政府理应承担经济法上的不利后果，包括进行政府经济失误赔偿、采取相应的补救措施等。事实上，这次事件过后，广东省人大代表黄明德建议全国人大常委会对提高证券交易印花税税率一事展开特别调查，① 这其实反映了公众对追究政府经济失误赔偿责任的呼声。当然，"5.30"事件的结果是不了了之，对政府的经济法责任追究也成了一句空话。②

既然在现行的制度框架内难以追究政府宏观调控失职的责任，那么退而求其次，保证政府宏观调控的操作透明与程序公正是值得努力的方向，而公众参与正是实现这一目标的理想捷径。在行政法上，公众参与至少有两个方面的功能价值：一是对行政管理和决策的表面性、功能性、制度性层面的功能价值，二是对行政权力的约束、控制和对整个宪政权力再分配的本质性、价值性、宪政层面的功能价值。基于这些功用，公众参与已经成为现代公共行政发展的世界性趋势。③ 或许，在宏观调控行为规则制定和决策等过程中引入公众参与，将政府的宏观调控行为纳入公众参与的框架之下，可能是解决调控手段的特殊

---

① 参见《广东省人大代表提出调查印花税事件》，资料来源：新华网，2007年6月8日。

② 在2002年3月第九届全国人民代表大会第五次会议期间，由杨紫煊、赵学清、李浩、吴树青、申丹、刘庆宁代表分别领衔，均有30名以上代表联名，在各自的代表团提出了六件"案由"为《关于制定〈中华人民共和国宏观调控法〉的议案》。在《宏观调控法》法律案（草案）的专家建议稿中，对法律责任的承担和引咎辞职作出了规定，但这份法律案未获通过。参见杨紫煊：《关于〈宏观调控法〉法律案命运的法学思考》，载王全兴主编：《经济法前沿问题研究》，中国检察出版社2004年版，第209~221页。

③ 江必新、李春燕：《公众参与趋势对行政法和行政法学的挑战》，载《中国法学》2005年第6期。

要求和调控行为的诚信、法治与程序正义要求之间内在张力的一条可行进路。公众参与框架下的宏观调控，其制度意义在于：

一是公众参与能够为宏观调控行为提供一种合法化的框架。宏观调控行为的合法性基础在于，它是政府基于公共利益而对市场进行干预，对相关经济要素进行调节和控制。那么，如何给以"公共利益"为合法性基础的宏观调控行为提供一种合法化框架呢？公共参与就可以为其提供一种被理解为通过利益代表等制度过程，而使行政过程得到"自我合法化"的多元主义合法化进路：它假设可确定的、先验的、客观的"公共利益"是不存在的，社会中只存在不同个体和团体的独特利益，立法过程所体现出的选择仅仅是各种不同利益相互撞击而形成的妥协；而如果行政机关在决策过程中为所有可能受影响的利益主体提供了参与的机会，就可以通过这些参与者的协商而达成为所有人接受的妥协，这就在"微观"意义上体现了利益代表和参与式的民主，是对立法过程的一种"复制"。而这种允许利益代表参与，并通过协商、妥协等过程在充分考虑各种受影响利益基础上做出决策，就在微观意义上和立法具有同样的原理，并进而使行政决策和行政行为得到合法化。①

如果此次上调印花税税率事件，能够提前进行披露，给投资者和社会公众一种心理预期的准备，那么其行为的合法性无疑会增强。依照税收法定主义原则，财政部上调印花税税率的合法性是值得怀疑的。② 因为税收法定主义的本质在于社会成员对国家课税权的统一和认可，政府的征税权力来自于社会成员对所制定的法律的认可，而且税率等课税要素的全部内容与税收的课赋及征收程序等均必须由法律加以规定。而财政部随意决定税率这一重要税收要素的变动，并未取得人民的授权；而且印花税税率由政府随意变动，也使国家征税权脱离了人民的制约，违反了税收法定原则。如果通过公众参与的方式，赋予调整印花税率这一宏观调控行为更多的"民主性因素"，可能更接近税收法定主义的本义，从而在暂时无法通过全国人大及其常委会立法来实现"税收法定"的情况下，增加该行为的合法性基础。

---

① 郭剑寒：《宏观调控、政府诚信与公众参与——以"印花税事件"为视角》，资料来源：法律教育网，http://www.chinalawedu.com/new/16900a172a2011/2011625caoxin171640.shtml，2011年8月28日访问。

② 许多奇、箫凯：《论税收法定主义原则入宪——从提高印花税税率引起股市暴跌谈起》，资料来源：中国财税法网，http://www.cftl.cn/show.asp?a_id=7000，2011年8月28日访问。

二是公众参与可以为宏观调控所依据的行政规则以及为宏观调控目标所制定的调控政策提供正当性和可行性基础。在民主社会，宏观调控作为政府管制的一种，其要获得正当性并为公众所认同和接受，就必须考虑其公共性，以保证行政规则在价值取向上不致与公共常识偏离太远。① 在此次"印花税事件"过程中，广大投资者因为误导而对上调印花税的性质判断失误，误将中国政府为打击投机促进股市健康发展当作政府要打压股市，结果因恐慌而采用了"杀跌"的非理性对策，导致股市暴跌，政府不仅没有达到平稳股市的调控目的，还遭遇了公信力危机。所以，如果能够允许更多公众进入行政规则制定或者决策程序，表达其价值倾向，在必要时鼓励参与者内部协商和讨论，以达到某些基本共识，就可以使行政规则和管制政策的制定具备基本的公共性——因为这种基于多种信息交互而获得的共识是正当性的坚实基础——并能使相关调控政策的实施更为可行和有效。

三、深度拓展思考题

1. 经济法责任与传统的民事、行政和刑事责任是什么关系？是传承还是超越？经济法责任是否具备理论的自足性？

2. 经济法的"角色责任"与差别责任是什么关系？市场主体、经济行政主体与社会团体的经济法责任有何差别？

3. 如何把握经济学中的定性定量分析方法对经济法责任归责原则的适用性边界？如何运用法解释学等传统方法来研究经济法责任？

4. 如何评判《食品安全法》确立的十倍赔偿制度？

第二节 经济法责任的独立性及其诉讼实现机制

一、知识点精解

（一）经济法责任独立性的现实依据

如同经济法责任一样，② 学界对于经济法责任的独立性也一直存在着截然

---

① 王锡锌：《公众参与和行政过程——一个理念和制度分析的框架》，中国民主法制出版社 2007 年版，第 179~180 页。

② 经济法学界对于经济法责任的概念，存在着"义务说"、"后果说"、"代价说"等不同观点。参见焦富民：《论经济法责任制度的建构》，载《当代法学》2004 年第 6 期。

不同的观点。一种观点否认经济法存在独立的责任形态，即认为确立经济法的责任形式，不一定都要"另起炉灶"，即经济法责任不一定都是其他法律责任形式所没有的，违反经济法应负的法律责任只包括经济责任、行政责任与刑事责任三种类型。① 另一种观点则认为经济法有自己的责任形态，具体又细分为三种主张：一是认为经济法责任固有责任（经济责任和组织监管责任）与援引责任（行政责任与刑事责任）；② 二是认为经济法责任是由民事责任、刑事责任和行政责任构成的综合责任制度；③ 三是认为经济法责任是与上述三大责任相并列的另一种责任形态。④ 目前，肯定经济法具有独立的责任形态的观点逐渐占据了主流。

"理论是灰色的，而生命之树常青。"在不断超越和扬弃的鲜活法律实践中，经济法责任形式的创新从未止步，在传统三大法律责任形式之外涌现了一系列颇具经济法特色的法律责任形式，进而有力地支撑了经济法责任的独立性。⑤ 下面择其要者而述之。

（1）惩罚性赔偿。惩罚性赔偿，也称示范性的赔偿或报复性的赔偿，是指由法庭所判决的赔偿数额超出实际的损害数额的赔偿，它具有补偿受害人遭受的损失，惩罚和遏制不法行为等多种功能。⑥ 在西方国家，惩罚性赔偿早已得到了广泛应用，如1890年美国的《谢尔曼法》第7条规定："任何因反托拉斯法所禁止的事项而遭受财产或营业损害的人，可在被告居住的、被发现或有代理机构的区向美国区法院提起诉讼，不论损害大小，一律给予其损害额的三倍赔偿及诉讼费和合理的律师费。"我国台湾地区"公平交易法"第32条、"营业秘密法"第13条、"证券交易法"第157条、"消费者保护法"第51条更是广泛采取了惩罚性赔偿制度。在我国的法律中，只有《消费者权益保护法》和《食品安全法》以及最高人民法院《关于审理商品房买卖合同纠纷案

---

① 杨紫烜、徐杰主编：《经济法学》，北京大学出版社2001年版，第34页。
② 刘瑞复主编：《经济法原理》（第二版），北京大学出版社2002年版，第163页。
③ 邱本：《经济法原论》，高等教育出版社2001年版，第180页。
④ 石少侠主编：《经济法新论》，吉林大学出版社1996年版，第61页。
⑤ 详见徐孟洲：《耦合经济法论》，中国人民大学出版社2010年版，第171～180页。
⑥ 王利明：《惩罚性赔偿研究》，载《中国社会科学》2000年第4期。

件适用法律若干问题的解释》规定了该制度。① 惩罚性赔偿有机地融合了"惩罚"的公法性和"赔偿"的私法性，是一种凸显"社会性"的新型经济法责任形式。

（2）产品召回。产品召回，是指产品的生产商、销售商或进口商对于其生产、销售或进口的产品存在危及消费者人身、财产安全缺陷的，依法将该产品从市场上收回，并免费对其进行修理或更换的制度。在发达国家，缺陷产品召回是一个非常普遍的现象。以汽车为例，在美国，自20世纪60年代《国家交通和机动车安全法》实施以来，已经进行了九千多项安全召回，涉及几百万辆汽车；在日本，从1969年到2001年，共有3483万辆缺陷汽车被召回，在2009年至2010年，日本丰田汽车公司更是在4个月内就召回了850辆汽车，遭遇了前所未有的召回危机。② 在我国，2008年的"三聚氰胺"事件发生后，缺陷产品召回制度的重要性与必要性被广为认可。从制度性质上看，缺陷产品召回制度体现了经济法以社会责任为本位的特点，融入了平衡协调的理念，同时也体现了经济法是系统综合调整法的本质。③ 因此，将产品召回视为经济法的责任形式殆无疑义。

（3）专业不名誉责任或制裁。有学者将包括宣布某专业人士为市场进入者、责令行为人在专业传媒上公开解释或道歉、银行对长期欠债不还的客户限制贷款资格与信用能力等一系列新型法律责任称为"专业不名誉"责任或制裁，认为其具有经国家认可的行业责任或制裁的性质，其实质是国家或行业协会对企业的市场主体资格的取消或限制。④ 例如，中国证监会2006年颁布的《证券市场禁入规定》第5条规定："违反法律、行政法规或者中国证监会有关规定，情节严重的，可以对有关责任人员采取3至5年的证券市场禁入措

---

① 《消费者权益保护法》第49条规定："经营者提供商品或者服务有欺诈行为的，应当按照消费者的要求增加赔偿其受到的损失，增加赔偿的金额为消费者购买商品的价款或者接受服务的费用的一倍。"《食品安全法》第96条第2款规定："生产不符合食品安全标准的食品或者销售明知是不符合食品安全标准的食品，消费者除要求赔偿损失外，还可以向生产者或者消费者要求支付价款十倍的赔偿金。"

② 参见《丰田史上最大规模召回 遭遇重大信任危机》，资料来源：http://news.sohu.com/s2010/toyotarecallcars/。

③ 刘森：《缺陷产品召回制度的经济法性质解读——对〈缺陷产品召回管理条例（征求意见稿）〉的思考》，载《江苏大学学报（社会科学版）》2010年第1期。

④ 史际春、邓峰：《经济法总论》（第二版），法律出版社2008年版，第68页；王全兴：《经济法基础理论专题研究》，中国检察出版社2002年版，第641页。

施;行为恶劣、严重扰乱证券市场秩序、严重损害投资者利益或者在重大违法活动中起主要作用等情节较为严重的,可以对有关责任人员采取 5 至 10 年的证券市场禁入措施;有下列情形之一的,可以对有关责任人员采取终身的证券市场禁入措施:(一)严重违反法律、行政法规或者中国证监会有关规定,构成犯罪的;(二)违反法律、行政法规或者中国证监会有关规定,行为特别恶劣,严重扰乱证券市场秩序并造成严重社会影响,或者致使投资者利益遭受特别严重损害的;(三)组织、策划、领导或者实施重大违反法律、行政法规或者中国证监会有关规定的活动的;(四)其他违反法律、行政法规或者中国证监会有关规定,情节特别严重的。"证券市场禁入制度被称为证券市场的"红黄牌制度",它使违法人员的证券市场从业资格遭到减损或免除,这正切中了证券违法活动之要害,这项制度对于建立公正的市场秩序,创造透明的市场环境,保护投资者的利益具有重要意义。除此之外,经济生活中广为存在的各种"黑名单"制度、① 纳税信息公告制度、信誉评级制度等,都是值得关注的经济法责任形式。

(4)禁止经营者集中或强制拆分大企业。相对于停产停业、暂扣或吊销许可证或营业执照等传统的行政责任形式,强制整顿、解割大企业、转让部分营业和改变传统经营方式等是美国和日本等国竞争法中规定的独具特色的责任形式。例如,在 1998 年 10 月美国司法部联合 19 个州重新起诉微软的案件中,我们可以从杰克逊法官的判决书中领略强制拆分大企业的制度魅力。该判决书中写道:"(1)对微软的肢解判决有效期为 10 年,也就是说在 10 年之内两家公司不能够合并。(2)90 天内微软业务将开始受到限制。(3)微软必须开放视窗操作系统源代码。(4)微软必须在 4 个月内提出一分为二的分割方案,并且在 12 月内完成公司的分割。"可以说,将微软一分为二的最终裁决表明,

---

① 近几年,我国开展了"黑名单"制度的立法实践,除地方政府先后颁布的各类行政规章(如《东营市人民政府办公室关于印发东营市安全生产"黑名单"管理制度的通知》,《河北省人民政府办公厅关于印发河北省安全生产"黑名单"管理制度的通知》,《柳州市卫生局关于将行贿医药企业列入"黑名单"的暂行规定》等)外,中央政府也开始了立法尝试。2011 年 6 月 2 日,国家食品药品监督管理局公布《餐饮服务食品安全监管信用档案管理办法(征求意见稿)》,要求各级食品药品监管部门建立餐饮服务食品安全信用"黑名单"制度,加强对失信企业的监管,倡导诚信经营。征求意见稿中确立了"黑名单"制度,明确列举了食品药品企业列入"黑名单"的违法行为及应承担的不利后果。

杰克逊法官已经牢牢地把握住了微软垄断案的脉搏。① 此外，美国司法机关依据《谢尔曼法》、《克莱顿法》等分拆了美孚石油公司、美利坚石油公司、杜邦炸药公司、美国电话电报公司等垄断巨头。德国《反限制竞争法》第41条第3款、日本《禁止私人垄断及确保公正交易法》第7条也规定了拆分企业的相关条件和措施。②

我国2007年颁布的《反垄断法》第48条规定："经营者违反本法规定实施集中的，由国务院反垄断执法机构责令停止实施集中、限期处分股份或者资产、限期转让营业以及采取其他必要措施恢复到集中前的状态，可以处50万元以下的罚款。"禁止经营者集中或强制拆分大企业对于涉嫌垄断的企业具有行政责任所不能比拟的威慑力，是一种颇具经济法特色的责任形式。

（5）政府经济失误赔偿。政府失误赔偿制不同于传统的民事责任，因为政府承担赔偿责任的原因既不是违约也不是违法侵权，而是决策失误，这种责任没有包括在传统的民事责任中。政府失误赔偿制也不同于传统的行政责任，因为行政责任的构成要件之一是存在违反行政法律义务的行为。决策失误并不属于违反行政法律义务的行为，因而它是一种新型政府责任。确立政府经济失误赔偿制，相当于在政府及其官员的决策过程中引入问责机制和纠错改正机制，这对于促进决策的民主化和科学化意义重大。例如，在2005年7月，海南省政府决定，要实行科学、民主决策，避免因政府决策失误给投资者造成损失，对由于海南地方政府自身原因给投资者造成重大损失的情况，当地政府将依法承担赔偿、补偿责任。③ 本书认为，由政府承担决策失误造成的经济损失，依法向遭受损失的投资者进行经济赔偿，其背后所蕴含的执政理念是，政府不再是凌驾于投资者之上的权力主体，而是与投资者相互平等、互利互惠的利益主体，为投资者提供科学决策、尊重投资者的权利、保护投资者的利益，是政府的应尽之责。在市场经济条件下，政府经济失误赔偿制理应成为建立现代服务政府的一个基本准则和普遍做法。

综上所述，上述种种新型经济法责任形式的出现和发展，使经济法责任在

---

① 关于微软垄断案，详见胡国成：《微软垄断案解析》，载《美国研究》2000年第3期。

② 李晓辉：《经济法责任研究路径的反思与突破》，载《厦门大学学报》（哲学社会科学版）2011年第2期。

③ 参见《政府为决策失误"埋单"值得称道》，载《人民日报·华南新闻》2005年7月6日。

与民事、行政和刑事责任一样综合采用传统责任形式的基础上，还可以专门采用自身独特的责任形式。而这些独特的经济法责任形式经过实践的不断锤炼和理论的不断丰富，也具有逐渐成熟并成为某些独特的经济法责任制度的可能，这些个性鲜明的新型责任形式和责任制度无疑形成了对经济法责任独立性的有力支撑。①

（二）经济法责任的诉讼实现机制

经济法责任独立性的实现，最终需要借助于诉讼机制，而经济法的可诉性不强，已经为我国的经济法学界所普遍认可，正如有学者所言，"经济法作为现代法，与传统法律部门的一个重要不同点，在于不可诉的规范较多"。② 从这个意义上讲，强化经济法的可诉性，是确保经济法责任独立性的必然进路。

1. 经济法可诉性不强的表现

首先，经济法权利缺乏充分的司法保障。近年来，经济法学界对经济法权利的研究投入了极大的热情，并取得了突破性的进展。如程信和教授立足于经济法的价值，通过对现有立法的梳理，总结并概括出了经济发展权、经济分配权和经济安全权等经济法的权利体系，给人以耳目一新的感觉；③ 张守文教授充分认识到了经济法主体的异质性，提出了二元的权义结构模式，推动了经济法学的深入研究；④ 冯果教授则从宪法秩序出发，认为权利主体力量的不均衡性应该是研究经济法法权结构的切入点，保障基本经济人权的宪法思想应该成为经济法法权制度建构的指导思想，并主张将经济自由权和政府经济调制权视为经济法最为基本的权利（力）范畴。⑤ 与理论界对经济法权利如火如荼的研究热潮相比，法律文本中的经济法权利却面临着司法保障的困境。如现行《消费者权益保护法》第6条规定："国家鼓励、支持一切组织和个人对损害消费者合法权益的行为进行社会监督。"但是，该法并没有具体规定社会监督的操作程序，这就是王海等知假打假者所遭遇的困惑与障碍。另外，《反不正当竞争法》第4条的规定"国家鼓励、支持和保护一切组织和个人对不正当

---

① 徐孟洲：《耦合经济法论》，中国人民大学出版社2010年版，第180页。
② 王全兴、管斌：《经济法学研究框架初探》，载《中国法学》2001年第6期。
③ 程信和：《经济法基本权利范畴论纲》，载《甘肃社会科学》2006年第1期。
④ 张守文：《经济法理论的重构》，人民出版社2004年版，第410～411页。
⑤ 冯果：《宪法秩序下经济法的法权结构探究》，载《甘肃社会科学》2008年第4期。

竞争行为进行社会监督"也存在同样的问题。

其次，经济法违法行为受制于司法审查的局限。经济法是以社会公共利益为本位的法，表现为："经济法从经济民主和经济自由出发，对垄断和不正当竞争进行规制；从社会总体效益出发，对宏观经济进行调控；从经济公平出发，对社会分配进行调节；从可持续发展出发，对生态资源进行保护等。所有这些都体现为经济法对社会公共利益的深切关怀，张扬着人性之善。"① 经济法的这种性质决定了经济法违法案件不仅侵犯了个人利益，更侵犯了国家经济利益和社会公共利益。但由于公共利益界定的"法律不能承受之重"，② 司法对涉嫌侵害公共利益的经济法行为的审查往往望而生畏，相应诉讼机制的启动也面临不少制度障碍。例如，我国现行的《民事诉讼法》与《行政诉讼法》或者要求原告是与案件有直接利害关系的公民、法人和其他组织，或者要求原告是认为具体行政行为侵犯其合法权益的公民、法人和其他组织，③ 这一规定意味着我国不承认经济公益诉讼，将大量经济法违法行为排除在了司法审查的范围之外。

最后，经济法程序机制的制度供给明显乏力。"重实体、轻程序"的传统僵化思维在经济法中体现得尤为明显，经济法程序机制除了在立法程序上存在经济法立法体制的失范和在执法程序上存在行政执法的偏私与恣意之外，其缺失更突出体现在司法程序上制度构建的盲区，至少包括经济法司法程序的缺失与经济法审判机构的缺位两个方面。④ 我国建立了刑事、民事和行政三大诉讼制度，分别对应相应的实体法理念要求和一定社会冲突消除的需要。但由于经济法纠纷多涉及社会公共利益，现有的三大诉讼机制在处理经济法纠纷时往往面临"自足性"的困境。如在促进中小企业发展、促进就业、自然资源与环境保护、税务、金融、国有资产流失以及社会分配等方面的经济法纠纷，都非现行的诉讼机制所能很好地解决。"司法是守候社会正义的最后一道防线"，当经济法纠纷难以通过诉讼机制获得化解时，经济法的独立性也就面临着尴尬与挑战。在 2000 年 8 月开始的司法改革中，各级法院陆续撤销了经济审判庭，

---

① 李昌麒：《寻求经济法真谛之路》，法律出版社 2003 年版，第 471 页。
② 王利明：《界定公共利益：物权法不能承受之重》，载《法制日报》2006 年 10 月 21 日。
③ 参见《民事诉讼法》第 108 条、《行政诉讼法》第 41 条。
④ 彭俊瑜：《论经济法的程序机制》，载李昌麒主编：《经济法论坛》（第 2 卷），群众出版社 2004 年版，第 111 页。

这一事件在经济法学界引起了相当程度的混乱，① 也使得本已脆弱的经济法可诉性更是雪上加霜。

2. 经济法可诉性不强的原因分析

经济法立法在权利、义务方面规定的缺漏固然是导致经济法可诉性不强的重要诱因，但法律责任条款的虚化才是真正压垮经济法可诉性的"最后一根稻草"，正如有学者所言，现行经济法立法在法律责任方面规定不足，特别是有关对调控主体或规制主体如何追究责任的规定往往"尚付阙如"，从而使经济法领域存在突出的"可诉性"不强的问题。② 经济行政主体承担法律责任的模糊化，主要源于"权力经济"的制度惯性。权力的放任必然导致责任的萎缩，法治的缺失使得责任无法成为制约权力的力量。例如，《中国人民银行法》第22条规定，中国人民银行为执行货币政策，有权要求金融机构按照规定的比例交存存款准备金。但该法并没有规定存款准备金的上下限、计算方法、利息计付、处罚方式等，这等于赋予了中国人民银行在确定法定存款准备金上不受制约的权力，虽然适应了宏观调控的灵活性要求，却不符合宏观调控的法定性要求。如果商业银行因不满法定存款准备金率而引起争议，则难以找到相应的权利救济方法。由于我国尚未完成社会转型，经济法的制度变迁势必会被打上渐进性的转轨烙印，③ 解决经济法责任法治化的难题，除了诉诸从"权力经济"向"法治经济"的伟大变革之外，④ 别无他途。

经济法在调整方法上的特殊性也影响了经济法的可诉性。本书前文指出，经济法在履行其调整任务时，既需采取必要的禁止、命令等强制性规范方式以保障国家调节，又需要采取任意性规范方式，特别是采取大量提倡性规范方式，以鼓励、引导各社会经济主体的经济行为，促进社会经济总体上健康运行；既采取制裁措施以保证实施强行性规范，又规定奖励措施，以加强鼓励和提倡的效果。提倡性规范与必要的强行性规范相结合，经济法制裁等否定式法律后果与奖励等肯定式法律后果相结合，便构成了经济法与其他部门法在调整

---

① 如李昌麒教授认为，最高人民法院撤销经济审判庭，不仅在程序上有违宪法精神和《人民法院组织法》的相关规定，而且否定了经济法的可诉性。参见管斌：《第八届全国经济法理论研讨会综述》，载《法商研究》2001年第2期。

② 张守文：《经济法理论的重构》，人民出版社2004年版，第551～552页。

③ 朱崇实、李晓辉：《转轨经济法：一种渐进的制度变迁模式——基于经济法学三十年发展历程考察》，载《时代法学》2009年第1期。

④ 冯果：《权力经济向法治经济的伟大变革——中国经济法制建设三十年回顾与展望》，载《南都学坛》2009年第2期。

方法上相区别的重要特点。① 大量提倡性规范方式和奖励方式的采用,客观上减少了相关纠纷产生的可能性。与民商法、行政法或刑法相比,经济法似乎是与市场经济主体发生实际的、直接的联系最少或最不明显的法律领域,运用诉讼手段解决经济法纠纷的制度需求明显不足,这对经济法的可诉性产生了不容忽视的影响。

3. 经济法可诉性局限性之克服

经济法调整对象具有广泛性,调整方法具有综合性,经济法纠纷也呈现出多样性,因此构建统一的经济法诉讼制度是不现实的。正如有学者指出,"现阶段,寻求一种能为经济法学界、诉讼法学界和司法实务界共同接受的方案,且这种方案能基本解决经济法纠纷的接近司法问题,也许是最明智的选择"。② 本书赞同这样的观点,并认为经济法可诉性的实现模式应该是:

(1) 对于按照现行的三大诉讼能够很好解决的经济法纠纷,仍然按照现有的法律规定解决。经济法违法行为中,有一小部分符合刑法规定的犯罪构成要件,情节达到了犯罪的程度。对于这部分纠纷的处理应当按照刑法和刑事诉讼法的规定追究刑事责任,不宜再视为经济法诉讼范围。经济法纠纷中较多一部分是按照民事诉讼和行政诉讼审理的,只要权利人能够得到充分的司法救济,也就没有必要再将这部分纠纷纳入经济法诉讼的视域。这不是所谓的"争地盘",而是为了充分利用现有的诉讼制度资源,提高诉讼效率。

(2) 对于现行三大诉讼制度不能很好解决的经济法纠纷,创设新的诉讼制度,如经济法公益诉讼制度、"官告官"的民诉制度等。经济法上的公益诉讼并不是独立于传统三大诉讼之外的第四类诉讼制度,而是在现有的民事诉讼和行政诉讼制度基础上构建的特别制度,起着一种拾遗补缺的作用。为了克服前文提到的经济公益诉讼所可能产生的问题,应该在原告的处分权(主要是撤诉权与和解权)、审级要求和举证责任上作出特别规定。可以预见,公益诉讼制度的构建将成为弥补经济法可诉性缺陷的根本性举措。"官告官"的民诉制度,既应包括主管机关依其职权的公诉制度,如反垄断执法机关对某政府部门的反垄断诉讼,也应包括政府等公法上的主体基于自身利益提起的诉讼,如某地方政府对禁止其产品流入当地市场的另一地方政府提起诉讼。

(3) 针对某些特定的经济法案件,创设必要的专门法院或专门法庭,适

---

① 漆多俊主编:《经济法学》(修订版),武汉大学出版社 2004 年版,第 413 页。
② 漆多俊、王新红:《接近司法——经济法的诉讼问题》,载漆多俊主编:《经济法论丛》(第七卷),中国方正出版社 2003 年版,第 349 页。

用专门的诉讼程序。我国的司法现状呈现出"三大诉讼体系"包打天下的格局，这与各国普遍设置专业法院或法庭的趋势是不相吻合的。① 如美国设置有税务法院、关税法院、关税和专利权上诉法院；德国设置有财政税收法院和社会法院；意大利设置了审计法院；芬兰设立了水域权利法院；法国的民事法院中设置有农村租赁法庭、社会保障事务法庭、劳工法庭等。这些专门法院或法庭都是专门审理特定的案件，它们分工明确，运转协调，能够及时有效地解决纷繁复杂的法律纠纷。我国应当吸收借鉴这些国家的做法，根据审判实践的需要，设置相应的专门法院或法庭，以填补现有的审判盲区。在诉讼程序上，与纠纷的特殊性相对应，应该有自己的特色。为了克服经济法立法的"非规范化"或非"法"化所导致的可诉性欠缺问题，在今后的经济法立法或进行法律修改时，必须明确诉讼程序的规定。明确的方式有三种：一是在有关经济法规范中，明确规定援用有关诉讼法规定，二是在有关经济法规范中明确规定诉讼程序，作为对既有的诉讼法程序的补充，三是在时机成熟时制定一部经济诉讼法。经济法的诉讼程序明确了，就不会再出现审理经济法案件时无所适从的尴尬，这对于解决经济法的可诉性难题有着非同寻常的意义。

克服了经济法的可诉性，也意味着经济法的责任实现有了制度上的保障。可以预见，通过上述进路，经济法可以找准自己的责任定位，不会再错位、越位和缺位。由此也可以看出，经济法责任独立性的实现，不能完全脱离民事、行政和刑事责任的制度依赖背景，而是在三大责任基础上的进一步超越和突破。

二、案例分析

【案例】

江苏铁本公司案②

1996年，戴国芳注册成立江苏铁本铸钢有限公司，注册资本200万元。性质为民营企业，经营轧辊铸造加工、轧材加工、钼铁和锡铁片销售。2002年5月，戴国芳得知，常州市准备在长江沿岸附近辟出30000

---

① 关于西方国家设置专门法院或法庭的做法，可参见李昌麒：《寻求经济法真谛之路》，法律出版社2003年版，第479~481页。
② 资料来源：财经网，http://www.caijing.com.cn/2009/tba，2011年8月30日访问。

亩左右的土地作产业基地,遂提出在长江边建钢铁厂的规划,总投资为10亿元左右。2003年,在常州市政府的推动下,铁本项目从200多万吨级加码到840万吨级,工程预算为106亿元。戴国芳提出"3年内超过宝钢"的目标。2004年2月,铁本项目因"毁田占地"被上报中央。2004年3月20日,"铁本事件"的性质转为违规建设,常州市紧急下达了停工令。2004年4月初,国务院要求国家有关部门分清政府和企业的责任,抓紧核实查处,并派出由发展改革委、监察部牵头,国土资源部、人民银行、环保总局、工商总局、税务总局、审计署、银监会9部委组成的国务院专项检查组,在江苏省委、省政府的支持和配合下,对该项目进行了专项检查。2004年4月28日,铁本事件被定性为"一起典型的地方政府及有关部门严重失职违规、企业涉嫌违法犯罪的重大案件"。经查,地方政府在该项目建设中存在违规审批项目、非法批准征用和占用土地、违反环境有关规定等诸多问题。铁本案成为宏观调控的"第一案",项目全面下马。

【问题聚焦】

地方政府在宏观调控中充当什么样的角色?违反国家宏观调控政策的行为能否被追究除行政责任之外的其他法律责任?引咎辞职的法律性质是什么?

【法律剖析】

"铁本事件"被称为中国"宏观调控第一案",在经济法视域下具有标本性的意义。但综观对该案的查处过程与处理结果,法律人难免感到法治缺失的困惑与尴尬。官方对"铁本事件"的定性是"地方政府越权审批,铁本公司违法违规操作",并对有关责任人员进行了查处,但我们难免有下列疑问:

(1)如何区分宏观经济调控行为和行政侵权行为?宏观调控无非是指政府运用财政政策与货币政策调节经济运行,熨平经济的周期波动。政府部门将关闭铁本公司的行为视为宏观调控是在混淆视听,转移矛盾,其本质是直接干预市场微观主体的行为。

(2)如何运用行政手段进行干预?"铁本事件"的本质是地方政府领导官员对企业违法行为的包庇和纵容,因此对政府官员进行问责,追究其法律责任才是解决问题的重心,但这些官员只是受到了党纪处分,这也是行政干预盛行而法律干预缺失的自然逻辑。

(3)如何在宏观政策紧缩的同时推进政府改革?目前,我们的政府制度中有两大问题:一是政府和官员的权力过大,特别是掌控着巨大的经济和投资权力;二是政府和官员行为无章可循,随意性太大,甚至明显违法。因此,政府改革的关键在于限制政府和官员权力,特别是经济和投资权力,而最主要的办法和措施是,明确规定政府(包括中央政府和地方政府)和官员能做什么,不能做什么,建立政府官员的行为规则,并对官员的行为实施公开的舆论监督和司法监督,同时实行真正严格的问责制度。①

(4)政府宏观调控需要遵循什么样的程序规则?目前,我国的宪法和法律虽然对中央政府的宏观调控权力作出了规定,但是并没有规定中央政府决策错误将要承担怎样的法律后果,更没有对宏观调控作出程序性的规定。如果中央政府宏观调控发生错误,造成地方利益受损,国家的现行法律也没有规定救济程序。所以,从整体来说,我国现行的宏观调控法律制度仍然是粗线条的和不完善的。改变宏观调控的思路,一是要进行适当的分权,防止中央政府权力过大;二是要加强国家的宏观调控立法,保证宏观调控的各项制度具有可操作性。

(5)宏观调控是否需要人大的参与?宏观调控从本质上来说是一种利益的均衡机制。它保证不同的利益主体在市场经济的发展中能够获得相对公平的结果。在此次国家宏观调控的操作中,中央政府对江苏地方政府痛下杀手,虽然有效地制止了当地官员和商人的不法行为。但是,对当地老百姓来说,因为此次事件所造成的损失却是难以弥补的。类似的事件,完全应该由地方人大机关作出处理决定。但非常遗憾的是,恰恰是由中央政府超越国家现行的法律程序规定,直接对地方政府领导人进行处理。这带来的问题是,中央和地方政府的权力关系不清晰,而地方政府行使权力又缺乏有效的约束,这就导致中央政府不得不通过钦差大臣式的调查暗访来保证中央政令的畅通。因此,中国的宏观调控必须由各级人大参与,必须在明确地方政府权力的同时,通过地方人大的及时监督,防止地方政府权力的滥用。②

在"铁本事件"中,地方政府公然违反中央政府的宏观调控政策,那么是否可以追究地方政府的经济法责任?当然,囿于我国宏观调控法治化的滞后,这一思路尚不具有可行性。但从经济法责任独立性的视角来探讨宏观调控法的可诉性,依然具有重要意义。事实上,经济法的可诉性较弱主要体现为宏观调控法的可诉性较弱。由于客观上存在经济、法律、政治等诸多方面的困

---

① 参见张曙光:《从铁本事件看宏观调控和政府改革》,资料来源:http://www.gwyoo.com/lunwen/jingjilunwen/jjglbyll/201009/396992.html,2011年8月28日访问。

② 参见乔新生:《铁本事件与国家宏观调控》,资料来源:http://business.sohu.com/2004/05/17/91/article220149141.shtml,2011年8月28日访问。

难,因而在宏观调控法领域中调控受体对调控主体的责任追究方面,可诉性问题显得较为突出。有学者甚至认为宏观调控行为属于决策行为和国家行为,具有不可诉性。① 这种观点将宏观调控决策行为与执行行为分离开来,认为宏观调控行为是一种中央级次的国家机关进行的国家行为,属于那种既不具备可诉的理论条件又不具备可诉的法定条件的经济法行为。应当承认,宏观调控行为主要是由国家机关进行的,表现为权力机关的立法行为、有关决议的审批行为以及政府机关的法规、规章的制定行为等。这些行为或者不具有可诉的理论基础,或者不具有可诉的法定条件,因而不能对其提起诉讼。然而,据此否认宏观调控行为的可诉性却是不恰当的。我国没有法治的传统,法律只是政治的附属物。在法律工具主义思想的影响下,人们只是将法律作为一种政治对策,而未将其作为一个相对独立的范畴。一旦法律成为政治对策,则其只能是强者的意志,法律不能驾驭强者,不能诉讼强者,反而成了强者的支配物。中国当下对政治行为、立法行为、国家决策行为、抽象行政行为、军事行为等和公民密切相关的行为都未建立法律上的可诉机制,从而使这些行为的主体可以任意操使法律、凌驾法律,使法律的应有作用难以发挥,这与法治国家只要有法律,便可据其诉讼形成鲜明对比。② 本书相信,随着依法治国方略的推行和民主法制水平的提高,随着法院体制的改革以及司法审查范围的扩大,宏观调控法可诉性欠缺的问题,会逐步得到解决。

三、深度拓展思考题

1. 如何落实政府经济失误赔偿制?
2. 如何构建经济法责任的程序机制?
3. 经济法责任的独立性与经济法的可诉性是什么关系?

---

① 邢会强:《宏观调控行为的不可诉性探析》,载《法商研究》2002年第5期。
② 谢晖:《独立的司法与可诉的法》,载《法律科学》1999年第1期。

第二编　市场规制法

第五章 市场规制法基本原理

[本章知识结构图]

市场规制法基本原理
- 市场规制法的含义与制度要素
  - 市场竞争与市场规制
  - 市场规制法的原则与体系
  - 市场规制法的制度要素
- 变革中的中国市场规制法
  - 市场规制与政府规制
  - 规制强度的影响因素
  - 社会转轨与我国市场规制法的完善

第一节 市场规制法的含义与制度要素

一、知识点精解

从市场经济建立开始，保证市场的有序运行、维护公平竞争环境、实现资源的优化配置就成为市场经济的应有之意，随着市场经济的不断发展，如何保护消费者的合法权益也逐渐纳入到市场经济的核心价值之中。早期的市场经济因为规模不大，竞争可以在自由市场之内有序进行而不至于引起大的波折，简单的优胜劣汰便成为早期市场经济的运行准则。随着经济的发展，市场规模的不断扩大和全球化的不断深入，如何保证市场运行的正当和有序便成为经济学界和法学界不得不面对的问题，市场规制法律相关概念也在这个过程中被提出，并随着市场经济的发展而不断完善。

历史的发展反复证明，对市场主体行为的引导和保护，可以加强市场的健康运行，协调不同利益主体之间的冲突，规范竞争行为，保障竞争机制，维护市场秩序，保护在市场中处于弱势地位的消费者的合法权益。这也就是市场规制法产生的原因和制度构建的目的。本节就主要阐述市场规制法的相关概念、调整对象、基本原则、体系结构等一系列问题。

（一）市场、竞争与市场规制

1. 市场

市场的概念在不同的语境中有不同的含义，学界目前主要从三个层面对其进行归纳：

第一，市场是指聚集买卖双方以交换商品和劳务的实际场所。第二，市场是这样一种交易机制，参与交易活动的所有主体之间频繁交换共同决定商品和服务的价格与交易量，① 也就是传统所说的"无形之手"。第三，市场营销学上认为，从企业或卖方的角度上看，市场就是指某项产品或劳务的实现的或潜在的购买者的集合。②

由市场来决定资源配置的经济运行模式就是市场经济，市场经济是与计划经济相对的模式。在市场经济模式中，商品和服务的生产、交换、分配和消费主要是由自由市场的自由价格机制所引导，而不是像计划经济一般完全由国家引导。

2. 竞争

竞争是追求相同或相近的主体互相争胜的现象。有相同或相近追求的主体之所以会相互竞争，是因为自然或社会所提供的资源不能完全满足这些追求相同或相近的主体的需求。③ 竞争是市场经济最核心的概念之一，竞争产生的原因就是资源的有限性。正是这种资源的有限性，使得社会经济运行过程中，各市场主体要通过不断的竞争来争夺尽量多的资源，这就使得市场主体间产生了竞争关系。基于这种竞争关系，市场主体会根据不同的利益诉求来进行市场行为。所以说，竞争是市场经济的核心概念之一，早期的市场经济所强调的基本原则就是自由竞争，亚当·斯密在国富论中所勾勒的经济运行机制就是基于自由竞争的商品经济。

由于竞争的目的是为了争夺有限的资源，获取资源的过程其实就是获取利益的过程。正是因为竞争所可能带来市场主体的这种为了逐利而不惜代价的行为，法律对竞争行为也进行了特别的关注，并由此构建了一系列的将竞争行为规制在合理范围内的制度，这将在后面章节中进行讨论。

---

① ［美］保罗·A. 萨缪尔森、威廉·D. 诺德豪斯：《经济学》（第十七版），肖琛主译，中国邮电出版社 2004 年版，第 21 页。
② 许绍李等编：《市场学》（第二版），高等教育出版社 1997 年版，第 15 页。
③ 张守文主编：《经济法学》，北京大学出版社 2008 年版，第 258 页。

3. 市场规制

人类的历史长河中充满了因为资源的有限性而进行的争夺,这种争夺体现在经济领域就是竞争关系。竞争的内在合理性便是由市场经济的供求关系理论和价格理论所带来的有效使用资源的激励机制。但需要认识到:一方面供求关系和价格理论必须在一个有序的市场经济规则中进行才能发挥其最大作用;另一方面根据前面提到的马克思的观察,竞争行为必须由法律将其纳入到合理的范围以内,以避免因为争夺利益而带来的对各方市场主体权利的侵害。这是因为,在竞争所带来的优胜劣汰中,获胜企业有可能通过规模效应来获得市场的垄断地位,从而使得价格机制在市场经济运行中不能很好地发挥作用,不同企业之间为了获得这种规模效应必然会采取种种不正当竞争手段,所以合理有序的竞争是市场经济健康运行的基本。通过前面提到的例子我们可以看到,市场主体在通过竞争行为,通过优胜劣汰得到市场规模扩大的同时,或者是为了争夺市场份额,有可能采取不为现代文明社会及法治理念所认可的种种违法手段。这一方面会导致对法律制度的挑战,另一方面会带来对消费者利益的损害。由此可见,市场竞争就如同市场本身一样,在"看不见的手"发挥作用的同时,必须要有"看得见的手"来对其进行规范,而这种规范行为就是市场规制。这也是为什么市场需要国家适度干预的原因,也是市场规制法产生的原因。

(二) 市场规制法的含义

1. 市场规制法的概念

关于什么是"市场规制法"我国学界有以下几种认识:(1) 从国家对市场的介入角度称为"市场管理法";① (2) 从排除市场障碍的功能角度称为"市场障碍排除法";② (3) 从市场规制法的功能角度称为"市场秩序规制法";③ (4) 综合的认为市场规制法是为了解决市场失灵问题,依据市场经济规律而制定的有关各种市场规制法律规范的总称。④ 从以上定义可以看出,对什么是市场规制法从不同的角度可以给出不同的定义。

---

① 王保树主编:《经济法原理》,社会科学文献出版社1999年版,第187~206页。
② 漆多俊、冯果主编:《经济法学》,武汉大学出版社2010年版,第110~123页。
③ 顾功耘主编:《经济法教程》,上海人民出版社2002年版,第213~223页。
④ 吕忠梅、陈虹:《经济法原论》(第二版),法律出版社2008年版,第266页。

研究什么是市场规制法首先要从规制的内涵着手。"规制"一词,是由日本经济学家苦心创造的译名。它来源于英文 Regulation 或 Regulatory Constrain,其含义是有规定的管理,或有法规条例的制约。① 从其含义我们可以看出,Regulation 一词强调的是在法律框架内的管理或制约。也就是说,和 Regulation 或 Regulatory Constrain 有关的制度主要应该由法律来规定。在规制产生的早期,对其研究主要集中在公用事业以及特殊产业的价格与市场准入问题上。后来随着社会经济的不断发展,生产对环境的破坏日益严重,美国环境保护委员会正是在这种背景下建立的。美国环境保护委员会建立后,规制的重心就由以前特殊行业的进入及定价规则转向包括环境、产品质量、生产安全等方面。学者 Breyer 从六个方面对规制的典型类型作了界定:(1)服务成本定价,指选择用以保护那些具备适当的或公平回报率的受规制企业的价格;(2)以历史为基础的价格规制,指价格在初始成本的基础上制定并常常跨行业应用;(3)以公共利益为标准的配置,指经营许可和服务权的授予,取决于一系列市场准入标准而非竞争性投标;(4)标准制定,旨在对环境污染、产品质量和工作场所安全控制时所需要指标的颁布和执行;(5)以历史为基础的配置,主要指稀缺资源的配置以以往的使用为基础,而非通过市场竞争;(6)个别审查,指新产品(如药物和食品添加剂)或新的市场准入者必须满足通常就事论事的复杂技术或科学标准。②

2. 市场规制法的分类

正是由于规制内容的复杂性,就导致规制是由一系列的相关制度构建而成。为了对规制有更直观的认识,下面根据规制的主体、内容、目的和手段对规制进行简单的分类:(1)依主体的不同,分为私的规制和公的规制。前者主要是平等主体之间自由进行的一种约束行为;后者指国家机关、社团组织等社会公共机构对私人以及市场主体行为的规制。(2)依规制内容的不同,分为经济性规制、社会性规制和辅助性规制。经济性规制,指通过法律允许的手段,对企业的进入、退出、价格服务的质量以及投资、财务、会计等方面的活动所进行的规制。经济性规制的主要目的是防止因垄断和信息不对称所带来的无效率的资源配置以及确保资源利用的公平性;社会性规制用以纠正不完全或不健康的产品,以及生产过程中的有害副产品;辅助性规制仅指与执行各类社

---

① 王全兴:《经济法基础理论专题研究》,中国检察出版社 2002 年版,第 582 页。
② 王全兴:《经济法基础理论专题研究》,中国检察出版社 2002 年版,第 582 页;Breyer S., *Regulation and Its Reform*, Harvard University Press, 1982.

会福利计划有关的规制措施，如对健康护理业的控制。(3) 依规制目的的不同，分为竞争性规制和保护性规制。前者指政府机构对特许权或服务权的分配，后者则为通过设立一系列条件以控制私人行为，维护公共利益。(4) 依规制手段的不同，分为直接关于市场配置机制的规制，如价格规制、产业规制和合同规制；通过影响消费者决策从而影响市场均衡的规制，如汽车尾气排放量限制以及购买保险条件等；通过干扰企业决策从而影响市场均衡的规制，如产品特征的限制、企业投入物和产出物或生物技术的限制、进入限制、税收和补贴等。①

综上所述，市场规制法其实不是一个法律部门，而仅仅是一个概括了关于规制市场行为，使经济运行更公平、有效的概念，其主要是为了解决市场失灵问题，依据市场经济运行规律而制定的有关各种市场规制法律规范的总称。如果非要给其下一个定义，笔者认为从法学的角度来看，市场规制法就是调整国家规制市场过程中所发生的社会关系的法律规范的总称。

(三) 市场规制法的基本原则

什么是法律原则？布莱克法律辞典对法律原则的解释是：法律的基础性真理或原理，为其他规则提供基础性或本源的综合性规则或原理，是法律行为、法律程序、法律决定的决定性规则。② 法律原则的功能主要体现在三个方面：(1) 为法律规则和概念提供基础或出发点，对法律的制定具有指导意义，对理解法律规则也有指导意义。(2) 直接作为审判的依据。(3) 法律原则可以作为疑难案件的断案依据，以纠正严格执行实在法可能带来的不公。③

由此可见，市场规制法的基本原则是贯穿于市场规制法之中的，市场规制法基础性的真理或原理，为其他的市场规制法提供基础性或本源的综合性规则或原理。市场规制法的原则是由市场规制法的产生的目的、调整对象及其作用方式所决定的。

市场规制法的基本原则应该由以下内容构成：

(1) 尊重市场规律原则。尊重市场规律原则就是指，任何市场规制具体规则的制定都要以市场规律为指导。市场规律的核心观念是价值规律、供求关系和竞争规则。所以说尊重市场规律就是要尊重市场经济的核心价值观。以往

---

① 王全兴：《经济法基础理论专题研究》，中国检察出版社2002年版，第583页。
② 张文显主编：《法理学》(第三版)，高等教育出版社2007年版，第121页。
③ 张文显主编：《法理学》(第三版)，高等教育出版社2007年版，第122页。

计划经济时期所暴露出的种种经济乱象说明，违背市场经济客观规律所进行的规制行为，难以达到其规制的目的。只有尊重市场经济的客观规律的适度规制，才能使各方主体在进行市场行为的时候，自觉地遵守法律法规的要求，使法律起到其应有的引导作用。特别要指出的是，国家对市场的引导和规制不是要代替市场的存在，过度的干预，过度的规制都有可能导致打击市场主体积极性的结果。

（2）依法适度规制原则。依法适度规制原则包括两方面的内容，一是依法，一是适度。依法又包括两方面内容：第一是指国家在规制市场行为的时候，要有相应的法律依据。市场规制是国家对市场运行的介入、调整市场主体的竞争行为。在倡导依法治国的国家，这种公权力对私权利的介入或者说为了社会整体利益而进行的对微观经济行为的调整必须经过严格的法律限制和程序要求。如果对国家的规制行为不经过任何实体和程序法上的限制，或者这种实体和程序法上的限制不明确、不规范，那么国家的市场规制行为必然会同征地拆迁行为一样，在模糊的"公共利益"的外壳下行侵害合法权利的行为。绝对的权力导致绝对的腐败，如果国家的市场规制行为不经任何法律的限制，或者是规制边界不明确，那么滥用国家规制的结果必然是对市场活力的打击，使规制失去其应有之意。例如，美国的《谢尔曼反托拉斯法》就比较全面、简要地体现了规制法定原则：①规定三类托拉斯行为为非法行为，必须承担相应的法律责任。这是对国家什么时候可以介入市场主体经济行为的规定。②授权美国区法院司法管辖权，以防止、限制违反本法。这是授权法院享有市场规制权力主体的资格。③各区的检察官，依司法部长的指示，在其各自区内提起衡平诉讼，以防止和限制违反本法行为，这使授权特定国家机构享有启动反托拉斯诉讼以规制违反市场规制法的权力，也规定了启动规制程序的一项法定条件。① 第二，依法原则的另一个内涵是指市场主体的违法行为必须法定。在日益复杂的商业社会，对市场主体的行为一一规定是不现实的。那么告诉市场主体什么是国家在维护市场经济运行过程中所不允许的就成为市场主体在商业社会从事市场竞争的底线。

适度规制是在尊重市场规律的基础上提出的规制要求，在法律允许的范围内，适度是个更为灵活的原则。成语"过犹不及"能很好地体现适度的要求。之所以说适度的原则比较灵活是因为在不同的经济发展时期，针对不同的市场行为，规制的力度、手段，所要达到的目标都是不一样的，必须具体情况具体

---

① 张守文主编：《经济法学》，北京大学出版社2008年版，第275页。

对待。如同样一种行为,在市场培育期和市场成熟期是否体现为不正当竞争行为的认定标准是不一样的。这其实也是由法律的不完备性所导致的。因为大千世界处在不断地变化过程中,市场的变化尤其迅速,不可能存在一以贯之的对垄断或者是不正当竞争行为的认定标准。市场失灵是国家进行市场规制的动因之一,但是如果国家进行的市场规制不能很好地缓和市场失灵,或者规制力度的"过"或"不及"所带来的成本大于市场失灵的损失,那么此种规制就没有效率也没有必要。所以适度原则也是对市场规制法的基本要求。

(3) 维护公平竞争原则。维护公平竞争原则是指,市场规制要保证市场主体的法律地位和竞争行为的公平性,要保证各市场主体在进行市场竞争时享有均等的机会。公平竞争是市场经济的应有之义,当市场失灵,资源不能被有效配置时,市场规制就产生了。维护公平竞争原则,主要针对的是在自由竞争发展过程中由种种原因所导致的市场竞争地位的不公平性,例如由于垄断、不正当竞争所带来的资源独占。所以说,维护公平竞争,其实是利用规制手段使市场回到其本身所运行的轨道上。此原则要求在实施规制的过程中,应以恢复、实现、保护和促进公平竞争为基本准则。使得国家为市场主体创造公平的竞争环境和竞争条件,使市场主体在公平的环境下参与竞争。其实维护公平竞争原则是前面提到的依法适度原则的实施基础,因为当国家这只"看得见的手"对市场主体的经济行为进行规制的同时,如何限制"看得见的手"?依法适度是对"看得见的手"运行手段的限制,而这个限制必须有个标准。这个标准就是维护公平竞争。维护公平竞争原则充分地体现出市场和国家的关系,也是市场规制对市场修正的应有之义。

(4) 保护弱势群体合法权益原则

在一般的法律人格之下,总有一些容易受到损害或者处于弱势地位的群体,这类群体很难以自己的力量获取公平竞争的机会。如果弱势群体的利益得不到法律的特殊保护,则社会公共利益的实现、法律所追求的公平正义就沦为一句空话。① 首先,竞争必然导致优胜劣汰,绝对的优胜劣汰必然导致垄断的产生。某家企业在市场竞争中胜出可能是历史的偶然,但是当企业在竞争中胜出后,其获得的资源和信息在自由市场下会比后进入市场的中小企业丰富,资源的不平等以及规模经济效应就会导致强者愈强的状况。虽然此种状况在产生过程中不存在不平等的竞争,但是当优势企业地位确立后,就会导致后来者在竞争中的弱势地位。所以在强调公平的同时,为了保证市场的活力,对中小企

---

① 吕忠梅、陈虹:《经济法原论》(第二版),法律出版社2008年版,第268页。

业的保护也是市场规制法的要求。中小企业的发展将为市场不断注入新的活力,新鲜的血液也为市场的活跃带来动力。其次,市场中的另一个重要的群体——消费者往往因此也是处于弱势的地位,由于消费者偏好、信息不对称以及消费者在强大企业集团面前的渺小,使得消费者在买卖行为中无法同企业抗衡。而且我国传统文化中的"息事宁人"、"多一事不如少一事"的思想,更使得消费者这一本身就处于弱势的群体的合法权益更难得到保障。世界各主要市场经济国家中,都将对消费者合法权益的保护列为市场规制的准则。所以,市场规制法中融入消费者保护的相关规定也是市场规制法保护弱势群体这一基本原则的体现。保护中小企业和消费者等市场中弱势群体的合法权益,也是建立健全高效社会主义市场经济的要求。

(四) 市场规制法的体系

前文提到,市场规制法并不是一个单独的法律部门,也没有一部专门的市场规制法。市场规制法是一系列法律法规的集合,这个集合是由具有市场规制功能的各种法律法规组成的。在这个由多层次法律法规组成的市场规制法的有机整体中,以市场规制法基本原则为指导,各个组成部分相互协调,相互配合,共同实现国家维护市场经济健康运行的目的。市场规制法的体系主要由以下部分构成:

1. 市场准入法

市场准入制度是规制市场主体进入或退出特定市场领域的法律体系。市场准入制度其实是由企业获得市场资格的相关规定组成的,它包括市场进入的条件、方式、程序等一系列内容,是国家进行市场规制的基本制度。因为国家对市场行为的规制,是从控制市场进入为起点的,反不正当竞争和反垄断都是以企业合法进入市场为前提。其实按照自由主义的观点,国家不应当对市场进入设定任何的障碍。市场准入规制的产生如同市场规制一样,都是自由资本主义发展到一定阶段暴露出问题后,由这些问题所带来的要求国家规制的需要。例如为了保障国家经济安全而对金融业相关领域设置的准入标准,为了保障食品安全而对食品生产企业设置的准入标准。需要注意的是,市场准入法如同市场规制法一样,不是由单一的法律组成的,而是由散布在有关法律法规之中的相关制度组成。关于市场准入的具体制度将在下一章中进行探讨。

2. 反垄断法

反垄断法是由禁止非法限制竞争、维护自由公平竞争秩序和经济活力的一类法律法规组成的。反垄断相关法律制度是市场规制法的核心内容之一,也是市场规制法体系中最早形成的部分。市场失灵的不充分竞争所带来的结果之一就是垄断，垄断作为竞争的对立面其结果必然是对竞争的限制以至于使市场规律得不到体现。反垄断法实施的目的就是保护市场竞争、防止垄断结果和制止垄断行为，同时对利用行政权力而导致的行政性垄断进行限制，使市场保持充分的竞争与足够的活力。

3. 反不正当竞争法

反不正当竞争法主要维护的是市场竞争关系中微观的竞争秩序，其提倡的通过合理合法的生产力的改进和生产效率的提高来赢得市场竞争，反对竞争主体通过违反诚实信用原则和商业道德的不正当的手段，来获得竞争中的优势地位。现代反不正当竞争法律制度是在传统民法的普通侵权法和工业产权制度基础上发展起来的。随着市场竞争的日益激烈和市场竞争行为的复杂化，不正当竞争的手段越来越多，仅仅依靠传统的法律制度难以有效处理纷繁多变的不正当竞争行为。例如误导广告、侵犯商业秘密，便不好适用传统工业产权法。反不正当竞争法提供了新的更加完备的保护。[1]

4. 消费者权益保护法

消费者权益保护法是调整在保护消费者权益过程中发生的经济关系的法律规范的总称。[2] 消费者权益保护法是市场规制法的重要组成部分，因为在市场规制法中无论是市场准入规制还是反垄断和反不正当竞争，其目的都是为了维持市场的健康运行，从消费者角度来看，市场的健康运行是消费者权益得到保障的前提条件。消费者作为市场关系中的弱势群体，其权益极容易受到力量强大的企业的侵害。所以有别于私法上的人人平等的观念，消费者权益保护法遵循经济法关注实质公平的价值理念，突出对因为信息不对称等原因而处于市场弱势地位的消费者权益的保护。对这样一种弱势群体进行特殊照顾，也是市场规制法作为经济法重要组成的应有之义，同时是进行市场规制的目的之一。例如，产品质量法就是对市场交易中的产品质量进行事前监督管理和事后救济惩罚的法律规范，目的在于为市场公平竞争提供基本的条件、标准与保障，维护公正的市场竞争秩序，维护交易安全，从而保障消费者的合法权益。[3]

---

[1] 漆多俊、冯果主编：《经济法学》(第三版)，武汉大学出版社 2011 年版，第 123 页。

[2] 张守文主编：《经济法学》，北京大学出版社 2008 年版，第 358 页。

[3] 吕忠梅、陈虹：《经济法原论》(第二版)，法律出版社 2008 年版，第 269 页。

5. 其他相关法律法规

经济运行是个庞大的系统，市场准入、反垄断、反不正当竞争以及消费者权益保护只是这个系统中的某些方面。要保证市场的正常健康运行，在尊重市场运行规律的基础上，市场规制法应该对市场运行的方方面面加以关注。例如有些学者将包含产品质量法、价格法、广告法、商标法、计量法和标准化法、经济合同法、产业经营规制法以及国有资产经营管理法统统纳入生产经营管理法作为市场规制法体系的组成部分。① 这也从一个侧面说明市场规制法体系之庞大，涉及之广泛，以及在现有法律制度下市场规制对市场经济运行的深度介入。

（五）市场规制法的制度要素

市场规制法的制度要素包括规制主体、规制对象、规制工具以及规制责任。

1. 规制主体

规制主体由行政性规制主体和非行政性规制主体构成。行政性规制主体主要是由政府各个职能部门组成，例如工商、质监、审计、卫生等；而非行政性规制机构主要是指行业协会、商会、消费者保护协会等机构以及会计师事务所、资产评估事务所、产品质量检验所、律师事务所等经济鉴证机构。

2. 规制对象

有规制机构的规制行为，就有规制行为的指向对象。根据市场经济的运行规律，市场规制对象包括市场主体和市场行为。

市场主体。从商业自由的角度来看，市场主体应该包括一切身处市场中的"人"，包括自然人和拟制的法人。但是"进入市场的自由，实际上不仅受到社会、经济的等许多条件的制约，而且也受到政策目的的制约"。② 因而将市场主体作为规制对象是有意义的。而且，在市场规制法的体系中，对市场准入的规定其实就是一种决定谁可以进入市场从事生产经营的规制。所以说，对市场主体的规制主要是对市场主体资格的确认与监督。市场主体的准入资格分为一般资格和特殊资格。一般资格指各种主体进入市场都必须具备的资格；特殊

---

① 徐孟洲：《经济法学原理与案例教程》，中国人民大学出版社2010年版，第68～69页。
② [日]金泽良雄：《当代经济法》，刘瑞复译，辽宁人民出版社1988年版，第196页。

资格指想进入特定市场的主体所应具有的资格。如我国的《公司法》第 6 条第 2 款规定"法律、行政法规规定设立公司必须报经批准的,应当在公司登记前依法办理批准手续"。而相关的法律法规规定了公司登记的多项①前置审批项目,如果要获得相关的市场准入资格就必须完成前置的审批项目。关于特殊资格和一般资格的关系,特殊资格是以一般资格的获得为前提的。

市场行为。如果把对市场主体的规制看成是一种静态的规制,那么对市场行为的规制就是动态的。因为,市场就是市场行为的有机结合,市场行为纷繁复杂,不可能像对市场主体进行的规制那样,以列举的形式规定具体的前置程序。市场行为的复杂性,使其成为市场规制法规制的核心对象。对市场行为的规制,侧重于对违法交易、强迫交易、显失公平交易、欺诈交易、违反公益交易的禁止。它主要从以下几个角度进行:(1)市场表示规则。市场表示是指对进入市场的商品和劳务进行介绍、宣传,以便向客户提供有关商品和劳务的一切信息。市场表示规则主要见诸商标制度、广告制度、商品说明书制度等。(2)竞争规制。主要是反垄断和反不正当竞争。(3)价格规制。它包括政府定价制度、价格监测制度、价格干预制度、紧急干预制度、低价倾销禁止制度、操纵市场价格禁止制度等。(4)票据规则。主要是在汇票制度、本票制度、支票制度中对票据的内容、形式和使用过程进行规制。(5)市场中介规制。主要指对经纪、拍卖、资产评估、招投标等行为的规制。(6)消费者权益保护。②

3. 规制工具

规制机构在市场经济环境下,因为市场行为的多样性,其选择的规制手段也非常丰富。根据取代市场机制、影响企业决策及增加所规制产业成本的程度不同,规制机关可支配的规制手段也常常发生变化。常用的规制手段包括:禁止、特许、价格、费率、数量限制、产品标准、技术生产标准、绩效标准、补贴、信息提供、产权与权利界定等。③ 如果对这些规制手段进行分类,从规制机构的主动性上看可将其分为主动引导型规制和限制矫正型规制;从规制手段适用情况可以分为常规性规制和特殊规制;从规制的阶段来看可以分为事前规制、事中规制和事后规制;从实施规制的主体来看,可以分为行政规制和自律

---

① 江平、李国光主编:《最新公司法条文释义》,人民法院出版社 2006 年版,第 17 页。
② 王全兴:《经济法基础理论专题研究》,中国检察出版社 2002 年版,第 608 页。
③ 陈福良:《放松规制与强化规制》,上海三联书店 2001 年版,第 18 页。

规制等。①

4. 规制责任②

市场规制法责任，是市场规制法主体违反市场规制法义务而应承担的不利后果。市场规制法责任，是保障市场规制法的执法、司法和守法的重要制度要素，不可或缺。其规则基础是规制主体和规制对象违反了市场规制法的规定，违背了法定义务，应当承担相应的法律责任，才能促使市场规制法规范发生潜在的威慑力和现实的惩罚力。违反市场规制法的法律责任形式，可分为财产性责任和非财产性责任两类。财产责任包括赔偿、财产罚（强制超额赔偿、罚款、罚金、没收非法所得）；非财产责任，如声誉罚、自由罚、资格罚。由于违反市场规制法的行为，在外观上往往同时是市场交易行为。

二、案例分析

【案例】

腾讯诉360不正当竞争案③

2010年9月27日，360安全卫士推出个人隐私保护工具"360"隐私保护器。360推出的这一隐私保护器的目标直指腾讯公司的QQ产品，指腾讯利用其软件窥视用户隐私。腾讯方面向门户网站搜狐IT回应称，媒体报道提及的"隐私扫描"内容是对QQ安全功能的误解，腾讯QQ绝对没有窥探用户隐私的行为，也绝不涉及任何用户隐私的泄露。9月28日，腾讯在其网站的科技频道发布《360浏览器涉嫌借色情网站推广遭公安立案调查》一文，间接对360的行为进行反击。此后的一个多月，双方进行了激烈的争辩，并逐渐演化为涉及众多网络用户利益的公众事件。11月3日，法院正式受理了腾讯科技（深圳）有限公司、深圳市腾讯计算机系统有限公司诉北京奇虎科技有限公司、奇智软件（北京）有限公司和北京三际无限网络科技有限公司涉嫌不正当竞争案。法院审理认为，"360隐私保护器"对QQ2010软件监测提示的可能涉及隐私的文件，与

---

① 王全兴：《经济法基础理论专题研究》，中国检察出版社2002年版，第612~615页。

② 张守文主编：《经济法学》，北京大学出版社2008年版，第281~284页。

③ 参见王晓晴：《腾讯诉360不正当竞争案宣判》，载《深圳特区报》2011年4月27日。

客观事实不符。同时，在"360隐私保护器"界面用语和360网站的360安全中心等网页中还对QQ软件进行了一定数量的评价和表述。这些评价和表述，使用了"窥视"、"为谋取利益窥视"、"窥视你的私人文件"等词语和表述来评价QQ软件。这些表述采取不属实的表述事实、捏造事实的方式，具有明显的不正当竞争的意图，损害了原告的商业信誉和商品声誉，构成了商业诋毁。法院判令北京奇虎科技有限公司、奇智软件科技有限公司以及三际无限科技有限公司停止发行使用涉案"360隐私保护器"，删除相关网站涉案侵权内容，公开致歉并赔偿原告损失40万元。

【问题聚焦】

如何从反不正当竞争法与反垄断法等市场规制法的角度来评判腾讯诉360一案？市场规制法在维护消费者权益方面有何功能？

【法律剖析】

腾讯诉360不正当竞争案主要涉及两个方面的问题：一是360发布隐私保护器是否构成对腾讯公司的商业诋毁，以及腾讯是否侵犯了用户隐私；二是腾讯公司在与360公司产生纠纷的过程中，迫使用户作出二选一的行为，在反不正当竞争法中能否予以规制以及通过何种方式规制。① 在反不正当竞争法中，商业诋毁行为是指经营者自己或利用他人，通过捏造、散布虚伪事实等不正当手段，侵害竞争对手商誉的行为。商业诋毁行为的构成要件是：（1）主体为竞争关系中的经营者；（2）客体既包括商誉主体的利益，也包括公平、诚信的竞争秩序；（3）主观上为故意或过失；（4）客观方面表现为侵权人实施了具体的贬低他人商誉的行为。在腾讯与360的大战中，360大量使用了"窥视"、"为谋取利益窥视"、"窥视你的私人文件"、"如芒在背的恶意"、流氓行为、逆天行道、投诉最多、QQ窥视用户由来已久、请谨慎使用QQ等词语和表述，这些评价的词语和表述，带有强烈的感情色彩并具有负面评价效果和误导性后果。尤其是，这些表述没有任何事实基础，不符合诚实信用的商业准则，不符合维护市场正当合理竞争秩序的要求，且其行为目的在于损害原告的竞争优势。因此，是可以断定360是侵犯了腾讯公司的商誉的。至于腾讯公司迫使用户二选一的行为，应当被认定为滥用市场支配地位侵犯消费者权益的情形，难以在现有的《反不正当竞争法》框架内寻求救济，只能诉诸《反垄断法》和《消费者权益保护法》的相关规定。

---

① 参见吕来明：《3Q之争：反不正当竞争法如何保护消费者》，载《检察风云》2011年第3期。

虽然同为市场规制法，但反不正当竞争法与消费者权益保护法的功能目标定位是不一样的。反不正当竞争法对消费者权益的保护在立足点上是通过对公平竞争机制的维护，从经营活动的秩序环境方面得到改善，从而维护消费者整体的利益。反不正当竞争法重在规制市场秩序，而消费者权益保护法着眼于对消费者具体的、直接的保护。我国现行《反不正当竞争法》只规定了受损害的经营者有权提起赔偿损失的请求，这导致消费者权益的私法保护途径在《反不正当竞争法》中无从实现。将来在完善《反不正当竞争法》时，一方面应修改法律规定，使消费者权益的私法救济在反不正当竞争法中予以规定，即消费者权益受损害时，也允许提起诉讼；另一方面，适用反不正当竞争法对消费者权益进行私法救济时，应当借鉴德国等国的规定，原则上不允许单个消费者对经营者提起不正当竞争诉讼，对不正当竞争行为损害消费者权益的私法救济问题，应赋予消费者组织请求权，从而整体保护消费者利益。

三、深度拓展思考题

1. 如何看待市场失灵和政府规制之间的关系？
2. 市场规制法经济法属性体现在哪些方面？
3. 市场规制法的价值目标如何权衡维护市场秩序和保护消费者权益的关系？

第二节　变革中的中国市场规制法

一、知识点精解

（一）市场规制：在强化与放松之间

由于我国在计划经济时期所有的经济运行都是纳入国家调控的，不存在现代意义上的市场经济，所以在计划经济时期也就不存在市场规制产生的基础，或者说当时采用的是最严格的市场规制，严格到生产和消费都是由国家统一调配。我国关于规范市场行为和维护市场秩序的法律规定的制定，是随着改革开放的进行逐步展开的，并在正式确定建立社会主义市场经济制度后逐渐走向成熟。1980年制定的《关于开展和保护社会主义竞争的暂行规定》、1983年公布的《关于加强市场和物价管理的通知》和《城乡集市贸易管理办法》、1987年《关于认真解决商品搭售问题的通知》等规定构成了市场规制法的雏形。

但因此时的国民经济处于计划经济向市场经济转轨时期，这些规定在具有市场规制法特色的同时，更多地体现了计划经济的统制和管理的色彩。① 1993年2月22日七届全国人大常委会通过的《中华人民共和国产品质量法》，同年9月2日八届全国人大常委会通过的《中华人民共和国反不正当竞争法》、10月31日通过的《中华人民共和国消费者权益保护法》等构成我国市场规制法体系的主要组成部分。2008年8月1日起开始实施的《反垄断法》更是标志着我国市场规制法律体系的进一步完善。

纵观我国的市场规制法发展的历史可以清楚的感觉，伴随我国市场规制法发展的关键词是放松管制。

与之相反，以美国为代表的西方发达国家的市场规制法的发展则是由对自由竞争的限制开始的，也就是说强化规制，美国的规制变迁经历了一个政策和立法逐渐调整的过程。以1890年美国国会通过《谢尔曼反托拉斯法》为起点，直到20世纪70年代，美国经济陷入滞胀期为止，美国的市场规制法都是以加强规制为特点。这一阶段对规制的加强又可以分为三个部分：首先是19世纪30年代至20世纪20年代：虽然说，《谢尔曼反托拉斯法》是市场规制的起点，不过一部法律的产生是对之前出现的诸多相关社会问题的一个集中回应。所以说，早在19世纪30年代，关于自然垄断的担心就被提出。此一时期的规制大多由州政府实施，其主要规制机构是成立具有规制功能的规制委员会；规制手段主要是监督和舆论等软性手段，而缺乏必要的惩罚措施。如上所述，这一时期的规制领域主要集中在具有垄断性质的铁路、电力、煤气、电话等产业。其次是20世纪30年代至40年代：这一时期的时代背景是30年代的经济大萧条和第二次世界大战。在这样的背景下，必然导致政府出于控制的目的而制定一系列的规制措施，公权力的权威在此一时期也逐渐被强调，其作用也逐渐凸显。具体的规制领域则和此一时期的时代特征有密切关系，如银行、证券、广播、运输、电力等。第三个时期是战后到70年代。此阶段的规制以能源增产、能源节约、反通货膨胀措施等诸多政策变换为背景，以能源为主要规制对象，规制项目不断增多。②

中美两国不同的市场规制法发展路径为我们展开了不同的市场规制画卷，

---

① 徐孟洲：《经济法学原理与案例教程》（第二版），中国人民大学出版社2010年版，第63页。

② 王全兴：《经济法基础理论专题研究》，中国检察出版社2002年版，第600页。

那么在强化管制和放松管制之间应该基于什么样的因素来进行考量呢？

(二) 规制强度的影响因素

(1) 市场经济制度是否完善。我们从前面提到的我国及以美国为代表的市场经济制度健全国家所不同的规制路径可以看出，规制的强度与经济制度市场化之间有着很重要的联系。市场制度的完善可以使经济运行依照自由价格因素的引导有序进行。在健全的市场经济制度下，从生产到消费的各个环节，都是以自由选择为基础的。而市场制度的不完善使得政府会过分的干预本应由市场机制自身解决的问题。如果市场机制的不畅通，商品从生产到消费的各个环节都不能由身处其中的市场主体自发调节，规制便成为经济运行的常态。所以市场经济制度是否完善是影响市场规制强度的基本因素。

(2) 制度形成路径。由于不同国家在政治制度和经济制度的形成过程中经历了不同的道路，而不同的制度形成路径使得各国对市场失灵的认识有所不同。而且不同国家发展阶段的不同，也同样会导致在经济运行过程中启动规制措施的门槛高低不同。如前所述，新中国的经济制度经历了社会主义改造、计划经济和建设有中国特色社会主义市场经济的不同阶段。尤其是从计划经济向市场经济的转变，其实就是一个不断放松规制的过程。在此过程中，市场规制法律制度的建设必然要体现此一阶段的经济基础要求。同时我们也必须看到，在制度形成的不同路径下，不同的政府体现出对市场规制的不同态度。信奉经济自由主义的政府天然地倾向于放松规制，让市场来决定一切；而信奉国家主义的政府则必然强调政府在经济运行中的作用。

(3) 利益集团诉求的影响。在一定意义上，政府规制目标的确定是公共选择的结果，而公共选择本身包含了多种特殊利益集团相互冲突、相互竞争的过程。最终形成的决策，往往是各种"劝说"和"争议"博弈的结果。当某个力量强大的利益集团在这个过程中占据上风，从而对政府具有决定性的影响时，就能使政府制定出有利于自己的规制政策。[①]

(4) 政府规制机构能否高效运行。规制政策制定后，能否实现规制政策目标，还要看是否有一个高效的政策实施机构。只有政府规制机构独立、高效且运转良好，才能保证规制政策在实施中完成政策制定的目标，从而最大限度

---

① 吕忠梅、陈虹：《经济法原论》（第二版），法律出版社2008年版，第277页。

地实现公共利益。

二、案例分析

【案例】

煤改新风暴①

  山西省 2008 年和 2009 年连续出台《山西省人民政府关于加快推进煤矿企业兼并重组的实施意见》和《山西省关于进一步加快推进煤企兼并重组有关问题通知》后，山西这一中国最重要的煤炭产出地开始了史无前例的煤炭业整合。山西省煤炭厅厅长王守祯在 2011 年山西煤炭工业工作会议上宣布：到 2011 年 5 月 25 日，全省整合矿井全部关闭，并全面进入现代化矿井建设阶段。整合后，山西煤炭矿井数量由 2008 年的 2600 座压减到 1053 座，办矿主体由 2200 多家减少到 130 家，形成 4 个年生产能力亿吨级和 3 个 5000 万吨级以上的煤矿企业，煤矿百万吨死亡率也由 2005 年的 0.905 下降到 0.187，是全国平均水平的 1/4。煤矿资源回收率由过去平均不足 20% 提高到 80% 以上。王守祯宣布，目前，山西煤矿"多小散乱"的状况发生了根本转变，大基地、大集团、大煤矿为主的新型煤炭工业格局初步形成。山西率先告别小煤窑挺进大矿时代，煤炭工业开始驶入科学发展、安全发展的新轨道。

  在这次煤炭业重整之前我国的煤炭产业的发展在改革开放之后大致经历了这样几个阶段：第一阶段是 1978—1992 年的转轨发展阶段。随着改革开放政策的实施，各个行业的发展日趋活跃，对能源的需求日益增加，煤炭供应越发紧张。1983 年国务院颁布了《关于加快发展乡镇煤矿的八项措施》，提出要"积极发展地方国营煤矿和小煤矿"，倡导"大中小煤矿并举"的政策。结果我国煤矿数量迅速增加，产业集中度极低。此时全国煤矿最多时达到 8 万多家。第二阶段是 1993—2001 年的煤炭市场化培育和发展阶段。此一阶段国家推进煤炭市场化改革，放开煤炭价格，改革订货制度。1993 年国家决定放开煤炭价格，同时取消中央财政对统配煤矿的补贴，使煤炭生产企业拥有了充分的经营权和定价权，这标志着煤炭企业开始向市场经济过渡。2001 年以后，国家取消了对煤矿建设的盲

---

① 参见翟瑞民：《煤改新风暴：中国 1.4 万家煤矿或将迎来彻底洗牌》，载《解放日报》2010 年 10 月 28 日。

接投资,煤炭企业真正成为煤炭投资、经营的主体。第三阶段是2002—2008年,煤炭产业进入超常规快速发展阶段。这一时期的煤炭产业政策变化快且大,也与我国此一时期的经济发展状况有密切关系。这一时期,煤炭产业快速发展,煤炭产量大幅增加,大型煤炭企业集团快速发展壮大,煤炭生产力水平快速提高。但伴随着快速发展的同时,煤炭产业的问题也逐渐暴露,特大安全事故频频发生。如何解决煤炭生产中的安全问题,实现煤炭产业和谐发展成为人们更为关注的问题。于是出现了山西省煤炭企业兼并重组的改革。根据山西省从2008年以来开始的煤炭企业兼并重组改革的结果,2010年10月21日,《关于加快推进煤矿企业兼并重组的若干意见》经国务院办公厅发往各省市区政府,并要求贯彻落实。可以想象,我国煤炭行业将面临一轮新的改革风暴。

【问题聚焦】

煤炭管理体制改革的阵痛反映了我国市场规制法律制度哪些问题?中国的市场规制法如何走出体制惯性与路径依赖背景,进而实现转型?

【法律剖析】

(一)我国市场规制法律制度的展开背景

建立市场经济体制的特殊道路,使得中国政府规制体制有着根本不同的逻辑起点与制度背景,这些事实对构建符合中国国情的规制理论提出了特殊要求。我们必须正视的一个事实是,在市场经济国家中政府是实施规制的起点,而在从计划经济向市场经济过渡的国家中,政府则是放松规制的源头。因此,依靠强化规制来克服既有的市场机制的缺陷与依靠放松规制来突破计划体制并建立市场体制,肯定是截然不同的。只有立足于中国政府规制的特殊运作规律,借鉴规制经济学的一般原理,才能对我国政府规制体制乃至整个政府经济行为的运作作出恰如其分的分析与评价。

(1)制度发育的特殊背景。中国的规制法律制度不是在市场经济中发育,而是在体制转轨、经济转型过程中逐步发展起来的,难免带有明显的旧体制痕迹,更不可能排除计划规制方式假借政府规制之名卷土重来的可能。因此,中国规制法律制度中出现的许多问题是过渡期的问题,但也是结构性、体制性的问题。① 仅仅从规制的形式和手段上看,计划经济时期的规制和市场经济体制

---

① 胡鞍钢、胡光宇:《世界经济中的中国》,清华大学出版社2004年版,第315~316页。

下的规制有其相似之处。例如在市场准入中进入门槛的设置,经济运行过程中税收优惠的实施,在企业竞争领域中对从事某种经营行为的企业资质的要求。这些是市场经济中规制的手段。在我国,因为特殊的制度形成背景,诸种市场经济体制中合理的运行手段就演化为政府主管部门直接采用行政手段控制社会与经济运行,在实施过程中,却为这些控制手段冠以维护市场秩序之名。如此这般,市场制度不完善所导致的问题也会因为政府的干预倾向被认为是市场本身所产生的问题,从而演变为政府规制范围的不断扩大。市场经济体制的缺陷应该从完善市场经济体制的角度着手去解决,而不是一味地利用行政手段,再用一些片面的考量标准来佐证规制的正确性。

(2) 政府的双重身份。政府不仅是市场失灵的规制者,更是改革的直接对象;不仅是规制规则的制定者,更是市场经济行为的参与者。这种主动与被动身份集于一身的现实,必然导致政府角色的摇摆、行为的胡乱,使政府规制改革变得异常复杂。例如在城市化过程中的拆迁补偿问题上,一幕幕的拆迁争议无不将矛头指向政府的土地财政政策。由于政府本身的利益偏好,规制权力的享有者和被规制对象"相互勾结"的现象屡屡发生,即使是貌似公允的立法,也具有强烈的部门利益痕迹,与社会公共利益相去甚远,以此为依据的政府规制行为自然难以保证其公正性、权威性。市场垄断力量和政府公权力的日益结合,逐渐向"法定垄断"转变,这是一个十分危险的倾向。①

(3) 规制缺陷的存在。观察我国的市场规制法律制度可以看到,除了上面不断提到的由计划经济向市场经济转变过程中以及我国文化传统中所具有的家长式政府所带来的过度规制问题外,我国的市场规制法律制度中的规制缺陷问题也不容小觑。从大头娃娃到三聚氰胺奶粉再到瘦肉精等诸种食品安全问题的爆发无不让我们思考,工商、质监等管理部门在食品安全的监管过程中为什么没有起到保证食品安全的基本作用?规制制度在食品安全领域是不是形同虚设?煤炭领域的规制失灵现象更是可见一斑。

(二) 变革中的中国市场规制法律制度

通过前面的描述我们发现,政府规制作为政府干预经济的一种重要手段,在不同的国家、不同的历史时期、面对不同的情况时有其不同的要求。而基于市场经济体制的政府规制有着一个应然的目标,那就是实现公共利益的最大化。无论是维护市场经济健康运行的规制还是调整市场失灵的规制,其根本目

---

① 吕忠梅、陈虹:《经济法原论》(第二版),法律出版社 2008 年版,第 278 页。

的都是为了促进社会的进步和个人福利的增加。

对于我国不断完善的市场经济体制以及在此基础上不断发展的市场规制法律制度来说，寻求一条健康的制度形成路径无疑对我国市场规制法律制度的完善有重要意义。通过前面对我国市场规制法律制度形成的背景以及以美国为代表的市场规制制度比较完善的国家相关制度的考察我们可以得到如下的一些启示：(1) 规制必须以市场经济为基础。也就是说无论是放松规制还是强化规制，其都是对市场经济机制的一种修正。强调市场经济在市场规制法中的基础性地位对我国尤其具有重要意义。因为我国的集体主义和强力政府的传统，市场经济观念并不如西方市场经济体制完善国家那样深入人心。于是，在经济运行过程中，本来是由于市场机制不健全所导致的问题，往往被认为是规制产生的起点。从而本应着力解决市场机制的建设演变为加强市场规制的诉求。(2) 放松规制并不是否定规制。放松规制是部分地取消规制，从而增强市场主体的活力。放松规制有时候是在总体上放松而局部强化。例如，在自然垄断领域，放松进入规制引入竞争因素，也仍然保留了价格规制等多种规制制度，并以激励性规制方法对传统规制方法进行改良。(3) 市场规制的发生都应该满足一定的条件，如市场机制的成熟度、风险度，行业的自然垄断度和竞争程度，企业的承受能力都是考量规制的重要条件。一般而言，市场机制成熟度高、风险度低，行业的自然垄断度低、可竞争度，企业的承受力大，可选择放松规制；反之，可选择强化规制。①

我国的市场规制法律制度的变革就是在如上的共识框架内不断进行着的。市场规制作为一个动态的对市场行为的反映，其变革不是一劳永逸的。市场规制法律制度的变革根植于社会经济的发展中，理论的进步和观念的变化都对市场规制法律制度的不断发展提出要求。我国的市场规制法律制度的更新与变革应该从以下两个基本方面进行：

1. 在立法层面进行法律理念的更新

市场规制法产生的理论基础之一是市场失灵，这是在市场经济充分发展情况下所提出的。而在我国又有其从计划经济到市场经济转变的特殊背景。市场规制立法也在市场经济原则的指导下不断完善，法律规则的演进反映着社会观念和社会发展的变化。目前，新的自由主义经济学者对现有的市场规制提出疑问，我们拿什么来担保国家行动的结果符合它进行干涉的目的？经济学家许小年教授指出，半管制半市场是中国各级政府最喜欢的经济体制，因为管制可以

---

① 王全兴：《经济法基础理论专题研究》，中国检察出版社2002年版，第605页。

设租，市场可以变现。全管制无法变现，全市场没法设租，都不会为现有体制中集裁判和运动员为一体的政府角色所接受。所以，在市场竞争中，各种规制缺失的同时，在金融风暴所带来的加强规制需求的同时，我们也应在思考市场规制制度建设的时候，把政府可能失灵的因素考虑进去。在理论上也应该随着对以往理论的反思而更新，尤其是中国加入 WTO 以后，WTO 就是通过共同的协议来约束、限制和减少政府对国际贸易的管理行为，这表明 WTO 规则的制定者已经认识到政府这种管理行为在某种程度上是导致国际贸易市场不平等竞争的根源。WTO 规制限制政府管理国际贸易的这种理念，必将使作为国内法的市场规制法理论假设发生变化：政府干预不是万能的，政府干预也有一个限制的问题。①

2. 在制度层面寻求经济性规制和社会性规制的协调

经济性规制的理论基础就是前面提到的市场失灵，而政府进行规制的另一重要原因就是出于公共利益的考量。自 20 世纪 80 年代以来，社会性规制成为世界范围内政府规制的重点，人的安全、健康、平等和经济秩序、环境污染、生态平衡逐渐成为规制的主流。如美国 20 世纪 80 年代的规制成本中，经济性规制成本逐年下降，社会性规制成本逐年上升，联邦行政机构更多地投入到安全、健康、环保和生态平衡上去，公共政策的价值取向发生了重大变化。② 在我国，无论是从医药卫生到文化娱乐还是从食品安全到环境保护，政府所设计的规制制度在运行过程中暴露出很多问题。近年来食品安全问题频发，安全生产事故屡禁不绝无不使我们不断反思我国社会性规制的效用，而且社会性规制运用的偏差在现实中有可能成为行业准入门槛，从而干预到经济自由和其活跃性。如最近的面粉增白剂之争，乳液新标准之争，其背后无不充斥着行业内龙头企业的某种诉求，使得本来应该是出于公共利益而进行的社会性规制成为了某种攫取利益的手段。经济性规制方面，前文提到的理论更新所带来的思考必然是如何限制政府的规制权力，如何合理划分不同规制部门的职能，如何使规制手段多样化满足复杂市场情况所带来的不同需求，最重要的是如何保证社会主义市场经济高效运行。经济性规制和社会性规制各有其理论基础和不同的价值考量，如果不协调好两者之间的关系，经济性规制和社会性规制都很难发挥自身的作用，不仅不能起到其制度设计的目标，还有可能成为阻碍社会主义市

---

① 曾艳军、王全兴：《协调 WTO 规则与市场规制法的法理分析及路径选择》，载《求索》2009 年第 1 期。

② 吕忠梅、陈虹：《经济法原论》（第二版），法律出版社 2008 年版，第 281 页。

场经济的因素。

三、深度拓展思考题

1. 如何看待美国金融危机所带来的加强规制的呼声？
2. 如何限制政府在规制中的权力？
3. 传统资源行业如何在放松管制与防止国有资产流失中寻求平衡？

第六章 市场准入与市场退出法

[本章知识结构图]

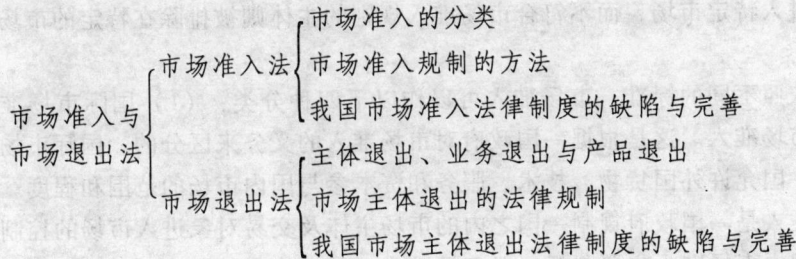

第一节 市场准入法

一、知识点精解

(一) 市场准入的含义

对于什么是市场准入，普通的理解是市场主体经营资格的获得。至于市场准入具体包含哪些内容，学界有如下四种观点：(1) 从国际经济关系的角度，以 WTO 相关规则来说明市场准入的内容。WTO 规则强调的是一国（地区）市场对国（地区）外商品和投资的开放。在 WTO《服务贸易总协定》中规定"市场准入是服务贸易自由化的具体体现，意味着本国市场对外国服务业的开放"①、"市场准入在 WTO 的一系列协议中的共同含义是市场开放的问题，即一成员国通过关税和非关税的措施控制其他成员国的产品、服务和资本进入自

---

① 孙南申：《中国对外服务贸易法律制度研究》，法律出版社 2000 年版，第 5 页。

己国内市场的问题"。①（2）从经营领域和地域的角度，认为市场准入是政府对企业或其他投资者进入特定经营领域或地域的限制或禁止，是政府对企业等市场主体自由进出特定市场的规制。（3）从制度安排的角度来阐述市场准入，强调市场准入是市场主体和交易对象进入市场的政府管理，包括进入任何市场领域成为任何经营主体都必须进行的工商登记和进入特定市场的许可。（4）将市场准入等同于市场开放，认为准入是与禁止相对的概念。②

总结上述的各种观点，可以看出，市场准入是政府为希望进入市场参与竞争的主体制定一套规制或标准，当某一主体符合相应的市场进入规制或标准后便能进入特定市场，而不符合市场准入规则的主体则被排除在特定的市场竞争之外。

依照不同的标准，市场准入可以作以下四种分类：（1）国际市场准入和国内市场准入。这是根据一国政府对市场准入的义务来区分的。国际市场准入是指一国允许外国货物、技术、服务和资本参与国内市场的范围和程度。国内市场准入是一国政府规制一国之内的市场主体及交易对象进入市场的控制或干预。国内市场准入主要包括一般市场准入、特殊市场准入以及成员方WTO具体承诺的国内实践等。（2）贸易市场准入、投资市场准入和服务市场准入。这是根据交易对象进入一国市场的情况所作的区分，一般在国际市场准入中作此划分。WTO有关市场准入主要就是指这三种。贸易市场准入包括农产品准入和纺织产品准入等；投资市场准入包括资本输出国准入和资本输入国准入；服务市场准入包括交通运输、金融服务、电讯服务、建筑工程、旅游业、商业销售、专业、视听服务、教育服务等市场的准入。（3）一般市场准入和特殊市场准入。这是根据国内市场准入的宽严度进行的区分，通常在国内市场准入中作此分类。一般市场准入即对一般性行业的所有微观主体进行注册登记，即只要符合有关法律、法规限定的，微观经济主体具备规定的条件，经政府有关部门履行登记手续，领取营业执照，就可进入市场。特殊市场准入是指市场主体进入特殊市场有特殊要求，只有经过国家特许、审批等才能进入。（4）经济性市场准入、社会性市场准入和垄断市场准入。经济学者对政府规制常做这样的划分。经济性市场准入是指在自然垄断和存在严重信息不对称的领域，为了防止资源配置的低效，政府运用法律手段，通过许可、认可或是制定产量、

---

① 刘剑文主编：《WTO与中国法律改革》，西苑出版社2001年版，第168页。
② 参见吕忠梅、陈虹：《经济法原论》（第二版），法律出版社2008年版，第289~290页；刘大洪主编：《经济法学》，中国法制出版社2007年版，第407~408页。

数量或标准的方式,对企业进入市场进行规范和限制。社会性市场准入是为了确保公共利益和可持续发展的需要,政府准入机构针对经济活动中发生的外部性进行调节,通过设立相应的标准、发放许可证、收取各种费用等方式达到控制的目的。使符合社会公共利益的企业进入市场。垄断市场准入是政府针对处于垄断状态下的市场进入所作的规制。①

(二) 市场准入法律制度的界定

市场准入制度是商品经济发展到一定阶段的产物。早期的市场准入规则可能仅仅是由天然的不含有价值判断自然选择的结果。而商品经济发展到一定阶段以后,随着社会分工的产生以及市场交易对人类生活的影响范围和程度日益加深,公共利益、消费者保护、资源优化配置等价值取向逐渐融入到市场的准入规则中,从而逐渐形成了一套明确的市场准入规则。而这种市场准入规则也随着市场经济的发展而不断变化着。

市场准入法律制度则是将在经济发展过程所形成的一套市场准入规则法定化的结果。市场准入法律制度是由一系列调整市场准入过程中形成的社会关系的法律规范组成的。市场准入法律制度所调整的社会关系,涉及从准入条件到进入程序等方方面面的内容。主要是由立法机关的法律规范;行政机关根据法律授权或委任而制定的有关市场准入的行政法规、规章、规范性文件;我国缔结或参加的国际公约、条约,国际组织、地区性经济贸易规范中有关市场准入的规定组成。

所以说,市场准入法律制度不是由单一的市场准入法所构建,其只能存在于各有关的法律法规中,这也恰恰符合市场准入涉及面广、目标丰富、规制方法多样的特性。

(三) 市场准入规制的方法

市场准入规制的方法归结起来,主要由许可(审批)和标准两大类,另外还有行业管理、国家垄断等特殊方法。

1. 许可或审批

这是在市场准入规制的诸多方法中应用最为广泛的一种,具体包括批准、注册、核准、登记资质认可等任何具有审批性质的规制方法。许可指的是规制

---

① 戴霞:《市场准入法律制度研究》,西南政法大学 2006 年博士学位论文,第 21~23 页。

机构应相对人申请，通过颁发许可证、执照等形式，依法赋予相对人从事某种活动的法律资格或实施某种行为的法律权利的行政处理行为。许可不同于非审批性质的认可。认可是对个人或组织已有的法律地位、权利义务以及确认事项是否符合法律要求的承认和肯定。根据不同的标准，许可可以作以下分类：（1）行为许可和资格许可。行为许可是指允许符合法定条件的申请人从事某项或某种类型活动。资格许可是指根据相对人的申请，通过考试、考核程序核发一定的证明文件，允许持证人从事某项职业或某项活动，如律师资格证、证券从业资格证等。（2）一般许可和特别许可。一般许可是对符合法定条件的申请人直接发放许可证，无特殊的条件限制。特殊许可是指除须符合一般许可的条件外，对申请人还有特别的限制，又称"特许"。相对于一般许可而言，特殊许可的条件要求较为严格，通常只适用于个别针对性的市场准入，被准人者往往可以获得垄断地位，所以一般来说特殊许可的数目和领域都是受到严格限制的。（3）无附加义务许可和附加义务许可。这是按照许可是否附加义务进行的分类。附加义务许可是指获得许可进入某特定市场的经营者，作为获得许可的必要条件，必须履行附加的义务。如对取得电信业务经营许可证的企业附加普遍服务义务。（4）排他性许可和非排他性许可。这是按照许可的权利或资格是否具有专有性来进行的分类，排他性许可是一种独占市场的许可，指某一经营者获得特定区域或特定行业的经营许可后，其他任何组织或个人不能再获得该项许可。非排他性许可是指某一申请人获得许可并不排除其他申请人获得同样的许可，故其又称共存许可。除了符合公共利益的垄断或自然垄断，一般不应颁发独占许可。①

2. 标准

具有市场准入性质的标准主要有两种，一种是由法律法规规定的强制性标准，还有一种是因为技术原因而形成的标准。法律法规规定的一般是某种商品的质量标准、服务的标准以及工作场合的安全标准。市场主体在从事相关活动的时候，只有达到标准的要求才能进行特定的行业、生产特定的商品或提供特定的服务。技术性标准并不是国家强制实施的，不具有社会规制目的，但在技术发展过程中，标准被广泛应用以至于形成了事实的准入门槛。

3. 国家垄断和特殊企业的立法特许

立法特许的准入方式往往与国家垄断和特殊国有企业的设立有关，由国家

---

① 潘静成、刘文华主编：《经济法》（第三版），中国人民大学出版社 2008 年版，第 129~130 页。

立法或行政机关根据有关部门或人员请求,对设立某一市场主体从事特定类型市场经营活动进行审查,并在此基础上,通过制定法律法规,设立特定市场主体。如我国长江三峡开发总公司、各政策性银行等。此外,国家对某种产品、服务或行业如造币、烟草批发、食盐批发实行垄断,不便由政府直接从事经营,则可通过设立特殊企业来经营。立法特许属于特别许可的一种形式,其可能产生排斥进入的结果,这也就意味着,没有获得此种许可的市场主体无法进入相应的领域,从而获准进入也就获得垄断地位。正是由于立法许可的这种特殊性,一般只有对国民经济和社会公共利益有特别重大影响的市场经营主体,才采用这种市场准入的方式。

4. 行业管理

某些行业的市场准入,除了许可、标准的一般要求外,还需要有行业主管部门或者行政机构授权的行业协会等的认可或接纳,才能进入特定的规制行业。律师执业和注册会计师执业就属此例。例如会计师执业和执业机构的设立,除了具备法定资格以外,还要申请加入注册会计师协会并经注册会计师协会登记为会员。

除了以上四种比较典型的市场准入规制的方法外,市场准入规制的方法还包括诸如产业政策、企业结合等手段。

(四) 市场准入法律制度的内容体系

前面提到,市场准入是相对于市场禁止和完全自由市场进入而言的,市场准入的动因则是政府为了克服市场失灵,实现公共政策。市场准入实质是对市场失灵的反应,是克服市场资源配置缺陷的一种不可或缺的制度安排。市场准入法律制度就是为了解决上述问题,在允许市场主体及交易对象进入某个市场领域的直接控制或干预而构成的一系列法律规范所组成的相对完整的规则系统。其调整的社会关系既有纵向的国家关于准入机构设立关系及准入机构同市场主体以及交易主体的关系;也有横向的不同市场主体之间市场准入关系。既有国内市场准入关系又有国际市场准入关系。

虽然市场准入法律制度体系构成较为庞杂,但其主要由以下三个部分组成:一般市场准入法律制度、特殊市场准入法律制度和国际市场准入法律制度。其中的一般市场准入法律制度和特殊市场准入法律制度主要是针对国内市场而言,具体介绍如下:

1. 一般市场准入的法律规制

一般市场准入的法律制度主要是针对一般民商事主体的市场准入从事经营

活动所必须具备的一般法定条件和必须遵循的基本程序规则，这是市场主体最基本的市场准入规则。例如，在经济法中有关企业的法律制度中，它主要体现为企业设立登记制度。按照我国企业法律法规的规定，凡自然人、法人欲设立企业，进而进入市场从事经营活动，都必须具备资金、场地、人员、组织管理体系等方面的经营条件，并依法办理企业设立登记。作为一般市场准入制度的企业设立登记制度，是各国普遍遵循的一项对市场主体的国家干预制度。① 这种一般性的准入法律规制体现的是一种市场自治精神，所以法律并没有为其设置特殊的门槛。如在公司法修改之前设立有限责任公司对注册资本要求最低的科技开发、咨询、服务性公司至少需要 10 万元的注册资本，而生产经营企业的注册资本则要求达到 50 万元。修改后的公司法将没有特殊规定的有限责任公司的注册资本降为 3 万元。

2. 特殊市场准入法律规制

特殊市场准入制度是市场主体进入某些特殊市场所必须具备的条件和必须遵循的程序规则。特殊市场准入法律规制主要包括以下三个方面：第一，经济性市场准入的法律规制。这主要是自然垄断领域和存在严重的信息不对等领域的市场准入。这种特殊的市场准入规则是以某个具体产业的进入为规制对象的。第二，社会性市场准入的法律规制。这是以保障劳动者和消费者安全、公共卫生安全和环境安全为目的的特殊市场准入规制。在这种规制中，主要是对产品及服务质量制定一些标准，或者是禁止、限制相关领域市场主体特定行为的规制。社会性市场准入规则中，限制性的标准较多，这与其强调安全的价值取向有关。第三，垄断市场准入的法律规制。这种规制主要是通过禁止垄断间接地使其他市场主体进入市场。因为是间接的规制，这一部分主要由反垄断法调整。

3. 国际市场准入的法律规制

国际市场准入制度主要是一国对外国货物、服务或资本进入国内而规定的各种条件和程序规制，相应的，一国进入国际市场而规定的各种条件和程序规则也包含在内。国际市场准入规制在现有框架内主要是由 WTO 的相关规则构建的。WTO 构建的国际市场准入规则旨在通过增强各成员方对外贸易体制的透明度，减少和取消关税、数量限制和其他各种强制性限制市场准入的非关税壁垒，以及通过 WTO 各成员方对开放其特定市场所作出的具体承诺，达到切实改善各成员方的市场准入条件，保证各成员方的商品、服务和资本可以在国

---

① 李昌麒主编：《经济法学》（第二版），法律出版社 2008 年版，第 188~189 页。

际市场上公平自由竞争的目的。WTO第一个重要目标就是促进开放贸易体制的形成，实现全球经济一体化，其规则也是围绕市场准入而制定的。WTO的法律文件主要构建了以下三个市场准入原则，而各成员国在相关法律法规的制定中也是以这三种市场准入原则为指导的。第一，非歧视贸易原则。简单说来就是在市场进入方面对所有贸易伙伴一视同仁，不为某一特定的贸易对象设置不同于其他贸易伙伴的准入障碍。在乌拉圭回合谈判中该原则进一步由"最惠国待遇"延伸到"国民待遇"，也就是不仅仅要求给予贸易伙伴一视同仁的对待，更要给予贸易伙伴和国内市场主体同等对待。当然这条原则也是有其适用范围的，其主要适用于贸易有关的关税减让、国内税费征收、营销活动、政府采购、服务贸易的承诺、投资措施、知识产权保护、出入境以及公民法律地位等领域。第二，促进公平竞争原则。公平竞争原则是指成员方应避免采取扭曲市场竞争的措施，纠正不公平贸易行为，在货物贸易、服务贸易和与贸易有关的知识产权领域，创造和维护公开、公平、公正的市场环境，不公平竞争是构成国际市场准入的重要障碍。第三，贸易自由化原则。世贸规则体系所要建立的是开放的贸易体制。它促进成员方实施贸易自由化改革，要求允许货物、服务、生产性投入无限制地流通，减少政府不必要的规制，促使生产最优产品、采用最佳时节和制定最优价格，使企业和消费者获益。贸易自由化关键在于推行放松经济规制的运动，从而保证贸易的政策环境是宽松的和可预见的。为达到此目的，就要求削减关税、减少非关税壁垒、逐步开放服务贸易的市场准入等。贸易自由化是国际市场准入最终所要实现的目标。

二、案例分析

【案例】

邮政法修改，快递业准入设限

我国快递行业的发展经历了一个由中国邮政一家独大到民营企业遍地开花的过程。伴随着交通的日渐发达和现代物流行业的飞速发展，我国从事快递业务的企业也如雨后春笋一般遍地开花。但是由于缺少相关的法律法规，我国民营快递行业自诞生之日起，就一直处于地下或半地下状态。1986年颁布的《邮政法》没有肯定民营快递企业的法律地位，严格说来，在新《邮政法》出台之前的快递企业在法律上是属于非法经营。换句话说，快递业没有入门门槛。2009年4月24日第十一届全国人大常委会第八次会议修改了《中华人民共和国邮政法》，其中第六章第51条规定

"经营快递业务,应当依照本法规定取得快递业务经营许可;未经许可,任何单位和个人不得经营快递业务。"交通运输部随后公布了《快递业务经营许可管理办法》,这个管理办法自2009年10月1日开始施行。同时,为贯彻落实新《邮政法》有关快递业务经营许可制度的规定,经邮政管理部门和工商行政管理部门协调,于2009年11月10日联合发布《关于快递业务审批登记有关问题的通知》。这一系列的规定使得快递公司必须先取得快递业务经营许可证,在办理工商营业执照后才能合法经营。其中,快递业务经营许可证设置了三大指标:法人条件、注册资本、从业人员持证率。所以,2010年9月30日也被快递行业称为准入大限,过了此一时期不达标或者没有及时申请经营许可并办理营业执照的企业将失去快递业从业资格。由于快递业准入门槛的设置,我国快递企业在准入大限来临之前,出现大批集中报考快递从业人员资格证以及集中申请快递业务经营许可证的现象。快递准入门槛的设置也是对之前出现的快递服务质量不佳,投诉率居高不下的问题所作出的回应。准入门槛的设置,必将淘汰一批资质不够的企业,而这些资质不能达到准入门槛的企业往往也很难保证其在提供快递服务时的质量。

【问题聚焦】

市场准入是否会在形式平等的旗帜下掩盖实质上的不平等?如何确保市场准入法律制度既能推进良性竞争又能防止"劣币驱逐良币"现象的发生?

【法律剖析】

(一)对我国现行市场准入法的评析

我国市场准入的理念和制度都是在改革开放建设社会主义市场经济时期逐步建立起来的,伴随着这样的历程,我国的市场准入法律制度也有其特殊性。从市场准入的价值选择到市场准入的制度建设,我国的市场准入法律制度都还带有这一时期的明显缺陷,存在着亟待解决的问题。随着社会主义市场经济体制的不断完善及宏观经济环境的变化,我国市场准入制度存在着诸多的缺陷日益显现,其主要表现为:

(1)现有制度安排存在向交易安全倾斜的价值取向,损害了经济效益,增加了市场主体的进入成本,使市场活力没有得到充分的发挥。我国目前市场准入立法中的企业设立程序、实体条件及相关当事人的法律责任等制度安排,不同程度地存在着以交易安全侵蚀经济效率的倾向。在企业设立程序上,诸多环节都突出了为了交易安全而轻视企业设立者的经济效率之取向。例如,主管机构的前置审批是诸多行业企业设立的必经程序;在企业设立的实体条件上,立法也明显地向交易安全的价值取向倾斜。① 以公司设立为例,从国有企业到合资企业的设立,从种子生产到饲料加工企业的设立,从矿产开发到道路运输我国在公司设立前需要进行前置审批的项目达 110 种。② 这其中固然有处于公共利益或国家安全考虑的审批项目,但也不乏大批实际已经可以放松管制的审批项目。

(2) 市场准入功能不能有效地实现。一方面,大量不具备法定条件的企业、个人进入了准入规制的领域,有些甚至根本没有履行准入许可手续就直接进入,使得大量的市场准入规定形同虚设。另一方面,社会性的市场准入规制欠缺,或者是没有标准或标准滞后于社会经济发展的现状和要求,或者虽有标准但是大量的不符合标准的企业和产品进入了市场,市场准入起不到应有的作用。③ 以食品安全为例,食品安全标准本来是国家在规制企业生产过程中,由于信息的不对称,出于公共利益的考量,为食品生产及销售企业制定了一系列的食品安全标准。但是从大头娃娃事件到三聚氰胺再到乳液新国标在安全性上的倒退无不凸显市场准入制度在食品安全领域的虚化及弱化问题。

(3) 市场准入法律制度的异化与错位。除了前面提到的市场准入功能不能有效实现的问题,我国的市场准入法律制度还存在着异化与错位的问题。如果市场准入功能的不能实现是一种制度的虚化,那么市场准入法律制度的异化与错位就是制度所规制的领域过于泛滥。对于建立在行政垄断基础上的某些产业的进入规制过于严格,某些已经不具备自然垄断性质的行业仍实行严格的准入规制。这不仅限制了竞争、制约了"瓶颈"产业的发展,同时也为市场优势地位的滥用提供了制度基础;对于大量一般竞争性行业,仍然基于经济性目标实行市场准入,使得市场准入替代竞争法被作为竞争调控的工具;对于应当在进入市场后进行的常规性规制,往往在企业进入时设置障碍,进入后则不管不问,将市场准入视同市场运行过程规制的替代手段;将市场准入作为各种"清理整顿"的工具。④

---

① 吕忠梅、陈虹:《经济法原论》(第二版),法律出版社 2008 年版,第 304 页。
② 江平、李国光主编:《最新公司法条文释义》,人民法院出版社 2006 年版,第 21~58 页。
③ 潘静成、刘文华主编:《经济法》(第三版),中国人民大学出版社 2008 年版,第 132 页。
④ 吕忠梅、陈虹:《经济法原论》(第二版),法律出版社 2008 年版,第 304 页。

(4) 市场准入法律规制庞杂，缺乏整体性。虽然说市场准入法律制度不是由也不可能由单一的一部法律来规范，但是我国现行的市场准入立法非常分散，不仅妨碍了市场准入制度体系的构建，也不利于经济活动主体的守法和执法主体进行监督与管理。

从市场准入程序方面看，存在准入机构多、准入程序复杂、手续繁多等问题。现阶段，从中央到地方，从法律到地方行政法规中有权对市场主体的准入资格进行规制的部门非常之多，规制手段也是多种多样。还是以企业的设立登记为例，既有一般性文件《企业法人登记条例》，也有特别针对公司、合伙登记的法规，如《公司登记管理条例》、《合伙企业登记管理办法》；有针对外商投资企业的《关于对外商投资企业违反登记管理法规的行为进行处罚的权限和程序的规定》，也有分布在实体法中的关于实体企业的登记规定，如《私营企业暂行条例》。

从市场准入立法方面看，存在法律法规繁多，体系混乱，市场准入标准不统一，规定之间互不协调等问题。不同层级、不同效力的法律法规有时会相互冲突，在实际操作中很难把握。而许多基层政府及其部门的"红头文件"，不仅内容不合理，而且很多根本不公开，只在机关内部层层下发，没有透明度，更让企业无所适从。另外，企业进入特定市场的准入管制作为一种对市场主体资格的管制，应当由实体法而非程序法来确定，而目前我国普遍存在由程序法管制的情形，这使得实行市场准入的实际工作部门及其工作人员缺乏实体标准而把握不准，也为其任意行政提供了土壤。[1]

(5) 不同所有制的区别对待。目前，国有资本、外国资本和民间资本在市场准入制度中仍受到不同的对待。这也和我国一直强调的公有制为主体多种所有制并存的基本经济制度有很大关系。实践中，民间资本在将近三十个产业领域存在着不同程度的"限进"情况，尤其在基础设施、大型制造业、金融保险、通信、科教文卫、旅游等社会服务业以及国有产权交易领域的投资进入很少，呈现严重的投资结构不均衡的状况。[2]

（二）我国市场准入法律制度的完善

市场准入制度是市场经济中非常重要的制度设计，即为市场的运行提供规制的起点又为其他市场经济相关制度提供了必要的基础。市场准入法律制度就

---

[1] 刘大洪主编：《经济法学》，中国法制出版社2007年版，第435页。
[2] 吕忠梅、陈虹：《经济法原论》（第二版），法律出版社2008年版，第306页。

是为市场准入提供各种规则,使市场的开端就驶入有章可循的轨道上来。因为市场准入本身涉及价值、政策及全球化的诸多影响,所以市场准入法律制度在制度形成上显得复杂和多变,在制度运行中则受到多方面牵制。即便如此,市场准入法律制度在市场经济环境下,无论出于何种变化之中,还是有其完善的路径可循。

(1) 明确市场准入法律制度宽严相济的价值取向。前面提到,我国市场准入法律制度有向交易安全倾斜的价值取向。其实安全和效率不应是一组矛盾的概念,安全和效率应该是相辅相成、互相协调的。由于我国从计划经济走向市场经济的现实条件,再加上市场经济发达国家市场准入立法改革的实践经验,放松管制是市场准入制度立法改革的趋势。虽然2008年爆发的金融风暴让我们看到缺乏监督的美国金融市场是如何将其风险逐步扩大,但是,这种金融风暴后加强监管的呼声多是针对金融市场在运行过程中所存在的问题。而且,从总体而言,我国市场准入制度的主要问题是市场准入的范围太宽,条件过严,许多产业,尤其是涉及国有经济的产业竞争不足,所以,注重安全不应该成为阻碍市场主体自由进入市场参与竞争的门槛。突出经济自由,坚持宽进严管的原则,尽力减少规制机关的随意裁量,简化市场主体准入程序,是现阶段完善我国市场准入法律制度所应坚持的价值取向。

(2) 采用严格准则主义原则统一各类市场主体准入的条件和标准,精简准入程序。①

严格准则主义的市场准入原则可以为市场主体在进入市场时扫清障碍,同时加强司法机关及行政机关对已经获得市场准入资格的市场主体从设立到运行进行的监督。这样既可以解决我国诸多领域存在的市场进入不足,竞争不充分的问题,为提高市场活力提供制度保障,又可以解决前述市场准入法律制度功能缺位的问题。一方面打破市场主体准入的行政性壁垒和垄断经营,另一方面便于对市场主体进行监督。除了采用严格准则主义统一市场主体准入的条件和标准外,还应该精简准入的程序,有所区分地放宽准入条件,减少准入环节。对企业经营活动中,处于公共利益或其他因素的考量所必须具备的条件,取消登记前置审批程序,改为以日常监督为主。消除不同类型企业在准入过程中所受到的歧视性待遇,切实推行宽进严出的市场准入理念。市场的健康运行一方面需要充满活力的市场主体,另一方面需要在有章可循的法制轨道内规范市场主体行为。以严格准则主义原则统一市场主体准入的条件和标准,精简准入程

---

① 吕忠梅、陈虹:《经济法原论》(第二版),法律出版社2008年版,第311页。

序就是为此种市场的活力与有序奠定基础。

（3）竞争领域全面开放，特殊准入严格限定。市场准入制度运行效率高，其无疑会承担起市场看门人的角色。反之，如果市场准入制度运用得不好，则其将成为市场的掣肘。市场准入制度中，对某些市场主体的进入限制或者是对市场活动的规制应当基于公共利益而由政府在某些特定的领域内实行的。但是，我国的市场准入制度在部门利益或者地方利益的驱使下，容易演变为市场正常运行的障碍。这样，市场准入制度不仅起不到活跃市场，保障竞争的目的，而且会导致更低的效率和不公。在考察市场准入制度由于制度的异化而变为市场公平竞争的掣肘时，同时应当看到，对那些涉及国家安全，具有规模经济和出于保护消费者权益而制定的特殊市场准入制度对国家经济的安全运行和发展也有不可替代的作用。所以说，在完善我国市场准入法律制度的过程中，一定要坚持在竞争领域全面开放，特殊准入严格限定的原则。

三、深度拓展思考题

1. 如何认识市场准入法在经济法中的地位？
2. 如何避免市场准入成为行业进入壁垒？
3. 如何衔接国内市场准入制度和 WTO 关于市场准入的要求？
4. 如何避免市场准入成为限制市场活力的门槛？
5. 如何评判特殊的市场准入的合理性？

第二节 市场主体退出法

一、知识点精解

市场退出制度是由市场主体退出制度、业务退出制度和产品退出制度构成的。其中市场主体的退出是指市场主体不再成为市场产品的供给者而退出市场交易和竞争领域，丧失其从事市场交易活动的资格；[1] 业务退出是指市场主体丧失了在部分市场的资格，但保留或转为其他市场的资格；产品退出是指市场主体生产的商品不再在市场上经销而撤出市场领域。[2] 下面对此进行深入展开。

---

[1] 张曙光、汪海军：《市场管理法新论》，中国检察出版社2005年版，第138页。
[2] 吴弘、胡伟：《市场监管法论》，北京大学出版社2005年版，第128页。

(一) 市场主体退出法律制度概述

1. 市场主体退出的概念与分类

市场主体退出,是指具有法定资格的市场主体因法定事由的出现,临时或永久、主动或被动终止市场主体经营资格或法人资格并依法办理注销或被吊销登记的市场行为。

根据不同的原因、标准可以对我国的市场主体退出作以下分类:根据市场主体退出市场程度不同,可以划分为部分退出和完全退出;根据退出是否有期限限制,可以分为暂时退出和永久退出;根据退出方式不同,可分为注销和吊销;根据市场主体主观是否愿意退出分为主动退出和被动退出;根据退出时的主观状态,可分为恶意退出和善意退出。①

2. 建立市场主体退出制度的意义

市场主体退出制度,是指市场经营者因为出现妨碍继续经营的特定事项,从而主动终止经营或者依法被强制终止经营的事实状态及其法律程序。②

在市场经济运行中,竞争的优胜劣汰、市场环境的变化、技术的进步等诸多因素都有可能导致某些市场主体退出市场竞争。建立市场退出制度,可以尽可能化解由于市场主体的主动或被动退出而带来的各种风险,对保障市场作用正常发挥具有重要意义。以金融机构为例,因为金融机构涉及众多的利益主体,以及其系统性风险的存在,其退出会对整个金融市场造成重大影响,如果处理不当可能引发一系列的连锁反应,从而阻碍国民经济健康发展。具体说来市场退出制度的建立具有以下意义:

首先,市场主体退出制度的建立是维护市场体系安全与稳定的需要。通过使有严重问题、难以拯救的市场主体妥善退出市场,从而避免因个别企业的危机而引起更大的市场波动。如果经营恶化的企业不及时退出市场,就会因风险具有扩散性和传染性引起不良的连锁反应。

其次,市场主体退出制度的建立是保障市场运行效率的要求。作为市场规制的重要组成部分,市场主体退出制度如市场规制所坚持的目标一样,那就是保障市场经济的有效运行。优胜劣汰,适者生存是市场经济的法则,通过使那

---

① 宋玉池:《论市场主体退出机制的构建与完善》,载《中国工商管理研究》2006年第7期。

② 陈建春:《对市场主体退出制度中几个基本问题的思考》,载《工商行政管理》2004年第12期。

些不能适应市场竞争的企业按照市场退出制度的安排合理有序的退出市场,可以促使企业展开积极的竞争,不断优化资源配置,发挥资源的最大效益。

再次,市场主体退出制度的建立是保护客户与社会公共利益的需要。出于公共利益的考量,对市场主体退出市场所可能带来的问题主要有两方面考量:一是市场主体经营恶化,处于弱势地位的消费者、投资者以及其他客户的利益极易受到侵害;另一方面,市场主体在经营过程中无视消费者利益,将消费者的基本权利,尤其是涉及生命健康的基本权利置若罔闻。市场退出制度可以安排无可挽救的危机企业及时、有序、安全地退出,并按照规定妥善处理退出的善后事宜,还可以强制使那些只关心经济利益而不考量公共利益的市场主体退出竞争领域。

最后,市场主体退出制度的建立是适应经济全球化与国际竞争的需要。正如加入 WTO 为我国的市场准入带来一些变化一样,市场退出制度一样要寻求适应国际经济一体化的要求。在国际经济一体化不断深入的今天,国内外市场相互竞争日益激烈,市场所面临的风险已经不仅仅来自于国内。为了保障我国市场的健康发展及与国际市场的顺利接轨,我们必须建立起适应一体化要求的市场主体退出制度,在制度设计及制度的实施与执行上,寻求更顺畅的国际交流之道。

(二) 市场主体退出的规制方式

市场主体根据其不同性质、在不同的情况下其退出市场的方式各有不同,政府监管部门对市场主体退出的监管有以下几种情况:

(1) 一般而言,特定市场的市场资源较为稀缺,为保障资源的有效利用,往往要采取强制性退出措施;一般市场较开放、自由出入,多允许自愿退出。而对于上市公司退市以及机构的解散、撤销、破产,从保护债权人与投资者考虑,就要有严格的程序要求。具体而言,要完善公司退市的操作流程,加大信息披露的力度,提高透明度,避免社会矛盾进一步激化。有学者建议,要营造企业尤其是上市公司退出的空间,使市场退出有序地进行,有利于减少社会成本,有效地转移投资风险,保证证券市场的健康发展。

(2) 当市场主体已不具备在特定市场从事经营活动的能力,应退出特定市场。以发达国家上市公司退出市场为例,除因公司解散或证券已经到期清算或兑付的自然退出,公司由于自身原因要求撤回上市或摘牌的资源退出外,由监管机构或交易所依据标准对以下公司强制退出:上市公司资本规模或股权结构发生重大变化而达不到上市条件,公司经营业绩或资产质量达不到要求,公司不遵守有关法律法规并造成恶劣影响。

（3）解散及其清算应按法定程序进行。例如，我国《商业银行法》规定，商业银行因分立、合并或因公司章程规定事由解散的，应向监管机构提出申请，并附解散理由和债务清偿计划，经监管机构批准后解散，其成立清算组进行清算的过程，受监管机构监督。

（4）市场主体基于行政机关命令或法院裁判而被强制解散的，即行政机关依法对违法主体给予吊销营业执照、吊销经营许可证、责令关闭的处罚，法院判决违法企业强制歇业，将导致主体资格的消灭。仍以《商业银行法》为例，其规定商业银行因违法被吊销经营许可证而撤销的，由监管机构依法及时成立清算组进行清算，并清偿债务。

（5）市场主体因不能清偿到期债务，被依法宣告破产的，由法院组织股东、有关机关及专业人员成立清算组进行破产清算。破产是各国监管机构都尽力避免的退出方式，一方面监管机构要花大量的时间与精力清理分析破产机构的账户；另一方面破产机构的债权人将蒙受损失，公众对市场的信心将遭到严重损害，但破产作为市场经济中优胜劣汰机制的一种形式又是不可避免的。如我国《商业银行法》规定，商业银行因不能支付到期债务，经监管机构同意，可由人民法院宣告其破产，并由人民法院组织监管机构等部门成立清算组进行清算。在支付清算费用、所欠职工工资劳保费用后，优先支付个人储蓄存款的本金和利息。

（三）我国市场主体退出法律制度评析

自我国改革开放以来，社会主义市场经济体制逐步建立起来，出台了许多约束市场主体相关法律法规，地方性法规和政府规章更是庞杂，但是这些规定所构建的是一套"宽进严出"的市场准入及退出机制。市场主体大量无序的退出，日益成为我国经济体制转型阶段新旧秩序交替磨合中引发市场失序的导火索。我国市场主体退出所存在的主要问题是：

（1）制度缺陷导致市场主体退出方式失之简单。按照《公司法》、《行政许可法》等法律法规构建的我国市场主体退出机制的退出方式主要有两种：主动注销和被动的吊销。无论是主动还是被动的市场退出，均须依法履行法律规定的相关程序，也就是说要由登记主管机关依照法定程序和法定的条件，经过核准后办理相关手续，然后丧失主体资格和经营资格。法律对市场主体的退出进行规制，主要是出于维护市场秩序，保护债权人、消费者等相关主体的利益考量而进行的。而现在的情况是，有部分市场主体不按法定程序退出，为了逃避债务、税收，利用法律规则的不健全，其在退出市场时，不是主动办理注销登记，而是采取不按时年审，由行政主管部门吊销执照的办法。吊销营业执照本来是对市场主体最严厉的处罚，是限制并惩罚严重违法行为的重要手段，但现在却成为市场主体逃避追究违法责任的避风港。以公司注销为例，自提出注销登记之日到注销完毕，至少需要3个月的时间，期间必须在市级报纸上公告3次以上，同时还需要准备各类申请材料，最后结果如何还不可知。这也说明我国市场主体退出制度存在一些缺陷，使得市场退出制度不但不能实现维护经济秩序，保护相关主体利益的初衷，相反却危及交易安全，而且还影响了行政处罚的严肃性。

（2）监管缺位直接制约着市场主体有序退出。监管缺位一方面表现为地方政府的不正当干预，即地方政府在政绩观驱动下，将外商投资企业数、个体工商户和私营企业数作为衡量政绩的标尺，对那些本应吊销营业执照的企业，也通过各种手段勉强维持其存在。而对于经营难以为继的国有企业或集体企业，无法轻易吊销其营业执照。二是现行监管体制存在较大缺陷。现有监督执法机构繁多，同时职能多有交叉和重叠或者冲突，导致对市场主体的监管执法脱节和监管执法重复并存。现有监管体制下，对市场主体退出负有监管责任的涉及工商、卫生、环保、质监、银行、海关、税务等。这种格局，容易导致监管机构在进行监管的过程中摒弃其应有的监管职责，而遵循理性人的考量——有利争管，无利不管。三是监督执法力量有待整合，相对市场主体的生易死难问题，现有监管执法力度不足，导致行政执法机关往往重视市场的准入规制、竞争行为的监督，而忽视对退出的监管。①

（3）信用缺失造成大量市场主体的无序退出。信用缺失的原因，一是对市场退出规则所知甚少。在一些被吊销营业执照的企业中，有相当一部分责任人缺乏应有的法律意识，只知道开业，不知道注销，不了解被吊销营业执照的法律后果。二是对市场退出规则知之不全。由于退出的手续繁杂、退出的成本太高，客观上也存在一些市场主体即使没有办理注销手续退出市场后，也没有承担相应的法律责任，在办与不办之间徘徊，甚至存在以恶意逃避债务为目的的无序退出市场行为。②

---

① 宋玉池：《论市场主体退出机制的构建与完善》，载《中国工商管理研究》2006年第7期。

② 郝秀匡、钱海英：《市场主体退出机制的构建及完善》，载《产业与科技论坛》2007年第11期。

最后，市场主体退出后缺乏后续监管。在全国各地工商机关吊销的数百万户企业中，营业执照和印章的收缴率不到20%，如此多的营业执照和印章遗留在企业手里，必然给正常的市场交易秩序留下极大的隐患。被吊销营业执照的企业没有清算并继续营业，被吊销营业执照的企业设立的分支机构仍以合法资格继续经营等。某些人员利用管理工作的漏洞，在被吊销营业执照后3年内，对被吊销营业执照负有个人责任的法定代表人重新申请登记并担任法定代表人，或者利用不参加年检被工商部门吊销营业执照取代办理注销手续。这种种情况都是缺乏市场主体退出后的监管所导致的，如果不采取相应措施制止，势必影响市场管理部门的良好形象，并误导其他经营者通过不法途径逃避债务，增加社会主义市场经济的不安定因素。①

二、案例分析

【案例】

帕菲克健身中心退卡风波②

帕菲克（中国）体育投资管理有限公司创立于2000年8月8日，是英国帕菲克体育投资有限公司在中国投资规模最大、设施完善、功能最齐全的标准化公司。但就是这样一家实力雄厚的公司在2010年3月被爆出退卡风波。中国工商报网络版2010年3月31日刊登了题为"消费者投诉118起　工商机关立案调查　武汉帕菲克健身中心陷入退卡门风波"的报道，报道指出"拥有18家健身俱乐部及18家运动连锁中心店的武汉帕菲克国际健身中心因遭遇118起投诉而陷入退卡门风波，湖北省武汉市工商机关根据《消费者权益保护法》首次运用行政手段对其进行立案调查。"同年5月，帕菲克武汉徐东销品茂店在未经告知消费者的情况下突然关门，消费者在退款无门的情况下纷纷搬走店内的运动器材。紧接着，帕菲克分布在武汉三镇的18家门店，除去个别加盟店更换名称继续经营外，绝大多数已经停业。事情的起因是帕菲克在经营过程中为了垄断武汉市场，需要大量资金，从而盲目的发放消费卡。2008年9月23日，《湖北

---

① 王光辉：《加强市场主体退出的后续监管》，载《法制日报》2004年9月5日。
② 参见《消费者投诉118起　工商机关立案调查　武汉帕菲克健身中心陷入退卡门风波》，资料来源：http://www.cicn.com.cn/docroot/201003/31/kw05/31010104.htm，2011年7月25日访问。

日报》刊发了一篇题为《资金饥渴语境下,帕菲克的低成本运动》的文章,湖北日报记者采访了时任帕菲克总经理的李凯。据李经理介绍,帕菲克的场地是租赁的,不能作为银行贷款的抵押物,因此要想融资扩大规模,帕菲克选择了预收账款的方法。开一家新店之前,帕菲克通过预售健身卡的方式来发展会员,以获得资金。然后,用这一部分资金和自有资金把新的健身场馆建起来。拿到预售卡的消费者在新店开业之前,可以免费到帕菲克的其他健身场馆健身。正是这种未有明确法律约束的发放预付卡的支付形式,使得帕菲克在资金周转困难的情况下因为不能提供承诺的服务,在短时间内不断遭到消费者的投诉。其中发放大量预付卡而未准时开业的帕菲克民生店更是投诉的集中爆发之处。帕菲克是2004年进入武汉市场的,由湖北省健身健美协会负责其业务指导和业务培训工作。当年武汉市体育局的行政审批许可职能被取消,2008年恢复。在这4年间健身行业的管理出现了"真空期",健身场馆的经营者只要办理工商经营许可证后即可开业经营。所以说帕菲克不仅在退出环节上给消费者的利益带来极大损害,而且在进入环节上就有先天不良的情况。这也是导致帕菲克问题集中爆发的重要原因。

【问题聚焦】

如何构建一种包括市场准入、市场运营、市场退出在内的完整的监管链条?如何走出"重事前控制、轻事后监管"的监管窠臼?

【法律剖析】

帕菲克健身中心退卡风波集中揭示了我国市场主体退出过程中监管缺位、信用缺失等诸多问题,启示人们应当在以下几个方面改善我国的市场主体退出法律制度。

(1) 加强市场退出机制的制度构建。具体内容包括:一是制定统一的规范市场主体退出的法律、法规,统一规定市场主体退出的条件、规则和程序等,规范市场主体退出行为,优化和简化注销登记程序,降低退出成本,鼓励和引导企业通过正常途径合法注销。二是明确市场主体退出时有关企业和人员应当承担的责任,加大处罚力度。要明确在市场主体退出不主动办理注销登记手续时,主要投资人和法定代表人应承担的法律责任。要明确被吊销营业执照的市场主体不及时上交营业执照正、副本和印章应承担的法律责任。要明确市场主体退出后仍在继续非法经营应承担的法律责任。要明确故意违反年检规定,利用被吊销营业执照来逃避债务、税收、合同义务、员工工资和劳动保险费,市场主体法定代表人和投资人应承担的法律责任。三是进一步完善有关市场主体注销登记，债权、债务清理的规定，增强现有法律、法规的可操作性。要明确规定市场主体退出的清算程序、清算责任人、清算组织的组成人员及职责，规范清算文书格式，明确清算公告内容。①

（2）健全和完善市场主体退出的监管机制。对不按照市场退出程序随意退出市场的经营者要实行一定的制裁措施，并限制其法定代表人重新组建企业或在其他企业中担任法定代表人或企业高管等职务。对为逃避债务恶意退出和逃避行政处罚自行退出的企业及其法定代表人、投资人，应当依法承担相应的经济连带责任和法律责任。对吊销营业执照负有个人清算义务的投资人在未履行清算义务的情况下，可以限制其对外投资。督促企业及时清算，加大对债权人合法权益的保护力度。工商行政管理部门可以采取回查措施，重点检查被吊销企业是否停止营业活动，对被吊销营业执照后继续从事生产经营活动的，要按照无照经营予以取缔。加强对市场主体退出后延监管，根据市场主体退出市场时是主动申请注销还是被动的吊销营业执照，重点加强对被动退出的市场主体后延监管，不仅包括市场主体本身，同时包括其相应主要责任人。此外，在坚持依法行政的前提下积极行政、建立健全行政执法责任，从而实现对市场主体退出行为的适时、动态、科学、全过程监管，让主动退出的市场主体高效、快捷、低成本地顺畅退出；让被动退出的市场主体依法、按程序地有序退出。②

（3）建立信用管理体系，加强信息沟通。建立和完善工商、税务和银行等相关部门联网的企业信用体系，实行企业信用分类管理，加强对企业和企业法定代表人及其他高层管理人员的监管。分散、封闭的市场主体的基本数据不利于企业基本数据的综合分析利用，市场主体基本数据共享及运用是构建和完善市场主体退出机制的重要环节。建立不合规退出市场的行为人黑名单库，对不依法办理注销登记的企业、被吊销营业执照的企业及不依法清算的企业及时公示。

（4）加强中介服务建设。专业化的中介结构在企业市场退出制度中起到非常重要的作用。其一方面可以为退出主体的退出程序提供咨询，使退出过程更快捷高效；另一方面可以对企业退出市场提供代理。充分发展的中介服务可

---

① 张泰：《对我国市场主体退出制度的分析与建议》，载《经济研究参考》2004年第47期。

② 宋玉池：《论市场主体退出机制的构建与完善》，载《中国工商管理研究》2006年第7期。

以为企业退出市场提供订单式服务,可以接受退出主体的委托,在代理权限范围内,为其办理市场退出的全套手续和提供相应的服务。市场退出中的中介机构作为市场主体与监管机关之间的纽带,可以为市场退出制度的高效运转提供润滑作用,其加速了市场的循环,为社会主义市场经济的健康运转提供保障。

三、深度拓展思考题

1. 对待案例中的问题应该采用哪些措施来保护消费者的权利?
2. 案例中帕菲克采取的发售预售卡的行为是一种什么性质的行为?
3. 金融机构的市场主体退出有哪些特殊的法律问题?我国现阶段是否具备商业银行市场退出的市场环境与法律环境?政府隐性担保制度对问题金融机构市场退出法律机制的构建具有什么样的影响?如何评价存款保险制度的作用?

第七章 反不正当竞争法

[本章知识结构图]

反不正当竞争法 ┬ 反不正当竞争法的基本原理 ┬ 民法基本原则在反不正当竞争法中的适用
　　　　　　　 │ 　　　　　　　　　　　　　└ 反不正当竞争法的一般条款
　　　　　　　 ├ 市场混同行为的法律规制 ┬ 市场混同行为的类型
　　　　　　　 │ 　　　　　　　　　　　└ 知名商品的认定
　　　　　　　 ├ 虚假商业宣传行为的法律规制 ┬ 虚假宣传的认定
　　　　　　　 │ 　　　　　　　　　　　　　└ 虚假广告的治理
　　　　　　　 ├ 不正当有奖销售行为的法律规制 ┬ 不正当有奖销售行为的类型
　　　　　　　 │ 　　　　　　　　　　　　　　└ 有奖销售的合法性边界
　　　　　　　 ├ 商业贿赂行为的法律规制 ┬ 商业贿赂的界定
　　　　　　　 │ 　　　　　　　　　　　└ 回扣、折扣、佣金与附赠
　　　　　　　 └ 侵犯商业秘密行为的法律规制 ┬ 商业秘密的内涵与外延
　　　　　　　 　　　　　　　　　　　　　　└ 侵犯商业秘密的行为方式

第一节 反不正当竞争法的基本原理

一、知识点精解

（一）民法基本原则在不正当竞争案中的适用

《民法通则》第1章对基本原则做了规定。其中，第4条规定民事活动应当遵循自愿、公平、等价有偿、诚实信用的原则。第5条规定民事主体权益不得非法侵犯。第7条规定民事活动应当尊重社会公德，不得损害社会公共利益。法律原则的司法价值有二：一是直接作为审判的依据；二是可以作为疑难

案件的断案依据，以纠正严格执行实体法可能带来的不公。① 其实，在形形色色的侵权行为难以为立法所穷尽时，《民法通则》中的基本原则实际在扮演着一般条款的作用。一般条款是立法者面对纷繁复杂、变化发展的人类行为和社会关系，由于认识能力和表达能力有限而做出的无奈选择。然而，立法者通过灵活的、开放的一般条款去预见性地规范尚不能在认知范围的人类行为和社会关系，确立了司法和行政执法最基本的价值取向，不失为上策。

在20世纪90年代初，我国法院在审理莒县酒厂诉文登酿酒厂不正当竞争纠纷案②时就以民法基本原则对被告的不正当竞争行为进行了认定。其实，在相关竞争法规则缺位的当时，援引民事法律基本原则来确认反不正当竞争行为已经成为司法者的基本选择。上述判例在当时具有重要的指导意义。有学者评价此案时如是指出，法院根据社会经济生活的需要和审判实践中遇到的问题，积极解释和扩充法条的含义，充分发挥法律一般条款的审判功能是过去所不多见的。③ 后来，《反不正当竞争法》第5条第1款第2项对知名商品特有的名称、包装、装潢的保护做了明确规定。根据这一规定，受竞争法保护的名称、包装和装潢的条件有二：一是"知名商品"；二是"特有"。其实，当时本判例的司法者已经考虑到这些因素，只是没有相应的法律规定。④ 需要指出的是此案判决的意义具有历史性，如今关于侵犯知名商品特有的名称、包装和装潢的不正当竞争行为直接适用《反不正当竞争法》的相关条款即可。而《反不正当竞争法》关于保护知名商品特有名称、包装和装潢的归纳性规定在很大程度上归功于类似的司法实践。

(二)《反不正当竞争法》一般条款的适用

《反不正当竞争法》第2条规定："经营者在市场交易中，应当遵循自愿、平等、公平、诚实信用的原则，遵守公认的商业道德。""本法所称的不正当竞争，是指经营者违反本法规定，损害其他经营者的合法权益，扰乱社会经济秩序的行为。"该条款是整个《反不正当竞争法》的一般条款。作为兜底规范，该一般条款具有漏洞补充功能，即凡是违反公认的商业道德，损害其他经

---

① 张文显主编：《法理学》，高等教育出版社2007年版，第122页。
② 案例来源：《最高人民法院公报》1990年第3期。
③ 文海兴、王艳林：《市场秩序的守护神——公平竞争法研究》，贵州人民出版社1995年版，第75页。
④ 夏和明、刘平：《对一起不正当竞争案的认定》，载《人民司法》1990年第6期。

营者合法权益，扰乱社会经济秩序的一切行为，即使《反不正当竞争法》没有明确规定禁止，都构成不正当竞争。在我国的竞争法司法实践中，该条款功能已经实现。例如，在南京雪中彩影诉上海雪中彩影及其分公司商标侵权、不正当竞争纠纷一案中，法院援引了《民法通则》第4条基本原则规定和国家工商行政管理总局《关于解决商标与企业名称中若干问题的意见》的相关规定作为裁判依据。① 如果一项侵权行为具有隐蔽性，难以用《反不正当竞争法》规定的行为类型进行定性，法院可根据该法第2条所规定的一般条款加以认定。

二、案例分析

【案例一】

中国药科大学诉福瑞科技不正当竞争纠纷案②

在本案中，审理法院认为：原告中国药科大学是从事教学科研工作的事业法人，其虽然不在市场上直接从事商品经营，但通过附属企业的经营活动，将其研制开发的药品和医疗器械等推向市场，并且通过附属企业的上缴，间接从市场上获利。事实上，附属企业的上缴，已经成为中国药科大学的经费来源之一。因此，中国药科大学的市场经营者资格应予确认。多年来，原告中国药科大学都是通过附属企业在药品市场上从事经营活动的。"天聪1号"胶囊虽然没有药品批准文号，但被告福瑞科技公司宣称其为"现代生物医学工程提取的大脑（发育）必需营养素"，具有促进婴儿脑发育的功效。这种宣称，使"天聪1号"胶囊具有了药品的作用，也使福瑞科技公司与中国药科大学在药品市场上发生了竞争，中国药科大学有权提起不正当竞争诉讼。

【案例二】

湖南王跃文诉河北王跃文等侵犯著作权、不正当竞争纠纷案③

在本案中，审理法院认为：原告湖南王跃文是职业作家，以创作并发表作品为其从文化市场中获取经济利益的主要方式；被告河北王跃文亦自

---

① 案例来源：《最高人民法院公报》2006年第5期。
② 案例来源：《最高人民法院公报》2005年第6期。
③ 案例来源：《最高人民法院公报》2005年第10期。

称作家，被告叶某是经销图书的个体工商户，被告中元公司是图书《国风》的发行人，被告华龄出版社是专业出版机构。上述主体同在一个文化市场中活动，均在以自己的行为来分享文化市场中产生的经济利益，因此各方之间存在着竞争关系，均属于反不正当竞争法调整的市场主体。

【案例三】

爱特福药公司诉北京地坛医院等不正当竞争纠纷上诉案①

　　1984年，地坛医院研制成功能迅速杀灭各类肝炎病毒的"84消毒液"，并委托其出资设立的公司生产销售。1997年3月地坛医院还通过组建集团公司的形式，向全国三十多个生产厂家转让、许可使用其技术，生产、销售"84"消毒液。1992年7月，爱福特保健品公司开始生产、销售"84"消毒液。地坛医院向北京高院起诉要求爱特福公司等停止使用"84"消毒液知名商品特有名称，赔偿损失。北京市高级人民法院认为，"84消毒液"应认定为知名商品，"84"已经具有了与其他相关商品相区别的显著特征，应认定为地坛医院生产的消毒液的特有名称。爱特福保健品公司未经地坛医院许可，擅自使用"84"消毒液作为其产品名称，足以造成与地坛医院产品的混淆和消费者的误认，已构成不正当竞争，应承担民事责任。北京庆余药品经营部系从合法、正式渠道购进被控侵权产品，在本案中没有过错。判决爱特福公司停止使用"84"作为其商品名称，停止广告宣传；赔偿地坛医院经济损失25万元。爱特福公司不服一审判决，向最高人民法院上诉。最高人民法院经审理认为，地坛医院由于在向全国多家企业转让该技术，许可生产销售"84"消毒液时，并未对"84"名称有何特殊约定，以至于"84"消毒液作为该类商品的名称被普遍使用。涉及"84"消毒液生产经销的卫生部、涉及"84"商标的注册争议的有关行政主管部门，也将"84"作为消毒剂的一种通用名称管理，或者认定"84"表现了本商品的型号特点不予注册商标。"84"消毒液作为本行业普遍认可的商品名称使用，已不能区别该商品来源。区别该类产品的标志是各生产厂家的商标，而非"84"消毒液的商品名称，因此，地坛医院所提出的"84"消毒液为其知名商品的特有名称的主张不能成立。遂撤销一审判决，驳回北京地坛医院的诉讼请求。

---

① 案例来源：《最高人民法院公报》2003年第5期。

【问题聚焦】
我国《反不正当竞争法》所规定的"经营者"范围如何认定？
【法律剖析】
在上述中国药科大学诉福瑞科技不正当竞争纠纷案中，中国药科大学有无提起不正当竞争诉讼的主体资格？能否提起不正当竞争的诉讼？这两个问题成为本案争议的焦点。法院认定，原告中国药科大学是从事教学科研工作的事业法人，其虽然不在市场上直接从事商品经营，但通过附属企业的经营活动，将其研制开发的药品和医疗器械等推向市场，并且通过附属企业的上缴，间接从市场上获利。事实上，附属企业的上缴，已经成为中国药科大学的经费来源之一。因此，中国药科大学的市场经营者资格应予确认。并接着认定原告中国药科大学与被告在相关药品市场上存在着竞争关系，中国药科大学有权提起不正当竞争诉讼。我们可以认为本案主旨在于表明，根据《反不正当竞争法》第2条的规定，经营者违反法律规定，损害虽不直接从事商品经营，但通过附属企业的经营性活动间接从市场获利的事业法人的合法权益，扰乱市场经济秩序的行为，构成不正当竞争，得适用《反不正当竞争法》的相关规定。

随着市场经济的深入发展，除了传统的商品流通市场外，还形成了文化市场、技术市场等各种各样的新兴市场。在诸如此类的新兴市场中，竞争仍是调整市场主体关系的基本方式。因此，这些新兴市场中的竞争秩序，应当适用反不正当竞争法来加以规范。作者通过出售作品的出版发行权而从文化市场中获取经济利益，这时的作品已经成为文化市场中流通的商品。应当认为，《反不正当竞争法》第2条第3款并没有将"经营者"限定在传统市场中的商品经营者或者营利性服务提供者。作者符合《反不正当竞争法》对"经营者"的要求，是文化市场中的商品经营者，具有竞争法上"经营者"的主体资格。在上述湖南王跃文诉河北王跃文等侵犯著作权、不正当竞争纠纷案中，法院认为，作为职业作家的原告湖南王跃文、自称作家的被告河北王跃文、作为经销图书个体工商户的被告叶某、作为图书《国风》发行人的被告中元公司以及作为专业出版机构的被告华龄出版社均是同一文化市场的市场主体，均以自己的经营活动来获得经济利益。故他们之间存在着直接性的竞争关系，都属于《反不正当竞争法》上的"经营者"。可见，作家通过出售作品的出版发行权，从文化市场中获得自己的经济利益，是对自己作品的经营，具有一定的营利性。而不同作者之间为了争夺文化市场中的经济利益，他们之间也自然存在着竞争关系。由此可见，司法实践已经确立作家属于《反不正当竞争法》第2条第3款规定的"经营者"。

在上述爱特福药公司诉北京地坛医院等不正当竞争纠纷上诉案中,地坛医院是否具备诉讼主体资格成为本案争议的焦点之一。终审法院认为地坛医院虽然不是"84"消毒液产品的直接生产经营者,但是其事业单位的资金来源为差额补贴,其委托龙安公司生产销售"84"消毒液,并不违反国家法律规定。地坛医院与龙安公司达成的以地坛医院名义处理涉及"84"消毒液生产、研制开发及经营销售中的有关法律纠纷的约定,合法有效。因此,地坛医院依法享有原告诉讼主体资格。

"经营者"是竞争法上的主体。合理地界定经营者内涵与外延是至关重要的,因为这关系到法律在相关案件中可否适用的问题。《反不正当竞争法》第2条规定,经营者是从事商品经营或者营利性服务的法人、其他经济组织和个人。对此,有学者认为,认定"经营者"应坚持主体标准,即无合法主体资格的"经营者"不能适用《反不正当竞争法》①。但多数学者持行为标准,即虽不具有经营资格的经营主体,但参与经营活动而实施不正当竞争时,也认为属于反不正当竞争法上的经营者。企业的职工代表或者代理他人实施经营行为的人、无营业执照而从事经营活动的个人、利用业余时间从事营利性推销活动的个人以及行政机关等都可以归入此类经营者,而不再是经营者的例外。② 为了适应经济社会发展、市场变化对法律调整的需要,司法实践中,学校、作家、医院、律师事务所、行业协会等主体,只要介入市场竞争并以其违背公认的商业道德的行为对竞争秩序产生影响,均得适用《反不正当竞争法》加以调整。需要指出两点:一是与司法扩大化解释适用"经营者"内涵不同,一些地方立法并没有扩大"经营者"的内涵,而是直接规定将"经营者"以外的相关主体纳入反不正当竞争法的调整范围。如浙江省《反不正当竞争条例》第2条第2款规定,经营者以外的其他组织和个人,从事与市场竞争相关活动的,应当遵守本条例。二是我国《反垄断法》第12条规定,经营者是指从事商品生产、经营或者提供服务的自然人、法人和其他组织。有学者认为《反垄断法》所界定的经营者的内涵不再局限于营利,把非营利组织也纳入调整范围。经营者的外延不再局限于《反不正当竞争法》所称的"其他经济组织",而使用与其他法律法规保持一致的"其他"组织,使得反垄断法的适用主体范围大于反不正当竞争法。③

---

① 邵建东:《竞争法教程》,知识产权出版社2003年版,第32页。
② 孔祥俊:《反不正当竞争法的适用与完善》,法律出版社1998年版,第74页。
③ 吴高盛:《中华人民共和国反垄断法释义》,中国法制出版社2007年版,第33页。

三、深度拓展思考题

1. 如何看待我国《反不正当竞争法》的一般条款？
2. 如何理解司法实践对"经营者"的扩大化适用问题？
3. 如何理解反不正当竞争法与民法、知识产权法的关系？

第二节　市场混同行为的法律规制

一、知识点精解

市场混同行为又称仿冒行为，是指经营者使用与他人相同或相似的商业标识，致使自己的商品或服务与他人的商品或服务产生混淆，造成购买者误认误购，减损他人商业标识的市场价值的行为。《反不正当竞争法》规定的市场混同行为包括：（1）假冒他人的注册商标；（2）擅自使用知名商品特有的名称、包装、装潢，或者使用与知名商品近似的名称、包装、装潢，造成和他人的知名商品相混淆，使购买者误认为是该知名商品；（3）擅自使用他人的企业名称或者姓名，引人误认为是他人的商品；（4）在商品上伪造或者冒用认证标志、名优标志等质量标志，伪造产地，对商品质量作引人误解的虚假表示等。

（一）假冒他人注册商标行为

对注册商标专用权给予全面保护是《商标法》的任务。依据《商标法》的规定，侵犯注册商标专用权的行为包括：（1）未经商标注册人的许可，在同一种商品或者类似商品上使用与其注册商标相同或者近似的商标的；（2）销售侵犯注册商标专用权的商品的；（3）伪造、擅自制造他人注册商标标识或者销售伪造、擅自制造的注册商标标识的；（4）未经商标注册人同意，更换其注册商标并将该更换商标的商品又投入市场的。保护商标权也是《反不正当竞争法》的重要任务，《反不正当竞争法》第5条规定，假冒他人的注册商标之行为是不正当竞争行为。需要指明的是，《反不正当竞争法》与《商标法》的分工并不相同。商标法保护的是注册商标，其规制对象是与注册商标相同或近似的商标使用于相同或类似的商品上的侵权行为。而反不正当竞争法规制的是商品主体的混同行为，至于是否同一或类似商品并不重要。相反，未注册商标则成为《反不正当竞争法》保护的重点对象。基本缘由在于《商标法》保护的是作为一种私权利存在的知识产权之注册商标权,而《反不正当竞争法》更是基于维护市场竞争秩序,防止市场混淆之公益价值出发的。由此,有学者主张将未注册商标视为商品名称,依据《反不正当竞争法》第5条第2项规定的混同行为对其予以制止。①

(二) 知名商品混同行为

知名商品混同行为即为仿冒知名商品特有标志的行为,是指擅自使用知名商品特有的名称、包装、装潢,或者使用与知名商品近似的名称、包装、装潢,造成和他人的知名商品相混淆,使购买者误认为是该知名商品。知名商品特有的名称、包装、装潢不但起到区别商品制造者作用,同时也是经营者用做创造商品形象,促销商品、开拓市场的一种竞争的手段,是经营者的无形财富。而对这些反映经营者商业信誉和商品声誉标志的仿冒属于破坏竞争秩序,搭知名品牌便车的不正当竞争行为。

1. "知名商品"的认定标准

知名商品是指在中国境内具有一定的市场知名度,为相关公众所知悉的商品。认定知名商品应当考虑该商品的销售时间、销售区域、销售额和销售对象,进行任何宣传的持续时间、程度和地域范围,作为知名商品受保护的情况等因素,进行综合判断。知名商品的认定标准有两种,一是推定标准,二是举证证明标准。(1) 推定知名,即只要商品特有的名称、包装和装潢被他人擅自使用,就推定这一商品为知名商品。我国立法有类似规定,例如1995年国家工商行政管理总局《关于禁止仿冒知名商品特有的名称、包装、装潢的不正当竞争行为的若干规定》第4条第1款规定:"商品的名称、包装、装潢被他人擅自作相同或者近似使用,足以造成购买者误认的,该商品即可认定为知名商品。"(2) 举证证明,即必须有当事经营者通过举证证明涉及商品具有知名性,才可适用《反不正当竞争法》第5条关于知名商品的保护规定。需要指出的是,不少地方立法对知名商品的认定标准做了专门规定,例如:《上海市反不正当竞争条例》第8条第2款规定知名商品是指使用经认定的驰名商标或者著名商标的商品;经国家有关行政机关、行业总会认可的在国际评奖活动中获奖的商品;为相关消费者所共知、具有一定市场占有率和较高知名度的商品。这一标准在司法实践中得到广泛应用。上述金洪恩电脑诉惠斯特科技不正当竞争纠纷案中,即是适用了第二种标准。

---

① 王先林:《竞争法学》,中国人民大学出版社2009年版,第120页。

2. "特有"的认定

"特有的名称、包装、装潢"是指具有区别商品来源的显著特征的商品的名称、包装、装潢。此外,最高人民法院《关于审理不正当竞争民事案件应用法律若干问题的解释》对不认定为知名商品特有的名称、包装、装潢的情形作了规定,包括:商品的通用名称、图形、型号;仅仅直接表示商品的质量、主要原料、功能、用途、重量、数量及其他特点的商品名称;仅由商品自身的性质产生的形状,为获得技术效果而需有的商品形状以及使商品具有实质性价值的形状;其他缺乏显著特征的商品名称、包装、装潢。知名商品"特有"的名称、包装、装潢的具体认定是一项十分复杂的工作,而在司法实践中已经逐步形成了排除认定和正面认定两个路径。一是排除认定规则。上述避风塘公司诉德荣唐公司不正当竞争纠纷案的审理法院认为,作为一种烹调方法及菜肴的通用名称,"避风塘"一词在避风塘公司设立之前就已存在,且避风塘公司也未对该词赋予新的特定含义而使其成为知名服务特有名称。"避风塘"一词没有成为避风塘公司与同行业其他经营者之间相区别的显著标志。这样,通过类似案例就隐含性地设置了一个规则,即已经成为某一商品或者服务领域通用名称就不再会被认定为知名商品"特有的名称"。后来,这一排除性规则为2007年最高人民法院《关于审理不正当竞争民事案件应用法律若干问题的解释》的第2条第1款所总结规定"商品的通用名称、图形、型号"不得认定为知名商品特有的名称、包装、装潢。其实,这一规则在爱特福药公司诉北京地坛医院等不正当竞争纠纷上诉案中就有所反映,"84"本来是原告首先使用的商品标识,但是在原告技术转让合同中并未就该标识约定任何特殊的保护性措施,以致使"84"标识成为该类消毒液产品的通用名称,从而也就失去了知名商品所具特有的名称资格条件。

(三) 擅自使用他人的企业名称或姓名行为

《民法通则》第99条和第101条规定,法人享有名称权、名誉权。在商品经济条件下,企业名称或姓名是区别市场主体及其商品来源的基本标识,是经营者或服务活动的外在特征,体现了商业信誉和商品声誉。由此,依据《反不正当竞争法》,擅自使用他人的企业名称或者姓名的行为为不正当竞争行为。构成擅自使用他人企业名称或姓名的行为的基本要件是:第一,未经名称或姓名专有权人的许可,擅自使用他人的企业名称或者姓名。第二,被仿冒的企业名称或姓名,一般不具有良好的信誉、声誉。第三,混淆行为的目的是引人误认、误购。最高人民法院《关于审理不正当竞争民事案件应用法律若干问题的解释》规定，在商品经营中使用的自然人的姓名，应当认定为反不正当竞争法第5条第3项规定的"姓名"。具有一定的市场知名度、为相关公众所知悉的自然人的笔名、艺名等，可以认定为反不正当竞争法第5条第3项规定的"姓名"。

二、案例分析

【案例】

北京市海淀区健翔冷冻食品厂诉北京市宣武区菜蔬冷库
在近似装潢包装上冒用其产品质量认证标志不正当竞争纠纷案①

1992年8月，北京市海淀区菜蔬公司与沈阳饮食公司老边饺子馆签订联合生产销售速冻老边饺子协议。为此，海淀区菜蔬公司成立了海淀区健翔冷冻食品厂，并取得使用老边饺子商标的权利。同月6日，北京市海淀区技术监督局对海淀区健翔冷冻食品厂申请的速冻老边饺子企业标准予以备案，批准该产品企业标准代号为Q海/ZJX00-93，并于次年9月7日签发京海技监食认字第930201号食品标签认可证书。从此，海淀区健翔冷冻食品厂开始生产、销售老边饺子，该商品包装上印有老边饺子馆楼房图案、产品介绍和标准代号。1993年11月，北京市宣武区菜蔬冷库与沈阳市饮食公司老边饺子馆签订联合经营速冻老边饺子协议。经营初期，宣武区菜蔬冷库按照联营对方提供的样品，委托其他单位加工制作食品包装袋15万个，用以包装速冻饺子上市销售。该包装袋上装潢设计图案与海淀区健翔冷冻食品厂的相似，且标有产品的标准代号 Q 海/ZJX00-93。1993年12月，北京市海淀区健翔冷冻食品厂发现并证实由北京市宣武区菜蔬冷库生产，并在北京市场上销售的速冻老边饺子包装袋上印有本食品厂的老边饺子企业标准代号。因此，海淀区健翔冷冻食品厂向法院诉讼宣武区菜蔬冷库侵权。

【问题聚焦】

如何认定市场混同行为的构成要件？如何认定司法实践中贴牌生产的法律性质？

---

① 案例来源：最高人民法院中国应用法学研究中心编：《人民法院案例选·知识产权卷（1992—1999年合订本）》，中国法制出版社2000年版。

【法律剖析】

市场混同行为所指向的对象有商标、知名商品特有标识、企业名称等。此外，商品的认证标志、名优标志等质量标志也可成为市场混同行为指向的对象。如企业标准是由企业制定并由企业法人代表或其授权人批准、发布的私标准。这一私标准不同于国家标准等公标准，它是企业独占的无形资产。[①] 企业标准是企业从事市场营销行为的重要竞争工具，其可成为厂商实施产品质量差异化战略的工具，因为企业标准可以高于官方法定标准的要求，并且还可以弥补官方法定标准缺失的环节，把产品的差异性和高品质传达给消费者，从而增强其产品在市场上的竞争力。由此，《反不正当竞争法》规定，在商品上伪造或者冒用认证标志、名优标志等质量标志，伪造产地、对商品质量作引人误解的虚假表示之行为属于不正当竞争行为。在上述案例中，原告北京市海淀区健翔冷冻食品厂不仅取得使用老边饺子商标的权利，与此同时还申请了代号为 Q 海/ZJX00-93 企业标准予以备案。这一企业标准即为一私标准，是原告北京市海淀区健翔冷冻食品厂独占的无形资产。而在未经权利人许可情况下，被告北京市宣武区莱蔬冷库不但使用了与北京市海淀区健翔冷冻食品厂外观装潢相似的老边饺子包装袋，而且还在近似包装装潢上冒用了后者的该产品企业标准代号，严重侵犯了原告北京市海淀区健翔冷冻食品厂对其企业标准的独占使用权，客观上也造成了市场混同，属于典型的不正当竞争行为。

三、深度拓展思考题

1. 如何理解知名商品的推定认定标准？
2. 如何理解"特有标志"的排除认定规则？

第三节 虚假商业宣传行为的法律规制

一、知识点精解

（一）虚假宣传的内涵

虚假宣传是指在市场交易中，经营者利用广告或者其他方法，对其商品或

---

① 李春田：《标准化概论》，中国人民大学出版社 2010 年版，第 23 页。

者服务作与事实情况不相符的公开宣传,导致或者足以导致购买者产生误认的行为。① 我国《反不正当竞争法》第9条规定,虚假宣传行为是指经营者不得利用广告或者其他方法,对商品的质量、制作成分、性能、用途、生产者、有效期限、产地等作引人误解的虚假宣传。虚假宣传行为可以通过以下几个方面进一步理解:

1. 虚假宣传的手段是广告或者其他方法。依据《广告法》规定,广告是指商品经营者或者服务提供者承担费用,通过一定媒介和形式直接或者间接地介绍自己所推销的商品或者所提供的服务的商业广告。虚假宣传通过广告这一途径实施,是由广告的本身特性决定的。当然,除了广告这一途径,还有其他形式的虚假宣传。此外,虚假宣传的内容多涉及认证标志、名优标志等质量标志、产地、质量、制作成分、性能、用途、生产者、有效期限等因素。

2. 虚假宣传的主体是进行商品或服务宣传的经营者,包括商品或服务经营者、广告经营者和除广告之外的其他宣传形式的经营者。虚假宣传的受害者则是其交易相对方,主要是广大消费者。

3. 虚假宣传的主观方面既可出于故意,即行为主体想要通过虚假宣传达到使消费者产生误认,从而不正当地获取交易机会,攫取交易利润;也可出于过失。例如《反不正当竞争法》第9条规定,在虚假广告中,广告的经营者的过失也可能构成虚假宣传行为。即广告的经营者不得在明知或者应知的情况下,代理、设计、制作、发布虚假广告。

(二)虚假广告

虚假宣传形式多种多样,例如《北京市反不正当竞争条例》第15条第2款规定其他虚假宣传行为包括:(1)雇佣他人进行欺骗性的诱导;(2)作引人误解的虚假的现场演示和说明;(3)张贴、散发、邮寄引人误解的虚假的产品说明书和其他宣传材料;(4)在经营场所内对商品作引人误解的虚假的文字标注、说明或者解释;(5)利用新闻媒体作引人误解的虚假的宣传报道等。以下进一步详细介绍虚假广告有关内容。

1. 虚假广告认定及其表现形式

虚假广告是以欺骗方式进行不真实的广告宣传。1993年国家工商行政管

---

① 王先林:《竞争法》,中国人民大学出版社2009年版,第145页。

理局《关于认定处理虚假广告问题的批复》认为关于虚假广告,一般应从以下两个方面认定:一是广告所宣传的产品和服务本身是否客观、真实;二是广告所宣传的产品和服务的主要内容(包括产品和服务所能达到的标准、效用、所使用的注册商标,获奖情况,以及产品生产企业和服务提供单位等)是否真实。凡利用广告捏造事实,以并不存在的产品和服务进行欺诈宣传,或广告所宣传的产品和服务的主要内容与事实不符的,均应认定为虚假广告。2010年江苏省《广告条例》第10条对虚假广告做了列举性规定,广告有下列情形之一的为虚假广告:(1)宣传的商品或者服务不存在的;(2)宣传的商品生产经营者或者服务提供者应当取得许可证、其他批准文件和营业执照而未取得的;(3)宣传的商品生产经营者、质量、价格、制作成分、性能、用途、有效期限、产地或者服务的提供者、内容、形式、性能等信息与实际情况不符的;(4)与商品或者服务有关的承诺不可能兑现的;(5)谎称商品或者服务经过审查批准、认证、公证或者获得奖项、荣誉称号,或者使用不合法的评比结果、奖项的;(6)使用虚构、伪造的科研成果、统计资料、调查成果、文摘、引用语等证明材料,或者使用虚构、伪造的机构作证明的;(7)非药品、非医疗或者非医疗器械广告宣传治疗作用的;(8)药品、医疗器械广告中宣传的产品功效、适应症(功能主治)、适应范围或者适宜人群超出批准范围的;(9)保健食品广告中宣传的保健功能、适宜人群超出批准范围的;(10)其他广告参与者对商品或者服务作虚假证明、认定,或者冒充专业人员进行宣传的;(11)虚构断货、抢购、优惠等情形,推销商品或者服务的;(12)主要内容虚假,欺骗、误导社会公众的其他情形。

2. 虚假广告的法律责任

《广告法》第38条对虚假广告行为的法律责任做了规定:违反本法规定,发布虚假广告,欺骗和误导消费者,使购买商品或者接受服务的消费者的合法权益受到损害的,由广告主依法承担民事责任;广告经营者、广告发布者明知或者应知广告虚假仍设计、制作、发布的,应当依法承担连带责任。广告经营者、广告发布者不能提供广告主的真实名称、地址的,应当承担全部民事责任。社会团体或者其他组织,在虚假广告中向消费者推荐商品或者服务,使消费者的合法权益受到损害的,应当依法承担连带责任。同时,《反不正当竞争法》第24条也做了类似规定:经营者利用广告或者其他方法,对商品作引人误解的虚假宣传的,监督检查部门应当责令停止违法行为,消除影响,可以根据情节处以1万元以上20万元以下的罚款。广告的经营者,在明知或者应知的情况下,代理、设计、制作、发布虚假广告的,监督检查部门应当责令停止违法行为,没收违法所得,并依法处以罚款。

二、案例分析

【案例】

中化四平制药厂诉敦化华康制药厂虚假商业宣传案①

本案审理法院认为:华康制药厂在四平制药厂已经研制生产和国内有多家企业生产血栓心脉宁的情况下,在其产品包装及说明书上使用"国内首创,独家生产"的用语,属虚假宣传,足以引起消费者的误解,其行为损害了同行业其他厂家的利益,属于不正当竞争行为。华康制药厂在《中国电视报》上发布的"正宗名牌"等忠告性广告用语,属于虚假营销宣传,构成影射同行业其他厂家产品质量问题,足以误导消费者,该行为违反了广告法及反不正当竞争法的有关规定,亦构成不正当竞争。中国电视报社明知华康制药厂经卫生行政部门核准的广告用语具体内容,却发布内容失实的广告,主观上有过错,对华康制药厂的不正当竞争行为应负一定责任。

【问题聚焦】

如何认定虚假广告的构成要件?如何规制虚假广告?

【法律剖析】

上述案例中,被告华康制药厂如下两种行为构成不正当竞争:

第一,华康制药厂在其产品的包装及说明书上使用"国内首创,独家生产"用语。华康制药厂在其产品的包装及说明书上使用"国内首创,独家生产"用语的目的是为介绍推销自己生产的药品,故其使用上述用语实质上是在进行广告宣传。华康制药厂在明知四平制药厂已经研制生产,并且国内有多家企业生产"血栓心脉宁"的情况下,使用上述内容虚假的用语,足以引起消费者对该药首创者及生产厂家等的误解,其行为损害了同行业其他厂家的利益,违反了《反不正当竞争法》第9条规定,构成虚假宣传行为,属于典型的不正当竞争行为。

---

① 案例来源:最高人民法院中国应用法学研究中心编:《人民法院案例选·知识产权卷(1992—1999年合订本)》,中国法制出版社2000年版。

第二，华康制药厂在《中国电视报》上发布的"正宗名牌"的广告用语。普通消费者若看到华康制药厂在《中国电视报》上所做的"目前市场上出现了非我厂生产的血栓心脉宁胶囊，为确保广大患者的经济利益及身体健康不受侵害，购买此药时请您认准正宗名牌'圣喜'商标"广告，便会产生这样的印象：只有华康制药厂生产的"圣喜"牌血栓心脉宁胶囊才是正宗的产品，市场上出现的其他产品均不是正宗的，均会侵害广大患者的经济利益及身体健康。无疑，上述广告影射了同行业其他厂家（包括四平制药厂）产品不是正宗产品，贬低了其他厂家的产品，足以误导消费者，损害竞争对手的商业信誉和商品声誉。华康制药厂的行为违反了《中华人民共和国广告法》第12条"广告不得贬低其他生产经营者的商品或者服务"之规定，同时亦违反了《反不正当竞争法》第9条的规定，构成虚假宣传行为，属于典型的不正当竞争行为。

中国电视报社是否应对该不正当竞争行为承担责任呢？

本案中华康制药厂是广告主，中国电视报社是广告发布者。依据广告法的规定，广告主自行或者委托他人设计、制作、发布广告，应当具有或者提供一系列真实、合法、有效的证明文件，其中包括确认广告内容真实性的证明文件；对于发布广告内容需要经有关行政主管部门审查的，广告主还应提供有关的批准文件。广告发布者应依据法律、行政法规查验有关证明文件，核实广告内容；对于内容不实或者证明文件不全的广告，广告发布者不得发布。因此，华康制药厂委托中国电视报社发布该广告时，有义务向该社提供证明广告内容真实性的证明文件以及有关主管部门的批准文件；中国电视报社在接受委托时，有义务依法对上述文件进行查验，故中国电视报社应该也能够查证其发布的广告内容的真实性。但其未切实履行其法定义务，说明其主观上亦有过错，依据广告法第38条的规定，其对华康制药厂的不正当竞争行为应当依法承担连带责任。

三、深度拓展思考题

1. 如何区别正当的宣传行为和虚假宣传行为？
2. 虚假广告发布者应当承担怎样的民事责任？
3. 如何看待地方立法对虚假宣传行为规制立法的完善？
4. 虚假广告与比较广告是什么关系？如何规制比较广告？

第四节 不正当有奖销售行为的法律规制

一、知识点精解

(一) 不正当有奖销售立法概述

国家工商行政管理总局《关于禁止有奖销售活动中不正当竞争行为的若干规定》将有奖销售界定为经营者销售商品或者提供服务,附带性地向购买者提供物品、金钱或者其他经济上的利益的行为。包括:奖励所有购买者的附赠式有奖销售和奖励部分购买者的抽奖式有奖销售。世界各国立法多对有奖销售行为予以管制。例如德国1932年《附赠法》第1条规定,在商业交易中禁止在一种商品或服务之外,提供、预告或给付赠品(商品或劳务)。2004年德国《反不正当竞争法》规定了11种不正当竞争行为,其中的三项与有奖销售有关。日本1962年的《不当赠品及不当表示防止法》第1条规定:"为防止通过采用与一定商品和服务交易相联系的不正当的赠品和表示来引诱顾客,以确保公平竞争,保护普通消费者的利益,特制定本法。"第3条进一步规定:"公平交易委员会为防止不正当地引诱顾客而认为有必要时,可以对赠品类的最高价额或总额、种类或提供赠品之方法,以及其他提供赠品类的事项进行限制,或者直接禁止提供赠品类。"

我国《反不正当竞争法》第13条规定,经营者不得从事下列有奖销售:采用谎称有奖或者故意让内定人员中奖的欺骗方式进行有奖销售;利用有奖销售的手段推销质次价高的商品;抽奖式的有奖销售,最高奖的金额超过五千元。

(二) 不正当有奖销售在实践中的表现

不正当有奖销售的行为主要有以下四种类型。

1. 巨额抽奖式销售

国家工商行政管理局《关于抽奖式有奖销售认定及国家工商行政管理局对〈反不正当竞争法〉具体应用解释权问题的答复》对抽奖式销售规定了认定标准,即国家工商行政管理局《关于禁止有奖销售活动中不正当竞争行为的若干规定》第2条第2款规定:"凡以抽签、摇号等带有偶然性的方法决定购买者是否中奖的,均属于抽奖方式。"根据该规定,抽签、摇号是典型的抽奖式有奖销售方式，但抽奖式有奖销售并不限于这些方式。在有奖销售中，凡以偶然性的方式决定参与人是否中奖的，均属于抽奖式有奖销售，而偶然性的方式是指具有不确定性的方式，即是否中奖只是一种可能性，既可能中奖，也可能不中奖，是否中奖不能由参与人完全控制。该规定还进一步指出，在证券经营者实施的以投资收益率或者利润率等高低确定部分投资者是否中奖的各种奖赛、比赛等活动中，各个投资者获取的投资收益率或者利润率等以及由此决定的能否中奖，取决于多种主客观因素，均不能完全以投资者的主观愿望、努力和能力为转移，投资者能否中奖具有偶然性和不确定性，因此，此类奖赛活动属于抽奖式有奖销售。我国允许小额的抽奖式销售，限制高额的有奖销售。《反不正当竞争法》第13条规定，抽奖式销售的最高奖额度不得超过5000元。实践中，最高奖额度超过5000元的有奖销售属于巨奖销售范畴。

2. 欺骗性有奖销售行为

国家工商行政管理总局《关于禁止有奖销售活动中不正当竞争行为的若干规定》第3条规定，禁止下列欺骗性有奖销售行为：（1）谎称有奖销售或者对所设奖的种类，中奖概率，最高奖金额，总金额，奖品种类、数量、质量、提供方法等作虚假不实的表示。（2）采取不正当的手段故意让内定人员中奖。（3）故意将设有中奖标志的商品、奖券不投放市场或者不与商品、奖券同时投放市场；故意将带有不同奖金金额或者奖品标志的商品、奖券按不同时间投放市场。（4）其他欺骗性有奖销售行为。《关于禁止有奖销售活动中不正当竞争行为的若干规定》对视为欺骗性有奖销售行为作了详细规定，即经营者举办有奖销售，应当向购买者明示其所设奖的种类、中奖概率、奖金金额或者奖品种类、兑奖时间、方式等事项。属于非现场即时开奖的抽奖式有奖销售，告知事项还应当包括开奖的时间、地点、方式和通知中奖者的时间、方式。经营者对已经向公众明示的前款事项不得变更。在销售现场即时开奖的有奖销售活动，对超过五百元以上奖的兑奖情况，经营者应当随时向购买者明示。经营者违反这一规定，隐瞒事实真相的，视为欺骗性有奖销售，由工商行政管理机关依照《反不正当竞争法》第26条的规定处罚。

3. 以有奖销售手段推销质次价高的商品

经营者不得利用有奖销售手段推销质次价高的商品。利用有奖销售推销质次价高的商品，实际上也是对消费者的欺诈，是欺骗性销售行为。这类欺诈行为涉及有奖销售活动中顾客所购买的主商品或者服务，即经营者利用有奖销售活动，推销价高质次的商品，从而构成了对用户或者消费者的欺诈。其中，"质次价高"由工商行政管理机关根据同期市场同类商品的价格、质量和购买者的投诉进行认定,必要时会同有关部门认定。

二、案例分析

【案例一】

上海东洋之花化妆品公司欺骗性有奖销售案①

2005年上半年,石台县工商局执法人员在市场巡查时,发现原告上海东洋之花化妆品有限公司为了促销其生产的防紫外线美白露产品,在石台等地开展了"防晒有好礼,惊喜刮刮刮"有奖销售活动,但未向购买者明示中奖概率。工商局认为原告的行为构成了有奖销售活动中的不正当竞争行为,对原告处罚款3万元。原告则认为自己已通过海报、网站等载体明示了设奖种类、奖金金额、奖品种类等,但因版面设计需要及一些特殊原因,未能在刮刮卡上写上中奖概率,但绝不是要隐瞒事实真相。故对被告处罚不服而提起行政诉讼。法院审理认为,原告开展有奖销售活动应当严格按照有关规定向购买者明示其所设奖的种类、中奖概率、奖金金额等全部要件。而原告在本次有奖销售活动中未明示中奖概率,其行为属于隐瞒事实真相的欺骗性有奖销售,构成了有奖销售活动中的不正当竞争行为。因此,石台县法院一审判决维持工商行政处罚。

【案例二】

深圳市腾讯计算机系统有限公司有奖销售案

2005年5月9日,龙海市工商局接到群众举报,称龙海移动公司的"短信QQ靓号,魅力无限"有奖活动最高奖的金额超过5000元。经查,这次有奖活动的主体是深圳市腾讯计算机系统有限公司。该公司于2005年4月15日至5月15日期间,通过龙海移动公司的信息平台发布广告,销售该公司的QQ号,最高奖奖品为索尼DCR-HC85E摄像机一台。经过权威部门的价格鉴定,该摄像机市场价为7100元。龙海市工商局认为,深圳市腾讯计算机系统有限公司的行为违反了《反不正当竞争法》,构成抽奖式的有奖销售最高奖金额超过5000元的不正当竞争行为,依法作出责令停止违法行为、罚款30000元的处罚决定。

---

① 案例来源:中国法院网,http://www.chinacourt.org/public/detail.php?id=209070,2011年8月18日访问。

【问题聚焦】

有奖销售对于消费者而言并不意味着权益受损,那么,法律规制有奖销售行为的立足点是什么?

【法律剖析】

有奖销售是企业的竞争手段之一,法律允许企业采取有奖销售的形式进行促销,但是采取抽奖式的奖品数额不得超过法定金额。因为如果奖品数额巨大,会诱导消费者产生不正当的消费行为,纯粹为了中奖而买产品,不是为了产品本身,偏离了消费的初衷。上述深圳市腾讯计算机系统有限公司有奖销售案就是一个典型,最终被工商局认定其行为违反了《反不正当竞争法》,构成抽奖式的有奖销售最高奖金额超过 5000 元的不正当竞争行为,依法作出责令停止违法行为、罚款 30000 元的处罚决定。上述上海东洋之花化妆品公司欺骗性有奖销售案中,原告上海东洋之花化妆品公司开展有奖销售活动是正当的市场营销行为,但应当严格按照有关规定向消费者明示其所设奖的种类、中奖概率、奖金金额等全部要件。而原告在有奖销售活动中并未明示中奖概率。审理法院认为原告上海东洋之花化妆品公司这一行为属于隐瞒事实真相的欺骗性有奖销售,构成了有奖销售活动中的不正当竞争行为。

三、深度拓展思考题

1. 法理上如何区别正当有奖市场营销行为与不当有奖销售行为?
2. 立法中规定的 5000 元最高限制有奖销售是否合适?
3. 视为有奖销售行为具体包括哪些形式?

第五节 商业贿赂行为的法律规制

一、知识点精解

(一)商业贿赂的含义

商业贿赂是指经营者为销售或者购买商品而采用财物或者其他手段贿赂对方单位或者个人的行为。商业贿赂行为的主体分为行贿主体和受贿主体。首先,商业行贿的主体只能是经营者,即经营商品或提供服务的法人、其他经济组织和个人。例如,国家工商行政管理总局《关于禁止商业贿赂行为的暂行规定》第 3 条规定:"经营者的职工采用商业贿赂手段为经营者销售或者购买商品的行为，应当认定为经营者的行为。"商业受贿的主体则不限于经营者，"对方单位或者个人"既包括收受贿赂的交易对方单位或其负责人、代理人、采购人员，也包括交易行为以外对交易行为有直接影响的单位或个人，如行政机关工作人员或交易相对人的母公司的负责人等，但不含促成交易的独立经纪人。其次，商业贿赂行为人的主观是出于故意，即以争取交易机会和取得竞争优势为目的。但是，如果不是为了获得交易机会而是为了在交易市场中得到有利于己的结果的行为，同样应被视为商业贿赂。再次，商业贿赂行为客观上表现为采用财物或其他手段实施贿赂的行为。财物可为现金和实物，包括经营者为销售或者购买商品，假借促销费、宣传费、赞助费、科研费、劳务费、咨询费、佣金等名义，或者以报销各种费用等方式，给付对方单位或者个人的财物。其他手段是指提供国内外各种名义的旅游、考察等给付财物以外的其他利益的手段。

世界各国立法都把商业贿赂行为作为一种不正当竞争行为加以管制。例如：美国《克莱顿法》第2条规定，任何从事商业活动者，在经营过程中，如支付、给予，或收取、接受任何有价值的物品，作为佣金、经纪费、其他补偿、津贴、折扣的替代物，都属于违法行为。我国《反不正当竞争法》第8条规定，经营者不得采用财物或者其他手段进行贿赂以销售或者购买商品。在账外暗中给予对方单位或者个人回扣的，以行贿论处；对方单位或者个人在账外暗中收受回扣的，以受贿论处。经营者销售或者购买商品，可以以明示方式给对方折扣，可以给中间人佣金。经营者给对方折扣、给中间人佣金的，必须如实入账。接受折扣、佣金的经营者必须如实入账。

（二）商业贿赂与相关概念的区别

商业贿赂与回扣、折扣、佣金以及附赠等概念容易混淆，国家工商行政管理总局《关于禁止商业贿赂行为的暂行规定》对此做了基本规定，以下简介之：

1. 关于回扣

回扣是指经营者销售商品时在账外暗中以现金、实物或者其他方式退给对方单位或者个人的一定比例的商品价款。在账外暗中给予对方单位或者个人回扣的，以行贿论处；对方单位或者个人在账外暗中收受回扣的，以受贿论处。其中账外暗中，是指未在依法设立的反映其生产经营活动或者行政事业经费收支的财务账上按照财务会计制度规定明确如实记载，包括不记入财务账、转入其他财务账或者做假账等。

2. 关于折扣

折扣是指即商品购销中的让利，是指经营者在销售商品时，以明示并如实入账的方式给予对方的价格优惠，包括支付价款时对价款总额按一定比例即时予以扣除和支付价款总额后再按一定比例予以退还两种形式。经营者销售商品，可以以明示方式给予对方折扣。经营者给予对方折扣的，必须如实入账；经营者或者其他单位接受折扣的，必须如实入账。其中，"明示和入账"是指根据合同约定的金额和支付方式，在依法设立的反映其生产经营活动或者行政事业经费收支的财务账上按照财务会计制度规定明确如实记载。

3. 关于佣金

佣金是指经营者在市场交易中给予为其提供服务的具有合法经营资格的中间人的劳务报酬。经营者销售或者购买商品，可以以明示方式给中间人佣金。经营者给中间人佣金的，必须如实入账；中间人接受佣金的，必须如实入账。

4. 关于附赠

附赠是指经营者在正常的交易活动中附带性地为交易对方无偿提供一定数量的现金或实物的行为。经营者在商品交易中不得向对方单位或者其个人附赠现金或者物品。但按照商业惯例赠送小额广告礼品的除外。违反这一规定的，视为商业贿赂行为。

二、案例分析

【案例】

瑞安市珍味楼酒店在购销商品过程中收受他人贿赂案[①]

2005年10月11日，瑞安市工商局经济检查大队接到群众举报，称该市珍味楼酒店在购销商品过程中收受他人贿赂。工商局调查发现，自2004年12月至2005年3月，瑞安市一家副食品有限公司为了推销某品牌啤酒，先后以"进场费"和"专场费"给珍味楼酒店现金5.8万元。2006年4月，工商局认定珍味楼酒店在商品购销过程中收受副食品公司的贿赂，对其作出没收违法所得5.8万元，并罚款1.7万元的行政处罚决定，该副食品公司被另案处理。2006年9月18日，珍味楼酒店向瑞安市法院提起诉讼，要求判令工商局撤销对其所作出的行政处罚决定。瑞安市

---

① 案例来源：中国法院网，http://www.chinacourt.org/html/aiticle/200702/25/235657.shtml，2011年8月19日访问。

法院开庭审理此案时,"进场费"和"专场费"到底属不属于商业贿赂,成了庭审争议的焦点。珍味楼酒楼认为收取食品公司5.8万元是在啤酒经销中公开进行的,已给对方打了收条,不符合商业贿赂秘密的特征。其次,珍味楼酒店给食品公司提供了广告牌位、仓库还有有关人员的吃住投入也有5.8万元,因此收取这笔费用合情合理。瑞安市工商局则认为,在整个行政处罚过程中,酒店未提供过广告牌出租、仓库使用、促销人员吃住等事实的证据。酒店收取"进场费"和"专场费"都是在账外进行的,完全符合商业贿赂的法律特征。2006年11月,瑞安市法院作出一审判决,认定珍味楼酒店收受商业贿赂事实清楚,证据充分,瑞安市工商局的行政处罚决定适用法律正确,程序合法,遂维持行政处罚决定。二审维持原判。

【问题聚焦】

如何认定"进场费"与"入场费"的法律性质？如何有效规制司法实践中形形色色的商业贿赂行为？

【法律剖析】

实践中,"进场费"和"专场费"等现象是否一概应当认定为商业贿赂呢？关键在于其行为是否符合商业贿赂的法律特征。上述瑞安市珍味楼酒店在购销商品过程中收受他人贿赂案中,五洲公司销售百威啤酒时,为了打开市场,进入珍味楼酒店推销百威啤酒,给予进场费和专场费,其实给付款项是为了更好地销售百威啤酒,进场费和专场费是正常价款以外的款项。据此,五洲公司为了销售商品,向珍味楼酒店支付正常价款以外的款项,符合《反不正当竞争法》第8条第1款、《国家工商行政管理局关于禁止商业贿赂的暂行规定》第2条规定的商业贿赂的构成要件。瑞安工商局认定珍味楼酒店属商业受贿,定性准确。珍味楼酒店在二审庭审中称其与五洲公司是合作销售百威啤酒,并在合同中约定了广告、仓库、促销人员吃住开销的事项。但该酒店既无法提供相关合同,也不能对自己的陈述进行合理说明,辩解理由不足。最终,二审判决瑞安市珍味楼酒店商业贿赂行为成立。

从法理上来讲,"进场费"和"专场费"等现象是否在账外收取是其是否属于商业贿赂的关键。根据《反不正当竞争法》第8条规定:"经营者不得采用财物或者其他手段进行贿赂以销售或者购买商品。在账外暗中给予对方单位或者个人回扣的,以行贿论处;对方单位或者个人在账外暗中收受回扣的,以受贿论处。"这就以法律条文的形式,明确禁止各种名目的账外"进场费"和"专场费"等现象。市场经济中,各种市场竞争应当公开进行,并且要遵循一定的规则，账外给予的各种费用、回扣，使得他人无法获取准确信息，而且可能进行恶意倾销、打压对手。尤其是账外给予各种类似"进场费"等费用、回扣，扰乱了市场秩序，破坏了公平竞争。有学者指出，上述案例的判决无疑开启人们对于商业贿赂应当具备的正确认识。不仅对于机关、国有企事业单位收受贿赂的行为应予追究，对于私营企业收受贿赂行为同样应当追究；不仅对于损害私营企业的个人收取贿赂行为应当追究，对于私营企业本身损害市场秩序的行为也应当追究。经营者必须审时度势、防患于未然，及时修正自己的经营行为。①

三、深度拓展思考题

1. 法理上如何区别正当的市场营销行为与商业贿赂行为？
2. 如何认识实践中"进场费"的性质？

第六节　侵犯商业秘密行为的法律规制

一、知识点精解

（一）商业秘密的概念

商业秘密是指不为公众所知悉，能为权利人带来经济利益、具有实用性并经权利人采取保密措施的技术信息和经营信息。其中"不为公众所知"的信息是指不能从公开渠道直接获取的信息；"具有经济价值"是指该信息具有确定的实用性或价值性，能为权利人带来现实的或潜在的经济利益或者竞争优势；"已经采取保密措施"，是指权利人事实上已经建立了保密制度、订立了保密协议以及其他合理的保密措施。权利人采取保密措施，包括口头或书面的保密协议、对商业秘密权利人的职工或与商业秘密权利人有业务关系的他人提出保密要求等合理措施。只要权利人提出了保密要求，商业秘密权利人的职工或与商业秘密权利人有业务关系的他人知道或应该知道存在商业秘密，即视为权利人采取了保密措施，职工或他人就对权利人承担保密义务。

---

① 杨涛：《认定进场费属商业贿赂的引导作用》，载《北京青年报》2007年2月26日。

(二) 商业秘密的范围

商业秘密包括技术秘密和经营秘密。经营秘密是指不为公众所知悉、能够为权利人带来经济利益，具有实用性并经权利人采取了相应保密措施的经营信息。此处的经营信息主要表现为权利人独有的经营管理方法以及与经营管理方法密切相关的信息和情况，常常表现为涉及有关经营信息内容的情况、计划、名单、数据等，且通常以有形的物质载体加以体现和记载，如书面报告、软盘等。美国《侵权法重述》认为，经营秘密的客体范围一般包括销售资料、销售计划、投标价格资讯以及价目表、市场研究、成本报表、记账方法以及顾客名录等。国家工商行政管理总局1998年修订的《关于禁止侵犯商业秘密行为的若干规定》第2条第5款所列举的"管理诀窍、客户名单、货源情报、产销策略、招投标中的标底及标书内容"均属于经营秘密范畴。学理上，有学者将经营信息的客体分为经营主体对外的信息和经营主体内部的信息，前者包括市场调研报告、发展计划、经营策略、对外业务合同、招标投标标底、购销渠道以及客户名单等；后者包括财务状况、管理经验和诀窍等。[1] 其中，客户名单是指某一经营者特有的消费者的姓名（或名称）、地址、联系方式以及消费习惯、意向、内容等构成的客户信息，表现为有形的纸质或电子的客户名册，以及无形的保持长期稳定交易关系的特定客户网络。

对技术秘密宜做宽泛理解，即技术秘密是应用于工业的，没有得到专利权和商标权保护，仅为有限的人掌握的技术和知识。通常可表现为图纸、配方、公式、技术资料、数据、操作指南、实验报告等。[2] 当然，此处技术秘密还是排除了经营信息。首先，技术秘密应当具有实用性，即能够在工业生产中得到应用。这要求技术秘密具有一定的经济价值，包括短期可见的现实经济价值，也包括未来可能的潜在价值。其次，技术秘密还表现为秘密性，即技术秘密的非公知性。有学者指出技术秘密的非公知性是指该技术信息的整体、要素或者精确排列组合，并非为通常涉及该信息有关领域的人所普遍知晓或者容易获得。技术秘密的非公知性表现形态概括为以下三类：第一，技术秘密的各组成部分的智力劳动成果均体现一定的创造性而未公开；第二，组成技术秘密的部分内容公开，但体现创造性智力劳动成果部分的内容未公开；第三，组成技术秘密的各部分内容（要素）均已公开，但体现智力劳动成果的有机整合

---

[1] 周楠生：《试论经营秘密及其法律保护》，载《现代法学》1996年第4期。
[2] 刘春茂、何红锋：《论技术秘密权》，载《江海学刊》1995年第6期。

(精确排列组合)未公开。① 当然,技术秘密权利人还须针对其技术秘密采取了相应的保密措施。在我国,《反不正当竞争法》要求商业秘密应当具有"实用性"。也就是说,不具有实用性的尚处于理论研究阶段的开发资料,如不经权利人许可而被他人窃取是不受《反不正当竞争法》保护的。有学者对此提出批评,认为专利法要求"实用性"具有相当的合理基础,因为专利法给予的是一种"强保护",而对于反不正当竞争法给予的"弱保护"也要求"实用性"就会失去"兜底"和"附加"保护的意义。②

(三)侵犯商业秘密的行为形式

《反不正当竞争法》以及《关于禁止违反商业秘密行为的若干规定》对侵犯商业秘密行为作了较为详细的规定。

(1) 以盗窃、利诱、胁迫或者其他不正当手段获取权利人的商业秘密。其中盗窃手段,是指运用秘密窃取的方法获得并占有权利人的商业秘密。其中利诱手段,是指行为人通过向掌握商业秘密的有关人员提供物质利益或者其他好处的手段,从而获取他人商业秘密的行为。胁迫手段与利诱手段最大的不同之处,就在于胁迫手段是指行为人以损害他人财产、人身、名誉等相要挟,迫使他人违反其真实意愿而告知商业秘密的行为。除上述三种不正当手段以外,还有其他不正当手段。这一兜底性规定,将一些缺乏典型性的"不正当手段"纳入规范之中。

(2) 披露、使用或者允许他人使用以不正当手段获取的商业秘密。其中披露行为,是指商业秘密的获取人将商业秘密向他人扩散,从而使商业秘密公开。向他人扩散包括向特定人和不特定人泄露。使用则是指采取不正当手段获得商业秘密的侵权人将商业秘密运用于自己的生产经营。允许他人使用商业秘密是指采用不正当手段获得商业秘密的侵权人以有偿或无偿的方式将商业秘密转给第三人使用。

(3) 与权利人有业务关系的单位和个人违反合同约定或者违反权利人保守商业秘密的要求,披露、使用或者允许他人使用其所掌握的权利人的商业秘密。权利人的职工违反合同约定或者违反权利人保守商业秘密的要求,披露、使用或者允许他人使用其所掌握的权利人的商业秘密。

---

① 李平:《试论技术秘密司法保护中的几个问题》,载《河南省政法管理干部学院学报》2006年第4期。

② 郑成思:《知识产权论》,法律出版社2007年版,第191页。

(4) 第三人明知或者应知前款所列违法行为，获取、使用或者披露他人的商业秘密，视为侵犯商业秘密。

二、案例分析

【案例】

山东省食品进出口公司诉
青岛圣克达诚贸易有限公司不正当竞争纠纷案①

本案二审法院认为：对日出口海带贸易机会是国内企业获得的可以就相关区域产特定数量海带对日出口的资格，是一种交易机会。2007年，上诉人圣克达诚公司获得该交易机会，被上诉人山东食品获得的海带出口配额因此随之减少，圣克达诚公司获得该交易机会的行为由此给山东食品造成了损害，但竞争本身是经营者之间互相争夺交易机会的行为，在交易机会的得失之间，往往会给竞争对手造成损害。这种损害虽然是构成不正当竞争行为的必要条件，但不是充分条件，仅仅造成损害并不必然构成不正当竞争。马达庆在为圣克达诚公司争取经营出口海带贸易时，明确表示其代表圣克达诚公司，没有利用山东食品的名义，中粮集团、日本北海道渔联明知马达庆已经离开山东食品，并基于对马达庆个人的信赖而给予圣克达诚公司涉案贸易机会。因此，在离开山东食品后，马达庆以正当的方式，帮助圣克达诚公司获取了贸易机会，不违反诚实信用等原则，其行为不具有不正当性，属于正当竞争。被上诉人山东食品、原审原告山孚日水与上诉人马达庆没有关于限制马达庆离职后从事具有竞争关系的业务竞业禁止约定，马达庆离职后有从业的自由，即使在其离职后使用其在职期间积累的对日出口海带贸易经验从事竞争性业务，山东食品、山孚日水也无权予以制止。山东食品或山孚日水对日出口海带的贸易机会并非商业秘密，马达庆获取该贸易机会也不涉及对商业秘密的侵害。在既没有违反竞业禁止义务，又没有侵犯商业秘密的情况下，马达庆运用自己在原用人单位学习的知识、技能为圣克达诚公司服务，既没有违反诚实信用原则，也没有违反公认的商业道德，不属于反不正当竞争法直接规定的不正当竞争行为。

---

① 案例来源：《最高人民法院公报》2009年第9期。

【问题聚焦】

交易机会的法律性质是什么？公司法上的"禁止篡夺公司机会规则"对于反不正当竞争法上的交易机会保护有何借鉴意义？如何把握商业秘密保护在私人利益与公共利益之间的竞争性平衡？

【法律剖析】

2007年最高人民法院《关于审理不正当竞争民事案件应用法律若干问题的解释》第13条第2款规定："客户基于对职工个人的信赖而与职工所在单位进行市场交易，该职工离职后，能够证明客户自愿选择与自己或者其新单位进行市场交易的，应当认定没有采用不正当手段，但职工与原单位另有约定的除外。"上述案例的二审就表达出这样的判断理念：在既没有违反竞业禁止义务，又没有侵犯商业秘密的情况下，行为人运用自己在原用人单位学习的知识、技能为其他与原单位存在竞争关系的单位服务的，不属于《反不正当竞争法》直接规定的不正当竞争行为。二审法院认定了以下两点：一是交易机会不等于不属于商业秘密的范围。二是被告（上诉人）获得交易机会的手段合法，并非属于不正当竞争行为。该案涉及以下问题：

1. 交易机会不属于商业秘密范围，而是市场竞争的目标所在

本案中原告、被告等经营海带贸易的经营者对日出口的交易机会不是知识产权法律所保护的客体，只是一种商业机会，一种在市场竞争中获得的优势地位。交易机会的获得是经营者经过长期努力，并击败其他竞争者的结果。原告能够长期稳定的获得这一商业机会，既取决于其在所属区域内经营海带出口业务的优势，也体现了其在对日出口海带贸易中的良好企业信用。这种每年固定得到一定数量对日出口海带配额的机会属于竞争关系中的有利条件，山东食品进出口公司依据这种有利条件取得了竞争优势。山东食品进出口公司获得的这种竞争优势是通过公平方式获取的。需要指明的是：这种竞争优势并非其他市场经营者不能获得。后来，被告获得该交易机会，导致了原告山东食品进出口公司获得的海带出口配额因此随之减少，被告获得该交易机会的行为由此给山东食品进出口公司造成了损害。但竞争本身是经营者之间互相争夺交易机会的行为，在交易机会的得失之间，往往会给竞争对手造成损害。这种损害虽然是构成不正当竞争行为的必要条件，但不是充分条件，仅仅造成损害并不必然构成不正当竞争。

2. 交易机会获得的方式问题

（1）是否违反了竞业禁止义务？

竞业禁止可分为法定竞业禁止和约定竞业禁止。前者如我国《公司法》

第 149 条规定，董事、高级管理人员不得自营或者为他人经营与所任职公司同类的业务。我国《劳动合同法》第 23 条规定，用人单位与劳动者可以在劳动合同中约定保守用人单位的商业秘密和与知识产权相关的保密事项。对负有保密义务的劳动者，用人单位可以在劳动合同或者保密协议中与劳动者约定竞业限制条款，并约定在解除或者终止劳动合同后，在竞业限制期限内按月给予劳动者经济补偿。劳动者违反竞业限制约定的，应当按照约定向用人单位支付违约金。在此案中，原告山东食品进出口公司与被告马达庆没有关于限制马达庆离职后从事具有竞争关系业务的竞业禁止约定，马达庆离职后有从业的自由，即使在其离职后使用其在职期间积累的对日出口海带贸易经验从事竞争性业务，原告也无权予以制止。

(2) 是否违背了公认的商业道德？

公认的商业道德是指在长期的市场交易活动中形成的，为社会所普遍承认和遵守的商事行为准则。二审法院认定被告获得交易机会的方法并没有违背公认的商业道德。被告马达庆在为圣克达诚公司争取经营出口海带贸易时，明确表示其代表圣克达诚公司，没有利用山东食品进出口公司的名义，即不存在马达庆借原告之名而搭便车的嫌疑。中粮集团、日本北海道渔联明知马达庆已经离开原告公司，并基于对马达庆个人的信赖而给予圣克达诚公司涉案贸易机会。因此，马达庆在离开原告公司后，以正当的方式，帮助圣克达诚公司获取了贸易机会，不违反诚实信用等原则，其行为不具有不正当性，属于正当竞争。

其实，在保护经营者商业秘密与保障劳动者择业自由之间一直存在紧张的关系。司法政策也一直对这一问题予以关注，并作出了最基本的判断标准和审判原则。2009 年最高人民法院《关于贯彻实施国家知识产权战略若干问题的意见》指出：加强商业秘密司法保护，保护企业权益和职工择业自由，保障商业信息安全与人才合理流动。依法制裁窃取和非法披露、使用他人商业秘密的行为，保护企业商业秘密权益，引导市场主体依法建立健全商业秘密管理制度。妥善处理保护商业秘密与自由择业、涉密者竞业限制与人才合理流动的关系，维护职工合法权益。对于既不存在商业秘密，又不存在法定和约定竞业限制的竞争领域，不能简单地以利用或损害特定竞争优势为由，适用反不正当竞争法的原则规定认定构成不正当竞争。

三、深度拓展思考题

1. 技术秘密与经营秘密的异同是什么？
2. 如何看待和处理保护商业秘密的限度？

3. 考察国外关于商业秘密保护的立法模式，分析专门保护与综合保护的利弊。

4. 能否将交易机会作为财产权利的客体加以保护？民法上的信息财产权理论对于分析交易机会的法律性质有何启示意义？

5. 在劳动法的保密协议中，劳动者保护用人单位商业秘密的责任边界是什么？

第八章 反垄断法

[本章知识结构图]

```
           ┌ 反垄断法的一般条款 ┬ 竞争规则与市场体系的关系
           │                  └ 竞争政策与宏观调控政策的冲突与协调
           │                    ┌ 垄断协议的认定
           ├ 垄断协议的法律规制 ┼ 垄断协议的类型
           │                    └ 垄断协议的规制
反垄断法 ─┤   滥用市场支配地位   ┌ 相关市场界定
           ├     的法律规制   ┼ 滥用市场支配地位的认定
           │                    └ 滥用市场支配地位的规制
           │                    ┌ 经营者集中的类型
           ├ 经营者集中的法律规制┤
           │                    └ 经营者集中的申报与审查
           │                    ┌ 行政垄断的表现形式
           └ 行政垄断的法律规制 ┤
                                └ 行政垄断的法律责任
```

第一节 反垄断法的一般条款

一、知识点精解

中国《反垄断法》第 4 条宣示性地表达：国家要制定和实施与社会主义市场经济相适应的竞争规则，完善宏观调控，健全统一、开放、竞争、有序的市场体系。这必然使得恰当地协调宏观调控政策与竞争政策之关系成为目前和今后中国大陆经济政策将长期面临的重大课题。应当认为，本条款确立了我国反垄断立法、执法及司法的基本原则和最高价值取向，是整个反垄断法的一般条款。① 在我国市场经济体制尚不完善，市场经济活动中存有大量非市场因素的背景下，本条款的规定具有特殊的意义。从条款自身逻辑结构上分析，本条规定的内容包括以下三个方面：（1）国家制定和实施与社会主义市场经济相适应的竞争规则；（2）完善宏观调控；（3）健全统一、开放、竞争、有序的市场体系。具体来讲，第一，我国的市场经济竞争规则是不系统、不完善的，有的领域甚至是空白，例如在作为现代经济核心的金融业领域，竞争规则就相当缺失。所以国家要制定并实施与社会主义市场经济相适应的竞争规则。第二，完善宏观调控就是要妥善处理好竞争政策与宏观调控各政策的关系，实际上也就是要摆正政府宏观调控与市场的关系，这是十分重要的。由市场调节不到或调节不好的地方应由国家宏观调控来优化配置社会资源。但是，我们不能总是假定市场是脆弱的，而政府是强劲的。事实上政府总是脆弱的，而市场是强劲的，即使发现市场确有问题需要政府干预时，我们也应比较一下政府干预的成本和收益，而不能假定政府干预的成本总是为零。② 由此，国家宏观调控不是无边无界的，它必须给市场竞争机制作用的有效发挥留下充分的空间。但长期以来，尽管我国政府不断地制定、调整和执行涵盖着与宏观调控、微观规制和微观管理有关的公共政策，但由于认识不足，导致了一种"政策紊乱"的现象，如政策间的冲突、政策主体职能的交叉和错位、政策过程缺乏正当程序、政策客体无所适从、政策效果不理想、政策资源浪费、公共政策歧视化等。③ 目前我国正在积极努力厘清政府与市场的界限。党的十六大报告指出，从制度上更好发挥市场在资源配置中的基础性作用，形成有利于科学发展的宏观调控体系。十一届全国人民代表大会第一次会议上的《关于国务院机构改革方案的说明》强调，国家发展和改革委员会要进一步转变职能，集中精力抓好宏观调控，搞好国民经济综合平衡，指导推进和综合协调经济体制改革，协调解决经济运行中的重大问题，加强预测预警和信息引导，促进区域协调发展等，同时，进一步减少其微观管理事务和具体审批事项。第三，制定与我国社会主义市场经济相适应的竞争规则，完善宏观调控的目标就是要健全统一、

---

① 于连超：《反垄断法的一般条款解读——中国反垄断法第 4 条释义》，载《黑龙江省政法管理干部学院学报》2009 年第 2 期。

② ［美］波斯纳：《反托拉斯法》，孙秋宁译，中国政法大学出版社 2002 年版，序言第 8～9 页。

③ 时建中主编：《反垄断法——法典释评与学理探源》，中国人民大学出版社 2008 年版，第 34～35 页。

开放、竞争、有序的市场体系，这当然是我国经济体制改革目标是建立社会主义市场经济的内在要求。

(一) 竞争规则

"没有规矩不成方圆"，人类从事任何活动都应遵循一定的规则，否则将秩序混乱、效率低下而事倍功半，特别是在市场经济全球化的今天，竞争规则显得十分重要。一方面，市场经济是竞争经济。市场经济是通过竞争机制实现其资源优化配置功能和作用的，没有竞争就没有市场经济。另一方面，市场经济也是规则经济，无规则的市场经济是不完善、不健全的。任何市场主体为竞争行为都必须遵循一定的竞争规则，否则将会受到惩罚而被驱逐出市场。本条所讲的"竞争规则"是在整个竞争法律制度的意义上而言的，所以其内涵是广泛的。它包括有关市场竞争的法律、法规、规章、政策及公认的商业伦理、有关国际协议等。目前，随着反垄断法的制定和反不正当竞争法的修正与完善，关于"竞争规则"的法律体系正在形成。这个体系以反垄断法和反不正当竞争法为核心，由涉及市场竞争规则的基本法、国务院及各部委关于各具体行业、领域的市场竞争规则的行政法规和部门规章、有关市场竞争规则的地方性法规、政府规章组成。

竞争政策是，"一整套旨在确保市场竞争不以有害于社会的方式受到限制的政策和法律"或者是"一整套确保市场竞争不因受限制而减少经济福利的政策和法律"。并且"经济福利是竞争主管当局和法院应该追求的目标"。[①]竞争政策不仅是重要的经济政策，而且涉及的是为市场经济中的微观经济活动的竞争过程确立和保持所需要的制度框架、行为规范和竞争规则。其目标与任务就是保护和促进竞争，是市场竞争与价格机制发挥有效的调控功能。从此意义上讲，竞争政策是市场经济中一项基本的经济政策。[②]《反垄断法》第1章确立了以竞争政策来统领整个中国的反垄断立法。亦即在本条款的统领下，第5条表明了法律鼓励企业做大做强，而并不反对垄断状态，只是对滥用市场优势地位等垄断行为进行规制。第6条表达了反垄断法并不反对市场支配地位，而是反对滥用市场支配地位排除、限制竞争。第7条规定国有经济占控制地位

---

① [意] 马西莫·莫塔：《竞争政策——理论与实践》，沈国华译，上海财经大学出版社2006年版，第20页。

② 吴振国:《〈中华人民共和国反垄断法〉解读》，人民法院出版社2007年版，第111页。

的关系国民经济命脉和国家安全的行业以及依法实行专营专卖的行业,国家对其经营者的合法经营活动予以保护,同时对其进行监控,接受社会监督,以维护消费者利益和促进技术进步。第8条明确规定滥用行政权力排除、限制竞争行为是禁止的。

商业道德是由善良的商业习俗演变成的商人应该遵守的商业行为规范。亚当·斯密认为必须用"道德情感"对人与生俱来的对个人私利的追求加以限制,以防市场的奇迹变成市场暴君,克服看不见得手的盲目性。① 我国《反不正当竞争法》第2条第1款规定:"经营者在市场交易中,应当遵循自愿、平等、公平、诚实信用的原则,遵守公认的商业道德。""这是经济关系领域内的法律与道德关系的突破,这一规定使道德直接法律化。适用这一规定的条件有二:一是道德须是商业的;二是道德须是公认的。"② 公认的商业道德上升为法律而成为司法的依据表明其是"竞争规则"的应有之义。

随着市场经济全球化趋势日益强化,适用于市场经济体制下的竞争规则也日益国际化。在整个国际大市场上,"从贸易政策走向竞争政策",势不可挡。我国参加的国际经济组织所制定的有关的市场竞争规则也已经成为我国社会主义市场经济下的竞争规则的一部分。

(二) 制定和实施的竞争规则必须与我国社会主义市场经济相适应

不同国家有着不同的历史背景,因而也逐步形成了各具特色的竞争规则。纵观日本竞争政策演化的过程,其前期弱化的竞争政策适应了日本当时掺有大量非市场因素的经济社会的背景,是经济复兴和赶超先发达国家的需要;近来强化的竞争政策则适应了日本已相当成熟完善的市场经济体制和市场经济全球化的要求,为日本经济可持续健康发展提供了保障。与日本不同,美国一直秉承自由竞争理念,认为竞争政策是市场经济所必需的。美国经历了以规制市场结构为主的结构主义的反托拉斯政策并转向了以规制市场行为为主的行为主义的反托拉斯政策。这与美国市场经济体制确立早,市场经济各项制度完善健全是相适应的。这样的竞争政策为保持美国市场经济活力和经济可持续增长提供

---

① [德] 米歇尔·鲍曼:《道德的市场》,肖君、黄承业译,中国社会科学出版社2003年版,第3页。
② 王艳林:《市场交易的基本原则——中国〈反不正当竞争法〉第2条第1款释论》,载《政法论坛》2001年第6期。

了保障。欧盟在竞争政策上走的又是另外一条路径。竞争政策本属于国内经济政策,欧盟却使竞争政策超越国界而在整个欧盟范围内奉行统一的竞争规则。欧盟各国的市场经济体制已经相当成熟,但欧盟的这种做法寻求的是市场的统一性和开放性,它使欧盟区域成为一个统一的大市场,竞争机制在整个欧盟的范围内优化资源配置,使各国都成为受益者。统一的竞争政策为欧盟成为世界最主要的经济体之一发挥了不可代替的作用。因而,"评价一国的竞争政策实际上也是对其经济体制(系统)中的一种制度的评价,不应该单纯地看是否实现了有效竞争,市场机制是否充分运转,而且还要看与经济系统内其他制度的兼容性。"①

  国家制定和实施的竞争规则必须与我国社会主义市场经济相适应。也就是说,首先就是我们的竞争规则必须坚持社会主义竞争机制,必须符合我国的国情。我国是社会主义国家,基本经济制度是以公有制经济为主体,多种所有制经济共同发展。国有经济在国民经济中起主导作用,在关系国民经济命脉的重要行业和关键领域占支配地位。对一些特殊的行业,国家依法实施专营专卖。目前,我国市场经济竞争状况主要存在滥用行政权力排除、限制竞争行为严重;我国市场经济总体来讲还是竞争不足问题;少数企业并购后在规模上控制市场,滥用市场支配地位排除竞争,但绝大部分企业规模非常小,没有竞争力;在某些行业和领域还存在恶性竞争、竞争过度问题。另外,我国在经济体制改革过程中,区域之间经济社会发展十分不平衡;劳动力素质普遍不高,全社会的就业压力很大;由于垄断、腐败等原因产生的贫富两极分化日益严重化;市场经济体制不够健全完善,市场经济观念弱化,非市场经济因素还大量存在等问题。另一方面,我们还要考虑竞争政策的"世情",学习国际规则。不了解世界经济的发展轨迹,不遵守国际经济交往规则,一个国家很难融入世界经济大循环之中,也很难被其他国家接纳,更有被世界市场经济一体化边缘化的危险。② 竞争政策并无好坏之分,只有合适与不合适之别。我们要从我国市场经济竞争现状的现实和世界市场经济一体化的趋势出发,对症下药,坚持适度的原则来制定实施竞争规则。

---

  ① 吴小丁:《反垄断与经济发展——日本竞争政策研究》,商务印书馆2006年版,第12页。
  ② 林燕萍:《从发展中国家的视角看中国〈反垄断法〉出台后的三大难题》,载《华东政法大学学报》2008年第2期。

(三) 完善宏观调控

"在产业经济生活中,政府宏观调控手段包括财政政策、货币政策、收入分配政策、产业政策和区域政策、计划指导以及政府的经济监督等"。① "完善宏观调控"主要就是妥善处理好宏观调控各政策与竞争政策的关系,最重要的就是要统筹协调好竞争政策与产业政策的关系。

产业政策是指"国家或政府为了实现某种经济和社会目的,以全产业为直接规制对象,通过对全产业的保护、扶植、调整和完善,积极或消极参与某个产业或企业的生产、经营交易活动,以及直接或间接干预商品、服务、金融等的市场形成和市场机制的政策的总称"。② 作为国家政策,竞争政策与产业政策都是国家干预经济运行的方式。所不同的是,竞争政策通过禁止非法垄断协议、滥用市场支配地位、非法集中等垄断行为,禁止非法价格歧视、搭售、串通投标等不正当竞争行为以及对自然垄断行业、企业的直接规制等措施来促进市场的有效竞争,保证市场竞争机制作用的有效发挥,以提高、优化产业内部资源配置效率。而产业政策则是国家通过直接行政干预或财政、税收等宏观调控手段来达到其既定目的。竞争政策与产业政策所秉承的理念是不同的。竞争政策通过克服非法垄断、不正当竞争等市场自发性缺陷来保障市场竞争机制的有效运作,进而通过市场竞争机制来达到优化资源配置目的,它体现了政府对市场的信仰。产业政策是政府对市场不能有效调节的领域,通过各种宏观调控手段来配置社会资源,以达到其既定目的,它是政府"有形之手"对市场"无形之手"的补充。由于二者所秉承的理念不同、实现的路径不同,进而所采取的具体措施也会大有不同,这就可能导致竞争政策与产业政策之间的冲突。例如,为获得规模效益和增强国际竞争力,产业政策就会允许、鼓励企业联合,而为了维护市场竞争秩序,保障自由、公平竞争,竞争政策就会严格限制企业联合,冲突问题就在于竞争优先还是集中优先,也就是经济学上所谓的"马歇尔冲突"。

在美国,"一个世纪以来,反托拉斯法已成为美国的一项具有连贯性的政策。它被用来改善产业的行为——这也是我们唯一的产业政策。"在欧盟和当今的日本,竞争政策与其他经济政策相比也有着优先适用的地位。美国、欧盟

---

① 李悦主编:《产业经济学》,中国人民大学出版社 2004 年版,第 671 页。
② 杨公朴、夏大慰主编:《产业经济学教程》(修订版),上海财经大学出版社 2002 年版,第 241 页。

和当今的日本的市场经济体制都是十分健全和完善的。于是，关键问题是在我国市场经济体制尚不成熟完善，而且掺有大量非市场因素的条件下，我们应将竞争政策置于何种地位。一方面，要明确我国作为政府主导型经济发展模式的后发展国家，市场的发育和市场经济各项制度的健全完善是一个渐进式的过程，在这个过程中，竞争政策的地位是逐步加强的。另一方面，在这一过程中，产业政策的重要地位是不可忽视的，不能以竞争政策来代替产业政策。

（四）健全统一、开放、竞争、有序的市场体系

市场体系是相互联系的多类市场的有机统一体。它包括消费品和生产资料等商品市场，还包括资本市场、劳动力市场、技术市场、信息市场以及房地产市场等生产要素市场。市场体系应当具有统一性、开放性、竞争性和有序性，这是市场机制作用充分发挥的前提，也是市场成熟和市场经济体制健全完善的标志。具体来讲，第一，市场体系的统一性是指各类市场在国内地域内是一个统一的整体，不存在地方分割与封闭状态，地方或部门对市场的分割会缩小市场的规模，限制社会资源的自由流通，从而大大降低市场配置资源的效率。市场体系的统一性是市场经济的内在要求，在"等量资本获得等量利润"原则的要求下，生产要素能够在国内统一的市场上自由流动到效益最优的场所，这同时也是市场机制调节的过程。地方封锁和地方保护等破坏市场体系统一性的行为会限制和阻碍市场机制调节功能的有效发挥，这是成熟的市场经济体制所不允许的。第二，市场体系的开放性是指市场在全球领域内的开放，把国内市场和国际市场联系起来，参与国际分工和竞争，按照国际市场的价格信号和竞争机制来配置资源，以达到更合理地配置国内资源与利用国际资源的目的。市场体系的开放性势不可挡，是市场经济全球化的必然要求，我们对此必须持积极态度。并且，开放的市场体系有利于我国充分利用国内外两个市场和国内外两种资源，发挥比较优势，保持经济有活力、可持续地发展。但是，我国的市场经济体制还相当的不健全、不完善，还存有不少非市场因素在起作用，因而很难实现市场体系的完全开放，很难与国际市场适用完全统一的竞争规则，所以，我们在制定竞争规则时必须处理好与贸易政策、外资政策的关系。第三，"竞争是资本内在本质的外在表现，是一种经济主体的利益分配机制"。因而，竞争是市场经济的本质要求，没有竞争就没有市场经济。市场经济是市场在社会资源配置中起基础性作用的经济体制，市场经济的这种本质职能是通过市场竞争机制来实现的。相对于缺乏的社会资源、有限的市场生存空间和消费者群体，市场主体为获得效益的最大化而围绕价格、交易机会、市场占有份额、市

场优势等展开激烈的竞争。正是通过这种市场竞争机制实现了优胜劣汰,达到了优化资源配置的目标。成熟的市场体系最重要的就是有着充分而自由、公平竞争,这也是我们竞争政策的目标。随着市场经济体制在全球范围内的确立并不断成熟、健全和完善,现代竞争理论也是不断发展并日益深化的。从熊彼特的动态竞争理论、克拉克的有效竞争理论到二战后的哈佛学派和芝加哥学派的市场竞争理论,再到以哈耶克的自由主义经济思想为基础的新奥地利学派的竞争理论,20世纪80年代,美国的鲍莫尔等人又提出了可竞争市场理论,另外还有"交易费用"论,策略行为论等从不同角度考察、研究市场竞争的现代竞争理论。① 现代竞争理论的发展变化对各国竞争政策产生了深远影响。美国从早期的结构主义反垄断政策到后来的行为主义反垄断政策就是深受竞争理论影响的结果。因而,我们不能忽视经济学上的现代竞争理论即将对我国竞争政策的制定实施所产生的影响。加强对现代竞争理论的研究与学习是有重要意义的。但是也许,没有哪一个竞争理论完全适用于我国的市场状况。因而,我们应在现代竞争理论的指导下,从我国市场竞争状况的现实出发来制定和实施竞争政策。第四,有序的市场体系是市场经济的内在要求。市场经济机制调节作用的有效发挥依赖于有序的市场竞争。竞争的有序性就是反对无序竞争、恶性竞争,维护自由竞争和公平竞争。而竞争本质上就要求是自由的和平等的。只有竞争自由,才能保证资本、技术、劳动力、原材料等生产要素的自由流动,才能保证通过价格的信号指示而流到效益最优,同时也是最需要的场所。只有竞争平等,才能保证等量资本获得等量利润,而不受垄断等非正常因素的左右。而"竞争不是天然有序的",市场的有序竞争离不开竞争规则,舍此,"竞争既是上帝又是魔鬼",竞争规则旨在追求和维护一定的市场竞争秩序,使竞争过程不受限制和歪曲。② 由此,市场竞争法律法规的健全完善,市场竞争文化的培植生成是十分重要和迫切的。

综上所述,我国经济体制改革的目标是建立健全社会主义市场经济体制,要制定与完善同我国社会主义市场经济相适应的竞争规则。目前,我国正处于计划经济体制向市场经济体制全面转轨的阶段,是一个转型国家。相信,以经济自由和经济民主为最高价值追求的反垄断法制度能够担负起缔造统一、开

---

① 吴小丁:《反垄断与经济发展——日本竞争政策研究》,商务印书馆2006年版,第14页。

② [美]戴维·J.格伯尔:《二十世纪欧洲的法律与竞争》,冯克利等译,中国社会科学出版社2004年版,第1页。

放、竞争、有序的市场体系的重任。而在这一过程中，竞争规则的制定和实施，反垄断法制度的不断健全和完善必须要坚持以反垄断法的一般条款为最高价值取向和根本指针，即要以健全统一、竞争、开放、有序的市场体系为目标，恰当地处理好竞争政策与产业政策等宏观调控政策的关系。

二、案例分析

【案例】

中外应对金融危机中的竞争政策①

2008年9月由美国次贷危机引发的金融危机全面爆发以来，中国外需急剧萎缩，最严重的时候，出口同比下降26%，进口同比下降43%。面对严峻的危机形势，中国政府实施积极的财政政策和适度宽松的货币政策，出台了4万亿元救市投资计划并以此拉动地方投资，来实现扩大内需，保持经济稳定增长。4万亿元救市投资计划重点集中在交通、能源等基础设施领域，而由此带动的地方投资在两年内将达20万亿元规模。可以说，中国救市计划中的宏观调控主要借助产业政策和区域经济政策来实施。与中国不同，减税和退税成为欧、美、日等国家和地区刺激经济，摆脱危机的重要手段。第一，刺激消费方面，运用减税、退税等手段增加中低收入者的消费能力。如2009年2月11日，奥巴马政府出台了7890亿美元的经济刺激方案。第二，刺激投资方面，运用税收优惠扶持企业、调整产业结构。如日本自2009年4月1日至2011年3月31日，将年度所得不超过800万日元的中小企业所得税率由22%降至18%，从2009年2月1日起重新对中小企业实行亏损退税政策。可见，国外救市计划主要集中于金融领域，而对实体经济的干预持特别谨慎的态度，力主让市场竞争在实体经济的资源配置上发挥主导性作用。

【问题聚焦】

在应对经济危机问题上，与货币政策、财政政策相比，竞争政策能够发挥哪些方面的特殊功能？如何评价救市过程中的政府干预行为？

【法律剖析】

在市场自由领域内，"国家干预"的程度每增加一度，市场主体的自由就

---

① 案例来源：宁立志、于连超：《宏观调控中的竞争法问题》，载《月旦财经法杂志》2011年第14期。

减少一分,它是形成反比增长和减少的关系。救市计划中强劲的宏观调控政策保障了中国大陆经济的高速增长,收到顺利渡过危机的效果,但同时也打压了市场自由的空间,本来就不发达的市场自由,现在它的空间显得更加狭小了。① 此次金融危机是对中国大陆尚未健全的竞争政策的重大考验,同时也给进一步建立完善竞争政策和协调宏观调控政策与竞争政策之关系以重要启示。

第一,坚持竞争政策的主导性和一贯性,以维护市场自由、公平竞争的长远利益。宏观调控政策可能取得一时的收获,但难以获得长远的成功。拥有良好且安全的政府,不是将所有的期望寄托于她,而是将其不断分割并让其承担所能胜任的职责。② 对中国大陆政府而言,在资源分配上的权力或市场准入和退出的权力应当大大缩小,而市场秩序管理的职能应当大大增强。也就是要把建立和完善竞争政策作为首要任务,并让竞争政策在经济运行过程中发挥主导性作用,以培育自由、公平的市场竞争环境。另一方面,也要保持竞争政策的一贯性。我们必须明确金融危机不能够成为破坏市场竞争规则、扭曲市场竞争秩序的理由。正如英国公平贸易局局长约翰·芬格尔顿所言:竞争当局有时显示一定程度的实用主义,但在处理经济危机时不能够整体放弃竞争法原则。并非竞争导致或加强了金融危机,恰恰相反,竞争政策在克服危机使经济走向复苏中起着至关重要的作用。在欧盟,竞争主管机关通过为市场竞争者提供法律规则的确定性,担当贯穿金融危机始终的稳定力量,阻止成员国经济复苏计划措施产生的消极溢出效应等方式已使竞争政策成为克服危机的基本路径。③

第二,恰当协调宏观调控政策与竞争政策之关系。一方面,各种宏观调控政策应在更大程度上向竞争政策让位,以便竞争政策在经济运行过程中发挥主导性作用。另一方面,宏观调控政策本身应更多地贯彻和维护自由、公平竞争的要求,尽可能遵循市场内在调节机制,弱化人为行政性因素以减少非市场因素带给市场竞争机制的不确定性。例如,针对中国大陆产业结构升级问题,应积极发挥税收政策的引导作用,统一减免企业税负使市场主体接受同一竞争规则,尽可能减少采用具有强烈行政干预色彩的措施来人为地推动产业结构升级;针对需求市场不振问题,应强化消费政策,扩大消费需求能力,稳定需求

---

① 江平:《市场自由与市场秩序》,载《清华法学》2010年第3期。
② [美] 詹姆斯·C. 米勒:《产业重振的途径:竞争还是产业政策?》,金善明译,载王晓晔主编:《反垄断法实施中的重大问题》,社会科学文献出版社2010年版,第9页。
③ Damien Gerard. Managing the Financial Crisis in Europe: Why Competition Law is Part of the Solution, Not of the Problem, Global Competition Policy, pp. 1-14 (2008).

市场，让消费在引导市场有效竞争方面发挥基础性作用，尽可能减少政府主导的投资政策来拉动内需。

三、深度拓展思考题

1. 如何看待《反垄断法》一般条款性质界定的不同观点？
2. 指出我国现行宏观调控政策与《反垄断法》一般条款精神存在哪些冲突？

第二节 垄断协议的规制

一、知识点精解

（一）垄断协议的内涵

垄断协议是指以排除、限制竞争为目的，或者具有排除、限制竞争内容或后果的明示或默示的协议、决定或者其他协同行为。① 可见，垄断协议的内涵包括两个因素，一是在行为方式上由两个或两个以上的经营者共同实施，二是在行为结果上对相关市场竞争产生了排除、限制的影响。依据《工商行政管理机关禁止垄断协议行为的规定》相关规定，协议或者决定包括书面形式和口头形式。其他协同行为是指经营者虽未明确订立书面或者口头形式的协议或者决定，但实质上存在协调一致的行为。认定其他协同行为，应当考虑下列因素：（1）经营者的市场行为是否具有一致性；（2）经营者之间是否进行过意思联络或者信息交流；（3）经营者能否对一致行为作出合理的解释。认定其他协同行为，还应当考虑相关市场的结构情况、竞争状况、市场变化情况、行业情况等。

（二）垄断协议的形式

依据经营者之间是否存在直接性的竞争关系来划分，垄断协议包括横向垄断协议和纵向垄断协议。

1. 横向垄断协议

《反垄断法》第13条规定禁止具有竞争关系的经营者达成相关的垄断协

---

① 种明钊主编：《竞争法》（第二版），法律出版社2008年版，第249页。

议。《反垄断法》禁止的横向垄断协议表现形式有：

（1）横向限制价格行为。依据《反价格垄断规定》，禁止具有竞争关系的经营者达成下列价格垄断协议：固定或者变更商品和服务的价格水平；固定或者变更价格变动幅度；固定或者变更对价格有影响的手续费、折扣或者其他费用；使用约定的价格作为与第三方交易的基础；约定采用据以计算价格的标准公式；约定未经参加协议的其他经营者同意不得变更价格；通过其他方式变相固定或者变更价格；国务院价格主管部门认定的其他价格垄断协议。

（2）横向限制产量行为。禁止具有竞争关系的经营者就限制商品的生产数量或者销售数量达成下列垄断协议：以限制产量、固定产量、停止生产等方式限制商品的生产数量或者限制商品特定品种、型号的生产数量；以拒绝供货、限制商品投放量等方式限制商品的销售数量或者限制商品特定品种、型号的销售数量。

（3）横向分割市场行为。禁止具有竞争关系的经营者就分割销售市场或者原材料采购市场达成下列垄断协议：划分商品销售地域、销售对象或者销售商品的种类、数量；划分原料、半成品、零部件、相关设备等原材料的采购区域、种类、数量；划分原料、半成品、零部件、相关设备等原材料的供应商。

（4）限制技术进步行为。禁止具有竞争关系的经营者就限制购买新技术、新设备或者限制开发新技术、新产品达成下列垄断协议：限制购买、使用新技术、新工艺；限制购买、租赁、使用新设备；限制投资、研发新技术、新工艺、新产品；拒绝使用新技术、新工艺、新设备；拒绝采用新的技术标准。

（5）联合抵制交易行为，即集体拒绝交易行为。联合抵制交易行为是指竞争者之间联合起来不与其他竞争对手、供应商或者客户交易的行为。禁止具有竞争关系的经营者就联合抵制交易达成以下垄断协议：联合拒绝向特定经营者供货或者销售商品；联合拒绝采购或者销售特定经营者的商品；联合限定特定经营者不得与其具有竞争关系的经营者进行交易。

2. 纵向垄断协议

《反垄断法》第14条规定禁止经营者与交易相对人达成相关的垄断协议。纵向垄断协议包括纵向价格垄断协议和纵向非价格垄断协议。

（1）依据《反价格垄断规定》，禁止经营者与交易相对人达成下列价格垄断协议：固定向第三人转售商品的价格；限定向第三人转售商品的最低价格；国务院价格主管部门认定的其他价格垄断协议。

(2) 纵向非价格垄断协议是指所有不涉及价格成分的其他纵向垄断协议。如排他性交易行为、选择性交易行为。

除上述横向垄断协议和纵向垄断协议之外，还需进一步认识行业协会垄断协议。行业协会垄断是指行业协会以协会决定、章程、活动、共同行为等为手段，旨在排除、限制会员之间的竞争、会员与交易相对人之间的竞争、会员与同行非会员之间的竞争，或者实际达到了排除、限制竞争后果的行为。从实际情况来看，行业协会实施的排除、限制竞争行为，主要是组织本行业的经营者实施达成垄断协议，特别是固定或者变更价格、划分市场等横向垄断协议，这是由行业协会的特点和功能决定的。因此，世界各国反垄断立法一般都将行业协会反竞争行为的重点集中在垄断协议上。在美国，1914年的硬木公司诉美国政府案①中，原告木材零售商协会发布一个决议规定，如果木材批发商从事零售业务，则将被列入"黑名单"，全体协会成员均不得从它那里购买木材。联邦最高法院认定该行为意在阻止批发商在零售环节与协会成员进行竞争，违反了《谢尔曼法》规定。我国《反垄断法》第16条规定行业协会不得组织本行业的经营者订立具有排除、限制相关市场竞争效果的垄断协议。《工商行政管理机关禁止垄断协议行为的规定》规定，禁止行业协会以下列方式组织本行业的经营者从事本规定禁止的垄断协议行为：制定、发布含有排除、限制竞争内容的行业协会章程、规则、决定、通知、标准等；召集、组织或者推动本行业的经营者达成含有排除、限制竞争内容的协议、决议、纪要、备忘录等。依据《反价格垄断规定》，禁止行业协会从事下列行为：制定排除、限制价格竞争的规则、决定、通知等；组织经营者达成本规定所禁止的价格垄断协议；组织经营者达成或者实施价格垄断协议的其他行为。

(三) 垄断协议的豁免

《反垄断法》第15条第1款规定经营者能够证明所达成的协议属于特定情形之一的，不适用《反垄断法》第13条、第14条的相关规定。这些特定情形包括：为改进技术、研究开发新产品的；为提高产品质量、降低成本、增进效率，统一产品规格、标准或者实行专业化分工的；为提高中小经营者经营效率，增强中小经营者竞争力的；为实现节约能源、保护环境、救灾救助等社

---

① See Eastern States Retail Lumber Dealers Ass'n v. United States, 234 U.S. 600 (1914).

会公共利益的；因经济不景气，为缓解销售量严重下降或者生产明显过剩的；为保障对外贸易和对外经济合作中正当利益的以及法律和国务院规定的其他情形。同时，还对经营者的举证责任问题作了规定。《反垄断法》第 15 条第 2 款规定：属于前款第一项至第五项情形，不适用本法第 13 条、第 14 条规定的，经营者还应当证明所达成的协议不会严重限制相关市场的竞争，并且能够使消费者分享由此产生的利益。

《工商行政管理机关禁止垄断协议行为的规定》第 14 条规定经营者能够提供材料，证明所达成的协议符合《反垄断法》第 15 条规定的，经工商行政管理机关认定，不适用本规定。依据《反价格垄断规定》第 10 条规定，经营者能够证明所达成的协议符合反垄断法第 15 条规定的，不适用本规定第 7 条、第 8 条的规定。

（四）垄断协议的法律责任

《反垄断法》第 46 条第 1 款规定经营者违反本法规定，达成并实施垄断协议的，由反垄断执法机构责令停止违法行为，没收违法所得，并处上一年度销售额 1% 以上 10% 以下的罚款；尚未实施所达成的垄断协议的，可以处 50 万元以下的罚款。第 2 款规定经营者主动向反垄断执法机构报告达成垄断协议的有关情况并提供重要证据的，反垄断执法机构可以酌情减轻或者免除对该经营者的处罚。第 3 款规定行业协会违反本法规定，组织本行业的经营者达成垄断协议的，反垄断执法机构可以处 50 万元以下的罚款；情节严重的，社会团体登记管理机关可以依法撤销登记。

《工商行政管理机关禁止垄断协议行为的规定》进一步对宽恕制度做了规定，经营者主动向工商行政管理机关报告所达成垄断协议的有关情况并提供重要证据的，工商行政管理机关可以酌情减轻或者免除对该经营者的处罚。工商行政管理机关决定减轻或者免除处罚，应当根据经营者主动报告的时间顺序、提供证据的重要程度、达成、实施垄断协议的有关情况以及配合调查的情况确定。重要证据是指能够对工商行政管理机关启动调查或者对认定垄断协议行为起到关键性作用的证据，包括参与垄断协议的经营者、涉及的产品范围、达成协议的内容和方式、协议的具体实施情况等。对第一个主动报告所达成垄断协议的有关情况、提供重要证据并全面主动配合调查的经营者，免除处罚。对主动向工商行政管理机关报告所达成垄断协议的有关情况并提供重要证据的其他经营者，酌情减轻处罚。

二、案例分析

【案例】

浙江省富阳市造纸行业协会组织经营者达成价格垄断协议受到严厉处罚①

2010年以来，浙江省富阳市造纸行业协会先后五次组织二十余家常务理事单位召开相关行业会议，共同协商包装用白板纸出厂价格。第一次，3月2日会议提出，A级白板纸的价格统一上调200元/吨。第二次，4月6日会议要求，保证4月份富阳市白板纸现有价格稳定，5月份如出现市场明显疲软将协调会员企业组织有序限产等。第三次，4月28日会议决定，4月29日至5月15日期间，A级白板纸执行限时优惠价格（优惠幅度每吨100~150元）。第四次，8月3日会议决定，涂布白板纸在原销售价基础上上调200元/吨。第五次，8月31日A级版白板纸专题会议决定，从9月1日起富阳市生产的A级白板纸在原来销售价基础上上调200~300元/吨。浙江省富阳市造纸行业协会组织本行业经营者达成变更或固定价格的垄断协议的行为，违反了《价格法》和《反垄断法》的相关规定，根据《价格违法行为行政处罚规定》第5条第3款关于行业协会组织经营者相互串通、操纵市场价格的，对行业协会可以处50万元以下的罚款的规定，为维护正常的市场竞争秩序，保护消费者和其他经营者的合法权利，价格主管部门对浙江省富阳市造纸行业协会处以最高50万元的罚款。

【问题聚焦】

如何认定行业协会决议、信息交流、标准认定等行业协会垄断实践形式的违法性？如何强化行业协会的反垄断法规制？

【法律剖析】

从浙江省富阳市造纸行业协会组织经营者达成的价格垄断协议中可以看出：该协议主体是多元的，即二十余家常务理事单位的造纸厂商；该协议是在造纸行业协会组织下达成的；该协议约定的事项由参加者共同实施；该协议的实施给造纸业的相关市场竞争产生了严重影响。因此，该协议符合垄断协议的

---

① 案例来源：中国发展和改革委员会网站：http://www.ndrc.gov.cn/xwfb/t20110104_389456.htm，2011年8月20日访问。

构成要件完全属于垄断协议，应受《反垄断法》规制。由于该垄断协议的主体均是造纸厂商，即他们的产品在同一阶段价值链，且该协议是通过造纸行业协会达成的，而且具备相应的执行和约束措施，所以该协议属于横向垄断协议，同时属于行业协会垄断协议。既然违法性已经得到确认，所以依据《反垄断法》第46条第3款规定，反垄断主管部门可以对浙江省富阳市造纸行业协会处以最高50万元的罚款。

三、深度拓展思考题

1. 如何认定行业协会垄断协议形式？
2. 本身违法原则与合理原则对垄断协议如何适用？
3. 垄断协议获得豁免的理由及其认定程序问题？

第三节 滥用市场支配地位的规制

一、知识点精解

（一）相关市场和市场支配地位

1. 相关市场

任何竞争行为（包括具有或可能具有排除、限制竞争效果的行为）均发生在一定的市场范围内。界定相关市场就是明确经营者竞争的市场范围。在禁止经营者达成垄断协议、禁止经营者滥用市场支配地位、控制具有或者可能具有排除、限制竞争效果的经营者集中等反垄断执法工作中，均可能涉及相关市场的界定问题。科学合理地界定相关市场，对识别竞争者和潜在竞争者、判定经营者市场份额和市场集中度、认定经营者的市场地位、分析经营者的行为对市场竞争的影响、判断经营者行为是否违法以及在违法情况下需承担的法律责任等关键问题，具有重要的作用。因此，相关市场的界定通常是对竞争行为进行分析的起点，是反垄断执法工作的重要步骤。[①] 一般认为，相关市场是指经营者在一定时期内就特定商品或者服务进行竞争的商品范围和地域范围。在反垄断执法实践中，通常需要界定相关商品市场和相关地域市场。需要从商品、地域和时间等三个方面来界定相关市场的内涵。

---

① 参见国务院反垄断委员会《关于相关市场界定的指南》第2条。

相关商品市场，是根据商品的特性、用途及价格等因素，由需求者认为具有较为紧密替代关系的一组或一类商品所构成的市场。这些商品表现出较强的竞争关系，在反垄断执法中可以作为经营者进行竞争的商品范围。相关地域市场，是指需求者获取具有较为紧密替代关系的商品的地理区域。这些地域表现出较强的竞争关系，在反垄断执法中可以作为经营者进行竞争的地域范围。当生产周期、使用期限、季节性、流行时尚性或知识产权保护期限等已构成商品不可忽视的特征时，界定相关市场还应考虑时间性。在技术贸易、许可协议等涉及知识产权的反垄断执法工作中，可能还需要界定相关技术市场，考虑知识产权、创新等因素的影响。即此时相关协议中的限制还可能会对新型产品或方法的研发竞争产生负面影响，反垄断执法者应把这种可能性影响作为相关产品市场或技术市场中的独立竞争效果，或作为在某一独立创新市场的竞争效果来分析。因为对产品市场或技术市场的分析可能无法充分地评估专利许可协议中的价格限制对发明创新所产生的竞争效果。[①] 这就需要界定相关创新市场，即是否还存在足够的研发力量去开发与许可专利技术具有可替代性的未来技术和与专利产品具有可替代性的未来产品。具体而言，要识别有哪些真正构成竞争的研发力量。要评析这些力量是否具有竞争性，必须考察以下方面：这些研发努力的性质、范围和规模，它们可能利用的资金和人才资源，专有专利技术，以及其他专项资产（Specialised Assets）及其时间安排和对可能的开发成果进行利用的能力。[②]

一般来讲，在反垄断执法实践中，相关市场范围的大小主要取决于商品（地域）的可替代程度。在市场竞争中对经营者行为构成直接和有效竞争约束的，是市场里存在需求者认为具有较强替代关系的商品或能够提供这些商品的地域，因此，界定相关市场主要从需求者角度进行需求替代分析。当供给替代对经营者行为产生的竞争约束类似于需求替代时，也应考虑供给替代。需求替代是根据需求者对商品功能用途的需求、质量的认可、价格的接受以及获取的难易程度等因素，从需求者的角度确定不同商品之间的替代程度。原则上，从需求者角度来看，商品之间的替代程度越高，竞争关系就越强，就越可能属于同一相关市场。供给替代是根据其他经营者改造生产设施的投入、承担的风险、进入目标市场的时间等因素，从经营者的角度确定不同商品之间的替代程度。原则上，其他经营者生产设施改造的投入越少，承担的额外风险越小，提

---

① 美国《知识产权许可反托拉斯指南》第3.2.3节。
② 欧盟《关于横向合作协议的指南》第51段。

供紧密替代商品越迅速,则供给替代程度就越高,界定相关市场尤其在识别相关市场参与者时就应考虑供给替代。

2. 市场支配地位及其认定

市场支配地位是指经营者在相关市场内具有能够控制商品价格、数量或者其他交易条件,或者能够阻碍、影响其他经营者进入相关市场能力的市场地位。其中其他交易条件是指除商品价格、数量之外能够对市场交易产生实质影响的其他因素,包括商品品质、付款条件、交付方式、售后服务等。其中能够阻碍、影响其他经营者进入相关市场,是指排除其他经营者进入相关市场,或者延缓其他经营者在合理时间内进入相关市场,或者其他经营者虽能够进入该相关市场,但进入成本提高难以在市场中开展有效竞争等。

依据《工商行政管理机关禁止滥用市场支配地位行为的规定》,认定经营者具有市场支配地位,应当依据下列因素:(1)该经营者在相关市场的市场份额,以及相关市场的竞争状况。市场份额是指一定时期内经营者的特定商品销售额、销售数量等指标在相关市场所占的比重。分析相关市场竞争状况应当考虑相关市场的发展状况、现有竞争者的数量和市场份额、商品差异程度以及潜在竞争者的情况等。(2)该经营者控制销售市场或者原材料采购市场的能力。认定经营者控制销售市场或者原材料采购市场的能力,应当考虑该经营者控制销售渠道或者采购渠道的能力,影响或者决定价格、数量、合同期限或者其他交易条件的能力,以及优先获得企业生产经营所必需的原料、半成品、零部件及相关设备等原材料的能力。(3)该经营者的财力和技术条件。认定经营者的财力和技术条件,应当考虑该经营者的资产规模、财务能力、盈利能力、融资能力、研发能力、技术装备、技术创新和应用能力、拥有的知识产权等。对于经营者的财力和技术条件的分析认定,应当同时考虑其关联方的财力和技术条件。(4)其他经营者对该经营者在交易上的依赖程度。认定其他经营者对该经营者在交易上的依赖程度,应当考虑其他经营者与该经营者之间的交易量、交易关系的持续时间、转向其他交易相对人的难易程度等。(5)其他经营者进入相关市场的难易程度。认定其他经营者进入相关市场的难易程度,应当考虑市场准入制度、拥有必需设施的情况、销售渠道、资金和技术要求以及成本等。(6)与认定该经营者市场支配地位有关的其他因素。

各国反垄断立法中多有关于市场支配地位推定制度的规定。例如,日本《禁止私人垄断及确保公平交易法》第2条规定,在一年内,一个事业者的市场占有率超过1/2,或者两个事业者各自的市场占有率超过3/4的,则认为事业者处于垄断状态。欧盟在竞争政策报告中指出,市场占有率在40%及45%

以上的经营者，容易被认定为具有优势地位。我国《反垄断法》第19条第1款规定了可以推定经营者具有市场支配地位的具体情形，包括：一个经营者在相关市场的市场份额达到1/2的；两个经营者在相关市场的市场份额合计达到2/3的；三个经营者在相关市场的市场份额合计达到3/4的。另外，第19条第2款还规定了除外规则，即有前款第二项、第三项规定的情形，其中有的经营者市场份额不足1/10的，不应当推定该经营者具有市场支配地位。第19条第3款赋予了经营者举证推翻认定的权利，即被推定具有市场支配地位的经营者，有证据证明不具有市场支配地位的，不应当认定其具有市场支配地位。

（二）滥用市场支配地位行为

《反垄断法》第17条对滥用市场支配地位行为作了列举性规定，以下介绍之：

（1）拒绝交易，即没有正当理由，拒绝与交易相对人进行交易。禁止具有市场支配地位的经营者没有正当理由，通过下列方式拒绝与交易相对人进行交易：①削减与交易相对人的现有交易数量；②拖延、中断与交易相对人的现有交易；③拒绝与交易相对人进行新的交易；④设置限制性条件，使交易相对人难以继续与其进行交易；⑤拒绝交易相对人在生产经营活动中以合理条件使用其必需设施。在认定前款第5项规定时，应当综合考虑另行投资建设、另行开发建造该设施的可行性、交易相对人有效开展生产经营活动对该设施的依赖程度、该经营者提供该设施的可能性以及对自身生产经营活动造成的影响等因素。

（2）限定交易。禁止具有市场支配地位的经营者没有正当理由，实施下列限定交易行为：限定交易相对人只能与其进行交易；限定交易相对人只能与其指定的经营者进行交易；限定交易相对人不得与其竞争对手进行交易。

（3）搭售，即没有正当理由搭配销售商品，或者在交易时附加其他不合理的交易条件。禁止具有市场支配地位的经营者没有正当理由搭售商品，或者在交易时附加其他不合理的交易条件：①违背交易惯例、消费习惯等或者无视商品的功能，将不同商品强制捆绑销售或者组合销售；②对合同期限、支付方式、商品的运输及交付方式或者服务的提供方式等附加不合理的限制；③对商品的销售地域、销售对象、售后服务等附加不合理的限制；④附加与交易标的无关的交易条件。

（4）差别待遇，即没有正当理由，对条件相同的交易相对人在交易价格等交易条件上实行差别待遇。禁止具有市场支配地位的经营者没有正当理由，对条件相同的交易相对人在交易条件上实行下列差别待遇：①实行不同的交易数量、品种、品质等级；②实行不同的数量折扣等优惠条件；③实行不同的付款条件、交付方式；④实行不同的保修内容和期限、维修内容和时间、零配件供应、技术指导等售后服务条件。

（三）正当理由认定

具有市场支配地位的经营者没有正当理由，不得以低于成本的价格销售商品。此处"正当理由"包括：（1）降价处理鲜活商品、季节性商品、有效期限即将到期的商品和积压商品的；（2）因清偿债务、转产、歇业降价销售商品的；（3）为推广新产品进行促销的；（4）能够证明行为具有正当性的其他理由。

具有市场支配地位的经营者没有正当理由，不得通过设定过高的销售价格或者过低的购买价格，变相拒绝与交易相对人进行交易。此处"正当理由"包括：（1）交易相对人有严重的不良信用记录，或者出现经营状况持续恶化等情况，可能会给交易安全造成较大风险的；（2）交易相对人能够以合理的价格向其他经营者购买同种商品、替代商品，或者能够以合理的价格向其他经营者出售商品的；（3）能够证明行为具有正当性的其他理由。

具有市场支配地位的经营者没有正当理由，不得通过价格折扣等手段限定交易相对人只能与其进行交易或者只能与其指定的经营者进行交易。此处"正当理由"包括：（1）为了保证产品质量和安全的；（2）为了维护品牌形象或者提高服务水平的；（3）能够显著降低成本、提高效率，并且能够使消费者分享由此产生的利益的；（4）能够证明行为具有正当性的其他理由。

（四）滥用市场支配地位行为的法律责任

滥用市场支配地位行为的法律责任包括民事责任、行政责任和刑事责任。美国《谢尔曼法》第7条和《克莱顿法》第4条规定的滥用市场支配地位行为的三倍损害赔偿制度就是典型的民事责任。有的国家反垄断法通过刑事制裁措施来制裁滥用市场支配地位行为者，根据欧盟理事会1962年第17号条例（即《17/62号条例》）第15条第2款规定，对故意或过失违反《欧共体条约》第85条第1款和第86条[①]的企业或企业集团处以1000～100万欧元的罚

[①] 1997年的《阿姆斯特丹条约》将《欧共体条约》第85条、第86条和第87条改为第81条、第82条和第83条。

金。各国反垄断法基本都确立了滥用市场支配地位行为的行政责任,我国《反垄断法》第47条对滥用市场支配地位行为的行政法律责任作了规定,即经营者违反本法规定,滥用市场支配地位的,由反垄断执法机构责令停止违法行为,没收违法所得,并处上一年度销售额1%以上10%以下的罚款。

二、案例分析

【案例】

互动百科诉百度垄断案[①]

近日,互联网公司互动百科宣布向法院提起了针对百度的反不正当竞争诉讼。此前,2011年2月18日,互动百科正式向国家工商行政管理总局提交了针对百度公司的反垄断调查申请书。互动百科CEO潘海东对记者说,百度作为国内最大搜索引擎,滥用市场支配地位,对与其有产品竞争关系的企业互动百科进行屏蔽与降权,导致互动百科企业发展严重受阻。对于以上说法,记者联系了百度公司,但百度公司负责新闻宣传部门的电话两天来一直无人接听,至发稿前未有回应。此前,百度方面相关负责人在接受媒体采访时表示,"对于互动百科的单方面声讨行为,我们不进行任何评价"。"自从我国反垄断法实施以来,反垄断执法机构对于涉嫌垄断行为的举报案件,进行实质调查的数量很少。而法院受理的涉嫌垄断的诉讼案件,完全胜诉的很少。"北京市知识产权律师陈建彬说,"在反垄断诉讼中,由于反垄断案件的专业性、技术性和信息不对称等特点,原告的举证责任存在很大困难,在客观上根本拿不出经过严密分析的数据和结果来证明被告具有市场支配地位。原告要证明被告具体实施了滥用市场支配地位的垄断行为也并非易事。"北京大学法学院副教授肖江平曾说"任何法律都有操作上的难题。我国在反垄断方面也存在着很多的难题,目前法院受理的反垄断案件还比较少,这主要是因为有关反垄断法相关的司法解释还没有出台。"肖江平还表示,中国式反垄断执法模式需要改善。对于反垄断法确定的由反垄断委员会负责、组织、协调,商务部、国家工商总局、国家发改委3部委分别执法的格局,陈建彬认为,目前的反垄断执法权配置不科学,基本无法清晰划分,反垄断执法机构与行业监管协调性机制也存在缺失,可能导致执法冲突。"这样的管理体制确实会出

---

① 案例来源:《法制日报》2011年3月7日。

现诸如都来管理或者都不管理的情况。主要的原因是目前涉嫌垄断的行为都比较复杂、涉及的地域也相对较广,而这些执法部门存在人员、资金方面的不足。"肖江平说,虽然如此,但是这种执法模式是在我国现行的行政体制下最具有操作性的体制,短期内很难改善。需要不断地发现问题、积累经验,最后才能更好地去完善和解决问题。

【问题聚焦】

如何认定滥用市场支配地位的构成要件?

【法律剖析】

在上述案例中,需要界定百度公司所在的网络搜索引擎相关市场。关于这一点,北京市第一中级法院在全民医药网诉百度垄断纠纷案中,已裁定中国搜索引擎服务市场是一个相关市场,第三方研究机构如中国互联网信息中心和艾瑞咨询都先后发布过关于中国搜索引擎服务市场的研究报告。至于百度公司的市场支配地位,艾瑞咨询在2009年、2010年中国搜索引擎行业报告中指出,百度分别占营收份额的71.6%和75.5%。2010年第四季度,百度的网页搜索请求量市场份额达到83.6%。由此,宜认定百度在相关市场上具有市场支配地位。

那么,百度是否存在滥用市场支配地位的行为呢?据报道,通过抽样统计显示,互动百科有超过六成的词条被百度人工降权。目前,互动百科共收录了500万个词条,也就是相当于其中300万条被百度不同程度地降权。此外,来自Alexa的数据显示,互动百科来自百度的流量比例是10.88%,来自谷歌的是10.53%。潘海东认为,该结果与百度和谷歌在中国搜索服务市场占有率带来的自然流量严重不相称。

在上述案例中,原告互动百科公司有如下四项诉讼请求:(1)对百度进行拆分,将搜索引擎单独运营,将百度其他产品独立运营,恢复相关领域市场有序竞争;(2)在搜索结果的第一页,禁止将广告信息与自然搜索结果混排;(3)在搜索结果的第一页,禁止优先推荐自身关联产品;(4)加大互联网行业行政监管机构执法力度,及时制定并有效实施相应政策与规定来干预中国互联网搜索引擎市场垄断,遏制不正当竞争行为。针对互动百科对百度提出的"垄断"申请,有学者认为对于百度垄断的认定还有很长的路要走,市场份额大并不能直接认定为"垄断",也并非对企业进行惩罚的"原罪"。

三、深度拓展思考题

1. 如何考虑相关市场界定中的产品、地域与时间等因素?

2. 如何理解拥有市场支配地位不等于滥用市场支配地位？
3. 如何区别正当搭售行为与滥用市场支配地位行为？

第四节　经营者集中的法律规制

一、知识点精解

（一）经营者集中的内涵

根据参与集中的企业在经济中的相互关系，可以将经营者集中划分为横向集中、纵向集中和混合集中三种类型。

（1）横向集中，即生产或者销售具有可替代性产品或者服务，并且彼此处于相互直接竞争关系中的企业之间的集中。横向集中是一种最重要的集中方式，始终是世界各国反垄断法所重点关注和规制的对象。由于任何横向集中都将会减少提供产品或者服务的独立竞争者的数量，因而它已经成为大企业谋求垄断地位进而达到排除、限制竞争目的的最间接和最有效的方式。

（2）纵向集中，即同一产业中处于不同经济阶段，彼此之间不存在直接性竞争关系，但存在买卖关系的企业之间的集中。根据集中在产业链中的不同方向，纵向集中可分为向前集中和向后集中。向前集中是向其产品的下游生产链方向的集中，向后集中是向其产品的上游生产链方向的集中。纵向集中可以使未参与集中的企业处于不利的竞争地位，也可以提高进入相关市场的门槛，还可能会导致价格歧视的发生。因而，纵向集中也是世界各国反垄断法的规制对象。

（3）混合集中，即生产经营的产品或者服务彼此之间没有关联的企业之间的集中，参与集中的企业处于不同的生产或者经营领域，彼此之间既没有直接的竞争关系，也没有买卖关系。混合集中有产品扩张型混合集中、市场扩张型混合集中以及纯粹混合集中。各国反垄断法对混合集中一般不予以干预，只有在有确切证据和理由认为混合集中会导致产生或者加强市场支配地位，进而严重损害相关市场竞争而又不存在豁免理由时，反垄断当局才会对其予以干预。

（二）经营者集中的申报标准

经营者集中控制制度成为几乎所有市场经济国家反垄断法的核心制度。并非所有的经营者集中都需向反垄断主管机关申报，只有满足一定申报标准的集中才需依法申报。以下介绍世界各国立法中普遍采用的申报标准类型。

（1）销售额标准，即参与集中的企业的销售额达到一定数额，在实施集中前须向反垄断当局申报法定事项。如欧盟要求参与集中的企业中至少有两个企业的每一个在共同体范围内的销售额超过2.5亿欧元，且所有集中企业在世界范围内的合计销售额超过50亿欧元的集中需申报；德国要求在经营者集中之前的最后一个营业年度，参与集中的所有企业在全球范围的总销售额超过20亿德国马克，并且至少一个参与集中的企业在德国境内的销售额超过5000万德国马克的应当向主管机关申报。

（2）市场份额标准，即参与集中的企业或集中后的企业在相关市场上的市场占有率达到一定标准，在实施集中前需向反垄断当局申报法定事项。如英国要求集中双方或多方在集中后所能提供的产品或服务在英国同类市场上占据25%以上份额时，需要经过集中审查；我国台湾地区要求参与集中的企业市场占有率达到1/4或者集中后的企业市场占有率达到1/3的集中需申报。

（3）资产额标准，即参与集中的企业的资产总额达到一定数额，在实施集中前需向反垄断当局申报法定事项。如日本要求当参与经营者集中的一方当事人及其母公司、子公司和控股公司的全部资产总额超过了100亿日元，而另一方当事人及其母公司、子公司和控股公司的全部资产总额超过了10亿日元时，该经营者集中的当事人负有事前提出申报的义务。

（4）综合标准，即不单独以销售额、资产额或市场份额的某一项为标准指标，而是综合考量其中的两项或多项指标。如法国采取了营业额和市场份额的综合标准，英国采取了总资产额和市场份额的综合标准，韩国则采取了资产额和销售额的综合标准。①

另外，经营者集中申报标准还有对交易规模的限定。如美国要求超过2000万美元的交易不管集中企业的规模有多大，一律要求申报。还有，经营者集中申报标准对"恰当的地域联系"② 的规定。如欧盟要求参与集中的企

---

① 于连超：《我国经营者集中申报标准的确立及其再改进》，载《中国工商管理研究》2009年第10期。

② 根据国际竞争网络（ICN）在2002年9月发布的《关于合并申报程序的推荐意见》，对跨国并购主张管辖权的国家应当与被审查的企业合并有恰当的地域联系，反垄断法关于境外并购的申报标准不能仅仅依据取得企业的资产或者市场销售额确定。详见王晓晔：《〈中华人民共和国反垄断法〉中经营者集中的评析》，载《法学杂志》2008年第1期。

业中至少有两个企业在共同体范围内有一定影响力（即每一参与集中企业的销售额超过2.5亿欧元）。

我国最早关于经营者集中申报标准的规定是2003年的原对外经贸部会同国家工商总局、国家外汇管理局和国家税务总局等四部门制定的《外国投资者并购境内企业暂行规定》。后来，2006年商务部会同国有资产监督管理委员会、国家税务总局、国家工商总局、证监会、国家外汇管理局等六部门对《外国投资者并购境内企业暂行规定》作了修正，颁布了《关于外国投资者并购境内企业的规定》。2005年11月国务院法制办的《反垄断法（草案）》第17条规定了经营者集中的申报标准。2006年国务院法制办提交全国人大常委会的《反垄断法（草案）》第17条也规定了经营者集中的申报标准。2008年3月国务院法制办公室公布的《关于经营者集中申报的规定（征求意见稿）》规定了经营者集中的申报标准。此征求意见稿关于经营者集中申报的标准有二，一是营业额，二是相关市场的占有率，并对营业额标准做了国际市场与国内市场两个不同的规定。2008年8月国务院正式颁布实施的《关于经营者集中申报标准的规定》第3条规定："经营者集中达到下列标准之一的，经营者应当事先向国务院商务主管部门申报，未申报的不得实施集中：（一）参与集中的所有经营者上一会计年度在全球范围内的营业额合计超过100亿元人民币，并且其中至少两个经营者上一会计年度在中国境内的营业额均超过4亿元人民币；（二）参与集中的所有经营者上一会计年度在中国境内的营业额合计超过20亿元人民币，并且其中至少两个经营者上一会计年度在中国境内的营业额均超过4亿元人民币。"关于银行业金融机构、证券公司、期货公司、基金管理公司和保险公司等金融业经营者集中申报营业额的计算，商务部等部门又制定了《金融业经营者集中申报营业额计算办法》。

（三）经营者集中的审查

（1）《反垄断法》第28条规定经营者集中具有或者可能具有排除、限制竞争效果的，国务院反垄断执法机构应当作出禁止经营者集中的决定。但是，经营者能够证明该集中对竞争产生的有利影响明显大于不利影响，或者符合社会公共利益的，国务院反垄断执法机构可以作出对经营者集中不予禁止的决定。有学者指出，我国《反垄断法》这一规定表明在经营者集中审查上采用实质性减少竞争标准。① 2011年9月5日施行的《关于评估经营者集中竞

---

① 漆多俊、冯果主编：《经济法学》（第三版），武汉大学出版社2011年版，第143页。

争影响的暂行规定》对审查经营者集中需要考虑诸多因素作了规定,具体如下:

①参与集中的经营者在相关市场的市场份额及其对市场的控制力。市场份额是分析相关市场结构、经营者及其竞争者在相关市场中地位的重要因素。市场份额直接反映了相关市场结构、经营者及其竞争者在相关市场中的地位。判断参与集中的经营者是否取得或增加市场控制力时,综合考虑下列因素:参与集中的经营者在相关市场的市场份额,以及相关市场的竞争状况;参与集中的经营者产品或服务的替代程度;集中所涉相关市场内未参与集中的经营者的生产能力,以及其产品或服务与参与集中经营者产品或服务的替代程度;参与集中的经营者控制销售市场或者原材料采购市场的能力;参与集中的经营者商品购买方转换供应商的能力;参与集中的经营者的财力和技术条件;参与集中的经营者的下游客户的购买能力等因素。

②相关市场的市场集中度。市场集中度是评估经营者集中竞争影响时应考虑的重要因素之一。通常情况下,相关市场的市场集中度越高,集中后市场集中度的增量越大,集中产生排除、限制竞争效果的可能性越大。

③经营者集中对市场进入、技术进步的影响。经营者集中可能提高相关市场的进入壁垒,集中后经营者可行使其通过集中而取得或增强的市场控制力,通过控制生产要素、销售渠道、技术优势、关键设施等方式,使其他经营者进入相关市场更加困难。评估经营者集中竞争影响时,可考察潜在竞争者进入的抵消效果。如果集中所涉及的相关市场进入非常容易,未参与集中的经营者能够对集中交易方的排除、限制竞争行为作出反应,并发挥遏制作用。判断市场进入的难易程度,需全面考虑进入的可能性、及时性和充分性。

经营者通过集中,可更好地整合技术研发的资源和力量,对技术进步产生积极影响,抵消集中对竞争产生的不利影响,并且技术进步所产生的积极影响有助于增进消费者利益。集中也可能通过以下方式对技术进步产生消极影响:减弱参与集中的经营者的竞争压力,降低其科技创新的动力和投入;参与集中的经营者也可通过集中提高其市场控制力,阻碍其他经营者对相关技术的投入、研发和利用。

④经营者集中对消费者和其他相关经营者的影响。经营者集中可提高经济效益、实现规模经济效应和范围经济效应、降低产品成本和提高产品多样化,从而对消费者利益产生积极影响。集中也可能提高参与集中经营者的市场控制力,增强其采取排除、限制竞争行为的能力,使其更有可能通过提高价格、降低质量、限制产销量、减少科技研发投资等方式损害消费者利益。经营者集中

可能提高相关市场经营者的竞争压力,有利于促使其他经营者提高产品质量,降低产品价格,增进消费者利益。

⑤经营者集中对国民经济发展的影响。经营者集中有助于扩大经营规模,增强市场竞争力,从而提高经济效益,促进国民经济发展。在特定情况下,经营者集中也可能破坏相关市场的有效竞争和相关行业的健康发展,对国民经济造成不利影响。

评估经营者集中对竞争产生不利影响的可能性时,首先考察集中是否产生或加强了某一经营者单独排除、限制竞争的能力、动机及其可能性。当集中所涉及的相关市场中有少数几家经营者时,还应考察集中是否产生或加强了相关经营者共同排除、限制竞争的能力、动机及其可能性。当参与集中的经营者不属于同一相关市场的实际或潜在竞争者时,重点考察集中在上下游市场或关联市场是否具有或可能具有排除、限制竞争效果。

总之,评估经营者集中时,除考虑上述因素,还需综合考虑集中对公共利益的影响、集中对经济效益的影响、参与集中的经营者是否为濒临破产的企业、是否存在抵消性买方力量等因素。

(2) 反垄断当局在依法定程序和标准对申报的经营者集中进行审查后,需要在法定的期限内作出审查结论。审查结论有三种形式,包括批准、禁止和附条件批准。《反垄断法》第28条、第29条和第30条对这一问题做了相应规定。经营者集中具有或者可能具有排除、限制竞争效果的,国务院反垄断执法机构应当作出禁止经营者集中的决定。但是,经营者能够证明该集中对竞争产生的有利影响明显大于不利影响,或者符合社会公共利益的,国务院反垄断执法机构可以作出对经营者集中不予禁止的决定。对不予禁止的经营者集中,国务院反垄断执法机构可以决定附加减少集中对竞争产生不利影响的限制性条件。同时,国务院反垄断执法机构应当将禁止经营者集中的决定或者对经营者集中附加限制性条件的决定,及时向社会公布。依据《经营者集中审查办法》规定,限制性条件可以包括如下种类:剥离参与集中的经营者的部分资产或业务等结构性条件;参与集中的经营者开放其网络或平台等基础设施、许可关键技术(包括专利、专有技术或其他知识产权)、终止排他性协议等行为性条件;结构性条件和行为性条件相结合的综合性条件。为规范经营者集中附加资产或业务剥离限制性条件决定的实施,商务部根据《经营者集中审查办法》制定了《关于实施经营者集中资产或业务剥离的暂行规定》,该规定对经营者集中资产或业务剥离问题做了较为详细的规定。

二、案例分析

【案例】

商务部附条件批准诺华股份公司收购爱尔康公司案①

2010年8月13日，商务部反垄断局依法公布了附条件批准诺华股份公司收购爱尔康公司案。在公告中，商务部认为，此项集中可能在眼科抗炎/抗感染化合物、隐形眼镜护理产品两个商品市场产生排除、限制竞争的不利影响。为此，商务部决定附条件批准此项集中，要求诺华和爱尔康履行如下义务：首先，截至2010年底，诺华全面停止向中国销售易妥芬产品；同时，在商务部审查决定生效之日起5年内，诺华不得重新将易妥芬产品或以新名称出现的同样产品投放中国市场，不得将其在本交易交割前所拥有的，诺华在中国之外的其他国家销售的眼科抗炎/抗感染化合物产品投放中国市场。在此5年期内，自审查决定生效之日起的每一周年，诺华应向商务部汇报履行承诺的情况。其次，在商务部审查决定生效之日起12个月内，诺华终止上海视康与海昌隐形眼镜公司之间的《销售和分销协议》。诺华应在终止《销售和分销协议》一周之内向商务部汇报履行承诺的情况。

【问题聚焦】

经营者集中对竞争会造成怎样的影响？打造规模经济与规制垄断之间的矛盾如何协调？中国的《反垄断法》在规制外资并购方面有何局限性？如何改进？

【法律剖析】

在前述案例中，诺华股份公司收购爱尔康公司为横向经营者集中，集中双方厂商涉及的产品主要是眼科抗炎/抗感染化合物以及隐形眼镜护理产品，二者产品具有可替代性，也就是说它们在同一阶段价值链，集中双方彼此处于相互直接竞争关系。由此，可以认定该集中为横向集中。同时，依据《关于经营者集中申报标准的规定》相关规定，诺华股份公司收购爱尔康公司达到了申报标准，故依法向商务部反垄断局申报。

作为主管机关，商务部从如下几个方面对该项经营者集中进行了全面审查：参与集中的经营者在相关市场的市场份额及其对市场的控制力；相关市场

---

① 案例来源：中国商务部反垄断局网站：http：//fldj.mofcom.gov.cn/aarticle/ztxx/200910/20091006593175.html.

的市场集中度;经营者集中对市场进入、技术进步的影响;经营者集中对消费者和其他有关经营者的影响;经营者集中对国民经济发展的影响。并着重分析了该项集中可能对眼科抗炎/抗感染化合物以及隐形眼镜护理产品市场竞争的影响,得出可能会在中国范围内会产生排除、限制竞争的效果。商务部鉴于诺华与爱尔康的经营者集中可能对眼科抗炎/抗感染化合物和隐形眼镜护理商品市场产生排除、限制竞争效果,为了减少集中对市场竞争产生的不利影响,商务部决定附条件批准此项集中。并且,诺华应向商务部汇报履行承诺的情况。商务部有权对上述限制性条件的实施进行监督检查;诺华应当根据商务部《关于实施经营者集中资产或业务剥离的暂行规定》,委托监督受托人对其履行义务的情况进行监督。

三、深度拓展思考题

1. 如何看待《反垄断法》关于经营者集中申报标准的规定?
2. 如何进一步完善经营者集中实质审查的标准?

第五节　行政垄断的规制

一、知识点精解

(一) 行政垄断的内涵

行政垄断是指行政机关和法律、法规授权的具有管理公共事务职能的组织滥用行政权力,排除、限制竞争的违法行为。可见,行政垄断主体不仅仅局限于行政机关,还包括法律、法规授权的组织。

《反垄断法》第 8 条规定:行政机关和法律、法规授权的具有管理公共事务职能的组织不得滥用行政权力,排除、限制竞争。依据《反垄断法》第五章对行政垄断的规定,可以将行政垄断分为以下几种类型:

(1) 指定交易。行政机关和法律、法规授权的具有管理公共事务职能的组织不得滥用行政权力,限定或者变相限定单位或者个人经营、购买、使用其指定的经营者提供的商品。

(2) 地区封锁和地方保护。行政机关和法律、法规授权的具有管理公共事务职能的组织不得滥用行政权力,通过实施对外地商品设定歧视性收费项目、实行歧视性收费标准,或者规定歧视性价格;对外地商品规定与本地同类商品不同的技术要求、检验标准，或者对外地商品采取重复检验、重复认证等歧视性技术措施，限制外地商品进入本地市场；采取专门针对外地商品的行政许可，限制外地商品进入本地市场；设置关卡或者采取其他手段，阻碍外地商品进入或者本地商品运出；以设定歧视性资质要求、评审标准或者不依法发布信息等方式，排斥或者限制外地经营者参加本地的招标投标活动；采取与本地经营者不平等待遇等方式，排斥或者限制外地经营者在本地投资或者设立分支机构等行为妨碍商品在地区之间的自由流通。

（3）强制经营者从事垄断行为。我国《反垄断法》第 36 条规定，行政机关和法律、法规授权的具有管理公共事务职能的组织不得滥用行政权力，强制经营者从事本法规定的垄断行为。

（4）制定具有排除、限制竞争内容的规定。我国《反垄断法》第 37 条规定，行政机关不得滥用行政权力，制定含有排除、限制竞争内容的规定。

（二）我国行政垄断问题以及相关立法

为帮助企业解决市场需求萎缩问题，在扩内需保增长的掩护下，2008 年以来全国各地纷纷出台措施鼓励优先购买本地产品。例如，2009 年 1 月 5 日长春市出台的《关于支持工业企业发展若干政策的意见》规定对新购本地汽车并在长春市内使用的用户，免收新购汽车检验费、验证费。2009 年 1 月 23 日湖南省出台的《关于促进工业企业平稳较快发展的若干意见》规定将省产乘用车纳入政府采购范围，鼓励消费者购买省产乘用车，公共单位办公及公务活动要积极采购和使用本省产品，省重点工程建设项目的材料设备、企业燃料原料辅料、医院药品等要积极采购本省产品。2009 年 5 月 1 日杭州市出台的《关于支持帮助工业企业应对金融危机开拓市场的实施意见》规定为鼓励消费者购买本地产品，在指定直销点购买彩电、冰箱、洗衣机、手机 4 类本地产品可按面值享受 18% 优惠，其中由财政补贴企业 13%。而类似规定全国各地屡见不鲜。与改革开放之初保原料不同，今天主要转向了保市场，且主要集中在能够拉动地方经济增长、带动地方税收等增加值较高的行业，如汽车、家电、烟酒、医药等。与此同时，地方保护主义的操作方式也更加隐蔽，如在医药市场以药品检测技术标准等技术壁垒的手段排斥外地药品进入本地市场。全国市场上无数的地区壁垒严重阻碍了生产要素的自由流通，使市场自由竞争机制遭到扭曲。在这样的市场环境中，价格、产品质量、产品的差异性以及售后服务等市场因素在争取市场竞争优势方面就大打折扣。相反，企业性质、纳税税源地等非市场因素则成为企业能否占领某一市场的关键。

关于制止行政垄断的立法，我国早已有之。1980年国务院《关于开展和保护社会主义竞争的暂行规定》指出，开展竞争必须打破地区封锁和部门分割。任何地区和部门都不准封锁市场，不得禁止外地商品在本地区、本部门销售。对本地区出产的原材料必须保证按国家计划调出，不准进行封锁。工业、交通、财贸等有关部门对现行规章制度中妨碍竞争的部分，必须进行修改，以利于开展竞争。采取行政手段保护落后，抑制先进，妨碍商品正常流通的作法，是不合法的，应当予以废止。2001年《国务院关于禁止在市场经济活动中实行地区封锁的规定》指出，各级人民政府及其所属部门应当为建立和完善全国统一、公平竞争、规范有序的市场体系创造良好的环境和条件。禁止任何单位或者个人违反法律、行政法规和国务院的规定，以任何方式阻挠、干预外地产品或者服务进入本地市场，或者对阻挠、干预外地产品或者服务进入本地市场的行为纵容、包庇，限制公平竞争。2003年《中共中央关于完善社会主义市场经济体制若干问题的决议》强调，要加快建设全国统一市场，促进商品和各种要素在全国范围自由流动和充分竞争。废止妨碍公平竞争、设置行政壁垒、排斥外地产品和服务的各种分割市场的规定，打破行业垄断和地区封锁。《反不正当竞争法》第7条规定：政府及其所属部门不得滥用行政权力，限定他人购买其指定的经营者的商品，限制其他经营者正当的经营活动。政府及其所属部门不得滥用行政权力，限制外地商品进入本地市场，或者本地商品流向外地市场。

关于行政垄断问题有不同意见。一是体制改革论。该观点认为，行政垄断现象从根本上讲是由于我国经济体制和行政管理体制改革不到位造成的。因而，解决这一问题的关键就是进一步深化经济体制改革，进一步发挥市场在资源配置中的基础性作用，使企业真正成为独立自主的市场主体。还要进一步深化行政管理体制改革，进一步转变政府职能，规范行政权力运行。并认为，法律制度作为一种明确的、刚性的行为规范，并不是一种合适的解决问题的手段，也很难发挥实质性作用。二是立法控制论。这一观点主张通过进一步完善立法，对行政垄断行为进行控制。其中又有两个不同观点，一是主张通过行政立法来控制。一是主张由反垄断法来规制行政垄断行为。三是综合治理论。这一观点认为治理行政垄断是一个系统工程，需要综合采取多方面的措施。既需要深化经济体制和行政管理体制改革，也需要进一步完善相关法律制度。[①]

---

① 参见曹康泰：《中华人民共和国反垄断法解读——理念、制度、机制、措施》，中国法制出版社2007年版，第151～152页。

(三) 行政垄断的法律责任

《反不正当竞争法》和《反垄断法》对行政垄断的法律责任都有规定。《反不正当竞争法》第 30 条规定：政府及其所属部门违反本法第 7 条规定，限定他人购买其指定的经营者的商品、限制其他经营者正当的经营活动，或者限制商品在地区之间正常流通的，由上级机关责令其改正；情节严重的，由同级或者上级机关对直接责任人员给予行政处分。被指定的经营者借此销售质次价高商品或者滥收费用的，监督检查部门应当没收违法所得，可以根据情节处以违法所得 1 倍以上 3 倍以下的罚款。《反垄断法》第 51 条规定：行政机关和法律、法规授权的具有管理公共事务职能的组织滥用行政权力，实施排除、限制竞争行为的，由上级机关责令改正；对直接负责的主管人员和其他直接责任人员依法给予处分。反垄断执法机构可以向有关上级机关提出依法处理的建议。法律、行政法规对行政机关和法律、法规授权的具有管理公共事务职能的组织滥用行政权力实施排除、限制竞争行为的处理另有规定的，依照其规定。

可见，行政垄断的法律责任有以下三点：第一，责令改正行为和处分直接责任人的罚则。行政机关和法律、法规授权的具有管理公共事务职能的组织滥用行政权力，实施排除、限制竞争行为的，由上级机关责令改正；对直接负责的主管人员和其他直接责任人员依法给予处分。第二，反垄断执法机构的建议权。反垄断执法机构可以向有关上级机关提出依法处理相关行政垄断行为的建议。第三，反垄断法并非唯一适用的规则。法律、行政法规对行政机关和法律、法规授权的具有管理公共事务职能的组织滥用行政权力实施排除、限制竞争行为的处理另有规定的，依照其规定。

二、案例分析

【案例一】

点头隆胜石材厂不服福鼎市人民政府行政扶优扶强措施案[①]

被告福鼎市人民政府以鼎政办（2001）14 号文件，批准下发了《工业领导小组办公室关于 2001 年玄武岩石板材加工企业扶优扶强的意见》。该文件虽未给原告点头隆胜石材厂确定权利与义务，但却通过强制干预福建玄武石材有限公司的销售办法，直接影响到点头隆胜石材厂的经营权

---

① 案例来源：《最高人民法院公报》2001 年第 6 期。

利。因此对点头隆胜石材厂来说，该文件具有了《行政诉讼法》第11条第1款第（三）项规定的"认为行政机关侵犯法律规定的经营自主权的"情形，是行政诉讼法第二条规定的具体行政行为，属于人民法院行政诉讼的受案范围，点头隆胜石材厂有权提起行政诉讼。人民法院受理此案，符合最高人民法院《关于〈中华人民共和国行政诉讼法〉若干问题的解释》第1条第1款关于"公民、法人或者其他组织对具有国家行政职权的机关和组织及其工作人员的行政行为不服，依法提起诉讼的，属于人民法院行政诉讼的受案范围"的规定。被告福鼎市人民政府收到起诉状副本后，在法定期限内仅提交了答辩状，没有提供作出鼎政办（2001）14号文件的事实根据和法律依据，不能证明该文件是合法的，依法应予撤销。本案审理期间，福鼎市人民政府已经停止执行鼎政办（2001）14号文件，再判决撤销该文件，已无实际意义。最终因原告不撤诉，法院确认被告福建省福鼎市人民政府2001年3月13日作出的鼎政办（2001）14号文件违法。

【案例二】

"绿坝软件"事件①

2009年6月9日，工业和信息化部发布《关于计算机预装绿色上网过滤软件的通知》（工信部软［2009］226号文件）明确要求在我国境内生产销售的计算机出厂时应预装"绿坝-花季护航"软件（以下简称绿坝软件）最新适用版本；进口计算机在国内销售前应预装绿坝软件最新适用版本。绿坝软件由郑州金惠计算机系统工程有限公司和北京大正语言知识处理科技有限公司共同开发并提供，由中央财政资金买断其1年使用权及相关服务，供全社会免费使用，以构建绿色、健康、和谐的网络环境，避免互联网不良信息对青少年的影响和毒害。工信部强制安装绿坝软件在社会上引起颇多争议，其中涉及对言论自由的限制、隐私权保护、对财政资金使用合理性的质疑，构成政府指定购买、政府排除和限制竞争的质疑等。

【问题聚焦】

《反垄断法》在规制行政垄断方面的作用空间有多大？行政管理体制改革是否根治行政垄断的灵丹妙药？

---

① 案例来源：《南方周末》2009年6月11日。

【法律剖析】

上述点头隆胜石材厂不服福鼎市人民政府行政扶优扶强措施案发生在《反垄断法》颁布实施之前，那么《反不正当竞争法》中关于行政垄断的规定应当成为司法依据。从中得知，该行政性垄断案件是通过行政诉讼的途径得到解决的。但是，法院始终没有引用《反不正当竞争法》的相关条款。《反不正当竞争法》关于规制行政垄断的相关条款是第7条和第30条，其中第7条规定："政府及其所属部门不得滥用行政权力，限定他人购买其指定的经营者的商品，限制其他经营者正当的经营活动。政府及其所属部门不得滥用行政权力，限制外地商品进入本地市场，或者本地商品流向外地市场。"第30条是关于法律责任的规定，即"政府及其所属部门违反本法第七条规定，限定他人购买其指定的经营者的商品、限制其他经营者正当的经营活动，或者限制商品在地区之间正常流通的，由上级机关责令其改正；情节严重的，由同级或者上级机关对直接责任人员给予行政处分。被指定的经营者借此销售质次价高商品或者滥收费用的，监督检查部门应当没收违法所得，可以根据情节处以违法所得1倍以上3倍以下的罚款"。当然，最高人民法院将此案作为典型案例予以公布，也代表了一种导向，即此类行政性垄断案例可通过行政诉讼的途径予以解决。应当认为，这也是在我国竞争司法程序刚刚起步或是不足够完善的情况下的恰当选择。

上述"绿坝软件"事件中，工业和信息化部发布《关于计算机预装绿色上网过滤软件的通知》（工信部软[2009]226号文件）违反了《反垄断法》第37条之规定，即行政机关不得滥用行政权力，制定含有排除、限制竞争内容的规定。并且，工业和信息化部发布的该文件规定，境内生产销售的计算机出厂以及进口计算机在国内销售时应预装"绿坝-花季护航"软件，而该软件由郑州金惠计算机系统工程有限公司和北京大正语言知识处理科技有限公司共同开发并提供。那么，似有指定交易的嫌疑。

三、深度拓展思考题

1. 《反垄断法》关于行政垄断的规定是否完善？
2. 如何看待《反垄断法》中关于行政垄断行为的法律责任？

第九章 消费者权益保护法

[本章知识结构图]

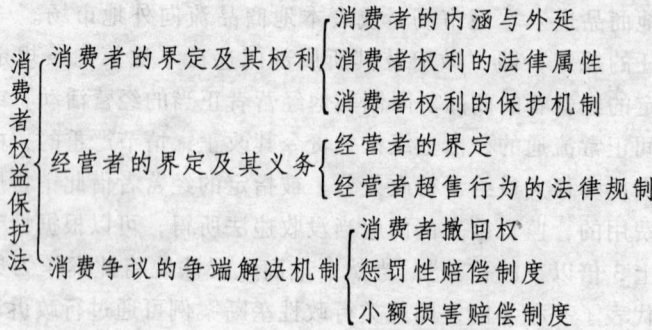

第一节 消费者的界定及其权利

一、知识点精解

1996年，沃尔玛在中国的第一家会员店——深圳山姆会员店开业，以此为首，国内兴起会员制营销模式，也称之为预付款消费模式，引发了零售业的一场销售革命。该模式的特点是：一次性支付一定金额购买会员卡或贵宾卡后，就可按优惠价格消费或者享受其他免费服务，主要应用于健身、美容美发、洗浴、洗车、洗染行业、加油站等。商家提前锁定顾客，顾客享受折扣，本是互利双赢的模式，但是，近年预付费消费却存在"经营者不向消费者提供消费凭证和记录"、"迁址、停业不提前告知消费者"、"有效期满卡内余额一律作废"、"服务价格随意变动"、"经营者卷款而逃"、"更换经营者而新经营者不承认原卡有效、余款不返还"等10大问题，在北京、上海、黑龙江等地成为消费者权益受损的投诉热点。会员制预付款消费模式反映出当前消费领域的某些新变化，一定程度上揭示了我国消费者权益保护领域面临的新问题，凸显出我国现行《消费者权益保护法》存在的缺陷。

(一) 消费者概念的确立及扩展

1. 消费者概念的确立

法律是经济关系要求的反映。19世纪末20世纪初，随着生产的社会化和专业化程度的提高，组织化程度也越来越高，拥有团体优势的经营者享有"经营者主权"，与此相对，则是分散、孤立的消费者。由于经营者所处的优势地位（经济实力的优势、信息能力的优势、谈判能力的优势、诉讼能力的优势①），二者之间的交易关系遵循平等互利的原则已经无法达到实质的平等，消费者问题层出不穷，消费者保护的呼声日趋强烈。而近代民法体系中的民事主体概念体系以平等性为前提，是"抽象的人"而非"具体的人"，难以合理解释该种社会主体的分化现象，以客体为权利类型划分基础的近代民法权利体系无法给予处于弱势的消费者以特殊保护，以平等性与互换性为基本假设的近代民法的制度和理念在面对新问题时显得捉襟见肘，对既有法律制度的变革肇始于法律主体概念的扩展。

法律主体概念的扩展表现为在法律上确立了"消费者"的概念，有两种模式：一为专门的消费者保护法律确立。以20世纪60年代世界范围内爆发的消费者保护运动为背景，日本也广泛开展了消费者保护运动，并于1986年制定了世界上第一个专门的消费者保护法律——《保护消费者基本法》，"是规定有关消费者施策的法律，它本身并不直接规定权利和义务，而仅仅设立纲领性（program）的规定。有关保护消费者的实体法性的规制，则是以该法为依据所成立的各种的法律的规定而实施。"② 二为对近代民法中的主体概念扩展。如《德国民法典》在2000年修订中，增加了"消费者"、"经营者"的定义，前者是指"为一定的目的订立法律行为，而该一定的目的既不能够归属于自己的营利事业活动，又不能够归属于自己独立职业活动的任何人"，并在2002年债法改革中，为消费品买卖单独设置了一个目——"第三目 消费品买

---

① 参见李艳芳主编：《经济法案例分析》(第二版)，中国人民大学出版社2006年版，第187页。

② ［日］金泽良雄：《经济法概论》，满达人译，甘肃人民出版社1985年版，第465页。

卖"。①

我国立法对消费者概念及权利的保护采取了第一种模式,于1993年颁布了《消费者权益保护法》,在第2条界定了该法的适用范围,从侧面揭示了消费者的概念:"消费者为生活消费需要购买、使用商品或者接受服务,其权益受本法保护。"1995年出现了运用第49条关于惩罚性赔偿规定进行打假的"王海现象",不同法院作出了相反的判决,由此引起了对消费者概念界定的广泛讨论。② 正如博登海默所说:概念乃是解决法律问题所必需的和必不可少的工具,没有限定严格的专门概念,我们便不能清楚地和理性地思考法律问题③,而概念界定的目的在于判断具体法律关系能否适用消费者权益保护法来调整。争议焦点体现在几个方面:①消费者是否包括单位;②消费目的是否限定为生活目的;③消费领域的范围;④消费的空间范围。目前对消费者的界定形成的初步共识有:消费者一般指个人消费者,法人或其他社会组织的消费行为必须为个人消费者是最终使用者;消费者应限于生活消费目的,交易相对人为经营者,以营利性为目的;消费者包括购买商品的消费者和接受服务的消费者两类,使用商品的消费者依照《产品质量法》保护。这几个基本判断成为以下分析的前提和基础。

2. 消费者概念的扩展

《消费者权益保护法》颁布之时,消费市场的结构体现为商品消费为主,消费层次上生存型消费占据重要地位,有形商品交易关系是典型的社会关系形态,伴随着我国社会经济的发展以及改革的深入,居民生活水平提高,商品消费结构发生了较大变化:汽车、金银、高档消费品等进入寻常百姓家庭,通信、金融保险、房地产、信息咨询、电子商务、现代物流、旅游等一大批新型服务业与现代人的生活须臾不可分离,且服务型消费所占的比例日益提高,对《消费者权益保护法》中的消费者概念造成了新的冲击。以金融服务而言,现代金融业务不断交叉与创新,金融商品和服务向全社会渗透和扩展。单位和个

---

① 参见杜景林、卢谌:《德国新债法研究》,中国政法大学出版社2004年版,第210页。

② 参见梁慧星:《消费者权益保护法第49条的解释与运用》,载《人民法院报》2000年3月29日;梁慧星:知假买假打假者不受"消'法"保护》,载《南方周末》2002年7月25日;王利明:《消费者的概念及消费者权益保护法的调整范围》,载《政治与法律》2002年第2期等。

③ 参见[美]E. 博登海默:《法理学:法律哲学与法律方法》,邓正来译,中国政法大学出版社2004年版,第504页。

人为了满足自身的需求，或多或少参与到金融活动中，由于金融市场的不确定性、信息不对称以及负外部性，使得金融商品交易和服务充满风险性，金融市场上不断爆发出各种欺诈案件，如友邦重大疾病保险欺诈案、五粮液事件等。那么，该种金融商品交易案件中的受害人能否适用消费者权益保护法，即金融消费者的判断问题。以下从四个层次分析。

第一，投资与消费的区分。金融消费，即消费者在金融领域中的消费，是消费者购买金融商品或接受金融服务的一种行为。讨论金融消费，有必要首先区分一对概念：消费与投资。《辞海》中对于消费的定义为：人们消耗物质资料以满足物质和文化需要的过程，是社会再生产过程的一个环节，是人们生存和恢复劳动力的必不可少的条件。《现代汉语词典》解释"消费"的含义则是："为了生产和生活需要而消耗物质财富。"[①] 从经济学的角度来看，消费是社会再生产的最后环节，通常是指人们消耗一定的资源以满足物质和文化生活需要的过程。在法学语境中，消费有别于制造、批发、零售，行为表现为购买、持有、使用、维护以及处理和服务等，[②] 总之，消费的目的是为了满足自己的营业、事业或者专门职业以外的目的，消费的结果是满足了某种需要，是对净资产的一项消耗，由于付出减少了自己的净资产。所谓投资，为达到收益目的而投入资金，是以营利为目的。正因如此，多数学者依据《消费者权益保护法》规定，认为买卖金融商品属于以收益为目的的投资行为，并非生活消费所必需，而收益与风险相伴，投资自应承担风险，不应属于消费者范畴。

第二，个人投资者与单位投资者的区分。投资者一般包括两类：一为单位，一为自然人个人。在传统金融法领域一般将其对应称为单位投资者和个人投资者，二者的投资行为背后收益的真正目的并不相同。单位投资者有两类，包括一般单位投资者和机构投资者。一般单位投资者由于其以营利为目的，作为商主体应有能力预测和抵抗投资风险，获得收益用于生产和扩大再生产；机构投资者更因其较强的专业优势，运用投资组合策略进行投资行为，在信息的获取及分析能力方面与经营者处于平等地位，该投资行为正是其营业范围或营业目的。因此单位投资者应排除在金融消费者之外。

---

① 《现代汉语词典》(修订本)，商务印书馆 2000 年版，第 1128、1380 页。
② 如美国权威的《布莱克法律词典》规定为"消费者有别于制造商、批发商和零售商，是指那些购买、使用、持有、维护以及处理和服务的个人或最终产品的使用者"；《牛津法律大辞典》也认为"消费者是指那些购买、取得和使用各类物品和服务（包括住房）的个人"。

对于个人投资者则有不同。金融消费具有如下特点：消费标的的无形性、消费内容的不易识别性、对价获取的不确定性、销售方式突出的劝诱性、商品种类及内容的复杂性。① 个人在购买金融商品时，对消费标的——金融商品的信息，由于其有较高的专业壁垒，购买者无法像购买普通商品一样客观感知，更无质量检验合格证明等标志作为衡量标准加以判断，加上金融商品推介人员避重就轻地夸大收益、减少亏损的初始信息告知，购买者容易陷入对该商品的错误认知而作出购买的选择。更重要的是，购买金融商品不是一次性消费，该商品质量如何取决于合同履行中的"售后服务"，金融服务构成了金融商品的实质内容。不仅服务内容更加全面：包括初始的信息披露和持续的信息披露，而且对披露的方式和程度亦有要求："金融机构除了要保证信息自身质量之外，还必须关注消费者对信息的接受和掌握能力。也即，除了要求所提供的信息必须真实、准确、完整和具有及时性以外，金融机构向消费者进行说明时还应当满足诸如针对性、适合性、可理解性等更高的信息披露要求。"② 可见，金融交易的高壁垒性已经构成个人投资者的消费障碍，使其处于明显的信息弱势地位。从其投资的目的来看，投资决策的最终目的仍在于消费,③ 是为了获得更多收益用于提高个人和家庭的生活消费水平，与银行存款取得利息没有本质区别，是个人收入随着国家发展有了较大提高之后有"闲钱"的必然结果，是个人获得高层次生活的必然选择。消费者权益保护法诞生于我国温饱型社会的经济基础之上，立法将个人投资者认定为金融消费者纳入法律保护是经济发展的必然要求。如日本《消费者权益保护法》的立法目的是"'拥护及增进消费者的利益'，规定'消费者基本政策事项力求综合地推动拥护及增进消费者利益有关的对策，以'确保稳定和提高国民的消费生活'为目的（第一条）"。④

第三，个人投资者中的金融消费者的例外。对个人投资者的金融消费者身份予以确认的同时，基于金融消费者倾斜保护的目的在于矫正二者之间的实质不平等地位，所以有必要对个人投资者做进一步的精细划分，将那些能够与经

---

① 参见郭丹：《金融消费者权利法律保护研究》，2010 年吉林大学博士论文，第 23 页。

② 何颖：《论金融消费者保护的立法原则》，载《法学》2010 年第 2 期。

③ 伊志宏主编：《消费经济学》，中国人民大学出版社 2004 年版，第 10 页。

④ ［日］金泽良雄：《经济法概论》，满达人译，甘肃人民出版社 1985 年版，第 465 页。

营者抗衡的成熟消费者排除在外。如日本立法规定"特定投资者"不属于金融消费者，金融商品销售者就重要事项进行特别说明等强制性义务保护规则对其并不适用。"特定投资者"是指：具有金融商品销售方面的专门知识以及经验的"特定顾客"；缔结隐名合伙契约的个人，或者在知识、经验以及财产状况等与内阁府令规定的特定投资者认定要件相当的其他个人（净资产在3亿日元以上等要件）"。① 美国对投资者作了进一步的细分，包括未被授权投资者、合格投资者、老练投资者、机构投资者、合格机构投资者等几类。"美国《1933年证券法》对自然人合格投资者作了以下规定：（1）这些自然人是证券公司发行公司的董事、执行官员或者是普通合伙人；（2）或者这些自然人（或与其配偶一起）必须拥有净资产100万美元以上或者最近2年所得平均超过20万美元；（3）或者这些自然人与配偶最近2年总收入每年超过30万美元，而且当年收入经合理预期可以达到往年水平。只有合格投资者才能参与风险较高的投资项目和品种、投资对冲基金、参与有限合伙或者风险投资等。这样避免了那些普通投资者误入高风险金融游戏的可能，保护了普通投资者的利益。"②

第四，我国立法中的金融消费者。在我国立法中首次使用"金融消费者"概念的是2006年12月银监会颁布的《商业银行金融创新指引》，该指引第4条规定："金融创新是商业银行以客户为中心，以市场为导向，不断提高自主创新能力和风险管理能力，有效提升核心竞争力，更好地满足金融消费者和投资者日益增长的需求，实现可持续发展战略的重要组成部分。"将金融消费者和投资者二者并列规定，可见银监会对此区别对待的内涵。同时，从中国股权市场个人投资者的结构状况来看，根据中国证券业协会和中国证券投资者保护基金共同完成的《中国证券市场投资者问卷调查分析报告》（2007年6月11日至7月5日）显示，个人投资者投资资金规模在10万元以下的约占调查总数的25%，资金规模在50万元以下的约占总数的70%，③ 一定程度上反映出当前个人投资者在财富并不丰盈的情况下强烈的金融消费需求，同时对投资目标安全性高于收益性，存在小富即安的心理，处于明显的信息弱势地位。相对于

---

① 参见日本《金融商品取引业等内阁府令》，（平成19年8月6日）第62条。
② 吴弘、徐振：《金融消费者保护的法理探析》，载《经济法学、劳动法学》2010年第2期。
③ 转引自何颖：《金融消费者刍议》，载北京大学金融法研究中心《金融法苑》第75期。

20世纪90年代的生存需求来说,是为了分享金融市场的成果去追求更高级别的生活消费需求。

综上,随着个人财富的不断增长,个人闲暇时间增多,从消费领域来看,个人生活消费领域将向更大范围扩展,商品消费向高档化方向发展,服务性消费增多,除了物质性消费品以外,文化、教育、体育、卫生等方面的精神消费品扩大;从消费层次看,从生存型消费向发展型消费(如教育)、享受型消费(如旅游)和奢侈型消费(如私人游艇、珠宝首饰、贵重化妆品)过渡;从交易方式看,互联网技术的发展是对传统交易方式的巨大革新,电子商务改变了传统的交易方式,网络交易风险被无限放大,以及新能源、新技术的运用创造的新型商品、服务丰富人们生活的同时,潜藏着许多未知的风险,消费者并非行行业业的专家,在新的商品和服务面前"在现实上,可以说,是一个弱者",① 类似于今天的金融消费者的新型消费者会在现实中不断出现,需要立法予以倾斜保护。而"生活消费目的"限定过于狭窄,应进一步扩展消费者的概念,可界定为:所谓消费者,是指为自己的营业、事业或者专门职业以外的目的而购买商品和接受服务的自然人。不仅包括生存需要的消费,而且包括发展、提高生活质量的消费。这一点在地方性法规中已经被采纳。②

(二)消费者权的法律属性

就消费者权,学界有不同的观点:①民事权利说。有学者认为,"因为享有知情权的主体是消费者,义务主体为经营者,两者皆为民法上的主体,因而这种权利必须具有私法上之性质,属于民事权利范畴"。③ ②经济法权利说。有学者认为,经济法意义上的权利应当是突破与超越民法意义上的交易当事人的权利,基于弱者地位所特别提出的权利——消费者选择权和知情权是经济法

---

① [日]金泽良雄:《经济法概论》,满达人译,甘肃人民出版社1985年版,第462页。

② 如《上海市保护消费者合法权益条例》(1994年12月9日修正)第2条第1款规定:"本条例所称的消费者,是指为物质、文化生活需要购买、使用商品或者接受服务的单位和个人,其权益受国家法律、法规和本条例的保护。"《四川省消费者权益保护条例》(2007年7月27日)第2条:本条例所称消费者,是指为生活需要、提高生活水平而购买、使用商品或者接受服务的自然人。

③ 张严方:《消费者保护法研究》,法律出版社2003年版,第290页。

权利。① ③社会法权利说。有学者认为，消费者权益有个体权益与集体权益之分，消费者个体权益与集体权益有时不一致甚至相互冲突，消费者集体权益不是由一个个消费者个体权益简单相加集合在一起所组成的，消费者集体权益是社会法性质的权利。② 经济法是社会法的组成部分。③

　　本书笔者认为，消费者权属于经济法权利，这是因为：第一，消费者权利源于民事权利，又超越了民事权利。民事主体具有抽象人格，是"标准人"，民事权利的内容依据客体的不同而决定；消费者权利却是基于主体处于弱势地位而赋予的。如消费者的知情权是着眼于消费者一方的社会不特定经济主体利益而确立的权利，相较于民事主体相互之间遵循诚实信用原则知悉商品或服务的真实情况权利而言，是双方当事人均享有的权利；消费者的选择权相较于民事主体相互之间有选择与对方是否交易、如何交易的权利而言，作为事后救济的手段，反悔权（或称为冷却期、冷静期、法定撤回权）的确立从根本上推翻了之前形式平等的交易，是对民事权利的超越。第二，第二种观点的分歧焦点在于经济法与社会法的区分。二者最本质的区别在于：经济法的经济性（体现在调整对象、法益目的、运行机制三方面）与社会法的社会性（社会政策目标与社会效益指标）、经济法的积极公平观与消极公平观。④ 经济法的国家干预目的在于恢复市场机制持续、高效地发挥作用，遵循效率优先兼顾公平原则。社会法重要的目的在于确保弱者的基本生活和基本权利，避免利益的边缘性，目的在于避免边缘群落的产生，遵循公平优先兼顾效率原则。消费者处于社会再生产的终端，其弱者地位是由于市场运行机制失灵的结果，非竞争中分化产生的特定社会阶层，消费者权的保护目的在于形成生产与消费的良性循

---

① 参见李友根：《论经济法权利的生成——以知情权为例》，载《经济法学、劳动法学》2009年第2期；钱玉文：《消费者权的法律解释——基于判例与法理的视角》，《法学》2008年第8期。

② 参见赵红梅：《个体之人与集体之人——私法与社会法的人像区别之解析》，载《法商研究》2009年第2期；赵红梅：《经营者义务：对谁负担的义务》，载《经济法学、劳动法学》2010年第12期。

③ 该学者认为：社会法主要包括下列法律部门：经济法、劳动与社会保障法、环境与资源保护法、社会公益事业法。经济法定位于为第三法域——社会法的组成部分，不同于将经济法定位为公法与私法混合领域的观点。参见赵红梅：《私法社会化的反思与批判——社会法学的视角》，载《中国法学》2008年第6期。

④ 参见李昌麒、单飞跃、甘强：《经济法与社会法关系考辨》，载《现代法学》2010年第2期。

环，保证市场机制的正常、高效运行。正是基于此，有学者甚至提出应以消费者为中心构建经济法的主体体系。①

（三）消费者权利的内容——以消费者的知情权为例

知情权首先是在公法意义上使用的概念，其基本含义是公民有权知道他应该知道的东西。公法中确立知情权，是为了限制公权力对私权利的侵犯而得以产生和发展起来的。知情权在消费者领域确立，是美国总统肯尼迪在 1962 年"关于保护消费者利益的总统特别国情咨文"中提出的，之后在世界范围内的消费者法中被普遍确认为一项重要的法定权利。从知情权的具体内容来说，表述为"有权获得正确资料（the right to be informed）"、"明确事实真相的权利（the right to information）"等，我国《消费者权益保护法》第 8 条规定："消费者享有知悉其购买、使用的商品或者接受的服务的真实情况的权利。消费者有权根据商品或者服务的不同情况，要求经营者提供商品的价格、产地、生产者、用途、性能、规格、等级、主要成份、生产日期、有效期限、检验合格证明、使用方法说明书、售后服务，或者服务的内容、规格、费用等有关情况。"在地方性法规中有更为详细的规定，如《上海市消费者权益保护条例》第 8 条第 2 款规定："消费者有权根据法律规定、行业规则和行业惯例，要求商品的经营者提供……"但是，由于消费领域、消费结构、交易方式等的变化，我国现行立法规定的消费者知情权仍然存在一些不足，需要进一步加以完善。

1. 反面的义务设定应与正面的权利保护相结合

从我国《消费者权益保护法》的规定来看，为了突出消费者的权利，强化经营者的义务，在内容设计方面并未遵循权利义务一体规定的立法范式，而是对消费者只规定了权利，对经营者只规定了义务。如第 8 条规定消费者知情权的同时，第 19 条规定了经营者的告知义务："经营者应当向消费者提供有关商品或者服务的真实信息，不得作引人误解的虚假宣传。经营者对消费者就其提供的商品或者服务的质量和使用方法等问题提出的询问，应当作出真实、明确的答复。商店提供商品应当明码标价。"该规定采取对经营者设定告知义务以实现消费者知情权的义务范式，而"有关经营者义务的表述既缺乏引述性的规定（如依法），更缺乏有关满足与保护消费者知情权的宗旨揭示与一般

---

① 参见徐孟洲：《耦合经济法论》，中国人民大学出版社 2010 年版，第 101~115 页。

性条款"，① 消费者具有权利扩张本性，经营者存在义务限制的偏好，而消费者权利的实现有赖于经营者义务的履行，最小限度履行义务以降低成本与最大限度满足权利以增加收益之间难以契合，正面的权利保护缺失不利于消费者知情权的落实。

消费者知情权的落实，明确经营者告知义务是一方面；同时，还必须从权利保护的正面规定，确立消费者享有知情权的知情标准，这方面可参照医生对患者的告知义务中"合理的医生标准"和"合理的患者标准"的认定方法。"合理的医生标准"是指其他可靠的医生在相同的条件下可能作出的说明，而"合理的患者标准"是指患者为作出决定所必需的信息均应被告知。② 前者是从医生履行告知义务的角度考察，后者则是从患者行使决定权的角度出发。推而广之，消费者知情权的判断标准应为：消费者为作出决定所必需的信息均应被告知。

2. 服务消费应依据其特性设置有别于商品消费的内容

《消费者权益保护法》未充分考虑服务消费的特点：直接的主体关系、以服务行为为标的、客观性信息的不充分性、服务与消费的同时性、服务的个性化，消费者权利的实现面临着法律障碍，适用于商品消费的消费者权利无法适用于服务消费。③ 具体到知情权，该法第8条对消费者有权了解的商品信息进行了详细罗列，而对服务只规定了服务的内容、规格、费用等有关情况，是内涵不确定的概念。尤其对于合同的重要条款——价款或报酬，《消费者权益保护法》规定"商店提供商品应明码标价"，服务消费却付之阙如。服务消费的个性化、主观性特点决定了服务价格本身的较大差异性，将商品消费的有关规定适用于服务消费，并不恰当。

服务消费具有无形性、主观性，将无形的、主观的抽象服务化为有形的、客观感知的标准，成为高度透明的公开服务内容与收费制度，可以在一定程度

---

① 李友根：《论经济法权利的生成——以知情权为例》，载《经济法学、劳动法学》2009年第2期。

② 参见段匡、何湘渝：《医生的告知义务和患者的承诺》，载梁慧星主编：《民商法论丛》（第12卷），法律出版社1999年版，第164页；李燕：《患者自己决定权研究》，载梁慧星主编：《民商法论丛》（第17卷），金桥文化出版公司2000年版，第563~566页。

③ 参见许明月：《我国服务消费者保护法律制度的缺陷与完善》，载《经济法学、劳动法学》2010年第4期。

上保护消费者的知情权。服务标准化包括服务流程标准化和提供服务的标准化（服务人员语言标准化、动作标准化、态度标准化）。我国服务行业已经部分制定服务标准，如1995年国家旅游局提出《导游服务质量标准》、2000年信息产业部发布《信息服务标准》、2007年国家邮政局发布的《快递服务标准》等。以后者为例，规定了快递服务组织资质、服务环节、服务改进的基本要求。服务资质包括组织应具有法人资格、快递人员的资质、服务时限、服务费用、服务场所、服务设备设施、服务格式合同、档案、沟通等，服务环节包括收寄、投递、查询、报关、内部处理、例外处理；服务改进包括基本原则、顾客满意、顾客投诉、服务改进。《快递服务标准》规范了快递服务程序和服务质量要求，为消费者提供了相对明确清晰的服务标准。基于服务消费的差异性比较明显，服务消费应依据其特性设置有别于商品消费的内容，《消费者权益保护法》中规定服务消费的基本条款，具体内容可援引特别法的规定。

3. 新型商品和服务标准的确立应引入消费者评价参与机制

对于新型商品消费者知之甚少，国家又不可能对尚未诞生的商品制定出标准；就服务消费而言，主观性色彩非常浓厚，加上服务业市场发育不成熟，目前这两方面的标准缺失，严重影响消费者知情权的实现。部分经营者或行业协会尝试制定了相关标准，但以降低成本或规避风险为目标，带有强烈的经营者主导的色彩，这种标准甚至会成为国家采用的标准，对消费者知情权的实现未必有益。在服务消费中，顾客的参与度高，且同一项服务对不同的消费者需求不同，对服务质量的评价主观感受占据较大比重。因此，新型商品和服务标准的确立应引入消费者参与评价机制，作为利害相关人提出建议优化标准。这方面一些服务企业已经进行了有益的努力和尝试，如2009年，中青旅国内旅游公司向消费者提出了旅游服务分级标准，这一标准以"心"来划分等级，不同心级体现着满足客户需求功能价值的不同。现有标准从二心级至六心级分为五等，分别是动心系列、安心系列、舒心系列、贴心系列、倾心系列。在每个标准中，均详细阐述了旅游中各个环节的服务细节标准。① 更进一步地，对服务企业的评级、质量评价也应引入消费者参与评价机制，并建立质量通告制度，通过这种信用评价结果的公开反馈满足消费者的知情权。

---

① 参见马青春：《旅游标准化更在乎游客感受》，载《新京报》2011年5月11日D09版。

二、案例分析

【案例】

青鸟健身会员要求退回预付款事件①

青鸟健身成立于2000年年初，是中国最早采用连锁商业化经营的健身俱乐部，目前全国有16家分店，大多集中于北京市。和大部分健身俱乐部一样，青鸟实行会员制，现在一年会费约4500元，开业之初曾高达6800元，被认为是当时的一个行业参数。2011年1月12日，北京青鸟健身有限公司在其网站首页发出通知：旗下兆龙店、百盛店、安贞店、清华店、加州店5家在京直营店1月12号暂停营业，开业时间另行通知。第二天，数千名听到消息的会员上门讨要会费，现场会员情绪比较激动，警察出面维持秩序。据会员称，青鸟在停业之前仍大肆宣传，有的会员昨天才办理了一万多元的会员卡。按照青鸟健身相关负责人的说法，暂停营业是因为股东更替所致。新股东进入后资金不到位，百盛店、中关村店已拖欠物业房租约400万元，其余几家店虽未欠费，但也面临无钱交房租的窘境，物业有可能断水断电，无法继续经营，遂决定暂停营业。就在消息迅速蔓延之际，事情又峰回路转，2011年1月14日晚上，青鸟健身的大部分会员又接到了这样的一条信息："尊敬的会员，青鸟健身所有店将于1月15日11时正式恢复营业。"为了表示歉意，每名会员被额外赠送了一个月的会籍。事件暂时告一段落，但该行业遇到的问题也随之浮出水面。

【问题聚焦】

如何认定预付费营销法律关系的性质？如何加强预付费营销模式下的消费者权利保护？

【法律剖析】

青鸟健身采取预付费营销模式，根据服务项目的不同收取不同的费用，为他们提供优惠价格和特殊的服务项目，吸引会员成为固定客户，是现在健身行业普遍采用的营销模式。本案分析要点有三：其一，二者形成的法律关系。"预付式会员卡"消费模式下，会员卡持有者与经营者之间的法律关系应该界

---

① 参见《北京青鸟健身5家门店停业　会员担心会费追不回》，载《北京晚报》2011年1月13日；《北京青鸟健身5门店停业续：多家企业有意接盘》，载《京华时报》2011年1月14日。

定为一种消费服务合同法律关系,在此合同关系中,持卡消费者预先履行了将来消费的付款或者支付费用的义务,经营者则有义务为持卡消费者提供约定内容的服务。其二,消费者的知情权。经营者出现经营困难时,未提前向会员说明事实,违反了告知义务;从消费者来说,未能了解青鸟目前的实际经营状况,在购买第二天就得到停业通知,属于经营者隐瞒了影响消费者决策的决定性信息,侵犯了消费者的知情权,如会员要求退卡,属于行使撤销权,青鸟健身应予以满足。

本案反映出预付费消费服务交易模式存在的普遍问题,需要从以下几方面加以规范:其一,规范服务消费行业经营者发行会员卡的登记备案制度。目前对这些行业的准入门槛低,会员制经营方式应提高注册资本数额,并要求将会员制服务(买卖)合同文本进行登记备案。其二,建立风险保证金制度。上海、北京等地在美容美发行业建立了预付卡保证金制度。其适用范围和领域单一而且强制性不足,未能有效实施。为此,在我国目前,工商局可要求经营者按指定银行开设专款账户,将消费者的预存金按一定比例存入账户,由银行和工商局一起监管。未征得工商局同意,任何情况下经营者不得挪用风险保证金。一旦发生经营者经营失败或者卷款外逃的情况,工商局就可以动用保证金,将受害者的损失降到最小限度。其三,行业协会和监管部门建立信息共享的信用机制。监管部门应充分发挥行业协会的作用,依托行业协会建立该行业的市场信用,对于会员制经营者的失信行为建立"黑名单"披露制度,取消其发行会员卡的权利,并处以相应的经济处罚。

三、深度拓展思考题

1. 如何正确理解消费者的概念?
2. 如何理解消费者权的权利性质?
3. 如何完善消费者权利和经营者义务的现行立法?

第二节 经营者的界定及其义务

一、知识点精解

我国1993年颁布的《消费者权益保护法》中规定了两类权利义务相对应的主体,对消费者的概念作出了相对明确的界定,由此引起了对消费者概念的诸多争议。与此相对,该法对经营者并未作出界定,那么,经营者的概念是否有确定的内涵和外延而无探讨的必要?实际上,无论是理论研究还是司法实务，同样存在一些争议。某一特定的主体是否属于经营者，直接决定其应否适用《消费者权益保护法》调整，同时，实践中也常常成为经营者拒绝承担《消费者权益保护法》义务和责任的抗辩依据。如何确实保障消费者的权利实现，经营者告知义务的充分、正确履行是重要的条件，这也成为亟待研究的问题。

关于经营者的界定，尽管《消费者权益保护法》未作出明确界定，但在相关立法中有明确的界定。如《反不正当竞争法》其立法宗旨之一是为了保护消费者利益，该法第2条规定：经营者是指"从事商品经营或者营利性服务（所称商品包括服务）的法人、其他经济组织和个人"。在非不正当竞争损害消费者权益案中是否可以援用并不明确。法学上使用经营者的概念多见于商法和经济法，但根据法律部门的调整对象和特点的不同而有所区别。商法调整商事交易主体在其商行为中所形成的法律关系，商法调整行为具有营利性特征。所谓营利性，是指经济主体通过经营活动而获取经济利益的特性。在这个意义上界定经营者的概念，传统的医院、航空等事业单位法人被排除在外。而在经济法中，特定经营者是否属于经济法主体，"是根据其行为对市场与宏观经济的影响，如某一主体的活动影响到市场交易或宏观经济运行，则纳入经济法的调整，无论其是否具备商法意义上的营利性特征；如果并不影响到市场交易或宏观经济运行，即使其具备商法意义上的营利性特征，但足以依据民商法的规范加以自我调整，则不应纳入经济法的调整"。① 具体到《消费者权益保护法》中的经营者，由于交易相对人——消费者的弱势地位，二者之间是形式上的平等而实质上不平等，并非民商法中的无差别的平等主体，需要公权力的干预最终达到实质上的平等。因此，经济法中的经营者概念，较商法意义上的经营者概念更为宽泛。

二、案例分析

【案例】

全国首例航班超售案——肖某诉南方航空公司航班超售案②

2006年7月21日6时左右，《法制日报》记者肖某，赶往首都机场，准备搭乘当日20点10分的CZ3112号航班飞往广州出差。到了机场大厅，

---

① 参见李友根：《论经济法视野中的经营者——基于不正当竞争案判例的整理与研究》，载《南京大学学报》2007年第3期。

② 参见戴燕军：《"超售"飞机票是欺诈吗?》，载《中国审判新闻月刊》2007年第10期。

他按照程序办理登机手续，这时，北京南航地面服务有限公司（下称南航地服公司）工作人员告知该票是超售票，CZ3112号航班已满员，根据内部规定并遵循国际惯例，每次航班允许超售3%至5%。无法乘坐，可以安排转签国航的另一个航班。为尽快赶往广州，最终选择了当日最后一班航班，转签至南航公司CZ3110航班头等舱（机票价格为2300元，原机票价格为1300元），此后广州的接机、住宿、工作安排等，均受到不同程度的影响。

2006年10月18日，肖某向朝阳区人民法院提出起诉，要求南方航空公司北京分公司承担侵权责任：（1）侵犯消费者知情权，构成欺诈，双倍赔偿经济损失2600元；（2）进行专业诉讼支付的律师费用5000元；（3）在《法制日报》、《经济日报》上公开赔礼道歉。2007年4月25日，北京市朝阳区人民法院判决如下：一、被告中国南方航空公司于本判决生效之日起七日内给付原告肖某违约赔偿金1300元。二、驳回原告肖某的其他诉讼请求。三、被告中国南方航空公司承担案件受理费114元。

法院判决后，朝阳区法院向中国民用航空总局、中国南方航空股份有限空总局、中国南方航空股份有限发出了司法建议：（1）尽快制定航空客运机票超售的规章制度并指导航空运输企业适用；（2）在售票区域张贴关于超售的书面说明或者发放记载相关内容的服务指南，在本公司网站上增加相关说明，在机票的书面注意事项中增加关于超售的提示，在进行超售的航班机票中应使用特殊标记向旅客公示；（3）因超售将有乘客无法登机时，应当征求全部旅客的意见，建议根据自愿，选择弃乘旅客；（4）制定对弃乘旅客的救济措施，包括弃乘旅客的合同解除权和信赖利益的赔偿标准，改乘旅客的经济补偿标准，赔偿和补偿标准应当根据迟延的时间和航班里程确立不同的幅度。

【问题聚焦】

如何认定经营者超售行为的法律性质？如何有效构筑规制经营者欺诈的制度体系？

【法律剖析】

具体到我国的航空公司来说，是否能够成为《消费者权益保护法》的经营者，需要简单了解一下我国民航业的发展历程。我国民航的发展起步较晚，目前经历了两个阶段：第一阶段：1980年到20世纪90年代中期。这一时期，整个民航还处于卖方市场，机票供不应求而且机票的价格是由民航总局统一规定的，每一航线均仅有一种票价。第二阶段：20世纪90年代中期以后至今。

民航开始实行政企分开的体制改革,中国航空运输市场发生了结构性的变化。各航空公司迫于企业化经营管理压力,纷纷采取扩张政策加强航空运力;同时,铁路、公路的运力迅速增长,以其明显的价格优势和优越的地理位置占据主导地位,加上民航旅客类型由以往占绝对优势的商务旅客扩张到了普通旅客,对价格变化非常敏感,航空公司已经成为自主经营、自负盈亏的企业。因此,航空企业不能动辄以民航总局的规定推卸自己的责任,① 航空公司是《消费者权益保护法》中的经营者,航空公司的经营服务行为应适用《消费者权益保护法》来调整。

(一) 经营者超售行为是否构成违约

20世纪60年代,西方发达国家航空运输业飞速发展,旅客需求快速增长,由于机票出售的特殊性决定其无法现时交易,经常有某些旅客因弃飞、晚点等原因(以团体购票、包机时居多)临时改变乘机时间,造成飞机座位空缺的现象,是一种资源浪费,同时给航空公司造成一定的经济损失。航空公司纷纷采取超售来减少座位浪费,并制定了相应的超售补救法律法规。我国民航业在20世纪90年代中期改革之后至今,逐渐吸收外航先进的成功经验,开始引进收益管理系统,② 并据此制定超售策略,允许销售航班座位数的103%~105%,以弥补由于部分乘客临时更改行程日期而遭遇的座位空置损失。但是,在实践中出现了一些问题,需要在立法上作出指引和规范。

1. 航空客运合同的成立与生效

航空客运合同是指承运人与旅客之间达成的,由承运人将旅客及其行李安全运达目的地,由旅客支付运费的合同。该合同具备以下特征:(1) 旅客既是合同一方当事人,又是运输的对象;(2) 航空客运合同为诺成合同。除当事人另有约定或另有交易习惯,无须实际交付标的物合同就成立,即旅客购买客票合同即成立;(3) 航空客运合同一般采取格式合同。为了提高效率,该

---

① 参见《杨艳辉诉南方航空公司、民惠公司客运合同纠纷案》,载《最高人民法院公报》2003年第5期。

② 航空客运收益管理是指航空公司运用预测和优化等科学手段,使每一航班的每一航段的每个座位以最好的价格出售,从而获得最大的收益。航空客运收益管理最初就是对价格和座位的管理,因此成功运用收益管理的美利坚航空公司就将其概述为"一套在正确的时间、正确的地点,把正确的产品销售给正确的旅客的方法,是为了实现收入最大化而进行的有选择地接受和拒绝订座的过程"。参见王虹颖:《航空公司机票超售服务补救策略研究》,四川大学MBA2004年硕士论文,第17页。

合同一般由国家授权民航总局提供统一的合同示范文本，合同当事人无权自行变更；(4) 航空客运合同的履行期限较长，一般为1年。

航空客运合同从订立、成立到生效，一般须经过以下程序：

第一，订座。根据《中国民用航空旅客、行李国内运输规则》(以下简称"客规")的规定，定座是指对旅客预定的座位、舱位等级或对行李的重量、体积的预留。承运人及其代理人可根据情况采取随定随售、合同订座或其他方式接受旅客定座。订座是承运人及其代理人与旅客之间的双务法律行为，体现了双方的权利义务关系。一方面承运人应规定并公布航班开始和截至接受定座的日期，必要时可暂停接受某一航班的定座。一旦旅客定妥座位在约定购票时限前，承运人应按旅客已经定妥的航班和舱位等级为旅客提供座位；另一方面，定妥座位的旅客必须在承运人规定或约定的时限前购票，否则座位不予保留。该定座合同实质为预约合同，相对于本合同而言，是指当事人约定将来订立一定合同的合同；按约定将来订立的合同称为本合同。预约合同不同于附停止条件合同，附停止条件合同于订约时成立，只是待所附条件成就时生效。

第二，售票与购票。"客规"规定，承运人应按规定公布航班、票价和其他旅客乘机须知材料，对所定座位在规定或预先约定的时限内应予以保留，应旅客的要求按照其公布的票价出售给旅客客票，按旅客已经定妥的航班和舱位等级提供座位。在这个过程中，当旅客表明购买客票时，属于以预约合同为基础提出订立本合同的要约行为，承运人交付客票为承诺，客运合同自交付客票时成立。旅客付款，承运人接受，则合同成立。但对电子机票，网上订购并无纸质客票，只是使用身份证办理登机即可。如以客票的交付为合同成立的标志对旅客极为不利，合同未成立，则缔约过失只能恢复到合同订立之前的状态。因此，电子机票以承运人同意出票时间为合同成立时间。

第三，乘机。旅客应当在承运人规定的时限内到达机场，凭客票及本人有效身份证件或证明办理客票查验、托运行李、领取登机牌等乘机手续。办理客票查验、领取登机牌相当于检票手续，自检票时起，客运合同生效。[1]

一般而言，合同成立之后要生效除具备三个基本条件（当事人具有相应

---

[1] 参见马俊驹、余延满：《民法原论》（第三版），法律出版社2007年版，第704页；隋彭生：《合同法要义》，中国政法大学出版社2003年版，第556页；郭明瑞、房绍坤：《新合同法原理》，中国人民大学出版社2000年版，第609页；卢永真主编：《运输合同》，中国民主法制出版社2003年版，第17页。

民事行为能力、意思表示真实、不违反法律和社会道德）外，附生效条件的合同，自条件成就时生效。从以上航空客运合同的程序看，承运人通过检票手续确认座位有无，从而决定合同是否可以生效，可认定为是该客运合同所附的生效条件。根据民法的一般理论，附条件的合同中的"条件"应符合下列要件：（1）必须是行为发生时尚未发生的客观不确定事实。从理论上讲，只要航空公司超售机票，根据国内目前先到先得的登机优先规则，每个购买机票的人都可能成为那个因超售满员而被拒绝登机的旅客。但是，该航班飞机是否满员，在登机截止时间到来之前一般无法最终确定。（2）必须是当事人任意选择的事实。是否附该条件应是当事人通过协议决定的，非一方强迫或法律的强制性规定。这涉及关于超售旅客是否知情问题，如果承运人履行了该项义务，旅客仍然预订、购买客票，则符合该要件。（3）必须合法或妥当。不得以违法的、有损社会公共利益和公共秩序的事实、或有损他人合法权益的事实作为附条件。承运人超售只要明确告知旅客，不仅不违法，且可以充分利用有限资源；加上对非自愿弃乘的旅客给予相应的补偿，将最大限度地保护所有旅客的合法权益。

综上，航空客运合同的成立与生效是彼此分离的两个阶段：客运合同自交付客票时成立，承运人通过检票手续确认座位有无是合同生效所附的条件，自检票确认航班有座位时起，客运合同生效。笔者并不认同法院的观点。① 这还可以从客运合同的另外两点证明：一是旅客在预订机票后，可以改签退票，这是旅客对成立的合同未能生效而向承运人履行的通知义务，以避免承运人损失的扩大。退票时按距离航班预定起飞前的不同时间段及机票的不同折扣率，收取旅客的退票费，是基于旅客承担的缔约过失责任而对承运人信赖利益的赔偿。二是航空客运合同的有效期限为1年，"由于承运人的原因，造成旅客未能在客票有效期内旅行，其合同的有效期将延长到承运人能够安排旅客乘机为止。当旅客开始使用机票时，法律规定以旅行开始作为有效期的起点"，"承运人能够安排旅客乘机"、"旅行开始"的时间点确是从检票时开始，非但不能"印证客运合同自成立时生效"，② 相反却证明了航空客运合同自检票时生效。航空运输的高风险性，决定了其在飞行中"一对一"对号入座的特殊要

---

① 法院认为，航空旅客运输合同在承运人向旅客出票时起即告成立，并同时生效。参见曹晓莉、张鸣胜：《机票超售与消费者权益保护》，载《商业文化》2010年第7期。

② 邓川：《民用航空旅客运输合同研究》，西南政法大学2006年民商法硕士论文，第22页。

求,具有不同于其他公路、铁路运输的特点,认为该观点违背交易习惯恰恰是忽略了航空客运交易的特点所致。

2. 经营者超售行为不构成违约

根据以上分析,承运人通过检票手续确认满员时,客运合同所附条件未成就,则合同不生效,即超售不构成违约。对于已经成立而未生效的客运合同,承运人客观上给超售的旅客造成了损失,① 应推定承运人主观上有过错,② 对旅客承担缔约过失责任,信赖利益的赔偿同样反映在前述退票的相关规定中。

(二) 经营者超售行为是否构成欺诈

1. 欺诈的法学界定

最高人民法院《关于贯彻执行〈中华人民共和国民法通则〉若干问题的意见》规定:"一方当事人故意告知对方虚假情况,或者故意隐瞒真实情况,善意诈欺诱使对方当事人作出错误意思表示的,可以认定为欺诈行为。"学界认为,欺诈的构成要件包括:第一,客观上有欺诈人的欺诈行为。欺诈行为既可以是积极作为,如捏造虚假事实、隐瞒真实事实;也可以是消极不作为,该种欺诈只有根据法律、习惯或契约,行为人负有告知义务而不告知时,才构成欺诈。第二,欺诈人有欺诈的故意。包含两个层次,第一个层次是欺诈人有使受欺诈人陷入错误的明确目的,第二个层次是欺诈人有使受欺诈人依其错误而为一定意思表示的目的。第三,须受欺诈人因相对人的欺诈陷入错误。第四,错误和意思表示之间有因果关系。第五,欺诈必须达到有悖于诚实信用的程度。目的明显的善意诈欺(为对方的利益)和社会能接受的诈欺,不构成法律上的诈欺。只有能引起意思表示的瑕疵,为一般社会观念所不能容许的诈欺,才构成法律上的诈欺。③

综上,无论是学说解释还是司法解释,认定为欺诈必须考察符合两个方面的条件:一是客观上存在隐瞒、虚假行为,二是主观上有使相对人陷于错误的明确目的,且达到了社会观念不能容忍的限度。即明知相对人会陷于错误,而行为人积极地制造虚假或歪曲的事实,或消极地隐匿事实真相。

---

① 参见王利明:《合同法研究》(一),中国人民大学出版社 2002 年版,第 312~314 页。
② 参见马俊驹、余延满:《民法原论》(第三版),法律出版社 2007 年版,第 543 页。
③ 参见马俊驹、余延满:《民法原论》(第三版),法律出版社 2007 年版,第 196 页;孙宪忠主编:《民法总论》,社会科学文献出版社 2004 年版,第 225 页。

2. 经营者超售行为是国际惯例

本案中,南航与旅客通过航空旅客运输合同而确立权利义务关系。《民航法》第111条规定:"客票是运输合同条件的初步证据",客票上载明的主要内容有:合同的标的(运送的旅客姓名)、合同履行的地点(即起点、终点)、合同履行的时间(即航班日期、时刻)、合同所应支付的对价(即票款),是航空旅客运输合同的一个组成部分。此外,关于双方权利义务关系、违约责任等内容则规定在航空公司的运输条件中,通过《旅客须知》及民航总局《航空旅游指南》明确,这两部分内容共同构成了一份完整的合同。针对超售是否构成欺诈,客观上的判断标准"存在隐瞒、虚假行为"应指消极不作为,即根据法律、习惯或契约,行为人负有告知义务而不告知时,则构成欺诈。众所周知,航空旅客运输合同为格式合同,根据《合同法》和《消费者权益保护法》的相关规定①,提供格式条款一方不得减轻、免除其责任、加重对方责任、排除对方主要权利,即航空公司对于涉及旅客的主要权利及责任的条款应在合同中有明确的规定,或者航空公司根据交易习惯应予以告知。本案中合同如有明确规定,应体现在两个组成部分中。查阅本案发生时航空公司的有关文件,民航总局《航空旅游指南》中有关于超售的相关规定,但是航空公司(代理公司)在出售客票时鲜有明显的提示,即使在网上订票时,也无特别提示"可能排除旅客乘坐所订航班的主要权利",这意味着旅客如对超售的后果有明确的认知,必须在购票前自行查阅民航总局的相关文件,这对旅客来说未免过于苛刻。

而航空公司以国际惯例来免除自身责任,②令人费解。这是因为,所谓国际惯例,是商业社会某一特定行业中普遍遵守,因而使从事该行业的人都认为其具有约束力的一种交易做法或行为方式。③航空公司的超售行为在国外航空公司确已形成商业惯例,具体内容包括:(1)航班超售比例,规定为2%左

---

① 《合同法》第40条规定:"格式条款具有本法第五十二条和第五十三条规定情形的,或者提供格式条款一方免除其责任、加重对方责任、排除对方主要权利的,该条款无效。"《消费者权益保护法》第24条规定,"经营者不得以格式合同、通知、声明、店堂告示等方式作出对消费者不公平、不合理的规定,或者减轻、免除其损害消费者合法权益应当承担的民事责任。格式合同、通知、声明、店堂告示等含有前款所列内容的,其内容无效"。

② 参见王亦君:《机票只超售不赔偿"国际惯例"只对经营者有利?》,载《中国青年报》2007年1月10日。

③ 参见[英]施米托夫主编:《国际贸易法文选》,赵秀文译,中国大百科全书出版社1993年版,第219页。

右；（2）航班超售适当履行告知义务，如公布超售通知，将其印在机票上，或者附随于机票的单独纸上予以充分的告知，或者超售的机票采取与普通机票不同的颜色等，使乘客据此有更多的选择权；（3）超售处置预案，如征询自愿弃乘该航班者，妥善安排停留旅客食宿及其负担成行之前的费用；（4）旅客及时成行方案，如旅客安排到当天最早航班上或签转到其他航空公司航班上，以使旅客成行；当天安排不了的，安排次日最早航班；免费安排当晚及直至后续几晚的食宿；给旅客交付赔偿金。对某些有特殊需要的旅客，如残疾人、无人陪伴的儿童等，给予优先登机的权利。（5）航班超售补偿标准（下文分析）。

反观国内航空公司对超售问题的做法，包括以下内容：（1）航班超售比例。原则上一个航班的超售不超过 5%；当天一条航线只有一个航班不超售；当天最后一个航班不超售；团体定座占 70% 以上的航班不超售。（2）告知义务的履行。本案发生之前，民航总局只规定禁止实行客票超售，[①] 一些主要航空公司《关于超售处理规定》限于实际超售发生之后采取的补救措施，未有要求向旅客履行告知义务的明确规定。本案发生之后，根据朝阳区法院的司法建议，民航局运输司在 2007 年下发了《关于规范客票超售有关问题的通知》，要求各航空公司应履行告知义务；制定优先登机规则，并在售票场所、办理乘机手续柜台等明显位置公告；对无法登机的旅客提供相应服务并给予一定补偿等。之后深圳、海南、四川航空公司陆续出台了相关规定，实践中部分航空公司以公告方式如《旅客须知》等告知超售，电子订票需要在中国民用航空总局的网页经过两级点击才可以看到《超售规则》，在旅客订票过程中及客票上未加以提示。（3）超售处置预案。航班发生实际超售时，采取以下方法动员所需数量的旅客下机：首先，征询自愿下机者（除按规定补偿外，还可给予免费单程或来回程机票的奖励等）；其次，按一定的顺序要求旅客弃乘，如持各类免票和优惠票的旅客应首先弃乘。（4）旅客及时成行方案。将旅客安排到当天最早航班上或签转到其他航空公司航班上，以使旅客成行；当天安排不了的，安排次日最早航班；免费安排停留当晚及直至后续几晚的食宿；给旅客交付赔偿金。[②]（5）补偿标准。

---

① 参见《关于禁止超售客票占用乘务员座位的通知》（民航运宣字第 26 号）（1981 年 4 月 10 日）。

② 参见解兴权：《航班超售及其法律责任分析》，载《中国民用航空》2002 年第 3 期。

国内航空公司声称遵循国际惯例,但将二者作一对比,却发现与国际惯例有明显的区别:首先体现在超售的比例方面。国际商会有一个统计表明,在每1000名旅客中有1名旅客因超售而不能登上飞机,在美国的前13大航空公司中,他们因为超售,每10000名乘客有19人被拒载。① 而近期南航重蹈覆辙,由于超售导致13名旅客无法按计划成行的事件又有发生,其比例已经明显超过国际惯例。二是告知义务的充分、适当履行尚未有效落实。在航空公司与旅客的客运合同中,旅客是弱势的消费者,将超售的后果预先明确告知旅客,即使在发达国家亦未排除航空公司的该项义务。同时,国际惯例的适用还应考虑到社会观念的认知程度。在我国,民航服务的对象在近年才逐渐由商务、公务旅客向休闲旅游人群扩展,对民航的所谓国际惯例知之甚少,如本案中的消费者为记者,对此"习惯"都未可知,何况其他人呢?即使与铁路客票相比,无座票在客票上也做了明确显示。在网络发达的时代,航空公司已经全面实行电子客票,只需要在购票程序上增加提示文字,并在票面信息中增加相关内容,并不会增加成本,即可履行充分告知义务,何乐而不为呢?

3. 经营者超售行为不构成欺诈

根据以上分析,对比国际惯例,国内航空公司超售行为未向消费者尽到充分告知义务,客观上导致旅客对超售并不知情,而在发生实际超售结果后,航空公司未及时启动处置预案,对急于旅客未能保证及时成行等,进一步激化了与旅客的矛盾,导致旅客恶劣情绪升级,认为航空公司故意隐瞒超售行为属于恶意欺诈,应适用《消费者权益保护法》要求赔偿。但是,法律上认定的欺诈,诈欺人必须有诈欺的故意,过失不符合要件。从航空公司超售行为的表现来看,履行了一定的告知义务,但公告方式未达到每个相对人均知情的目的,行为人主观上非积极地制造虚假或歪曲的事实,也并非消极地隐匿事实真相;主观上预见到超售行为可能导致某些旅客无法乘坐该航班,但是并不希望该结果发生,且在发生该结果时采取了相应的一些补救措施而非放任不管,因此,航空公司主观上并非故意,其行为不构成欺诈;航空公司虽然预见到超售行为的后果,但基于营利目的等因素的考虑,未将超售的事实以适当方式充分告知消费者,且轻信此种结果可以避免的心理状态,理解为过于自信的过失可能更为妥当。

---

① 参见戴燕军:《"超售"飞机票是欺诈吗?》,载《中国审判新闻月刊》2007年第10期。

(三）经营者超售行为的补偿（赔偿）

1. 经营者超售行为的补偿（赔偿）依据

如前所述，根据国际惯例，航空公司可以在一定比例范围内超售，但是，应履行两方面的义务：一方面应满足消费者的知情权，全面、适当履行告知义务，发生实际超售后作好妥善安置补救措施；另一方面，还应履行赔偿或补偿责任。具体而言，航空公司在缔约之际未尽到告知义务时，违反了先合同义务，是违背诚实信用原则的行为，应承担缔约过失责任；航空公司在缔约之际已尽到告知义务时，当事人双方对损失的发生并无过错，由于航空公司的超售行为给实际超售人造成了旅行上的不便和经济上的损失，根据公平原则，航空公司对旅客的财产损失应给予适当补偿。

2. 经营者超售行为的补偿（赔偿）范围

财产损失无论表现为何种形式，均可以分为直接损失和间接损失，直接损失是指现有财产的减少，间接损失是指可得利益的减少。查阅各国立法例，航空公司因超售行为对旅客的赔偿范围规定为直接损失的赔偿，即仅限于由于超售行为致使旅客现在拥有的财产价值量实际减少的部分；对间接损失部分，如由于超售导致期限延迟，原本按期签订合同可得利益的丧失或减少部分等不予以赔偿。

3. 经营者超售行为的补偿（赔偿）标准

经营者超售行为赔偿标准的确定，欧盟立法采用的依据有两个：一为延误时间，二为延误的里程数。具体如下：延误2小时以内，目的地在3500公里以内，赔偿75欧元；延误2小时以上，目的地在3500公里以内，赔偿150欧元；延误2小时以内，目的地在3500公里以外，赔偿150欧元；延误2小时以上，目的地在3500公里以外，赔偿350欧元。美国立法对实际超售首先安排"其他替代性运输"，然后根据延误时间给予旅客总数相当于其机票票面价值的赔付，但不超过200美元。我国航空公司对超售旅客根据航线不同而有区别：国内航线，当天安排不了而需安排公司后续航班的，按照实付票价的50%赔偿，但最低为100元/人，最高为1000元/人；地区和国际航线：当天安排不了而需安排公司后续航班的，除免费安排食宿外，按照实付票价的50%赔偿，但最低为200元/人，最高为2000元/人。[①] 两相比较，发现我国

[①] 参见解兴权：《航班超售及其法律责任分析》，载《中国民用航空》2002年第3期。

航空公司制定的补偿标准过于粗疏，对于延误时间仅以一天为界限，赔偿标准票价的50%远远不能弥补旅客所受到的直接损失，被称为选择性的国际惯例，分明是国际"半"例。①

旅客对于航空公司的质疑不无道理，当今社会节奏加快，时间就是金钱、时间就是生命，航空公司未尽到告知义务超售客票的行为，应承担缔约过失责任，该责任是赔偿责任而非补偿责任，赔偿责任具有一定的惩罚性质。按照航空公司先行的赔偿规则，以半价予以赔偿，则等于航空公司不但未因事前未履行告知义务违反诚信原则的行为而付出代价，相反还获得了半价客票的利益，严重违反了公平原则。而且，即使履行了告知义务，补偿的标准以天来计算，与市场经济社会交易的短期时效性相违背，超售给旅客造成的损失应根据时间和里程分段确定补偿标准更为合理。

法院在判决本案时，对于航空公司未尽到充分的告知义务的行为，认定为侵犯了消费者的知情权，是违约行为应支付赔偿金；未认定为欺诈是采用社会学解释方法的结果：如若认定为欺诈，则经营者的超售行为可能导致大量矛盾冲突，严重者可能影响社会秩序的稳定。基于我国民航业的历史发展及未来改革趋势，一方面要求航空公司按照现行立法承担相应的责任，另一方面提出司法建议：遵循国际惯例允许超售，但履行充分告知义务避免超售发生以及完善实际超售之后的处置和补偿制度的做法，值得肯定。

此外，民用航空运输中的损失赔偿责任，《民用航空法》第131条有明确规定："有关航空运输中发生的损失的诉讼，不论其根据如何，只能依照本法规定的条件和赔偿责任限额提出，但是不妨碍谁有权提起诉讼以及他们各自的权利。"根据特别法优先于一般法规则，实行限额赔偿。这一点在2010年7月1日正式实施的《侵权责任法》第77条进一步作出重申和肯定。② 这是因为航空运输是高度危险作业，一旦发生损害事故，损失非常惨重，如果按照实际损失赔偿，航空公司的负担和承担的风险过大，从航空运输企业的长远发展出发，法律作出限制性规定。

垄断行业的市场化经营是改革趋势，航空企业以经营者身份参与市场运行，必须改变经营者利益本位的思路，以消费者利益为本位，以消费者知情权

---

① 参见肖余根：《机票超售：国际惯例还是国际"半"例》，载《京华时报》2011年6月27日。

② 《侵权责任法》第77条规定："承担高度危险责任，法律规定赔偿限额的，依照其规定。"

的落实来确定经营者告知义务的范围与程度,遵循国际惯例,完善实际超售的妥善处置及合理补偿制度。

三、深度拓展思考题

1. 如何正确理解经营者的概念?
2. 经营者告知义务的内容及实现。
3. 如何理解我国《消费者权益保护法》中只规定消费者的权利、经营者义务?消费者是否负有义务、经营者是否享有权利?
4. 垄断行业的经营者是否应承担特殊的法律义务?如特殊的信息披露义务、强制缔约义务等?
5. 在经营者与消费者之间信息不对称的情况下,如何确保消费者知情权的实现?消费信用领域的侵权或违约纠纷是否应当实行举证责任倒置?

第三节 消费争议的争端解决机制

一、知识点精解

根据现行的《消费者权益保护法》的规定,消费争议可以采取和解、调解、申诉、仲裁和诉讼五种方式解决,立法者在制定法律时一直遵循向消费者倾斜保护的立法原则。但是,随着生产力的发展和科学技术的进步,经营者占有明显的信息和技术优势,从而消费者的弱势地位也更加凸显。当消费者遭遇经营者的侵权行为时,维权成本往往成为决定消费者维权的重要因素。因此,如何简化维权程序、降低维权成本,调动消费者维权的积极性,非常重要。本文探讨的撤回权制度、惩罚性赔偿制度、关于小额损害的最低赔偿制度正是基于上述目的而设置的制度。

(一)消费者是否享有撤回权

1. 消费者撤回权的概念及性质

消费者撤回权,是指消费者与经营者之间签订的特定合同,在法律所规定的期间内,消费者可以单方取消其合同意思表示,使其不发生法律效力,而不必附具或说明任何理由。英美法中称之为冷静期制度或冷却期制度,我国有学者称为反悔权制度。

该权利的法律性质为一种形成权,消费者可以依据自己单方的意思表示使合同关系消灭。消费者撤回权的确立，表面上是对民法"禁反言"的背离，实质是基于消费者相对于经营者处于信息弱势或精神弱势地位而表现出的意思表示形成阶段的不自由，从制度上强制要求经营者给予消费者真实意愿的充分考虑时间，二者关系回复到平衡状态，从而能够遵循意思自治原则作出自由选择的结果。"以意思自由之保障为制度构成的起点，而在法律适用的个案操作上又完全撇开对意思表示瑕疵的考察，这是消费者撤回权制度的本质特征所在，也是其区别于传统民法意思表示瑕疵制度中撤销权以及无效制度的关键所在。"①

2. 消费者撤回权的行使条件

消费者撤回权是法律的一种强制性制度安排，但法律是平衡的艺术，为了保护经营者的正当权益，对消费者权利的行使要作出两方面的条件限制：

一是限定于特定的合同。消费者撤回权的行使无须说明任何理由，这样给经营者的经营行为带来了交易不确定性的较大风险，如果对消费者不加以任何限制，则容易出现矫枉过正的后果。借鉴德国、欧盟立法，只有在特定合同中消费者才享有撤回权，该特定合同在签订过程中或者"存在对消费者突袭的危险并阻碍了其决定自由"，② 如上门交易合同，消费者丧失了比较商品的机会，该合同可能非适当考虑的结果；或者消费者在短时间内无法理解而匆忙作出决定，如网上交易合同、保险合同、信贷合同等。

二是限定在一定的期限内。合同法的功能一是保护当事人合法权益，二是促进和鼓励交易。经营者和消费者签订合同后，合同对双方均具有拘束力。立法赋予消费者撤回权的强制性制度安排，必须有配套的制度保护经营者的利益，使交易尽快处于确定状态。反映在立法上，一方面规定经营者应主动告知消费者享有撤回权，另一方面法律对消费者行使权利的期限作出必要的限制。如德国民法典规定，经营者应履行事先告知义务，并提供了告知义务的模板，只要经营者以文本或寄回商品的形式两周内向经营者发出撤回表示即可；经营者如事后履行告知义务，此时撤回权期限为 1 个月；③ 如未履行告知义务，则将承担延长撤回权期限的不利后果，撤回权期限为 6 个月；英国《租赁买卖

---

① 张学哲：《论消费者撤回权的构成与行使要件》，载《华东政法大学学报》2011 年第 1 期。

② 参见王洪亮：《消费者撤回权的正当性基础》，载《法学》2010 年第 12 期。

③ 参见德国联邦司法部于 2002 年 8 月《德国民法典信息条例》（第二次修订），BGBl I 2958。

法》规定：若买方是在经营者的经营所在地之外的任何地方签订的租赁买卖合同或分期付款合同，买方有权自收到正式合同的副本之日起4天内解除该合同。美国联邦贸易委员会也有类似规则，规定挨户销售的出售方须给予买方3天时间以解除合同。①

3. 我国实践及相关立法尝试

在我国，《消费者权益保护法》制定时上述新型商品交易方式还未出现或尚未成为消费合同的普遍形式，对消费者权益的侵害不具有普遍性，未纳入《消费者权益保护法》规制领域，相应地也未确立撤销权制度。但是，随着网络技术的迅速发展，新型交易方式适用范围飞速扩张，营销手段的多样化，已经超越了《消费者权益保护法》，在地方立法及具体实践中得到确认。例如：①上海市地方立法不仅确认了新型的交易方式如邮购、网上购物等，并且借鉴国外立法中的撤回权制度，赋予消费者无因退货的权利。如《上海市消费者权益保护条例》第28条第3款规定：经营者上门推销的商品，消费者可以在买受商品之日起7日内退回商品，不需要说明理由，但商品的保质期短于7日的除外。②《直销管理条例》（2005年）第25条规定：消费者自购买直销产品之日起30日内，产品未开封的，可以凭直销企业开具的发票或者售货凭证向直销企业及其分支机构、所在地的服务网点或者推销产品的直销员办理换货和退货；直销企业及其分支机构、所在地的服务网点和直销员应当自消费者提出换货或者退货要求之日起7日内，按照发票或者售货凭证标明的价款办理换货和退货。这就是所规定的"无因退货"制度。③商务部发布《第三方电子商务交易平台服务规范》（2011年4月12日）中，规定了冷静期制度，具体内容为：鼓励平台经营者设立冷静期制度，允许消费者在冷静期内无理由取消订单。尽管该规定为推荐性标准，但对于第三方电子商务交易平台依然具有指导性意义，为保护消费者交易安全仍然增加了一个新机制。

当然，上述规定仅仅是特定行业或地区在实践中的有效探索，消费者撤回权制度有待在《消费者权益保护法》未来修改时予以确立，概括规定消费者撤回权的行使条件和适用范围，特别是注意与经营者义务的前后对应，使得消费者的权利与经营者义务之间获得统一；同时，对消费者的权利行使作出适当的期限、方式的限制，防止制度适用的泛化，以使二者之间的权利义务处于平衡。需要指出的是，实践中部分经营者所作出的某些无因退货的公告等，并非

---

① 参见周显志、陈小龙：《试论消费信用合同的"冷却期"制度》，载《法商研究》2002年第5期。

本书所指的消费者撤回权，而是经营者为了吸引消费者自愿作出的承诺行为，非法律所强制要求的范围。

(二) 惩罚性赔偿制度如何适用

1. 惩罚性赔偿制度的渊源及性质

惩罚性赔偿，又称示范性赔偿或报复性赔偿，是指针对经营者的违约行为或侵权行为，消费者有权要求其对该行为造成的实际损失进行弥补之外，另行向消费者偿付一部分赔偿金，目的是对经营者进行处罚，以剥夺财产的方式给予惩戒。该制度的基本含义包括：一是针对经营者的重大过错行为，二是支付超出实际损害的赔偿数额。该制度的特点表现在：其一，惩罚性。是补偿性赔偿之外承担的责任，具有惩罚性。补偿性赔偿金的主要目的和功能在于弥补受侵害人所遭受的损失，惩罚性赔偿的功能主要在于惩罚和制裁加害人严重过错行为。其二，附加性。只有当补偿性赔偿金不足以惩罚侵害人的重大过错行为，或者不足以表明法律对这种行为的否定态度时，才能加以适用。其三，法定性。民事责任以补偿性为原则，惩罚性赔偿金是民事责任的例外和补充，必须有法律明确规定才可以适用。

对惩罚性赔偿制度，大陆法系与英美法系持截然不同的观点。大陆法系认为，民事责任的损害赔偿规则是补偿性的，即对因侵权行为和违约行为受到财产损失的受害人给予相应的补偿，该补偿数额与所受损失相当，目的在于通过补偿使受害人的财产恢复到未曾损害的状态，受害人和致害人均不能因此获得任何额外的利益。因此大陆法系对惩罚性赔偿持保留态度。而"在英美法系看来，当被告对原告的加害行为具有严重的暴力、压制、恶意或者欺诈性质，或者属于任意的、轻率的、恶劣的行为时，法院可以判决给原告超过实际财产损失的赔偿金。"[1] 该种赔偿金在法律上予以确认，已经不单纯是补偿受害人的损失，而是"用以表明法院或陪审团对恶意的、加重的、野蛮的侵权行为之否定判断"，从而具有惩罚性。

2. 我国现行立法中的惩罚性赔偿制度

我国民商立法主要采用大陆法系的体系概念，采纳英美侵权法中的惩罚性赔偿制度一定程度上体现了我国立法中博采精华、兼收并蓄的开放性态度。现行立法中该制度的规定有五处：①《消费者权益保护法》第 49 条：经营者提

---

[1] 参见杨立新：《〈消费者权益保护法〉规定惩罚性赔偿责任的成功与不足及完善措施》，载《清华法学》2010 年第 3 期。

供商品或者服务有欺诈行为的,应当按照消费者的要求增加赔偿其受到的损失,增加赔偿的金额为消费者购买商品的价款或者接受服务的费用的一倍。这是我国法律第一次规定惩罚性赔偿金制度,具有历史性的意义。②《合同法》第113条第2款规定:"经营者对消费者提供商品或者服务有欺诈行为的,依照《中华人民共和国消费者权益保护法》的规定承担损害赔偿责任。"③最高人民法院《关于审理商品房买卖合同纠纷案件适用法律若干问题的解释》第8、9条及第14条第2款规定,对于故意隐瞒房屋未取得预售许可证的事实、所售房屋已经抵押的事实、所售房已经出卖给第三人或者为拆迁补偿安置房的事实,买受人可以请求返还已付购房款及利息、赔偿损失,并可以请求出卖人承担不超过已付购房款一倍的赔偿责任。④《食品安全法》第96条第2款规定:"生产不符合食品安全标准的食品或者销售明知是不符合食品安全标准的食品,消费者除要求赔偿损失外,还可以向生产者或者销售者要求支付价款十倍的赔偿金。"⑤《侵权责任法》第47条规定:"明知产品存在缺陷仍然生产、销售,造成他人死亡或者健康严重损害的,被侵权人有权请求相应的惩罚性赔偿。"

从以上规定看,我国的惩罚性赔偿制度有如下问题值得进一步探讨:

第一,制度的适用范围问题。从我国惩罚性赔偿制度体系来看,上述各法分别确定了适用范围和条件,既有各自特定的调整范围,同时又有相互重合的部分。前者毫无疑问可以适用该规则,此外立法尚有未纳入适用范围的部分,如服务合同引起的惩罚性赔偿也应涵摄进去。而对于后者则有不同,具体到食品安全责任惩罚性赔偿与产品责任惩罚性赔偿的适用,虽然可以在如下方面作出大致的区分:①适用的主体略有不同;②主观构成要件不同;③所适用的产品类型不同;④损害后果要件不同;⑤数额基准不同。① 但是,对于食品类产品,既可以依据《食品安全法》第96条第2款调整,也可以适用《侵权责任法》第47条调整,这样不可避免地出现法律规则的冲突与责任的竞合。法律规则冲突时,应适用《立法法》确立的一般原则,即"上位法优于下位法"、"特别法优于一般法"、"新法优于旧法"的原则确定。但是,两部法均为全国人大常委会制定颁布实施,显然不能适用第一个原则解决;若依第二个原则,首先应确定何为特别法,以立法的调整对象划分,《食品安全法》为特别法,特别法应优先适用;但是,《侵权责任法》后于《食品安全法》颁布实施,依

---

① 参见周江洪:《惩罚性赔偿责任的竞合及其适用——〈侵权责任法〉第47条与〈食品安全法〉第96条第2款之适用关系》,载《法学》2010年第4期。

据第三个原则,却应适用《侵权责任法》。那么,究竟应适用哪部法来确定惩罚性赔偿,必须从目的解释和体系解释的角度去探寻。惩罚性赔偿责任竞合时的适用关系,类似于刑法学说中的想象竞合犯,即一个行为触犯了数个罪名的情况,此时应按行为所触犯的罪名中的一个重罪论处,而不以数罪论处。就惩罚性赔偿的适用条件来说,《侵权责任法》所要求的"事实情节"明显重于《食品安全法》,依体系解释之要求,《侵权责任法》"相应的惩罚性赔偿"比《食品安全法》"十倍价款的惩罚性赔偿"更能实现惩罚功能和警示意义。因此,食品类产品的惩罚性赔偿应适用《侵权责任法》较为合理,由法院根据具体情况衡量赔偿的额度,更容易实现严格限制该制度的适用范围和条件的立法意图。

第二,惩罚性损害赔偿的性质问题。对此学者存在不同的观点:大部分学者认为我国《消费者权益保护法》第49条规定的惩罚性损害赔偿是合同责任或违约责任,学者主要从体系解释的角度,对《合同法》、《消费者权益保护法》及最高法院司法解释的内容进行阐释;[1] 也有学者主张该责任为侵权责任[2],是从目的解释角度的结论;还有学者认为,"虽然第49条的规定与英美法传统意义上的惩罚性赔偿制度在表述、构成及适用上并不能完全等同,但这一规定已经突破了我国传统民事责任同质补偿的框架,对于我国以后进一步引入惩罚性赔偿制度具有积极的探索意义"。[3] 本书倾向于将惩罚性损害赔偿的性质理解为侵权责任,要求侵权人承担大于损害本身的责任更多地考虑不法行为的可责难性。

第三,行为人的主观过错问题。关于惩罚性损害赔偿的性质,应坚持故意要件。我国台湾地区"消费者保护法"第51条规定:"依本法所提之诉讼,因企业经营者之故意所致之损害,消费者得请求损害额3倍以下之惩罚性赔偿金;但因过失所致之损害,得请求损害额1倍以下之惩罚性赔偿。"即对经营者主观过错作出明确的区分,对过失所致的损害也可以请求惩罚性赔偿,该规定对经营者过于苛刻,笔者认为,我们仍然应坚持对经营者欺诈故意要件的审查判断。

---

[1] 参见梁慧星:《消费者权益保护法第49条的解释与适用》,载《人民法院报》2001年3月29日;王利明:《惩罚性赔偿研究》,载《中国社会科学》2000年第4期。

[2] 参见顾昂然、王家福、江平等:《中华人民共和国民法通则讲话》,中国法制出版社2000年版,第214~218页。

[3] 张新宝:《惩罚性赔偿的立法选择》,载《清华法学》2009年第4期。

第四，赔偿数额的合理性问题。关于惩罚性赔偿的数额，有两个问题：一是计算基准。国外立法以遭受的实际损害额为计算基准，我国立法大部分以商品的价款或者接受服务的费用为计算基准，而《侵权责任法》第47条只规定"相应的惩罚性赔偿"，计算基准语焉不详。惩罚性赔偿制度具有补偿受害者、惩戒加害者、教育其他公众的三重功能，对于未因欺诈造成实际损害的行为，可以商品的价款或者接受服务的费用为计算基准；对于侵权行为造成实际损害的行为，由于损失可能远远大于商品的价款或者接受服务的费用（如小额消费造成的较大损失），如以此为计算基准，不但不能实现惩罚性目的，即使连补偿受害人的损失都难以为继，因此以实际损失额作为计算基准更为合理。二是赔偿限额。《消费者权益保护法》第49条规定的惩罚性赔偿，一般被称为双倍赔偿，其实惩罚性赔偿金仅仅是价金的一倍；《食品安全法》第96条规定的所谓10倍的惩罚性赔偿，其实惩罚性赔偿金仅仅是价金的9倍；《侵权责任法》第47条只规定"相应的惩罚性赔偿"，即具体数额由法院根据具体案情自由裁量，未作出最高和最低的限制。从上述规定来看，《侵权责任法》舍弃以往立法一刀切式的统一定量规定，采取定性规定的做法比较可取，但是具体考量的因素应进一步明确，如参考美国的做法，考察被告不法行为的非难程度与获利的可能性、原告受害之性质与程度、被告财务状况以及被告遭受其他处罚的可能性等加以确定，其中被告不法行为的非难程度是最重要的考量标准。①

（三）小额损害赔偿制度如何适用

1. 小额损害的界定

在《消费者权益保护法》修改过程中，小额诉讼引起了广泛关注，这是因为在人们的日常生活中，小额消费占据了较大比重，且与人们的基本生存息息相关，如食品类的消费小则几元，大则几十元；而一旦造成损害，按照现行立法规定，赔偿的金额为价格的1倍或10倍，消费者考虑到维权成本，大多数人选择放弃维权。鉴于该种情形，惩罚性赔偿制度似乎有些力不从心，需要另辟蹊径，以更好地保护消费者权益。

在确定《消费者权益保护法》中小额损害赔偿制度的适用范围时，首先必须区分三个概念：小额消费、小额损害、小额索赔。

---

① 参见陈聪富：《美国法上之惩罚性赔偿金制度》，载《台大法学论丛》第31卷第5期。

关于这三个概念，在现行《消费者权益保护法》中没有明确规定，但在地方立法中对相关概念已有解释。① 所谓小额消费，是指消费者为了获得用于生活需要的商品或接受服务，而与生产经营者发生的数额较小的买卖行为。"数额较小"的标准，江苏省规定为1万元以内。所谓小额损害，是指加害行为造成权利人的损害已经实际发生，但给权利人造成的损失从数额上看明显较小的损害事实。② 既然是损害，那么在本质上就是因消费行为给消费者造成了人身或财产上的不利益，其最重要的法律特征表现为该损害数额较小。所谓小额索赔，是指消费者要求经营者承担较小数额的赔偿责任。同样涉及"小额"，但是，小额消费是指消费者所支付的金额较小，小额损害是指损害结果数额较小，小额索赔是指消费者要求经营者承担的赔偿数额较小。小额消费未必带来小额损害，相反有时损害巨大，如贾国宇去餐厅就餐遭遇煤气爆炸案；小额索赔未必损害较小，只是消费者出于"讨个说法"的目的，提出的赔偿数额较小而已。而《消费者权益保护法》中小额损害的适用范围是指：消费者为了获得用于生活需要的商品或接受服务，向经营者支付较小数额的价款或酬金，消费者购买的该商品或接受的服务给消费者带来较小的损害。简言之，是指小额消费造成小额损害，消费者要求经营者承担一定数额的赔偿责任。

2. 小额损害最低赔偿制度的建立及适用条件

据北京市工商局统计，2010年，本市投诉到工商和消费部门的消费争议，99%的争议金额不足1万元，属于小额消费争议。③ 而据中国消费者协会的一项统计数据，中国消费者维权获胜后，目前每案得到的赔偿金平均为700多元人民币。④ 这样就出现了两个现象：一方面，小额消费纠纷发生表现出经常性和普遍性特点；另一方面，小额消费造成小额损害时，放弃维权的消费者越来越多，经营者由此可能获得巨额的不当得利，继续从事损害消费者利益的行为，从而形成恶性循环。究其原因，主要在于两点：一是消费者个体维权的成本过高。根据现行法律规定，可以获得价款的一倍或十倍的赔偿，但是消费者为此不仅支付了沉没成本，未来还要花费更多的时间、精力、财力（诉讼费

---

① 如《江苏省小额消费纠纷仲裁办法》（1990年颁布生效）第2条。
② 参见杨立新：《论消费者权益小额损害的最低赔偿责任制度》，载《甘肃政法学院学报》2010年第7期。
③ 窦红梅：《北京市推行小额消费纠纷先行赔付》，载《北京日报》2011年4月20日。
④ 参见《降低消费维权成本有利于促进消费》，载《三秦都市报》2009年3月16日。

用、律师费、误工费等），而获得的赔偿却微不足道，因此放弃权利是最优选择。二是集体维权的渠道不畅。我国相关立法未建立完善的小额损害赔偿制度，从实体上和程序上为消费者提供高效的解决机制。

　　查阅国外立法，对消费者小额损害的实体救济制度最常见的是建立最低赔偿责任制度。其基本功能有：补偿受害人所受到的损失，调动消费者维权的积极性，同时惩戒经营者的不法行为，剥夺其因违法行为获得的非法收入。其适用条件是：第一，消费者所受到的损失数额较小，实际赔偿不足以弥补消费者的权益。在我国实践中发生的大量消费纠纷，如本节所述案例，消费者涉诉金额微小，按照现行立法个体维权得到的双倍或十倍赔偿，对消费者均得不偿失。第二，对经营者的违约行为或者侵权行为，只要是小额损害，消费者均可以要求最低限额赔偿。因欺诈行为受到小额损害当然包含在其中。第三，实际赔偿数额有最低限制。美国联邦贸易委员会设定的最低赔偿金是200美元，各州根据实际情况确定最低赔偿数额，麻州为25美元，夏威夷州为1000美元。此外，还有复合的最低赔偿额规定，如《接待诚实法》所规定的最低赔偿额为"财务费用的两倍但不能少于100美元"；《联邦里程计条例》所规定的最低赔偿额是"实际损失的3倍但不得少于1500美元"。① 我国地方性法规及实践中已有尝试，如我国福建乐清规定小额损害的标准为25元，最低赔偿为50元。

　　学者、专家提出的代表性观点有：（1）注意掌握小额损害标准与最低赔偿标准二者之间的关系，认为小额损害标准为499元，而最低赔偿标准为500元比较妥当。② （2）还有学者提出建立"超额递减赔偿制度，是指经营者提供商品或服务有欺诈行为的，应对消费者的损失进行赔偿，其赔偿倍数随着超额部分的递增而逐渐递减"。③ 从未来立法选择来说，笔者认为采取前者观点较为妥当，因为后者观点虽然相对准确地计算了一般小额损害标准与最低赔偿标准二者之间的比例关系，但是在小额损害消费纠纷中，消费者索赔的主要目的并不在于获得最大限度的赔偿，而是为了"讨个说法"，如此精确计算可能

---

　　① 参见张继红、吴海卫：《从最低赔偿制度谈小额商品消费者权益保护》，载《消费经济》2007年第23期。

　　② 参见闵丹：《消法应建立最低赔偿金制度》，载《劳动报》2007年3月5日；杨立新：《论消费者权益小额损害的最低赔偿责任制度》，载《甘肃政法学院学报》2010年第7期。

　　③ 欧阳国华、付殿洪、黄天明：《基于"超额递减赔偿制度"的消费者小额权益保护》，载《商场现代化》2006年第8期。

增加不必要的烦扰。

此外,建立最低赔偿责任制度,还应注意其与惩罚性赔偿责任的关系。二者均有惩罚的功能,但因赔偿的额度不同,只是针对具体情况消费者享有选择权。

3. 小额损害救济的适用程序

国外对消费者小额损害救济适用的程序已有比较成熟的经验,以美国的消费者集体诉讼制度为典型。

美国的消费者集体诉讼制度起源于衡平法上的"息诉状",由于其争议数额小、事实清楚,该制度的目的在于保证诉讼经济原则,促使众多的小额权利主张者能够迅速、有效、方便地获得损害赔偿;同时,由于消费者个人索赔数额微小而放弃维权者居多,经营者可能获得巨额的不当得利,经营者与消费者之间利益呈现强烈反差,比起强调向受害人提供赔偿的制度功能,不允许经营者保留非法收入以维护公平正义的理念,更符合制度设计的初衷。虽然落实极度分散的群体性小额损害赔偿请求比较艰难,具体的消费者未必能享受到直接的收益,但是事实上,每个人都曾经是或未来是某次集体诉讼的成员,社会整体应因此而受益。为此,根据衡平法上的类似原则,应用到消费者集体诉讼中,"当受害的集体成员因为一些原因无法逐个获得赔偿,并且损害赔偿金因此而有剩余时,就可以根据类似原则将利益分配给'次优'的集体"。① 具体包括政府收缴、降价、主张者分配资金、消费者信托基金。

关于小额损害的救济程序,我国在法律层次上并未表明态度,地方立法作出了有益的探索,各地实践中也创设了一些新的做法。如《江苏省小额消费纠纷仲裁办法》(1990 年)规定当事人发生小额消费纠纷可以向商品销售地或服务地的仲裁委员会申请仲裁;江苏扬州市自 2008 年起实行"农村食品店最低赔偿制度",是以扬州农村食品放心店创建工作为平台,引导经营者开展自律,并向社会作出公开承诺:如果销售过期、变质或"三无"食品,购买金额低于 6 元的按不低于 60 元赔偿,高于 6 元的按购买金额的 10 倍赔偿。② 北京市工商部门鼓励和引导商家和企业建立小额消费纠纷先行赔付机制,经过筛选培训,将本市一些经营较规范、争议较少的商家发展为"绿色通道"企业,

---

① 钟瑞华:《美国消费者集体诉讼初探》,载《环球法律评论》2005 年第 3 期。
② 顾烨:《江苏扬州推广农村食品店最低赔偿制》,资料来源:新华网,2010 年 3 月 18 日。

通过"绿色通道"提高消费纠纷的和解率。① 但相关资料显示，因存在消费者权益保护意识淡薄、对消费者投诉调处不力、协商和解率不高、停业、注销等问题，19家企业被取消"消费争议快速解决绿色通道"资格。工商部门在对绿色通道单位处理消费者投诉进行回访发现，消费者不满意的有33%。②

如前所述，美国的消费者集体诉讼制度有诸多值得借鉴之处，特别是回归制度的本源，探究该制度在美国被用于剥夺非法利益并阻止违法行为的真谛，思考我国小额损害救济程序的建立，具有重要的价值。我国从1993年建立消费者协会以来，各地陆续成立一些消费者的民间组织，但是，由于其经费来源有限，加上我国民间组织法律地位及其社会影响力还未成长起来，其维护消费者权益的作用不能充分发挥，对经营者难以形成强大的制约力量。地方制定的《小额消费纠纷仲裁办法》适用仲裁程序，但申请仲裁必须事前或事后达成协议，实践中很难做到。美国的消费者集体诉讼制度有效实施有其特定的法律文化背景，不能原封不动地照搬而不对其进行任何实质性变更，但是，根植于中国的现实，取其精华为我所用，遏制经营者的唯利是图，调动消费者的积极性，建立集体诉讼制度值得认真研究探讨。

二、案例分析

【案例】

三鹿问题奶粉事件中的民事赔偿案③

2008年9月9日，《兰州晨报》一篇题为《14名婴儿同患"肾结石"》的报道，披露了婴幼儿因食用三鹿奶粉而患肾结石病导致死亡的消息，原因是奶源中添加了被用做化工原料的三聚氰胺。2008年9月11日凌晨，新华网曝光三鹿问题奶粉，引起社会一片哗然。随后卫生部发布消息，高度怀疑三鹿奶粉受到三聚氰胺污染。三鹿集团不得不发表声明，宣布召回8月6日之前的产品，三鹿奶粉事件被全面曝光。随之而来的是，由于食用该产品而致害的婴幼儿越来越多。据卫生部通报，截至2008年

---

① 廖爱玲：《小额消费纠纷有望先行赔付》，载《新京报》2011年4月20日。
② 《北京工商拟全市推行小额消费纠纷商家先行赔付》，载《北京日报》2011年4月20日。
③ 参见杨正莲：《三鹿破产，受害者如何获得赔偿？》，载《中国新闻周刊》2009年第15期；黎伟华：《三鹿奶粉，受害者的赔偿之路》，载《民主与法制》2009年第1期。

11月27日8时，全国累计报告因食用三鹿牌奶粉和其他个别问题奶粉导致泌尿系统出现异常的患儿29.4万人；累计住院患儿51900人；累计收治重症患儿154例。

对于三鹿问题奶粉的受害者的赔偿问题，经过了三个阶段：

第一阶段：2008年9月到2008年12月，由各级政府先行垫付医疗费用，按照不同的标准，给医疗机构提供补助。其间陆续有患者家属向法院提起民事诉讼，但法院均未立案。

第二阶段：由卫生部牵头的问题奶粉赔偿调查小组所拟定的民事赔偿方案中，政府和三鹿等22家问题奶粉企业将共同承担40亿元。其中，26亿元的检查费用由政府负担，其余的资金则由22家问题奶粉企业，按各自品牌产品确诊患儿数量、产品市场占有率、产品三聚氰胺检测结果等综合考虑进行分配，三鹿集团需要支付9亿元左右。石家庄市政府2008年12月25日表示，三鹿集团已经将9.02亿元付给全国奶协，用于支付患病婴幼儿的治疗和赔偿费用。赔偿方案中还有一项总额为2亿元的医疗赔偿基金，将由中国人寿保险公司受中国乳制品工业协会委托进行管理和运作。从2009年1月起，基金将根据卫生部等相关部门出具的医学鉴定证明，向因食用"问题奶粉"而患上五类相关疾病的患儿，支付相关的医疗费用，直至患儿年满18周岁。

第三阶段：2008年12月24日，三鹿集团进入破产程序，部分患儿家属未接受由卫生部牵头起草的赔偿方案，希望通过破产程序从破产财产中优先获得赔偿。2009年12月28日，石家庄中院作出裁定，终结已无财产可支配的三鹿破产程序。同日，首起三鹿赔偿诉讼在北京市顺义区人民法院开庭审理，三鹿的代理人向法庭出示了石家庄市中级人民法院所作出的该份裁定，裁定中显示，三鹿对普通债权的清偿率为零。

【问题聚焦】

《消费者权益保护法》第49条规定的惩罚性赔偿制度在适用于三鹿民事赔偿案件时有何局限性？如何评判《食品安全法》规定的10倍赔偿制度？

【法律剖析】

本案争议的焦点至少有三个问题：受害人在破产程序中是否享有优先受偿权；卫生部牵头起草的民事赔偿方案是否合理；受害人是否享有通过诉讼要求三鹿的后继者承担责任的权利。以下作一简要评述。

针对第一个问题，我国《破产法》第113条规定："破产财产在优先清偿破产费用和共益债务后，依照下列顺序清偿：（一）破产人所欠职工的工资和医疗、伤残补助、抚恤费用,所欠的应当划入职工个人账户的基本养老保险、基本医疗保险费用,以及法律、行政法规规定应当支付给职工的补偿金;(二)破产人欠缴的除前项规定以外的社会保险费用和破产人所欠税款;(三)普通破产债权。破产财产不足以清偿同一顺序的清偿要求的,按照比例分配……"本案中,在全额清偿前两个顺序的债权人后,对普通债权人的清偿率为零。而依据破产法并未规定侵权损害赔偿能否优先受偿,因此三鹿事件受害者只能作为普通债权人对待,不享有优先受偿权。

  第二个和第三个问题紧密相关,先看卫生部牵头起草的民事赔偿方案是否合理。三鹿奶粉事件中,婴幼儿因食用添加了三聚氰胺的奶粉致害甚至死亡,三鹿等奶粉企业对受害人实施了侵权行为,二者之间形成了侵权之债,三鹿等奶粉企业应承担侵权赔偿责任。截至目前,对三鹿奶粉受害者的赔偿,简单而言就是依据由卫生部牵头起草的赔偿方案,包括两个部分:一是对现时债权的赔偿,即政府对患儿免费救治,责任企业对患儿给予一次性赔偿;二是对未来债权的赔偿,建立医疗基金用于解决将来可能出现的相关病症救治费用。对该方案的合理性有几点存疑:(1)政府作为民事赔偿主体的法律依据何在?(2)对现时债权的赔偿标准是什么?是否包括惩罚性赔偿金?(3)对未来债权的赔偿:已经确诊的受害者的赔偿为什么截止到18周岁?现在尚未确诊、将来出现损害的受害者是否包括在内?等等。① 与此直接相关的即是第三个问题,受害人不愿意接受卫生部牵头起草的赔偿方案,作为普通债权人又不能从破产财产中得到清偿,"三鹿"虽然已经因破产而注销,但其资产已经转让给三元,受害人可否要求三鹿的后继者三元来承担赔偿责任?

  首先,受害人可否要求惩罚性赔偿问题。如前所述,三鹿奶粉事件发生后,围绕民事赔偿问题,个别受害者已经提出诉讼,其赔偿请求直指奶粉企业,认为企业明知产品存在缺陷仍然生产、销售,是一种欺诈行为,且造成他人死亡或者健康严重损害,要求承担惩罚性赔偿。但是当时《侵权责任法》还没有颁布实施,根据《消费者权益保护法》第49条规定解决的不是产品责任问题,因此适用惩罚性赔偿尚有争议。正是在这个背景下,《侵权责任法》第47条赋予了法院自由裁量权,要求责任人承担相应的惩罚性赔偿。依此反向推理,本案依照当时的法律也可以要求惩罚性赔偿。

  其次,赔偿主体问题。本案中,就22家奶粉企业的赔偿来说,一次性赔

---

① 更多质疑参见张素华:《论行政不作为侵权的责任承担——以三鹿奶粉事件为中心的研究》,载《法学评论》2010年第2期。

偿解决现时债权和医疗基金解决未来债权的方案是美国历史上曾经尝试的做法。20世纪六七十年代,美国法院面对实践中越来越多的生产商已经解散的产品责任案件,从法理上讲,可有两种选择:一是要求股东退回公司解散时分配得到的财产,但股东承担的是有限、不连带责任,债权人要充分受偿,必须起诉所有的股东,而作为产品责任的未来债权人中消费者居多,由于诉讼成本(包括寻找众多股东的成本)高昂必然放弃债权;一是改变清算规则为未来债权人预留部分财产,但预留多少、预留财产如何管理等都是难以妥善解决的问题。美国法院迫于公共政策的压力,将目光转向受让了原产品制造商主要财产的继受人身上,要求继受人承担产品侵权责任,这就是"新继受人责任规则",法院在司法实践中还为其寻找了新的理论依据:产品存续原则①和事业存续原则②,从而给予未来侵权债权人以充分的法律救济。这两个原则的核心均侧重于强调后继者对原企业的业务经营的延续,放弃了所有者延续的条件,只要符合各自的条件,未来债权人可以要求继受人对原企业所制造和销售的相同产品中存在的缺陷承担严格的产品责任。就本案而言,三鹿集团已经破产注销,无论基于政府、股东意志还是其他原因,三元集团以6亿多元人民币收购三鹿集团已成事实。三元集团作为三鹿集团的继受人,受让了以下有价值的资产:(1)存栏数80万头规模的奶源基地。(2)日处理6800吨鲜奶能力的工厂,其中核心工厂日加工268吨奶粉和1900吨液态奶。而山东、河南、陕西、甘肃等地的37家挂牌参股企业的生产线参差不齐,需慎重甄别;(3)国家级

---

① 所谓产品存续原则(the product line rule),也称为生产线规则,由加州最高法院1977年在雷诉Alad公司案(Ray v. Alad Corporation)中创设,其要点有:受让人购买了转让人的资产(包括生产厂房、机器设备、原材料存货、半成品和产成品),这些资产被用来继续从事生产;转让方因转让资产而解散;受让人事实上利用了转让人的商誉。参见彭冰:《美国法上的继受人责任》,载《环球法律评论》2008年第2期;宋巨伟:《美国资产收购中的后继者责任规则研究——以保护潜在侵权债权人利益为研究视角》,华东政法大学2008年硕士论文,第25页。

② 所谓事业存续原则(continuity of enterprise),也称为企业继续原则,由密歇根最高法院1976年在特纳案中创设,在该案中,"最高法院扩展了传统继受人责任中实质合并原则的适用条件,包括:(1)转让公司的事业存在基本的延续性,包括重要职员的留任,财产、基本业务运营甚至公司名称的延续;(2)在将受让公司支付的对价分配后,转让公司迅速停止了运营,清算并解散;(3)为了保证正常业务的持续运营,受让公司承担了转让公司的部分相关债务;(4)受让公司对外申明自己是转让公司的有效延续"。参见彭冰:《美国法上的继受人责任》,载《环球法律评论》2008年第2期。

技术研发中心与相关技术团队。① 根据"产品存续原则"和"事业存续原则",三元集团不仅受让了三鹿集团的生产线——奶源基地、液态奶生产线,而且在经营事业上存在基本的延续性,因食用三鹿奶粉而造成人身健康严重损害甚至死亡的受害人,有权要求原企业的继受人三元集团承担赔偿责任。

本案中,还有部分婴幼儿食用多家企业的奶粉,多家企业如何承担赔偿责任,可借鉴美国加州最高法院大法官莫斯克的"市场份额责任理论"——按缺陷产品的生产、销售所占的市场份额确定各自的赔偿额来解决,该责任主要适用于涉及众多企业的产品侵权却不能证明究竟属谁之产品导致损害的情况。当然,该理论是美国法基于受害人利益保护在因果关系证明责任上作出的特别安排,完全立基于美国的独特国情,在我国运用市场份额责任具体案件应慎重对待。②

总之,三鹿问题奶粉事件中受害人的民事赔偿是正当合法的要求,无论通过协商解决,还是诉讼手段,赔偿方式、赔偿主体、赔偿标准等均有可解决的思路。当然,由于该案本身也是一个公共危机事件,比起单纯的个别消费者的权益保护案件、产品责任案件要复杂得多,留给法学界的诸多问题值得进一步探讨。

三、深度拓展思考题

1. 撤回权的性质、适用条件。
2. 惩罚性赔偿制度的性质、构成要件,评析我国立法中的具体规定。
3. 小额损害赔偿制度的具体内容。
4. 欧盟与美国是如何规制食品领域的运营秩序的?

---

① 崔凯:《反思:从三鹿之死到三元逐鹿》,载《董事会》2009年第9期。
② 参见谢远扬:《论侵害人不明的大规模产品侵权责任:以市场份额责任为中心》,载《法律科学》2010年第1期。

第十章　产品质量法

[本章知识结构图]

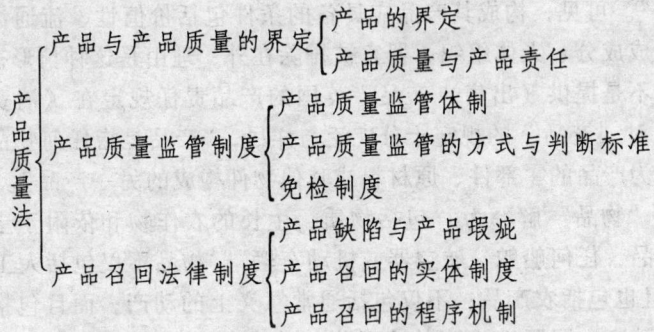

第一节　产品与产品质量的界定

一、知识点精解

（一）我国《产品质量法》中"产品"的界定

《产品质量法》第 2 条第 2 款规定："本法所称产品是指经过加工、制作，用于销售的产品。"第 3 款规定："建设工程不适用本法规定；但是，建设工程使用的建筑材料、建筑构配件和设备，属于前款规定的产品范围的，适用本法规定。"该条表明了我国《产品质量法》的"产品"须符合两个要件：一是经加工、制作；二是用于销售。前者应当解释为"机械化的、工业生产的"加工、制作，并不包括"手工业的"加工、制作；① 后者则指以营利为目的

---

① 梁慧星：《中国产品责任法——兼论假冒伪劣之根源及对策》，载《法学》2001 年第 3 期。

将产品出卖给买方，买方应支付相应对价。本条明确了《产品质量法》不调整初级农产品和不动产。

（二）我国《产品质量法》中"产品"界定的依据

第一，国外立法的借鉴。关于产品的界定，国外立法大致有两类：一类是宽泛式的规定，主要是英美法系国家，如美国，在其《统一产品责任示范法》（1979年）中将"产品"规定为"具有真正价值的、为进入市场而生产的、能够作为组装整件或作为部件、零件交付的物品，但人体组织、器官、血液组成成分除外"。可见，构成其产品应具备的条件包括价值性、流通性，但是血液或血液组成成分、人体组织、器官被排除在外，理由是这种情形被认为是提供服务，而不是提供（出售）产品。英国的产品责任规定在《消费者权益保护法》中，对"产品"的规定十分广泛与详尽，"产品是指任何物品或电，同时包括由作为产品的零部件、原材料或其他物件构成的另一产品"。该法第45条第1项对"物品"解释为"包括物质，生长的农作物和依附于土地并包含在其中的物品，任何船舶、航空器或机动车辆"。物品不仅包括人工产品（制成品），而且也包括农产品；不仅包括通常意义上的动产，而且包括已合并到不动产中的动产。国际上唯一的产品责任法方面的冲突法国际公约是《产品责任法律冲突规则》，简称《海牙公约》，该公约第2条第1款规定："'产品'一词包括天然产品和工业产品，无论是加工的还是未加工的，也无论是动产还是不动产。"该规定所称的产品概念包括了所有可以使用或消费的有流通价值的物品，与民法中的物并无二致。另一类是相对狭窄的规定，主要是大陆法系国家如德国、日本、挪威、丹麦等国，立法一般均强调两个要件：一为该产品被制造或加工过的动产，二是产品投入流通，不动产、初级农产品被排除在外。①

考察国外立法对产品范围的界定，可以发现我国立法主要借鉴了大陆法系国家的规定，这一点从相关立法阐释可以证明。如关于农产品是否属于《产品质量法》的"产品"问题，"未经加工的玉米、小麦、稻谷等原粮，属于天然产品，是初级农业产品。这些天然产品的质量一般不以人的意志和要求所决定。且国外产品责任法基本上均不调整初级农产品，为了兼顾涉外产品责任的

---

① 参见葛嘉文：《论产品质量法中产品范围的界定》，对外经贸大学2003年硕士论文，第6~7页。

民事赔偿问题与国际产品保持一致,故农产品不属于本法调整范围"。① 不动产是否属于《产品质量法》的"产品",认为不动产有其特殊的质量要求,难以与经过加工、制作的工业产品共用同一种要求,建设工程由《建筑法》予以调整。且基于与农产品同样的理由(与国际接轨),故农产品不属于本法调整范围。②

第二,产品责任的意旨。产品责任的归责原则采取无过错责任原则,即不问行为人主观上是否有过错,只要行为人的行为和所管理的人或物与造成的损害后果之间有因果关系,就应承担赔偿责任。该原则确立于19世纪现代工业时代,工业事故频发导致大规模损害发生,而经营活动合法,依据传统民法的过错责任原则无法对受害人进行补偿,作为对过错原则的补充,"并不在于对'反社会性'行为的制裁,而是对于不幸损害的合理分配,并以保险制度和损失分担制度为基础来实现损害分配的社会化"。③

此外,产品的界定还要注意法律的协调、国情的把握。对产品质量法的"产品"界定,应立足于中国产品质量的整体现状,对于关系到人民基本生活安全的特定产品问题,应逐步纳入到产品质量法的调整范围。

二、案例分析

【案例】

输血感染丙肝医疗损害赔偿案④

1996年6月20日,李某入住某市中西医结合医院(以下简称某市医院),被诊断为宫外孕、失血性贫血。后行腹腔探查术,术中见盆腔积血及血凝块约600ml、左输卵管破裂,并予以切除,术中输血400ml,血浆代用品500ml,术后进行了抗炎、补液治疗。同年7月5日出院。此后数年李某因感全身乏力、精神不振、食欲不好等,遂于2007年6月到医院检查发现HCV阳性、肝功能异常,被确诊为慢性丙型病毒性肝炎。2008

---

① 参见《产品质量法为什么不调整不动产和初级产品》,载《品牌与标准化》2010年第10期。
② 参见《产品质量法为什么不调整不动产和初级产品》,载《品牌与标准化》2010年第10期。
③ 马俊驹、余延满:《民法原论》(下),法律出版社1998年版,第1015页。
④ 参见××市西湖区人民法院(2008)西民一初字第1800号民事判决。

年6月26日，李某以某市医院在诊治过程中存在延误宫外孕诊断时机、输血前未进行风险告知、输血环节未尽其法定义务等过失，××市血站提供血液制品不合格，致其左输卵管切除、感染丙肝等损害后果，给其身心造成巨大精神痛苦和经济负担为由，诉至市西湖区人民法院，请求判令某市医院、市血站共同赔偿医疗费55400元、住院伙食补助费5688元、护理费27403元、交通费1000元、精神损害抚慰金40000元。

一审法院认为：患者就医期间因输血感染丙肝要求医疗机构、血站赔偿的，实行举证责任倒置。患者能够证明其曾经接受输血、输血后6个月内感染丙肝或者虽在6个月后确诊、但能够明确判断出丙肝系输血感染的，可推定其感染丙肝与输血行为之间存在因果关系。医疗机构、血站应就其履行了法定义务，以及医疗行为或血液质量与损害后果之间无因果关系负举证责任。现依据市医学会的鉴定意见以及被告所举证据，均不能排除二被告的医疗行为或血液质量与原告的损害后果之间无因果关系。因此，二被告应承担举证不能的法律后果，同时二被告也未能举证证明原告所感染丙肝病毒系由其他途径所致，故推定某市医院的医疗行为、市血站提供血液的质量与李某感染丙肝病毒的损害后果之间存在因果关系，应承担连带赔偿责任。依照最高人民法院《关于民事诉讼证据的若干规定》第2条、第4条第（8）项、参照《医疗事故处理条例》第50条之规定判决：本判决生效后10日内，被告市血站、被告某市医院连带赔偿原告李某医疗费55400元、住院伙食补助费4740元、护理费23699元、交通费1000元、精神损害抚慰金20000元。

二审法院经审理认为，某市医院应对其医疗行为与李某损害后果之间不存在因果关系承担举证责任。但某市医院不能证明血液来源，根据市医学会的鉴定意见，也不能排除其医疗行为或提供的血液质量与李某的损害后果之间无因果关系。因此，上诉人某市医院应承担举证不能的法律后果，原审判决其承担责任并无不当。综上，原审判决认定事实基本清楚，但判决市血站承担依据不足。依据《中华人民共和国民事诉讼法》第153条第1款第（3）项的规定，判决如下：变更市西湖区人民法院（2008）西民一初字第1800号民事判决为"本判决生效后10日内，某市医院赔偿李某医疗费55400元、住院伙食补助费4740元、护理费23699元、交通费1000元、精神损害抚慰金20000元"。一审案件受理费2790元、鉴定费2200元，由某市医院承担；二审案件受理费1640元，由某市医院承担820元，李某承担820元。

【问题聚焦】

血液是否属于法律规定的"产品"？我国《产品质量法》调整的产品范围是否合理？

【法律剖析】

血液及血液制品是否属于《产品质量法》的"产品"的争论，源于我国从1983年8月黑龙江肇东市人民法院判决全国第一起输血感染乙肝、丙肝混合型肝炎案后，河南、山东、山西、湖北等许多地区先后出现了一系列因输血感染病毒而引发的民事赔偿案件，在确定导致患者感染应承担的法律责任时，前提条件是正确界定血液及其血液制品的法律属性：如确定血液及其血液制品为产品，血液的质量与损害后果之间有因果关系，则适用产品责任的无过错责任原则；若确定血液及血液制品为医疗机构提供医疗服务的行为，则适用医疗侵权损害的过错责任原则或过错推定原则。因此，产品法律属性的界定至关重要。

在学理上，血液及血液制品是否属于《产品质量法》的"产品"的争论，国内有两种相反的观点：梁慧星教授认为对于血液感染不应实行产品责任，主要从严格责任法的立法目的、产品的定义、比较法上的理由、法律政策上的理由来论证；[①] 杨立新教授也认为应将血液排除出产品责任适用范围，它不同于产品，如其禁止买卖、原则上不能营利等；[②] 王利明教授却认为血液致害产生的责任准用产品侵权责任法的规定，但没有说明理由。[③] 司法实践中也出现了两种情形：一种表面上依据《民法通则》、最高人民法院《关于民事诉讼证据的若干规定》以及省高级法院关于输血纠纷的座谈会纪要等，实质上适用产品责任的无过错责任原则判决，如本节案例的一审判决；另一种依据《民法通则》和《消费者权益保护法》，不适用《产品质量法》，即血液及血液制品不属于产品，适用医疗损害侵权责任的过错推定原则判决，如本节案例的二审判决。

本节案例中争议的焦点之一是血液是否属于产品，这一点至少可以从产品

[①] 梁慧星主编：《中国民法典草案建议稿附理由：侵权行为编·继承编》，法律出版社2004年版。

[②] 杨立新主编：《中华人民共和国侵权责任法草案建议稿及说明》，法律出版社2007年版。

[③] 王利明主编：《中国民法典学者建议稿及立法理由：侵权行为编》，法律出版社2005年版。

责任的归责原则——确立为无过错责任原则的旨意找到答案，即只要确定为产品责任法调整的产品，必然是工业化的产物，其损害是高度工业技术缺陷的结果，行为人的主观过错难以证明，应适用无过错责任原则。

但是，基于两点原因，血液作为产品可以免责：其一，血液不是一般的产品，不适用无过错责任原则。血液是人身的一部分，自人体分离之时，虽然已成为外界之物，成为法律上的物，但是其仍然不同于一般的物，是具有自身单独特征的特定物，血站对血液的抽取、分装、储存、运输及加入抗凝剂等加工、制作的过程，即采血、化验、消毒检验、血型分类到包装的过程，在这个过程中，由于个体差异，以现有技术水平无法全部检测出已经科学手段证实的病毒，更无法检测出潜在的尚未被人类所认知的病毒，因此并不能完全去除其差异化特征，而等同于产品质量法所称的可以重复制造、具有可替代性的"产品"。即使勉强归入产品范畴，根据产品质量法的规定，"将产品投入流通时的科学技术水平尚不能发现缺陷的存在的"，是生产者的免责情形之一。其二，输血的风险经受害人的同意可以免责。为了加强输血用血液的监督管理，保障病人用血安全，法律规定血液的采集和经营实行专营制，只有经过省级卫生行政部门等严格审查批准的，才能经营血液的采集和销售，对包括血站名称及其许可证号、献血者的姓名、血液品种、采血日期、有效期，血袋的编号和储存条件等相关内容进行核查、核对。血站作为输血用血液的制造者，要进行血液的检测，但如前所述，血液不是可替代性的产品，血液的差异化特征可能隐含着潜在的风险，患者明知输血的风险存在，但是在风险与收益即生命与健康之间权衡的结果，以《知情同意书》的形式选择接受输血，属于受害人同意的情形，可以免责，其依据是《侵权责任法》第三章"不承担责任和减轻责任的情形"第27条："损害是因受害人故意造成的，行为人不承担责任"（从体系解释的角度，该章属于一般规定，除特别规定外，适用于各类侵权行为）。

无过错责任确立的意旨是要由血液产品的制造者和销售者来分担受害人的损失，但由于存在法定的免责情形，这一目的根本无法实现。血液不是一般的产品，血液感染的归责原则不适用无过错责任原则，医疗损害适用过错推定原则，血液不属于我国产品质量法中产品的范围。目前，我国立法对产品的界定存在适用范围较窄、不能适应当前产品质量监管和产品责任追究的需要，未来该法修改时应借鉴国外立法的成功经验，立足中国的国情，适当扩大产品的范围，具体是指：一是将"销售"改为"流通"，既可以将经营者现在广泛采用的赠与、试用、租用等营销手段的产品囊括其中，又可以保持法律文本表述前后一致（产品质量法的免责条款使用"尚未投入流通的产品"提法），逻辑上更加严密。二是将初级农产品纳入产品责任法的调整范围。随着农牧业和养殖业日益规模化和产业化，农产品的生产已经远离了过去精耕细作的原始耕作方式，大量使用农药提高农作物产量、注重产品外观而不注重产品质量安全，是舍本逐末的做法。将初级农产品纳入产品范围，要求生产者对其生产的农产品依照严格责任原则承担产品责任，是确保食品质量安全的需要，以立法规制农产品是大势所趋。

　　本书认为应将血液感染案排除适用产品责任，除前述理由外，法律体系的内在协调也是一个重要的因素。从我国法律体系的内在协调统一考虑，血液不属于产品，属于提供医疗服务。理由如下：从我国对于医疗纠纷的审理依据来看，主要根据有关医疗事故处理的行政法规、规章以及《民法通则》及相关司法解释的规定，同时适用《消费者权益保护法》，将患者纳入消费者范畴，对消费者倾斜保护，对医疗机构强调严格按照医疗程序履行告知义务，适用过错推定原则。过错推定本质上也属于过错责任的范畴，即行为人主观上有过错应承担责任，无过错则不承担责任。2010年7月1日正式施行的《侵权责任法》将产品侵权责任和医疗损害责任分章规定，进一步明确了产品责任适用无过错责任原则，而医疗损害责任适用过错推定责任。第七章"医疗损害责任"第55条规定："医务人员在诊疗活动中应当向患者说明病情和医疗措施。需要实施手术、特殊检查、特殊治疗的，医务人员应当及时向患者说明医疗风险、替代医疗方案等情况，并取得其书面同意；不宜向患者说明的，应当向患者的近亲属说明，并取得其书面同意。医务人员未尽到前款义务，造成患者损害的，医疗机构应当承担赔偿责任。"该条对医疗机构的告知义务作出正面的规定，如果作反对解释，当医疗机构在诊疗活动中履行了告知义务，并取得患者书面同意时，医疗机构对损害后果可以免责。而且，《消费者权益保护法》调整的对象为商品和服务，从第九章第一节的分析可知，服务质量的标准与产品质量的标准相比有其自身的特点，《产品质量法》无法涵盖，即使在产品责任法最发达的美国，血液在相关立法与司法实践中也不被作为一般产品来看待，法院认为血液的提供完全是附属性的，医院的提供行为不能视为销售行为，血液通常被作为"不可不避免的不安全产品"[①] 而被排除于产品责任法

---

　　① 所谓"不可不避免的不安全产品"，其理论及政策依据正是美国法学会《第二次侵权法重述》第402A条K项注释。参见《论血液感染归责原则》，载中国民商法律网·民商法网刊，http://www.civillaw.com.cn/Article/default.asp?id=47218，2011年7月20日访问。

的产品之外。"从目前欧盟立法思路看欧盟消费者安全应该是由产品安全、食品安全和服务安全这三大块相对独立的内容所构成的，服务仍被明确排除在通用产品安全指令的适用范围之外。"① 因此，从我国现行的法律体系看，《产品质量法》不调整服务质量，与《消费者权益保护法》是相互配套的，将血液排除在产品之外符合法律体系整体协调的要求。

本案中，一审法院在审理中始终围绕着血站、医院与患者输血感染之间是否存在因果关系展开调查，其实质是将医疗损害责任适用严格责任原则审理，不问当事人主观是否有过错，均应承担赔偿责任。但是，从我国现行法律体系来看，医疗责任和产品责任适用的是不同的归责原则，这一点在《侵权责任法》中进一步明确作出了区分。二审法院运用过错推定原则审理案件，对血站的供血行为是否存在过错进行广泛的调查，从而确认血站已经尽到了义务，主观上不存在过错，不应对患者感染丙肝负责；而医院由于不能举证证明为患者输血的血液来源，其质量状况如何，主观上存在过错，应承担民事赔偿责任，依法对一审作出改判是正确的。

三、深度拓展思考题

1. 《产品质量法》是否包括初级农产品、血液及血液制品，其依据何在？
2. 产品责任与医疗损害责任的归责原则及主要区别有哪些？

第二节 产品质量监管制度

一、知识点精解

中国的《产品质量法》是一部公法与私法有机结合的法律。它将产品质量管理法律制度和产品责任法律制度统一纳入一部法律之中，这是世界上独一无二的产品质量立法模式，充分反映了经济法的公法与私法交融的特点。产品责任法是民事责任的事后追究和救济机制，产品质量管理法则是规范事前监管的机制，对于当下我国所面临的产品质量问题来说，规范事前监管，从源头上解决产品质量问题、防患于未然更为关键。

---

① 杜志华：《欧盟通用产品安全法律制度初探》，载《现代法学》2003 年第 6 期。

（一）产品质量监督管理体制问题——多头集中监管还是分类监管

产品质量监管，是指政府监管机构依据国家有关法律的规定，对进入生产和流通领域的产品的质量实施的监督管理活动。作为一种行政行为，其具有三方面的含义：第一，监管主体是依法享有行政职权的行政机关，代表国家进行的一种执法活动；第二，监管的客体是进入生产、流通领域各个环节的产品的质量；第三，监督的内容是行使职权和履行职责，即监管主体应积极履行职责，主动地、创造性地开展执法活动，正确行使权力，采取各种措施维护产品质量管理秩序，保护消费者的利益，预防违法行为的发生，纠正、制裁违法行为；另一方面，若监管主体存在违反职权的消极不作为行为，应承担相应的法律责任。

产品质量监督管理体制，是指产品质量监督管理的权限划分。在2001年之前，我国实行生产许可证的审批机构是国家各行业主管部门，而无证查处工作由技术监督部门和工商部门承担，在管理方面权责不一致，产品市场管理秩序较为混乱。为了对二者之间的职权作出相对清晰的划分，国务院办公厅于2001年专门发文（国办发〔2001〕57号）规定：生产领域的产品质量监督由技术监督部门负责，而流通领域的产品质量监督由国家工商行政管理部门负责，这样我国产品质量监管体制形成了一种"统一领导，分部门、分级、分段监管"的体制。

从国外的产品质量监管体制来说，由于市场经济发育比较早，产品质量要接受市场的检验，政府监管部门的职责在于监督引导市场主体严格遵守国家对于该类产品的技术规程及标准。美、日、德等国家普遍采用根据产品分类的全程监管模式，并根据产品可能对消费者带来的危险性程度不同，区分强制性标准产品和非强制性标准产品，采取分类监管制度。分类监管保证了对不同产品监管的专业性要求，全程监管则保证了问题产品的可追溯机制，使得力量有限的监管能够突出重点，实现监管的有效性。因此，学者普遍认为，今后我国产品质量监管体制应实行"分类监管，条块结合，后溯责任"的监管模式。①

（二）产品质量监管的判断标准问题——法律概念的严谨性与适用性

我国有关产品质量的立法文件经常使用以下概念：产品合格与不合格、产

---

① 参见《监管博弈与监管制度的有效性》，载《学习与探索》2010年第2期。

品安全（食品安全）、产品瑕疵与产品缺陷，这些概念都用来表述产品质量状况的程度。如《民法通则》使用了"产品质量不合格"，《产品质量法》同时使用了"产品缺陷"、"产品瑕疵"和"产品质量不合格"三个概念，《消费者权益保护法》使用了"产品缺陷"和"产品瑕疵"，《合同法》使用了"瑕疵"，《食品安全法》使用了"食品安全"，《侵权责任法》使用了"产品缺陷"。在上述的法律文件中，《产品质量法》对"产品缺陷"的概念作出明确的定义，《食品安全法》对"食品安全"作出了明确的定义。此外几个概念并无明确界定，学者著述中也存在不同程度的混用现象。然而，这些概念的界定，直接关系到产品质量问题的确定以及法律责任的最终归属。因此，正确理解和认识以上概念的严谨含义以及它们之间的相互联系，十分必要。

产品合格与不合格。产品质量是指产品所应具有的、符合人们需要的各种特性，如适用性、安全性、可靠性、可维修性等。① 具体到立法文件中，1986年4月5日国务院颁布的《工业产品质量责任条例》第2条明确规定："产品质量是指国家的有关法规、质量标准以及合同规定的对产品适用、安全和其他特性的要求。产品质量责任是指因产品质量不符合上述要求，给用户造成损失后应承担的责任。"结合该条例在后文中所规定的合格与不合格产品的相关内容，从文义解释的角度看，第2条表述的是产品质量合格的概念，产品质量不合格则是指产品"不符合国家有关法律规定的质量标准以及合同规定对产品适用性、安全性和其他特性的要求"。即判断产品质量合格与否的标准有两个方面：一是法律规定的质量标准，一是合同约定的质量标准，包括产品适用性、安全性和其他特性的要求。

产品瑕疵与产品缺陷。二者有明确的区别：（1）判断标准不同。产品瑕疵，是指产品不具备应有的使用性能，重点在于强调产品的不适销性。产品缺陷，是指"产品存在危及人身、他人财产安全的不合理的危险；产品有保障人体健康，人身、财产安全的国家标准、行业标准的，是指不符合该标准"（《产品质量法》第34条）。结合国外相关立法，产品缺陷的重点在于强调产品不具备人们有权期待的安全性，该条后半句的规定"只是为了在实践中认定产品是否存在缺陷提供便利和方便受害人求偿及法院工作而制定的举证规

---

① 参见杨紫烜主编：《经济法》，北京大学出版社、高等教育出版社1999年版，第209页。

则",① 不是确立一个新的标准,产品缺陷的判断标准只有一个:是否存在不合理的危险。(2)责任性质不同。产品存在缺陷造成他人人身、财产损害时应承担的民事责任简称为产品责任,产品责任为一种特殊侵权责任。产品存在瑕疵违反了产品销售者对买受人的明示或默示担保义务,应承担的责任是违约责任。(3)免责条件不同。产品缺陷责任的免责条件有三个,即未将产品投入流通的;产品投入流通时,引起损害的缺陷尚不存在的;将产品投入流通时的科学技术尚不能发现缺陷的存在的(《产品质量法》第29条)。产品存在瑕疵,销售者如事先向买受者作出说明的(《产品责任法》第28条)即可免于承担法律责任。(4)危害程度不同。产品瑕疵的危害"小"、"轻",因尚未丧失产品原有的使用价值,消费者已经知晓的,可以自行决定是否接受;而产品缺陷的危害"大"、"重",因存在不合理的危险,可能造成人身、财产的损害,消费者不能接受。

产品不合格与产品瑕疵、产品缺陷。从以上两对概念之间的关系来看,产品存在瑕疵或缺陷意味着产品不合格;相反,尽管产品合格,却未必产品质量不存在瑕疵和缺陷,其原因是二者的判断标准不同。产品质量合格的判断标准有两个:一是法律规定的质量标准,一是合同约定的质量标准,某些产品由于技术条件和人们认识能力的限制,尚不能发现产品的潜在缺陷,因此按照现有手段检验合格的产品,仍然可能存在产品缺陷。且实践中尚有新产品不断诞生,对该产品的质量,法律不可能预先作出规定,当事人在合同中无具体约定,该产品的质量是否合格没有具体的判断标准,但该产品仍然可能不具备使用性能而存在瑕疵。因此,产品质量不合格概念无法完全包容产品瑕疵、产品缺陷。②

此外,产品质量立法中还采用"安全"的概念,如《食品安全法》第99条第3款规定:"食品安全,指食品无毒、无害,符合应当有的营养要求,对人体健康不造成任何急性、亚急性或者慢性危害。"第96条规定:"生产不符合食品安全标准的食品或者销售明知是不符合食品安全标准的食品,消费者除要求赔偿损失外,还可以向生产者或者销售者要求支付价款十倍的赔偿金。"这里的"安全"应理解为产品(食品)不存在"不合理的危险",具有人们

---

① 参见张骐:《中美产品责任法中产品缺陷的比较研究》,载《法制与社会发展》1999年第2期。

② 参见唐启光、孙加锋:《产品缺陷、产品瑕疵与产品不合格法律辨析》,载《政治与法律》2001年第1期。

可期待的安全性,即产品不存在缺陷。像养殖户在猪的养殖过程中添加瘦肉精,促进瘦肉生长、抑制肥肉生长,表面上迎合消费者的需求,而长期食用轻则导致心律不齐、重则会导致心脏病,对消费者的人身健康造成危害,应属于产品存在缺陷。

综上,上述概念的关系大致可概括为:产品不安全则产品存在缺陷,产品不适用则产品存在瑕疵,产品存在瑕疵或缺陷意味着产品不合格,相反,产品合格未必产品质量不存在瑕疵和缺陷。产品存在瑕疵,应承担违约责任;产品存在缺陷,应承担特殊侵权责任。产品质量合格与否是产品质量监督管理的判断标准,不能成为确立民事责任的依据。因此,从法律概念的严谨性出发,在具体适用这些概念时,规范生产者、销售者的质量监督和管理的立法,应当以产品质量不合格取代产品缺陷和产品瑕疵;而在确定产品质量民事责任立法时,应以产品瑕疵和缺陷取代产品质量不合格。①

(三) 产品质量监管方式问题——免检制度的存与废

1. 免检制度的由来

根据我国产品质量法规定,国家对产品质量实行以抽查为主要方式的监督检查制度,对可能危及人体健康和人身、财产安全的产品,影响国计民生的重要工业产品以及消费者、有关组织反映有质量问题的产品进行抽查。此外,质量监督部门还实行统一监督检查和定期监督检查两种方式。在产品质量监督检查制度实际执行中,存在以下问题:由于监督检查权重复设置而导致重复检查、抽查重点不突出、抽样不规范;运动式的检查只是短期内收效,未成为全局性、合理性的常态保障机制。在这种背景下,"为鼓励企业提高产品质量,提高产品质量监督检查的有效性,扶优扶强,避免重复检查",1999年12月5日国务院《关于进一步加强产品质量工作若干问题的决定》(以下简称《决定》)第16条首次确立了产品免检制度。2000年3月14日国家质量技术监督局根据授权制定了《产品免于质量监督检查管理办法》(以下简称《管理办法》)及其实施细则,据此,对于符合条件的产品,可以确定为免检产品,该产品享有在免检有效期内免于各地区、各部门、各种形式的质量监督检查。"在整个免检制度实施的过程中,共有66个大类,1489家国内外企业的产品获得了免检的资格,其涉及领域包括了食品行业、卫生医药行业、餐饮行业、

---

① 如《民法通则》第122条规定:"因产品质量不合格造成他人财产、人身损害的,产品制造者、销售者应当依法承担民事责任。"

服务行业等几乎所有的与民众生活息息相关的产品和服务领域。"①

2. 免检制度存废之争——坚持、废止抑或改良

免检制度从诞生之日就伴随着各种争议,一为"止分"说,一些地方和部门为了自身利益,以"质检"封杀外来产品,具有地方保护色彩,中央出台免检制度一定程度上遏制了该种权力滥用;一为"止乱"说,当时一些大企业疲于应付各种检查,影响到了生产经营的积极性,免检制度的实施使获得免检资格的企业得到了豁免,这种说法在《管理办法》第 1 条立法宗旨中得到确认。免检制度实施之后,免检产品问题不断,金龙鱼食用油、雀巢奶粉,直至 2008 年 9 月 12 日三鹿生产的国家免检产品婴幼儿配方奶粉中被检出违法添加了非食品添加剂三聚氰胺,导致全国范围内数千名儿童患泌尿系统结石,甚至有儿童出现死亡,9 月 17 日国家质检总局发布公告停止"食品"免检制度,9 月 18 日公布第 109 号总局令,对规范免检制度的《管理办法》予以废止。但是,免检制度是否因特定事件的发生就此戛然而止、其合理性何在以及免检制度废除后是否有更好的监管方式保证质量监管的实效等,学界及实践中存在几种不同意见:

(1) 应坚持免检制度。该观点认为,国家质检总局虽然公告废止免检制度,但是并未全面废止免检制度,在 2006 年、2007 年评定后仍在有效期内的及出口的免检产品应保持制度实施的一贯性,且免检制度在实施中有其积极的一面,不能因个别产品出现问题而采取一刀切的方式全面否定。

(2) 应废止免检制度。代表性观点认为,免检制度在设计上存在失误、理论基础上存在缺陷,表现在:①立法设计的偏差。《决定》强调通过免检制度的实行加强监督抽查工作,如《决定》第五大点"加强监督抽查工作,加大处罚力度"之下包括"实行免检制度"与"完善产品质量监督抽查制度"、"加大处罚力度"三种措施。而《管理办法》第 6 条规定:"免检产品及其生产企业应当符合下列条件:(一)产品质量长期稳定,企业有完善的质量保证体系;(二)产品市场占有率、经济效益在本行业内排名前列;(三)产品标准达到或者严于国家标准、行业标准要求;(四)产品经省级以上质量技术监督部门连续三次以上(含三次)监督检查均为合格;(五)产品符合国家有关法律法规和国家产业政策。"这些条件中第(二)项根据产品市场占有率、经济效益在本行业内排名前列作为申请免检的条件之一,以及根据第(五)项

---

① 郝建志、任晓刚:《对我国免检制度的思考——以食品安全为视角》,载《经济法学、劳动法学》2009 年第 5 期。

"产品符合国家有关法律法规和国家产业政策",更强调扶优扶强,强调国家产业政策的导向,实际已经偏离立法宗旨。②理论基础上的缺陷。免检制度的理论基础在于该免检产品质量长期稳定,其实质是奖励,是以国家信用为担保获得的一种行政豁免,而事实上能够达到该要求的产品基于各种原因根本不存在,而获得免检许可的产品其信号功能却被不当放大,加上期满后再次申请免检资格的条件并无明文规定,替代性条件如免检期间是否出现过质量事故等在实际操作中形同虚设,这些产品可能事实上获得了无限期豁免,成为脱缰的野马狂奔不止。从免检制度的实效来说,免检产品出现问题的事件频发,产生了诸多的负面影响,免检制度设立的宗旨可通过完善我国的企业产品质量监督制度来实现。故倾向于废止免检制度。①

(3) 应改良免检制度。该观点认为,免检产品出现问题的根源应区分是源于执行、制度还是其他原因,对症下药方能根治病症,不能简单地因噎废食,完善相关的配套制度,对免检制度加以改良方为上策。具体而言,包括几个方面:①重新定位免检。对《管理办法》规定的申请免检资格的条件应取消"扶优扶强"的内容,如《管理办法》第6条第(二)项和第(五)项的规定。对免检到期后重新提出申请前须接受省级质量技术监督部门一次合格检查的条款。②获得免检资格后的监管。应增加免检产品"必须接受国家质检总局每年不定期检查"的规定,降低检查频率,保持行政执法的潜在威慑力。③免检制度的例外。借鉴美国对产品质量监督的分类管理制度,制定强制性监督检验目录,主要包括食品、药品、医疗器械以及由政府采购或由政府提供资金担保采购的产品、质量不能依靠市场解决的产品,对这些产品不实行免检制度。④加重对免检产品在免检期间出现质量问题的处罚。产品的免检对企业而言是一种权利,同时由于获得免检资格而获得相对更多的交易机会和利益,如免检产品的质量出现违法行为会对消费者及免检标志等造成危害,从权利与责任、利益与责任、危害与责任的关系出发应加重处罚。②

本书倾向于第三种意见。免检制度有其固有的缺陷,但其积极意义也不容

---

① 参见应飞虎:《对免检制度的综合分析:坚持、放弃抑或改良?》,载《中国法学》2008年第3期;雷兴虎、习小琴、吕亚峰:《中国企业产品免检制度的存与废——兼谈我国企业产品质监制度的完善》,载《法学》2004年第7期。

② 参见胡光志等:《免检制度何去何从——免检制度的存在依据和改良思路》,载《经济法学、劳动法学》2009年第5期;应飞虎:《对免检制度的综合分析:坚持、放弃抑或改良?》,载《中国法学》2008年第3期。

抹杀，防止免检产品出现问题需要从完善免检制度本身入手，并注重相关制度的配套。如更新我国产品质量标准以解决普遍存在的设立周期过长、标准严重滞后问题；产品质量标准内外一致以解决"内外有别"问题①；产品质量检测方法的跟进问题②；监管部门产品质量信息披露充分及时问题；监管部门相互之间信息共享问题等。

（四）产品质量责任体系问题——制裁与奖励相结合

我国产品质量法将产品质量管理法律制度和产品责任法律制度统一纳入一部法律之中，在规范行为模式和法律后果的手段和方式上，制裁性规范多于提倡性规范，表现为重监管轻鼓励，重制裁轻提倡，监管不足、引导不畅。在产品质量监管过程中，一方面对违法行为作出否定性评价、要求承担制裁性法律后果非常必要，另一方面对合法行为给予适当奖励，以引导、鼓励和促进市场主体提高产品质量并由此获得相应的经济利益回报，以正向激励实现产品质量监管目标，也应成为产品质量法的重要调整方法。强行性规范与提倡性规范相结合，经济制裁与奖励相结合，正体现了经济法调整方法的特征。③

尽管免检制度官方已宣布废止，学界也存在不同的观点，但对免检制度的实质却取得了基本的共识，如："国家质检总局评定及颁发奖牌行为实际上属于具体行政行为中的行政确认行为"；④ 免检制度被定性为"行政执法检查中的豁免行为"，是行政检查的一种特别形式，是行政执法中自由裁量权的一种；⑤ 免检在本质上是一种奖励；⑥ 免检制度有其存在的合理性，不能简单地

---

① 中国出口食品的合格率为99.8%，内销产品的合格率为90%。参见韩浩月：《如何消解食品安全"内外有别"的担忧？》，载《新京报》2011年4月30日。

② 全国打击违法添加非食用物质和滥用食品添加剂专项整治领导小组自2008年以来陆续发布了五批《食品中可能违法添加的非食用物质和易滥用的食品添加剂名单》，但对部分食品如木耳、腐竹、茶叶等是否包含非法添加剂并无检测方法。

③ 参见漆多俊：《论经济法的调整方法》，载《法律科学》1991年第5期。

④ 参见郝建志、任晓刚：《对我国免检制度的思考——以食品安全为视角》，载《经济法学、劳动法学》2009年第5期；胡光志：《免检制度何去何从——免检制度的存在依据和改良思路》，载《经济法学、劳动法学》2009年第5期。

⑤ 参见胡光志：《免检制度何去何从——免检制度的存在依据和改良思路》，载《经济法学、劳动法学》2009年第5期。

⑥ 参见应飞虎：《对免检制度的综合分析：坚持、放弃抑或改良？》，载《中国法学》2008年第3期。

对其否定，应将其设立在企业信用等级制度中，作为一种激励机制。① 在完善免检制度的基础上，运用相关的经济杠杆手段发挥其正面激励引导作用。为了防止出现"劣币驱逐良币"的现象，法律应当考虑采取适当的奖励制度，这样既可以节约监管成本，又激励监管对象的正向行为。奖励与制裁相结合，可以在一定程度上提高产品质量监管的实效。

二、案例分析

【案例】

双汇瘦肉精事件②

中央电视台在2011年"3·15"消费者权益日播出了一期《"健美猪"真相》的特别节目，披露了河南济源双汇公司使用瘦肉精猪肉的事实，由此展示出了本次记者调查河南省孟州市等某些市县一头猪从养殖、贩运、屠宰、加工、销售各个环节、走上消费者餐桌的全部过程，同时也暴露出了对其监管中的诸多问题。事实真相是：这种用"瘦肉精"喂出来的所谓瘦肉型"健美猪"，钻过当地养殖环节的监管漏洞，进入贩运环节。每头猪花两元钱左右就能买到号称"通行证"的检疫合格等三大证明，再花上100元打点河南省省界的检查站，便可以一路绿灯送到南京一些定点屠宰场，无须检测"瘦肉精"，每头猪交10元钱就能得到一张"动物产品检疫合格证明"。有了这张证明，用"瘦肉精"喂出来的所谓"健美猪"就能堂而皇之地进入南京市场销售。

【问题聚焦】

我国的食品领域存在哪些监管漏洞？如何强化食品安全的常态执法机制？

【法律剖析】

双汇瘦肉精事件暴露出食品质量监管中存在严重的监管缺失：生猪养殖环节违禁使用"瘦肉精"，遇到监管部门进行"尿检"，由养猪户自己采集猪尿样品送交检验；贩运环节出于地方保护主义，交钱即可领取"通行证"，已经成为动检站的潜规则；屠宰环节的实质检查变成了只看"三证"是否齐全的形式审查。上述各个环节中监管部门的行政不作为最终导致严重的食品安全事

---

① 参见苗绘：《产品免检制度之激励机制思考》，载《学术论坛》2010年第10期。
② 根据中央电视台2011年"3·15"消费者权益日《"健美猪"真相》特别节目整理。

件发生,因此如何监管监管者以保证监管的实效,成为一个重要的问题。此外,在双汇事件发生后,双汇把供应链和营销链内部化,一些大型企业如中粮号称全产业链从"田间"到"餐桌",试图通过企业内部的管理化解质量风险,这些做法只是特例和暂时的权宜之计,对于大多数企业不可能作到这一点,产业链社会化乃至全球化是市场经济永恒的主题。因此,监管部门建立合理有效的常态执法机制才是解决问题的根本思路。

三、深度拓展思考题

1. 简述我国产品质量监管体制,思考其存在的主要问题。
2. 我国产品质量监管制度存在的主要问题及完善建议。
3. 分析食品与药品领域监管失灵的制度诱因。
4. 分析免检制度的适用性边界?

第三节 产品召回法律制度

一、知识点精解

产品召回制度自 20 世纪 60 年代在美国建立起来,因其注重对消费者的利益保护,而在世界各国得到广泛推广适用。我国产品召回管理立法目前主要针对特定产品:2004 年 3 月 12 日,国家质量监督检疫检验总局、国家发展和改革委员会、商务部、海关总署联合颁布了《缺陷汽车产品召回管理规定》,填补了我国产品召回制度的空白;2007 年,我国又颁布了《儿童玩具召回管理规定》、《食品召回管理规定》和《药品召回管理办法》;2009 年,第十一届全国人民代表大会常务委员会第七次会议通过了《中华人民共和国食品安全法》,其中有关于食品召回的规定;2011 年卫生部发布《医疗器械召回管理办法(试行)》;此外,国务院法制办于 2009 年 4 月 7 日在其官方网站上发布了《缺陷产品召回管理条例(送审稿)》,公开征求意见。

(一) 缺陷产品召回制度的理论基础

1. 产品召回的概念与法律特征

查阅我国现行立法,对缺陷产品召回的界定一般采取对"缺陷产品"和"召回"分别界定的方法,具有代表性的如《缺陷产品召回管理条例(送审稿)》第 3 条第 1 款规定:"缺陷产品,是指因设计、生产、指示等原因在某一批次、型号或者类别中存在具有同一性的、已经或者可能对人体健康和生命安全造成损害的不合理危险的产品。"第 2 款规定:"召回,是指按照规定程序和要求,对缺陷产品,由生产者通过警示、补充或者修正消费说明、撤回、退货、换货、修理、销毁等方式,有效预防、控制和消除缺陷产品可能导致损害的活动。"缺陷产品召回具有以下特点:(1) 召回对象的批量性。召回的对象为存在系统性缺陷的产品,即指因设计、生产、指示等原因在某一批次、型号或者类别中存在具有同一性的、已经或者可能对人体健康和生命安全造成损害的不合理危险的产品,简言之,召回的对象为批量性生产的产品,其存在同一或相似的缺陷。(2) 召回行为的程序性。产品召回应遵循立法规定的程序和要求。(3) 召回方式的多样性。召回的方式可以是退货、换货、修理、销毁等方式,并非只有退货一种方式。(4) 召回的预防性。召回的目的是有效预防、控制和消除缺陷产品可能导致的损害。

2. 产品召回的理论依据

关于产品召回的理论依据,学者进行了很多探讨,代表性观点有:

国家干预经济理论。在市场经济国家,市场机制调节是社会经济本身具有的内在机制,但是由于市场存在三种缺陷:市场障碍、市场的唯利性、市场调节的被动性和滞后性,容易导致市场失灵。为了克服市场失灵,促进社会经济秩序的顺利进行,国家必须介入经济进行调节。在缺陷产品召回中,单纯依靠市场调节机制,由于产品召回的对象主要为可能存在潜在危险的产品,经营者从自身利益出发,在召回成本与未来实际损害的成本之间权衡,往往两害相权取其轻,容易使大多数消费者处于危险之中,进而使得整个社会安全处于不确定状态。为此,国家必须适度介入,强令经营者实行产品召回,消除安全隐患,减少缺陷产品未来造成实际损害的社会成本,维护经济秩序的健康发展。

企业社会责任理论。现代企业法理念认为,企业在追求利润和股东利益增加的同时,还应承担对消费者、员工、环境、社区等利益相关者的责任。企业社会责任不能停留在道德义务层面,只有将其上升为法律义务,才能完成由道德义务向法律义务与责任的转化。就企业社会责任的法律化而言,具体体现为三种法律规范义务:强制性法律规范义务,其指导思想是"能为且必须为",是法律要求企业必须承担的某些强制性规范义务;倡导性法律规范义务,确定具体规范要求的指导思想是"能为且应当为",是法律对企业作出提示和引导,提倡企业不以营利为唯一目的开展经营活动;任意性法律规范义务,其指导思想是"能为且可以为",该种法律化的社会责任属于企业意思自治范畴,适用合同法中的补充性与解释性的任意性法律规定的调整。① 产品召回是经营者对用户所承担的强制性法律规范义务,作为经营者对存在系统性缺陷的产品实施召回是履行社会责任的体现。

产品质量担保理论。各国产品质量法均规定生产者对其产品负有质量担保义务,具体包括:(1)明示担保义务,是指生产者或销售者对产品的性能、特性、质量,直接通过语言或行为对产品质量作出保证或者承诺。明示担保通过以生产或销售者证明其产品符合某一标准、某些状态要求的产品说明、广告等方式表现出来;也可能通过样品的形式加以表现。(2)默示担保义务,是指依法产生的义务,即不依或不取决于合同约定,而是直接根据法律的规定而成为合同的一部分的义务,包括适销性默示担保义务和适用性默示担保义务。产品召回是生产者对产品质量担保义务的要求,当产品质量存在缺陷时,生产者负有召回其产品的义务。如果违反义务,应承担相应的法律责任。可以说,缺陷产品召回是质量担保的补充形式。

消费者权益保护理论。现代市场经济中,生产与经营的社会化、专业化以及流通环节的增加和销售形式的多样化,常常使消费者难以靠自己的力量去寻找和追究侵害消费者权利的具体责任者,处于明显的弱势地位。立法为了从形式上的平等进而实现实质上的平等,对消费者实行倾斜保护。当消费者购买生产者的产品后,产品是否存在潜在危险无法检测和感知,而生产者因其技术优势更有可能发现其中的缺陷,从保护消费者利益出发,生产者负有及时告知消费者、消除潜在危险的义务,这就是产品召回义务。

此外,还有学者将公平竞争理论、公共安全和公共利益理论作为产品召回的理论依据。笔者认为,从法学角度而言,产品召回的法理依据主要为后两者。

(二)产品召回的法律性质

关于产品召回的法律性质,有两种代表性观点:一种观点认为产品召回是一种法律责任,本质上是生产商、销售商对自己交付有缺陷产品的行为而承担的回收缺陷产品、消除危险的责任。这种情形之下,缺陷产品存在的潜在人身、财产安全危险虽未实际发生损害事实,但其发生经证明又具有一定必然

---

① 参见冯果、辛易龙:《公用企业社会责任论纲》,载《社会科学》2010年第2期。

性，为防患于未然而必须召回，是基于合同的瑕疵履行而产生的违约责任。①另一种观点认为，召回产品不是生产者的法律责任，而是一种法定义务，因为大多数的召回产品尚未发生实际的质量侵权，因此，从本质上说，这属于权益保护的性质，而非实施权利救济性质。产品召回不是生产者违反义务的后果，而是法律直接要求生产者承担的义务。②

　　本书倾向于第二种观点。法律义务，是指主体以相对受动的作为或不作为的方式保障权利主体获得利益的一种约束手段。法律责任是主体违反义务（法定和约定义务）所应承担的不利后果。二者有相对清晰的界分。当然，也有观点认为，法律责任相对于一般意义上的义务而言，是一种特殊意义上的义务。一般意义上的义务又称第一性义务，即通常人们所说的法律义务；特殊意义上的义务又称第二性义务，通常是指由于违反了法定义务或约定义务而引起的新的特定义务。法律责任就是由于违反第一性义务而引起的第二性义务，该观点既揭示了责任与义务两者之间的联系，又明确了二者之间的区别。③对于产品召回而言，召回程序的启动有生产经营者自行发现缺陷、损害事实发生促使生产经营者决定召回、消费者投诉三种情形。前两种情形中，生产经营者在实际损害尚未发生之前，实行召回并采取相应补救措施是其履行产品质量担保义务的补充，召回建立在潜在损害可能性的基础上，是一种预防性措施，是一种事前救济制度，对于第三种情形，消费者对于产品存在的潜在风险投诉从而引起产品召回程序启动的情形，消费者行使的权利为产品召回请求权，其基础性权利是消费者的安全保障权，经营者履行的是对消费者的安全保障义务。这一点在地方立法中已有规定，如《上海市消费者权益保护条例》第33条规定：经营者发现其提供的商品或者服务存在严重缺陷，即使正确使用商品或者接受服务仍然可能对消费者人身、财产安全造成危害的，应当立即中止、停止出售该商品或者提供该项服务；商品已售出的，应当采取紧急措施告知消费者，并召回该商品进行修理、更换或者销毁，同时应当向有关行政管理部门和行业协会报告。

---

　　① 参见王玲：《我国缺陷产品召回制度若干问题研究》，山东大学2007年硕士论文，第22~23页。

　　② 参见李鸿：《缺陷产品召回制度的法律研究》，中国海洋大学2010年硕士论文，第17页。

　　③ 参见张文显主编：《法理学》，高等教育出版社、北京大学出版社1999年版，第121~22页。

总之，从法律性质上说，产品召回是一种法律义务；如果未履行法律义务，则应承担法律责任，即由于违反产品召回义务（第一性义务）而引起实际损害的产品责任（第二性义务）。对于已经发生的实际损害，则应承担侵权责任。这一点在《侵权责任法》第46条已得到确认："产品投入流通后发现存在缺陷的，生产者、销售者应当及时采取警示、召回等补救措施。未及时采取补救措施或者补救措施不力造成损害的，应当承担侵权责任。"

（三）产品召回的条件

1. 产品召回的范围

从我国现行立法来看，产品召回的对象包括汽车、药品、食品、儿童玩具、医疗器械，地方立法中还包括化妆品（《深圳市化妆品经营质量管理指导规范》的规定）。这些规定由于针对特定的产品，所以适用范围非常有限。2009年国家质检总局公布的《缺陷产品召回管理条例（送审稿）》作为产品召回的一般性规范，其第2条规定了适用范围："凡在中华人民共和国境内生产、销售的产品的召回活动及其监督管理，应当遵守本条例。对药品、军工产品的召回及其监督管理不适用本条例。"将中国境内生产、销售的产品的召回活动及其监督管理均纳入该条例调整范围，由此扩大了实行召回的产品范围。但是，《缺陷产品召回管理条例》仅仅将药品、军工产品排除在外似有不妥。因为除这两种产品外，还有些产品召回的专业性非常强，需要规定特殊的召回条件、程序，如医疗器械、化妆品等，《缺陷产品召回管理条例》作为产品召回的一般规范，只需要在第2款规定"产品召回有其他特殊规定的，从其规定"即可。

从产品召回的对象来说，还应注意与产品责任的产品范围的区别。一般而言，对于后者，我国产品质量法规定了三种免责情形，第41条规定："生产者能够证明有下列情形之一的，不承担赔偿责任：（一）未将产品投入流通的；（二）产品投入流通时，引起损害的缺陷尚不存在的；（三）将产品投入流通时的科学技术水平尚不能发现缺陷的存在的。"而产品召回的对象，上述情形并无例外，产品召回是对潜在损害的预防，产品责任是对实际损害的事后救济，事前预防和事后救济的法律相结合，构成了完整保护消费者利益的法律制度。

2. 产品召回的标准

产品召回的标准有两个：一是产品存在缺陷，即存在不合理危险。我国关于产品召回的立法改变了《产品质量法》中采取的"双重标准"（不合理危险、国家标准或行业标准),采用了不合理危险这个唯一的标准,在《缺陷产品召回管理条例(送审稿)》中进一步确立,反映在《缺陷产品召回管理条例》第3条。二是缺陷的系统性,是指该缺陷因设计、生产、指示等原因造成,在某一批次、型号或者类别中存在具有同一性的、已经或者可能对人体健康和生命安全造成损害的不合理危险,不是针对个别的、偶然的产品,而是针对同一批次、型号或类别存在缺陷的产品。这与国外产品召回的标准基本一致,如《美国消费品安全法》规定:产品具有急迫危险即应当进行召回。该法对具有急迫危险的消费品的定义是:具有可导致死亡、严重疾病或者严重的个人伤害的急迫且不合理危险的消费品;且该产品具有系统性缺陷。

(四)产品召回的义务和责任

1. 产品召回的义务主体和责任主体

产品召回的义务主体。当确认某一批次、某一型号或某一类别产品出现缺陷时,必须由一定的主体来实施召回义务,这就是产品召回的义务主体。对此,有两种不同的观点:一种观点认为,从生产到流通环节的各个主体均负有召回义务,包括生产商、销售商、进口商。另一种观点认为产品缺陷是在设计、制造过程中出现的,应由生产商承担召回义务。本书赞同第一种观点。缺陷产品召回是一项专业性和时效性非常强的工作,造成产品缺陷的真正原因在短期内难以最终确定,但潜在损害已经确认,如果只规定由生产者履行召回义务,销售者、进口商作为对产品分享利益的其他各方主体则无须积极实施召回,这样有两个不利的后果:一是时间的延长可能导致实际损害的发生或扩大,二是销售者可能是造成产品缺陷的真正责任人。根据利益与义务对应的原则,从生产到流通环节的各个主体,在召回义务上无主次之分,均有义务实施召回;而且,一般而言,销售者与消费者更为接近,这样有利于最大限度地保证生产与流通各个环节积极阻止缺陷产品在使用中出现实际损害,增加发现缺陷产品的机会并提高发现缺陷产品的效率。从我国现行立法来看,产品召回的义务主体规定有两种:一是生产者,如医疗器械、药品、食品的召回主体,《缺陷产品召回管理条例(送审稿)》规定的召回主体仅为生产者;二是生产者、销售者(包括进口商),如汽车、儿童玩具的召回主体。鉴于前述理由,将销售者排除在外并不妥当,未来《缺陷产品召回管理条例》应将其纳入产品召回主体。

产品召回的责任主体。如前所述,法律责任是由于主体不履行第一性义务而承担的第二性义务,如果产品召回的义务主体未履行召回义务或履行义务不力的,应承担不利的法律后果。产品召回的义务主体如未采取补救措施或补救措施不力造成损害的,应承担侵权责任。《侵权责任法》第46条将生产者和销售者作为产品召回的责任主体,与召回义务主体相对应,是正确的。

2. 产品召回的监管主体

市场经济条件下,为了克服市场存在的三种缺陷,国家必须出面实施必要的干预。当规模化生产的产品存在缺陷时,政府应对产品召回实行监督管理,必要时应指令义务主体实行召回,对不履行产品召回补救措施或补救不力的,可以要求承担行政责任。在我国,产品召回的监管主体主要是国家质检总局,在职权范围内统一组织、协调全国食品召回的监督管理工作,现行立法中除国家食品药品监督管理局监督全国药品、医疗器械召回的管理工作外,汽车、儿童玩具、食品召回均由其承担监管责任。这种监管体制的最大特点是主管机构过于集中,鉴于不同产品召回的专业性和复杂性,不利于及时有效地实施召回。国外产品召回监管体制以美国为代表,实行一般机构与特殊机构结合的监管体制。根据1972年颁布的《消费者产品安全法》(Customer Product Safety Act)第4条的规定,美国成立消费者产品安全委员会(Customer Product Safety Commission, CPSC),作为《消费者产品安全法》的基本机构,CPSC有着实施产品召回方面的权力。除了CPSC作为基本机构有最广泛的执法管辖权外,还有一些特殊机构,负责对CPSC无执法管辖权的特殊产品进行召回:(1)交通部的国家高速公路安全局,负责机动车及其配件的质量和召回;(2)农业部(USDA)下设机构食品安全检疫局(Food Safety and Inspection Service, FSIS),主要负责监督肉、禽和蛋类产品的质量和缺陷产品的召回;(3)卫生部下设机构食品与药品管理局,负责FSIS管辖权以外的食品以及化妆品、药品、医疗设备的质量和缺陷产品。① 我国《缺陷产品召回管理条例(送审稿)》的规定已借鉴了其有益经验,该条例第5条规定缺陷产品监管体制,采取国务院质量监督检验检疫部门统一负责、各级质检部门在本辖区内按照职责分工负责、国务院其他有关部门在各自职责范围内协同国务院质检部门并展缺陷产品召回的有关管理工作。

3. 产品召回的侵权责任

现代各国产品责任法中,构成产品侵权责任须具备以下要件:须有缺陷产品;须有人身、财产的损害事实;须产品的缺陷与受害人的损害事实之间存在

---

① 参见李鸿:《缺陷产品召回制度的法律研究》,中国海洋大学2010年硕士论文,第47~48页。

因果关系。确定产品责任的归责原则均采取无过错责任原则,即不考察行为人的主观过错,只要受害人能够证明产品具有缺陷,即可构成侵权责任。对于产品召回的侵权责任的归责原则存在两种观点:一是认为应采取过错责任原则,[①] 一是认为应采取无过错责任原则。[②] 本书倾向于采用过错责任原则,这是因为:产品召回是一种义务,违反产品召回义务应承担的不利后果是产品召回的侵权责任。以《缺陷汽车产品召回管理规定》为例,该规定第42条规定:"有下列情形之一的,主管部门可责令制造商重新召回,通报批评,并由质量监督检验检疫部门处以10000元以上30000元以下罚款:(一)制造商故意隐瞒缺陷的严重性的;(二)试图利用本规定的缺陷汽车产品主动召回程序,规避主管部门监督的;(三)由于制造商的过错致使召回缺陷产品未达到预期目的,造成损害再度发生的。"该条表述了制造商违反召回义务应承担的重新召回责任,其均以主观过错作为必要条件。《侵权责任法》第46条"产品投入流通后发现存在缺陷的,生产者、销售者应当及时采取警示、召回等补救措施。未及时采取补救措施或者补救措施不力造成损害的,应当承担侵权责任"是关于产品召回的侵权责任的规定,前句与后句清楚地表明了产品召回义务与责任的关系,"未及时采取补救措施或者补救措施不力"表明了产品召回责任的主观过错要件。同时,隐含着消费者在产品召回过程中负有"不真正义务",应关注相关产品缺陷信息的发布,配合实施缺陷产品的召回,积极履行保护自己权益的义务,否则应承担因此而遭受的损失。立法如此规定,目的在于鼓励义务主体履行召回义务避免实际损害发生或扩大,同时在《侵权责任法》第47条还规定缺陷产品造成损害适用惩罚性赔偿制度作为一种警戒和威慑,将预防性法律——产品召回制度和事后救济的产品责任法律相结合,克服法律对消费者保护的滞后性。[③] 将产品召回的侵权责任等同于产品责任,混淆了产品召回的义务与责任的关系,是对产品召回作为事前预防制度、产品责任是事后救济措施的性质认识不足的结果。

---

① 参见吴冬晖:《论缺陷产品召回法律制度》,武汉理工大学2004年硕士学位论文,第39页。

② 参见王玲:《我国缺陷产品召回制度若干问题研究》,山东大学2007年硕士论文,第35页。

③ 参见徐士英主编:《产品召回制度:中国消费者的福音》,北京大学出版社2008年版,第179页。

(五) 产品召回的方式和程序

1. 产品召回的方式

产品召回的方式有两种：主动召回和强制召回。主动召回也称为自愿召回，是指生产者发现缺陷产品或主管部门发现缺陷产品后建议生产者召回、而生产者接受建议，自愿向主管部门报告，并实施召回该产品的行为。自愿召回是经营者诚信行为的体现，通过召回，企业可以获得公众的信任取得潜在客户，同时避免大规模的产品责任诉讼和巨额的损害赔偿，减少了监管成本，节约了社会资源，立法鼓励自愿召回。强制召回，也称为责令召回，是指在生产者故意隐瞒产品存在缺陷或拒不履行召回义务的情况下，为了避免实际损害的发生或扩大，主管部门发出指令要求生产者履行召回义务的方式。这两种召回本质上均由经营者实施，只是强制召回体现了国家对企业产品质量的监督管理，是国家在必要时行使权力干预经济的体现。

2. 产品召回的程序

以美国为例，召回程序包括两种：一般召回程序和简易召回程序。

一般召回程序包括：（1）缺陷信息的报告和收集：生产者、销售商向 CPSC 报告或 CPSC 自行收集和发现市场中存在的缺陷产品。（2）初步危害评估和缺陷确定：CPSC 将缺陷产品对公众安全的危害依据其严重程度大小依次确定为三级：A 级危害、B 级危害、C 级危害。CPSC 确定缺陷存在和危害等级评估之后应当通知制造商，制造商如对该评估报告不服或有异议的，可以向 CPSC 提出复审要求。（3）制定召回计划：产品召回计划应当包含产品缺陷种类和危害等级、产品销售分布和数量、何时停止缺陷产品的生产和销售、如何有效通知销售商和消费者等内容。具体的产品召回计划应当在 CPSC 的指导下完成。（4）实施召回计划，分为三步：第一，发布缺陷产品召回信息，通知消费者。以多种方式包括直接告知和间接通知的方式告知。第二，任命召回协调员（Recall Coordinator），负责收集与产品召回有关的信息，向公司首席执行官报告工作，并协调生产商与包括 CPSC 在内的有关部门。第三，对缺陷产品采取处理措施。企业在 CPSC 的监督和协助下，针对缺陷产品的具体情况依法采取修理、更换、回收等措施。当 CPSC 认为实施召回的企业已尽一切合理、有效的努力收回并妥善处理了召回产品时，CPSC 会通知其结束召回。（5）保存生产商召回缺陷产品的记录。在召回实施过程中，企业应当作出详尽的召回记录，并在召回结束后妥善保管有关记录。对于食品、药品、化妆品等产品是即时消费产品，存在危及人体健康的产品一旦使用就可能导致无可挽回的损害后果，FDA更加强调缺陷信息的收集和损害发生前的防范，具体工作也更侧重于向公众和媒体的信息披露方面。在FDA的网站上和发行的出版物中常常会出现市场撤回（Market Withdraw）、安全警告（Safety Alert）、召回公告三类信息。

简易召回程序。CPSC于1995年8月在产品召回实践中采用了简易召回程序，是对一般程序中的危害评估报告程序的简化，主要适用于企业自愿并有能力迅速召回缺陷产品的情形。只要企业在向CPSC报告缺陷信息后的20个工作日内主动与CPSC合作，开展直接面对消费者的召回，并且最终召回的效果达到CPSC要求的，CPSC就可以简化对产品含有引发严重人身、财产损害缺陷的初步认定、评估步骤。该程序主要是鼓励企业主动实施召回，缩短召回程序时间，以在较短的时间内消除危害，同时能够减少政府执法成本和企业召回成本，节约社会资源，美国约有一半的普通消费品是按照简易程序进行召回的。①

3. 我国产品召回方式和程序的检讨

从我国现行立法来看，以《缺陷产品管理条例（送审稿）》为代表，对产品缺陷信息的发布、产品缺陷的危险等级、经营者的召回义务、认定产品缺陷的机构、缺陷产品召回的程序等都作了详实的规定。但是，仍然有很多地方需要完善，这里主要就产品召回方式和程序作如下探讨：

消费者权利有限。我国产品召回立法同样规定了主动召回和责令召回，但是在召回程序的启动方面，生产者收到有关产品人身伤害的消费者投诉后，应组织开展产品缺陷调查，经确认存在缺陷的，应主动召回；未主动召回的，国务院质检部门应当向生产者发出责令召回通知或者公告，并通知所在地的省级质检部门，依法采取相应措施。可见，我国消费者对产品召回仅仅有投诉权，在产品是否存在缺陷的调查、认定方面，消费者并不享有参与权。对比美国产品召回立法，消费者安全委员会作为执行《消费者安全法》的基本机构，在产品召回方面是最主要的机构，可以自行收集和评定缺陷产品的相关信息。其职能具体有：①负责具有潜在危险的消费品的生产及销售的管理，保护消费者免遭消费造成的损害；②协助消费者鉴定消费品的安全性能；③制定统一的消费品安全标准；④促进对死亡、疾病、受伤等事故的产品危害原因以及防止措

---

① 参见王玲：《我国缺陷产品召回制度若干问题研究》，山东大学2007年硕士论文，第15~18页。

施的研究和调查;⑤提供消费品安全问题信息咨询并编制有关教育计划方案。① 在我国,中国消费者权益保护协会并无上述权利,对生产者只能被动行使请求权,在生产者调查确认是否存在缺陷过程中的缺位,进一步导致消费者权利被虚置的状态。

信息披露制度简略。国外产品缺陷信息的发布方式多种多样,目的在于将这一信息尽可能传达到每个使用该产品的主体,避免实际损害的发生或扩大。如仍以美国为例,由 CPSC 与企业联合发布新闻稿、企业设置专门的免费电话和传真号码供消费者询问、召开全国性新闻发布会,通过电视、广播、报刊杂志、互联网公布信息;通过产品销售记录、登记卡等途径联系购买者,并直接告知其召回信息;通知与产品相关的批发商、代理商、零售商、维修人员、安装人员等;在企业商品名录、业务通讯和其他市场资料上和产品使用者最可能造访的地方招贴,如医院、商店、儿科医生诊所、托儿所、修理店、设备租赁店等;直接通知维修点、零部件供应点、旧货店等。在我国,有关产品缺陷信息的发布规定比较笼统,如《缺陷汽车产品召回管理规定》第 13 条规定:"制造商或者主管部门对已经确认的汽车产品存在缺陷的信息及实施召回的有关信息,应当在主管部门指定的媒体上向社会公布。"《食品召回管理规定》第 20 条规定:"自确认食品属于应当召回的不安全食品之日起,一级召回应当在 1 日内,二级召回应当在 2 日内,三级召回应当在 3 日内,通知有关销售者停止销售,通知消费者停止消费。"第 21 条规定:"食品生产者向社会发布食品召回有关信息,应当按照有关法律法规和国家质检总局有关规定,向省级以上质监部门报告。"《缺陷产品管理条例(送审稿)》中也仅有原则性规定。②

简易召回程序缺失。许多国家对企业自主召回缺陷产品在规定一般召回程序的同时,均规定了"降低监控标准"、保全企业信誉等激励措施的简易程序,企业基于自身利益最大化原则,多数采取自愿召回方式适用简易程序。当然,简易程序的适用对企业的信用要求比较高,但是在我国企业信用机制逐步建立健全之后,根据信用评估等级可适用该程序。

---

① 参见肖法:《柠檬法与美国消费维权》,载《海峡消费报》2003 年 2 月 21 日。转引自李鸿:《缺陷产品召回制度的法律研究》,中国海洋大学 2010 年硕士论文,第 48 页。
② 《缺陷产品管理条例(送审稿)》第 16 条规定:[消除缺陷措施]生产者应当根据缺陷调查和风险评估的结果采取以下召回措施进行控制与消除该缺陷:(一)依法向社会发布警示信息,告知消费者停止消费或者使用,或者补充、修正消费说明;(二)通知有关销售者和服务业经营者停止对该缺陷产品的销售、使用、租赁等经营活动。对销售者尚未售出的存在该缺陷的产品,通知其停止销售并予以撤回。

风险评估程序的强制性与任意性。我国产品召回立法对产品缺陷的调查和确认程序的启动,以强制性规范形式规定生产者应当立即启动缺陷调查和风险评估程序,① 但是,主管部门是否介入该程序,却采取了强制性规范与任意性规范两种形式,如对汽车、食品,应当聘请专家委员会对产品缺陷调查和认定,② 省级以上质量技术监督部门获知儿童玩具可能存在缺陷的,可以启动缺陷调查。③《缺陷产品管理条例(送审稿)》采纳了《食品召回管理规定》的做法,规定主管部门介入调查的限制性条件,既鼓励经营者主动召回,同时为了防止经营者采取蒙蔽手段欺骗消费者,实行必要的监管,遵循了经济法的适度干预原则,比较合理。④

检验机构的非独立性。缺陷产品的检验结果对产品是否召回具有决定作用,检测结果的权威性取决于检验机构的权威性,而目前我国的检验机构或者隶属于政府部门,其权威性来自于政府的权威性;或者检验机构为民间机构,其检验质量尚未在市场上建立足够的公信力。只有独立于政府部门、依靠市场建立起来的信誉,就像标普进行的信用评级一样,才能获得持久的生命力。与此直接相关的问题是,我国目前对产品质量实行事前认定制度,在产品进入市场时设定了各种标准,只要符合标准即可;一旦产品质量出现问题,政府部门处于一种尴尬的境地。改革这种困境的方法是:对产品质量由企业自己递交报告表明符合行业标准,或由第三方检验机构出具证明,一旦产品质量出现问题,由企业和第三方承担责任。这样,政府和消费者处于同一阵营监督产品质量,检验机构的独立性和权威性也借此逐步确立。

二、案例分析

【案例】

锦湖轮胎事件——国内首例轮胎召回案⑤

锦湖轮胎是全球十大轮胎企业之一,为包括北京现代、一汽大众、上

---

① 参见《缺陷汽车召回产品管理规定》第25条、《食品召回管理规定》第13条第1款、《儿童玩具召回管理规定》第14条。
② 参见《缺陷汽车召回产品管理规定》第11条、《食品召回管理规定》第14条。
③ 参见《儿童玩具召回管理规定》第15条第1款。
④ 参见《缺陷汽车召回产品管理规定》第9条。
⑤ 根据中央电视台"3.15"晚会及后续报道整理。

海通用、东风标致、长城汽车、通用汽车等众多汽车厂家提供配套轮胎，是中国国内配套市场占有率第一的轮胎品牌。但2011年央视"3·15"晚会，曝光了锦湖轮胎天津工厂在轮胎制造过程中存在违规生产的严重问题。在制造过程中，锦湖轮胎为节省成本，没有严格执行企业内部标准，在生产过程中过量使用返炼胶，标准规定的是一套，而实际操作的却是另一套，导致轮胎整体质量下降，造成安全隐患。

4月1日，受北京现代汽车有限公司、长城汽车有限公司、东风悦达起亚汽车有限公司和锦湖轮胎（天津）有限公司委托，锦湖轮胎（中国）公司按照《缺陷汽车产品召回管理规定》要求，向国家质检总局递交了召回报告，决定自2011年4月15日起，召回2008年生产的批次编号为CO 2208和CO 4008、2009年生产的批次编号为CO 0509和CO 0909、2010年生产的批次编号为CO 2410和CO 2910，以及2011年生产的批次编号为CO 0111的锦湖轮胎产品，涉及数量共计302673条。但在其后消费者要求召回时，却面对以下诸多问题：一是多种车型备换轮胎不充足；二是"免费餐"不易吃：召回的批次有限；三是"返炼胶"是否超标，中国目前标准缺失，根本无从检测。以上种种，无论是生产质量还是召回程序，均引起了消费者的质疑。

【问题聚焦】

产品召回的法律性质是什么？如何构建和完善产品召回的程序机制？

【法律剖析】

锦湖轮胎召回事件中，召回程序的启动、缺陷的调查和确认、实施计划的公布、召回计划的实施，公众对每一步都充满了质疑。（1）召回程序的适用存疑。根据我国产品召回的现行立法，《缺陷汽车产品召回管理规定》所称汽车产品，指按照国家标准规定，用于载运人员、货物，由动力驱动或者被牵引的道路车辆，即该规定适用于汽车整车。对于汽车轮胎，只规定召回期限为自交付第一个车主之日起3年止。即使根据文义解释，对于汽车轮胎的召回应适用该规定，但是其召回涉及的主体、召回的对象、信息的发布、召回计划的实施显然超过了汽车整车的召回，该规定远远不能包括。（2）召回程序的启动迟缓。锦湖轮胎早在2008年就收到消费者投诉，但投诉均无下文；国家质检总局2009年就对锦湖轮胎点名批评，且公布过锦湖轮胎的投诉比例最高，但生产者锦湖轮胎并未启动缺陷调查和确认程序并主动召回，国家质检总局也未指令召回。即使在此次央视报道之后，锦湖轮胎也是先否认后肯定、最终不得不提交召回报告，且其间产品缺陷的调查和确认程序、结果均不明朗。（3）

召回实施的效果难料。资料显示,在召回计划的实施过程中,免费更换轮胎的条件严格、即使符合条件又无充足轮胎可供更换、轮胎是否超标无法检测等,诸多因素均可能影响召回实施的效果。

产品召回是一项预防性救济制度,产品召回的两种方式本质上均是经营者实施的行为,表面上由于产品召回,经营者会付出不小的成本,但实质上,这个过程正是对产品真实使用情况的统计分析过程,为以后产品的改进提供第一手的资料,同时经营者的诚信经营会为自己赢得较高的商业信誉。随着我国一般性产品召回制度的建立和完善,产品质量监管水平的提高,产品召回制度与产品责任制度相比,应成为更有效率的选择。

三、深度拓展思考题

1. 三鹿奶粉事件与锦湖轮胎召回事件暴露出我国产品质量监管中的哪些问题?

2. 提出我国产品召回制度的完善建议。

第三编　国家投资经营法

第十一章 国家投资法

[本章知识结构图]

国家投资法 ┬ 国家投资的原则与投资政策 ┬ 国家投资法的体系
          │   ├ 国家投资原则
          │   └ 国家投资政策
          └ 国家投资管理体制和程序 ┬ 国家投资管理体制
                                  └ 国家投资管理程序

第一节 国家投资的原则与投资政策

一、知识点精解

(一) 国家投资与国家投资法

1. 投资

投资属于经济学的范畴，一般是指经济实体为了扩大再生产和获取一定的营利而投放货币或其他有价资源，并进而转化为实物资产或金融资产的活动。投资的方式和对象在很大程度上呈现出多样化与差异性特点，故而投资又可以根据不同的标准区分为不同的类型。①

根据投资对象的差异，投资可以分为固定资产投资和流动资产投资。所谓固定资产投资，是指用于购置和建造固定资产的投资。其中固定资产是指供人们长期使用，并在其使用过程中保持其原有物质形态的生产资料和消费资料，如房屋、机器设备、运输工具等。而流动资产投资，是指投资主体用以获得流

---

① 参见漆多俊、冯果主编：《经济法学》（第三版），武汉大学出版社2011年版，第267页。

动资产的投资。流动资产是指在企业生产过程中,经常改变其存在状态的,在一定营业周期内变现或耗用的资产,如原材料、产品等。

根据投资方式的差异,投资可以分为直接投资和间接投资。所谓直接投资,是指投资者直接投资建造或购置固定资产和与之相联系的流动资产,其过程无须借助金融中介。投资者将货币资金直接投入投资项目,形成实物资产或者购买现有企业的投资,通过直接投资,投资者便可以拥有全部或一定数量的企业资产及经营的所有权,直接进行或参与投资的经验管理。间接投资也称金融投资或证券投资,是指投资者以获得未来收益为目的,用资金支付购买有价值的金融资产的投资行为。其主要特征是投资者通过金融中介购买有价证券并获取收益,并不参与对于实物投资的管理,有价证券的发行者进行实物投资。

从社会再生产的层面来讲,投资主要是指实物投资,尤其是固定资产投资。同时,间接投资由于涉及金融中介,很大程度上由证券法来调整,加上间接投资的投资者并不直接参与实物投资。因此,投资法视野下的投资,主要是指以固定资产投资为核心的直接投资。

2. 国家投资

国家投资,是指政府通过财政拨款或其他方式所实施的直接投资行为,西方国家又称之为政府投资或公共投资。国家投资是相对于民间投资而言的,是国家直接参与生产经营活动的重要环节。由于市场具有唯利性,对于有些周期长、投资大、风险大、盈利少的经济领域或投资项目民间投资不愿进入,市场机制也不能发挥其调节作用。但是这些经济领域和投资项目又因为直接关系国计民生以及国家社会的长远发展而必须进行适度投资,国家通过鼓励和引导等方式均不能推动民间投资进入时,就需要国家直接进入市场,参与市场直接投资经营。通过确定合理的投资规模、结构和方向,国家投资适度介入民间投资不愿介入的经济领域和投资项目,以弥补市场的唯利性缺陷,调节社会经济的结构和运行。①

国家投资与民间投资相比,有着其固有的特点和属性②:(1)投资主体的特殊性。国家投资的投资主体是政府,具体而言是享有投资决策权并对投资负责的中央和地方政府,具体执行国家投资的除了政府,还包括政府设立的专

---

① 参见漆多俊:《经济法基础理论》(第四版),法律出版社 2008 年版,第 10~21 页。

② 参见漆多俊、冯果主编:《经济法学》(第三版),武汉大学出版社 2011 年版,第 267~268 页。

业投资公司。(2) 资金来源的特殊性。国家投资的资金主要是财政性资金,包括财政预算内资金、国际组织和外国政府贷款的国家主权外债资金、纳入预算管理的各类专项建设基金及其他法律规定的政府财政性资金。现代国家投资也开始使用以政府信用为担保的信贷资金。(3) 投资范围的特殊性。国家投资的范围主要是基础性项目和公益性项目,通常不涉足竞争性项目。国家投资在很大程度上是民间投资的一个补充,主要投入于那些投资周期长、投资规模大的基础性项目以及收益比较少的公益性项目。但是根据国民经济发展形势,国家投资的范围还可以进行适当的调整。① (4) 投资目的的特殊性。国家投资经营着眼于经济协调发展的全局,引导资金的流入与退出,弥补市场唯利性的缺陷,是国家调节经济的重要方式。② 国家投资并非以盈利为目的,主要是为了弥补民间投资的不足,发挥财政对资源配置的积极作为,实现经济社会的稳定、持续和协调发展。

3. 国家投资法

所谓国家投资法,是指规范国家投资行为,调整国家投资关系的法律规范的总称。国家投资一方面作为国家直接参与和调节经济活动的方式,对于投资结构和投资布局的形成有着重大的影响,是促进本国经济又好又快发展的重要途径,必须通过法律来进行保障;另一方面,国家投资的资金来源和投资主体具有特殊性,需要对国家投资进行有效地规范,从而确保国家投资的规范决策以及资金的有效使用。因此,国家投资需要国家投资法的规制和保障,国家投资法也在我国经济生活和经济法体系中占有非常重要的地位。

但是在我国,国家投资法并未形成综合性成文法,而是散见于一系列法律和行政法规,甚至效力层级更低的部门规章乃至政府文件中。在后危机时代,政府投资力度加大,参与经济活动、刺激和促导经济发展进一步深化的背景下,尤其需要对国家投资的政策、管理体制、程序等各方面内容进行有效地规定,使政府投资有法可依,规范有序。

国家投资法与国有资产管理法、国有企业法共同构成国家投资经营法体

---

① 在不同的经济发展阶段,国家投资的范围可能存在着差异。作为私人投资补充的国家投资,要与民间投资相协调,在民间投资活跃时,国家投资可以适当收缩其投资范围,在民间投资萎缩时,国家投资需要适当扩张其投资范围,以从整体上保证社会投资体系的完整与顺利运行。参见邱华炳、苏宁华:《经济发展演进中政府投资范围界定与调整》,载《投资研究》2001 年第 2 期。

② 参见漆思剑:《国家资本的进与退:国家投资经营调节经济原理分析》,载《广西师范大学学报》(哲学社会科学版) 2009 年第 1 期。

系。三者之间相互联系又彼此区别。三者都涉及国家对于国有资产的使用,但是国家投资法规范的是国家投资行为,调整的是国家投资关系,而国有资产管理法则调整的是国有资产管理关系,国有企业法则调整的是国有企业的组织和经营。

国家投资法作为规范国家投资行为的法律制度,对国家投资的决策和实施都在实体上和程序上进行有效的规制。具体来说,国家投资法律制度包括了国家投资决策制度、国家投资管理体制制度和国家投资程序制度。① (1) 国家投资决策制度。国家投资的决策事关国家投资是否能实现其既定政策目标并取得预期效果的基础,也是国家投资项目顺利进行的前提条件。② 国家投资决策制度主要是对国家投资规模、国家投资比重和国家投资结构以及国家投资政策的确定进行规范,通过建立健全国家投资决策制度,实现集体决策、民主决策和科学决策。这种宏观决策制度实际上也是确定国家投资政策的制度。③ (2) 国家投资管理制度。国家投资管理制度是规范国家投资项目具体运行的一系列制度的总称,具体而言包括国家投资主体制度、国家投资计划管理制度、国家投资资金管理制度、投资许可证制度等。通过国家投资管理制度,可以确保国家投资规范、有序进行。(3) 国家投资程序制度。国家投资程序制度是对国家投资项目从投资决策、建设实施、竣工验收到交付使用的全过程中所经历的阶段和步骤进行规范的制度总称。对国家投资的程序进行严格控制和管理,是规范国家投资行为,提高国家投资效率的重要保证。

(二) 国家投资的原则

原则是可以作为规则的基础或本源的综合性、稳定性和根本性的原理和准则,所有规则的确定都遵循其内在的原则。就国家投资而言,在进行投资决策以及进行实际投资活动时,都应该立足于国家投资弥补市场唯利性这一基本点,遵循以下几个基本原则:

---

① 参见漆多俊:《经济法基础理论》(第四版),法律出版社 2008 年版,第 229~232 页。

② 国家投资决策包括宏观决策和微观决策。微观决策主要是指具体投资项目的决策,属于投资程序的问题,宏观决策主要是一般性、全局性的国家投资规模、比重、结构和政策等事项的决策。我们所说的国家投资决策制度,主要是指宏观决策方面的制度。

③ 对于投资规模、投资比重和结构等方面的宏观决策,正是国家投资政策的内容。因此,也可以说国家投资决策制度就是国家投资政策制度。参见漆多俊、冯果主编:《经济法学》(第四版),武汉大学出版社 2011 年版,第 270 页。

1. 尊重市场机制原则

在市场经济体制下,应当坚持市场机制在资源配置上的基础性作用。在进行国家投资的时候,必须尊重市场规律,尽量考虑市场因素,尽可能地引入市场机制的作用。① 通过市场化运作国家投资,是建设社会主义市场经济的体制要求,也是实现国家投资效率的保障。如果不能摆脱国家投资的行政控制色彩,在国家投资过程中无视市场机制,国家投资将与市场经济基本制度背道而驰。② 在国家投资中,必须防范和摒弃片面追求政绩而拍脑袋作出的投资决策,杜绝忽视实际情况、以长官意志为转移。国家投资是国家直接参与国民经济运行的重要手段,其投资主体的地位与一般市场主体并无二致,一样应该遵循市场规律与机制,发挥市场调节的功能与作用,使各项资源得到最为有效的配置。在市场机制的作用下,国家投资公平地参与市场竞争,合理考量投入产出,确保投资效益。

2. 弥补市场失灵原则

由于市场机制的唯利性,有些投资规模大、周期长的领域,民间投资不愿进入,国家投资要在市场机制无法发挥作用且各种调控措施不能见效的情况下,以国家拥有和可支配的资产直接参与到市场活动中去,以矫正和弥补市场失灵。国家应当根据情况变化适时调整国家投资的规模、方向和重点。国家投资规模过大,或者结构不合理时,国家应及时缩减投资,或调整投资结构,或实现国有资本的退出。国家投资应当把握一个底线和限度,即在市场发生失灵,某些领域民间投资不愿进入,只有国家直接介入经济运行才能解决的情况下,国家投资方能而且应该及时、适度地介入;某些领域具备活跃的民间投资,竞争比较充分,市场机制发挥着有效的作用时,国家投资应当退出。申言之,国家投资所应起到的作用应该是一个补充性的作用,而不能与民争利,民退则国进,民进则国退。

3. 调整经济运行原则

国家直接参与投资能够调整市场上供给与需求,可以调整社会经济的结构和运行。国家在进行投资的过程中,需要在了解整个社会经济的各种结构状况和运行态势的基础上,确定并适时调整国家投资的方向、规模和重点,选取适当的投资方式和投资经营组织形式,进而影响和调整国民经济的运行。国家进

---

① 参见漆多俊:《经济法基础理论》(第四版),法律出版社 2008 年版,第 20 页。
② 参见林毅夫:《国有投资公司与国有资本的市场化》,载《经济研究参考》2001 年第 1 期。

行投资,应该以调整经济运行为重要目标,而不是片面追求利润。① 通过国家投资直接参与经济活动,与宏观调控措施对于经济的间接引导相结合,国家可以更好地调整经济运行,进一步优化产业结构、完善基础设施、提升经济活力,促进社会经济又好又快发展。

(三) 国家投资政策

国家投资政策,是指国家对其自身的投资活动所确定的基本方略,其核心是对国家投资规模、重点和投资布局的确定。确定合理的国家投资政策,是确保国家投资取得预期效果的重要保证。② 具体而言,国家投资政策包括以下几个方面:

1. 投资规模与投资比重

所谓投资规模,是指国家投资活动所需投入资金和已投入资金的多少。通常来说,投资规模可分为宏观投资规模和项目投资规模。宏观投资规模是指在宏观经济层面,国家用于投资的总量。项目投资规模则是指国家在某一具体投资项目上投入资金的数量。国家投资政策中所指的投资规模,是指国家宏观投资规模。

所谓投资比重,是指国家投资在整个社会投资中的比重。整个社会投资包括国家投资和民间投资,投资比重与国家投资和民间投资的规模有着重要的关联。国家投资的规模的大小,直接影响着国家投资与民间投资的比重,进而影响着投资比重的大小。因此,投资规模与投资比重是一组高度关联的概念。

国家投资的投资规模与投资比重,是国家投资是否活跃以及国家投资在整个社会投资中所占的地位的重要指标,是国家投资政策的重要内容,反映着国家作为投资主体对于国家投资的理解和态度,也反映着国家投资在推动国民经济发展中所起到的作用。

改革开放以后,多种所有制经济得到了长足的发展,民间投资开始以较快的速度增长,国家投资的规模和比重开始收缩。随着我国市场经济体制的建立和完善,民间投资也开始超越国家投资,成为社会投资的重要力量。

---

① 当然,不片面追求利润并非指国家投资并不追求利润,而是要在尊重市场机制的前提下不将利润作为首要和唯一的追求。

② 参见许云霄、米君利:《谈我国公共投资政策的有效边界》,载《生产力研究》2002年第1期。

实际上，国家投资只是国家调节经济、弥补市场失灵的一种手段和力量。因此，国家投资应当坚持有所为有所不为，应该以满足国家调节的需要为目标，既要保留一定比例的国家投资以实现对于国民经济的有效调节，又不能以政府投资取代民间投资。因此，在制定国家投资政策时，需要合理确定国家投资的规模和比重，使得在充分发挥民间投资积极性和市场机制的有效性的基础上，确保国家投资对于国民经济调节的重要作用。

2. 投资结构

投资结构是指投资在国民经济各个行业、部门和再生产的各个方面的分配比例及其相互关系。国家投资的结构，是国家对于各行业和部门进行资源分配的基础，体现着国家对于不同行业和不同部门的不同扶持力度。国家投资结构的确定，是国家以直接投资的模式介入到对产业结构的调整的具体体现，关系着国民经济的协调发展。

投资结构是投资方向的加总。所谓投资方向，是指国家投资的具体投向。通过对国家投资的方向的统计和测算，可以看出国家对于各个行业和部门的投资规模的分配比例。投资方向科学与否直接决定着投资结构是否合理，明确各类投资主体的投资方向是形成合理投资结构的关键所在。

国家投资政策中的投资结构包括两个方面。一个方面是投资项目的类型结构，另一个方面是投资项目的产业结构。

投资项目根据经济效益、社会效益以及社会需求的不同，可以分为公益性项目、基础性项目和竞争性项目。公益性项目主要是指社会效益突出而经济效益并不明显的项目类型，如科教文卫等事业的投资。基础性项目是指关系国民经济整体利益与长远利益的物质基础设施建设项目，包括基础设施、基础产业和高新技术产业的投资。公益性项目侧重追求社会效益，经济效益不如其他项目，基础性项目则投资规模大、周期长。因此民间投资参与公益性项目和基础性项目建设的能力和积极性都存在欠缺，故而需要国家投资直接介入。竞争性项目是指具有竞争性的一般盈利项目。由于竞争性投资规模要求不高，市场准入门槛较低，经济利益比较明显，因此各种投资主体均可参与，其中尤以民间投资最为活跃。通常来说，竞争性项目通过市场机制的调整便可以得到很好的落实。因此，国家投资应该集中于基础性项目和公益性项目等关系国家安全和市场不能有效配置资源的经济和社会领域。国家投资的项目类型结构应该以基础性项目和公益性项目为主体，尽量减少和避免参与竞争性项目。

在投资项目的产业结构方面,国家投资应当坚持以协调产业结构为目的,即在现存的技术经济条件下维持现有产业的平衡发展。坚持以产业结构高级化为目的,即随着生产力的发展,促使产业结构由第一产业为主向第二产业为主,再向第三产业为主转换。坚持以产业升级为目的,即随着科学技术的发展,通过调控投资结构,促使各产业由劳动密集型向资金、技术、知识密集型转化,提高产业竞争力。具体到国家投资的产业结构,应当立足于扶持瓶颈产业、重大基础性产业和新兴产业等关键产业的发展,包括电子信息产业、大型装备制造业、运输装备制造业、生物技术和中医药产业、新材料产业和新能源产业等关系到国家核心竞争力的产业类型。国家通过加大对于这些关键产业的投资,合理分配投资力度,优化投资产业结构,实现国家战略层面上的产业升级,进而提高国家的产业竞争力。

3. 投资布局

所谓投资布局,是指投资资金在各个地区的分配比例及其相互关系。通过合理确定投资布局,充分发挥地区优势,改善地区发展不均衡,是制定合理的国家投资政策、促进区域经济协调发展的题中之义。投资布局与强调投资在不同行业、社会再生产的不同阶段上的纵向分配不同,它是强调投资在不同地域的横向分配。

投资政策不仅要解决国家投资的方向和重点,还应该确定国家投资的地域分布。安排国家投资布局的重点是,根据不同经济地带和经济区域的生产水平,针对各自的自然条件,围绕全国经济发展的总体目标,确定能够发挥地区优势的产业结构和产业政策,并在此基础上,选择每个时期的地区投资重点,安排好不同时期重点建设地区的转移和衔接;同时确定地区内部不同规模、不同类型经济基地和项目的建设战略,并据以分配投资。

由于自然资源、经济基础、社会和政治因素等各种条件的制约,不同的地区存在着各自的发展特点。因此,国家投资也在国家发展战略的基础上对于各个地区也有所侧重,但也导致了我国资金使用分散,沿海和内地投资比例失调的问题,投资布局一度显得不甚合理。当前我国的西部大开发、中部崛起、振兴东北老工业基地、发展环渤海工业带等各种国家投资重点的确定,正是改善投资布局的体现。

但是,强调投资布局的合理化,并非是指投资布局的均等。国家投资不可能在不同地区平均分配,这是地区间发展差异性的结果。不同地区由于其差异性而存在着各自的比较优势,国家投资在不同地区的分配要根据各地区的特点来确定。加上国家投资规模比重的限制以及国家发展战略重点,每个时期都会有投资的主区域和一般区域的差别。通过每个时期有主有辅的空间投资布局,最终实现区域经济发展和投资布局的相对均衡。

二、案例分析

【案例】

四万亿人民币投资计划①

2008年11月5日,国务院总理温家宝主持召开国务院常务会议,针对世界经济金融危机,研究部署进一步扩大内需促进经济平稳较快增长的措施。会议认为,近两个月来,世界经济金融危机日趋严峻,为抵御国际经济环境对我国的不利影响,必须采取灵活审慎的宏观经济政策,以应对复杂多变的形势。当前要实行积极的财政政策和适度宽松的货币政策,出台更加有力的扩大国内需求措施,加快民生工程、基础设施、生态环境建设和灾后重建,提高城乡居民特别是低收入群体的收入水平,促进经济平稳较快增长。会议确定了当前进一步扩大内需、促进经济增长的十项措施:一是加快建设保障性安居工程。二是加快农村基础设施建设。三是加快铁路、公路和机场等重大基础设施建设。四是加快医疗卫生、文化教育事业发展。五是加强生态环境建设。六是加快自主创新和结构调整。七是加快地震灾区灾后重建各项工作。八是提高城乡居民收入。九是在全国所有地区、所有行业全面实施增值税转型改革,鼓励企业技术改造,减轻企业负担1200亿元。十是加大金融对经济增长的支持力度。取消对商业银行的信贷规模限制,合理扩大信贷规模,加大对重点工程、"三农"、中小企业和技术改造、兼并重组的信贷支持,有针对性地培育和巩固消费信贷增长点。经初步计算,实施上述工程建设,到2010年底约需投资4万亿元。为加快建设进度,会议决定,今年四季度先增加安排中央投资1000亿元,明年灾后重建基金提前安排200亿元,带动地方和社会投资,总规模达到4000亿元。

【问题聚焦】

如何看待与评判四万亿投资的决策程序?

---

① 参见《国家出台扩大内需十项措施 总投资约需4万亿》,资料来源:新浪网,http://news.sina.com.cn/c/2008-11-09/191016618583.shtml,2011年8月2日访问。

【法律剖析】

国务院出台"四万亿人民币投资计划",是在世界性金融危机背景下刺激和促导经济发展的重要举措。该计划的实施,是国家投资的集中体现,是国家参与社会投资调节经济的具体实践。

1. "四万亿投资计划"可以发挥国家投资对于国民经济的调节作用

投资、出口和消费是拉动经济增长的三驾马车。在金融危机的影响下,我国的出口和消费受到了极大的影响。振兴经济,修复危机给我国带来的经济衰退的影响,尤其需要加大投资。但是,在金融危机的寒冬下,民间投资明显不足,这时政策性的国家投资就需要及时介入经济运行,通过直接参与社会投资发挥调节国民经济的作用。通过四万亿的投资,启动各类建设项目,可以刺激经济,充分拉动内需,扩大就业,促进消费,从而促进经济的增长。从该计划执行的具体情况来看,投资的引导和带动作用持续显现,在"保增长、扩内需、调结构"以及改善民生等方面取得了明显成效。尽管社会各界对于"四万亿投资计划"褒贬不一,但不能否定该计划对于保障中国经济顺利"过冬"起到的重要作用。

2. "四万亿投资计划"应该尊重并发挥市场机制

国家投资是国家根据国民经济运行的实际情况对市场失灵的一种弥补和矫正,这就决定了国家投资的定位只是弥补民间投资的不足,因此国家应该在尊重市场机制的情况下有针对性地进行投资。"四万亿投资计划"是在金融危机背景下进行的国家投资,因此一方面这四万亿投资只能在市场调节确实无法实现经济的良好运转的行业和领域进行投资,另一方面四万亿投资本身也应当遵循市场规律参与到经济运行中来。国家在四万亿投资计划实施过程中,也应该以平等市场主体的身份参与到市场活动中来,确保在市场规律的作用下投资能够高效地进入到市场需要的行业和领域中去,资源能够得到有效的配置。与此同时,该投资计划的实施还应当带动民间投资,营造良好的投资环境和投资氛围,把握好国家投资的限度,防范国家投资对于民间投资的"挤出效应",发挥国家投资对于民间投资的引导作用。

3. "四万亿投资计划"需要合理确定投资政策

"四万亿投资计划"虽然是在金融危机背景下的应急计划,但也是优化国家经济结构的一个良好契机。因此,该计划的实施需要合理确定投资规模、投资结构和投资布局,使得该计划能够发挥更好的社会经济效果。具体而言,四万亿投资要重点向"三农"、保障性安居工程、卫生教育等民生领域倾斜,向中西部地区、革命老区、民族地区、边疆地区、贫困地区倾斜,继续支持节能环保、自主创新和技术改造，重点发展汽车、钢铁、纺织、造船、装备制造、电子、轻工、石化、有色金属、物流十大行业。这些投资政策的确定，系统、综合地考虑了国家产业发展战略和区域发展规划，通过对不同的产业和地区确定相应的投资规模，发挥了国家在市场规律的基础上对于资源的调配和对经济的调节功能，一方面可以刺激国民经济的整体增长，另一方面促进了区域经济协调发展以及产业结构的优化。

4. "四万亿投资计划"的实施必须依照法定程序

"四万亿投资计划"在其推出之时便受到了程序上的质疑。我国的"四万亿投资计划"并未经过人大的审批程序，其具体投资方案也过于粗略，这并不符合我国的财政预算制度。就算是将该计划视为行政机关的一个大概的方案和动员，四万亿投资的具体实施，还应该严格按照法定的程序进行审批立项，并且要严格按照法律规定的国家投资管理体制进行管理。既要确保国家投资决策的科学化、民主化和法治化，又要严格实行招投标制度以保证建设资金的使用效率和建设质量。另外，还要加强对于四万亿投资项目的监察和审计，明确国家投资责任，实现对于国家投资的有效监管。

三、深度拓展思考题

1. 国家投资与市场机制之间是什么关系？
2. 制定国家投资政策时需要确定哪些因素？
3. 如何看待国家投资经营过程中的"国进民退"现象？

第二节　国家投资管理体制和程序

一、知识点精解

（一）国家投资管理体制和程序概述

国家投资管理体制，是国家投资决策、投资实施、投资回收过程中的管理机构、管理权责、管理规则的总称，① 是就国家投资的机构设置、权限划分等进行管理与规范的一系列制度的总和，具体包括国家投资主体制度、国家投资

---

① 参见李国义、曲洪建：《政府投资管理体制创新研究》，载《商业研究》2006年第4期。

决策制度、项目建设管理制度、资金管理制度和项目监管制度等。① 由于国家投资主体是政府或专业性公司，在投资决策和行为中容易产生权力的滥用，需要通过有效的管理体制对投资主体进行约束。同时，由于国家投资资金多来源于公共财政资金和以政府信用作担保的信贷资金，资金的有效运用关系到国家投资的效率以及资金的安全，需要通过有效的管理体制保障国家投资资金的有效运用。另外，由于国家投资的投资范围以基础性项目和公益性项目为主，与社会公共利益息息相关，需要通过有效的管理体制确保公共利益。因此，建立和完善国家投资管理体制，是确保国家投资目的和效果、提高国家投资决策和实施的科学化和民主化、维护国家投资顺利有序进行的重要保障。

国家投资程序，是指国家在投资过程中根据法律法规的规定，从投资决策、项目实施到竣工验收、交付使用的全过程中各项工作的先后次序。程序对于限制恣意、保证理性选择的实现、约束行为以及对事实判断进行反思等方面具有重要的作用。② 完善和遵守国家投资程序，是确保国家投资规范化，防止国家投资的任意化，把握国家投资的进度，控制国家投资项目的可行性和实效性的重要手段。因此，要建立一整套能够对国家投资行为进行有效规范的程序，从程序上对国家投资行为进行约束。

国家投资管理体制与国家投资程序是一组相互联系的概念。国家投资管理体制侧重于从管理权限的分配上对国家投资进行规范，而国家投资程序则侧重于从国家投资的过程次序对国家投资进行规范。两者统一于确保国家投资行为的规范性和有效性。

（二）国家投资管理体制

1. 国家投资主体制度

目前学界对于国家投资主体并无明确界定，但是成为国家投资主体应该具备以下条件：(1) 在经济社会发展中能够依法独立作出投资决策，包括投资方向、投资规模、投资形式等；(2) 有足够的资金来源进行投资；(3) 对投资所形成的资产享有所有权和法人财产权，并能依法自主或委托他人经营；

---

① 参见漆多俊、冯果主编：《经济法学》(第三版)，武汉大学出版社 2011 年版，第 276 页。

② 参见季卫东：《法律程序的意义》，载《中国社会科学》1993 年第 1 期。

(4) 能够承担投资风险和相应的法律责任。① 根据这些条件，我们可以对国家投资主体进行一个界定，即国家投资主体是指根据法律规定和政府授权，能够进行独立的投资决策，对投资所形成的资产享有产权，并且能够承担投资风险和责任的组织。

按法律规定或由政府授权有关国家机关或组织代表国家进行投资，这些机关或组织便是国家投资主体。没有法律规定或政府授权的机关或组织不能成为国家投资主体。我国目前的国家投资主体主要是中央和地方各级政府设立的国有投资公司及国家授权的特定部门。②

国家投资可以从两个层面来确定投资主体。从第一个层面来看，根据投资主体的层级，国家投资主体包括中央投资主体和地方投资主体。从第二个层面来看，不论是中央投资主体还是地方投资主体，根据投资主体的性质，包括政府和政府设立的专业性投资公司。中央和地方的政府进行国家投资，是运用中央或地方的财政资金，进行预算内的非经营性投资，包括基础产业和基础设施及主要公益事业的发展。中央和地方政府设立的专业性投资公司，则是中央或地方政府出资设立的按照国家发展战略和国家投资政策，运用市场机制和竞争机制开发和经营固定资产投资的具有法人资格的企业。这些专业性投资公司主要运用各级政府对其注资进行预算内经营性投资。

具体来看，国家投资主体的确定还需要考虑国家投资项目的具体性质。(1) 公益性项目由各级政府作为投资主体。公益性项目是指为了满足社会公众需要而投资的不以营利为目的的非生产经营性项目。③ 公益性项目不能产生直接的回报，这部分项目的投资，按"谁受益，谁投资"的原则，由各级政府根据各自财政资金状况各自承担投资责任。(2) 基础性项目，由各级政府通过成立的专业投资公司或企业法人作为投资性主体进行投资，并鼓励和吸引其他各类投资主体参与。基础性项目，是指具有一定自然垄断、建设周期长、

---

① 参见施正文：《关于我国政府投资法制建设几个问题的探讨》，载《国家行政学院学报》2005年第1期。

② 参见漆多俊：《经济法基础理论》(第四版)，法律出版社2008年版，第231页。

③ 公益性项目有三个基本特点：(1) 资金来源基本上由财政支付；(2) 投资不能产生财务上的经济效益；(3) 投资所形成的资产或服务的使用大多是无偿的。在界定公益性项目上，我们也应把握两个基本观点：第一，并非所有的公益性项目都是国家投资，不排除部分企业以其资金进行公益性项目的建设，但这已不在国家投资的范畴之内；第二，公益性项目并非完全无偿，也有部分公益性项目所形成的资产和服务有偿向公众提供，但其收取费用不以营利为目的，而是为了维持其正常运转。

投资大而收益较低、需要政府扶持的基础设施建设项目，包括交通、能源、水利、通信等设施的建设等。投资主体要对筹划、筹资、建设直至生产经营、归还投资贷款本息以及资产保值增值全过程负责。由于可以实现一定的收益，有实力的市场主体也有兴趣进行基础性项目的建设，故对于具备市场竞争条件的基础性项目，可以由民间投资承担，而那些不具备市场竞争条件的基础性项目，则由政府来承担。但是基础性项目具备一定的融资能力，因此通过项目法人制可以吸收一定的社会资金参与基础性项目的建设。根据基础性项目的特点，这类项目在管理上有条件实行项目法人责任制，法人不仅负责项目筹划、设计、建设实施，还要承担部分资金筹措、投资控制直至生产经营管理、归还贷款以及资产保值增值的责任。①（3）竞争性项目，国家投资一般不予介入，民间企业作为投资主体自主决策、自担风险、所需资金自行筹集，自负盈亏。国家投资应从一般竞争性项目中退出，相应地强化社会管理和公共服务职能，提高在基础设施、公共服务、环境保护、基本居住保障以及高新技术产业化平台等社会公共领域的投资力度。

2. 投资决策管理体制

国家投资决策是指国家投资主体通过一定的程序和方法对投资的必要性、投资目标、投资规模、投资方向、投资结构、投资成本与收益等经济活动中重大问题所进行的分析、判断和方案选择。国家投资的决策是确定投资项目、开展投资活动的前提，是国家投资管理的重要环节。国家投资项目由于其资金来源为财政预算或公共性资金，行政权力也常常会介入决策过程之中。投资项目决策的正确与否关系到建设项目的成败，对国家经济发展速度和企业生产效益具有现实和深远的影响。政府投资决策行为往往直接关系到民众的切身利益，如果决策组织过程缺少科学化、民主化、公开化的制度保障，那么决策失误的可能性就会大大增加。因此，须对政府投资项目建立科学、民主的政府投资决策体制。

投资决策体制包括投资决策程序、投资决策权限和投资决策责任等一系列的规则。国务院颁布了《关于投资体制改革的决定》，将合理界定政府投资职能，提高投资决策的科学化、民主化水平，建立投资决策责任追究制度作为投资管理体制改革的重要目标。同时，国务院还在积极制定《政府投资条例》，对国家投资的决策程序进行了进一步细化和规范。

---

① 参见黄霆：《我国政府投资项目管理的现状分析》，载《建筑经济》2005年第1期。

完善国家投资决策管理体制,需要从投资决策的权限、程序和责任上进行明确。(1)要明确国家投资决策权限。对于政府投资中的长期计划、专项投资规划及年度投资计划,应由投资主管部门会同财政、国有资产管理部门、行业管理部门共同研究提出,报国务院或地方政府审核后由人大负责审批决策。对于具体的投资项目,根据国家投资规模和投资方向,明确投资决策权限在中央和地方政府之间以及各级政府及其部门之间的分配。(2)要明确国家投资决策程序。严格有效的投资决策程序,是确保国家投资正确决策和国家投资效益的重要保证。① 国家投资应当依据发展建设规划进行投资决策,并且国家投资项目应当实行审批制。政府投资项目还要经过具备一定资质的咨询中介机构进行独立、客观的评估论证,对于涉及重大公共利益的投资项目决策,还应该召开听证会,听取公众意见并实行专家评议。投资项目的审批要严格按照法律规定的程序进行,以充分保证投资决策的科学和民主。(3)要明确国家投资决策责任。国家投资决策过程中,相关部门或人员违反投资决策程序和权限的规定,造成国家投资中的错误和损失的,对于相关部门和相应的责任人应当追究行政责任乃至刑事责任。还要建立和完善国家投资项目建设完成后的评价机制,对项目决策和施工中的问题以及投资项目的实际效果进行科学客观的评估,存在问题的,也要对其进行相应的责任追究。②

3. 投资计划管理体制

国家投资计划是指对国家投资活动进行的总体部署和安排,国家投资计划的任务是确定一定时期国家投资的总体规模、结构、布局方向和重点,统筹规划新建、改建和更新改造项目,合理安排资金,改善投资结构和生产力布局,提高投资效益。投资计划管理体制,是对国家投资计划进行规范有效管理的制度总称。通过对投资计划进行管理,可以控制国家投资项目的进度和规模,保持国家投资的适度性,并且可以通过对国家投资的合理计划,引导和改变投资结构进而优化产业结构。但是,通过计划管理来调整国家投资应该在发挥市场在资源配置上的基础性作用的前提下进行。

我国的投资计划管理体制,主要是指国家投资年度计划。投资主管部门应当会同有关部门依据年度经济社会发展目标、政策取向和工作重点,编制政府

---

① 参见陈赟:《论提高政府投资效益》,载《重庆大学学报》(社会科学版)2006年第1期。
② 参见王立国:《政府投资项目科学决策研究》,载《财经问题研究》2008年第12期。

投资年度计划，统筹安排、合理使用各类国家投资资金。国家投资年度计划包括财政预算内固定资产投资计划、专项建设基金固定资产投资计划、国际金融组织和外国政府贷款年度项目签约计划以及其他政府性资金固定资产投资计划。国家投资年度计划一般包括年度国家投资总额、资金安排方向、项目名称、建设内容和规模、项目总投资、建设周期、年度投资额及资金来源、发展建设规划编制和重大项目的前期工作等费用、年度待安排的投资等内容。国家投资年度计划和预算一经确定下达，应当严格执行，不得擅自调整。因特殊情况确需调整的，必须按照国家投资年度计划和预算编制批准程序调整。

4. 投资资金管理体制

国家投资资金管理体制，是指对国家投资所需资金的来源、使用以及监管的制度的总称。资金是国家投资顺利实施的物质保障，理顺投资资金管理体制，对于规范国家投资资金的筹集，提高资金使用效率，确保国家投资资金的安全具有非常重要的意义。

(1) 资金的来源。国家投资的资金来源具有特殊性，即主要是政府性资金，但是随着金融市场的不断发展，国家投资资金应当突破财政性资金的局限，可以从金融市场获得投资资金。所谓政府性资金，包括财政预算内投资资金、各类专项建设基金、以国家信用为担保的债务性资金以及其他政府性资金。国家投资资金主要用于涉及国家安全和市场不能有效配置资源的经济和社会领域，包括加强公益性和公共基础设施建设，保护和改善生态环境，促进欠发达地区的经济和社会发展，推进科技进步和高新技术产业化等。对于竞争性项目以及能够由民间投资建设的基础性项目，尽可能利用民间资金建设，即使是政府投资建设的项目，在有条件的情况下也要积极探索社会化的融资途径，例如设立地方融资平台，以市场化方式取得建设所需资金，或者通过项目法人制的方式吸引民间资金参与国家投资项目。

(2) 资金的投入。我国《关于实施基本建设拨款改贷款的报告》和《关于国家预算内基本建设投资全部由拨款改为贷款的暂行规定》等文件基本上确定了非经营性项目的拨款投资和经营性项目的贷款投资的制度。随着国家投资体制进一步完善以及国家投资经验的积累，到目前为止，基本上形成了拨款、资本金注入、投资补助、转贷、贴息等资金投入和使用方式。对于本级人民政府事权范围内的政权建设、公益性和公共基础设施等非经营性项目，需要国家投资占主导地位的，可以采用直接投资的方式，通过拨款投入。对于需要发挥国有经济控制力和影响力以及需要政府扶持的经营性项目，可以采用资本金注入方式进行投资。采用资本金注入方式投资形成的股权属于国有股权，由有关部门、国有资产监督管理机构或者其他机构依法行使出资人权利。对于需要政府扶持的项目，可以采用投资补助的方式，给予一定限额或比例的资金支持。对非经营性建设项目的投资补助以拨款方式无偿投入。对经营性建设项目的投资补助作为资本公积金管理。对符合国民经济和社会发展战略，促进经济社会协调发展和城乡区域协调发展的项目，可以采用转贷方式使用国家主权外债资金。对于需要政府扶持的经营性项目，可以采用贴息的方式，支持项目使用银行贷款。

（3）资金的使用与监管。在国家投资的资金使用上，尤其是国家重大建设项目，要建立完善的审计制度，对于项目资金使用情况进行审计。另外，还要建立重大项目稽查特派员制度，对项目的建设管理包括资金使用情况进行检查。

（三）国家投资建设程序

国家投资建设程序，是指国家投资建设项目从投资决策、建设实施直到竣工验收、交付使用的全过程中应经过的阶段和顺序。国家投资建设程序，是对国家投资项目建设规律和要求的总结和规范。国家投资建设，必须严格按照相应的程序来进行。尽管不同类型的国家建设项目在程序要求上各有差别，但是大致来看，国家投资建设程序主要包括项目建议、可行性研究、审批立项、设计施工、竣工验收等几个阶段。

1. 项目建议

项目建议是指建设单位根据国家长远规划即部门、地区、行业发展规划的要求，提出某种项目建设的建议，供投资主管部门选择。项目建议是启动国家投资程序的前提，通过提出项目建议，可以明确投资需要，确定投资目标，为国家投资项目的立项和建设奠定基础。

项目建议一般以项目建议书的形式提出。项目建议书是建设单位对准备建设的项目提出的总体轮廓性的设想和建议。项目建议书应当对项目建设的必要性、拟建地点、拟建规模、投资估算、资金筹措以及经济效益和社会效益进行初步分析，并附相关文件资料。按规定应组建项目法人的，应当附法人组建初步建议。受项目所在细分行业、资金规模、建设地区、投资方式等不同影响，项目建议书均有不同侧重。为了保证项目顺利通过地区或者国家发改委批准完成立项备案，项目建议书的编制必须由专业有经验的咨询机构协助完成。

2. 可行性研究

可行性研究是指运用各种手段，对国家投资项目的技术、工程、经济、社会和外部协作条件等必要性、合理性、可行性进行全面论证分析,判断该投资项目是否可行。通过可行性研究,从系统总体出发,对技术、经济、财务、商业以至环境保护、法律等多个方面进行分析和论证,可以确定国家投资项目是否适合立项,并且可以通过对比选取最佳投资方案,从而实现投资的科学化。

可行性研究完成后,应该制作可行性研究报告。项目可行性研究报告应由取得相应资质的工程咨询机构编制。可行性研究报告应当对项目在技术和经济上是否必要、合理、可行以及社会效益、节能和资源综合利用、生态环境影响等进行全面分析论证,落实各项建设和运行保障条件,按有关规定取得相关单位的许可、承诺、证明或者评估意见。经批准的可行性研究报告是确定投资项目、进行初步设计的依据。

3. 审批立项

审批立项,是指国家投资项目经过了项目建议和可行性研究确认适合投资,具有审批权的部门批准并确定对该项目进行投资。概言之,审批立项就是对于国家投资项目的决策。审批立项是国家投资项目实质意义上的开始,获得了审批立项后,建设单位方能合法合规地实施该项国家投资。设置并严格执行审批立项程序,可以对国家投资项目进行筛选和把关,起到保证投资质量,防范投资失误的作用。

项目审批部门在审批时,应根据实际需要委托工程咨询机构对项目建议书、可行性研究报告进行评估。项目审批部门在审核项目初步设计概算时,应当组织有关机构进行评审后核定。除了审查上述事项外,还应当审查投资项目是否符合有关规划、产业政策、环境保护、水土保持、土地使用、节约能源、资源利用、技术法规等方面的规定。减少审批环节,是国家投资项目的审批立项的重要趋势。项目审批部门可以根据项目的不同特点和实际情况,合并审批项目建议书和可行性研究报告,对于须上报的审批的地方政府投资项目,只须报批项目建议书即可。

4. 设计施工

设计施工是国家投资项目经过审批立项后具体的建设实施阶段。设计施工阶段是国家投资项目建设的主体部分,在这一阶段严格把握,有利于保证工程质量和提高资金使用效率。

国家投资项目的设计,是根据批准的可行性研究报告和相关的数据资料,对投资项目进行的安排,并且就建设方案的技术问题进行分析和解决,在此基础上明确项目建设过程中的具体细节。国家投资项目的施工则是在设计文件获得批准并取得投资许可证后实际开工建设。在项目的设计施工过程中,采用直接投资方式的非经营性投资项目,一般应当通过招标等方式选择专业化的项目管理单位,负责项目的建设实施,建成后移交项目使用单位。为了保证建设资金使用效率和建设质量,我国对国家重大投资建设项目实行了强制招投标制度。采用资本金注入方式的经营性投资项目,实行法人责任制,应当按照批复的项目建议书、可行性研究报告组建法人,由成立的法人负责该投资项目的设计施工。

5. 竣工验收

竣工验收是指国家投资项目建设完毕,由投资主管部门组织有关部门对该项目进行检验,并取得竣工合格资料和凭证,办理交付使用及产权登记和移交手续。竣工验收是国家投资项目建设的最后一个环节,是项目由建设转向使用的重要标志。具体而言,工程完工后,建设单位组织规划、设计、施工、监理、消防、环保等部门进行质量、消防等初步验收,建设行政主管部门进行竣工结算审查,财政部门进行竣工决算审查签证,审计部门进行竣工决算审计,工程档案部门进行档案审查等。以上工作完成后向,由投资主管部门组织有关部门进行全面的竣工验收。使用政府投资资金的项目,在建成运行后,有关部门可以组织有关专家和机构,对项目质量、投资效益、环境影响等进行评价,以提高投资决策的科学性。

二、案例分析

【案例】

南京紫金山观景台建而复拆案[1]

2001年10月,有南京市民发现,东郊紫金山风景区最高峰头陀岭上突然大兴土木,建起了一座庞大的钢筋水泥建筑,远远望去,犹如一座碉堡,俯瞰着风光旖旎的紫金山和南京城,与自然风光极不协调。这座圆形建筑结构为"框筒7层,地下2层",已建成5层,建筑面积2000平方米,预计总造价达3000万元。碉堡状"观景台"的出现,立即在南京市民中引起了强烈反响。由于历史和文化的积淀,紫金山、中山陵早已成为南京的象征、城市的"名片"。南京人民对紫金山有着特殊的感情,称之为"南京城的绿肺"。现在有人在这"绿肺"上插上了一把"尖刀",理

---

[1] 参见石永红:《盲目建设,南京紫金山"观景台"巨额国资化乌有》,资料来源:搜狐网,http://news.sohu.com/28/89/news147758928.shtml,2011年8月2日访问。

所当然地引来了一片反对声。东南大学两位教师还就此事向南京市中级人民法院提起诉讼，要求南京市规划局撤销对"观景台"的规划许可。

面对反对声浪，建设者之一的南京中山陵园管理局对外解释，这座"观景台"是江苏省气象局的高水平观测站，规划兴建时只考虑了观测效果，曾对建筑设计在国际上进行了招标，国内外9个单位参加竞标，但对景观问题没有做太多的考虑。而实际上，7层高的"观景台"，只有上面2层是用来建立"高水平气象观察站"的，下面的5层则是用做游乐场所。有关部门规划设计时，只考虑观察气象的效果，没注意景观效果；讨论方案时，只注意电梯要保证高峰时间游人上下无阻，却没有考虑到这样的"碉堡"会大煞风景。

大煞风景的"观景台"的拆除也耗费了大量的人力物力。为了把对山体的震动及对周围环境的影响降到最低限度，"观景台"进行了多次小规模的爆破，"观景台"全部拆除后，中山陵园管理局投入大量资金恢复原处的山体植被。当初兴建时耗费大量人力运上紫金山顶的钢材、水泥，在变成垃圾后再被运下山去。据悉，仅爆破拆除"观景台"、恢复被破坏的植被、重建原有建筑——白云亭，便耗资200多万元。而该项目的设计和建设所耗费的投资，则更大。

【问题聚焦】

如何防止国家投资过程中的国有资产流失？

【法律剖析】

南京紫金山观景台建而复拆，实际上是该项目在投资决策上出现了重大失误。具体而言，是项目建设部门没有做好项目可行性研究，项目审批部门没有把好审批关，导致了国家建设资金的浪费与损失，也对紫金山的生态环境和自然景观造成了破坏。该案给我们留下了惨痛的教训与深刻的启示。

首先，国家投资应当做好可行性研究，保证投资决策的科学性。在紫金山观景台建设之初，并未对其进行客观有效的可行性研究和论证，而是项目建设单位和部分领导基于经济效果的考虑而决定的。并且该项目也未经过独立的咨询中介机构参与项目的评估论证。如果紫金山观景台项目事先通过可行性研究以及中介机构独立的评估论证，就可以及时修正该项目在景观影响上的问题，使得设计和施工更加合理，进而避免了拆除而带来的国家投资资金的浪费。

其次，国家投资应该听取专家和公众意见，保证投资决策的民主性。该项目在施工前并未召开相应的听证会，亦未就设计施工方案公开征求公众意见，导致了施工后民众对于该设计施工方案产生了极大的不满。在国家投资中，要最大限度地减少项目决策过程中的行政首长干预决策的现象，努力做到科学和民主决策。要充分发挥专家和公众在国家投资项目决策中的作用，对重大的国家投资项目要逐步推行专家评议制度和听证制度，即国家投资主管部门在相关项目正式决策形成之前，要邀请该项目所在行业领域的经济、技术、管理等方面的专家以及社会公众对该项目的投资前景、实施的必要性和可行性、经济和社会影响等进行总体评议，保证投资决策的民主性。

再次，国家投资应当建立责任追究制度，防范投资决策的随意性。紫金山观景台的拆除，造成了国家资金的重大损失，而因为错误决策造成这些损失的部门和个人并未受到严厉的责任追究，这是值得深思的一个问题。只有建立了严格的投资决策责任追究制度，才能对随意决策形成强大的威慑，进而防止国家投资主管部门和项目建设部门及相关个人在进行投资决策和设计施工中过于随意。应该逐步推行重大政府投资决策失误行为的"行政问责"制度。当政府投资决策出现重大失误时，作出决策行为的各个主体，包括政府投资主管部门、行业管理部门应公开出面对社会公众作出明确解释，部门主管领导应主动承担决策失误责任。只有这样，才能对投资决策部门及其主要负责人产生真正意义上的惩戒和警示作用。

三、深度拓展思考题

1. 根据我国国家投资管理体制，试述不同类型的建设项目的投资主体和资金来源。
2. 简述国家投资建设项目的建设程序。
3. 如何提高国家投资建设项目的民主性和科学性？

第十二章 国有资产法和国有企业法

[本章知识结构图]

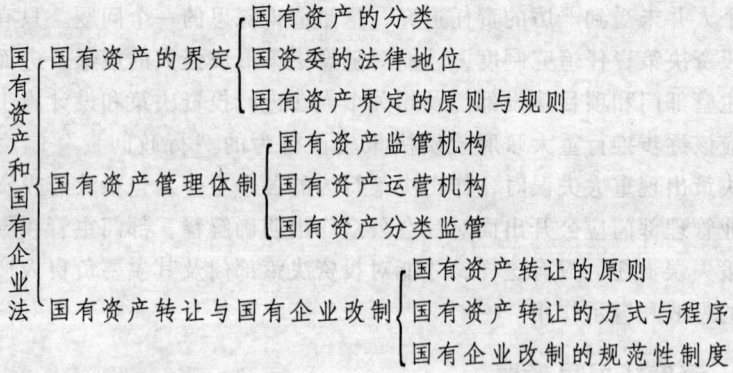

第一节 国有资产的界定

一、知识点精解

（一）国有资产的概念和分类

国有资产从字面上理解，即国家所有的财产，此即为从产权归属的角度进行的解读。但是从各国立法对于国有资产的界定来看，均系从产权来源的角度对国有资产进行定义。比如日本《国有财产法》第2条第1款规定："本法所称的国有财产，是根据法律规定国家负担的国有财产，或根据法令规定赠与而成为国有的财产。"韩国《国有财产法》第3条第1款将国有财产界定为由国家行使权力或国家接受捐赠的财产，或根据法律或条约的规定成为国有的那一部分财产。在我国学界，漆多俊先生将国有资产界定为"国家依法取得和认定的，或者国家以各种形式对企业的投资和投资的收益、国家向行政事业单位拨款、接受馈赠等形式形成的多种形态的资产"。① 李昌麒教授认为,国有资产"是指国家依法取得和认定的,或者国家以各种形式对企业投资收益、国家向行政事业单位拨款等形成的财产"。② 我们认为,国有资产是指国家以各种形式投资及收益、接受馈赠形成的,或者凭借国家权力取得的,或者依据法律认定的各种类型的财产和财产权利。

国有资产根据不同的标准有不同的分类。根据国有资产的占有使用主体,可以将国有资产划分为企业国有资产、行政事业单位国有资产;按国有资产存在形态,可以将国有资产分为有形资产和无形资产;根据国有资产管理体制,可以将国有资产分为中央政府管理的国有资产和地方政府管理的国有资产。③最典型的分类方式是根据国有资产性质分类,可以将国有资产划分为经营性国有资产、行政事业性国有资产、资源性国有资产。④

经营性国有资产,也称企业国有资产,是指从事产品生产、流通、经营服务等领域,以盈利为主要目的,依法经营或使用,其产权属于国家所有的一切资产。经营性国有资产以保值为基础,以增值为目的,直接投入生产经营活动。经营性国有资产是我国国有资产中最重要、最活跃的部分,也是国有资产管理的重点对象。经营性国有资产主要有以下一些特点:首先,数量庞大,其资产规模的巨大决定了其对国民经济举足轻重的影响;其次,分布广泛,不仅大量分布在竞争性行业领域,还主导了垄断性领域;再次,兼具多重目标,不仅追求保值增值,还承担了满足社会公众需要的任务。

行政事业性国有资产,也称非经营性国有资产,是指不直接投入生产经营过程,由国家机关、军队、社会团体、文化教育、学校和科研机构等行政事业单位占有和使用的国有资产。行政事业性国有资产不以增值为目的,而是为国家履行行政管理职能和社会管理职能提供物质基础。行政事业性国有资产包括国家拨给行政事业单位的资产,行政事业单位按照国家法律和政策规定的获取的收入形成的资产,以及接受捐赠和其他法律确认为国家所有的资产。行政事业性资产的主要特征为:首先是配置领域的非生产性,即行政事业性国有资产

---

① 漆多俊主编:《经济法学》,武汉大学出版社1998年版,第255页。
② 李昌麒主编:《经济法学》,中国政法大学出版社2002年版,第476页。
③ 参见李松森、孙晓峰编著:《国有资产管理》,东北财经大学出版社2010年版,第3~5页。
④ 参见漆多俊、冯果主编:《经济法学》(第三版),武汉大学出版社2011年版,第289~290页。

并非通过生产环节形成,亦不用于再生产;其次是使用目的的服务性,即行政事业性国有资产主要用于进行社会管理和提供公共服务;再次是使用的无偿性,即行政事业单位工作人员以及社会公众按照法律和规定使用行政事业性国有资产无须支付对价。

资源性国有资产是指具有开发利用价值的国家自然资源,包括土地、矿藏、水流、森林等。资源性国有资产是通过法律所确认的所有权归国有的、通过开发能够带来一定经济价值的自然资源。资源性国有资产的范围非常广泛,我国资源性国有资产储量也非常大,但是由于我国人口基数较大,自然资源的人均拥有量也比较少。资源性国有资产具有以下几个特点:一是形成的天然性,即资源性国有资产的形成不在于生产环节,而是自然形成;二是权属的法定性,即资源性国有资产权属归于国家,这是由法律强制规定的;三是数量的稀缺性,通常认为作为国有资产的自然资源往往是不可再生资源,具有一定的稀缺性。

学术界倾向于将国有资产作广义和狭义的区分,广义上的国有资产即包括以上三种类型的国有资产,即经营性国有资产、行政事业性国有资产和资源性国有资产。狭义上的国有资产仅指经营性国有资产,是国家作为出资者在企业中依法拥有的资本和权益,它包括三个部分,一是企业使用的国有资产;二是行政事业单位占有、使用的非经营性资产中,通过各种形式为获取利润转做经营的资产;三是国有资源中投入生产经营过程的资源。① 通常意义上所指的国有资产,一般是从狭义的角度来解释的。

(二) 国有资产管理体制

国有资产是国家所有即全民所有的财产,必须对其进行良好的管理,以实现国有资产的保值、增值。因此构建一个有效的国有资产管理体制尤为必要。所谓国有资产管理体制,是关于国有资产管理机构设置、管理权限划分和国有资产管理方式等方面的基本制度和体系的总称。我国的国有资产管理体制经历了从混乱的政府各部门多头管理到专门的国有资产监督管理机构专司管理、从单纯地强调政企分开到由国有资产监管部门代表国家履行出资人职责,享有所有者权益,管资产和管人、管事相结合的不断进化的过程。目前,我国确立了"国家所有、分级代表"的国有资产管理体制,具体而言表现在以下几个方面:

---

① 参见顾功耘主编:《国有资产法论》,北京大学出版社 2010 年版,第 4~5 页。

（1）国家统一所有。《企业国有资产法》第3条"国有资产属于国家所有即全民所有。国务院代表国家行使国有资产所有权"之规定明确了国有资产的所有权归属，即国有资产属于国家所有，国家作为全体人民的利益代表对国有资产行使所有权。这里的统一所有，并非指国有资产归中央政府所有，而是归国家所有，实际上是确认了国有资产的全民所有制。由国家来统一享有国有资产的产权，也是对"分级所有"的一种否定。① 确定国家统一所有，是否定政府所有制，肯定全民所有制的表现，能更好地实现全民利益。

（2）分级代表。鉴于国有资产数量庞大，分布广泛，构成复杂，因此对国有资产需要根据国有资产布局的现实情况进行多层次的管理，以此提高国有资产的监管效率。因此，《企业国有资产法》第4条第2款规定："国务院确定的关系国民经济命脉和国家安全的大型国家出资企业，重要基础设施和重要自然资源等领域的国家出资企业，由国务院代表国家履行出资人职责。其他的国家出资企业，由地方人民政府代表国家履行出资人职责。"这就明确了在坚持国家所有的前提下，中央和地方政府分别代表国家行使出资人职责的体制。这种分级代表一方面可以提高各级政府对于国有资产管理的积极性，提高国有资产的监管效果，另一方面又可以充分地利用国有资产，提高国有资产的保值增值能力。需要说明的是，"分级代表"不等于"分级所有"，国有资产的产权归国家统一所有，各级政府只是分级代表国家履行出资人权益，对在其权限内的国有资产进行监督管理，但并不享有国有资产的产权。② 不管是中央政府还是地方政府，均不例外地代表国家履行出资人职责。

（3）由专门的国有资产管理机构行使出资人职责。《企业国有资产法》第11条第1款规定："国务院国有资产监督管理机构和地方人民政府按照国务院的规定设立的国有资产监督管理机构，根据本级人民政府的授权，代表本级人民政府对国家出资企业履行出资人职责。"此条规定确立了国有资产监督管理机构专司国有资产管理，代表各级政府履行出资人职责的地位和职能。国务院和地方政府（省、市）按照"权利、义务和责任相统一，管资产与管人、管事相结合"的原则，设立专门的国有资产监督管理机构，在三级政府层面上实现"政资分开"、"政企分开"，国有资产监督管理机构不行使政府的社会公

---

① 参见叶汉生：《国有资产所有权归属不同观点的比较分析》，载《中南财经政法大学学报》2005年第6期。

② 参见贾宝和：《地方政府代表国家履行国有资产出资人职责思考》，载《求索》2005年第4期。

共管理职能,政府其他部门不履行企业国有资产出资人职责,初步实现了政府公共管理职能与国有资产出资人职能分开。①

(三) 国有资产界定的含义与原则

国有资产的界定是对国有资产的所有权和经营权、使用权等产权归属进行确认,明确各类产权主体行使权利的财产范围及管理权限的一种法律行为。国有资产界定的目的就是明晰国有、集体和个人资产的归属,理清不同主体的财产关系,避免国有资产与非国有资产相混淆,防止国有资产的流失。

为了有效界定国有资产,维护经济秩序的稳定以及各方利益的平衡,在国有资产界定过程中,应当坚持如下原则:

(1) 统一所有、分级代表原则。国有资产属国家所有即全民所有,国务院和地方各级政府分别代表国家履行出资人职责。尽管国有资产的产权概莫能外地均归于国家所有,但是在具体管理上,则需要按地区、部门对国有资产实行分级代表、分工管理和监督,否则国有资产的所有权管理就无法落实。② 国有资产的分级代表是指中央和地方政府根据国家的授权,代表国家对其管辖范围内的国有资产行使出资人职责。在国有资产界定工作中,要对权属不清的资产进行审查,将应认定为国有资产的资产进行权属登记,将其划为国有,相应的各级政府要在其权限范围内代表国家接收和确认归国家所有的国有资产。

(2) 出资人享有产权原则。资产由投资形成,投资主体自然成为资产的所有权主体。国有资产界定,应该尊重事实,依法确认,遵循《国有资产产权界定和产权纠纷处理暂行办法》和《集体企业国有资产产权界定暂行办法》所确认的"谁投资、谁拥有产权"的基本原则。因此,产权界定工作中必须拨开承包、挂靠等各种行为的外衣和包装,辨别注册登记的所有权属性的真实面目,追溯企业投资的初始来源,明确真正的投资人,并将资产产权依法确认为投资人所享有。③ 如果出现了企业经营资金系借款,出资人难以确定的,可

---

① 参见钟真真:《国有资产管理体制的改革与立法》,载《中国发展观察》2007年第12期。

② 参见李松森、孙晓峰编著:《国有资产管理》,东北财经大学出版社2010年版,第86页。

③ 参见刘万金:《企业产权界定应遵循谁投资谁所有原则》,载《人民司法》2010年第22期。

以按照"谁承担经营风险,谁拥有产权"的原则进行产权界定。

(3) 国家所有权优先原则。国家财产所有权具有特殊的法律地位,要受特殊保护。国有资产界定应当贯彻国家所有权优先原则,优位保护国家对于国有资产的所有权,防止国有资产的流失。相比于一般的所有权而言,国家所有权在法律上受到了更加严格和优先的保护。国家所有权优先原则一方面体现在无主财产推定为国家所有,另一方面体现在国家追索被依法侵占的财产不受诉讼时效的限制,对国有财产不适用善意取得制度。

(4) 利益平衡原则。产权界定直接影响着财产权利的归属,关系到各方主体的利益。国有资产界定的过程中,不能片面强调国家所有权,还要考虑并平衡各方利益,既要保护国有资产,防范国有资产流失,又要确保个人或集体财产不受侵犯。① 因此,国有资产界定必须公平公正,听取各方意见,查清事实,以保证各方利益均能得到良好的实现。

(四) 国有资产界定的具体规则

根据《企业国有资产法》、《国有资产产权界定和产权纠纷处理暂行办法》、《集体企业国有资产产权界定暂行办法》等法律法规的规定,国有资产的界定应该遵循以下具体规则进行确认:

1. 国有企业中的国有资产

(1) 有权代表国家投资的部门和机构以货币、实物和所有权或属于国家的土地使用权、知识产权等向企业投资,构成的国家资本金,界定为国有资产;(2) 国有企业运用国家资本金及在经营中借入的资金等所形成的税后利润经国家批准留给企业作为增加投资的部分,以及从税后利润中提取的盈余公积金、公益金和未分配利润等,界定为国有资产;(3) 以国有企业或行政事业单位担保,完全用国内外借入资金投资创办的或完全由其他单位借款创办的企业,其收益累计的净资产,界定为国有资产;(4) 国有企业接受馈赠而形成的资产,界定为国有资产;(5) 在实行《企业财务通则》、《企业会计准则》以前,国家独资企业从留利中提取的职工福利基金、职工奖励基金和"两则"实行后用公益金购建的集体福利设施而相应增加的所有者权益,界定为国有资产;(6) 除由个人缴纳的党费、团费、会费以及按国家规定由企业拨付的活动经费等的结余部分购建的财产外,国有企业的党、团、工会组织等占用的财产,界定为国有资产。

---

① 参见顾功耘主编:《国有资产法论》,北京大学出版社 2010 年版,第 11 页。

2. 集体企业中的国有资产

(1) 国有单位以货币、实物和所有权属于国家的土地使用权、知识产权等独资（包括几个全民单位合资，下同）创办的以集体所有制名义注册登记的企业单位资产所有权界定按照对国家独资企业国有资产所有权界定的规定办理。但依国家法律、法规规定或协议约定并经国有资产监督管理机构认可的属于无偿资助的除外。(2) 国有单位用国有资产在非全民单位独资创办的集体企业中的投资，以及按照投资份额应取得的资产收益，用于集体企业发展生产的，界定为国有资产。(3) 集体企业根据国家统一规定享受减免税优惠而形成的资产，不界定为国有资产；享受国家税前还贷、以税还贷等特殊优惠政策而形成的资产，其中国家税收应收未收的部分，界定为国有资产；集体企业享受国家特殊减免税优惠政策形成资产中的列为"国家扶持基金"等投资性减免税部分，界定为国有资产。(4) 集体企业适用银行贷款、国家借款等借贷资金形成的资产，国有单位只提供担保的，不界定为国有资产；但承担了连带责任的，国有单位应予以追索或经协商转为投资，转为投资的部分，界定为国有资产。(5) 供销、手工业、信用合作社中由国家拨入的资本金（含资金或实物），界定为国有资产。(6) 集体企业和合作社改组为股份制企业时，国有土地折价部分形成的国家股份或其他所有者权益，界定为国有资产。

3. 中外合资、中外合作企业中的国有资产

(1) 中方以国有资产出资投入的资本总额，包括现金、厂房建筑物、机器设备、场地使用权、无形资产等形式的资产，界定为国有资产；(2) 企业注册资本增加，按照双方协议，中方以分得利润向企业再投资或优先购买另一方股份的投资活动中所形成的资产，界定为国有资产；(3) 可分配利润即从税后利润中提取的各项基金中，中方按投资额比例所占的相应份额，不包括已提取用于职工奖励、福利等分配给个人消费的基金，界定为国有资产；(4) 中方职工的工资差额，界定为国有资产；(5) 企业根据中国法律和有关规定按中方工资总额一定比例提取的中方职工的住房补贴基金，界定为国有资产；(6) 企业清算或完全解散时，馈赠或无偿留给中方继续使用的各项资产，界定为国有资产。

4. 股份制企业和联营企业中的国有资产

(1) 国家机关及其授权单位向股份制企业投资形成的股份，包括现有已投入企业的国有资产折成的股份，构成股份制企业中的国家股，界定为国有资产；(2) 国有企业向股份制企业投资形成的股份，构成国有法人股，界定为国有资产；(3) 股份制企业公积金、公益金中，国有单位按照投资应占有的

份额,界定为国有资产;(4)股份制企业未分配利润中,国有单位按照投资比例所占的相应份额,界定为国有资产。

(五)国有资产界定的主体与争议处理

国有资产界定涉及资产的定性以及权属的问题,在明确哪些资产应该界定为国有资产的同时,还应当明确国有资产界定的主体,即国有资产应该由谁来进行界定以及在国有资产界定的过程中发生的争议应当由谁来解决。尽管国有资产由国家所有,但在参与市场经营的过程中的权利和地位与民营资产并无二致,因此国有资产产权的界定与纠纷亦应参照民营资产进行,方符合市场经济的基本要求。国有资产监督管理机构只是代表政府作为出资人,参与到国有资产界定活动中来。《国有资产产权界定和产权纠纷处理暂行办法》对国有资产界定主体和争议处理的原则性规定如下。

(1)国有资产界定由对相关资产主张权利的主体以平等民事主体的身份进行。国有资产界定的实质是对资产享有产权可能性的主体之间就产权的归属问题进行协商和认定的行为,因此国有资产界定的主体是对该资产主张权利的主体。全民单位的各项资产及对外投资,由全民单位首先进行清理和界定,其上级主管部门负责督促和检查。必要时也可以由上级主管部门或国有资产管理部门直接进行清理和界定。国有资产界定的过程是对相关资产主张权利的主体就该资产权属问题进行平等协商的过程,而不是国有资产管理部门凭借行政权力单方面将资产定性为国有资产。主张权利的主体包括国有资产管理部门、全民单位以及其他单位或个人,这些主体在不同的情况下都可能参与到国有资产界定的工作中来。

(2)国有资产界定须报国有资产管理部门认定。是否将相关资产界定为国有资产,事实上涉及对国有资产的处分事宜,需要报国有资产管理部门批准。因此,在国有资产界定过程中,不论是否将相关资产界定为国有资产,均应按财务隶属关系报国有资产管理部门认定。需要注意的是,国有资产管理部门对于国有资产的认定,是在相关主体已经完成对国有资产的界定后对性质和权属已经确定的国有资产进行的登记。国有资产管理部门对于国有资产的认定并非单方界定产权的行政行为,而是作为代表国家行使所有权的主体对国有资产进行登记和确认的行为,不具有行政行为的效力。如果国有资产管理部门能够通过行政权力对国有资产进行认定,则不能避免产生一种不良现象,即国有资产管理部门既当裁判员又当运动员。

(3)国有单位间国有资产界定纠纷的处理。由于国有单位都由政府行使国家所有权，因此可以在政府的协调下进行国有资产的界定。全民所有制单位之间因对国有资产的经营权、使用权等发生争议而产生的纠纷，应在维护国有资产权益的前提下，由当事人协商解决。协商不能解决的，应向同级或共同上一级国有资产管理部门申请调解和裁定，必要时报有权管辖的人民政府裁定，国务院拥有最终裁定权。

(4) 国有单位与其他经济成分间产权界定纠纷的处理。《国有资产产权界定和产权纠纷处理暂行办法》第31条规定："全民所有制单位与其他经济成份之间发生的产权纠纷，由全民单位提出处理意见，经同级国有资产管理部门同意后，与对方当事人协商解决。协商不能解决的，依司法程序处理。"根据该条规定，当国有单位和其他经济成分之间发生产权纠纷，应该由双方在平等的地位上进行协商，国有单位对于国有资产的权属主张或放弃，都涉及国有资产的处置，须报请国有资产管理部门的同意。在国有单位和其他经济成分之间发生产权纠纷时，国有资产管理部门无权确认争议资产的权属，也无权进行行政裁决，而应提请人民法院按照法定程序对该产权纠纷进行裁判，并确定争议资产的权属。

二、案例分析

【案例】

丰田中心诉国资委产权界定纠纷案[1]

2004年12月，中国航空工业集团公司（以下简称"中航集团"）及其全资子公司哈尔滨东安发动机集团有限公司（以下简称"东安公司"）通过由东安公司全资设立的哈尔滨广来汽车配件公司（以下简称"广来公司"）以企业国有资产权属纠纷为由，以哈尔滨丰田纯牌零件特约经销中心（以下简称"丰田中心"）及其参股的哈尔滨广进汽车配件经销中心（以下简称"广进中心"）和哈尔滨广丰汽车维修有限公司（以下简称"广丰公司"）为被告，向哈尔滨市南岗区人民法院提起民事诉讼，请求确认丰田中心及其持有的广进中心和广丰公司的股权为国有资产。原告起诉的主要依据是国务院国有资产监督管理委员会（以下简称"国资委"）

---

[1] 参见北京市第一中级人民法院（2008）一中行初字第138号判决书；北京市高级人民法院（2009）高行终字第495号判决书。

办公厅于2003年12月16日制作的国资厅产权函（2003）388号《关于广来公司和丰田中心产权界定意见的函》（以下简称"《产权界定意见函》"），该函主要包括如下三部分内容：(1) 界定广来公司资产为国有资产，其产权归属东安公司；(2) 界定丰田中心的资产为国有资产，其产权归属广来公司；(3) 要求中国航空工业第二集团公司（以下简称"航二集团公司"）督促东安公司履行出资人职责，完备相关法律手续，抓紧进行丰田中心的清算工作，追回经济损失。哈尔滨市南岗区人民法院根据该函于2005年1月17日作出了一审民事判决，即：（一）第一被告丰田中心的财产归原告广来公司所有；（二）确认原告对第二被告广进公司享有投资额为150万元；（三）原告对第三被告广丰公司享有52.6%的股权。

丰田中心称其是由王某个人作为承包人的深圳进出口贸易集团机电配件公司商场和哈尔滨机电设备工程公司等4家单位共同投资组建，注册资本金160万元，名义是全民与集体所有制联营，在实际运营中，除深圳机电商场、哈尔滨机电设备工程公司投资外，其他2家资金由王某个人投入。经调查，王某系广来公司法定代表人，并且其在设立丰田中心时，将广来公司应付深圳机电商场的80万元货款直接以深圳机电商场的名义转入了丰田中心的验资账户。丰田中心不服国资委的《产权界定意见函》，向北京市第一中级人民法院提起行政诉讼，该函中第二、三部分所确认的内容，严重侵犯了丰田中心的合法财产权，该函的上述内容没有事实依据和法律依据，且程序违法。为此，请求撤销国资委388号产权界定意见函中的第二、三部分内容。

北京市第一中级人民法院认为：根据《企业国有资产监督管理暂行条例》第6条的规定，国资委应当根据授权，依法履行出资人职责，对企业国有资产进行监督管理。根据该暂行条例第30条第2款的规定，国有资产监督管理机构只能协调其所出资企业之间的企业国有资产产权纠纷。《国有资产产权界定和产权纠纷处理暂行办法》第31条规定：全民所有制单位与其他经济成分之间发生的产权纠纷，由全民单位提出处理意见，经同级国有资产管理部门同意后，与对方当事人协商解决。协商不能解决的，依司法程序处理。国资委在388号产权界定意见函的第二部分中，将丰田中心的资产界定为国有资产，并确认丰田中心产权归属于广来公司；在该函的第三部分中，要求航二集团公司督促东安公司抓紧进行丰田中心的清算工作,追回经济损失显然已超越了上述《企业国有资产监督管理暂行条例》和《国有资产产权界定和产权纠纷处理暂行办法》对国有资产管理部门职权的限定。因此,北京市第一中级人民法院判决撤销被告国务院国有资产监督管理委员会国资厅产权函(2003)388号《关于哈尔滨市广来汽车配件公司和哈尔滨市丰田纯牌零件特约经销中心产权界定意见的函》中的第二、三部分内容。后被告国资委向北京市高级人民法院提起上诉被判驳回。

【问题聚焦】

如何认定国有资产?国资委的法律定位是什么?

【法律剖析】

本案被看做国有资产界定的典型案例,一方面是因为案件的争议焦点极富代表性与针对性,另一方面是该案涉及民事诉讼和行政诉讼两种类型的诉讼。该案案情并不复杂,但具体的法律关系的认定以及处理确有一定的争议,并且该案在法律实务上也体现出了一定的策略与技巧。

本案涉及众多的法律争议。第一个法律争议是国资委是否有权对国有资产进行认定,其出具的《产权界定意见函》究竟应如何定性。我们认为,根据上文的介绍和分析,国有资产是由国有单位和其他经济成分进行平等协商后进行产权界定,若存在争议则提交法院进行裁判。国资委应作为平等主体参与到国有资产界定的协商与谈判中来,而无直接认定争议资产属于国有资产的行政权力。由于国资委不具备认定国有资产的权力,且《产权界定意见函》系仅向中航集团出具的意见性的内部函件,故国资委出具《产权界定意见函》的行为既无行政权力基础,又无相应的法律效力,不应视为行政行为。第二个争议是丰田中心的资产是否应该界定为国有资产。对于这个问题应该根据"谁投资,谁享有产权"的原则,通过分析双方提供的相关证据,弄清丰田中心的投资的真实来源以及该投资风险究竟由谁负担,然后基于这些证据来界定丰田中心资产的权属。

在诉讼策略上,丰田中心的代理人所采取的诉讼策略与技巧令人印象深刻。丰田中心在民事诉讼中遭遇挫败的困境,是因为国资委出具的《产权界定意见函》的性质问题。在哈尔滨南岗区人民法院的民事判决中,法院将国资委发函的行为认定为行政确认行为,并以其作为审理案件的最重要的依据。丰田中心的代理人为了获得民事案件中的胜诉,采用了一个"曲线救国"的路径,即通过行政诉讼撤销该函件,以打掉这个民事程序中的重要依据,进而获得民事诉讼中的主动。

三、深度拓展思考题

1. 简述国有资产界定的基本原则。
2. 试论国有资产界定与普通财产权属确定的联系与区别。
3. 国有企业中哪些资产应当界定为国有资产？
4. 论国有资产监督管理机构在国有资产界定中的地位。

第二节 国有资产管理体制

一、知识点精解

（一）国有资产的分类管理

基于国有资产的经营性国有资产、行政事业性国有资产和资源性国有资产的分类，我国现阶段对于国有资产的监管实施的是"分类监管"，即根据不同的国有资产类型确定不同的监督管理机构。就目前来看，主要有企业国有资产监督管理机构、行政事业单位国有资产监督管理机构和资源性国有资产监督管理机构。[①]

1. 经营性国有资产监督管理机构

经营性国有资产监督管理机构是政府特设的履行出资人职责的机构，对经营性国有资产进行监督管理，代表国家履行国有资产所有者和占有使用者职能。经营性国有资产监督管理机构在国务院为国有资产监督管理委员会，在各级地方政府为相应级别的国有资产监督管理委员会。经营性国有资产监督管理机构根据本级政府的授权，依照《企业国有资产法》和《公司法》等法律和行政法规履行出资人职责。《企业国有资产法》第12条第1款规定："履行出资人职责的机构代表本级人民政府对国家出资企业依法享有资产收益、参与重大决策和选择管理者等出资人权利。"具体而言，经营性国有资产监督管理机

[①] 参见漆多俊、冯果主编：《经济法学》（第三版），武汉大学出版社2011年版，第289~339页；李松森、孙晓峰编著：《国有资产管理》，东北财经大学出版社2010年版，第27~32页。

构主要是像一般股东一样，对政府出资的企业行使参与章程制定、重大事项决策、管理者选任、资产收益等一般性的权利，除此之外，还需要向对本级人民政府负责，向本级人民政府报告重大事项、国有资产情况及履职情况，接受本级人民政府的监督和考核。

2. 行政事业性国有资产监督管理机构

行政事业性国有资产的监督管理工作由各级财政部门承担。各级财政部门依据国家国有资产管理的有关规定，制定行政事业单位国有资产管理的规章制度，并对执行情况进行监督检查；负责会同有关部门研究制定本级行政事业单位国有资产配置标准，负责资产配置事项的审批；按规定进行资产处置和产权变动事项的审批，负责组织产权界定、产权纠纷调处、资产统计报告、资产评估、资产清查等工作；负责本级行政事业单位出租、出借国有资产的审批；负责本级行政事业单位国有资产收益的监督和管理；对本级行政事业单位和下级财政部门的国有资产管理工作进行监督和检查。

3. 资源性国有资产监督管理机构

资源性国有资产主要由政府授权履行资源性国有资产管理职能的国土资源部、农业部、水利部等资源性国有资产监督管理机构进行监督管理。根据法律规定属于国家所有的自然资源如城镇土地、矿产、水等构成了资源性国有资产。这些资源性国有资产由相应政府部门对其认定、开发利用和转让等进行监督管理。具体而言，国土资源部依照《土地管理法》、《矿产资源法》、《海洋环境保护法》等法律法规对土地使用权和所有权的确认登记、矿产资源和海洋资源的开发保护进行监督和管理。农业部负责草原资源、渔业资源等农业资源的管理。水利部负责对水资源的配置、保护、调控、开发、利用和经营进行管理。林业局负责国有森林资源的清理、采伐、培育、经营和保护进行管理。

正如本书上一节所述，将国有资产划分为经营性国有资产、行政事业性国有资产和资源性国有资产系对国有资产作广义理解，而通常所言之国有资产，仅是从狭义上理解的经营性国有资产。经营性国有资产是国有资产监管中最复杂也是最首要的一环，因此本书讨论国有资产管理体制，主要是讨论经营性国有资产管理体制。

（二）我国现行的国有资产管理体制

2002年11月，党的十六大报告指出："继续调整国有经济的布局和结构，改革国有资产管理体制，是深化经济体制改革的重大任务。在坚持国家所有的前提下，充分发挥中央和地方两个积极性。国家要制定法律法规，建立中央政府和地方政府分别代表国家履行出资人职责，享有所有者权益，权利、义务和责任相统一，管资产和管人、管事相结合的国有资产管理体制。关系国民经济命脉和国家安全的大型国有企业、基础设施和重要自然资源等，由中央政府代表国家履行出资人职责。其他国有资产由地方政府代表国家履行出资人职责。中央政府和省、市（地）两级地方政府设立国有资产管理机构。继续探索有效的国有资产经营体制和方式。各级政府要严格执行国有资产管理法律法规，坚持政企分开，实行所有权和经营权分离，使企业自主经营、自负盈亏，实现国有资产保值增值。"2003年3月，全国人大十届一次会议第三次全会表决通过《关于国务院机构改革方案的决定》，批准设立国务院国有资产监督管理委员会。2003年4月6日，国家国有资产监督管理委员会正式挂牌。5月13日，国务院通过了《企业国有资产监督管理暂行条例》，中央和地方"分级代表、分级监管"的两级监管体制第一次从法律上得到确认。2003年10月，党的十六届三中全会通过的《中共中央关于完善社会主义市场经济体制若干问题的决定》又进一步指出要建立健全国有资产管理和监督体制。决定指出："坚持政府公共管理职能和国有资产出资人职能分开。国有资产管理机构对授权监管的国有资本依法履行出资人职责，维护所有者权益，维护企业作为市场主体依法享有的各项权利，督促企业实现国有资本保值增值，防止国有资产流失。建立国有资本经营预算制度和企业经营业绩考核体系。积极探索国有资产监管和经营的有效形式，完善授权经营制度。"从成立的目的来看，新的国有资产管理机构是受政府委托统一管理国有资产的特殊法定机构，代表政府专门行使国有资产出资人的职责，以资本为纽带，理顺出资关系，进行产权管理。国有资产监督管理委员会不是政府行政机关的组成部分，不纳入政府序列，成立国资委就是要突破国有出资人机构和职责分离的体制障碍，解决出资人监督与国有资产管理相脱节的问题。2008年10月，第十一届全国人民代表大会第五次会议通过了《中华人民共和国企业国有资产法》，该法延续了《企业国有资产监督管理暂行条例》的精神，将行政法规上升到国家法律，并规定了一系列制度。

（三）国有资产管理的主体

国有资产管理主体，是指对国有资产进行监督、运营和管理，代表国家行使国有资产所有权、使用权、收益权以及其他相关权利的组织。国有资管理主体依据其不同的经济和法律地位，行使着国有资产产权的相应权能，以实现国有资产的保值增值。随着国有资产产权的各项权能得到充分和有效的分配，国有资产管理主体的框架也已基本形成。虽然各地国有资产管理的具体模式存在着差异，但总体上看来，已基本形成了将国有资产的监督管理、运营和经营主体相分开的国有资产管理体制。在这一体制下，国有资产管理的主体主要包括了国有资产监督管理机构、国有资产运营机构以及国家出资企业。

1. 国有资产监督管理机构

（1）国有资产监督管理机构的概念。国有资产监督管理机构是指由国务院及地方各级政府按照规定设立的，依据本级人民政府授权，代表本级人民政府对国家出资企业履行出资人职责的机构和部门。

基于"分级监管、分级代表"的要求，国务院和地方各级政府根据国有资产的性质及所在部门的重要性，对国有资产进行不同层次的分级监管。《企业国有资产法》第4条第2款规定："国务院确定的关系国民经济命脉和国家安全的大型国家出资企业，重要基础设施和重要自然资源等领域的国家出资企业，由国务院代表国家履行出资人职责。其他的国家出资企业，由地方人民政府代表国家履行出资人职责。"

基于"政企分离、政资分离"的要求，国务院和地方各级政府在代表国家履行出资人职责时，需要考虑转换政府职能，按照政企分开、社会公共管理职能与国有资产出资人职能分开、不干预企业依法自主经营的原则履行出资人职责。为此，国务院和地方各级人民政府专门设立国有资产监督管理机构，并授权其代表本级人民政府对国家出资企业履行出资人职责。国有监督管理机构在各级政府授权范围之内履行出资人职责，对国有资产进行监督管理。在这层意义上，国有资产监督管理机构（即国资委）作为政府监管者的身份被剥离，成为单纯行使股东权利的"干净出资人"。① 国资委不再干预企业的自主经营，而是通过参加股东会或董事会并进行表决的途径行使"管资产与管人、管事相结合"的职能。

尽管法律已将国资委定位为出资人代表，但是在国有资产监督管理的实践中，国资委的法律主体地位仍然不明。尽管在各级政府内部国资委运行费用纳入政府预算，人员也按照公务员进行管理，具有相应的行政级别，但是其也只

---

① 李曙光：《论国有资产法中的"五人"定位》，载《政治与法律》2009年第4期。

是被定位为"直属特设机构",并且从《企业国有资产法》的规定来看,国资委只是代为履行出资人职责,并未承担社会管理和公共服务的职能,亦无行政权力。因此,国资委并非行政机关。从其设立目的和职能来看,国资委也非事业单位,也不是社会团体,更不是企业法人。① 国资委法律主体地位模糊。② 尽快界定清楚国资委的法律主体地位,是完善国有资产监管管理体制的重要任务。对于国资委的法律定位,也有几种不同的观点,第一种观点认为应将国资委设为人大的特设机构,以真正作为全民所有的代表,并且真正实现政资分离;③ 第二种观点是将国资委作为行政机关,对国有资产进行行政监管,国有资产的具体运营交由国资经营公司负责,让"政府的归政府,市场的归市场";④ 第三种观点则是认为国资委应该作为国有资产经营管理公司来进行国有资产的管理。⑤ 我们认为,国资委应当将国有资产的具体经营交由国有资产运营机构承担,其自身主要负责国有资产稽查和监管,防范国有资产的流失。将其参照银监会、证监会和保监会一样作为国务院直属事业单位主要行使对国有资产的监管权,真正做到监管与运营相分离,从而既能明确其主体地位和权限,又能避免过度的行政干预。

(2) 国有资产监督管理机构的职责。

国有资产监督管理机构根据《企业国有资产法》等法律法规的规定,依法对国家出资企业履行如下出资人职责:①享有资产收益。即国有资产监督管理机构代表本级政府参与国家出资企业的收益分配,代表国家取得投资回报。这是出资人最核心的权利。②参与重大决策。即国有资产监督管理机构通过委派股东代表、董事,参与股东会、董事会,行使表决权,参与国家出资企业的重大事项的决策。③选择管理者。即国有资产监督管理机构可以按照法律、法

---

① 张伟:《国资委法律地位的困惑及其对策探析》,载《福建行政学院学报》2009年第4期。

② 有许多案例均因国资委法律地位不明而导致原告权利无法得到救济。例如前一节提到的丰田中心诉国资委案、长城资产管理公司济南办事处诉青岛市国资委案等。参见漆多俊、冯果主编:《经济法学》(第三版),武汉大学出版社2011年版,第307~308页。

③ 参见刘锡秋:《政企分开何时到位——为国有资产管理体制改革献计》,载《中国律师》2002年第11期。

④ 参见顾功耘主编:《国有经济法论》,北京大学出版社2006年版,第71页;张素华:《论国资委法律地位的再定位》,载《求索》2009年第11期。

⑤ 参见李曙光:《必须明晰国资委的法律地位》,载《中国企业家》2005年第3期。

规和章程的规定，任免或者建议任免国家出资企业的高级管理人员。④制定或参与制定章程。即国有资产监督管理机构可以制定或者参与制定国家出资企业的章程，对国家出资企业的重大事项进行章程上的安排。

除了享有上述出资人权利，国有资产监督管理机构在履行出资人职责时，还应当行使以下职责：①重大事项报批。即国有资产监督管理机构在履行出资人职责时，对于法律、行政法规或本级人民政府规定的须经本级人民政府批准的重大事项，应当报请本级人民政府批准。②防止国有资产损失。国有资产监督管理机构在履行出资人职责时，应当依照法律、法规及企业章程履行出资人职责，保障出资人权益，防止国有资产损失。③不干预企业经营活动。国有资产监督管理机构在履行出资人职责时，应当维护企业作为市场主体依法享有的权利，除依法履行职责外，不得干预企业依法自主经营。④定期报告。国有资产监督管理机构在履行出资人职责时，要对本级人民政府负责，向本级人民政府报告履行出资人职责的情况，并定期向本级人民政府报告有关国有资产总量、结构、变动、收益等汇总分析的情况。

2. 国有资产运营机构

（1）国有资产运营机构的概念和职责。

国有资产运营机构是指由国家独资设立、对国家授权范围内的国有资产具体行使所有者权利、以持股运作方式从事国有资本营运的企业法人或机关法人。具体而言，国有资产运营机构包括国有资产经营公司、投资公司、国有控股公司、企业集团母公司等。国有资产运营机构在各级政府国有资产监督管理机构的管理下，根据需要设置，对政府国有资产监督管理机构负责。

国有资产运营机构在整个国有资产管理中所扮演的是国有资本的投资人角色，即将国有资本按照市场原则投向合适的生产部门，使政府和国有资产监督管理机构从直接对国有资产进行投资和经营的角色中解脱出来。国有资产运营机构将对国有资产的实物管理上升到资本管理的高度，准确地界定了资产的监管方、出资方及被出资企业之间的权责，减少了国有企业中政企不分的问题，有利于给予企业充分的法人财产权和经营自主权。① 国有资产运营机构的出现，使得国有资产监督管理机构能够成为"干净出资人"，不再直接参与到国有资产的经营中去。

国有资产营运机构的主要职责是以所有者代表身份对国有资产进行产权管

---

① 参见文宗瑜、袁媛：《经营性国有资产管理》，经济科学出版社2010年版，第74页。

理，主要负责登记、管理企业的存量资产；负责管理国家以资本金投资形式投入企业的国有资产以及所形成的红利；按国家投入资本的比例，负责选派股权代表和监事会成员；负责审核企业的年度财务报告，并向国有资产监督管理委员会和政府财政部门述职。

(2) 国有资产运营机构的特征。

首先，国有资产运营机构是特殊的运营主体。国有资产运营机构是由国家依法投资设立的法人实体，负责国有资产的投资和运营，不具有行政和行业管理职能。国有资产运营机构具有独立完整的法人身份，既不是行政机构，也不是市场经济条件下追求利润最大化的市场主体，而是由政府批准、国有资产监督管理机构设立的确保国有资产保值增值的责任主体，又是其出资企业的出资人。

其次，国有资产运营机构行使一定的出资人权利。国有资产运营机构负责国有资产监督管理机构对其分配或出资的国有资产的具体运营。国有资产运营机构对其管理运营的国有资产具体行使资产收益、重大决策、选择管理者、产权转让等所有者权利。概言之，国有资产运营机构对特定范围的国有资产直接行使出资人职责，国有资产监督管理机构通过国有资产运营机构间接行使出资人职责。

最后，国有资产运营机构以股权管理为主进行国有资本运营。国有资产运营机构以持股运作方式从事国有资本营运，通过参股、控股等行为，调整企业的国有资本金的数量或注册资本金的构成，以取得的产权收益改造老企业，投资新建企业，或者兼并、购买其他企业，实现国有资产的优化配置和增值，壮大国有经济实力。①

(3) 国有资产运营机构的主体定位。

国有资产运营机构是依法设立的专门从事国有资产投资的机构。它既不是行政机构，也不同于从事商品生产经营的企业，而是以投资为专门职能的特殊企业法人。它不直接生产或销售商品，而专门经营资本。国有资产运营机构接

---

① 在中央层面，国务院最早于 2001 年同意中科院设立中国科学院国有资产经营公司，代表中科院，统一负责对院属全资、控股、参股企业有关经营性国有资产依法行使出资人权利，并承担相应的保值增值责任。国务院国资委设立以后，国资委分别以中国诚通集团有限公司、国家开发投资公司为试点，组建资产经营公司，以推进中央企业重组。2010 年 12 月 22 日，有 "中投二号" 之称的中国国新控股有限责任公司在北京成立，该公司将在中央企业范围内从事企业重组和资产整合。这些公司都是典型的中央层面的国有资产运营机构。

受国资委投入的国有资产,再投入到企业,并以投入到企业的资产承担责任。通过这种制度设计,国有资产的运营与监管职能可以分开,实现国有资产运营由"行政化"向"市场化"的转移,国有资产投资更加专业和独立,从而能够实现国有资产效益最大化。

在国有资产监督管理机构—国有资产运营机构—国家出资企业三层体制中,国有资产运营机构承担着两种不同的角色:①(1)对于国有资产监督管理机构而言,国有资产运营机构既是国有资产监督管理机构的监管相对人,又是国有资产监督管理机构的投资对象(或称受资人)。首先,国有资产运营机构承担着国有资产具体的投资和经营的任务,国有资产监督管理机构直接对国有资产运营机构经营国有资产的行为进行监管,确保国有资产的安全。其次,国有资产监督管理机构出资设立国有资产运营机构,后者通过运营盘活国有资产,两者之间就是出资人与受资人的关系。(2)对于国家出资企业而言,国有资产运营机构是出资人。它将国有资产转投资于企业从而成为企业的股东,按出资比例享有经营管理者选择权、企业重大决策权和资产收益权。

国有资产运营机构作为介于国有资产监督管理机构与国家出资企业之间的中间层主体,是国有资产管理三层体制中最关键的环节。② 一方面,它作为连接国有资产监督管理机构与国家出资企业的桥梁,是具体运营国有资产的市场主体,通过委派产权代表、实行重大事项报告制度和进行财务审计监督的方式实现对其投资的企业的管理和监督;根据国家的国有经济宏观布局和产业结构调整政策,利用市场机制对国有资产起基础性配置作用,通过投资、控股、参股、产权出让、收购及兼并等运作方式,实现国有资产的优化配置和规模经营,追求国有资产经营效益最大化。另一方面,它又形成国资委与企业之间的隔离带,使国资委不能直接参与企业的经营管理,从而减少政府对企业的干预,真正实现出资人所有权与企业经营权的分离。

3. 国家出资企业

(1)国家出资企业的概念和类型。

国家出资企业是指国家以国有资产作为出资设立或投资的从事具体生产经

---

① 参见张力:《对经营性国有资产运营三层制结构的反思》,载《兰州学刊》2009年第2期。

② 参见王全兴:《国资委与国资运营主体法律关系的定性探讨》,载《法商研究》2003年第5期。

营活动的企业。国家出资企业作为国有资产管理体制的末端，是直接利用国有资产并实现国有资产保值增值的主体。国家出资企业通过自主经营、自负盈亏，实现企业价值的最大化，最终实现国有资产的保值增值。

国家出资企业根据其组织形式和占股比例的多少，可以分为国有独资企业、国有独资公司、国有资本控股公司和国有资本参股公司四种类型①：①国有独资企业。国有独资企业是指按照《中华人民共和国企业法人登记管理条例》规定登记注册的所有出资均系国有资产的非公司制的经济组织。国有独资企业实行厂长（经理）负责制。②国有独资公司。国有独资公司是按照《公司法》的规定设立的由国家单独出资的有限责任公司。国有独资公司全部资本都由国家出资，且出资人只有一个。国有独资公司具有独立的法人资格，国家以其出资为限承担有限责任。③国有资本控股公司。国有资本控股公司是指国有资本的份额在公司资本中所占比重为50%以上或者虽未超过50%但能够对公司产生实际控制的公司制企业。国有资本控股公司的投资主体具有多元化特点，但国有资本在所有出资中占主导地位，国有资本能够掌握企业的经营管理权。④国有资本参股公司。国有资本参股公司是指国有资本的份额在公司资本中所占比例较小，不能对公司形成实际控制的公司制企业。在国有资本参股公司中，国有资本并不追求控制企业经营管理权，而是通过参股的形式"搭便车"，通过企业利润分配而追求投资收益。

随着建立以市场经济为基础，以完善的企业法人制度为主体，以有限责任制度为核心，以公司企业为主要形式的产权清晰、权责明确、政企分开、管理科学的现代企业制度日益成为国有企业改革的重要任务，国有企业纷纷开始进行股份制改造，开始转变成公司制企业。

（2）国家出资企业的地位及其权利义务。

国家出资企业不论其采用何种形式，都是企业法人，有独立的财产，依法独立享有民事权利和承担民事义务，享有独立的法人财产权。② 国家出资企业是独立的市场主体，在参与市场竞争上与一般的企业并无二致，同等地享有权利，同等地遵守法律、法规以及其他社会责任。但是，由于国家出资企业的股

---

① 参见甘培忠：《企业与公司法学》（第五版），北京大学出版社2007年版，第112页；朱大旗、朱永扬：《关于建立我国国有资产监督管理新体制的思考》，载《法学家》2002年第5期。

② 参见漆多俊、冯果主编：《经济法学》（第三版），武汉大学出版社2011年版，第311页。

东具有特殊性,并且用做出资的国有资产具有公共性,基于国有资产安全有序管理的要求,国家出资企业又与一般企业相区别,这种区别主要表现为国家出资企业的治理结构。但是无论如何,都不能否认国家出资企业是享有独立自主经营权的平等市场主体。

根据《企业国有资产法》的规定,国家出资企业享有以下权利:①财产支配权。国家出资企业对其动产、不动产和其他财产依照法律、行政法规以及企业章程享有占有、使用、收益、处分的权利。国家出资企业对国家作为出资授予其所有的财产可以自己的名义独立地进行支配。国家以国有资产作为出资后,对国有资产的所有权转换为股权,国家出资企业对相应的财产享有法人财产权。当然,国有独资企业由于不具有法人地位,其财产所有权仍属国家,但依然能对相应的财产进行独立支配。②自主经营权。国家出资企业在法律、行政法规和章程的规定范围内有权自行决定其经营事务。基于政企分离的要求,国家出资企业在生产经营、机构设置、劳动用工、产品定价和销售、订立合同等方面均得自主决策。代为履行出资人职责的机构仅能作为股东通过参与股东会等方式对企业的经营产生影响,而不能通过行政指挥的方式干涉企业的自主经营。③投资权。随着企业转投资限制的取消,企业可以对其他企业投资。国家出资的企业也可以对其他企业在法律规定的范围内进行投资,并对其所出资的企业依法享有资产收益、参与重大决策和选择管理者等出资人权利。国家出资企业投资设立其他公司,不应成为承担连带责任的投资者,故其投资设立企业时,只能是公司制企业的股东,或者是合伙企业的有限合伙人。

根据《企业国有资产法》的规定,国家出资企业应该履行以下义务:①依法经营。国家出资企业从事经营活动,应当遵守法律、行政法规,加强经营管理,提高经济效益,接受人民政府及有关部门、机构依法实施的管理和监督,接受社会公众监督,承担社会责任,对出资人负责。②完善治理结构。国家出资企业应当依法建立和完善法人治理结构,建立健全内部监督管理和风险控制制度;国有独资公司、国有资本控股公司和国有资本参股公司应依照《公司法》的规定设立监事会,国有独资企业由履行出资人职责的机构按照国务院的规定委派监事组成监事会。监事应依照法律、法规和章程对董事、监事和高级管理人员执行职务的行为进行监督,对企业财务进行监督检查。③完善财务会计制度。国家出资企业应当依照法律、行政法规和国务院财政部门的规定,建立健全财务、会计制度,设置会计账簿,进行会计核算,依照法律、行政法规以及企业章程的规定向出资人提供真实、完整的财务、会计信息。④分配利润。依法取得资本收益,是国家作为国有资本投资者应当享受的权利。国家出资企业应当依照法律、行政法规以及企业章程的规定,向出资人分配利润。国家出资企业应当按照国有资产监督管理机构的规定积极上交红利。⑤民主管理。国家出资企业应当依照法律规定,通过职工代表大会或者其他形式,实行民主管理,保障职工依法享有知情权、参与权、表达权和监督权,并为职工参与民主管理提供必要的条件和经费保障。

(3) 国家出资企业的治理结构。

为了确保国家出资企业有效经营,提高国有资本运作效率,防止国有资产流失,《企业国有资产法》要求国家出资企业及国家出资企业所出资的企业,应当依法建立和完善法人治理结构,建立健全内部监督管理和风险控制制度,维护出资人的利益。

根据不同的企业组织形式,国家出资企业的治理结构也存在着一定的差异。国有独资公司、国有控股公司和国有参股公司都要按照现代公司制度和《公司法》的规定设置相应的权力机构、执行机构和监督机构。① 其中股东会和股东大会是公司的权力机关和决策机关,董事会是公司的业务执行机关,监事会是公司的监督机关。国有独资企业由于其并非公司制企业,故而根据《全民所有制工业企业法》的规定,不设董事会,实行厂长(经理)负责制。

在经营管理者的选任上,国有独资企业的厂长(经理)和其他高级管理人员由履行出资人职责的机构②直接任免。国有独资公司实际上相当于一人公司,作为股东的代为履行出资人职责的机构可以直接任免国有独资公司的董事长、副董事长、监事会主席和监事,公司的经理、副经理、财务负责人和其他高级管理人员由董事会选任。至于国有控股参股公司,代为履行出资人职责的机构只能在股东会或股东大会上提出董事、监事人选,通过参加股东会或股东大会的表决来选任上述管理者,至于公司的经理、财务负责人和其他高级管理人员则由董事会选任。

随着国家出资企业资产规模的扩大和结构的优化,需要进一步完善国家出

---

① 参见漆多俊、冯果主编:《经济法学》(第三版),武汉大学出版社 2011 年版,第 312 页。

② 履行出资人职责的机构可以是国资委或者国有资产运营机构。

资企业的治理结构。① ①加强国有独资公司董事会建设。由于国有独资公司只设董事会，不设股东会和监事会，因此董事会缺乏必要的监督和约束。要完善国有独资公司治理结构，必须要加强国有独资公司董事会建设，规范董事会的运作，引入外部董事，削弱内部人控制。②明确产权主体和经营主体。由于国家出资企业的股东或大股东是政府或授权机构，代为履行出资人职责的机构与一般市场主体相比缺乏积极性，同时国家出资企业经营者的任免也在很大程度上受行政干预的影响而缺乏专业性。因此需要进一步明确产权主体和经营主体，强化出资人权利和责任，提高经营者业务水平和专业精神。③推进国家出资企业产权主体多元化。通过产权主体多元化，可以在现代企业治理结构框架下实现制衡和监督，具体而言就是要不遗余力地推动国家出资企业的改制，引入其他产权主体，建立现代企业制度。

二、案例分析

【案例】

国有资产管理体制的典范——新加坡淡马锡公司②

淡马锡公司成立于1974年，是新加坡最大的全资国有控股公司，隶属于新加坡财政部，主要任务是掌握新加坡政府对企业的投资，管理新加坡所有的政府关联企业。新加坡开发银行等36家国联企业的股权（总额达3.45亿新元，约合7000多万美元），被授权由淡马锡公司负责经营。政府赋予它的宗旨是："通过有效的监督和商业性战略投资来培育世界级公司，从而为新加坡的经济发展作出贡献。"从1974年6月成立至今，淡马锡以市值计算的年股东总回报达到18%，每年派发给股东的股息超过7%，到2008年3月，淡马锡投资组合总市值已达到1850亿新元（约合1340亿美元）。目前，公司以控股方式管理着23家国联企业（可视为其子公司），其中14家为独资公司、7家上市公司和2家有限责任公司，下属各类大小企业约2000多家，职工总人数达14万人，总资产超过420亿美元，占全国GDP的8%左右。据2006年3月所公布资料，淡马锡在金

---

① 参见文宗瑜：《企业国有资产法释义及实施读本》，人民出版社2009年版，第165~171页。

② 资料来源：新加坡淡马锡公司网站（http://www.temasek.com.sg/）。

融业的投资占40%，电信占24%，交通运输占10%，房地产占7%，其他占19%，目前在80家公司持有5%至100%的股权，庞大的资本帝国几乎掌控新加坡所有重要领域，通过产权投资，参股了500多家公司，形成了一个从政府到母公司、子公司、分公司的庞大资本帝国。在30多年的时间里，淡马锡获得了巨大的成功，引起了世界的瞩目。淡马锡模式也被公认为国有资产经营管理的典范。

我国国有资产管理体制也在积极借鉴淡马锡公司的经验，相继成立了三家国有资产管理公司，即国家开发投资公司、中国诚通集团和中国国新控股有限责任公司。国家开发投资公司成立于1995年5月5日，是我国目前最大的国有投资控股公司和53家骨干中央企业之一，员工总数6万多人，注册资本金184亿元人民币，总资产1758亿元人民币，所有者权益564亿元人民币。2008年，公司经营收入421亿元人民币，进出口贸易总额超过12亿美元，拥有全资和控股投资企业95家，其中包括4家控股上市公司。中国诚通集团成立于1992年，是国务院国有资产监督管理委员会管理的大型企业集团，总资产近百亿元。中国诚通控股公司是集团的母公司。2010年12月22日，中国国新控股有限责任公司正式挂牌成立，国新公司首期注册资本金45亿元，其主要任务为持有进入国新公司的中央企业的国有产权并履行出资人职责，配合国资委推进中央企业重组。通过设立国有控股公司等国有资产运营机构，我国的国有资产管理体制在不断地寻求创新和突破。

【问题聚焦】

如何学习和借鉴新加坡淡马锡公司的成功经验？

【法律剖析】

在30多年的时间中，淡马锡公司获得了巨大的成功。2003年和2004年，淡马锡的平均投资回报率达到33%，引起了世界的瞩目。淡马锡的成功模式得到了更多国家的关注，尤其在以下几个方面颇值得中国学习：

首先是管理体制方面。淡马锡始终代表政府管理国有资产，依靠产权纽带管理国有企业，采取市场化方式运作国有资本。淡马锡在市场上以独立法人面目出现，拥有充分的自主权，完全按市场方式经营，而政府在不直接参与的情况下有效实现其所有权。政府通过向淡马锡委派董事控制人事权，通过审阅淡马锡财务报告、讨论公司经营绩效和投资计划等，把握企业发展方向，并通过直接投资、管理投资以及割让投资等方式，确保国有资产保值增值。淡马锡同样不直接介入相关企业的经营和决策,而是通过加强董事会建设来实现对相关企业的有效监督和管理,关联企业同样享有充分的经营自主权,完全按照商业原则运作。

其次是公司治理结构方面。淡马锡依照新加坡公司法和其他相关法律法规来操作。公司法规定公司在董事会的领导下经营其业务。董事会下设常务委员会、审核委员会及领导力发展和薪酬委员会三个专门委员会。其中独立董事占绝大多数,以保证董事会的独立性。董事会与经营层分设,高级经理层由董事会聘任,对董事会负责,董事会对其进行考核和监督,股东委派的董事履行监督作用,淡马锡的10名董事中,有4名是由财政部提名,总统批准的,不在企业拿薪酬;6名独立董事来自企业,独立董事一般负责董事会中专门委员会的工作,这样使董事会职权明确,相互制衡,有效做到公正和独立。

最后是企业风险防范方面。淡马锡特别注重加强战略风险、金融风险和运营风险的监控;建立规范的审计制度和强有力的监督机制,新加坡政府通过选派的董事加强对淡马锡的监督,而淡马锡通过委派股东董事,对淡马锡关联企业进行监督。淡马锡成立三十多年来,很少有企业发生投资和决策失误。

不难看出,淡马锡管理模式的特点在于:通过董事代表制实现对企业的管控;通过影响属下公司的战略方向来行使股东权利,但不具体插手其日常商业运作;在集团管控核心理念的支持下,能根据市场发展需要,适时调整和更新对企业的管理模式;投资主体与决策主体的分离;企业战略的主体思维是效益优先,以一种投资者的眼光运作企业。淡马锡的上述这些制度经验均值得我国认真学习和借鉴。

三、深度拓展思考题

1. 简述国有资产的类型及其监管主体。
2. 试述国有资产监督管理机关在国有资产管理中的地位和职责及其所体现的理念。
3. 试述国有资产运营机构在国有资产管理体制中的地位与特征。
4. 简述国家出资企业与普通企业的联系与区别。
5. 简述国有资产监督管理机构对国有企业享有权利的性质和内容。

第三节 国有资产转让与国有企业改制

一、知识点精解

(一) 国有资产转让概述

1. 国有资产转让的概念

本书前面提到,狭义的国有资产是指国家作为出资者在企业中依法拥有的资本和权益。那么,国家在对企业出资后,既可以通过行使出资人的资产收益权获得企业利润分配,也可以将其出资人权益转移给其他单位或个人。后者即是我们所要介绍的国有资产转让。国有资产转让的方式多种多样,既可以有偿转让,也可以无偿划转。我们认为,国有资产的无偿划转只是国有资产在不同的国有产权主体之间进行无偿转移,并不影响资产的国有性质,形象地说,只是从国家的左边口袋转移到右边口袋,并不影响国有资产的总量,因此不算真正意义上的国有资产转让。而将国有资产有偿地转移给非国有主体,则面临着防范国有资产流失的问题,尤其需要进行严格的规范和控制。所以,我们讨论的国有资产转让,主要是指国有资产的有偿转让。《企业国有资产法》第51条将国有资产转让界定为"依法将国家对企业的出资所形成的权益转移给其他单位或个人的行为",并且明确地将"无偿划转"排除在调整范围之外。我们认为,国有资产转让,是指国有资产监督管理机构、国有企业依法将国家对企业的出资所形成的权益有偿转移给其他境内外法人、自然人或其他组织的行为。

2. 国有资产转让的意义

(1) 促进经济结构和布局的调整。

随着我国市场经济体制不断发展和日益健全,传统的国有经济的主体地位已不适应经济发展的要求,经济结构不合理的问题日益凸显。通过国有资产转让,一方面实现有进有退,在资金需求量大、建设周期长的产业和项目上发挥国有经济的优势,在竞争性的产业和项目上则引入民间资本,提高民营经济的比重,增强经济活力;另一方面,国有经济通过退出竞争性产业,向重要行业和关键领域集中①,将有限的国有资产运用到国家最需要的部门和地区,从而

---

① 根据国资委2006年12月5日《关于推进国有资本调整和国有企业重组的指导意见》,重要行业和关键领域主要包括:涉及国家安全的行业、重大基础设施和重要矿产资源、提供重要公共产品和服务的行业、支柱产业和高新技术产业中的重要骨干企业。

优化产业结构和国有资本投资布局,引导各类产业科学合理发展。

(2) 提高国有资产的效率和控制力。

国有资本对于国民经济的控制不在于其绝对数量,而在于其相对控制地位。在现代企业制度已经基本建立的背景下,各企业多已进行了股份制改造,对企业的控制只需要占据控股地位即可实现。通过国有资产转让,可以实现企业投资主体多元化,盘活资产存量。对于需要保留国有经济控制力的企业,可以保持国有资本的绝对控股或者相对控股地位,以少量资本撬动整个企业的全部资本,提高国有资产的利用效率。对于不需要保持国有经济控制力的企业,可以部分退出或者完全退出,以将国有资产投入到最需要的产业或企业。这样,国有资产得到了更有效率的使用,也更广泛和有针对性地提升了国有经济的控制力。

(二) 国有资产转让的基本要求和原则

1. 国有资产转让的基本要求

《企业国有资产法》第52条规定:国有资产转让应当有利于国有经济布局和结构的战略性调整,防止国有资产损失,不得损害交易各方的合法权益。这一规定明确了国有资产转让的基本要求:

(1) 有利于国有经济布局和结构的战略性调整。

国有资产的转让必须坚持有进有退,坚持有所为有所不为,以最符合经济发展规律、最有利于调整国有经济布局和结构的方式实现国有资产转让的最优效果。具体而言,就是要使国有经济向重要行业和关键领域集中,提高国有经济的控制力和主导作用,利用股份制实现投资主体多元化,放大国有资本的功能,提高国有经济的控制力、影响力和带动力。在涉及国家安全和社会安定的领域,国有经济要保持主导地位。在投资规模大、建设周期长的基础设施和基础产业,国有经济要保持支配地位,并逐步引导民间资本进入。在国民经济支柱产业领域,国有经济要集中力量支持发展一些大型企业集团,增强我国经济在世界市场上的竞争力。对于一般性的竞争行业,国有经济应退出或者仅保留参股地位。

(2) 防止国有资产损失。

在国有资产转让过程中,有4个环节容易发生国有资产流失:(1) 交易前隐藏财产。尤其对于内部人控制严重的企业,这种情况极有可能发生,其具体操作手法是在交易之前就通过资产不入账的方式隐藏资产,致使账面应有资产减少。(2) 交易过程中转移资产。通过关联交易将国有资产应得的效益转移到经营者控制的实体中,使得国有资产增值率降低,从而达到降低交易价格的目的。(3)在交易过程中与资产评估机构相勾结压低资产。(4)通过行政审批手段有意低价处置资产。① 由于国有资产属全民所有,必须对国有资产进行良好的保护,保证国有资产保值增值。因此,在国有资产转让的过程中,必须遵循等价有偿原则,取得合理对价,不得以不合理的低价转让国有资产,防范国有资产流失。

(3)不得损害交易各方的合法权益。

公平与平等是法治化市场经济的基本要求。在市场经济条件下,交易主体处于平等的地位,交易的过程也应遵循公平的原则。国有资产转让的法律关系中,不管是出让方还是受让方,都受到法律的平等保护。不能因为出让方是国有企业,出让标的是国有资产,就要对出让方进行偏重保护,这样将损害受让方的权益,打击受让方受让国有资产的积极性,进而直接影响到国有资产转让的全局。同时,也不能为了推进和加快国有资产转让工作而片面强调对受让方的照顾,为了实现顺利转让而贱卖国有资产。整体来说,国有资产转让必须要坚持平等保护原则,对交易各方的合法权益进行平等、公平的保障,以实现合作共赢的良好效果。

2. 国有资产转让的原则

(1)等价有偿原则。

所谓等价有偿原则,是指国有资产转让必须取得对价,并且对价应当与该转让的国有资产的实际价值大致相当。等价有偿原则是保证国有资产价值实现、防范国有资产流失的基础。国有资产转让是将国有资产产权由国有转为非国有即其他组织或个人所有,是将全民所有的资产转为某个或某些私主体所有的资产,这与国有资产在国有主体之间的流转存在着质的差别。因此,国有资产转让必须遵循有偿原则而不能无偿转让,由此来保证国家的利益不致遭受不合理瓜分。同时,国有资产转让的基本性质是产权交易,基于买卖双方的平等地位,应该保障交易各方的合法权益,既不能对作为交易标的的国有资产定价过高,损害受让方利益,又不能定价过低致使国有资产流失,因此,国有资产转让应该强调转让对价与实际价值相当。

(2)公开、公平、公正原则。

公开、公平、公正原则是国有资产转让合理有效转让的重要保障,是泛指

---

① 参见罗珊:《我国国有企业实行管理层收购面临的十大问题:由"郎顾之争"引发的思考》,载《生产力研究》2005年第1期。

国有资产流失的核心原则。公开原则是指国有资产转让的信息要真实、准确、完整、及时地公开披露,国有资产转让在依法设立的产权交易机构中公开进行,社会公众能够知晓国有资产转让的范围、目的、价格等信息,保证社会公众的监督权。公平原则是指在国有资产转让的过程中,各类市场主体地位平等、机会均等,并且国有资产的转让要进行客观、公平的资产评估,形成公平的资产定价,维护所有交易各方的权益。公正原则就是在国有资产转让过程中,所有参与主体均应不偏不倚地尊重交易事实,维护交易公平,保证资产评估和定价的准确,防范资产转让过程中以权谋私造成国有资产流失,同时还要确保国有资产转让对于企业、职工以及社会的良好效果。

(三) 国有资产转让的方式

《企业国有产权转让管理暂行办法》、《国有股东转让所持上市公司股份管理暂行办法》等对国有资产转让的具体方式进行了规定。概括起来,国有资产转让可以通过协议转让和竞价转让等方式实现。

1. 协议转让

协议转让是指国有资产出让方与特定的受让方通过协商的方式达成交易。协议转让由于无须进行信息披露,可由交易双方自行磋商,因此具有交易效率高、方式灵活、渠道广泛等优点。但是协议转让也存在着公开性和透明程度低的弊端,存在着信息不对称的问题,并且容易进行暗箱操作和滋生腐败,不利于国有资产的安全。根据《企业国有产权转让管理暂行办法》第18条"经公开征集只产生了一个受让方或者按照有关规定经国有资产监督管理机构批准的,可以采取协议转让的方式"之规定,协议转让包括公开征集后的协议转让和经批准的协议转让。[1]

所谓公开征集后的协议转让,是指转让方在将产权转让公告委托产权交易机构刊登在省级以上公开发行的经济或者金融类报刊和产权交易机构的网站上,公开披露有关企业国有产权转让信息,广泛征集受让方之后,只有一个受让方有意受让国有资产,可以直接适用协议转让的方式。通过公开征集只产生一个受让方的,可以采取协议转让的交易形式,但仍需要做好可行性研究,按照内部决策程序进行审议。经批准的协议转让,是指在对于国民经济关键行业、领域中的受让方有特殊要求,或者企业实施资产重组中将企业国有产权转

---

[1] 参见李松森、孙晓峰编著:《国有资产管理》,东北财经大学出版社2010年版,第217页。

让给所属控股企业的国有产权转让的情况下，经省级以上国有资产监督管理机构批准后，采取协议转让方式转让国有资产。经批准的协议转让无须公开征集受让方，可以直接与潜在受让方磋商。不论是哪种协议转让，出让方都应当设计好转让方案，就职工安置、债权债务处理、企业发展等问题与受让方妥善协商。涉及职工利益的，要通过职代会讨论，形成职代会决议。

2. 竞价转让

竞价转让，就是国有资产转让时通过公开征集产生了两个或两个以上的意向性受让人，国有资产出让方以价格等转让条件为标准，采取竞争交易选定受让方的转让方式。竞价转让可以充分发挥市场的价格发现功能，实现国有资产收益最大化，并且公开透明，相对公平。《企业国有产权转让管理暂行办法》第17条第1款"经公开征集产生两个以上受让方时，转让方应当与产权交易机构协商，根据转让标的的具体情况采取拍卖或者招投标方式组织实施产权交易"之规定，明确了拍卖转让和招投标转让这两种竞价转让方式。

拍卖转让是指以公开竞价的形式和价高者得的原则，将国有资产转让给最高应价者的国有资产转让方式。通过拍卖转让将价格作为选择受让人的标准，最大限度地降低了人为干预的成分，也能够最大限度地体现标的资产的内在价值。① 同时，通过拍卖转让可以防止暗箱操作，避免国有资产低估贱卖，从而避免国有资产的流失。② 采取拍卖方式转让企业国有资产的，应当按照《拍卖法》及有关规定组织实施。招投标转让是指以公开招标和邀请招标的方式邀请投标人就国有资产转让事宜进行投标，通过开标、评标和中标等环节，确定受让人的国有资产转让方式。③ 具体来说，招标又分为公开发布招标信息的竞争性投标和投标人范围受到限制的邀请性投标。招投标转让超越了以价格作为转让的唯一因素，以更加规范、透明的方式合理考虑了诸如职工安置、企业未来发展等诸多非价格因素，实现了价格因素与非价格因素的平衡。招投标转让方式主要依据《招投标法》及相关规定组织实施。

除了拍卖转让和招投标转让之外，随着计算机网络技术的发展，出现了电子竞价转让这一新兴的转让方式。电子竞价转让方式是指利用计算机网络技

---

① 参见樊纲：《资产定价与资产流失》，载《学术研究》2003年第9期。
② 参见左大鹏：《关于拍卖转让企业国有产权的若干思考》，载《生产力研究》2007年第1期。
③ 参见朱亚兵：《国有企业产权转让方式的比较分析》，载《企业经济》2009年第9期。

术，采用限时、连续、竞争报价的方法，按照价格优先、时间优先的原则，选择报价最高者作为受让方的交易方式。电子竞价方式效率高、操作规范、交易过程客观，有利于降低交易成本，提高竞价程度。

（四）国有资产转让的程序

根据《企业国有产权转让管理暂行办法》的规定，国有资产转让的程序大致包括以下几个步骤：

1. 内部审议和报批

企业国有产权转让应当做好可行性研究并制定转让方案，按照内部决策程序进行审议，并形成书面决议。国有独资企业的产权转让，应当由总经理办公会议审议。国有独资公司的产权转让，应当由董事会审议；没有设立董事会的，由总经理办公会议审议。涉及职工合法权益的，应当听取转让标的企业职工代表大会的意见，对职工安置等事项应当经职工代表大会讨论通过。内部审议通过后，应报有权的国有资产监督管理机构审批。其中，转让企业国有产权致使国家不再拥有控股地位的，应当报本级人民政府批准；所出资企业决定其子企业的国有产权转让。其中，重要子企业的重大国有产权转让事项，应当报同级国有资产监督管理机构会签财政部门后批准。其中，涉及政府社会公共管理审批事项的，须预先报经政府有关部门审批。

2. 清产核资和审计

清产核资是清理财产、核定资金的简称。它是根据一定的程序、方法和制度，对国有资产进行清查、界定、估价、核销、核定各项活动的总和，是国有资产管理的一项基础工作。清产核资工作通过对国有企业进行资产清查、所有权界定、资产价值重估、土地清查估价等工作，核实国有资产价值总额，核定企业的国有资本金，进行产权登记。① 企业国有产权转让事项经批准或者决定后，转让方应当组织转让标的企业按照有关规定开展清产核资，根据清产核资结果编制资产负债表和资产移交清册，并委托会计师事务所实施全面审计（包括按照国家有关规定对转让标的企业法定代表人的离任审计）。资产损失的认定与核销，应当按照国家有关规定办理。转让所出资企业国有产权导致转让方不再拥有控股地位的，由同级国有资产监督管理机构组织进行清产核资，并委托社会中介机构开展相关业务。社会中介机构应当依法独立、公正地执行

---

① 参见杨莉：《财务基础工作在产权转让中的地位和作用》，载《产权导刊》2006年第12期。

业务。企业和个人不得干预社会中介机构的正常执业行为。

3. 资产评估

资产评估则是由专门的评估机构和专门的评估人员，依据国家规定的有关法律法规和有关政策以及有关的资料数据，根据特定的评估目的，遵循适用的评估原则、评估范围、评估程序和评估标准，运用科学的评估方法和统一的货币单位，对被评估资产的市场价值进行评定估算的过程。① 在清产核资和审计的基础上，转让方应当委托具有相关资质的资产评估机构依照国家有关规定进行资产评估。评估报告经核准或者备案后，作为确定企业国有产权转让价格的参考依据。在产权交易过程中，当交易价格低于评估结果的90%时，应当暂停交易，在获得相关产权转让批准机构同意后方可继续进行。

4. 进入产权市场交易

进入产权市场交易，转让方应该完成信息披露、征集受让方等工作。首先，转让方应当将产权转让公告委托产权交易机构刊登在省级以上公开发行的经济或者金融类报刊和产权交易机构的网站上，公开披露有关企业国有产权转让信息，广泛征集受让方。转让方披露的企业国有产权转让信息包括转让标的的基本情况、转让标的企业的产权构成情况、产权转让行为的内部决策及批准情况、转让标的企业近期经审计的主要财务指标数据、转让标的企业资产评估核准或者备案情况、受让方应当具备的基本条件和其他需要披露的事项。产权转让公告期为20个工作日。在征集受让方时，转让方可以对受让方的资质、商业信誉、经营情况、财务状况、管理能力、资产规模等提出必要的受让条件。具体而言包括具有良好的财务状况和支付能力、具有良好的商业信用，受让方为自然人的，应当具有完全民事行为能力以及国家法律、行政法规规定的其他条件。

5. 实施交易并办理产权登记手续

经公开征集只产生一个受让方或者按照有关规定经国有资产监督管理机构批准的，可以采取协议转让的方式。采取协议转让方式的，转让方与受让方进行充分协商，依法妥善处理转让中所涉及的相关事项后，草签产权转让合同。经公开征集产生两个以上受让方时，转让方与产权交易机构协商，根据转让标的的具体情况采取拍卖或者招投标方式组织实施产权交易。企业国有产权转让成交后，转让方与受让方应当签订产权转让合同，并应当取得产权交易机构出具的产权交易凭证。在国有资产转让合同签订之后，国有资产受让方按照合同

---

① 参见屈茂辉：《中国国有资产法研究》，人民法院出版社2002年版，第88~89页。

约定和法律规定向转让方支付价款,转让方向受让方交付标的资产。企业国有产权转让成交后,转让和受让双方应当凭产权交易机构出具的产权交易凭证,按照国家有关规定及时办理相关产权登记手续。

(五) 企业改制的概念和目标

企业改制是指依法改变企业原有的资本结构、组织形式、经营管理模式或体制等,使其在客观上适应企业发展的新的需要的过程。① 从法律的角度看,企业改制实际上是改制企业与其他参与改制的主体之间的权利、义务关系重新调整的过程。从改制的内容来看,主要是对企业的出资结构(股权结构)、内部治理结构、企业收益分配结构、劳动用工制度、职工福利和社会保障制度等微观企业制度进行的一系列相配套的调整与改革。通常我们所提到的企业改制是指国有企业的改制,但广义上也包括其他性质企业的改制,比如集体企业的改制、股份合作制企业的改制、中外合作企业的改制等,甚至更多类型的非企业单位,比如事业单位改制,也被统称为企业改制。

对国有企业进行改制,其目的是要建立符合我国具体国情并与市场经济体制相适应的现代企业制度。具体来讲,通过对国有企业进行改造,使其变成现代企业,并达到以下几个目标②:(1)明晰产权关系。企业应当建立现代公司制度,公司拥有包括国家在内的出资者投资形成的全部法人财产权,成为独立享有民事权利,承担民事责任的法人实体。公司以其全部资产对外承担责任,出资人以其对公司出资承担有限责任。(2)公司以其全部法人财产为基础,依法自主经营,自负盈亏,照章纳税,对出资者承担资产保值增值的责任。(3)出资者按投入公司的资本额享有所有者权益,即资产收益、重大决策和管理层选任等权利。(4)公司按照市场需求组织生产经营,以提高劳动生产率和经济效益为目的,政府不直接干预其生产经营活动。公司在市场化经营中优胜劣汰。(5)建立科学的公司法人治理结构,调整所有者、经营者和职工之间的关系,形成激励和约束相结合的经营机制。

(六) 企业改制的类型

我国《企业国有资产法》第39条明确定义了企业改制的三种类型:

---

① 参见钱卫清:《国有企业改制法律方法》,法律出版社2001年版,第23页。
② 参见甘培忠:《企业与公司法学》(第五版),北京大学出版社2007年版,第142~143页。

1. 国有独资企业改为国有独资公司

国有独资企业是指以生产资料的全民所有制为基础，企业全部资产归国家所有的非公司制的独立的生产和经营单位。国有独资公司则是指国家授权投资的机构或国家授权的部门单独出资设立的有限责任公司。受计划经济体制影响，我国国有企业的经营呈现出政企不分的特征，这种违反市场规律的模式导致了国有企业经营缺乏动力和灵活性，许多国有企业面临着效率低下的困境。党的十四届三中全会通过了《中共中央关于建立社会主义市场经济体制若干问题的决定》，指出："建立现代企业制度，是发展社会化大生产和市场经济的必然要求，是我国国有企业改革的方向。"于是，以市场经济为基础，对国有企业进行公司化改造，建立和完善"产权明晰、权责明确、政企分开、管理科学"的现代企业制度，是提升国有企业效率和竞争力的重要手段。

2. 国有独资企业、国有独资公司改为国有资本控股公司或者非国有资本控股公司

所谓控股，是指通过持有一定数量的股份从而对某公司进行控制。此种改制类型的目标是通过引入非国有资本，将全部资产都是国有资产的国有企业改造成为国有资本持有绝对或相对多数股权的公司，或者国有资本不具有控制地位而仅持有部分股权的公司。2006年十届全国人大四次会议通过的《国民经济和社会发展第十一个五年规划纲要》中提出："推动国有资本向关系国家安全和国民经济命脉的重要行业和关键领域集中，优化国有经济布局，增强国有经济控制力、影响力和带动力，发挥主导作用。完善国有资本有进有退、合理流动的机制，加快国有大型企业股份制改革，除极少数必须由国家独资经营的企业外，绝大多数国有大型企业改制为多元股东的公司。改善国有企业股本结构，发展混合所有制经济，实现投资主体和产权多元化，建立和完善现代企业制度，形成有效的公司法人治理结构，增强企业活力。"对国有独资企业、国有独资公司进行股份制改造，有利于市场经济投资主体多元化，增强市场经济运行效率；有利于国家出资企业集中力量办大事，做好关系国家安全和国民经济命脉的重要行业和关键领域；有利于国家出资企业提高经营效率，解决国家出资企业发展的资金瓶颈，拓宽融资渠道。此类改制可以通过国有资产出售或国有资本部分退出的方式实现，亦可以通过增资扩股来稀释国有股权来实现，从而达到改制公司中国有股权比例下降的目的。

3. 国有资本控股公司改为非国有资本控股公司

国有资本控股公司是国有资本对于公司经营具有控制权的公司形式，非国

有资本控股公司则没有。此种类型的改制有两种，一种是国有资本控股公司改制成为国有资本参股公司，另一种则是国有资本完全退出国有控股公司，这两种类型都直接导致国有资本不再对企业拥有控制权。国有资本控股公司改制为非国有资本控股公司，主要是在一些竞争性行业和领域。在国有资本参股公司中，国有资本只是作为国家出资形成公司资本，代表国家行使出资人职责的机构作为股东对公司重大事项的决策行使投票权，并且依据相应的股权比例分取红利。但由于国有资本不具备控股地位，其对于公司事务不再具有主导权与控制权。

（七）企业改制的程序和制度

根据《企业国有资产法》、国务院国有资产监督管理委员会《关于规范国有企业改制工作意见的通知》、《企业国有资产监督管理暂行条例》等法律法规之规定，国有企业改制应该建立健全制度，规范运作程序，保障改制顺利进行，防范国有资产流失。具体而言，企业改制应当建立和规范以下程序和制度：

1. 改制方案与批准制度

由于企业改制涉及多方利益，其中既关系到出资人的权益，又关系到改制的参与方如股权受让人等，还关系到债权人利益和职工利益等。因此，《企业国有资产法》第41条第1款规定："企业改制应当制定改制方案，载明改制后的企业组织形式、企业资产和债权债务处理方案、股权变动方案、改制的操作程序、资产评估和财务审计等中介机构的选聘等事项。"通过规定企业改制应当制定改制方案，明确相关事项，以实现改制工作的公开透明。并且，该法第40条第2款还规定了对于重要的国有独资企业、国有独资公司、国有资本控股公司的改制还应将改制方案报请本级人民政府批准。

国务院国有资产监督管理委员会《关于规范国有企业改制工作意见的通知》就国有企业改制方案的制定和批准进行了更加细化的规定：国有企业改制应采取重组、联合、兼并、租赁、承包经营、合资、转让国有产权和股份制、股份合作制等多种形式进行。国有企业改制，包括转让国有控股、参股企业国有股权或者通过增资扩股来提高非国有股的比例等，必须制订改制方案。方案可由改制企业国有产权持有单位制订，也可由其委托中介机构或者改制企业（向本企业经营管理者转让国有产权的企业和国有参股企业除外）制订。国有企业改制方案须按照《企业国有资产监督管理暂行条例》和国务院国有资产监督管理委员会的有关规定履行决定或批准程序，未经决定或批准不得实施。国有企业改制涉及财政、劳动保障等事项的,须预先报经同级人民政府有关部门审核,批准后报国有资产监督管理机构协调审批;涉及政府社会公共管理审批事项的,依照国家有关法律法规,报经政府有关部门审批;国有资产监督管理机构所出资企业改制为国有股不控股或不参股的企业,改制方案须报同级人民政府批准;转让上市公司国有股权审批暂按现行规定办理,并由国资委会同证监会抓紧研究提出完善意见。审批改制方案的单位必须按照权利、义务、责任相统一的原则,建立有关审批的程序、权限、责任等制度。

通过严格的改制方案和批准制度,可以保证国有资产监督管理委员会以及人民政府对改制事项进行良好的把握和控制,进而实现对国有资产的有效监管。改制方案的主要内容应包括:改制的目的及必要性,改制后企业的资产、业务、股权设置和产品开发、技术改造等;改制的具体形式;改制后形成的法人治理结构;企业的债权、债务落实情况;职工安置方案;改制的操作程序,财务审计、资产评估等中介机构和产权交易市场的选择等。

2. 清产核资

清产核资是国有资产监督管理机构根据国家专项工作要求或者企业特定经营行为需要,组织企业进行财务清理、财产清查,并依法认定企业的各项资产损益,从而真实反映企业的资产价值和重新核定企业国有资本金的活动。国有资产清产核资是国有资产监督管理的基础性工作,是企业改制顺利进行的前提,也是避免国有资产流失的保证。《企业国有资产清产核资办法》对清产核资事项作了基础性规定,《关于规范国有企业改制工作意见的通知》和《关于进一步规范国有企业改制工作意见的通知》对国有企业改制时的清产核资作了细化的规定。

国有企业改制,必须对企业各类资产、负债进行全面认真的清查,做到账、卡、物、现金等齐全、准确、一致。要按照"谁投资、谁所有、谁受益"的原则,核实和界定国有资本金及其权益,其中,国有企业借贷资金形成的净资产必须界定为国有产权。企业改制中涉及资产损失认定与处理的,必须按有关规定履行批准程序。改制企业法定代表人和财务负责人对清产核资结果的真实性、准确性负责。企业改制要按照有关规定进行清产核资。要切实对企业资产进行全面清理、核对和查实,盘点实物、核实账目,核查负债和所有者权益,做好各类应收及预付账款、各项对外投资、账外资产的清查,做好有关抵押、担保等事项的清理工作,按照国家规定调整有关账务。

3. 财务审计与资产评估

财务审计是指对改制企业的财务收支活动所进行的审计。财务审计应当以改制企业的会计凭证、账簿、报表以及其他资料为对象,审查各项财务收支的真实性、准确性、合法性,作出客观评价。资产评估是指委托资产评估机构按照法定标准和程序,运用科学的方法,对被评估资产的现有价值进行评定和估算,以准确确定国有资产的真实市场价值。国有企业改制,必须由直接持有该国有产权的单位决定聘请具备资格的会计师事务所进行财务审计。凡改制为非国有企业的,必须按照国家有关规定对企业法定代表人进行离任审计,不得以财务审计代替离任审计。改制企业必须按照有关规定向会计师事务所或政府审计部门提供有关财务会计资料和文件,不得妨碍其办理业务。任何人不得授意、指使、强令改制企业会计机构、会计人员提供虚假资料文件或违法办理会计事项。财务审计应依据《中国注册会计师独立审计准则》等有关规定实施。其中,依据国家有关规定计提的各项资产减值准备,必须由会计师事务所逐笔逐项审核并出具专项意见,与审计报告一并提交国有产权持有单位作为改制方案依据,其中不合理的减值准备应予调整。

资产评估是对改制企业资产进行评估定价的必经程序,资产评估不规范会直接导致企业改制过程中国有资产的流失。① 国有企业改制,必须依照《国有资产评估管理办法》(国务院令第91号) 聘请具备资格的资产评估事务所进行资产和土地使用权评估。国有控股企业进行资产评估,要严格履行有关法律法规规定的程序。向非国有投资者转让国有产权的,由直接持有该国有产权的单位决定聘请资产评估事务所。企业的专利权、非专利技术、商标权、商誉等无形资产必须纳入评估范围。评估结果由依照有关规定批准国有企业改制和转让国有产权的单位核准。

企业实施改制必须由审批改制方案的单位确定的中介机构进行财务审计和资产评估。确定中介机构必须考察和了解其资质、信誉及能力;不得聘请改制前2年内在企业财务审计中有违法、违规记录的会计师事务所和注册会计师;不得聘请参与该企业上一次资产评估的中介机构和注册资产评估师;不得聘请同一中介机构开展财务审计与资产评估。

---

① 参见江振江、李静:《国有企业改制中国有资产流失的原因分析及法律对策》,载《兰州大学学报》(社会科学版) 2000年第2期;谢勇:《论我国企业改制过程中的国有资产流失》,载《当代法学论坛》2010年第3辑。

4. 交易管理和价款管理

非上市企业国有产权转让要进入产权交易市场，不受地区、行业、出资和隶属关系的限制，并按照《企业国有产权转让管理暂行办法》的规定，公开信息，竞价转让。具体转让方式可以采取拍卖、招投标、协议转让以及国家法律法规规定的其他方式。

向非国有投资者转让国有产权的底价，或者以存量国有资产吸收非国有投资者投资时国有产权的折股价格，由依照有关规定批准国有企业改制和转让国有产权的单位决定。底价的确定主要依据资产评估的结果，同时要考虑产权交易市场的供求状况、同类资产的市场价格、职工安置、引进先进技术等因素。上市公司国有股转让价格在不低于每股净资产的基础上，参考上市公司盈利能力和市场表现合理定价。

转让国有产权的价款原则上应当一次结清。一次结清确有困难的，经转让和受让双方协商，并经依照有关规定批准国有企业改制和转让国有产权的单位批准，可采取分期付款的方式。分期付款时，首期付款不得低于总价款的30%，其余价款应当由受让方提供合法担保，并在首期付款之日起1年内支付完毕。转让国有产权的价款优先用于支付解除劳动合同职工的经济补偿金和移交社会保障机构管理职工的社会保险费，以及偿还拖欠职工的债务和企业欠缴的社会保险费，剩余价款按照有关规定处理。

5. 职工权益保护

企业改制对职工权益有着比较大的冲击，因此在改制过程中重视职工权益保护，有利于维护劳资关系的稳定以及企业生产经营活动的延续。

改制方案必须提交企业职工代表大会或职工大会审议，并按照有关规定和程序及时向广大职工群众公布。应当向广大职工群众讲清楚国家关于国有企业改革的方针政策和改制的规定，讲清楚改制的必要性、紧迫性以及企业的发展思路。在改制方案制订过程中要充分听取职工群众意见，深入细致地做好思想工作，争取广大职工群众对改制的理解和支持。

国有企业实施改制前，原企业应当与投资者就职工安置费用、劳动关系接续等问题明确相关责任，并制订职工安置方案。职工安置方案必须经职工代表大会或职工大会审议通过，企业方可实施改制。职工安置方案必须及时向广大职工群众公布，其主要内容包括：企业的人员状况及分流安置意见；职工劳动合同的变更、解除及重新签订办法；解除劳动合同职工的经济补偿金支付办法；社会保险关系接续；拖欠职工的工资等债务和企业欠缴的社会保险费处理办法等。

企业实施改制时必须向职工群众公布企业总资产、总负债、净资产、净利润等主要财务指标的财务审计、资产评估结果，接受职工群众的民主监督。

改制为国有控股企业的，改制后企业继续履行改制前企业与留用的职工签订的劳动合同；留用的职工在改制前企业的工作年限应合并计算为在改制后企业的工作年限；原企业不得向继续留用的职工支付经济补偿金。改制为非国有企业的，要严格按照有关法律法规和政策处理好改制企业与职工的劳动关系。对企业改制时解除劳动合同且不再继续留用的职工，要支付经济补偿金。企业国有产权持有单位不得强迫职工将经济补偿金等费用用于对改制后企业的投资或借给改制后企业（包括改制企业的投资者）使用。

企业改制时，对经确认的拖欠职工的工资、集资款、医疗费和挪用的职工住房公积金以及企业欠缴社会保险费，原则上要一次性付清。改制后的企业要按照有关规定，及时为职工接续养老、失业、医疗、工伤、生育等各项社会保险关系，并按时为职工足额交纳各种社会保险费。[1]

二、案例分析

【案例】

陕西渭河发电厂新厂国有产权转让案[2]

陕西渭河发电厂新厂是西北地区主力电厂之一，处于陕西电力负荷中心，新装机容量4×300MW，由西北电力集团公司投资30%，省电力建设投资开发公司投资70%建设而成，总投资33.989亿元。其4台机组于1996年3月全部投产发电。陕西电力建设水平低于全国平均水平，低于陕西经济发展的总体水平；人均装机容量和人均用电量都在全国平均水平之下。陕西省计划以超过10%的电力发展速度缩小与全国电建和全省国民经济发展速度之间的差距，"九五"期间拟安排665万千瓦的建设规模。这些建设项目估计需要300多亿元的投资，其中陕西必须自筹60亿元的资金。全省能提留的电建资金5年累计仅有10亿元，尚有50多亿元的资金缺口。

---

[1] 参见刘惠君：《企业改制后职工合法权益的维护》，载《重庆工商大学学报》（社会科学版）2003年第2期。

[2] 参见王云峰：《产权换资金　存量换增量——陕西渭河发电厂（新厂）产权转让改革纪实》，载《中国电力企业管理》1997年第12期。

为此，陕西省政府决定"用存量换增量"。在1995年年底到1996年5月的半年时间里，陕西省电力建设投资开发公司和西北电力集团与香港旭兴发展有限公司围绕产权转让价格、付款方式、汇率风险等问题展开拉锯式的艰苦谈判。最终，三方达成协议，渭河电厂新厂经过资产评估作价54亿元。电厂51%的资产权利，以27.54亿元的价格，转让给香港旭兴发展有限公司，转让期限为20年。转让期间，由陕西省电力建设投资开发公司、西北电力集团公司、香港旭兴发展有限公司三方共同组建陕西省渭河发电有限责任公司，承担渭河电厂新厂的生产经营管理，同时，三方以各自认缴的出资额在注册资本中的比例分享利润和分担亏损风险。产权出让期满后，香港旭兴公司将其在合作公司中的权益无偿移交给陕西电力投资公司。

资本运营实践产生了显著的效益，新组建的渭河发电有限责任公司完全按照规范的公司体制运作，实行董事会领导下的总经理负责制。公司实行名副其实的全员合同聘任制，渭河新厂彻底实现了机制转轨，工厂面貌发生了深刻的变化。

【问题聚焦】

在国有产权转让过程中，如何既能防止国有资产流失，又能推进国有企业的公司治理的现代转型？

【法律剖析】

从整体来看，上述的产权转让是一次成功的资本运营实践。理由在于：首先，将凝固的存量资产拿出来出售，使之变成可流动的资金，"死"钱变成"活"钱，盘活了国有资产，为资产的合理流动和科学配置创造了条件。其次，通过出售51%的产权，换回了27.54亿元的资本金，按照电建项目融资政策，27亿元资本金通过在资本市场上进行融通，可拿回110亿元的电建资金，如果加上27.54亿元的资本金，等于140亿元，可以再建一个240万千瓦的电厂，相当于两个渭河电厂。再次，通过产权流动，实现了国有资产的保值增值。渭电新厂建设时，总投资34亿元，经过资产评估，作价54亿元。当初陕西投入24亿元，通过产权出让拿回27亿元，而且还保留有19%的股权。最后，渭电新厂控股权出让后，电厂还是为陕西发电，为陕西的经济建设和人民生活服务，而且在20年后，全部产权又可回到陕西。

因此，这次国有产权的重组无论从经济上还是从法律上都是成功的制度尝试，它为陕西电力乃至整个经济的发展提供了一种新思路。

三、深度拓展思考题

1. 协议转让与竞价转让的联系和区别是什么?
2. 如何完善我国国有企业改制中的国有资产保护制度?
3. 如何强化国有企业改制中职工权益保护?

第四编　宏观调控法

第十三章 产业政策法

[本章知识结构图]

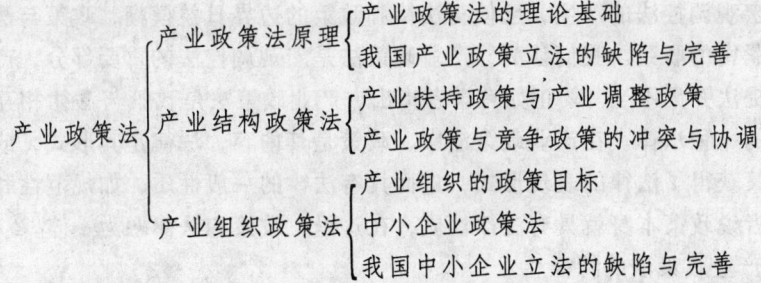

第一节 产业政策法原理

一、知识点精解

(一) 产业政策法概述

1. 产业政策法的概念

一般而言,产业政策法,又称产业法、产业调节法,是调整产业政策制定和实施过程中发生的社会关系的法律规范的总称。产业政策法的调整对象是产业政策。产业政策是指国家为了优化本国产业布局、推进产业结构合理发展而制定和实施的政策,其内容是以规划、调整、保护、扶持等方式和手段对本国的产业发展进行协调和引导。① 产业政策法是经济法的一个重要组成部分,具体可归为宏观调控法的范畴。

---

① 参见杨紫烜主编:《经济法》,北京大学出版社、高等教育出版社 2006 年版,第 459 页。

关于产业政策法的表述，学界争议颇多。一般而言，法与政策是两个互相并列的概念，法律有其特定的逻辑结构和行为模式，稳定性较强，由国家强制力保障实施；政策多为原则性，具有灵活易变的特点，实施上主要采取鼓励诱导的方式。因此，有人认为政策与法是不能兼容的，反对产业政策法乃至经济政策法的提法。但是，随着社会的不断发展，法律固有的特性也逐渐松动。如经济法就明显具有政策性属性，尤其表现在宏观调控法。由于国家宏观经济形势日新月异，对其法律调整也需要很强的变动性，并且，宏观调控少有采取强制性手段，主要是管制诱导性手段，宏观调控法也表现出很浓厚的非强制性。可见，宏观调控法的产生，已使得法律和政策的边界日益模糊，政策与法具有了极其紧密的联系。我们认为，产业政策法是宏观调控法的重要部分，产业政策法的提法并无不当。① 正如有学者指出，产业政策法是政策与法律相互交叉而形成的一种法律。在产业政策法中，政策是其内容，法律是其形式，或者说产业政策获得了法律的表现形式，进而具有法律的一般性质，如规范性和约束力，或者说政策本身就具有法律性质，在这里，政策和法律融为一体。②

2. 产业政策法的特征

产业政策法是宏观调控法的重要组成部分，除具有宏观调控法的一般特征外，产业政策法还具有以下特征。

（1）产业政策法是产业政策的法律化，具有政策性。③ 前文述及，产业政策具有极强的灵活性和变动性，需要根据宏观经济发展形势而不断调整，实际上，产业政策法就是产业政策的法律化，具有政策性。产业政策法的政策性特征主要表现为产业政策法的制定、修改与国家经济政策密切相关，这决定了产业政策法具有较大的变动性和灵活性。产业政策法在实施过程中往往也会受到政策变化的影响。就内容而言，不同的国家以及同一个国家的不同时期的产业政策法在内容和侧重点上有很大的差异。这也是政策性的体现。

（2）产业政策法是特定产业调整法，具有特定性。产业政策法只针对特定产业而言，是调整特定产业的政策法。易言之，并非所有的产业都要制定产业政策法，产业政策法往往是针对特定的产业而制定的。也正基于此，产业政策法体现了宏观调控法的属性，体现了国家的政策意图，目的是为了扶持或调整某个产业。

---

① 参见王健：《产业政策法若干问题研究》，载《法律科学》2002年第1期。
② 参见董进宇主编：《宏观调控法学》，吉林大学出版社1999年版，第212页。
③ 参见王先林：《产业政策法初论》，载《中国法学》2003年第3期。

(3) 产业政策法是特定阶段产业调整法,具有阶段性。宏观经济日新月异,需要国家专门调整的产业也日益变动。因此,特定产业的调整往往具有阶段性,当特定产业被成功扶持或调整时,该产业政策法的历史任务也将完成,从而被废止。反之,当特定产业需要扶持或调整时,新的产业政策法又会应运而生。为此,许多产业政策法往往冠以"临时法"的称呼。从世界各国发展规律看,具体的产业政策一般以每十年或更短的时间为一个周期,产业政策的内容就进行一次较大的更新和调整。

(4) 产业政策法具有综合性。这是产业政策法形式上的特征。产业政策法的综合性主要表现在两个方面:一方面,作为产业政策法调整对象的产业政策的综合性,产业政策包括产业结构政策、产业组织政策、产业技术政策、产业布局政策等诸多方面。另一方面,产业政策法的调整方法和实施手段具有综合性。产业政策法的调整方法是多种多样的,除传统的民事、行政和刑事方法以外,还包括奖励;产业政策法的保障措施也是多种多样的,有人将其分为三大类:一是间接诱导的手段,它包括财政、税收、金融、价格、外贸、政府采购等;二是直接管制手段,它包括鼓励、允许、限制、禁止等方面,有时还配有配额制、许可制、对工资与价格的直接管制等;三是行政、信息指导手段,它以经济展望、劝告及提供其他信息为表现形式。① 此外,产业政策法的综合性还表现为其既包括实体规范,又包括程序规范,两方面结合在一起构成完整的产业政策法律制度。

(二)产业政策法的理论基础

产业政策法以产业政策为实体,产业政策法是产业政策的法律形式。探讨产业政策法的理论基础需要回溯到对产业政策的理论认识。关于产业政策,理论上存在明显的争论。自由主义经济学者倡导"无形之手",反对国家干预,进而反对国家通过制定产业政策来干预经济;国家干预主义者则认为,市场存在失灵,国家干预不可避免,制定产业政策干预经济运行是保障经济协调发展的重要手段,产业政策存在是合乎逻辑的,也是客观需要的。我们认为,在经济法视域下,探讨是否需要国家干预没有意义,经济法即是国家干预经济之法,国家干预理所当然。从历史的角度来看,关于制定产业政策与产业政策法的理论,日本先有"后发优势论",后有"市场失败论",1992年又出现了"边际费用递减说"。近年来,在一些发达资本主义国家也开始出现一些新的

---

① 参见王健:《产业政策法若干问题研究》,载《法律科学》2002年第1期。

产业政策理论，影响较大的有两种，一为"危机导向论"，二为"机会导向论"。①

1. 后发优势论。后发优势论，又称"赶超论"，该学说来源于日本经济学家筱原三代平。筱原认为，日本经济在当时之所以落后于欧美发达国家，问题在于产业结构的后进性。在当时，日本具有比较优势的产业，但市场和技术进步的前景不乐观，依托这些产业无法使日本经济赶上欧美发达国家。而且，完全依托市场机制，不可能改变自己的比较优势。因此，需要依托产业政策的力量，也就是"产业结构的高度化"，以便使日本的产业结构趋近于欧美发达国家的产业结构。在"后发优势论"的指导下，日本的产业政策获得了巨大的成功，后为许多发展中国家所效仿。

2. 市场失败论。市场失败论，又称"弥补市场缺陷论"，它源于日本经济学家小宫隆太郎。小宫对产业政策功能的定位是"弥补市场缺陷"，即产业政策是政府用以弥补或修正市场在配置资源时所固有的局限性或缺陷的基本手段。由于在现实经济中市场存在着信息性失灵、垄断性失灵、外部性失灵、公共性失灵等，政府有必要通过制定相应的产业政策，主要以诱导的方式、但不排斥有时是直接介入的方式来调节或干预社会资源在产业部门之间和产业内部的配置过程，以此来修正失效的市场功能，弥补市场的缺陷。

3. 边际费用递减说。1992年，日本经济学家村上泰亮在其所著的《反古典的政治经济学》中提出了"边际费用递减说"。村上认为，新古典派经济学的基本前提是"边际费用递增的法则"，其实边际费用递增（边际收益递减）并非是普遍规律，边际费用递减是与边际费用递增同样重要的现象。特别是在研究增长与发展这类长期性问题时，边际费用递减的情况就成为关键。边际费用递减现象的持续存在是以技术进步的持续存在为依据的。村上认为，如果不对边际递减显著的产业进行必要的政策介入就会引出自杀性价格竞争，其后果不是企业破产和工人失业，就是固化垄断。

4. 危机导向论。作为市场经济发达的美国，一直以来无产业政策这一概念，只是由于日本战后实行的产业政策取得了巨大成功，其经济实力已可与美国相抗衡，才使美国不仅感到日本的威胁，也对理论上并不太成熟的产业政策刮目相看。所谓"危机导向"，是指被作为赶超对象的美国感到后进国高速发展的威胁，尤其是在国际竞争中屡遭败绩而产生了危机感。不得不放弃过去只

---

① 参见漆多俊主编：《经济法学》（修订版），武汉大学出版社2005年版，第420~422页。

运用财政、金融政策进行总量调节的政策。为了保持自己在国际竞争中的优势地位，对处于困境或感到国际上存在较大威胁的产业采取一些扶持政策，而对于健康发展的、在国际竞争中具有优势的产业，则尽可能让市场机制充分发挥作用。

5. 机会导向论。这种政策理论是在当今世界经济竞争激烈和新技术层出不穷情况下产生的。它的核心是，在不断涌现的新产业面前，把握住传统产业与新兴产业之间的关系，以及在新兴产业中选择增长潜力最大的产业。

以上几种理论是关于产业政策存在的理论基础。中国是一个发展中国家，与发达国家相比存在一定差距，如何赶超发达国家，"后发优势论"无疑有其现实适用性。同时，中国市场经济的发展刚刚起步，既有一般性的市场缺陷，也存在着特殊性的市场缺陷——市场的不发达性和不完善性，因此，也有"市场失败论"发挥作用的空间。另外，知识经济与信息化是当今世界经济和社会发展的大趋势，也是我国产业优化升级和实现工业化、现代化的关键环节，而"边际费用递减说"是培植知识经济的主导产业的产业政策原理，因此，"边际费用递减说"也有其借鉴价值。

（三）产业政策法的法律体系

产业政策法具有综合性，其调整对象广泛，由一系列庞大的法规群组成。学术界基于一定的标准对这些法规群做一分类，这就构成了产业政策法的法律体系。关于这一法律体系，学术界看法不一。有学者认为产业法体系应包括产业结构法、产业组织法、产业技术法、区域经济协调发展法。[①] 有的学者认为，产业政策法基本制度体系包括产业结构政策法律制度、产业组织政策法律制度、产业技术政策法律制度、产业布局政策法律制度。[②] 有学者认为产业政策主要由产业结构政策和产业组织政策所构成，相应地，产业政策法体系的基本构成应是产业结构政策法和产业组织政策法。[③] 还有学者指出，我国产业调节法的法律体系应分为两部分：一部分是综合性的产业调节法（产业政策纲要）；另一部分则由专项产业调节法和产业促进法构成。专项产业调节法包括

---

① 参见杨紫烜主编：《经济法》，北京大学出版社、高等教育出版社 2006 年版，第 461~462 页。
② 参见王先林：《产业政策法初论》，载《中国法学》2003 年第 3 期。
③ 参见漆多俊主编：《宏观调控法研究》，中国方正出版社 2002 年版，第 140~168 页。

产业结构法、产业组织法、产业技术法和产业布局法等。①

我们认为,产业政策法是产业政策的法律形式,产业政策是产业政策法的实质内容。产业政策法分类首先应考量产业政策的类型化。按产业经济学的观点,产业政策由产业结构政策、产业组织政策、产业技术政策和产业布局政策四部分构成。此外,国务院在1994年发布的《90年代国家产业政策纲要》中指出,产业政策包括产业结构政策、产业组织政策、产业技术政策和产业布局政策,以及其他对产业发展有重大影响的政策和法规。这一分类是对产业政策的法律化分类,代表了官方的认可。鉴于此,我们认为,产业政策法法律体系包括产业结构法、产业组织法、产业技术法、产业布局法。其中,产业结构法和产业组织法是产业政策法制度体系中两个最主要、最基本的方面。

产业结构法,是产业结构政策的法律化,其法律调整的目标是使产业结构优化,其中主要包括产业结构的长期构想,对战略产业的保护和扶持,对衰退产业的调整和援助等有关政策规范。产业结构法包括产业扶持法和产业调整法等。产业组织法,是同一产业组织政策的法律化,其法律调整的目标是促进企业的合理竞争,实现规模经济和专业化协作。产业组织法包括竞争(反垄断)政策法、直接规制政策法和中小企业政策法、企业兼并联合政策法。产业技术法,是产业技术政策的法律化,其法律调整的目标是促进应用技术开发,鼓励科研与生产相结合,努力提高我国产业的技术水平。产业技术法包括科技进步法、产业技术创新法、落后技术淘汰法、技术成果转化法、技术引进法。产业布局法,是产业布局政策的法律化,其法律调整的目标是为实现产业空间分布和组合合理化而制定的政策,进而实现产业地区分工协作的合理化、资源地区配置和利用的合理化。产业布局法包括区域产业扶持法、区域产业调整法和区域产业保护法等内容。

(四) 我国产业政策的立法现状及完善

1. 我国产业政策的立法现状

1986年的《国民经济和社会发展第七个五年计划》是中国第一次明确提出和规定产业政策的规范性文件。1989年3月,国务院发布《关于当前产业政策要点的决定》,中国开始正式制定和实施产业政策。这一决定,标志着中国有了独立的产业政策,确定了产业政策作为宏观调控手段之一,在中国经济

---

① 参见卢炯星:《论宏观经济法中产业调节法理论及体系完善》,载《政法论坛》2004年第1期。

发展中开始独立地发挥作用。1993年11月,党的十四届三中全会通过《中共中央关于建立社会主义市场经济体制若干问题的决定》,进一步明确提出"制定和实施产业政策作为政府管理国民经济的重要职能和调控手段"。1994年4月,国务院颁布了《90年代国家产业政策纲要》,这是中国第一个长期的产业政策。除此之外,中国最主要的产业政策的纲领性文件是国民经济五年计划纲要,每次的五年规划纲要都涉及大量的产业政策的纲领性要求,至今已到第十二个五年规划。2000年第十个五年计划开始规定把结构调整作为产业发展的主线,产业政策日益占据了更为重要的位置。

除以上纲领性文件外,自20世纪90年代以来,国家陆续制定了一些具有产业政策性质的法律、法规、规章和其他规范性文件。例如《中共中央、国务院关于加快发展第三产业的决定》(1992);《科学技术进步法》(1993);《汽车工业产业政策》(1994);《指导外商投资方向暂行规定》(1995、2002)、《外商投资产业指导目录》(1995、1997、2002)、《促进科技成果转化法》(1996);《水利产业政策》(1997);《中共中央、国务院关于加强技术创新,发展高科技,实现产业化的决定》(1999)、《关于当前调整农业产业结构的若干意见》(1999)、《鼓励软件业和集成电路产业发展的若干政策》(2000)、《关于加快发展环保产业的意见》(2000)、《中西部地区外商投资优势产业目录》(2001)、《"十五"期间加快发展服务业若干政策措施的意见》(2001)、《国家产业技术政策》(2002)、《清洁生产促进法》(2002)、《中小企业促进法》(2002)等,不一一列举。

以上情况说明,产业政策已成为宏观调控的重要手段,产业政策对宏观经济调控起到重要的作用,并且产业政策调控日益注重法律化。但是,总体来说,我国关于产业政策的立法还存在很多不足,产业政策的法治化程度不高,很多产业政策并未纳入到法律的框架之中。产业政策的立法层级低,我国尚没有一部法律层次的《产业政策基本法》,现行的产业政策法主要是政府或其职能部门的法规或规章,有些甚至连规章的形式都未采取,只是以某种规范性文件形式存在的"纯粹的"政策,缺少法律性质的责任制度作保障。

2. 我国产业政策立法的完善

产业政策是国家宏观调控的重要手段,是国家运用权力干预经济的行为。对于政府干预必须辅之以法律化的控制,这就是产业政策立法的基本逻辑所在。在当代,实践科学发展观急切需要转变经济发展方式,而产业结构调整是重中之重,这些都需要国家的积极干预,健全的法治是产业结构有效调整的重要保障;并且,我国已经加入WTO,面临越来越多的国际竞争,更需要积极推动产业政策,以有效地整合现有的产业资源,保护民族产业、需要重点扶持的产业,这些也需要产业政策立法保障。

关于产业政策立法的完善,我们认为,产业政策法治化并不是将所有的产业政策法律化。事实上,产业政策不同于产业政策法,产业政策更具有灵活性,更能适应不断变化发展的时代需要。如果硬是将那些不能法治化的产业政策法治化,必然会产生法律僵化所带来的诸多不适应。因此,我们不赞同将所有的产业政策法律化,而是将基本的产业政策逐步转化为相关法律,对于较为成熟的产业政策的基本原则、基本规定法治化。鉴于此,我们认为有必要制定一个《产业政策基本法》,对产业政策法治化的基本事项作出规定。该法主要包括以下内容:一是规定产业政策的主体,包括产业政策的制定主体、实施主体、监督主体。二是产业政策的类型以及产业主体的产业行为,行为的方式和手段以及权利义务等。三是产业政策程序,包括制定程序、实施程序、监督程序。四是产业政策的法律责任。

二、案例分析

【案例】

产业政策:珠三角产业的"腾笼换鸟"

改革开发30年,广东省经济取得突飞猛进的发展,GDP、人均国民收入水平居全国之首,成为中国经济发展的一朵奇葩。盘点30年的发展成果,广东省外向型的劳动密集型产业是重要的引擎。但是,这些产业进一步发展面临诸多的瓶颈,可持续发展的前景堪忧,主要表现在:大量的劳动密集型企业集中在珠三角地区,带来了庞大的就业人口。随着职工工资的不断上升,企业面临重要的成本压力。在工厂和工人大量密集的背景下,可供开发的土地逐年萎缩,目前可供利用的土地不足5%。由于当地大多是三来一补企业,企业只管加工,缺乏核心技术和品牌,在国际产业链中处于低端位置,产品的附加值极低、利润匮乏。这些产业大部分是对外型产业,出口的产品,往往遭遇知识产权壁垒、绿色壁垒的限制。并且,这些产业还不断受到国外经济波动的影响,2008年以来的经济危机导致了这些产业的出口订单急剧下滑,很多企业开始破产关闭。30年后,珠三角的经济发展逐渐感受到了"制约之痛",体会到了耕地锐减、环境污染、能源困局、成本攀升等"成长中的烦恼",这些给珠三角加工企业带来了多面的夹击。

应对危难之局,敢为人先的广东人民大胆解放思想,提出产业转移的"腾笼换鸟"。2008年5月29日,广东省委、广东省人民政府发布了《关于推进产业转移和劳动力转移的决定》,这一文件被誉为产业"腾笼换鸟"的总宣言。文件指出,广东的"腾笼换鸟",即"双转移"(产业转移和劳动力转移)政策,具体是指珠三角劳动密集型产业向东西两翼、粤北山区转移;而东西两翼、粤北山区的劳动力,一方面向当地二、三产业转移,另一方面其中的一些较高素质劳动力,向发达的珠三角地区转移。

腾笼换鸟,是经济发展过程中的一种战略举措,是把现有的传统制造业从目前的产业基地"转移出去",再把"先进生产力"转移进来,以达到经济转型、产业升级。西方很多国家在工业化过程中都实行这种政策,以达到产业结构的优化升级。30年前,作为改革开放的最前沿,珠三角搭上产业转移的便车,率先承接了亚洲"四小龙"转移过来的大批加工制造业;30多年后的今天,随着传统的人力优势、成本优势逐渐丧失,这些产业又面临被转移出去的命运。从承接产业转移到转移产业,珠三角完成了一个命运的完美轮回,经济发展的华丽转身。

【问题聚焦】

如何理解产业政策的经济法意蕴?产业政策是一项政策选择还是法律选择?产业政策法律化的限度是什么?

【法律剖析】

1. "腾笼换鸟"是国家对市场经济的干预,体现了经济法属性

在市场经济体制下,市场是资源配置的主要机制。通过市场这只"无形之手",资源可得以最优化配置,并能够有效地实现社会整体性效益。但是,随着现代市场经济的发展,市场机制日益暴露其本身的缺陷,市场失灵现象普遍发生,如垄断(不正当竞争)、外部性、公共产品供给、宏观经济波动等诸多问题。为此,政府机制应运而生,通过政府这只"有形之手"干预市场经济的运行,可以矫正失衡的市场失灵,从而恢复市场机制的正常运行。国家干预市场的机制,是国家公权力的运用,国家干预的目的是为了实现社会整体利益的最大化。国家的干预需要法律的确认和保障,并需要接受法律的控制,这一法律化的机制即是经济法机制。经济法是调整国家干预经济之法,经济法以社会整体利益为本位。长期以来,珠三角产业以劳动密集型为主,这种产业结构是市场机制的自发产物。但是,随着经济的发展,珠三角制造产业面临诸多的困难,劳动力成本提高、土地供应、环境保护以及外向型经济环境的波动

等,这些使得珠三角制造产业面临生存危机。从经济法的角度,这无疑属于市场失灵,现有市场机制不足以满足珠三角产业的健康发展,并且导致了珠三角经济出现诸多的问题。为此,政府采取了产业转移的措施,即"腾笼换鸟"。2008年5月29日,广东省委、广东省人民政府发布了《关于推进产业转移和劳动力转移的决定》,该决定指出,"腾笼换鸟"应首先坚持政府推动与遵循市场规律相结合。可见,"腾笼换鸟"是政府运用权力的行为,是政府对产业结构的干预和调节。并且,通过"腾笼换鸟"实现地区间的优势互补,产业结构的优化配置和转型升级,实现经济发展的质量与效益、环境经济与社会的协调发展,体现了社会整体利益属性。

2. "腾笼换鸟"是以产业政策为手段的总体性、结构性调控,属于国家宏观调控

现代国家调节社会经济,除了强制性的干预排除市场妨碍和国家参与投资经营外,还采取宏观性的调控引导方式,这就是国家宏观调控。宏观调控着眼于宏观性和整体性的社会经济运行,实现宏观经济总量和结构优化,促进社会经济的协调优化发展。现代市场经济的失灵,日益表现为经济总量和结构的失衡,频繁爆发的经济危机、金融危机即是体现。为此,宏观调控手段在国家调节经济中日益重要,并占据主导地位。宏观调控方式多样,包括计划、产业政策、财政、税收、金融、价格等诸多手段。"腾笼换鸟"的产生,是源于市场机制的失灵,具体表现了产业资源的地区间配置失灵,是一种产业结构性失灵;同时,这种结构性失灵又加剧了对地区经济社会协调、可持续发展的影响,又产生总量性失灵。"腾笼换鸟"措施显然属于宏观调控。《关于推进产业转移和劳动力转移的决定》指出,为深入贯彻落实科学发展观,推动产业优化升级,建立现代产业体系,促进区域协调发展,构建和谐社会,加快全省率先基本实现社会主义现代化步伐。这一宣示,明显地体现了"腾笼换鸟"属于对经济总量和结构的调整和优化。"腾笼换鸟"采取产业政策手段,具体表现为产业结构政策和产业布局政策。产业结构政策是指通过将珠三角传统制造业从当前的产业基地"转移出去",再把"先进生产力"转移进来,以达到经济转型、产业升级;通过"腾笼换鸟",实现产业在地区之间转移,达到产业的区域布局的合理化,充分实现地区性资源的优势互补、互相促进,这体现了产业布局政策的要求。

3. "腾笼换鸟"采取多种手段和方式,体现了产业政策综合性这一属性

相比于其他调控方式,宏观调控手段更多采用指导、鼓励或约束手段,对经济主体施以间接性的影响。产业政策具有综合性,不仅表现为内容的综合

性,还表现为实施方式的多元化。产业政策实施的保障方式主要表现为间接诱导的手段,如财政、税收、金融、价格、外贸、政府采购等;还包括直接管制手段,如对限制、禁止产业而采取的配额制、许可制等。此外,还包括一些行政、信息指导手段。在此次珠三角推行的"腾笼换鸟"中,采取了诸多手段,如制定产业转移规划以统筹指导产业转移,减低产业园成本、加大财政投入、税收优惠政策以吸引产业转移方的转进转出,投放转移园用地指标以促进转移园建设,改良转移园区公共服务以降调行政成本,等等。① 以上主要是间接诱导方式,相比强制性方式,这种方式更尊重市场机制的自发作用,体现了市场机制为主、国家调节为辅的经济调控原则。

三、深度拓展思考题

1. 如何理解产业政策与产业政策法之间的辩证关系?
2. 如何看待我国产业政策的合法性问题?如何实现其合法性?
3. 地方政府是否有自主制定产业政策进行经济调控的资格?

第二节 产业结构政策法

一、知识点精解

(一) 产业结构政策法概述

产业结构政策法,是产业结构政策的法律化。产业结构政策,是指关于社会生产各部门、各行业之间结构和比例关系的政策。产业结构政策法是调整各部门、各行业之间结构和比例的法律规范,其目标是实现产业结构的优化。产业结构政策法主要包括产业结构的长期构想,对战略产业的保护和扶持,对衰退产业的调整和援助等有关政策规范。

按产业结构政策法的功能和目的不同,产业结构政策法可分为产业扶持政策法和产业调整政策法。产业扶持政策法是产业结构政策法的核心内容,主要规定需要扶持产业的种类及扶持手段等方面的内容。一般而言,国家为了产业发展,一般扶持一些国民经济发展的支柱产业、先导产业、瓶颈产业及幼稚产

---

① 参见中共广东省委、广东省人民政府《关于推进产业转移和劳动力转移的决定》(粤发〔2008〕4号)。

业。我国尚没有制定产业政策扶持法，但国家制定了诸多的产业扶持政策。2008年金融危机后，国家为应对金融危机而出台的十大产业振兴规划，便属于产业扶持政策法的重要内容。产业调整政策法是指对衰退产业进行调整的法律。与成长产业相比，衰退产业更需要政府干预，需要用一套援助政策来调整衰退产业，以避免衰退产业退出后可能引发的社会问题。

《国民经济和社会发展第十个五年计划纲要》明确规定，应该坚持把结构调整作为主线。科学发展观也明确要求，转变经济发展方式。实现产业结构的优化组合和战略升级，推动经济发展方式的转变。可见，当前乃至今后一段时间内，产业结构政策都将成为经济社会政策中的重要组成部分。完善产业结构政策法，推进产业结构优化调整，对于实现经济社会协调发展具有重要意义。

（二）产业政策与竞争政策的相互关系：统一与冲突

从十大产业振兴规划中可以看出，我国产业政策走向鼓励企业合并、重组，从而提升整合产业资源、调整产业结构，并提升国际竞争力。但是，这一政策可能与崇尚自由竞争的竞争发生冲突。

竞争政策是指所有的竞争立法及其执法所体现或奉行的政策。① 在市场经济条件下，市场是资源配置的基础性机制，而市场又通过竞争等机制实现资源的优化配置。保障市场主体自由、公平的竞争是市场经济的题中之义。因此，市场经济需要保护竞争的制度机制，即竞争政策，并且主要表现为竞争立法。我国当前的竞争法包括反不正当竞争法和反垄断法，主体为反垄断法。现代的竞争政策主要体现为竞争法的禁止限制竞争制度、禁止滥用市场支配地位制度与企业合并控制制度三个方面。② 竞争政策崇尚市场机制，注重市场配置资源，尊重市场主体的意愿和意思自治。产业政策是指国家为了优化本国产业布局、推进产业结构合理发展而制定和实施的政策，其内容是以规划、调整、保护、扶持等方式和手段对本国的产业发展进行协调和引导。③ 产业结构的目标是产业结构的合理化和优化，包括各部门、各产业、各区域间的产业合理化和优化。与竞争政策相比，产业政策更侧重于政府干预，即政府基于整体经济利

---

① 参见孔祥俊：《反垄断法原理》，中国法制出版社2001年版，第11~13页。
② 参见王长秋：《竞争政策与产业政策的冲突与协调》，载《南都学坛》2006年第3期。
③ 参见杨紫烜主编：《经济法》，北京大学出版社、高等教育出版社2006年版，第459页。

益或国家利益考虑干预产业资源的分配组合。

1. 产业政策与竞争政策的统一

产业政策的实施并不必然损害竞争。相反,产业政策实施往往建立在市场配置产业资源失灵的基础上,对产业资源进行优化配置,促进产业竞争力。竞争政策的实施也会提高市场的效率,提高产业资源的配置。因此,两者具有一定程度的统一性。具体表现在:(1)两者的最终目标都是实现公共利益。竞争政策与产业政策都是国家为实现经济发展目标,优化资源配置的重要手段,都以维护社会公共利益为最终目标。竞争政策通过维护自由竞争,发挥竞争机制的资源配置作用,实现社会公共利益最大化。产业政策是通过产业调整,有效配置产业资源,实现经济整体发展,维护社会公共利益。(2)两者都建立在市场经济基础之上。① 毫无疑问,竞争政策是以市场经济为基础的,无市场经济也就无竞争政策可言。现代产业政策也是普遍建立在市场经济基础之上的,政府制定与实施产业政策不是要取代或者排斥市场机制对经济活动的基础性调节,而是在充分尊重并利用市场机制的基础作用的前提下,对市场缺陷进行必要的补充。(3)两者具有功能上的互补性。② 竞争政策的实施为产业政策创造条件,产业政策是建立在市场机制基础上,对市场机制的补充、对市场失灵的弥补。产业政策的实施也为竞争政策实施创造条件。产业政策的实施可以促进产业资源的部门间、行业间、地区间的优化配置,促进产业的规模经济,提升产业竞争力,为竞争政策实施创造良好条件。

2. 产业政策与竞争政策的冲突

反垄断法是从维护竞争性的市场结构出发,禁止企业从事联合限制竞争行为,控制企业的合并行为,不允许具有市场支配地位或优势地位的企业滥用市场优势,但反垄断法对竞争机制的维护可能会影响某些产业竞争力的加强;与此同时,作为国家对具体产业实施的政策,产业政策的目的主要是加强产业的竞争力,但产业政策在增强产业竞争力的同时却没有办法避免市场现存结构的改变对市场竞争的影响甚至限制。从这个角度来讲,反垄断法与产业政策的冲

---

① 参见王先林、丁国峰:《反垄断法实施中对竞争政策和产业政策的协调》,载《法学》2010年第9期。

② 参见孟繁盛:《金融危机冲击下中国竞争政策与产业政策的协调》,载《安徽大学法律评论》2010年第1期。

突实际上是很难避免的。① 具体表现为：(1)两者要实现的具体目标不相同。产业政策的目标主要是产业的发展，实现产业资源的优化配置；而竞争政策更注重维护自由公平的竞争秩序，促进资源配置的效率提高。因此，产业政策强调以政府为主导，通过制定各种政策对市场经济加以干预；竞争政策强调以市场为主导，通过禁止限制竞争行为来维持市场的竞争机制。当产业政策与反垄断法追求的具体目标不同时，就会在价值取向上出现冲突，依据产业政策作出判断和依据反垄断法作出判断会得出不同的意见。(2)两者的作用机制不同。产业政策强调政府干预，政府主导产业配置，甚至不排除代替市场主体的自发意志，如企业重组合并往往是政府产业结构调整下的产物；竞争政策强调建立自由公平的市场机制，尊重无形之手的作用，市场主体根据无形之手相互竞争、优胜劣汰，从而提高某一产业的竞争力。

3. 金融危机下我国产业政策与竞争政策关系的具体表现

为了应对金融危机对我国经济发展的冲击，我国出台了十大产业振兴规划。这一振兴规划显然属于国家的产业政策，具体表现为产业结构政策，扶持重点行业。产业振兴规划的一个重要措施是推动企业兼并、重组，提高产业集中度。如轻工业、石化工业振兴规划中指出，要加强自主品牌建设，支持优势品牌企业跨地区兼并重组，提高产业集中度。汽车业、钢铁产业振兴规划中也指出，发挥大集团的带动作用，推进企业联合重组，培育具有国际竞争力的大型和特大型钢铁集团，优化产业布局，提高集中度等。

我国反垄断法针对上述的企业合并、重组，有类似的防御性制度。为了维持自由公平的竞争，反垄断法可能采用其两大制度经营者集中和滥用市场支配地位对其作出回应。对于经营业集中，即企业合并，《反垄断法》第5条规定，经营者可以通过公平竞争、自愿联合，依法实施集中，扩大经营规模，提高市场竞争能力。当然，对于违反竞争的行为要受到反垄断法的制裁。对于滥用市场支配地位，《反垄断法》第6条规定，具有市场支配地位的经营者，不得滥用市场支配地位，排除、限制竞争。由于产业政策只关注于产业合并和重组，不考虑产业合并重组后的市场支配地位。因此，产业政策和竞争政策的焦点问题主要反映在企业合并上（经营者集中）。竞争政策与产业政策的冲突主要表现为竞争政策中关于企业合并的规定与产业政策的冲突。

不管如何，为应对金融危机而采取的产业政策，都可能触碰反垄断法的禁

---

① 参见孟雁北：《论产业政策与反垄断法的冲突与协调》，载《社会科学研究》2005年第2期。

止性规定。因此,产业政策与竞争政策如何有效地协调,是一个重要的理论和实践命题。

(三)产业政策与竞争政策冲突的协调:比较法考察

1. 欧盟

欧盟有着完善的竞争政策,如《欧共体条约》中的第81条和第82条。但是,《欧共体合并规则》第2条规定,控制企业合并要考虑技术和经济的进步,这一评估标准暗含了产业政策因素。《欧共体条约》第157条对产业政策作出了具体规定。这样,欧共体条约和其他有关竞争法的单行规定中竞争政策与产业政策同时存在。为避免二者冲突,欧共体确立了竞争政策优先于产业政策的原则。如《欧共体条约》第157条规定,欧共体产业政策的竞争力追求不能扭曲欧共体的市场竞争。

2. 美国

美国是一个市场经济高度发达的国家,崇尚市场自由,限制政府对市场经济的干预。正因为此,竞争法肇始于美国,旨在维持自由平等的竞争秩序。但是,并不是说,美国不需要国家干预,相反,国家干预是不可或缺的。在美国,政府虽未提出过产业政策,但实际上产业政策普遍存在。在产业政策和竞争政策发生冲突时,美国毫无疑问地选择了遵循竞争政策。美国重视反垄断这类产业组织政策及其法律化,而产业结构政策及其法律化被认为没有多大的积极意义。1984年9月,美国的《经济问题杂志》曾写道:一个世纪以来,反托拉斯法已成为美国的一项具有连贯性的政策。它被用来改善产业的行为——这是我们唯一的产业政策。[1]

3. 日本

"二战"后,日本的产业政策与竞争政策经历了消长变化。总的来说,"二战"以后至1975年,日本以产业政策为主,竞争政策为辅;1975年至20世纪90年代初,开始反思产业政策,并复兴竞争政策;20世纪90年代至今,强化竞争执法,并降低产业政策的主导地位。20世纪90年代以后,日本长期实行产业政策的弊端日益显现,特别是20世纪90年代的经济危机后,日本企业的竞争力明显下降。由此日本逐渐改变以产业政策为主的政策体系,树立竞

---

[1] 转引自孟雁北:《论产业政策与反垄断法的冲突与协调》,载《社会科学研究》2005年第2期。

争政策的主导地位。①

可见，市场经济发达的国家在处理产业政策和竞争政策的关系时，都以竞争政策为主导地位。

二、案例分析

【案例】

十大产业调整振兴规划：产业结构政策与竞争政策之协同

为应对国际金融危机给中国带来的消极影响，中国出台了一系列的产业政策应对措施。从2009年1月开始，国务院陆续出台重要产业调整振兴规划。2009年1月14日，国务院审议通过了汽车产业振兴规划、钢铁产业振兴计划；2月4日，国务院审议通过装备制造业振兴规划、纺织产业振兴规划；2月11日，国务院审议通过船舶业振兴规划；2月18日，国务院审议通过电子信息产业振兴规划；2月19日，国务院审议通过了轻工业产业振兴规划、石化产业振兴规划；2月25日，有色金属业和物流业振兴规划获通过。至此，纺织业、钢铁业、汽车业、船舶业、装备制造业、电子信息产业、轻工业、石化产业、物流业、有色金属业十大规划全部出齐。自2009年3月20日开始，各大产业规划的具体实施细则已陆续开始公布。据悉，十大产业都是我们国家经济命脉当中的重点产业，占据全国工业增加值的80%，占GDP的40%。相比于4万亿扩大内需政策，十大产业振兴计划不仅对短期的拉动内需、保增长有非常重要的意义，更着眼于长期性的产业结构战略升级、推动经济发展方式的转变。

十大产业振兴规划的诸多措施中，一个重要的措施是推动企业兼并、重组，提高产业集中度，提升产业的国际竞争力。如轻工业、石化工业振兴规划中指出，要加强自主品牌建设，支持优势品牌企业跨地区兼并重组，提高产业集中度。汽车业、钢铁产业振兴规划中也指出，发挥大集团的带动作用，推进企业联合重组，培育具有国际竞争力的大型和特大型钢铁集团，优化产业布局，提高集中度。

【问题聚焦】

我国出台的十大产业振兴规划有没有考虑到对竞争秩序的影响？当实践中

---

① 转引自刘劲松、舒玲敏：《论产业政策与竞争政策的战略搭配——以日本为例》，载《当代财经》2006年第7期。

出现产业政策与竞争政策冲突的时候，如何处理？

【法律剖析】

(一) 我国产业政策与竞争政策协调的现行立法规定

我国《反垄断法》第 7 条规定，国有经济占控制地位的关系国民经济命脉和国家安全的行业以及依法实行专营专卖的行业，国家对其经营者的合法经营活动予以保护，并对经营者的经营行为及其商品和服务的价格依法实施监管和调控，维护消费者利益，促进技术进步。这一规定，表明了产业政策的优先地位。当然，这一优先地位主体是体现在特定产业上，并非所有产业的产业政策都优先于竞争政策。

此外，《反垄断法》第 27 条规定，审查经营者集中时应当考虑下列因素，其中包括经营者集中对市场进入、技术进步的影响，经营者集中对国民经济发展的影响。第 28 条规定，经营者集中具有或者可能具有排除、限制竞争效果的，国务院反垄断执法机构应当作出禁止经营者集中的决定。但是，经营者能够证明该集中对竞争产生的有利影响明显大于不利影响，或者符合社会公共利益的，国务院反垄断执法机构可以作出对经营者集中不予禁止的决定。可见，如果产业政策的推行，能够促进技术进步、国民经济发展，符合公共利益的要求，此时，产业政策所带来的兼并重组并不违法竞争政策的规定。这就要求，反垄断法的执法部门，在适用反垄断法时应考虑相应的产业政策。产业政策不是排除反垄断法适用的理由，但它是限制反垄断法适用的一个条件。

(二) 我国产业政策与竞争政策协调机制的构建①

我们认为，在协调产业政策与竞争政策的关系时，应首先明确一个最基本的原则，就是尊重市场机制主导为基础和原则。自 1994 年以来，我国建立了社会主义市场经济，其核心是以市场机制为资源配置的主导机制，以宏观调控为辅助性机制。竞争政策与产业政策都以市场机制为存在基础，同时都以弥补市场机制不足而发挥功效，因此在对两者进行协调时必须坚持以市场机制为基础和原则。竞争政策反映的是市场机制本身的内在需要，体现了明显的事后干预性，常以法律形式对垄断或限制竞争行为进行规制和调整，无疑应以保护市场机制为基石。实施产业政策常常会导致偏离市场机制的情况，但从长远来看

---

① 参见王先林、丁国峰：《反垄断法实施中对竞争政策和产业政策的协调》，载《法学》2010 年第 9 期。

其也必须以尊重和利用市场机制为基础。在我国，在经济发展的初期阶段可运用税收优惠、直接投入、财政政策等多种产业政策，大力促进重点、幼稚和优先产业的发展，为实现经济赶超战略发挥重要作用；在经济发展进入起飞阶段时，应适时改变产业政策和竞争政策的组合模式，逐渐弱化产业政策的功能，强化竞争政策的作用，为完善市场机制提供基础政策环境。目前我国的市场体系并不完善，单靠市场竞争机制难以完成产业结构高度化和合理化的重任，政府介入的产业政策比较多，但其不应成为破坏市场机制而应是保护市场机制的手段。尤其是我国市场经济不发达，这更需要在处理产业政策和竞争政策时，遵循市场机制主导为基础和原则，尊重竞争政策的主导地位。这是实现竞争政策与产业政策有效协调必须坚持的基本原则。

除遵循以上基本原则外，在处理产业政策和竞争政策时，还需要具体的协调机制。

（1）合理界定和正确实施反垄断法的适用除外制度。

反垄断法适用除外制度是竞争政策与产业政策融合与协调的交汇点。反垄断适用除外制度是为实现国家产业政策、社会整体利益而设置的，是实现国家产业政策的法律依据和行为手段，其实质就是对原本属于反垄断法禁止的事项不予追究，从而划定受反垄断法及相关法律保护的允许垄断或限制竞争行为存在的范围或者领域。因此，借反垄断法的适用除外制度，可以找到产业政策和竞争政策冲突的连接点，进而协调两者的关系。

适用除外制度在本质上是反垄断法的目标与其他经济、社会目标协调的结果，是法律权衡利弊后的理性选择。适用除外的对象主要涉及对维护本国整体经济利益和社会公共利益有重大意义的行业或领域，以及对市场竞争关系影响不大，但对社会整体利益有益的限制竞争行为。反垄断法的适用除外制度是竞争政策与产业政策相互影响、相互协调而产生的法律制度空间，它通过以反垄断法为核心的相关法律规定，对某些特定行业或领域中的垄断或限制竞争行为公开不予规制，以维护社会整体利益和国家公共利益。因此，在我国反垄断法的实施过程中，应根据国家特定时期既定的产业政策目标来合理界定反垄断法适用除外制度的法律空间，并加以正确实施，既不应不适当地扩大其范围，也不应过早地排除或者限制其适用。

（2）在特定产业合理配置反垄断执法机构与产业监管部门之间的管辖权。

协调产业政策与竞争政策的关系，注意协调两主管机关的关系，建立协同机制。主要表现在管辖权的配置上。

反垄断执法机构与产业监管部门之间的管辖权限配置应以共同管辖为原

则、专业管辖为例外,这也是实施反垄断法中实现竞争政策与产业政策协调的重要法律保障。共同管辖主要是通过反垄断执法机构和产业监管部门共同行使的,应以竞争政策与产业政策为各自的逻辑起点,对各自的职责、任务和资料信息进行交流和协商,并保障其权力行使与程序规范依法进行,而不能导致相互破坏或冲突的局面。专业管辖主要是通过产业监管部门来实现的,即监管机构在市场准入限制、价格控制、社会普遍服务、消费权益维护的一般经济性监管以及在安全、职业健康、环境保护为主要内容的社会性监管方面,应当具备相对专有的管辖权,通过事前的规则和程序制定来达到社会公共利益的目标。

在自然垄断、法定垄断行业,反垄断法为普通法,产业政策法为特别法,两者对规制对象的交叉点应适用特别法优于普通法、新法优于旧法的原则,规制对象的非交叉部分应各自适用其领域的法律,但产业政策中没有相关规制内容的或规制不明确的,应适用反垄断法。产业监管一般认为市场集中是必然的,而且在多数情况下支持特定市场的最优结构,其监管目标是对监管对象的行为行使合理限制,而反垄断所监管的是威胁市场竞争发挥作用的各种市场集中。反垄断执法机构和产业监管部门的权力配置既不能以产业政策主管部门的排他性管辖为执行模式,又不应以反垄断执法机构的排他性管辖为执行模式,这样都会导致反垄断执法取代产业监管或是产业监管代替反垄断执法,从而不适应全球经济一体化下反垄断与监管问题的复杂化、多样化局面。因此,应重视产业政策监管部门和反垄断执法机构共同管辖权的制定与行使。这样,既可充分发挥特定产业监管机构处理产业内竞争事项的专业优势,同时反垄断执法机构又可适时、适度地保留介入权,以保证监管机构对竞争政策意旨的遵守。

(3) 充分发挥国务院反垄断委员会的协调作用。

在我国反垄断法实施中,对竞争政策与产业政策的协调除了需要反垄断执法机构和产业管制机构相互之间的主动协调外,还需要有一个更高层次的权威机构来进行外部协调。在这方面我国已有现成的资源可以利用,即依我国反垄断法所建立的国务院反垄断委员会。国务院反垄断委员会的法定职责之一便是"协调反垄断行政执法工作",它不仅要协调不同的反垄断执法机构(国家工商总局、国家发改委和商务部)之间的反垄断执法,而且也须协调反垄断执法机构与其他相关机构(特别是产业管制机构)在执行反垄断法中的职责权限。其中后者对于协调竞争政策与产业政策之间的冲突非常重要。如果相关产业管制性立法与反垄断法的精神和意旨相冲突,此时应当发挥反垄断法的一般性规范作用和补充性替代作用,反垄断执法机构则应主动提请国务院反垄断委员会对其进行协调。为此,国务院反垄断委员会的职能作用应进一步加强,同时要建立一套合适的行政协调机制,并对相关行政程序进行规范,具体来说,即由反垄断执法机构或产业监管机构对产业内某垄断行为进行调查,但是在调查过程中必须征求另一方的意见,在作出行政决定时也必须取得对方的同意,该行政决定才能发生法律效力。

国务院反垄断委员会可发布原则性处理问题的指南,并通过具体个案处理来解决管辖权争议,对反垄断法执法机构和产业监管机构的行政协调机制进行优化。因此,在我国反垄断法的实施中,协调竞争政策与产业政策需要充分发挥国务院反垄断委员会的协调职能。

三、深度拓展思考题

1. 如何理解产业政策与产业政策法应遵循的基本原则?
2. 如何理解十大产业振兴计划与竞争政策的关系?反垄断法如何适用?
3. 如何看待产业政策的阶段性与竞争政策的稳定性?

第三节 产业组织政策法

一、知识点精解

(一)产业组织政策法概述

产业组织政策法,是指调整同一产业内企业组织形态、各企业间相互关系及产业组织合理化的法律规范的总称。产业组织政策法以产业组织理论为指导,是产业组织政策的法律化。它的核心问题是解决产业组织过程中所包含的"马歇尔冲突",即处理好规模经济与竞争活力之间的矛盾。通过产业组织法的调整,达到既享有规模经济效益,又能维护市场有效竞争,并通过协调市场经济规模和市场竞争效率,建立起正常的市场秩序。

根据《90年代国家产业政策纲要》的规定,我国产业组织的政策目标是:促进企业合理竞争,促进规模经济和专业化协作;规模经济效益显著的企业,应该形成以少数大企业集团为主体的市场结构;对其他产业,形成大、中、小企业合理分工或者大、中、小型企业互补和企业数目较多的市场结构。为了实现这一目标,产业组织法包括反垄断政策法、中小企业政策法、直接管制政策法和企业兼并联合政策法,这些法律、法规构成了产业组织政策法律体系。其中,反垄断政策法和中小企业政策法的主要目的是抑制垄断以增强竞争活力,企业兼并联合政策法和直接管制政策法的主要目的是鼓励适度的垄断，抑制过度竞争以实现规模经济。

反垄断政策法是最早的产业组织政策法。在产业组织政策中，防止垄断、促进竞争主要是通过反垄断法得以实现的。反垄断法的重要功能是防止产业内企业的垄断，维护产业内的企业竞争，维护竞争秩序，促进产业效率和经济发展。由于反垄断法具有很强的政策性并且与反垄断政策密切联系，故反垄断法也称为反垄断政策法。中小企业政策法是扶持中小企业发展，增强中小企业竞争活力，从而防止垄断、维持竞争秩序的法律规范。通过中小企业政策法，赋予中小企业政策支持，从而增加市场主体数量，增强同大企业的竞争抗衡，维护市场竞争。直接管制政策法是专门针对自然垄断产业的政策法。自然垄断是指由于存在着资源稀缺和规模经济效益、范围经济效益等技术理由或特别经济理由而成立的垄断或寡头垄断。在反垄断法中，自然垄断属于除外内容，因此，才产生了直接管制政策法。直接管制政策法是为规范自然垄断行业具有垄断地位并防止自然垄断行业因垄断产生弊端而产生的政策法。直接管制政策包括两方面：一是限制新企业进入的政策，以保障自然垄断行业的独家垄断地位；二是对企业定价的管制，避免垄断企业利用垄断地位谋取垄断高价，损害公共利益。企业兼并联合政策法是调整企业联合兼并的政策法。企业兼并、联合是防止过度竞争、实现规模经济的最有效途径之一。

（二）产业组织政策法之重点分析：中小企业政策法

1. 中小企业政策法的概念

（1）中小企业的概念界定。

所谓中小企业，是指与所处行业的大企业相比人员规模、资产规模与经营规模都比较小的经济单位。关于中小企业界定，不同国家、不同经济发展阶段、不同行业的标准不尽相同，且随着经济的发展而动态变化。各国一般从质和量两个方面对中小企业进行定义，质的指标主要包括企业的组织形式、融资方式及所处行业地位等，量的指标则主要包括雇员人数、实收资本、资产总值等。量的指标较质的指标更为直观，数据选取容易，大多数国家都以量的标准进行划分。

我国《中小企业促进法》第2条规定，本法所称中小企业，是指在中华人民共和国境内依法设立的有利于满足社会需要，增加就业，符合国家产业政策，生产经营规模属于中小型的各种所有制和各种形式的企业。中小企业的划分标准由国务院负责企业工作的部门根据企业职工人数、销售额、资产总额等指标，结合行业特点制定，报国务院批准。2011年6月18日，工业和信息化部、国家统计局、国家发展和改革委员会、财政部联合印发的《关于印发中小企业划型标准规定的通知》中规定，中小企业划分为中型、小型、微型三种类型，具体标准根据企业从业人员、营业收入、资产总额等指标，结合行业特点制定。该通知又将各行业分门别类，分别规定各行业中小企业的标准。

中小企业在国民经济发展中占据举足轻重的地位，在贡献经济总值、缴纳税金、解决就业等方面作用显著。目前，全国工商注册登记的中小企业占全部注册企业总数的99%。中小企业工业总产值、销售收入、实现利税分别占总量的60%、57%和40%；流通领域中小企业占全国零售网点的90%以上。中小企业大约提供了75%的城镇就业机会。近年来的出口总额中，有60%以上是中小企业提供的。为此，国家出台了多种中小企业促进政策，以促进中小企业的发展，这就是中小企业政策法。

(2) 中小企业政策法的概念界定。

简而言之，中小企业政策法，是关于引导、支持和促进中小企业发展的政策法。以法的调整手段来解决中小企业问题，并不是中小企业作为一般市场主体而发生的私法问题，而主要是中小企业作为竞争中的弱者，由国家对其进行保护、扶持和引导、限制的问题。此外，中小企业问题的法律解决本质上不仅是一个保护经济弱者的问题，同时也是国家的产业政策问题。产业政策所要解决的一个核心问题，就是要在规模经济效益和维持竞争活力这个两难选择中进行协调。发达国家都十分重视促进产业部门里大中小企业的分工协作，控制产业集中程度，发挥中小企业的积极作用。产业政策是既有鼓励又有限制。在鼓励方面，国家采取财政、税收、金融、行政服务等多种手段促进中小企业的发展；在引导和限制方面，国家又采取适当措施，不允许小企业随意进入具有自然垄断性质、要求规模经济、有机构成特别高、社会性较强等不适宜其进入的领域。这也可以理解为对弱者的保护、一种反向保护，以避免其行为的盲目性。[1]

可见，中小企业政策法是调整国家为了保障市场有效竞争和产业结构平衡而对中小企业实行保护、扶持、引导、限制过程中发生的社会关系的法律规范的总称。[2] 中小企业政策法的目的源于对保护市场竞争和产业政策平衡的

---

[1] 参见史际春、王先林：《建立我国中小企业法论纲》，载《中国法学》2000年第1期。

[2] 参见王显勇：《中小企业法论》，载《政治与法律》2006年第5期。

考虑。

2. 中小企业政策法的法律属性

关于中小企业政策法的法律属性，一般认为属于经济法范畴，具体为经济法中的产业政策法范畴。

中小企业和大企业相比，在劳动力、资金、技术、信息等市场条件上均处于不利地位，而且受到大企业的打击和排挤，因此，需要政府的特殊保护和照顾。国家对中小企业的扶持和促进，体现了对市场机制的矫正，是政府之手对市场机制的干预。尤其是受 2008 年经济危机的影响，中小企业面临着生存的困境，这更说明了市场机制是失灵的，此时，政府应该采取调控措施扶持中小企业发展，以解危助困。国家干预采取法律的形式，这就是经济法。因此，中小企业政策法属于典型的经济法。从我国出台的《中小企业促进法》可以看出，对中小企业促进采取的是间接调控手段，运用税收、财政、产业等宏观经济政策手段对中小企业进行组织与经济、技术扶持，以求改变市场结构、促进市场机制发挥作用以及产业结构升级。这些手段，也是经济法手段，属于经济法中的宏观调控手段。从中小企业政策法的立法目的来看，中小企业政策法秉承社会整体利益原则，通过中小企业政策法旨在促进中小企业发展，改善市场结构，促进市场竞争，推动产业结构的调整，推进国民经济全面协调发展。这也符合经济法的目的。毋庸讳言，中小企业属于整个产业结构的组成部分，中小企业的发展可以改善整个产业结构，并且中小企业也是产业组织的重要形式，因此，中小企业政策法属于产业政策法。

需要说明的是，从表面上看，中小企业法似乎属于经济组织法、市场主体法意义上的企业法范畴，但实质上中小企业法徒有"企业法"之名而"无企业法"之实。中小企业法不调整企业组织形态，一般不涉及企业的设立、组织机构、运作机制、解散和清算等，具有明显的政策倾向性，带有促进法的性质。① 在日本，中小企业法就是产业政策法的重要组成部分，是与反垄断法、产业振兴法、产业法——如银行法、石油法等并列的日本经济法的重要内容。

（三）中小企业政策法的立法概况：比较法的考察

中小企业的立法有两类性质，一是关于中小企业的组织与活动法（简称组织法）；二是关于国家对于中小企业扶持政策的法律。由于中小企业的组织

---

① 参见史际春、王先林：《建立我国中小企业法论纲》，载《中国法学》2000 年第 1 期。

和活动遵循基本的市场主体法规范,如民商法、经济法主体制度,而没有专门针对此项的中小企业立法。因此,一般而言,中小企业立法主要是指中小企业政策法。当然,中小企业政策法也会涉及中小企业组织和活动法,如我国《中小企业促进法》第2条就规定了中小企业的认定标准,并且,我国还出台专门的规范性文件具体规定中小企业的标准。

从实践上看,各国中小企业法的立法模式主要有三种:一是单行立法模式,典型的代表是美国。为了促进中小企业的发展,美国自20世纪50年代后期以来相继制定了一系列单行法律,内容涉及中小企业的方方面面,但没有自成体系,只是众多单行法律的集合体。二是系统立法模式。该模式以日本和韩国为代表。日本的中小企业立法在世界各国中是最为完备的,有关中小企业的立法既有基本法,又有单行法相配套;既包括组织法的内容,也包括促进法和行为法的内容,基本覆盖了中小企业发展的各个方面。三是分散立法模式。欧洲各国多属于这种模式,如德国、法国、英国、意大利等没有专门的中小企业单行法规,也没有日本那样完善的中小企业法律体系。①

以日本为例,日本是中小企业法最发达的国家。战后日本非常重视中小企业法立法,先后制定了50多部中小企业的法律、法规,主要有:《中小企业基本法》(1993)、《中小企业现代化促进法》(1975)、《中小企业现代化资金的助成法》(1956)、《中小企业振兴事业团法》(1978)、《中小企业金融公库法》(1978)、《中小企业信用保险公库法》(1968)、《中小企业指导法》(1973)、《中小企业改换行业的临时措施法》(1976)、《关于促进中小企业的创造性活动的临时措施法》(1996),等等。可见,日本中小企业立法有以下特点,一是以《中小企业基本法》为龙头法,辅之以一系列相关法律。该法规定一些基本性问题,如政府对中小企业培育的基本态度,中小企业的定义,又列举了政策项目。该法在中小企业法律制度中具有"母法"的地位。此外,对于该法规定的相关政策措施,则由各项专门制定的法律来具体规定。二是中小企业法律体系完善,覆盖了中小企业经营中所涉及的一系列需要辅助的事项。如既包括基本性制度,又包括具体性政策;具体政策多元、丰富,涉及财政、金融、创业、保险、临时措施等。

我国现行的中小企业立法主要是全国人大常委会2002年制定的《中小企业促进法》,这是目前唯一一部中小企业法律。该法明确了国家对中小企业发展的基本政策,如该法第1条规定,改善中小企业经营环境,促进中小企业健

---

① 参见郑之杰:《中小企业法研究》,法律出版社2002年版,第36~39页。

康发展，扩大城乡就业，发挥中小企业在国民经济和社会发展中的重要作用。该法第 3 条规定，国家对中小企业实行积极扶持、加强引导、完善服务、依法规范、保障权益的方针，为中小企业创立和发展创造有利的环境。该法也是我国中小企业法律中的基本法，对保障和促进中小企业的发展具有重要的意义。

此外，除了立法以外，政策在中小企业促进发展中起到了重要的作用。2000 年 8 月，国务院办公厅转发《国家经贸委关于鼓励和扶持中小企业发展的若干政策意见》，该政策是目前有关中小企业的基本政策，目的是为了加大对中小企业特别是高新技术中小企业的扶持力度。在此之后，我国陆续出台了配套措施，如《关于中小企业信用担保体系建设的意见》、《关于中小企业融资担保行业管理办法》、《关于中小企业担保再担保机构免征营业税管理规定》、《关于加强中小企业信用管理的意见》、《关于中小企业质量工作的意见》、《关于鼓励创办中小企业的意见》、《关于科技型中小企业技术创新基金的暂行规定》。2007 年 10 月国家发改委、科技部、财政部等 12 个部门联合出台的《关于印发关于支持中小企业技术创新的若干政策的通知》，2009 年 9 月国务院颁布的《关于进一步促进中小企业发展的若干意见》，2011 年 6 月工信部等四部委联合颁发的《关于印发中小企业划型标准规定的通知》，等等。

二、案例分析

【案例】

产业组织：中小企业，遭遇生存困境

从南海之滨的深圳，到渤海畔的工业大省河北，中小企业的发展都遭遇一个关键词——难。随着经济的发展，尤其是国际性经济波动，我国中小企业日益面临生存危机。有学者指出，当前中国中小企业面临的生存困境突出表现在三方面，即"前所未有的融资难"、"十分严峻的用工荒"和"全方位进入高成本的时代"。学者们认为，不仅仅融资难、劳动力成本上升，还包括人民币汇改、原材料和资源的涨价、过高的物流费用以及企业税负过高等多种因素，共同推动了中国中小企业进入"全方位高成本时代"。据媒体报道，2011 年全国工商联对 17 省市中小企业作了一次调研。调研结果显示，90% 以上受访的中小企业表示无法从银行获得贷款，小微型企业的融资状态更为窘迫。由于银根紧缩，当前中小企业生存之艰难甚至超过了 2008 年金融危机爆发初期，并且 2011 年下半年中小企

业的处境将更为艰难。

近年来，虽然我国相继出台了诸多对中小企业的扶持性政策，但是中小企业生存难的问题，依然没有得到根本性的解决。有学者指出，中小企业之所以面临问题，反映的其实是经济发展的必然规律，经济亟需转型。除了加强技术改造、推进企业战略转型外没有更好的办法。此外，政府应当营造平等地使用生产要素、平等竞争和法律上平等保护等市场环境来帮助中小企业摆脱困境。政府应该对中小企业实行平等待遇，深化垄断性行业的改革，对中小企业开放垄断性行业。政府还应当放松金融管制，允许更多的中小企业金融机构进入市场，来解决融资难问题。同时，政府应当减轻中小企业的税负，等等。

【问题聚焦】

中小企业生存危机的制度诱因是什么？中小企业走出困境的出路何在？

【法律剖析】

中小企业的生存困境，其实折射出的是我国中小企业的立法困境。我国中小企业立法存在不少问题，主要表现在：第一，从法律制度体系看，对中小企业保护的立法不够系统完备。相比于日本完善的法律体系，我国的立法尚处于不完善阶段。虽然《中小企业促进法》起到了基础法律的作用，但配套的鼓励、优惠、救济等法律尚不健全，在一定程度上降低了基础性法律发挥作用的空间。相比于大企业，中小企业在各方面处于弱势地位，必须在各个方面完善立法为促进中小企业解危助困，包括金融、财政、税收、信息、服务等各方面都应加强立法。第二，中小企业立法的法律层次低，权威性不够。目前，我国中小企业法律体系中，只有一部法律即《中小企业促进法》，其他的都是行政法规、行政规章，还包括诸多政策。《中小企业促进法》是基础性法律，相关的行政法规、规章、政策是补充。这意味着，《中小企业促进法》存在依赖行政法规、规章和相关政策的倾向。行政法规、规章的效力层次低，受遵从度低，尤其是当与其他法律冲突时，行政法规、规章必须让位。如关于金融信贷的扶持性规定，如果与相应的金融法相违背，那么自然不能得到适用，这可能就是中小企业贷款难的法律原因；此外，政策本身的灵活性也削弱了基本法律的作用。

本书认为，正是因为以上中小企业立法的缺陷，才可能导致当前中小企业面临越来越严重的生存危机，至少法律原因是其中的一个重要组成部分。鉴于此，我们认为应加强中小企业法治化建设。一方面，应尽快制定配套的立法，形成体系完整、内容充实的保护中小企业发展的法律制度。我们认为，《中小企业促进法》已经规定了诸多具体的扶持政策，但是较为原则、可实施性不强，因此，有必要依据这个扶持政策——制定单行法律，最终形成以《中小企业促进法》为依据，以单行法律为辅助配套的科学系统的中小企业法律体系。另一方面，应逐步提高中小企业的立法层次，建议由全国人大及全国人大常委会制定中小企业法律。我们认为，鉴于当前过多的行政法规、规章，可以考虑将其整合筛选，对一些实践中比较成熟的经验、做法加以提炼，由全国人大及全国人大常委会具体立法；此外，还应注意中小企业立法同反垄断法、反不正当竞争法、财政税收法、金融法等法律的协调，避免中小企业政策与竞争政策、财税政策与金融政策的矛盾，消解政策实施的效果。

三、深度拓展思考题

1. 如何理解中小企业法的法律属性？
2. 如何理解中小企业政策与竞争政策、产业政策的关系？
3. 如何理解完善现行中小企业法对破解中小企业困局的意义？

第十四章 财 政 法

[本章知识结构图]

```
          ┌ 财政法原理 ┬ 财政与财政法的内涵
          │            └ 财政法的基本原则
          │                          ┌ 财政管理体制的立法模式
          │ 财政管理体制法律制度 ┤ 财政管理体制法的基本原则
          │                          └ 分税制
          │                  ┌ 预算与预算法的内涵
   财    │ 预算法律制度 ┤ 预算管理职权
   政 ─┤                  └ 预算管理程序
   法    │                  ┌ 国债的职能与分类
          │ 国债法律制度 ┤ 国债的发行与管理
          │                  └ 国债的风险控制
          │                              ┌ 财政转移支付的形式
          │ 财政转移支付法律制度 ┤
          │                              └ 我国财政转移支付立法的问题
          │                      ┌ 政府采购的范围与原则
          └ 政府采购法律制度 ┤ 政府采购合同的性质
                                  └ 政府采购的主要方式
```

第一节 财政法原理

一、知识点精解

（一）财政与财政法

财政法与财政各自属于法学与经济学中的概念。明确这两个概念对于财政法的学习有着极其重要的作用。

1. 财政

从文字本身来理解"财政":"财"即钱财,"政"即管理。所谓"财政",即管理钱财,这是对"财政"最朴素、最直接的理解。

"财政学之父"亚当·斯密认为,"财政"被看做政治学家和立法学家在政治经济学中所提出的两个目标之一,即为国家或社会提供充分的收入,使公务得以进行。而按此目标所进行的活动,就是财政活动。这种解释主张社会提供税收,用以满足政治公务的需要,就是财政。这是一种"廉价政府"的主张,是亚当·斯密信奉的"看不见的手"的体现。

马斯格雷夫则认为,"财政"这一名词,传统地应用于包含税收和支出措施的那套问题。它不是一个好的名词,因为根本的问题并不是来自资金方面,而是涉及资源利用、收入分配和就业水平等。马斯格雷夫在凯恩斯把传统的财政收支行为扩展到市场经济的宏观管理和调节的基础上,对财政的职能作了进一步明确,即要在宏观调控中对资源利用、收入分配、就业等起到调节作用。

上述两种观点都承认财政是以国家为主体所进行的分配活动。这也是当代对于财政的主流定义。主要的分歧是财政的内容究竟包括哪些?从字面的理解我们可以得到收入和管理是财政的主要内容;亚当·斯密把为履行公务而为必要的支出作为财政的内容;马斯格雷夫则认为财政还是一种宏观调控的工具,对社会有调控与监管的功能。我们认为,财政的范围包括为满足公共需要的财政收入,即税收和非税收入;财政支出,即各种购买性支出和转移性支出;还有弥补收支不足的国债,同时也包含国有经营资本经营的收支。至于社会保障的收支,一定意义上可以把它纳入为满足公共需要的收支范围。此外,对上述这些收支的管理和对社会经济的调节和监督也可以纳入财政活动的范围。

2. 财政法

按照传统的部门法划分标准,财政法从形式上来看,就是调整财政关系的法律。它是规范市场经济主体、维护市场经济秩序的重要工具。财政作为国家调整国民收入分配的重要手段和实施宏观调控的重要工具,涉及面广,政策性强,在我国的法律体系中起到非常重要的作用。

基于财政行为而形成的财政关系可以从不同的角度将之归类。如财政收入关系、财政支出关系、财政平衡关系;内部财政关系、外部财政关系;实体性财政关系、程序性财政关系等。根据国家财政活动的范围,国家财政关系还可分为财政收支管理关系、财政管理权限关系和财政活动程序关系。在国家财政关系中，因筹集和取得财政资金、分配和使用财政资金而在国家与各种社会组织和公民之间发生的财政收支管理关系，是国家财政活动中形成的最主要、最广泛的社会关系，包括财政收入管理关系和财政支出管理关系。这是财政法调整对象的主要方面。其次，根据宪法的原则规定，需要在中央与地方政权之间划分财政管理权限，从而形成财政管理权限关系，这是财政法的调整对象。另外，在财政收入和财政支出的管理活动中所形成的财政活动程序关系，也是财政关系的重要组成部分。

（二）财政法的作用

1. 财政法在建设有中国特色社会主义市场经济体制中的作用

（1）财政法是规范市场经济主体、维护市场经济秩序的重要工具。税收、预算管理等方面的财政法是规范市场主体活动的重要准则。财政法为市场经济主体创造公正、公平的竞争环境，通过规范财经秩序，维护社会主义市场经济秩序。

（2）财政法是调节社会价值分配、规范财政收支的法律依据。财政法以其确定性、稳定性、规范性在国家财政分配过程中为调节社会分配提供法律依据。国家组织财政收支要求财政分配法治化，以确保实现国家职能，也使它们与国家之间的利益分配格局处于稳定和规范化的状态。同时，财政法依据公平与效率相结合的原则，通过公平税负、财政转移支付等手段，调节社会分配。

（3）财政法是发展对外经济合作关系的重要制度保障。一个良好的法治环境是吸引外资、发展对外经济合作关系的决定性因素。财政法中相关的立法将我国实际情况与国际惯例相结合，成为促进对外经济交往的可靠法律保证。

2. 财政法在规范我国财政行为中的作用

（1）深化财税体制改革，规范财税管理离不开财政法的确认和引导。从某种意义上说，财政体制改革的过程实质上就是财政法的不断完善的过程。

（2）健全财政职能，理顺分配关系，需要财政法的规范。财政职能的健全、完善及其充分发挥作用，离不开财政法的规范、确认和保障。

（3）财政法是加强财政监督、维护财经秩序的重要手段。财政法规定财政监督的程序和方法，有利于国家实行多种形式的财政监督，发挥财政监督的重要作用。财政法还通过其鲜明的导向性和承担责任的确定性来维护财经秩序。

(三) 财政法的基本原则①

1. 财政民主原则

财政民主原则是指人民通过一定的方式对重大财政事项拥有决定权。在现代社会，财政民主原则的直接的要求是，一国的重大财政事项必须经过人民的同意才能付诸实施，否则即属于违法。在现实生活中，财政活动偏离公共利益的现象比比皆是，为了防止财政机关打着"公共利益"的旗号滥用财政权，必须引入民主的机制，由人民自己决定何为公共利益，以及通过何种途径来实现公共利益。财政民主原则保留人民对重大财政事项的决定权，正是实现财政活动公共性的重要程序。

2. 财政法定原则

财政法定原则是财政民主原则的具体体现，它以财政民主作为基础，同时也是对财政民主非常重要的实现途径。所谓财政法定，并不是说一切财政行为都必须制定专门的法律，而只是说财政行为必须满足合法性的要件，必须得到法律的明确许可或立法机关的专门授权。只有在法律允许的范围内，政府才享有财政方面的自由裁量权。从内容上看，财政法定原则一般表现在财政权力法定、财政义务法定、财政程序法定、财政责任法定等方面。

3. 财政健全原则

财政健全原则所关注的是财政运行的安全稳健，其核心问题在于能否将公债作为财政支出的资金来源。在现代社会，公债的规模日益扩张，财政风险也越来越大。既然公债在现代经济条件下无法避免，就应当肯定其合法存在。法律应当对公债的发行主体、审批程序、发行方式和限额、使用范围、偿还方式、债务管理等作出限制，以最大可能地发挥公债的积极功效，降低公债的财政风险。在我国，公债的规模已经相当庞大，其蕴含的财政风险不容忽视。在此背景下，就更应该强调财政健全，防止财政突破最大的承受能力，引发财政危机。

4. 财政平等原则

从法学的角度看，财政公平包含着对正义的价值追求，在制度上则主要表现为一种平等的对待，它既包括财政收入方面义务人的平等牺牲，也包括财政开支方面权利人的平等受益，还包括在财政程序方面的同等条件同等处理。在

---

① 参见熊伟：《财政法基本原则论纲》，载《中国法学》2004年第4期；刘剑文、熊伟：《财政税收法》（第四版），法律出版社2007年版，第16~21页。

我国，财政平等原则的确立和有效发挥作用，有助于创造一种平等和谐的竞争环境，因而具有非常重要的意义。

财政法的上述四个基本原则相互间存在关联。总体而言，财政民主原则是现代社会整个财政法的基础，它在财政法体系中居于核心地位。财政法定原则是对财政法在形式上的要求，它旨在保障民主原则在制度上的实现。财政健全原则是对财政法在功能上的要求，它旨在降低财政风险，确保财政运行不至于偏离安全稳健的目标。财政平等原则则是对财政法在价值上的要求，它保障通过民主机制和法律程序制定的财政法本身是符合正义的。以财政法治的视角衡量，财政法定是财政法治的形式要素，财政健全是财政法治的功能目标，财政平等是财政法治的价值追求，而财政民主则是上述三者有机结合的制度保障。

二、案例分析

【案例】

从"吃饭财政"到民生财政：财政法的现代转型[①]

很长一段时间内，我国财政占 GDP 的比重维持在较低水准。财力的极度萎缩决定了只能先确保必不可少的行政支出等"吃饭"需求，于是就有了"吃饭财政"的说法。当时提出先"吃饭"后"建设"的方针，是针对财力过度分散，政府财力窘迫的应急之策。可喜的是，近年来，由于我国财力的日益增长，政府在财政支出的安排上，民生问题被摆上了首要位置。根据《关于 2007 年中央和地方预算执行情况与 2008 年中央和地方预算草案的报告》数据显示，2007 年中央财政预算中对教育支出、医疗卫生支出、社会保障和就业支出分别比 2006 年增长了 76%、296.8%、13.7%，2008 年中央预算安排中上述三项支出则分别又比 2007 年增长了 45.1%、25.2%、24.2%。可以认为，一个以民生领域为支出重点，以民生福利为基本取向，并由此实现改革成果共享的民生财政已日益凸显。民生财政体现了以人为本的价值观，融入了公平、正义和共享等价值理念，其根本目的在于保障和实现公民权利。因而，民生财政理应成为我国财政法的价值目标定位。

[①] 参见魏立萍、刘晔：《民生财政：公共财政的实践深化》，载《财政研究》2008 年第 12 期。

【问题聚焦】

"吃饭财政"背离了财政的哪些职能？如何实现从"吃饭财政"到民生财政的转型？

【法律剖析】

"吃饭"不应是财政的主要职能，"吃饭"也不应成为财政支出的重点。"吃饭财政"严重背离了财政法的目标定位与价值追求，亟待向民生财政转型。

虽然民生财政的理念受到官方和民众的高度强调和关注，但在法学界，民生财政的内涵并没有得到澄清。有学者认为，民生财政就是指在整个财政支出中，用于教育、医疗卫生、社保和就业、环保、公共安全等民生方面的支出占到相当高的比例，甚至处于主导地位。[①] 但由于划分民生支出项目的困难以及财政比重判断标准的简单化，这个概念并不能真正界定和把握民生财政的内涵。有学者认为民生财政的判断标准包含合法性、合理性、程序性和人本性四个方面的因素。[②] 具体而言，首先，合法性是指权力机关批准政府预算，使政府支出获得明确的事先授权。合法性是判断民生财政的形式标准，也是构成一切政府财政活动的根本依据。其次，民生财政应当具备合理性，即民生财政是否为解决特定问题所必需的手段，是否具备实施的可行基础和条件，对投入与产出是否可以量化计算以便对其实施状况作出评价，对实施过程中可能出现的风险是否可控制和防范。这是判断是否构成民生财政的实质标准。再次，民生财政应当具备一定的程序制约机制。财政在本质上表现为公共权力对经济领域的介入，而介入的范围、程度、方式等又在根本上取决于公共选择的过程。程序便是帮助作出理性选择、限制权力恣意的一种机制。它应当贯穿在民生财政从预算批准、执行到绩效评价环环相扣的运作过程中。这是判断是否构成民生财政的民主标准。最后，民生财政应当具备人本性，这是判断是否构成民生财政的价值标准。只有以保障与改善民生、提升人的生存质量的财政才是民生财政，人本性是民生财政的题中应有之义。

在我国现实条件下，构建民生财政应当明确几个问题：首先，民生服务贯穿于财政活动的全过程，不应仅限于财政支出，财政支出只是财政活动的

[①] 安体富：《民生财政：我国财政支出结构调整的历史性转折》，载《地方财政研究》2008 年第 5 期。

[②] 陈治：《构建民生财政的法律思考》，载《上海财经大学学报》2011 年第 2 期。

一个部分，尽管支出对民生需求的影响和作用最为直接与显著，也是政府最容易驾驭和使用的服务民生的工具，但财政收入、财政体制、政府预算等其他财政因素也都深刻地影响民生，因此构建民生财政必须着眼全局。其次，构建民生财政，必须打破"GDP崇拜"的魔咒，实现从"以经济建设为中心"到"以民生为中心"的转变，实现从"为官执政"到"为民执政"的转变。最后，必须认识到，"吃饭财政"的泛滥成灾根源于行政经费失控，因此，构建民生财政必须控制行政支出。当然，要克服这些偏差和问题，其根本是转变财政的基本理念，是以民生为基点和中心来形成新的运作模式，这就需要深化财政公共化改革，为真正建成民生财政提供基本的制度框架与实现渠道。①

　　实现从"吃饭财政"到民生财政的转型，意味着财政法的结构性变革。民生财政的法制框架首先包括从制度上廓清民生领域的具体边界，② 在确立民生财政支出范围的同时强化财政投入民生的硬约束。为此，应当对现有预算制度进行改革，③ 突出预算过程中的民主参与与权力制衡；其次，构建财政支出的来源保障与财政支出的具体方式制度。前者涉及对公债、税收、政府融资机制的完善，后者除关注传统的转移性支付与购买性支付的支出手段之外，重点放在财政手段与市场机制有机结合的其他多种方式上；再次，建立民生财政实施绩效的评价体系及激励、约束机制。这是民生财政法制化的最大亮点，亦同时面临着从管理意义上的"绩效"转向法制意义上的"绩效"的诸多困境与障碍。④

三、深度拓展思考题

1. 财政法的基本原则与税法的基本原则有何异同？
2. 民生财政与公共财政是什么关系？
3. 如何认识我国财政法结构性变革的路径？

---

　　① 张馨：《论民生财政》，载《财政研究》2009年第1期。

　　② 民生需求具有"阶梯性"，诸如就业、收入分配、社保、医疗等需求，是人们最基本的生计条件，事关人们生命的存在与维持，因而是基础性的第一阶梯民生需求。而教育、文化、环保分别是第二、三、四阶梯民生需求。参见张馨：《论民生财政》，载《财政研究》2009年第1期。

　　③ 关于我国预算法改革的具体内容，可参见刘剑文：《财税法专题研究》（第二版），北京大学出版社2007年版，第104～127页。

　　④ 陈治：《构建民生财政的法律思考》，载《上海财经大学学报》2011年第2期。

第二节 财政管理体制法

一、知识点精解

(一) 财政管理体制

财政是以国家为主体的分配行为,是连接政治和经济的纽带,既非单纯的经济行为,亦非单纯的政治行为。而一个国家的财政管理体制则事关治国安邦与强国富民。在一个国家的整个经济管理体制中,财政管理体制占有重要的地位,因为各项经济事业的发展都要有财力、物力的支持。反过来,由于财政管理体制属于上层建筑的范畴,它必须适应经济管理体制的要求,为经济基础的巩固和生产力的发展服务。

1. 财政管理体制的内涵

财政管理体制,简称财政体制,是指国家划分各级政权之间以及国家同企业、事业单位之间在财政管理方面的职权、权力和相应利益的制度,是经济管理体制的重要组成部分。其实质在于解决国家关于财政资金分配上的集权与分权问题。国家的各项职能是由各级政府共同承担的,为了保证各级政府完成一定的政治经济任务,就必须在中央与地方政府以及地方各级政府之间,明确划分各自的财政收支范围、财政资金支配权和财政管理权,并且各级政府职能的履行应以相应的财政权力为支撑。

财政管理体制包括预算管理体制、预算外资金管理体制、税收管理体制、企业财务管理体制、行政事业财务管理体制、基本建设管理体制等。具体而言,预算管理体制是指,根据国家各级政权的职责范围划分各级预算收支范围和管理权限,并规定收支划分方法的制度。国家预算集中了国家的主要财力,是国家有计划地组织财政分配的基本形式,因而,预算管理体制是财政管理体制的核心。预算外资金管理体制则规定预算外资金的收支范围和管理权限。预算外资金在性质上属于财政资金,但不纳入国家预算管理而由各地方、各部门、各企业、事业单位自收自支、自行管理。税收管理体制规定各级政权机关在税收管理上的职责和权限。税收是国家最重要的财政收入来源,各级政权组织之间,对税种及税收减免权的明确划分,以及对税收稽征管理职权的具体规定对保障国家财政管理的有效性有着重要意义。企业财务管理体制规定国营企业再生产过程中国家与企业、职工之间在资金管理、成本管理、企业收入分配和使用等方面的责任、权限和利益。而涉及企业与银行以及企业内部关系的，则分别属于银行信用管理体制和企业本身的财务活动。行政事业财务管理体制规定国家行政机关和事业单位为完成其工作任务和事业计划所具有的经费支配权限和责任，经费开支的范围和管理形式以及在完成任务和计划后对经费节余可以分享的权利。基本建设管理体制规定在使用国家投资过程中，国家与建设单位（包括新建、改建、扩建和更新改造的单位）及其职工之间各自的职责和全面完成国家任务后应得的利益。但是，固定资产投资中涉及专业银行信用管理体制和建设单位本身的财务活动，不属于财政管理体制的范围。

2. 财政管理体制的基本原则

一般而言，一国财政管理体制的构建应当遵循以下基本原则：

首先，财政管理体制必须与国家政权结构、国家经济管理体制相适应。一方面，财政管理体制的管理级次应当与国家政权结构和行政区划相一致，因为一级政权及相应的行政管理机构承担着它们职权范围内的经济和社会文教等方面事业的权力和责任，必须赋予相应的管理财政收支的权力和财力，才能保证其职能的实现。另一方面，财政管理体制是整个国民经济管理体制的重要组成部分，而国民经济管理体制的变革都牵涉到财力和财权的分配问题，那么财政管理体制就必须随着国民经济管理体制的发展变化而变化。

其次，财政管理体制应当符合财权与事权相统一与责权相结合的原则。财权与事权要统一，也即各级政府有什么样的职权、什么样的事权，就要有相应的财权。要实现财权与事权的统一，就必须要有权与责的结合。权与责相结合反映在财政体制上，就是要使各级财政都有各自的收入来源和支出范围，并且要把财政支出同财政收入尽量挂起钩来。只有权与责结合了，才能切实保证财权与事权的统一。

（二）财政管理体制法

财政管理法律制度建设既是财政管理的有机组成部分和重要基础，又是推进财政管理科学化精细化的有效途径和重要保障[①]，是依法治国的应有之义。

1. 财政管理体制法的内涵

财政管理体制法是财政管理体制的法律化，是指调整不同的国家机关之间、中央国家机关与地方国家机关之间、地方各级国家机关之间在划分财政收

---

① 参见杨敏：《切实加强财政管理法律制度建设》，载《中国财经报》2009年7月14日。

支范围和权限的过程中产生的社会关系的法律规范的总称。财政管理体制法的调整对象是特定的财政主体之间的财政资金和财政权限的分配关系。财政体制法调整后的社会关系变成财政体制法律关系，这种法律关系的主体主要是中央与地方以及地方上下各级政权机关，包括各级国家权力机关和国家行政机关，其客体是中央政府和地方政府所为的与明确各自财政收支范围和财政管理权限有关的行为，其基本内容表现为中央政府和地方各级政府在财政收支和财政管理上的权利和义务。财政体制法也有形式意义上立法和实质意义上立法的区分。形式意义上的财政体制法指专门规定财政体制的法律，实质意义上的财政体制法指所有有关财政体制的立法的总称。目前，世界各国中很少有制定形式意义上的财政体制法的，各国关于财政体制的法律规定，一般都由该国的《宪法》和《财政法》、《预算法》等财政基本法律中的某些法律规范来具体确定。① 财政管理体制法的基本内容包括，国家财政体系的级次及各级财政的收支范围，财政机关的设置及其法律地位，各级政府之间财政资金的转移制度，年度财政收支计划的编制、审批及执行的机关、形式、程序，财政立法权、财政管理权在各级、各类国家机关之间的划分等。其中核心是财政权的分配。

2. 财政管理体制法的立法模式

财政管理体制法的立法模式有三种，即集权式、分权式、折中式。集权式财政管理体制法的特点是，财政收入全部集中于中央财政，全部财政支出由中央财政承担，财政立法权和财政管理权由中央国家机关行使。分权式财政管理体制法则相反，它规定中央和地方都享有与其政府事权相称的财权，中央财政和地方财政都有各自的收支范围，中央财政和地方财政相互独立。折中式财政管理体制法规定的财政分权水平处于集权式与分权式之间。其主要特色是，财政立法权和管理权主要集中于中央国家机关，同时赋予地方国家机关一定的财政权，在中央和地方之间划分财政收支范围，但存在交叉，中央财政和地方财政之间转移支付的规模较大。

在选择财政管理体制法的立法模式时通常应该考虑以下因素：

（1）财政管理体制立法模式应与经济体制相适应。财政管理体制法是处理财政主体间分配关系的准则，是具体的财政管理体制在法律上的反映。财政管理体制既受经济体制的制约，又构成经济体制的一部分。在我国市场经济体

---

① 参见黄正刚：《财政体制立法问题研究》，华中师范大学 2003 年硕士毕业论文，第 5~6 页。

制之下，多种所有制形式并存以及建立现代国有企业制度决定了财政收入的主要来源是税收；多种利益格局并存要求实行分税制；同时发挥市场机制和宏观调控在资源配置和经济运行中的作用，必然促使中央适当集中财权以形成实施宏观调控的财力。我国财政管理体制立法模式应为折中式。

（2）财政管理体制法应与立法体制保持协调。就狭义立法而言，我国实行一级立法体制，即国家立法权统一由全国人民代表大会及其常务委员会行使。地方权力机关无权制定财政管理体制法律。但就广义立法而言，我国实行二级立法体制。中央国家权力机关、行政机关分别行使制定法律、行政法规的权力，宪法规定的地方权力机关、行政机关分别行使制定地方性法规、规章的权力。财政管理体制的立法权既有必要在中央和地方之间作合理划分，也有必要界定行政机关的立法权。我国财政管理体制法所规定的财政法律规范应包括中央与地方两个层次，法律、行政法规及规章、地方性法规及规章等多种形式。

（3）财政管理体制立法模式应体现高度的立法技术。财政管理体制法在财政法中具有统帅地位，相应的立法层次应比较高，故应由中央国家权力机关制定财政管理体制基本法。行政机关和地方机关在财政管理体制的立法中，主要作用是制定实施条例或实施细则。财政管理体制的各种立法形式应相互配合、形成体系。高度的立法技术要求妥善处理财政管理体制法的立、改、废之间的关系。法愈完备则愈稳定，越稳定则效果越好。

3. 财政管理体制法的基本原则

（1）适度分权的原则。

所谓适度分权是指按法定标准在中央与地方之间以及地方各级之间划分财政权。适度分权原则是划分财政资金支配权、财政管理权、财政立法权等财政权的基本准则。适度分权原则既反对中央高度集权，又反对地方各自为政。按适度分权原则划分财政权，既要考虑地方利益，调动地方发展经济、增收节支的积极性，又要逐步提高中央财政收入的比重，适当增加中央财力，增强中央政府的宏观调控能力。因而适度分权原则有利于调动中央和地方两个积极性，有利于促进国家财政收入合理增长。适度分权原则是由"统一领导，分级管理"原则发展而来的。适度分权原则不仅要求合理划分财政管理权，而且强调合理划分其他财政权。

适度分权原则对财政管理体制立法的具体要求是：在财政收入的总量分配上，保证中央财政集中全国大部分财力；明确各级政府的事权，在此基础上划清各级财政的收支范围；设置中央、地方共享的财政收入和共同承担的财政支出，使各级财政既相对独立又相互联系；实行一级政府一级预算，各级财政在其法定收支范围内自求平衡；中央政府对地方政府以及地方上级政府对下级政府推行规范的转移支付制度；实施税收分级管理，属于哪一级财源的税收则由相应级次的政府设置独立机构负责征管；财政立法权集中于中央国家机关，地方立法机关的财政立法权限于制定调整地方财政分配关系的法规以及实施国家财政法律、法规的实施细则或实施办法。

(2) 事权与财权相结合的原则。

事权与财权相结合的原则是划分各级政府财政收支范围的基本准则，是指各级政府组织、安排财政收支的权力应与其承担的政府职能相应、相称，其结果表现为各级政府掌握与其事权相称的财力。所谓事权是指各级政府基于不同的职能而应享有的处理社会公共事务和经济事务的权力。所谓财权即财政权，是指各级政府组织各种财政收入、安排各种财政支出的权力。由于事权的范围和规模与财政收支的范围和规模密不可分，因而事权的划分与财权的划分亦密不可分。事权是财政关系的核心，行使事权是取得财力与财权的依据；而财权是行使事权的物质基础。事权与财权的内在联系表明事权应与财权相结合，从各级政府的职能上考察，各级政府的职能优势不同，由其安排的财政收支也应不一样。中央政府比地方政府更有能力维持就业及物价稳定，并且便于实行财政收入重新分配，因此中央政府的职能优势在于稳定职能和分配职能。地方政府的职能优势是资源配置，故与资源配置相关的财权则主要由地方政府行使，实现全国稳定和财政分配职能所需财权则应归属中央政府。

(3) 效率与公平相结合的原则。

效率与公平是财政管理体制立法两个相互矛盾的目标。经济发展需要效率，社会稳定需要公平。一国地区间社会经济条件、发展水平存在差异，财政管理体制立法若过分强调公平，则易造成有限的资源由高效率地区向低效率地区转移，造成资源浪费和更为严重的低效率问题。但若一味追求效率，也易导致各地区财政能力差距的扩大，增加经济发展的阻力。在处理效率与公平的矛盾时，应设定合理的地区发展差距范围，在范围内时，应实行效率优先，兼顾公平，而超过该范围时，则应以公平为先，以实现财政管理体制立法公平与效率相统一。在划分税种时，应遵循征管便利原则，以节约征税成本、提高征税效率；在设定税收要素时，应严格遵循量能课税，充分考虑纳税人的纳税能力；在划分财政权时，充分发挥各级政府的职能优势，充分调动地方发展经济的积极性；在规定共享财政收入分享比例时，实行贡献越大分享比例越大。此外,通过横向与纵向财政转移支付来保证地区间的公平。

(4) 法治原则。

市场经济是法治经济,市场经济体制的各个方面应有相应的法律加以规范。世界上实行分税制财政管理体制的国家无一不是制定系统、完善的法律调整财政分配关系,无一不在财政管理中贯彻法治原则。在我国财政管理中贯彻法治原则,应从以下方面着手:全国人民代表大会对财政活动的组织、指挥、调节和监督行使最高权力,地方权力机关对地方财政活动行使最高权力;财政管理体制的基本内容由全国人民代表大会或其常务委员会制定法律加以规范,行政法规、地方性法规不得与财政管理体制基本法相抵触;财政管理体制法必须得到严格遵守,各级政府依法行使财政管理权。

4. 我国的财政管理体制法

1993年11月14日,中共中央作出的《关于建立社会主义市场经济体制若干问题的决定》指出,近期财税改革的重点之一,就是把现行地方财政包干制改为在合理划分为中央与地方事权基础上的分税制,建立中央税收和地方税收体系。因此,国务院在1993年12月发布了《关于实行分税制财政管理体制的决定》,决定从1994年1月1日起在全国各省、自治区、直辖市以及计划单列市实行分税制。

分税制是指在中央与地方之间以及地方各级之间,以划分各级政府事权为基础、以税收划分为核心相应明确各级财政收支范围和权限的一种分级财政管理体制。与以往的财政管理体制法相比,分税制根据事权与财权相结合的原则划分中央和地方财政收支范围,具有合理性和稳定性,其划分税种的方法亦比较科学。在税种划分的依据上,改变按企业行政隶属关系划分税收收入的办法,依据税的特征、受益和便利原则划分税源。在税收划分的方法上,以划分税源为主,改变总额分成的办法。这种分税办法有利于地方政府减少对企业的干预和对市场的封锁。此外,对中央税、中央和地方共享税由中央税务机构负责征收管理,对地方税由地方税务机构负责征收管理,有利于提高征收管理效率,防止为地方利益随意减免中央税、共享税,中央对地方按因素法进行公式化转移支付,不再按基数法或定额进行补助,比较规范、透明。可以说,分税制克服了包干制、分成制的缺陷,是一种透明度高、稳定性强的财政管理体制,是一种较为理想的财政管理体制,符合我国政治体制和经济体制的要求。

目前,我国财政管理法律制度框架基本形成,其涵盖了预算管理、财政收

入管理、财政支出管理、财务及资产管理、会计管理、财政监督管理等财政管理的各个领域,主要法律制度包括:①

第一,规范预算管理的法律制度。现行预算管理法律制度由《预算法》、《全国人民代表大会常务委员会关于加强中央预算审查的决定》、《预算法实施条例》等法律、行政法规以及大量的财政规章、规范性文件构成。

第二,规范财政收入管理的法律制度。财政收入管理法律制度包括税收管理法律制度和非税收入管理法律制度。现行税收管理法律制度由《税收征收管理法》、《企业所得税法》、《个人所得税法》、《增值税暂行条例》、《消费税暂行条例》、《营业税暂行条例》、《发票管理办法》等税收法律、行政法规以及大量的税收规章和规范性文件构成。非税收入管理法律制度包括《国库券条例》以及政府性基金、收费等非税收入管理规定。

第三,规范财政支出管理的法律制度。财政支出管理法律制度包括国库管理法律制度、政府采购管理法律制度等。现行国库管理法律制度主要由《预算法》、《预算法实施条例》、《国家金库条例》、《国家金库条例实施细则》等法律和行政法规及规章构成。《财政国库管理制度改革试点方案》及以其为依据制定的一系列规范性文件也是现行国库管理法律制度的重要组成部分。现行政府采购法律制度由《政府采购法》及一系列政府采购规章、规范性文件构成。

第四,规范财务及资产管理的法律制度。现行财务及资产管理法律制度主要由《企业财务通则》、《行政单位财务规则》、《事业单位财务规则》、《行政单位国有资产管理暂行办法》、《事业单位国有资产管理暂行办法》、《金融企业财务规则》、《金融企业国有资本保值增值结果确认暂行办法》、《金融企业国有资产评估监督管理暂行办法》、《金融企业国有资产转让管理办法》,以及分行业的企业事业单位财务制度等行政法规、规章和规范性文件构成。

第五,规范会计管理的法律制度。现行会计管理法律制度由《会计法》、《企业财务会计报告条例》、《总会计师条例》、《企业会计准则》等法律、行政法规以及财政部制定的具体会计准则、企业会计制度和分行业的会计制度、企业内部控制基本规范等财政规章和规范性文件构成。

---

① 参见徐国乔:《按照科学化精细化要求切实加强财政管理法律制度建设》,载《中国财政》2010年第16期。

第六，规范财政监督的法律制度。现行财政监督法律制度主要由《预算法》、《财政违法行为处罚处分条例》、《违反行政事业性收费和罚没收入"收支两条线"管理规定行政处分暂行规定》等法律、行政法规、财政规章和规范性文件构成。

第七，规范社会中介组织管理的法律制度。现行规范财政部门管理的社会中介组织的法律制度主要由《注册会计师法》以及有关注册会计师行业管理、注册资产评估师行业管理的财政规章和规范性文件构成。

如今正处于"十二五"期间，财政体制的改革在"十一五"的成效基础上有其新的目标：完善财政体制，在合理界定事权基础上，按照财力与事权相匹配的要求，进一步理顺各级政府间财政分配关系；健全统一规范透明的财政转移支付制度，提高转移支付资金使用效益；建立县级基本财力保障机制，加强县级政府提供基本公共服务财力保障；提高预算完整性和透明度；建立并不断完善科学完整、结构优化、有机衔接、公开透明的政府预算体系，全面反映政府收支总量、结构和管理活动；健全预算编制和执行管理制度，强化预算管理，增强预算编制的科学性和准确性；完善税收制度，逐步健全地方税体系，做大"收入蛋糕"。

二、案例分析

【案例】

财政管理体制改革的创举：
广东"双转移"专项资金引入竞争性分配方式[①]

根据中共中央政治局委员、广东省委书记汪洋同志要求，2008年5月24日，广东省政府出台了《关于推进产业转移和劳动力转移的决定》及7个配套文件，"双转移"战略正式启动。5月29日，广东省委、省政府提出，拿出400亿元支持"双转移"，其中75亿元用于建设一批产业转移园，每年投入15亿元。2008年8月5日由6个地级市通过公开竞争的方式展开角逐，梅州、肇庆、河源3市最后胜出，平分了15亿元扶持资金，至2009年9月15日第5批评审会，广东省75亿元产业转移资金

[①] 参见黎旭东、危然：《以竞争性方式实现财政资金的绩效管理——广东省"双转移"专项资金分配的实践案例分析》，载《财政研究》2010年第2期。

分配结果。五次产业转移竞争性扶持资金的结果是：梅州市、河源市分别获得10亿元，肇庆市、韶关市、清远市、阳江市、潮州市、汕头市、云浮市、揭阳市、江门市、湛江市和茂名市分别获得5亿元。广东省的"财政专项资金竞争性分配改革"在全国首开先河，创造性地在省级财政专项资金分配中引入竞争性方式。

【问题聚焦】

财政资金的竞争性分配方式对于我国的财政管理体制改革有何启示意义？

【法律剖析】

竞争性分配方式强调"以结果为导向"来分配财政资源，是对传统的投入控制预算分配方式的重大变革。这种分配方式强调财政资金的稀缺性，从而强力引入了竞争性分配财政资金的方式，其实质就在于通过竞争性方式实现财政资金的绩效管理。这种分配方式不仅能提高财政资金分配的有效性，使资金使用主体形成自我约束和自我改进的机制，更能提高资金使用主体的执行力，加强政府管理的有效性，是对传统的财政分配理念和分配实践的重大创新。从法理的角度看，广东省"双转移"专项资金的竞争性分配方式的合理性在于：①

首先，竞争性分配方式兼顾了财政资金分配和使用过程中的公平与效率。政府的支出主要用于公平，而效率主要依靠市场机制去实现，公平和效率之间总是表现为一对矛盾体。通过竞争方式的引入，可以将有限的财政专项资金发挥出更大的现实效益，强化资金分配和使用的绩效观念，从这个角度看，省级财政资金竞争性分配是以效率为价值取向的，它具有明显的财政激励特点。但通过这种激励作用，财政资金竞争性分配客观上却能够促进落后地区的发展，提高其财政能力，以竞争方式代替平均分配方式，最终实现以不均衡的发展手段解决发展中的不均衡问题。从发展的角度来说，财政资金竞争性分配方式拉近了不发达地区与发达地区的差距，实际上有利于公平的实现。所以，这种制度设计实际上兼顾了公平与效率，符合公共财政改革的方向。

其次，竞争性分配方式体现了程序正义的价值旨向。竞争性分配引入专家评审机制，建立专项资金分配程序和规则，整个过程遵循"公平、公正、公开"的评审原则，在完整的制度化过程中科学分配资金，实现了向透明公开的转变。"双转移"专项资金的分配都在阳光下进行，权力的寻租被彻底规

---

① 参见黎旭东、危然：《以竞争性方式实现财政资金的绩效管理——广东省"双转移"专项资金分配的实践案例分析》，载《财政研究》2010年第2期。

避。专家评审的方式是对各市申报的方案进行比较后得出的最佳选择,专家的评审打分结果是决定资金安排的首要依据,公平、开放的过程使全部参评市的项目在统一、公平的评审标准流程下运行,"公平、公正、公开"的评审原则是保证"游戏规则"稳定运行,使专项资金发挥最高的效率和效益的关键点。财政部门本身不参与项目的评审过程,并邀请广大媒体和省政府办公厅、省监察部门和审计部门派员监督评审工作,扩大了整个评审过程的监督,使关系、人情等影响制度正义性的消极因素无法产生作用,从而对各地方政府形成正向激励,迫使各地方政府把主要精力放在转变发展观念、做好发展项目上,通过提高自身的发展绩效,建立以绩效为导向的行政方式,使其重视对发展绩效的设计、预测和控制,而不是把绩效作为数字游戏,仅仅追求形式上的定量化和规范化。

此外,财政资金分配竞争性的方式强化了地方政府的发展主体责任,调动了地方政府加强财政管理的积极性,建立了财政资金使用的制约机制,提高了政府部门单位的执行力,可以说是对我国现有的财政管理体制的突破性探索。

三、深度拓展思考题

1. 如何评价分税制?
2. 我国现行的财政管理体制有何缺陷?如何改进?
3. 如何将竞争性的财政资金分配制度规范化?

第三节 预算法律制度

一、知识点精解

(一) 预算与预算法

1. 预算的由来

预算是国家对会计年度内财政收支的预先估算,是按照法定程序编制、审查和批准的国家年度财政收支计划。预算既能反映政府的财政收支状况,又能反映政府活动的范围、方向和政策,是国家组织分配财政资金、实现宏观调控目标的重要经济工具。

现代的预算制度发端于英国。早在12世纪,英国的贵族和大地主即开始了对国王课税行为的抗争,并以国王的被迫让步而暂停。随着这些新兴资产阶级力量的壮大,他们充分利用议会作为争取国家财政收支话语权的阵地,迫使国王的支出与国家的支出逐渐分离。英国封建王室每年制定一个国家收支文件,事先安排好财政开支,经议会审批使其有利于资产阶级经济的发展。这种文件即是现代预算制度的雏形。然而现代预算制度的规范化,却经历了漫长的时期,直至18世纪末19世纪初,英国才通过正式的预算文件统一政府全部财政收支,确立了按年编制和批准预算的制度。①

2. 预算的级次与结构

依据财政法"一级政权,一级财政"的原则,我国预算法实行一级政府,一级预算。根据我国政权结构划分,我国的预算体系分为五级:(1)中央预算;(2)省(省、自治区、直辖市)级预算;(3)市(设区的市、自治州)级预算;(4)县(县、自治县、不设区的市、市辖区)级预算;(5)乡(乡、民族乡、镇)级预算。

而这五级预算根据国家政权结构和行政区划的不同,又可分为中央预算、地方预算、各级总预算和单位预算四类。中央预算即中央政府预算,由中央各部门(含直属单位,下同)的预算组成。中央预算包括地方向中央上解的收入数额和中央对地方返还或者给予补助的数额。地方预算由各省级总预算组成。地方各级总预算由地方本级政府预算②与汇总的下一级总预算组成;下一级只有本级政府预算的,该下一级总预算即指下一级的本级政府预算。没有下一级预算的,总预算即指本级政府预算。单位预算是指列入部门预算的国家机关、社会团体和其他单位的收支预算。

3. 预算法的概念与调整对象

预算法是调整国家在进行预算资金的筹集和取得、使用和分配、监督和管理等过程中发生的社会关系的法律规范的总称。

预算法的调整对象是国家在预算资金的筹集和取得、使用和分配、监督和管理等过程中发生的社会关系,简称预算关系。预算关系经预算法调整形成预算法律关系。预算关系包括预算管理体制关系、预算程序关系和预算实体关系,与之相对,预算法律关系包括预算管理体制法律关系、预算程序法律关系和预算实体法律关系。

---

① 参见漆多俊主编:《经济法学》,武汉大学出版社2005年版,第464~466页。
② 本级政府预算同中央预算类似,由本级各部门的预算组成,包括下级政府向上级政府上解的收入数额和上级政府对下级政府返还或者给予补助的数额。

4. 预算法的地位

预算法是财政法的核心。预算资金的筹集和取得、使用和分配、监督和管理是财政活动的核心内容。财政机关的主要任务是组织和实现权力机关批准的财政收支计划。所以说,没有国家预算,国家的财政工作就失去了依据。调整预算关系的预算法是财政法最重要的部门法,可以称得上为狭义的财政法。

世界各国均十分重视预算立法,我国也不例外。早在1951年中央人民政府政务院就颁布了《预算暂行条例》;1991年10月国务院发布了《国家预算管理条例》;确立市场经济体制后,1994年3月22日第八届全国人民代表大会第二次会议通过了《中华人民共和国预算法》,自1995年1月1日起施行。其后,国务院又制定了该法的《实施条例》。① 预算法是我国第一部预算管理基本法,它的颁行,对于强化预算的分配与监督、健全国家对预算的管理、加强国家宏观调控、保障经济与社会的健康发展等方面均具有重要意义。该法所规定的各类预算法律制度也是本节介绍的重点内容。

(二) 预算管理职权

1. 各级权力机关的预算管理职权

县级以上各级人大的预算管理职权包括:(1)审查权,审查本级总预算草案及本级总预算执行情况的报告;② (2)批准权,批准本级预算和本级预算执行情况的报告;(3)变更撤销权,改变或者撤销本级人大常委会关于预算、决算的不适当的决议,撤销本级政府关于预算、决算的不适当的决议。设立预算的乡、民族乡、镇,由于不设立人大常委会,因而其人大的预算管理职权不仅包括上述三类,还包括一般由人大常委会行使的监督权,即监督本级预算的执行。

县级以上各级人大常委会的预算管理权包括:(1)监督权,监督本级总预算的执行;③ (2)审批权,审查和批准本级预算的调整方案以及本级政府的决算;(3)撤销权,全国人大常委会有权撤销国务院和省级人大及其常委会制定的同宪法、法律相抵触的关于预算、决算的行政法规、决定和命令以及地方性法规和决议;地方人大常委会有权撤销本级政府和下一级人大及其常委

---

① 《中华人民共和国预算法实施条例》于1995年11月2日由国务院通过,自1995年11月22日起施行。
② 全国人大还有权审查地方预算草案及预算执行情况的报告。
③ 全国人大常委会还有权监督地方预算的执行。

会关于预算、决算的不适当的决定、命令和决议。

2. 各级行政机关的预算管理职权

县级以上各级政府的预算管理职权：（1）编制权，编制本级预算、决算草案以及本级预算的调整方案；（2）报告权，向本级人大作有关本级总预算草案的报告，① 将下一级政府报送备案的预算汇总后报本级人大常委会备案，向本级权力机关报告本级总预算的执行情况；（3）执行权，组织本级总预算的执行；（4）决定权，决定本级预算预备费的动用；（5）监督权，监督本级各部门和下级政府的预算执行；（6）变更撤销权，改变或撤销本级各部门和下级政府关于预算、决算的不适当的决定、命令。

乡级政府作为基层行政机关，主要负责编制本级预算、决算草案；向本级人大作关于本级预算草案的报告；组织本级预算的执行；决定本级预算预备费的动用；编制本级预算的调整方案；向本级人大报告本级预算的执行情况。

3. 各级财政部门的预算管理职权

各级财政部门代表本级政府具体行使财政职能，其预算管理职权有：（1）编制权，编制本级预算、决算草案以及本级预算的调整方案；（2）执行权，组织本级总预算的执行；② （3）提案权，提出本级预算预备费动用方案；（4）报告权，定期向本级政府和上一级政府报告本级总预算的执行情况。③

4. 各部门、各单位的预算管理职权

各部门、各单位是预算的具体执行单位。预算的执行状况很大程度上取决于部门、单位预算管理工作的优劣。各部门编制本部门预算、决算草案；组织和监督本部门预算的执行；定期向本级财政部门报告预算的执行情况。各单位负责编制本单位的预算、决算草案；按照国家规定及时足额上缴预算收入，安排预算支出，并接受国家有关部门的监督检查。

(三) 预算管理程序

1. 预算的编制

(1) 预算编制原则。

预算编制是预算的基础性程序，必须严格依法定程序进行，强调其科学性

---

① 国务院还有向全国人大报告地方预算草案的职权。
② 财政部还拥有组织地方预算执行的职权。
③ 财政部须向国务院报告中央和地方预算的执行情况。

与严肃性。预算编制应遵照如下原则：一是复式预算原则。复式预算是指在预算年度内，将全部的国家财政收支按经济性质进行划分，分别编制成两个或两上以上的预算，即国家的财政收支计划通过两个或两个以上的计划表格来反映。采用复式预算制一方面便于考核预算资金的来源和用途，另一方面有利于分析预算收支对社会需求的影响。① 二是不列赤字原则。中央及地方各级预算坚持量入为出，收支平衡的原则，不列赤字。中央预算中必需的建设投资的部分资金，可以通过举借国内和国外债务等方式筹措，但债务的规模和结构应合理。三是真实性原则。各级预算的编制都应与国民生产总值的增长率相适应，依法必须列入预算的收入，不得隐瞒、少列，也不得将上一年的非正常收入作为本年编列预算收入的依据。四是节约统筹原则。各级预算收支的编制，必须统筹兼顾，保证重点。在预算安排的顺序上，应首先保证政府公共支出需要，然后合理安排其他各类预算。②

（2）预算编制程序。

国务院于每年 11 月 10 日前向省级政府和中央各部门下达编制指示，提出编制的原则和要求。财政部根据国务院指示部署编制预算草案的具体事项，规定预算收支科目、报表格式、编制方法，并安排财政收支计划。

中央各部门布置所属各单位编制预算草案，对各单位编制的预算草案进行审核后，汇总编制本部门预算草案，于每年 12 月 10 日前报财政部审核。

省级政府提出本行政区域编制预算草案的要求，县级以上地方财政部门审核本级各部门的预算草案，编制本级政府预算草案，汇编本级总预算草案，经本级政府审定后，在规定期限内报上一级政府。省级政府财政部门于下一年 1 月 10 日前将本级总预算草案报财政部。

财政部审核中央各部门预算草案，编制中央预算草案，汇总地方预算草案，汇编中央地方预算草案。

此外，市级以上政府财政部门应当在本级人大会议举行的 1 个月前，将本级预算草案的主要内容提交本级人大的财政委员会或有关专门委员会进行初审；县级政府财政部门应当在本级人大会议举行的 1 个月前，将本级预算草案的主要内容提交本级人大常委会初审。

---

① 我国所实行的复式预算将预算分为经常性预算和建设性预算，在实践中存在政府服务性不足、划分较混乱的情况，因此，在将来的预算法修改中应予以改进，编制政府公共预算、国有资产经营预算和社会保障基金预算。

② 参见杨紫烜主编：《经济法》，北京大学出版社 2007 年版，第 560 页。

2. 预算的审批

我国《预算法》规定，中央预算由全国人大审批，国务院在全国人大举行会议时，向大会作关于中央与地方预算草案的报告；地方各级政府预算由本级人大审批，地方各级政府在本级人大举行会议时，向人大作关于本级总预算草案的报告。

各级政府预算经本级人大批准后，必须依法自下而上地向相应的国家机关备案。各级政府财政部门应当在本级人大批准本级预算之日起30日内，批复本级各部门预算。各部门应在本级财政部门批复本部门预算之日起15日内，批复所属各单位预算。

3. 预算的执行与调整

预算执行是经法定程序审批通过的预算进入具体实施的阶段。我国预算执行主体包括各级政府、各级政府财政部门、预算收入征收部门以及国家金库等。预算法规定，各级预算由本级政府组织执行，具体工作由本级政府财政部门负责。

在预算执行中，各级政府是组织领导机关，负责对本级各部门和下级地方政府的预算执行进行检查和督导。各级政府应支持预算收入征收部门依法组织预算收入，支持财政部门严格管理预算支出。各级政府确需减收增支的，须在预算批准前提出并在预算中作相应安排。在预算执行中一般不制定新的减收增支政策和措施；确有需要的，应当采取相应的增收节支措施。

预算收入征收部门是负责预算收入的征收管理机关，主要包括各级政府财政部门、税务部门和海关。这些机关必须依法及时、足额征收应征预算收入，不得违法擅自免征、缓征、截留、占用或者挪用预算收入。预算的执行须通过国库进行。

国库是具体经办预算收入的收纳及库款支拨的机关。《预算法》规定，县级以上各级预算必须设立国库，乡级预算如有条件，也应当设立国库。我国实行中央人民银行代理国库制，各级国库必须依法及时、准确地办理预算收入的收纳、划分、留解和预算支出的拨付。

预算执行过程中，因受到主客观条件影响而导致预算收支不平衡时，就需要预算调整。预算调整是指经审批通过的预算在执行中因特殊原因需要增加支出或者减少收入，使原批准的收支平衡的预算的总支出超过总收入，或者使原批准的预算中举借国内外债务的数额增加的部分变更。

各级政府对于必须进行的预算调整，应当由财政部门编制调整方案，经本级政府审定后，按法定程序向本级人大提请审批。① 未经批准，不得调整预算。不过，因上级政府返还或者给予补助而引起的预算收支变化，不属于预算调整；各部门、各单位的预算应按照预算科目执行，不同预算科目间的预算资金需要调剂使用时，必须按照财政部要求报经批准，这种调剂也不属于预算调整的范畴。

二、案例分析

【案例】

中央和地方财政级次划分的悖论：地方政府"小马拉大车"②

2011年6月27日，审计长刘家义向全国人大常委会报告2010年度中央预算执行和其他财政收支的审计情况。报告显示，转移支付在财政支出中占比较高，中央财政支出的56%是对地方的转移支付，地方政府的财权难以满足其履行事权的基本需求。审计署重点抽查了18个省的90个县。结果表明，2010年，中央财政支出的56%是对地方的转移支付；审计的90个县财政支出2630.50亿元中，上级转移支付占46%，其中50个中西部县占比达71%。转移支付制度由分税制财政体制的修正补充机制，变成了对基层政府进行财力分配的主导机制。另外，90个县发现多头申报、套取和挪用财政资金等问题金额3.32亿元。审计报告认为，由于现行财政体制还不够完善，转移支付在财政支出中占比较高，地方政府的财权难以满足其履行事权的基本需求，主要通过上下级政府间转移支付来解决。报告建议，明确划分中央和地方的事权和支出责任，建立财权与事权相匹配的财政体制，基本满足地方政府履行职责所需财力。

【问题聚焦】

分税制改革对中央与地方的财政关系带来了哪些影响？如何评判这些影响？

【法律剖析】

依据财政法"一级政权，一级财政"的原则，我国预算法实行一级政府，一级预算。在1993年国务院发布的《关于实行分税制财政管理体制的决定》

---

① 中央预算的调整方案须提请全国人大常委会审批。
② 参见蒋彦鑫：《审计署：财政体制不完善　地方政府小马拉大车》，载《新京报》2011年6月28日。

中，对中央和地方的事权和支出的范围进行了划分，并根据事权与财权相结合的原则，采用税种分割法，按税种划分中央与地方的收入，将维护国家权益、实施宏观调控所必需的税种划为中央税；将同经济发展直接相关的主要税种划为中央与地方共享税；将适合地方征管的税种划为地方税，并充实地方税税种，增加地方税收入。①

分税制改革的初衷是建立合理的中央和地方财政收支划分的制度规范，但无论从财政法理论还是最终的运行结果来看，我国的财政划分体制还存在一些问题。从地方财政支出的范围来看，地方财政担负了几乎所有的地方公共物品的提供的职能，甚至承担了许多本应由中央财政负担的公共事项。而其财政收入的范围在分税制改革之后却呈现下降的趋势，我国地方税制薄弱，其所取得的税收收入根本无法为其履行提供地方性公共物品的职能给予必要的财政支持。再加上现行的财政立法中只对以税收方式取得财政收入的权限及其在不同政府之间的划分加以明确的规定，缺乏对税收之外的财政收入取得方式的明确约束，也使地方政府得以转向税收之外的其他财政收入来源寻求资金的保障。而这种不规范的地方财政收入体系，极大地制约了地方完成其提供地方性公共物品的职能，加大了地方对中央财政的依附性，地方财政的自主性和灵活性被压制，地方财政在国家财政体系中的地位和作用被削弱。②

解决地方财政的现实难题，根本之道在于赋予地方政府一定的财政自主权，这是因为地方享有财政权是财政分权的核心所在。③ 在任何一种政治结构模式下，财政收入都是政权职能履行的根本性保障。缺乏财政的支持，任何国家事务都缺乏实现的经济基础。与地方事务安排自主权相配合，也应当授予地方一定的财政收支的自主权，地方应有足够的自主权来选择其获得财政收入的方式和范围，使其能够根据本地的经济、社会发展的需要，合理安排其财政收支。中央对地方财政收入权的控制应当在一定程度上有所松动，中央现有的财政收入权也应当适当地下放给地方。根据财政法理论，出于地方公共事务的需要，人民同样可以赋予本地政府一定的税收征收权。地方税收立法权的授予，

---

① 关于分税制的具体内容，可参见刘剑文：《财税法专题研究》（第二版），北京大学出版社 2007 年版，第 95~104 页。

② 参见周刚志：《论我国政府关系的法治化——以我国政府间财政关系为切入点》，载《法商研究》2008 年第 2 期。

③ 参见刘剑文：《中央与地方财政分权的法律问题研究》，人民出版社 2009 年版，第 60~61 页，

在一定程度上是对人民参与地方性公共事务的民主权利的肯认。人民不仅有权决定具有全国意义的公共物品，同样有权决定地方政府在提供地方性公共物品上的权利范围。以同意本地政府开征当地意义上的税收，人民也得以参与对地方政府的公共物品提供的决策过程，地方政府职权行使的民主性也更富有价值和意义。

赋予地方政府财政自主权，在当前主要是关注地方政府的发债权。众所周知，我国地方政府已经积累了不少债务，赋予地方政府发行债券的权力方可解燃眉之急。但现行《预算法》第 28 条规定："地方各级预算按照量入为出、收支平衡的原则编制，不列赤字。除法律和国务院另有规定外，地方政府不得发行地方政府债券。"这一规定直接导致了地方政府发债权的丧失。本书认为，《预算法》的这一规定已经不合时宜，亟待修改。随着 2009 年中央代发 2000 亿元地方债券这一事件的出现，不少学者都极力呼吁赋予地方政府发行债券的权力。[①] 当然，为了控制地方政府的融资冲动和降低地方债务的财政风险，需要建立专门的市政债券监管机构，引入市场化的信用评级制度和设立地方政府偿债基金等配套措施。

三、深度拓展思考题

1. 我国现行《预算法》有哪些时代局限性？如何修改？
2. 如何评价预算法视野下的财政分权？
3. 如何看待财政收支划分与地方债务的关系？

第四节　国债法律制度

一、知识点精解

（一）国债与国债法

1. 国债的概念与职能

国债，是国家以其信用为基础向社会举借的债务。在此债权债务关系中，国家作为债务人，通过在国内外发行债券或者向国外政府、机构借款的方式筹

[①] 参见冯果、李安安：《中央代发地方债券的经济法分析——兼论政府间财政关系的法治化进路》，载《广东社会科学》2011 年第 4 期。

集财政资金。国债是国家财政重要的收入形式，也是弥补财政赤字和进行宏观调控的重要工具。

国债作为债的一种特殊形式，具有一般债的特征，又有其独特的特性：(1) 不同于税费等财政收入形式，国债的举借具有自愿性，需要遵守一般的诚实信用原则，国债法律关系主体之间存在平等的债权债务关系。但由于债务人的特殊性，国债法律关系的产生、变更与终止较多地体现了国家的单方意志，包含了一定的国家政策性。(2) 国债是信用度最高的债权债务形式，国债以国家信誉为担保，一旦债务到期，国家即会足额还本付息，偿债风险极小。

国债的基本职能之一是弥补财政赤字。与其他财政收入方式相比，通过国债的方式筹集财政资金，弥补财政赤字更为自由，而且公众对国债这一优质债券的认同度较高，资金的筹措也更为便捷，当然发行国债需要规模适度，管理适当。弥补赤字是国债发行的最初动因。国债的基本职能之二是宏观调控。国债作为财政分配的组成部分，其收入的取得、使用和偿还在客观上均具有调节经济的功能。通过运用国债手段，可以调节生产、消费和投资方向，促进经济结构的合理化和经济总量的平衡。

2. 国债的分类①

依据不同的标准，国债可作以下分类：

(1) 按举借债务方式不同，可分为国家债券和国家借款。

国家债券，是通过发行债券形成国债法律关系。国家债券是国家内债的主要形式，我国发行的国家债券主要有国库券、财政债券、国家经济建设债券、国家重点建设债券等。国家借款，是按照一定的程序和形式，由借贷双方共同协商，签订协议或合同，形成国债法律关系。国家借款是国家外债的主要形式，包括外国政府贷款和国际金融组织贷款等。

(2) 按偿还期限不同，可分为定期国债和不定期国债。

定期国债，是指国家发行的严格规定有还本付息期限的国债，又可分为短期国债（1年以内）、中期国债（1年至10年）和长期国债（10年以上）。不定期国债，是指国家发行的不规定还本付息期限的国债。这类国债的持有人可按期获得利息，但没有要求清偿债务的权利。如英国曾发行的永久性国债即属

---

① 转引自中国财税法网，http://www.cftl.cn/show.asp? a_id=538，2011年8月21日访问。

此类。

(3) 按发行性质不同，可分为自由国债和强制国债。

自由国债，又称任意国债，是指由国家发行的由公民、法人或其他组织自愿认购的国债。它是当代各国发行国债普遍采用的形式，易于为购买者接受。强制国债，是国家凭借其政治权力，按照规定的标准，强制公民、法人或其他组织购买的国债。这类国债一般是在战争时期或财政经济出现异常困难或为推行特定的政策、实现特定目标时采用。

(4) 按使用用途不同，可分为赤字国债、建设国债和特种国债。

赤字国债，是指用于弥补财政赤字的国债。在实行复式预算制度的国家，纳入经常预算的国债属赤字国债。由于经常性预算缺乏还本付息的资金来源，且不会产生任何直接的收益，因此，一般各国预算法都禁止发行赤字国债。建设国债，是指用于增加国家对经济领域投资的国债。在实行复式预算制度的国家，纳入资本（投资）预算的国债属建设国债。特种国债，是指为实施某种特殊政策在特定范围内或为特定用途而发行的国债。

(5) 按是否可以流通，可分为上市国债和不上市国债。

上市国债，也称可出售国债，是指可在证券交易场所自由买卖的国债，如我国的无记名国债。不上市国债，也称不可出售国债，是指不能自由买卖的国债。这类国债一般期限较长，利率较高，多采取记名方式发行，如我国的凭证式国债。

3. 国债法的概念

国债法是调整在国债发行、流通、使用、偿还和管理过程中所发生的社会关系的法律规范的总称。国债法调整国债法律关系主体（国家、国债中介机构和国债投资者）在国债行为过程中所发生的各种国债关系。

国债法与民法中的债法不同，调整的是以国家为一方主体所发生的债权债务关系，是财政法的重要部门法。但国债法又与税法等财政法的其他部门法有明显的区别，更强调法律关系主体间的平等地位，主体间的隶属性相对弱化。因此从一定意义上讲，国债法是具有公法性质的私法。

我国在 1950 年即开始发行国内公债。各期国债发行前，由国务院制定国债条例，具体规定国债的发行、转让、利率、偿还以及管理事项。时至今日，我国仍没有一部统一的国债法，涉及国债的法规大多是时效性法规，且主要规定国债发行事项，对于国债的审批、流通以及使用等鲜有规定，不能满足社会主义市场经济的发展需要。

(二) 国家内债法律制度

1. 国债的发行[①]
(1) 国债的发行方式。

国债的发行方式主要有公募招标、承购包销和连续经销三种方式。公募招标通过投标人的直接竞价来确定国债的发行价格或收益率，发行人将投标人的报价从高到低排列，从低利率到高利率排列，从列首选起，直到达到需要发行的数额为止。因此，所确定的价格与供求决定的市场价格一致。

承购包销通常由发行人和承销商签订合同确定双方在国债发行中的权利义务，发行人与承销商之间具有平等的关系。承销商向投资者分销不出去的部分，由承销商自己认购。承销商对于市场情况非常了解，为达到销售最大化，他们往往寻求更低的价格或更高的利率，因此其与发行人之间的协商会使承销价格接近市场供求的水平。

通过连续经销的方式发行国债时，如果国债的销售达到一定的程度，市场利率水平变化，则本期停止销售，然后调整利率，销售下一期国债。通常，连续经销方式被用来向小投资人或者储蓄人发行不可上市的债券。如果一个国家的国债市场利率不够稳定且国债发行量较大时，就可选择此种发行方式，以保证发行的连续与灵活。

(2) 国债的发行价格及利率。

国债的发行价格是指国债发行时的出售价格或者购买价格。与股票类似，国债的发行价格常常与其票面价格不一致。国债往往低价发行或平价发行，少数情况下也会溢价发行。

国债的利率是政府因举债所支付的利息额与借入本金额之间的比率，其的确定往往基于三个因素：金融市场的利率水平，政府信用状况和社会资金供给量。我国的国债利率通常比银行同期存款率高，但随着国债交易体系的日益成熟，这一现象将逐渐消解。

2. 国债的偿还

国债的偿还是国家依法或者依约定对到期国债还本付息的过程。偿还国国债本息的来源原则上可以来源于任何财政收入，但一般来说，以税收、新债还旧债以及国债投资项目的收益三种形式为主。

国债的偿还主要有直接偿还、买销偿还、抽签偿还和轮次偿还四种方式。

---

① 参见漆多俊主编：《经济法学》武汉大学出版社 2005 年版，第 478～479 页。

(1) 直接偿还，是由政府或者其委托的金融机构按照国债发行时规定的偿还条件进行偿还，可以是一次全部偿还也可以是分期分批偿还。我国发行的国库券到期后，债权人可以直接到国库券中介机构兑付。

(2) 买销偿还，是在国债最终偿还期前，政府在证券市场上收购国债，当国债到期时，已全部为政府所持有，以此方式偿还国债，成本较低，并能体现国家的经济政策。

(3) 抽签偿还，是政府通过定期抽签的方式确定应偿还的国债，一般以国债号码为抽签依据，公开抽中的号码后，所有相同号码的国债都同时予以偿还。

(4) 轮次偿还，是政府按照国债号码的一定顺序分次偿还国债的方法。通常政府在发行国债时即规定各种号码国债的偿还期限，供投资者选择。

3. 国债的管理

国债的管理是为调控国债的规模、结构、利率等所采取的各种措施。它贯穿于国债运转的整个过程，对保持国债的稳定有重要作用。我国于1996年成立中央国债登记结算有限公司，力求通过全国统一的国债结算系统保证债券的及时结算，保障交易的真实性，保障央行公开市场业务的开展。

(三) 国家外债法律制度

国家外债是一国政府或政府授权的单位在外国举借并承担契约性偿还义务的债务，一般由政府借款和外币债券两部分组成。

具体到我国，政府借款包括与外国政府协议取得的政府贷款和向国际金融组织取得的贷款两种。政府贷款往往基于两国政府的双边协议而发生，具有援助性质；国际金融组织贷款则基于我国在该组织的成员国地位，贷款条件较为优越，但贷款数量和使用范围受到严格的限制。另外，根据偿还责任的不同设置，我国的政府借款还可以分为统借统还外债和统借自还外债。顾名思义，统借统还外债由财政部门或者政府制定的金融机构统一借入，用于国家计划内的项目建设，最终由国家财政负责对外还款的债务；统借自还外债则是由财政部门或政府制定的金融机构统一借入，根据建设规划转贷给用款单位使用，到期后由用款单位偿还的债务。外币债券是由财政部代表国务院在外国证券市场直接发行的，由该国政府、企业和个人自由认购的国债。

我国施行"统一管理，分工负责"的外债管理体制，在国务院的统一领导下，国家发改委、财政部和人民银行共同实施分工管理。国家发改委负责制定全国年度及中长期利用外债计划，会同有关部门审批外债的立项；财政部负责对纳入预算的政府借款进行监督管理，建立全国统一的利用外债财务会计制度；人民银行通过国家外汇管理局负责对利用国外商业贷款的审批，并对全国外债进行统计监测。发行国家外债应当遵循国家主权原则、经济效益原则和量力而行原则，① 尤其应当关注外债的风险防控。

二、案例分析

【案例】

谢百三诉财政部国债回购案②

2001年7月31日至8月7日，财政部在深圳和上海证券交易所分销了今年第七期记账式国债。根据销售公告和财政部《关于2001年记账式（七期）国债发行工作有关事宜的通知》，该国债发行总额为240亿元，"发行结束后可在上海证券交易所和深圳证券交易所上市流通"。但在该国债发行结束后的第二天，财政部国库司以便函的形式通知中央国债登记结算有限责任公司和深沪证券交易所："本期国债在交易所市场上市时间另行通知，上市后，交易方式首先为现券买卖，回购交易起始日将视市场情况安排。"对此，作为本期国债购买方的复旦大学管理学院教授谢百三向北京市第一中级人民法院递交了状告财政部的行政诉状。

谢百三认为，财政部是国家领导机关，但同时又仅仅是国债的卖方，而全国人民（买国债的个人和机构）是买方，双方拥有平等的权利义务，是一种平等的契约关系、商业关系，而不是上下级关系。他说，财政部在发行该国债以前，以承诺国债可以自由上市流通作为要约，使得广大投资者纷纷购买。但是，等到发行结束，国债的流通却遭到禁止，侵害了普通投资者的财产权。另外，该通知也违背了1992年国务院颁布的《国库券条例》中"国库券可以用做抵押"的规定。因此，这种具体行政行为，符合《行政诉讼法》关于行政诉讼范围的规定。基于此，谢百三请求法院撤销财政部的便函通知，并判令财政部向全国投资者道歉。谢百三说，财政部以一纸便函的形式，就剥夺了广大投资者对手中所持有国债的抵押权，这种随意的行政行为既不符合法律的规定，也不符合WTO的规则精神。他还说，这次诉讼之所以没有提出赔偿请求，目的是给行政机关和全

---

① 参见刘剑文、熊伟：《财政税收法》（第四版），法律出版社2007年版，第78页。
② 参见《不满20年期国债回购禁令　经济学家状告财政部》，资料来源：http：//www.chinalawinfo.com/fzdt/NewsContent.aspx？id=4066，2011年8月20日访问。

国的投资者提个醒，希望以后杜绝类似的随意行政行为。

【问题聚焦】

我国现行的国债回购制度存在哪些法律漏洞？如何弥补？

【法律剖析】

关于本案的争议，主要集中在两点：一是财政部应在多大范围内承担国债回购交易的信息披露义务，二是国债回购的损害赔偿责任承担。目前，国债回购市场信息披露制度主要体现在以下制度中：一是客户账户信息查询制度。2007年上海证券交易所制定的新回购交易规则中，实行实名账户制度，客户可以通过中国登记结算公司查询。二是国债回购交易基本交易规则的披露。三是国债回购登记制度。因为国债回购登记制度对信息披露来说是一个基础性工作，客户查询制度关键在于完善登记制度，但是现行的中国登记公司的机构体系存在问题，各省登记结算分公司都被撤销，给整个登记结算公司带来了很多资源上的障碍。在谢百三诉财政部的案例中，财政部对国债品种及交易限制规则应该负有信息披露的责任，而不可以内部文件和不公开规则甚至以国家经济调整控制等目的为理由而轻易改变基本规则。[①] 在未来信息披露制度完善方面，应该注意以下几个方面的问题：第一，明确信息披露的主体——财政部和中国登记结算机构。财政部是国债现券的发行人，一些品种和该品种的基本交易规则由其制定，因此如果出现重大问题，其应该承担国债设计、品种和基本交易规则方面信息的披露责任。另外，中国登记结算机构也要承担责任，其主要对国债回购交易情况方面的信息承担披露责任。第二，建立责任登记制度，也就是要求登记公司履行登记义务，其义务登记就是要求登记结算公司对投资者负责。第三，要注意国债回购交易规则和市场交易细则等制度的披露，这已经成为导致国债回购中矛盾产生的重要诱因之一。[②]

关于国债回购损害赔偿责任，首先注意新老划断，即对于原来国债回购中因为欠库而给投资人造成的损失，责任目前应该由国家来承担。而对于从实行新的国债回购制度规则后的国债回购风险，无论是证券公司的风险还是投资者个人的风险，应该顺应市场化改革方向，并辅以完善的民事赔偿制度，因为市场规律要求我们要在公平竞争前提下，坚持公正原则、投资人保护原则和依法赔偿原则，从市场经济本义出发设计符合其理念的制度规则。

---

① 参见张小彩：《谢百三诉财政部升级高法》，载《财经时报》2002年7月5日。

② 参见刘道远、王晓锦：《困境与超越：国债回购风险法律规制研究》，载《法学杂志》2008年第5期。

三、深度拓展思考题

1. 能否将国债作为财政支出的资金来源?
2. 2011 年 8 月美国提高主权债务上限对中国有何影响?
3. 如何划定国债规模与结构的风险警戒线?

第五节 财政转移支付法律制度

一、知识点精解

(一) 相关概念厘定

1. 财政转移支付的概念

财政转移支付,是指各级政府在既定的财权事权划分之下,为解决财政失衡而进行的财政资金相互无偿转移。根据财政资金接受方的不同,财政转移支付可分为政府间的财政转移支付以及政府对国民的财政转移支付。

财政转移支付的主要特征有三:无偿性、多级性和法定性。首先,财政转移支付是无偿不对等的,无论是政府间财政转移支付还是政府对私人的财政转移支付,资金授予方均得不到相应的对价;其次,财政转移支付包括上级政府对下级政府的各种补助、下级政府对上级政府的上解、发达地区向欠发达地区的帮扶性财政转移以及政府向企业和居民进行的财政补贴等;最后,财政转移支付不是凭空产生的,各种转移支付的发生均须满足法定的条件。

财政转移支付中最为基本也是最受关注的是政府间转移支付,本节讨论的财政转移支付也限定于此。各国政府间财政转移支付实践中,既有财政资金在上下级政府间纵向流动,又有财政资金在同级不同政府间横向流动,且以上级政府对下级政府的纵向财政转移支付最为普遍,是财政转移支付的重要内容。① 由于政权组织形式不同,各国对财政转移支付的具体规定存在差异,总的来说,单一制国家,中央在财政收入中占绝大比重,因而对地方政府的财政转移支付规模较大;联邦制国家,地方拥有较大的经济自主权,财政转移支付规模相对较小。但是财政转移支付制度在调节政府财政能力和公共服务均等化

---

① 下级政府向上级政府的上解是我国特有的转移支付方式。

上的作用,并未因政体差异而有所不同。因此在世界各国的财政转移支付制度中均可找到共性的存在。

一般说来,依据经济效率的要求,应该由中央和地方各级政府根据居民的偏好,并以尽可能低的资源消耗,来分别提供不同层次的公共物品。事实上,由于各地区的居民对一定区域性公共物品的偏好程度和需求量各不相同,因此,地方政府是地方性公共物品的最佳提供者。

中央政府及地方政府提供公共物品,均需要相应的财力支持,但是任何税制结构设置都无法使政府通过税权的划分而从自身税收中得到充足的资金用于各自的支出,"财政失衡"的问题普遍存在。财政失衡包括两个方面,即纵向失衡和横向失衡。所谓纵向失衡,是指上下级政府间财政收支状况的不平衡。例如,当一级政府存在财政赤字,而其他级次政府却存在财政盈余时,即为纵向失衡。所谓横向失衡,是指同级政府间的财政收支状况不平衡。例如,当较富足的省、市出现财政盈余,而较贫困的省、市出现财政赤字时,即为横向失衡。

在存在财政纵向失衡的情况下,各级政府所能提供的公共物品是不同的,依据其所掌握的财力来配置资源的能力也是不同的;在存在财政横向失衡的情况下,各同级地方政府所能提供的公共物品的质和量也是不同的,从而使各区域的经济和社会发展水平存在差异。

一般认为,过度的财政失衡是有害的,它不仅是严重的经济问题,而且会引发社会问题,影响经济与社会的良性运行和协调发展,进而影响国家与社会的安全与安定。为此,必须通过财政转移支付制度来解决财政失衡问题,以使各级政府在自然资源、人口密度、历史文化、经济结构和经济发展程度存在诸多差异的情况下,能够依其级次提供相应的、差别不大的公共物品,即在公共物品的提供方面大略实现"均等化"。①

2. 财政转移支付法的概念

由于财政转移支付的重要性,世界各国大多通过法律对其加以规范。财政转移支付法是调整在财政转移支付的过程中所发生的社会关系的法律规范的总称,是财政法的重要部门法。财政转移支付法的调整对象是在财政转移支付过程中所发生的社会关系,而依财政转移支付法的规定在财政转移支付主体之间发生的权利义务关系则为转移支付法律关系。

理论上,财政转移支付法应主要包括以下基本内容:(1)立法宗旨;(2)

---

① 参见杨紫烜主编:《经济法》,北京大学出版社2007年版,第572~573页。

法律的适用范围；(3) 法律的基本原则；(4) 转移支付的主体及其权利义务；(5) 转移支付的形式、方式和条件；(6) 转移支付数额的确定；(7) 转移支付的监督管理；(8) 违反法律规定应承担的法律责任。我国没有专门的财政转移支付法。1993年12月15日国务院发布的《国务院关于实行分税制财政管理体制的决定》中，就中央与地方的税收返还与补助以及地方对中央的上缴等问题作了相关规定，可以说是我国转移支付的基础法律依据。其后，为了弥补分税制的不足，财政部制定了《1995年过渡期转移支付办法》，其后又发布了《2002年一般性转移支付办法》，将过渡期转移支付更名为一般性转移支付，沿用至今。

(二) 我国财政转移支付的主要形式

我国目前的财政体制下，中央与地方政府之间的财政转移形式主要有一般性转移支付、专项转移支付和税收返还三类。

1. 一般性转移支付

一般性转移支付由原财力性转移支付更名而来，① 是以政府基本公共服务的均衡化为目标，不指定款项具体用途，由接受拨款的政府自由支配的一种转移支付。目前我国的一般性转移支付包括：②

(1) 均衡性转移支付。

均衡性转移支付是基于现行财政体制中各级各地政府固有的财政收支状况而存在的常规性纵向和横向财政失衡而发生的上级政府对下级政府的转移支付，是政府间转移支付的最初的、最基本和最主要的类型。我国现行的均衡性转移支付制度按照公平、公正、循序渐进的原则，采用"因素法"，根据客观因素计算各地标准财政收入与支出，以各地标准财政收支的差额作为分配依据，按统一公式计算确定。在标准支出测算方面，我国选取的客观因素有人口、可居住面积、冬天平均气温、平均海拔、行政区划个数、都市化程度、学校个数、学生人数、门诊人次及住院天数等；在标准收入测算方面，我国选取了国内生产总值、产业结构状况、企业规模状况、企业营业盈余、职工平均工资及分组情况等。均衡性转移支付采用因素法，有力地提高了转移支付的透明度和科学性，使得中西部地区与东部的差距明显缩小。

---

① 2009年起，原财力性转移支付更名为一般性转移支付，原一般性转移支付更名为均衡性转移支付。

② 参见刘剑文、熊伟：《财政税收法》，法律出版社2009年版，第104~109页。

(2) 民族地区转移支付。

民族地区转移支付是国务院对于民族地区安排的一种一般性转移支付。为配合西部大开发战略，国务院于2000年起实行民族地区转移支付，该转移支付的资金来源包括中央财政安排的资金和民族地区增值税环比增量的80%。民族地区转移支付的对象是民族自治区、自治州和自治县，分配方式是各民族地区增值税环比增量80%中的一半直接按来源地返还给民族地区，剩下的资金按因素法分配。从现有数据来看，民族地区转移支付对于支持民族地区发展收效显著。

(3) 缓解县乡财政困难转移支付。

缓解县乡财政困难转移支付是根据2005年财政部发布的《2005年中央对地方缓解县乡财政困难奖补办法》，由中央针对县乡财政困难进行的一种转移支付，简称"三奖一补"。即对于财政困难县政府增加税收收入和省市级政府增加对财政困难县一般性转移支付给予奖励，对县乡政府精简机构和人员给予奖励，对产粮大县给予奖励，对以前缓解县乡财政困难工作做得好的地区给予补助。

一般性转移支付除以上三种外，还包括调整工资转移支付、农村税费改革转移支付、资源枯竭城市一般性转移支付、定额补助、企事业单位划转补助、结算财力补助、工商部门停征两费转移支付、村级公益事业"一事一议"奖励资金等。另外，2009年财政部预算草案中，将原列入专项转移支付的，补助额度相对稳定的教育、社保和就业、公共安全、一般公共服务等支出改列入一般性转移支付范畴。

2. 专项转移支付

或称政策性转移支付，是指为了实现某一特定的政治经济目标或专项任务，因而由上级财政向下级财政进行的专项拨款，或支付的相应配套的财政资金。我国的专项转移支付主要包括一般预算专项拨款和国债补助等。专项拨款是附加条件的转移支付，拨款者在一定程度上限定了资金用途，接受者必须按照规定的方式专款专用。按照有无配额的要求，专项拨款可以分为非配套拨款和配套拨款，前者不需要接收方提供配套资金，后者需要。按照政府间支出责任的不同，专项拨款又可分为委托事务拨款、共同事务拨款和扶持性拨款。由于我国地域辽阔，财政担负的任务繁杂，专项转移支付的使用频率很高，但是由于约束机制和效益评估机制的缺位，专项转移支付的管理和使用有待进一步完善。

3. 税收返还

税收返还是中央在进行税费改革时，为保护地方政府的既得利益而对改革后中央净增的收入按既定的返还核算方法，全部或者部分返还给地方的一种转移性财政支出。目前的税收返还包括"两税返还"、所得税基数返还、成品油价格和税费改革税收返还等。

"两税返还"即消费税和增值税返还，是在1994年分税制改革中，中央按照地方1993年实际收入和税制改革后中央与地方的收入划分情况核算，确定中央消费税和增值税净增收入数额，并以此为税收返还基数确定税收返还额。1994年以后，税收返还额在该基础上逐年递增，递增率按全国消费税和增值税增长率的1∶1.03系数确定，即全国消费税和增值税每增长1%，该税收返还额增长0.3%（后改为按各地方"两税"增长情况以1∶1.03系数确定）。

所得税基数返还是2002年所得税收入分享改革中，以2001年为基期，当按照改革方案确定的分享范围和比例计算出的地方分得所得税收入小于地方实际所得税收入时，差额部分由中央作为基数返还地方。

成品油价格和税费改革税收返还是成品油价格和税费改革后，用于替代取消的地方公路养路费等六项收费的税收返还。返还额度以2007年六费收入为基础，综合地方实际情况按一定增长率确定。

另外，在预算中，地方上解也被列入中央对地方税收返还项下，虽然地方上解是地方对中央的财政上缴，但为计算方便，将其与税收返还同列并作对冲处理。地方上解包括1994年分税制改革时保留下来的地方体制性上解收入和增值税出口退税专项上解收入两种。

二、案例分析

【案例】

中央专项转移支付管理中存在的问题[①]

2003年6月25日，国家审计署审计长李金华向全国人大常委会报告了2002年度中央预算执行和其他财政收支的审计情况。该报告中指出，中央专项转移支付管理中存在三个主要问题。这三个问题分别是：第一，

---

① 参见《李金华报告中央专项转移支付管理中存在三个问题》，资料来源：http：//finance.sina.com.cn/roll/20030626/1004357118.shtml，2011年8月25日访问。

有些项目重复设置，存在多头审批现象。这种重复设置项目、多头审批的做法，使资金难以统筹安排，合理配置，并造成一些地方多头申请，重复要钱。第二，有些资金分配超范围，对本系统安排资金偏宽。财政部在专项转移支付和年终结算中为本系统安排一些资金，特别是存在一些司局利用职权向地方财政对口处室安排资金的做法，审计署多次提出异议，但一直没有得到很好解决。第三，有些资金的分配与实际情况脱节。2002年，财政部在分配市县乡在编人员分流期间工资补助时，未充分考虑各地编制精简和人员分流的实际情况，对有的尚未进行机构改革的地区也给予补助。

【问题聚焦】

中央专项财政转移支付问题产生的原因何在？

【法律剖析】

我国现行的专项转移支付属于专项补助范畴，存在问题很多，最突出的是专项补助在转移支付总量中比重过大、范围过宽、重点不突出，正如前任审计署审计长李金华所指出的那样，"中央转移支付中，一般转移支付占的比例太少，大量是专项转移支付，可现在到底有多少专项转移支付、有多少项目，在中国，可能没有一个人搞得清楚。这种转移支付涉及面太广，比如说农业资金，大概涉及十几个部门，分工很细，无论是大项目还是小项目都由中央政府来审批。中央转移支付从中央部门一直流到村庄，渠道很长，这个水渠是要渗水和被截流的，有时候水流到村里面就没有了。"① 在具体规模上，专项转移支付从1994年的361亿元增加到了2005年的3517亿元，而整个资金的分配缺乏明确的制度规定和科学标准，运作不透明，随意性很大。②

上述问题的存在无疑与我国财政转移支付立法的滞后有很大关联。归纳起来，我国的财政转移支付立法存在的主要问题在于：③ 其一，立法位阶过低且体系不完整。在法律层面上，我国还没有专门的财政转移支付立法，而是采取授权立法的形式，导致财政部成为转移支付立法的主体和法律实施的主体。其

---

① 李金华：《规范财政转移支付：我们准备喊五年》，载《人民日报》2006年6月6日。

② 叶静：《审计署称300亿财政转移支付不透明》，载《中国经济周刊》2006年7月17日。

③ 参见徐阳光：《财政转移支付制度的法学解析》，北京大学出版社2009年版，第162～165页。

二，立法侧重于转移支付资金的计算，淡化了法的色彩。从现行的财政转移支付立法来看，法律内容的缺失主要表现在：缺乏一个规范的转移支付体系；缺乏对转移支付主体及其权利义务的规定；缺乏一套严格的申请、审核、批准和救济程序；缺乏关于转移支付资金的拨付和使用监督的制度；缺乏应有的法律责任机制等。财政转移支付制度的改革方向是构建符合法治精神与和谐理念的财政转移支付法律制度。研究和起草中国财政转移支付法应当注意的问题包括：明确财政转移支付立法的宗旨、合理选择财政转移支付拨款决策模式、合理确定财政转移支付的基本形式、建立科学的财政转移支付额度判定标准等。① 值得欣喜的是，经济法学界已经产生了《中华人民共和国财政转移支付法》(专家建议稿)，我们期待这一法律早日问世。

三、深度拓展思考题

1. 分税制与财政转移支付有何关联？
2. 国际上有哪些财政转移支付法的立法模式？

第六节 政府采购法律制度

一、知识点精解

(一) 政府采购的立法目的

政府采购制度是公共财政的重要组成部分，是加强财政支出管理的一项有效措施。我国自1996年开展政府采购试点工作以来，推行政府采购在加强财政支出管理、提高财政支出使用效益以及促进廉政建设等方面均起到了积极作用，取得较好效果。随着政府采购工作的深入开展，迫切需要通过立法予以进一步推动和规范。《中华人民共和国政府采购法》于2002年6月29日由全国人大常委会审议通过，自2003年1月1日起施行。

制定政府采购法的立法目的，分为以下五个方面：

(1) 规范政府采购行为。在政府采购制度运行中，政府行为具有双重性。政府从事管理时，是代表国家履行管理职责，而在采购交易时，作为采购的一

---

① 参见刘剑文：《财税法专题研究》(第二版)，北京大学出版社2007年版，第134~137页。

方,又是市场的参与者。如果缺乏法律规范和刚性约束,则这种双重性在实际采购中常常被混淆,容易损害正常的市场秩序和政府采购制度。政府采购法的建立,可以明晰管理职能与采购职能,真正形成管理职能与采购职能相分离的管理机制。

(2) 提高政府采购资金的使用效益。推行政府采购制度,制定法律规范,就是使财政管理不仅重预算,也要重视支出分配及其使用,做到少花钱,多办事,办好事,从而降低采购成本,提高财政资金的使用效益。国际经验表明,实行政府采购后,采购资金的节约率一般都在10%以上。我国政府采购的潜力非常大,建立健全政府采购法制,可以充分发挥政府采购的积极效应,有利于提高财政资金的使用效益。

(3) 维护国家利益和社会公共利益。政府采购是政府行为,要体现国家利益和政策要求;同时,一个国家和政府可以通过政府采购制度的实施,发挥宏观调控作用。通过制定政府采购法,将政府采购的政策性作用法律化,为政府发挥政府采购的宏观调控作用、维护国家利益和社会公共利益提供法律依据和保障。

(4) 政府采购当事人的合法权益。政府采购活动在进入采购交易时,其行为属于商业性行为,各当事人之间的法律地位是平等的。但是,在实际工作中,由于采购人都是政府采购单位,处于强势,容易出现政府采购人将政府行为和行政权限带到交易活动中,造成事实上的不平等。从保护弱者角度考虑,政府采购法特别赋予供应商对采购机构和采购活动投诉的权利,加强监督和制约,在保护采购机构合法权益的同时,也要保护供应商和中介机构的合法权益。

(5) 促进廉政建设。由于政府采购项目多,规模大,其采购合同成为各供应商的竞争目标,所以,在具体采购活动中,经常出现采购人将政府行为与商业行为混淆的现象。如果缺乏完善的监督机制,就容易出现索贿、行贿、钱权交易等问题。从1999年开始,中央纪委就把推行政府采购制度作为从源头上预防和治理腐败的重要措施之一加以执行,党的十五届六中全会通过的《中共中央关于加强和改进党的作风建设的决定》中明确提出,推行政府采购制度是党风建设的一项重要内容。

(二) 政府采购的范围

政府采购是指各级国家机关、事业单位和团体组织,使用财政性资金采购依法制定的集中采购目录以内的或者采购限额标准以上的货物、工程和服务的行为。所称采购，是指以合同方式有偿取得货物、工程和服务的行为，包括购买、租赁、委托、雇用等。

凡在中华人民共和国境内发生的政府采购活动，统一按照政府采购法的规定进行。但需要注意几种不适用政府采购法的例外情况：一是军事采购。由于其涉及保密的特殊性，军事采购法规由中央军事委员会另行制定。二是采购人使用国际组织和外国政府贷款进行的政府采购，贷款方、资金提供方与中方达成的协议对采购的具体条件另有规定的，可以适用其规定。三是对因严重自然灾害和其他不可抗力事件所实施的紧急采购和涉及国家安全和秘密的采购，不适用本法。四是我国的香港、澳门两个特别行政区的政府采购不适用本法。

（三）政府采购的原则

政府采购应当遵循公开透明原则、公平竞争原则、公正原则和诚实信用原则。

1. 公开透明原则

政府采购的资金来源于纳税人缴纳的各种税金，只有坚持公开透明，才能为供应商参加政府采购提供公平竞争的环境，为公众对政府采购资金的使用情况进行有效的监督创造条件。公开透明要求政府采购的信息和行为不仅要全面公开，而且要完全透明。仅公开信息但仍搞暗箱操作属于违法行为。公开透明要求做到政府采购的法规和规章制度要公开，招标信息及中标或成交结果要公开，开标活动要公开，投诉处理结果或司法裁决决定等都要公开，使政府采购活动在完全透明的状态下运作，全面、广泛地接受监督。

2. 公平竞争原则

公平竞争要求在竞争的前提下公平地开展政府采购活动。要将竞争机制引入采购活动中，实行优胜劣汰，提高财政性资金的使用效益。竞争必须公平，要公平地对待每一个供应商，不能有歧视某些潜在的符合条件的供应商参与政府采购活动的现象，而且采购信息要在政府采购监督管理部门指定的媒体上公平地披露。公平竞争原则的要求将推进我国政府采购市场向竞争更为充分、运行更为规范、交易更为公平的方向发展。

3. 公正原则

公正原则是为采购人与供应商之间在政府采购活动中处于平等地位而确立的。公正原则主要是通过保障程序公正实现的。为了实现公正，政府采购法规定评标委员会以及有关的小组人员必须要有一定数量的要求，要有各方面代表，而且人数必须为单数，相关人员要回避，同时规定了保护供应商合法权益及方式。这些规定都有利于实现公正原则。

4. 诚实信用原则

诚实信用原则要求政府采购当事人在政府采购活动中,本着诚实、守信的态度履行各自的权利和义务,讲究信誉,兑现承诺,不得散布虚假信息,不得有欺诈、串通、隐瞒等行为,不得伪造、变造、隐匿、销毁需要依法保存的文件,不得规避法律法规,不得损害第三人的利益。政府采购法对此以及违法后应当承担的法律责任作了相应规定。坚持诚实信用原则,能够增强公众对采购过程的信任。

(四) 政府采购作为国家宏观调控的手段

政府采购应当有助于实现国家的经济和社会发展政策目标,包括保护环境,扶持不发达地区和少数民族地区,促进中小企业发展等。规定政府采购政策性功能,赋予政府采购实施宏观调控的职能。

政府采购制度是加强财政支出管理的一项制度,同时,也是在市场经济条件下政府运用财政支出实施宏观调控的一项手段。国外经验表明,政府采购制度越完善,其宏观调控作用也越明显。这也是各国重视政府采购制度的原因所在。政府采购发挥宏观调控作用的基础是,将政府机构作为一个消费者对待,采购资金就具备了规模,通过政策引导,使之在实现国家的经济和社会发展政策等方面发挥合力作用。政府采购作为政府的宏观调控手段,与市场经济的特点是紧密相关的。在市场经济条件下,市场在资源配置上起决定性作用,社会资源虽然很多,但政府真正能调控的非常有限。为了弥补市场缺陷,政府必须用有限的资源进行调控。为了最大限度地发挥有限资源的力度,政府在配置资源时不仅靠分配,通过政府采购进行引导也是主要方面之一,以采购的形式从资金上给予支持。

发挥政府采购的宏观调控作用,是国际上的通行做法。在国际上,利用政府采购实施的经济和社会政策目标很多。主要有:购买国货,支持本国企业发展。促进就业,要求拿到一定规模采购合同的企业,必须安排一定数量的失业人员。保护环境。如我国的香港特区鼓励采购再生纸张。我国政府采购还有待完善,尤其应加强政府采购的宏观调控职能。

(五) 政府采购合同的性质

在政府采购法起草过程中,对于政府采购合同的性质问题,有两种意见:一种意见认为,政府采购合同是一种公法性质的行政合同。其理由是,政府采购合同具有不同于普通民事合同的特殊规则和法律效果,主要体现在采购人在合同履行过程中的特殊权利和相应的特殊法律救济手段上。在政府采购合同履行中,当终止合同有利于公众的利益时,政府有权终止合同,政府出于公共利益而终止政府采购合同不受违约责任惩罚,但必须补偿供应商因此受到的损失。另一种意见认为,政府采购本身是一种市场交易行为,在采购合同订立过程中,不涉及行政权力的行使,购销双方的法律地位是平等的,因此,政府采购合同一般应作为民事合同。基于政府采购活动的行为特征,并且从更充分地体现公正、公平原则考虑,最终采纳了后一种意见,确认政府采购合同为民事合同,应当适用合同法。但是,由于政府采购资金属于财政性资金,采购的目的是为了公共事务,政府采购还具有维护公共利益、加强财政支出管理、抑制腐败等功能,因此,政府采购合同又不完全等同于一般的民事合同。据此,在明确适用合同法的前提下,对政府采购合同订立、效力、变更、终止等有关特殊问题作出了必要的规定。

政府采购项目的采购合同自签订之日起7个工作日内,采购人应当将合同副本报同级政府采购监督管理部门和有关部门备案。政府采购合同应当采用书面形式,并在合同条文中须有必备条款。所谓必备条款是国务院政府采购监督管理部门会同国务院有关部门,规定政府采购合同必须具备的条文内容。无此必备条款则双方签订的合同无效。采购人与中标、成交供应商应当在中标、成交通知书发出之日起30日内,按照采购文件确定的事项签订政府采购合同。中标、成交通知书对采购人和中标、成交供应商均具有法律效力。中标、成交通知书发出后,采购人改变中标、成交结果的,或者中标、成交供应商放弃中标、成交项目的,应当依法承担法律责任。政府采购合同履行中,采购人需追加与合同标的相同的货物、工程或者服务的,在不改变合同其他条款的前提下,可以与供应商协商签订补充合同,但所有补充合同的采购金额不得超过原合同采购金额的10%。政府采购合同的双方当事人不得擅自变更、中止或者终止合同。政府采购合同继续履行将损害国家利益和社会公众利益的,双方当事人应当变更、中止或者终止合同。有过错的一方应当承担赔偿责任,双方都有过错的,各自承担相应的责任。

(六) 几种主要的政府采购方式

政府采购方式分为公开招标、邀请招标、竞争性谈判、单一来源采购、询价和国务院政府采购监督管理部门认定的其他采购方式。开展政府采购活动时,必须采用规定的采购方式以及国务院政府采购监督管理部门认定的其他采购方式，不得采用规定以外的方式。公开招标是政府采购主要采购方式，与其他采购方式不是并行的关系。政府采购监督管理部门在审批公开招标以外其他采购方式以及未达到公开招标数额标准，可以采取其他采购方式的，必须按照规定的适用情形选择相应的采购方式。如果采用五种特定采购方式以外的其他采购方式，必须报国务院政府采购监督管理部门认定。

公开招标最能体现充分竞争和"三公原则"的采购方式，但是，正是由于竞争最充分也造成公开招标采购方式与其他采购方式相比，存在着程序环节多，采购周期长，费用较高等缺陷。

邀请招标，也称选择性招标，由采购人根据供应商或承包商的资信和业绩，选择一定数目的法人或其他组织（不能少于三家），向其发出招标邀请书，邀请他们参加投标竞争，从中选定中标的供应商。这种采购方式具有以下特点：一是发布信息的方式为投标邀请书；二是采购人在一定范围内邀请供应商参加投标；三是竞争范围有限，采购人只要向三家以上供应商发出邀请标书即可；四是招标时间大大缩短，招标费用也相对低一些；五是公开程度逊色于公开招标。

竞争性谈判，是指采购人或代理机构通过与多家供应商（不少于三家）进行谈判，最后从中确定中标供应商。在一些情况下，采购对象的性质或采购形势的要求，公开招标方式并不是实现政府采购经济有效目标的最佳方法，必须采用其他采购方式予以补充，其中竞争性谈判采购是一种主要方法。

单一来源采购，也称直接采购，它是指达到了限额标准和公开招标数额标准，但所购商品的来源渠道单一，或属专利、首次制造、合同追加、原有采购项目的后续扩充和发生了不可预见紧急情况不能从其他供应商处采购等情况。该采购方式的最主要特点是没有竞争性。

询价采购就是采购人向有关供应商发出询价通知书让其报价，然后在报价的基础上进行比较并确定最优供应商的一种采购方式。与其他采购方式相比有以下两个明显特征：一是邀请报价的供应商数量应至少有三家；二是只允许供应商报出不得更改的报价。这种方法，适用于采购现成的而并非按采购人要求的特定规格特别制造或提供的标准化货物，货源丰富且价格变化弹性不大的采购项目。

（七）政府采购具体制度

1. 采购预算制度

依照批准的预算进行采购是政府采购制度的基础。明确政府采购要纳入预算，政府采购活动应当严格按照预算规定的用途和核定的金额执行。加强采购的计划性管理，以解决过去随意采购、监督缺乏依据、不能形成规模采购效益等问题。一是政府采购资金是国家财政预算资金，预算资金的支出使用必须要有预算，这就决定了政府采购也必须实行预算管理，与预算资金的执行有机地结合。二是国库集中收付制度改革客观上要求政府采购要有预算，以便为实行财政直接拨付办法提供支付依据。三是为了有效地全过程监督政府采购行为，也必须要编制政府采购预算。

政府采购实行集中采购和分散采购相结合。集中采购的范围由省级以上人民政府公布的集中采购目录确定。属于中央预算的政府采购项目，其集中采购目录由国务院确定并公布；属于地方预算的政府采购预算项目，其集中采购目录由省、自治区和直辖市人民政府或者其授权的机构确定并公布。纳入集中采购目录的政府采购项目，应当实行集中采购。

2. 采购国货制度

政府采购资金来源于民，也应当用之于民，即通过采购本国货物、工程和服务，支持国内企业的发展，维护公共利益和国家利益。利用政府采购手段保护国内产业，支持国内发展，是国际通行做法。澳大利亚的悉尼市为举办2000年奥运会建设了大量的体育场馆，根据澳大利亚政府规定，所有场馆必须由本国企业承建。美国1933年颁布的《购买美国产品法》（涉及美国政府采购的法律之一）开宗明义规定"扶持和保护美国工业、美国人和美国投资资本"，并规定联邦各政府机构除特殊情况外，必须购买国内产品，工程和服务必须由国内供应商提供。

采购外国货物、工程和服务，各个国家都不可避免，但由于对外采购在一定程序上影响了国内企业发展，有损公共利益和国家利益。采购外国货物、工程和服务的情形如下：（1）需要采购的货物、工程或者服务在中国境内无法获取或者无法以合理的商业条件获取的；（2）为在中国境外使用而进行采购的；（3）其他法律、行政法规另有规定的。所称本国货物、工程和服务的界定，需要依照国务院有关规定执行。在以上三种情形下，中标的外国货物、工程和服务供应商，必须给予必要的补偿，即政府采购补偿交易，具体形式有：规定购买国内产品的比率、转移技术、在国内投资、协助本地产品外销或其他类似条件等。

3. 回避制度

在政府采购活动中，采购人员及其相关人员与供应商有利害关系的，必须回避。相关人员，包括招标采购中评标委员会的组成人员，竞争性谈判采购中谈判小组的组成人员，询价采购中询价小组的组成人员等。如果采购人员及相关人员与参加当次采购的供应商存在关系却不自觉回避的，其他供应商可以向采购执行机构提出申请。采购执行机构在核实情况属实时，应当责令其回避。

4. 监督制度

首先是行政监督。各级人民政府财政部门是负责政府采购监督管理的部门，依法履行对政府采购活动的监督管理职责。各级人民政府其他有关部门依法履行与政府采购活动有关的监督管理职责。另外，国务院有关负责招投标活动行政监督的部门以及审计机关和监察机关也要承担相应的监督职责。审计机关主要负责对政府采购监督管理部门、政府采购各当事人有关政府采购活动进行审计监督。审计监督属于事后监督，监督重点是采购资金使用的合法性及有关财经纪律问题。监察机关主要负责对参与政府采购活动的国家机关、公务员和国家行政机关任命的其他人员实施监察。监察机关的监督也属于事后监督，监督重点是政府采购及公职人员的行为。其次是内部监督。集中采购机构应当建立健全内部监督管理制度。采购活动的决策和执行程序应当明确，并相互监督、相互制约。经办采购的人员与负责采购合同审核、验收人员的职责权限应当明确，并相互分离。最后是社会监督。任何单位和个人对政府采购活动中的违法行为，有权控告和检举，有关部门、机关应当依照各自职责及时处理。

5. 供应商资格审查制度

对供应商进入政府采购市场作出资格要求规定的主要原因有三：一是政府采购项目都是为了满足政府机构更好地提供社会公共服务的需要，必须保证效率和质量。因此，对供应商要提出能力要求，包括生产能力、制造能力、供货能力、提供服务能力等。二是政府采购机构多为政府机构，是法律和制度的制定和执行者，因此，在采购活动中，应当率先做到自觉遵纪守法，维护社会公共利益和国家利益，鼓励诚信，为社会公众起示范和带头作用，包括不能采购有违法乱纪行为的供应商的产品，否则就是对这类企业的认同和纵容。三是从源头上促进公平竞争。政府采购要求做到公平交易，但这种公平不只是交易环节的公平，而是从源头上就要做到公平，使供应商在同等条件下进行公平竞争。

供应商参加政府采购活动应当具备下列条件：（1）具有独立承担民事责任的能力；（2）具有良好的商业信誉和健全的财务会计制度；（3）具有履行合同所必需的设备和专业技术能力；（4）有依法缴纳税收和社会保障资金的

良好记录；(5) 参加政府采购活动前 3 年内，在经营活动中没有重大违法记录；(6) 法律、行政法规规定的其他条件。采购人可以根据采购项目的特殊要求，规定供应商的特定条件，但不得以不合理的条件对供应商实行差别待遇或者歧视待遇。

供应商资格审查方式主要有两种：一种是集中审查，主要是政府采购主管机构统一审查资格，合格供应商列入供应商库，供应商可以随时向主管机构申请审查。进入供应商库的供应商的有效期一般不超过 3 年，然后进行重新审查。在有效期内，违反有关规定的供应商将被除名，并禁止在一定时期内参加政府采购活动。一种是分散审查，即由各采购单位自行审查。

6. 供应商救济制度

在政府采购活动中，采购人往往处在主动地位，而供应商则相对比较被动。采购人发布的采购信息包括采购的对象、采购的标准、供应商的准入条件、实行的采购方式等多项因素。这些因素有的可能比较简单；有的可能不够清晰；有的在采购实施过程中，采购人的一些做法不够透明；中标、成交有了结果后，由于多种因素的影响，可能会导致参加采购的供应商不能及时了解整个有关政府采购信息和情况。在上述各种情况发生后，基于供应商的被动角色，就有可能对供应商产生不利影响。从维护供应商合法权益的角度出发，赋予供应商以询问权就显得很有必要。供应商对政府采购活动事项有疑问的，可以向采购人提出询问，采购人应当及时作出答复，但答复的内容不得涉及商业秘密。由于代理机构是受采购人委托进行采购，是委托代理关系，所以，询问对象为采购人，而不是采购代理机构。如果询问超过供应商自身内容，或者涉及其他供应商的商业秘密，采购人有权不予答复。

供应商认为采购文件、采购过程和中标、成交结果使自己的权益受到损害的，可以在知道或者应知其权益受到损害之日起 7 个工作日内，以书面形式向采购人提出质疑。供应商提出质疑，就必须有认为采购文件、采购过程和中标、成交结果使自己的权益受到损害的事实和理由。如果采购文件、采购过程和中标、成交结果与质疑供应商没有关系，或者供应商没有提出采购文件及采购过程和中标、成交结果使自己的权益受到损害的事实与理由，供应商不宜提出质疑，采购人可以不受理这种情况的质疑。需要注意的是，提出质疑是供应商的一项法定权利，只要符合规定条件，即供应商认为采购文件、采购过程和中标、成交结果使自己的权益受到损害，就可以向采购人提出质疑。采购人应当在收到供应商的书面质疑后 7 个工作日内作出答复，并以书面形式通知质疑供应商和其他有关供应商，但答复的内容不得涉及商业秘密。

质疑供应商对采购人、采购代理机构的答复不满意或者采购人、采购代理机构未在规定的时间内作出答复的，可以在答复期满后15个工作日内向同级政府采购监督管理部门投诉。所谓答复期满，是指采购人、采购代理机构收到供应商书面质疑后的7个工作日已经到期，采购人、采购代理机构仍然没有作出答复。政府采购监督管理部门应当在收到投诉后30个工作日内，对投诉事项作出处理决定，并以书面形式通知投诉人和与投诉事项有关的当事人。政府采购监督管理部门在处理投诉事项期间，可以视具体情况书面通知采购人暂停采购活动，但暂停时间最长不得超过30日。这一规定赋予政府采购监督管理部门在暂停采购中以较大的自由裁量权。

投诉人对政府采购监督管理部门的投诉处理决定不服或者政府采购监督管理部门逾期未作处理的，可以依法申请行政复议或者向人民法院提起行政诉讼。

（八）违反政府采购法的法律责任

1. 采购人与采购机构

采购人对应当实行集中采购的政府采购项目，不委托集中采购机构实行集中采购的，由政府采购监督管理部门责令改正；拒不改正的，停止按预算向其支付资金，由其上级行政主管部门或者有关机关依法给予其直接负责的主管人员和其他直接责任人员处分。

采购人未依法公布政府采购项目的采购标准和采购结果的，责令改正，对直接负责的主管人员依法给予处分。

采购人、采购代理机构违反本法规定隐匿、销毁应当保存的采购文件或者伪造、变造采购文件的，由政府采购监督管理部门处以2万元以上10万元以下的罚款，对其直接负责的主管人员和其他直接责任人员依法给予处分，构成犯罪的，依法追究刑事责任。

采购代理机构在代理政府采购业务中有违法行为的，按照有关法律规定处以罚款，可以依法取消其进行相关业务的资格，构成犯罪的，依法追究刑事责任。

2. 供应商

供应商有下列情形之一的，处以采购金额5‰以上10‰以下的罚款，列入不良行为记录名单，在1~3年内禁止参加政府采购活动，有违法行为的，并处没收违法所得，情节严重的，由工商行政管理机构吊销营业执照；构成犯罪的，依法追究刑事责任：（1）提供虚假材料谋取中标、成交的；（2）采取不正当手段诋毁、排挤其他供应商的；（3）与采购人、其他供应商或者采购代理机构恶意串通的；（4）向采购人、采购代理机构行贿或者提供其他不正当利益的；（5）在招标采购过程中与采购人进行协商谈判的；（6）拒绝有关部门监督检查或者提供虚假情况的。供应商有前款第（1）项至第（5）项情形之一的，中标、成交无效。

3. 政府采购监督部门

政府采购监督管理部门的工作人员在实施监督检查中违反规定滥用职权，玩忽职守，徇私舞弊的，依法给予行政处分；构成犯罪的，依法追究刑事责任。

政府采购监督管理部门对供应商的投诉逾期未作处理的，给予直接负责的主管人员和其他直接责任人员行政处分。

政府采购监督管理部门对集中采购机构业绩的考核，有虚假陈述，隐瞒真实情况的，或者不作定期考核和公布考核结果的，应当及时纠正，由其上级机关或者监督机关对其负责人进行通报，并对直接负责的人员依法给予行政处分。集中采购机构在政府采购监督管理部门考核中，虚报业绩，隐瞒真实情况的，处以2万元以上20万元以下的罚款，并予以通报；情节严重的，取消其代理采购的资格。

4. 其他

任何单位或者个人阻挠和限制供应商进入本地区或者本行业政府采购市场的，责令限期改正；拒不改正的，由该单位、个人的上级行政主管部门或者有关机关给予单位责任人或者个人处分。

政府采购当事人的违法行为给他人造成损失，应依照有关民事法律规定承担民事责任。

当前政府采购制度改革尚处在不断推进的阶段，许多问题仍然需要在实践中逐步探索。作为政府采购的基本法律，政府采购法的规定一般比较原则，在实施中需要制定相应的具体办法，比如本国货物、工程和服务的界定标准等，都需要进一步明确。2011年1月11日，国务院法制办在其网站上公布《中华人民共和国政府采购法实施条例（征求意见稿）》。这份征求意见稿在政府采购的范围、采购当事人、采购方式以及程序、采购合同等方面都作出了更细致的规定和规范。实施条例出台后，将为进一步规范我国政府采购行为提供指引。

二、案例分析

【案例】

夷陵:"灵活"运用采购方式获成效①

2008年4月12日,受宜昌市夷陵区小溪塔街道卫生院的委托,宜昌市夷陵区公共资源交易中心就宜昌市夷陵区小溪塔街道卫生院的黑白台式B超设备进行了公开招标,经过本中心和专家评委的共同努力,B超设备招标取得了较圆满的成功,为"灵活"运用政府采购方式提供了有益的范例。

招标经过和效果:根据宜昌市夷陵区小溪塔街道卫生院的黑白台式B超设备需求,夷陵区公共资源交易中心在制作招标文件时降低了资格门槛,取消了品牌代理授权书,并在夷陵区公共资源交易网、湖北省政府采购网和中国政府采购网等渠道发布了该项目的公开招标信息。同时,在夷陵区公共资源交易网也发布了该项目的公开招标文件。2008年5月10日上午9:00,夷陵区公共资源交易中心严格遵照招标文件规定的开标时间在本中心开标厅对该项目举行了公开开标。开标会全过程在相关部门的监督下进行。在开标前,经过20天的准备工作,区公共资源交易中心工作人员对采购人提供的产品进行了较细致的咨询及调研工作,为专家评委的评标提供了产品的相关信息资料;开标后,区公共资源交易中心严格按照评标程序步骤,认真组织专家评委对该项目进行评审。评审结束后,中心工作人员当场宣布了本项目经专家评委推荐确定的第一中标候选人(即最低投标报价人)。结果公示5天后,2008年5月16日,采购人与第一中标候选人在夷陵区公共资源交易中心的组织下,顺利签订了该项目政府采购合同。采购单位感慨地说:"此次招标活动不仅公平、公正、公开。还为我们直接节约资金4.8万元,相当医院销售35万元药品的利润。"

【问题聚焦】

如何理解政府采购制度的经济法价值?政府采购制度对于政府的职能定位与角色转型有何影响?

---

① 资料来源:中国政府采购网,http://www.ccgp.gov.cn/cgzn/alfx/201009/t20100928_1099269.shtml,2011年9月2日访问。

【法律剖析】

本案例主要体现了政府采购制度的工具理性价值,其彰显的政府采购制度的基本功能在于:(1)节约公共资金支出。建立公共采购制度最直接的意义就是强化公共资金的支出管理,实现节约公共资金支出、花最少的钱办最好的事的宗旨,维护国家和纳税人的利益。(2)提高社会竞争意识。政府采购要求在当事人之间充分、公平地竞争签订采购合同,竞争机制在实际采购过程中得到广泛运用,可以潜移默化地强化政府机关、供应商以及社会成员的竞争意识。(3)改善政府管理,促进社会和谐。政府采购制度能够促使政府自身重视公共服务的效率、效果和质量,取消公共服务供给的垄断性,让更多的私营部门参与公共服务的供给,从而促进管理模式的改善,显然对社会和谐具有促进作用。①

除此之外,政府采购还有递进功能,主要表现在:(1)促进宏观调控。有学者专门就政府采购的宏观调控功能进行了分析,认为该功能包括促进国民经济的运行、促进产业结构的调整、实现政府的某些特定社会经济目标。②(2)辅助经济政策的实现。对此,我国《政府采购法》第9条规定:"政府采购应当有助于实现国家的经济和社会发展目标,包括环境保护、扶持不发达地区和少数民族地区,促进中小企业发展等。"(3)促进国家廉政建设。实行政府统一采购,特别是在采购中引入竞争机制,透明度高,有一套严密的程序,坚持了公开、公平、公正的竞争原则,加上内部制约、外部审计和商家投诉相结合的监督机制,能够切实有效地消除采购过程中的幕后交易、"暗箱操作"等各种腐败现象。在本案例中,夷陵区"灵活"运用政府采购的做法,让投标人亲身感受到了夷陵区公共资源交易中心在采购过程中的公正、公开。夷陵区小溪塔街道卫生院能把招标的竞争机制引入医疗设备采购中,是医疗设备招标服务于政府采购的有益尝试,既为全面推动夷陵区乡镇卫生院医疗设备招标工作作了表率,又在廉政建设工作中带了一个好头。

三、深度拓展思考题

1. 关于军事采购的规范性文件与《政府采购法》在法律适用上是什么关系?

---

① 参见姚文胜:《政府采购法律制度研究》,法律出版社2009年版,第23~25页。
② 参见翟景明、王文利:《政府采购制度的宏观调控功能》,载《中国政府采购》2003年第4期。

2. 如何看待政府采购合同的性质，它是民事合同、经济合同还是行政合同？

3. 在宏观调控法体系中政府采购法如何定位？

第十五章 税　　法

[本章知识结构图]

$$
\text{税法}\begin{cases}\text{税法基本原理}\begin{cases}\text{税收法定主义}\\\text{税收立法权}\end{cases}\\\text{纳税人权利保护}\begin{cases}\text{纳税人权利的类型}\\\text{纳税人权利保护的路径}\end{cases}\\\text{流转税法}\begin{cases}\text{流转税的概念与分类}\\\text{增值税转型与扩围}\end{cases}\\\text{所得税法}\begin{cases}\text{个人所得税与企业所得税}\\\text{我国个人所得税法的改革}\end{cases}\\\text{税收程序法}\begin{cases}\text{纳税人诉讼的性质与依据}\\\text{纳税人诉讼的实现机制}\end{cases}\end{cases}
$$

第一节　税法基本原则

一、知识点精解

(一) 我国税收法定主义概述

1. 税收法定主义概述

税收法定主义又称为租税法律主义或税捐法定主义，是指税法主体的权利义务必须由法律加以规定，税法的各类构成要素都必须且只能由法律明确规定；征纳主体的权利义务只以法律规定为依据，没有法律依据，任何主体不得征税或减免税收。[1] 税收法定主义是税法至为重要的原则，或称税法的最高法

---

[1] 参见张守文：《税法原理》，北京大学出版社2009年版，第33页。

律原则,① 是民主法治原则等现代宪法原则在税法上的体现,对保障人权、维护国家利益和社会公益具有重要的价值和作用。

从逻辑上讲,"法定原则"历来是法律的基本原则。尤其是在公法领域,这一点表现得尤甚,如罪刑法定原则、税收法定原则。之所以强调法定原则,是源于保护人民权利,限制国家权力,通过对国家权力的法定限制,来保障人民权利。相对于其他法定原则,税收法定原则的价值更为凸显。因为,税收关乎国家征税权与国民财产权,国家征税权之于国家、国民财产权之于国民都是至为重要的权力(利),是一切权力(利)的前提和基础。从这一点来说,税收法定不仅有着重要的权利保障功能,而且是宪法两大对立权力(力)的核心枢纽,具有重要的宪政契机。在制度发生学的意义上,税收法定源于"无代表不纳税"思潮和"议会保留原则"精神,是市民阶级反对封建君主恣意征税的产物。在"无代表不纳税"思潮影响下,政府的征税必须经国民的同意,如果不经国民选举代表组成的代议制机关表决通过,政府不享有征税权。可以说,税收法定开启宪政法治的源头,奠定了现代宪政法治的基石。"税收法定对法治主义起到先导和核心作用。"② 因此,税收法定主义不仅是税法的基本原则,也是法治、宪政的基本原则。

2. 我国税收法定主义的法律属性

从法律渊源上看,我国的税收法定主义包含在以下法律规范中。一是《宪法》。《宪法》第 56 条规定,中华人民共和国公民有依照法律纳税的义务。如果从税收法定的财产权保障这一根本意旨上看,《宪法》关于财产权保障条款也是税收法定主义原则的法律渊源。具体而言,《宪法》第 13 条规定,公民合法的私有财产不受侵犯。国家依照法律规定保护公民的私有财产权和继承权。二是《立法法》。《立法法》第 8 条规定,"下列事项只能制定法律:……(八)基本经济制度以及财政、税收、海关、金融和外贸的基本制度……"另外,《立法法》第 9 条规定,"本法第八条规定的事项尚未制定法律的,全国人民代表大会及其常务委员会有权作出决定,授权国务院可以根据实际需要,对其中的部分事项先制定行政法规"。三是《税收征管法》。《税收征管法》第 3 条规定,税收的开征、停征以及减税、免税、退税、补税,依照法律的规定

---

① 参见[日]中川一郎:《税法学体系总论》,载《当代公法理论》,台湾月旦出版公司 1993 年版,第 607 页。

② [日]金子宏:《日本税法原理》,刘多田等译,中国财政经济出版社 1989 年版,第 48 页。

执行;法律授权国务院规定的,依照国务院制定的行政法规的规定执行。任何机关、单位和个人不得违反法律、行政法规的规定,擅自作出税收开征、停征以及减税、免税、退税、补税和其他同税收法律、行政法规相抵触的决定。另外,值得注意的是,20世纪80年代的两次授权立法,一次是1984年六届全国人大常委会第七次会议通过的《全国人大常委会关于授权国务院改革工商税制发布有关税收条例草案试行的决定》,文件指出,根据国务院的建议,决定授权国务院在实施国营企业利改税和改革工商税制的过程中,拟定有关税收条例,以草案形式发布试行,再根据试行的经验加以修订,提请全国人民代表大会常务委员会审议。另一次是1985年六届全国人民代表大会第三次会议通过的《六届全国人大三次会议关于授权国务院在经济体制改革和对外开放方面可以制定暂行的规定或者条例的决定》,文件也作出类似的规定。虽然有学者指出,两次授权决定是根据当时经济社会对法律发展需要作出的临时性决议,具有一定的历史时效性,授权的范围过于宽泛。并且,此两决定后,产生大量的税收授权立法,由此形成了由国务院及其职能部门主导立法,以税收法规、规范性文件等构成税法体系的现实格局,等等。但是,笔者认为,在当时的特定背景下,这种做法恰恰是税收法定意识的体现和要求。正是因为国务院意识到税收理应制定法律,而当时并不具备相应的条件,所以才会请求全国人大常委会授权,要求通过行政法规先行规定,再逐渐总结经验,将其上升为法律。同时,通过人大及常委会的授权立法,并辅之以对立法文件予以审批等手段,已代表了全国人大及常委会的立法意志和要求,实际上符合税收法定主义的精神内核。

  以上是税收法定主义的实定法渊源。但是,关于税收法定主义是否构成我国税法乃至宪政法治的基本原则尚存争议。有学者指出,我国尚没有确定税收法定主义法律原则。首先,《宪法》第56条不足以成为税收法定的法律依据,从文义解释的角度,依"法律"纳税的义务并不仅指立法机关制定的"法律"。关于宪法文本中的"法律",有学者指出可能指宪法、法律、行政法规等几种规范形式;[①] 另外,宪法中仅规定依法纳税的"义务",而税收法定的实质和核心精神是纳税人权利保护,第56条不具有税收法定主义的应有功能和作用。从体系解释的角度,第56条在宪法文本中规定在'公民的权利和义

[①] 参见韩大元、王贵松:《中国宪法文本中的"法律"》,载《法学家》2005年第2期。

务'一章,并非规定在总纲或国家机构一章中,因而很难说是对税收立法权的限制,只能说是对纳税人义务的确认。① 其次,《立法法》也没能坚守税收法定主义的制度主张。《立法法》第8条将税收方面的基本制度列入只能制定法律的范围,对税收立法权赋予严格的法律保留,这一点与税收法定主义的主张是一致的。但是,《立法法》第9条又规定将第8条的"部分事项"允许立法机关授权国务院制定行政法规。而由于对"基本制度"、"部分事项"缺乏严格详细的区分和解释,实际上给税收行政立法预留了很大的缺口。再次,《税收征管法》也不足以成为税收法定主义的法律依据。《税收征管法》仅是税收程序法,规定税收确定和税收征收之法,相对于税收立法、税收实体法仅是辅助性内容。税收程序法中规定的税收法定不足以涵盖整个税法规范,也不足以成为辐射税法立法、执法、司法的税法基本原则。

但是,有学者主张我国立法已经确立了税收法定主义。该学者指出,我国法律虽然没有明文规定税收法定主义,但是综合几部关于税收立法的规定可以看出,我国已经确定了税收法定主义,并且是宪法层次上的基本原则。宪法的根本目的是保护公民的基本权利,而《宪法》第13条已经确立了"公民的合法的私有财产不受侵犯"。税收是对公民基本财产权的侵犯,它直接导致财产的损失和减少。如果不是基于公民的"同意",这种侵犯显然是非法的。正如英美税收法定主义经验所示,这种"同意"一般通过代议制机关立法的形式进行。公民的财产权不可侵犯意味着任何的侵犯财产权应经过人民的"同意",表现为代议制机关经立法同意。正因为如此,《宪法》第13条及第56条既是对公民纳税义务的确认,也是对国家课税权的限制。《宪法》第56条可以成为税收法定主义的最高法律依据,而《立法法》、《税收征管法》是从各自不同的角度体现税收法定主义的要求。②

(二)税收法定主义的制度功能:以税收立法权为例

毋庸讳言,强调税收法定,旨在通过法定限制政府征税权、保障公民的财产权。这也是税收所具有的法治、宪政意义的关键所在。具体在制度层面上,税收法定主义的核心功能是控制税收立法权。

---

① 参见刘莘、王凌光:《税收法定与立法保留》,载《行政法学研究》2008年第3期。

② 参见刘剑文、熊伟:《税法基础理论》,法律出版社2004年版,第106~109页。

税收法定主义原则上要求税收立法权只能由代议制机关享有，其他任何机关、部门不得享有和行使。否则，纳税人不负担任何纳税义务，税务机关不享有征税权。其背后的法理在于，对剥夺人民财产权的税收应由人民选举体现人民意志的代议机关决定，人民财产权的让渡由人民自己决定或经人民同意，只有人民通过立法决定的税收，政府才享有征税权，人民才承担税收的义务。这也即是"无代表不纳税"。在形式上，税收立法权由代议制机关享有，税收法定主义的"法"应是"基本法律或法律"。

但是，税收立法由代议机制机关制定也并非绝对。现代市场经济日趋复杂，各国更注重借以税收手段调控经济。为了适应经济变动的形势，税收立法上的委任立法或授权立法日益盛行。但是，授权立法或委任立法仅是权宜之计，税收立法由代议制机关享有仍是不二选择。有鉴于此，必须加强对税收授权立法的限制。一般而言，事关课税基本要素的事项仍坚持严格的法律保留，授权的行政机关只能制定实施细则，以及在某些方面制定具体化规范。此外，代议制机关授权行政机关税收立法，在授权的法律或决定中，应明确地规定授权的内容、目的、期限、范围等，不能空白授权，经授权的行政机关也不得转授权。我国《立法法》第10条规定，授权决定应当明确授权的目的、范围，被授权机关应当严格按照授权目的和范围行使该项权力，被授权机关不得将该项权力转授给其他机关。另外，关于被授权主体，《立法法》第9条规定，本法规定的事项尚未制定法律的，全国人民代表大会及其常务委员会有权作出决定，授权国务院可以根据实际需要，对其中的部分事项先制定行政法规，但是有关犯罪和刑罚、对公民政治权利的剥夺和限制人身自由的强制措施和处罚、司法制度等事项除外。可见，被授权主体只能是国务院，其他行政机关不能成为授权立法的主体。

鉴于以上分析，税收法定主义的主要制度功能是控制税收立法。从相关法律规定可以看出，我国的税收立法权主体包括全国人大及其常委会，而且包括依据税收授权立法的国务院，除此之外，任何机关不享有税收立法权，全国人大及其常委会、国务院也不得授权其他机关立法，否者，授权及相关规范性文件无效。税收法定主义的"法"不仅包括"法律"，还包括"行政法规"。即一切税收事项应该由法律和行政法规规定，只有符合法律、行政法规的规定，税收行为才是合法的。任何违背税收法律、法规的决议或决定，都是无效的。

二、案例分析

【案例】

税收法定：沪渝房产税试点合法吗？

2011年1月27日，上海市政府发布《上海市开展对部分个人住房征收房产税试点的暂行办法》（沪府发〔2011〕3号），决定对本市居民新购房且属于第二套及以上居民住房和非本市居民新购住房开征房产税。无独有偶，重庆市政府于当日发布《重庆市关于开展对部分个人住房征收房产税改革试点的暂行办法》（渝府令〔2011〕247号），对独栋别墅、高档公寓以及无工作户口无投资人员所购二套住房开征房产税。两地决定均于次日正式生效实施。

据沪渝房产税试点暂行办法规定，此次房产税试点是根据国务院第136次常务会议有关精神而推行的。据悉，国务院第136次常务会议同意在部分城市进行对个人住房征收房产税改革试点，具体征收办法由省级政府自行制定。但迄今为止，国务院第136次常务会议的决议尚未公开，有关房产税试点的公告也未见诸报端。并且，同是由国务院制定的《房产税暂行条例》规定，房产税征收对象是城市、县城、建制镇和工矿区的房产，但对个人所有非营利房产属免税对象。而沪深两地房产税规定直指个人所有非营利性住房，与《房产税暂行条例》规定相冲突。可见，有关房产税试点合法性问题也渐次显露出来。

据了解，相关学者已对此次房产税试点提出了合法性质疑。2011年2月21日，武汉大学法学院熊伟教授联合国内十多位税法专业教授向全国人大常委会寄送了《关于提请对房产税改革试点进行合法性审查的建议》，质疑国务院同意在部分城市进行对个人住房征收房产税改革试点的做法，建议全国人大常委会对其合法性加以审查，并督促国务院依照法律规定，以合法的形式推动房产税改革试点。

【问题聚焦】

如何理解房产税改革试点违法性的边界？

【法律剖析】

（一）税收法定主义与房产税试点的合法性缺陷

1. 沪深房地产试点违反《立法法》关于禁止转授权的规定

我国房产税属于授权立法开征的税种，现行《房产税暂行条例》是国务院经授权立法的产物。1985年六届全国人大三次会议决定，授权国务院对于有关经济体制改革和对外开放方面的问题，必要时可以根据宪法，在同有关法律和全国人大及其常委会的有关决定的基本原则不相抵触的前提下，制定暂行的规定或者条例，颁布实施，并报全国人大常委会备案。据此，国务院制定了一系列税收暂行条例，包括1986年的《房产税暂行条例》。

而此次沪深两地房产税试点实际上是国务院对地方政府的授权。《重庆市关于开展对部分个人住房征收房产税改革试点的暂行办法》（渝府令〔2011〕247号）、《上海市开展对部分个人住房征收房产税试点的暂行办法》（沪府发〔2011〕3号）都声明，根据国务院第136次常务会议有关精神制定该办法。可见，此次两地房产税试点，属于国务院对地方政府的授权。

按照《立法法》第10条禁止立法转授权的规定，国务院无权将全国人大的立法授权转授予地方政府。可以认定的是，国务院的此次转授权是违背《立法法》规定的，应属于无效行为。而重庆和上海根据国务院授权而制定的房产税暂行办法，也不应该具备法律效力。

2. 沪深房产税暂行办法违反《房产税暂行条例》和《税收征收管理法》的规定

此次沪深两地房产税试点方案的最大特点，是对个人所有非营利性住房开征房产税。而根据《房产税暂行条例》第5条的规定，个人所有非营利房产是免税房产。按《立法法》第79条的规定，行政法规的效力高于地方性法规、规章。两地暂行条例属于地方政府规章，都不能与《房产税暂行条例》相冲突。既然《房产税暂行条例》规定个人所有非营利房屋免税，重庆市和上海市政府就无权对其征税。不仅如此，将来任何地方政府发布的房产税征税方案都属无效。

从内容上看，两地房产税暂行办法也与《房产税暂行条例》相抵触。《房产税暂行条例》规定，房产按其余值或租金征税。这种规定适用于所有房产，包括应税房产，也包括免税房产。然而，观察沪深房产税征税方案可以发现，其要么规定按房产交易价格征税，要么规定按照房产评估价格征税，没有遵守《房产税暂行条例》中按房产余值或租金征税的规定。这显然是违背《房产税暂行条例》的，理应无效。

此外，沪深两地房产税暂行办法也违背了《税收征收管理法》的规定。按《税收征收管理法》第3条的规定，税收的开征、停征以及减税、免税、退税、补税，依照法律的规定执行；法律授权国务院规定的，依照国务院制定的行政法规的规定执行。个人所有非营利房屋是否征税,目前没有法律直接规定,而是根据国务院《房产税暂行条例》的规定。税务机关征税时,也应按照《房产税暂行条例》的规定。沪深两地房产税暂行条例既不是法律,也不是国务院根据授权制定的行政法规,仅仅是地方政府的行政规章或规范性文件,不能成为税务机关的执法依据。如果税务机关据此执法,明显与《税收征收管理法》上述规定相冲突。

综上而言,国务院同意在部分城市进行对个人住房征收房产税改革试点,违反了《立法法》关于不得转授权立法的规定;沪深两地房产税试点方案违反了《房产税暂行条例》,应属无效;按照《税收征收管理法》第3条的规定,沪深房产税暂行条例不能成为税务机关的执法依据,纳税人不承担相应的纳税义务。

(二) 税收法定主义与房产税试点的合法性重构[①]

此次房产税改革,只局限于上海和重庆两地,且通过试点的方式推行。改革试点是我国长期以来的惯例。通过局部地区或行业的试点,决策机关可以总结经验和教训,再形成成熟方案,向更大的范围推广。但是,即使是改革试点,也必须在法律、行政法规的框架内进行,不能逾越法律、行政法规的规定。此次房产税试点,虽然只可能影响一部分纳税人利益,但不能因为试点方案只影响部分人的利益,就可以不遵守法律、行政法规的规定。

房产税改革试点必须满足最低程度的法治要求。有鉴于此,为矫正现行房产税试点合法性缺陷,有两种方案可供选择。一是由全国人大常委会授权国务院,允许其批准省级政府针对个人所有非营利房产进行房产税征收改革,具体征收办法由试点省级政府自行制定。有了此项授权,国务院允许地方政府试点房产税改革就不再是转授权,且不用修改《房产税暂行条例》。二是国务院修改《房产税暂行条例》,针对个人自用非营利房产,允许省级政府制定房产税征收试点方案,报国务院审批后执行。《房产税暂行条例》的修改可以避免试点方案与行政法规的冲突。而地方的试点方案经过国务院审批,也解决了税收立法转授权的法律难题。

---

① 参见熊伟教授等学者向全国人大常委会上书的建议稿《关于提请对房产税改革试点进行合法性审查的建议》。

三、深度拓展思考题

1. 如何理解我国税收法定主义的法律定位？
2. 如何看待税收法定主义对税收授权立法的限制？
3. 如何看待税收的宏观调控职能？是否应遵循严格意义上的税收法定主义？
4. 税收法定原则与量能课税原则是什么关系？

第二节 纳税人权利保护

一、知识点精解

（一）纳税人权利概述

1. 纳税人的概念界定

纳税人是一个颇为复杂的概念，对此概念的理解，关涉到对税法学的理解层次。从实定法的角度，纳税人一般为义务主体，是指税法规定的负有缴纳税款义务的单位和个人。① 但是，从宪法和人民主权的层次理解，国家的一切权力属于人民，人民是国家的主人。国家存在需要一定的物质基础，而税收即是国家正常运作的基本物质保障。税收是人民让渡一部分财产权给予国家，从而维护社会的稳定运作，最终维护人民的利益。换言之，人民让渡一部分财产，是为了更好地保障其权利。在此之中，纳税人事实上占据着主导的地位。纳税人实际上是一个权利主体，而国家是义务主体。由此，纳税人实际上是宪法层次的概念。

从宪政角度来说，纳税人同公民或人民具有高度相关性。尽管公民是一个法律概念和个体概念，人民更倾向于政治概念和群体概念。但从宪法角度，将纳税人提升到人民或公民的层次上看待，有利于在观念上强调纳税人在宪法层次的法律地位，从而提升纳税人的法律地位。② 正如北野弘久指出，纳税人的概念不仅应该包括直接税的纳税人、间接税的承担人，还应该包括社会保险金、义务教育负担费、下水道工程负担费、公共暴雨所负担费等税外负担的承

---

① 如我国《税收征管法》第 4 条规定，法律、行政法规规定负有纳税义务的单位和个人为纳税人。

② 参见陈少英：《税法基本理论专题研究》，北京大学出版社 2009 年版，第 152 页。

担人。从这个意义上，纳税人概念与公民、人民概念就没有多大差别了。①

2. 纳税人权利的概念界定

关于纳税人权利，学界有不同的表述。第一，从法律意义上讲，纳税人权利是依法行使的权利和应享受的利益。纳税人权利与纳税人义务是相对的概念，只有履行了义务，就相应享有了权利。② 第二，纳税人权利是指纳税人在依法履行义务时，法律对其可以作出或不作出一定行为，以及要求他人作出或不作出一定行为的许可与保障，包括纳税人的合法权益受到侵犯时应当获得的补助或补偿。③ 第三，纳税人权利是指纳税人在税收法律关系上享有的权利，分为整体权利和个体权利。

上述学者仅是从法律的角度探讨纳税人权利。笔者以为，正如纳税人是一个宪法性概念，纳税人权利也是一个宪法性范畴，这一点可以从人民主权以及宪法角度得以论证。因此，纳税人权利不仅指实定法上的权利，还包括宪法层面的权利。事实上，纳税人基本权利理论来源于日本的北野税法学派。该学派即是以纳税人基本权利为核心，从宪法的角度构筑了一套以纳税人权利为宗旨的税法学。其对税的理解是从宪法角度展开的，背后的理念即是把纳税人权利视为宪法性范畴。该学派认为，纳税人的基本权利是指纳税人享有的以宪法为基础，仅在税款的征收与使用符合宪法规定的原则的条件下，才具有承担纳税义务的权利。④

（二）纳税人权利保护的理论基础——"人民主权说与公共产品理论"

纳税人权利保护的理论基础是人民主权说。人民主权说来源于社会契约论。契约论主张，人类原来处于相互厮杀的"自然状态"，为结束这种混乱的战争状态，人们通过契约组建国家并让渡一部分的权利赋予国家，国家肇始的目的是保障人民的自然权利。契约社会阶段的税收昭示，人民让渡一部分财产以税收的形式贡献国家，作为政府行使职能的物质基础，而税收的目的在于保

---

① 参见［日］北野弘久：《税法学原论》，陈刚、杨建广等译，中国检察出版社2001年版，第57页。

② 参见王岩、靳东升、李秉瑞：《我国与美国纳税人权利的比较研究》，载《涉外税务》2000年第2期。

③ 参见刘剑文：《税法专题研究》，北京大学出版社2002年版，第166页。

④ 参见［日］北野弘久：《税法学原论》，陈刚、杨建广等译，中国检察出版社2001年版，第58页。

障人民的基本权利。人民主权说继承了这一理念。人民主权说主张，国家的一切权力属于人民，国家的权力源于人民的让渡。我国《宪法》第 2 条规定，中华人民共和国的一切权力属于人民。在税收上，税收是庶政之母，纳税人以牺牲自己的财产为代价支撑起整个国家权力体系的运作，国家理所当然有义务保障纳税人的权利。税权来源于人民主权，政府的税权是人民的让渡，其目的在于尊重和保护人民的基本权利。

公共产品理论，也为纳税人权利保护提供了可能的理论基础。公共产品存在消费上的非竞争性和受益上的非排他性，市场机制供给面临失灵。由此，公共产品只能通过政府得以供给。而政府本身是非营利性机构，不能创造财富，公共产品的有效供应必须依赖纳税人缴纳税款来补偿公共物品的支出成本。实际上，税收是纳税人享有政府供给公共产品的对价支出，这即是西方经济学上的税收价格论。税收的"价格"属性揭示的是，征纳双方是平等的交易关系，征税机关享有税收征收权，纳税人享有公共产品的决定权和受益权。此时，纳税人类似于政府的消费者，纳税人理所当然享有消费者主权。也正因为此，有学者在"消费者主权"的基础上进一步提出纳税人享有"纳税者主权"。①

（三）纳税人权利的基本内容

在市场经济发达的国家，纳税人权利普遍受到高度重视。很多国家公布了纳税人宣言或制定了纳税人权利法案，对纳税人权利作了详细的规定。如日本的《纳税者权利宣言》将纳税人权利要求分为以下几个方面：（1）最低生活费等非课税的权利；（2）接受正当程序的权利；（3）对违法课税处分有接受救济的权利；（4）统制租税方式和用途的权利；（5）工薪阶层纳税者平等的申报及扣除的权利；（6）纳税者的个人秘密不受侵犯的权利；（7）要求公开信息、参加财政过程的权利。加拿大、比利时、法国、澳大利亚、韩国等也对纳税人权利作出了详细的规定。② 近年来，一些国际组织也日益重视纳税人权利保护问题，如经济合作组织为成员国制定了《纳税人宣言》范本，规定了纳税人的基本权利：（1）信息权；（2）隐私权；（3）只缴纳法定税款的权利；（4）税收预测与筹划的权利；（5）诉讼权。③

我们认为，纳税人权利是一个宪法范畴，宪法上的权利理应构成纳税人权

---

① 刘剑文：《税法专题研究》，北京大学出版社 2002 年版，第 24 页。
② 参见杨小强：《税法总论》，湖南人民出版社 2002 年版，第 309 页。
③ 参见刘剑文、熊伟：《税法基础理论》，法律出版社 2004 年版，第 87 页。

利的重要组成部分。此外,税收具有宪政法治的导向意义,强调纳税人的宪法权利更有助于促进税收对宪政的导向功能,并且也更有助于进一步推动纳税人权利的保障。鉴于此,纳税人享有宪法上的权利。为此,我们将纳税人权利分为纳税人宪法权利和纳税人税法权利。纳税人宪法权利包括纳税人在宪法上的消极权利和积极权利,前者包括纳税人的财产权、生存权、平等权、自由权;后者包括纳税赞同权、代表选举权、纳税参与权、税收监督权。纳税人税法权利主要是我国现行《税收征管法》中的权利,主要包括纳税人在税款征收中的权利、纳税人在税收处罚中的权利、纳税人在税收救济中的权利。纳税人在税款征收中的权利包括限额纳税权、税负从轻权、知情权、城市推定权、接受服务权、信息秘密权、延期申报权、取得凭证权、控告检举权;纳税人在税收处罚中的权利包括陈述申辩权、申请听证权、申请救济权、辩护权、依法定罪权、投诉控告权;纳税人在税收救济中的权利包括纳税人在税务行政复议中的权利和纳税人在税务行政诉讼中的权利。①

值得注意的是,纳税人的宪法权利和纳税人的税法权利不是相互分割、彼此孤立的。正如宪法与税法的关系一样,纳税人宪法权利是税法权利的基础,纳税人的税法权利是宪法权利的具体化,两者之间是互为联系、互为层次的整体。

(四) 纳税人权利重点分析:以财产权为中心

在诸多纳税人的权利中,纳税人的财产权是最重要的权利。征税是对纳税人财产权的合法剥夺,税收也直接关系到纳税人财产权和国家征税权的对立。国家征税权的重要性毋庸置疑,税收是国家一切权力的物质基础和保障,征税权也成了国家最为重要的权力。与此同时,财产权也是一个核心的宪法基本权利。从宪法角度来讲,财产权理应是一种天赋人权、自然权利。这是因为,财产权是一切宪法基本权利的基础。正如洛克指出,财产权是自然权利的核心,它同生存权同样重要,因为人要想生存,就得维持生存的生活资料。② 无财产无生命、无财产无人格。此外,财产权是自由权的基础,自由权作为基本人权需要财产权作为逻辑基础和物质保障,无论是意志自由或是行动自由均需要财产权为保障方得以实现。"财产权是个人自由的渊源和保障,它是自由的个人

---

① 参见陈少英:《税法基本理论专题研究》,北京大学出版社 2009 年版,第 154~158 页。

② 张宏生、谷春德:《西方法律思想史》,北京大学出版社 1990 年版,第 50 页。

所必不可少的。"①

正如征税权之于国家的意义，财产权之于公民也是极端重要的权利。税收直接关系到两大核心权利的对立和冲突，正是在这种意义上，税收具有了宪政意义。财产权也理应构成税收以及宪政的在先约束，财产权构成了宪法性权利。为此，我国2004年的《宪法》第13条规定，公民的合法的私有财产不受侵犯。这一规定，将财产权纳入到宪法权利的范畴，税收从而也成了宪法范畴。相应地，在宪法层次上理解财产权和税收，又反向地促进纳税人权利保障。毋庸讳言，财产权应是纳税人的宪法权利。

强调财产权的宪法权利属性，并不否定财产权具有税法实定法权利属性。宪法权利是税法权利的基础，强调财产权的宪法权利属性，有利于促进纳税人税法权利的保障。也应该看到，纳税人在税法上的权利，都是宪法财产权的具体体现。尤其是纳税人在税款征收方面的权利，更明显地体现了财产权属性，如限额纳税权。限额纳税权是指纳税人的行为只有满足了税法构成要件时，才负有纳税义务；纳税人有权拒绝一切没有法律依据的税收义务，纳税人也有只按法律计算的应纳税额纳税的权利；对于多缴纳的税款，纳税人享有退还请求权。可见，限额纳税权直接体现了纳税人的财产权保障属性，是财产权的集中体现。

二、案例分析

【案例】

纳税人权利保护：政府财政信息应公开

自2008年以来，中国政府部门的预算公开从一片空白发展成燎原之势。2010年，中央有14个部门公开了预算，地方一级有几十个地方政府公开了预算。2011年度，截至2011年5月，更是有80%左右的中央部门和地方政府公开了自己的年度预算。除了民间推动外，政府部门也主动推动预算公开。2010年3月，财政部出台了《关于进一步做好预算信息公开工作的指导意见》，积极推动着政府各部门公开年度预算。2011年5月4日，国务院常务会议研究部署进一步推进中央部门预算公开工作，并要求在2011年6月全国人大常委会审议批准中央财政决算后，公开2010年

---

① [美] 路易斯·亨金等：《宪政与权利》，郑戈、赵晓力等译，三联书店1996年版，第154页。

出国（境）费、车辆购置及运行费、公务接待费（"三公"经费）决算支出，同时公开2011年"三公"经费预算支出。但三公消费公开并不理想。据媒体报道，据国务院明令要求公开截止期限为止，仅有8家部委公开了"三公消费"情况，尚有98个中央政府部门仍未公布这一消费情况，而公布"三公消费"的地方政府更是寥寥无几。此外，已经公布部委的"三公消费"中，也有诸多不够细化以致让人不明就里之处。可见，财政信息公开仍有很多工作要作。

【问题聚焦】

政府财政信息公开制度对于维护纳税人知情权有何意义？

【法律剖析】

纳税人知情权是指纳税人在税收征收管理中所享有的知悉相关信息的权利。我国《税收征管法》第8条规定，纳税人、扣缴义务人有权向税务机关了解国家税收法律、行政法规的规定以及与纳税程序有关的情况。国家税务总局《关于纳税人权利义务的公告》关于知情权的表述为：您有权向我们了解国家税收法律、行政法规的规定以及与纳税程序有关的情况，包括现行税收法律、行政法规和税收政策规定；办理税收事项的时间、方式、步骤以及需要提交的资料；应纳税额核定及其他税务行政处理决定的法律依据、事实依据和计算方法；与我们在纳税、处罚和采取强制执行措施发生争议或纠纷时，可以采取的法律救济途径及需要满足的条件。可见，我国的纳税人知情权属于税法实定法权利。

但是，知情权是一切权利的基础性权利。只有充分了解税收相关信息，才有行使其他权利的知识基础。如纳税人的税收同意权、税收参与权、税款使用权等，都是建立在对纳税信息知情的基础之上的。如果说纳税同意权、参与权等权利属于宪法性权利，那么，纳税人的知情权属于宪法性权利应是题中之义。

知情权纳入到宪法性权利范畴，有助于拓展纳税人权利保护新视野。现行纳税人知情权只是在税收征收方面的信息知情权。在纳税人权利上，税收权利也应从税收征收上的权利扩展到税收使用上的权利。[①] 只有将税收收入用之于民，才能真正实现纳税人的权利保障。

因此，纳税人除享有税收征收方面的知情权，还应享有税收使用方面的知

---

① 日本著名税法学者北野弘久从税款征收到税收使用两个层面理解纳税人权利，从而开启了税法研究的新视野。由此，北野弘久开创了北野税法学派。

情权。一般而言，政府财政支出通过预算安排使用。预算是财政收支的年度计划。相比而言，财政收入的征收依据具体的税收法律、行政法规而定，而财政支出主要依靠预算得以安排。为满足纳税人的知情权，预算公开是必然的要求。通过预算公开，纳税人充分了解到政府税收的计划、使用，并通过参与预算制定、提出建议、监督预算执行的方式，最终保障税款的适用符合纳税人权利保障宗旨。

就预算公开的方式而言，如果说知情权是纳税人的宪法性权利，那么预算公开理应是政府的宪法性义务。预算公开应是政府履行职责的行为，政府应积极主动地公开年度预算。为此，《政府信息公开条例》第15条规定，行政机关应当将主动公开的政府信息，通过政府公报、政府网站、新闻发布会以及报刊、广播、电视等便于公众知晓的方式公开。当然，积极行使权利是现代公民的积极责任，政府预算信息公开也可借以公民自发申请的形式。但是，应注意的是，预算信息公开是政府的责任所在，主动公开是预算信息公开的首要选择，公民申请只是一种辅助性的监督选择。

三、深度拓展思考题

1. 如何理解税法是政府征税之法和纳税人权利保护之法的辩证关系？
2. 如何看待预算公开与纳税人权利保护的关系？为什么说财政知情权应属于宪法性权利？
3. 如何理解财产权、税收与法治宪政的关系？
4. 如何理解纳税人权利保护的程序维度？
5. 在我国设置税务法院是否具有必要性？

第三节 流 转 税 法

一、知识点精解

（一）流转税法概述

1. 流转税的概念

流转税，是指以商品或劳务的流转额为计税依据的一类税收。[①] 流转税的

---

① 参见刘剑文、熊伟：《财政税收法》，法律出版社2007年版，第198页。

征税对象为商品或劳务,故流转税在国际上称为"商品和劳务税"。我国学界普遍采用流转税说,本书采用此说。

流转税,是相对于所得税、财产税、行为税而言的。依据征税对象不同,我国税种分为流转税、所得税、财产税、行为税。流转税以商品或劳务为征税对象,以商品或劳务流转额为计税依据。只要发生了商品或劳务的流转,国家就可以从市场主体的交易中分享流转收益,故流转税具有税源充足、税收收入稳定的特点。流转税属于间接税,税负容易通过商品销售、流转而转嫁,纳税人往往通过商品的流转将税负转嫁出去,故流转税税负痛苦指数低,征收简单易行。此外,由于对商品或劳务的流转征税,政府可以通过税收的方式鼓励或抑制商品的生产或流通,从而调整资源配置、优化经济结构。可见,流转税又是调控经济运行的重要手段。

2. 流转税的分类

在诸多税种中,流转税是一个复杂的税种。按计税依据不同,流转税可分为以应税商品的流转总额为计税依据的流转税以及以应税商品流转的增值额为计税依据的流转税。① 前者包括营业税、消费税、关税;后者主要是指增值税。其中,营业税是以商品或劳务的营业额为计税依据,消费税是以应税商品的消费额为计税依据,关税以进出口商品的进出关境额为计税依据,三者均是以商品或劳务的流转总额为计税依据。而增值税以应税商品的流转增值额为计税依据,属于第二种类型的流转税。

流转税的各税种之间存在密切的联系,它们共同编制成流转税的"税网",覆盖了商品生产、交换、分配、消费的各个环节。② 其中,增值税与营业税之间是一种互补关系,增值税主要对商品征税,营业税主要对劳务征税。商品分为有形商品和无形商品,动产和不动产。在我国现行制度中,增值税主要是对有形商品征税,附加加工、修理修配劳务。营业税主要是对劳务征税,附加无形商品和不动产商品。这样,两种税征收互不重复,且又相互补充,保证了对所有商品或劳务的流转课征税收。消费税和增值税之间是一种相互递进的关系,消费税是在征税增值税的基础上加征的一种税。但是,并不是所有已征增值税的商品均再征收一道消费税,恰恰相反,消费税是在增值税基础上对部分商品有选择地征税,这类商品主要包括奢侈品、有损生态保护和人体健康的消费品(不包括劳务)。可以看出,消费税的目的是调节消费,主要是一种

---

① 参见张守文:《税法原理》,北京大学出版社 2009 年版,第 199 页。
② 参见张守文:《税法原理》,北京大学出版社 2009 年版,第 199 页。

调控税。相对于增值税、营业税、消费税的国内税属性,关税是对商品进出口国境所征收的一种税,为此,两者又是相互配合关系,保障流转税在境内、进出境征收的互补。

3. 我国流转税的税制改革历程及税制地位

1984年的工商税制改革,初步构建了我国流转税法体系,确立了流转税在我国税制体系中的主导地位。1993年12月13日,国务院颁布了《增值税暂行条例》、《营业税暂行条例》、《消费税暂行条例》,将流转税改革成果通过法律形式固定下来。此后,经过1994年分税制改革,逐渐解决了流转税制复杂、税率档次多、产品税和增值税重复征税以及内外资企业流转税不统一的问题,流转税体系日益完善。2004年的税制改革,在已有流转税制基础上,对流转税小幅调整,增值税由生产型增值税改为消费型增值税,完善了消费税,对消费税税目进行了增减调整。

1984年工商税制改革,流转税在税制体系中开始占据主导地位。尽管我国现行采用流转税与所得税为主的复合税制,但流转税在税制体系中无疑占据更为主导的地位。这是因为,流转税是对商品流通的流转额的征税,具有税源充足、税收收入稳定的优势,对于经济不发达的国家来说,由于所得税、财产税的税源有限,采取流转税为主导的税制更能保障国家的财政收入,世界上大多数发展中国家和少数发达国家便是以流转税为主体税种。自从1994年分税制改革以来,我国流转税的占比就一直在六成以上,所得税占比也只在两成左右。2010年全国税收收入73210.79亿元,增值税、消费税、营业税和进出口环节增值税和消费税等流转税合计占比达66.7%,而所得税占税收收入的比重仅为24.2%。这一比例说明了我国税收收入主要依赖流转税收入,虽然这种比例存在一些不合理之处,但却说明了我国税制体系以流转税为主导是一个不争的事实。

(二)流转税法之重点分析——以增值税法为例

增值税,是对商品或劳务在流转过程中的增值额为计税依据所征收的一种流转税。所谓增值额,是生产者或经营者在生产经营过程中新创造的价值。[①]在我国,增值税是流转税体系中的主体税收,在筹集财政收入上占据主导地位。

增值税制度起源于法国,其产生后迅速推广至欧洲及其他国家,目前已经有140多个国家普遍开征了增值税。增值税之所以受到各国的青睐,是因为相比于其他流转税种,其具有诸多优点,是一种"良税"。主要表现在:一是增

---

① 参见张守文:《税法原理》,北京大学出版社2009年版,第203页。

值税是一个"中性"税种。流转税的一大特点是各流转环节都征税,这样就会产生税上加税、重复征税。但增值税只对商品流转的增值额征收,对上一环节已征的税款予以扣除,避免了重复征税,消除了税收对资源配置、经济运行的扭曲。二是道道课征、普遍征税,有利于保障国家财政收入的稳定增长。增值税是多环节税种,商品生产流通的各个环节都课以税收,这就保障了国家税收与经济发展水平相适应,并保障了财政收入的稳定增长。除此之外,增值税借以专有的增值税专门发票的征收制度,加强了各环节的相互间的监督、实现各环节征税的内在联系,保障了征税过程的普遍性、连续性。

我国自1979年开始在部分城市试点增值税。1982年,财政部颁布了《增值税试行办法》。1984年9月,国务院颁布了《增值税暂行条例(草案)》,此后,财政部不断修改完善增值税立法。1993年12月13日,国务院颁布了《增值税暂行条例》,按照普遍征税、中性、简化、多环节多次征收的原则对增值税进行改革。① 自此,增值税在我国实践了近三十年的历史,这一税种的开征在我国取得了巨大的成功。事实上,自国务院1993年底颁布《增值税暂行条例》后,增值税收入以及对财政收入的贡献度逐年提高,成为财政收入的最重要来源,逐渐成为中国第一大税种。据统计,2005年增值税对全国财政收入的贡献度高达47%,2005年后的增值税占财政收入的比重虽有减少,但仍是财政收入的最大来源。据公开数据测算,2006年至2010年间,全国财政收入对增值税的平均依赖度为28.9%,远远高于其他税种。可以说,增值税不仅是流转税的主体税种,也是整个税制体系中的主体税种,是中国财政收入的主体税种。

但是,和规范化的增值税制度相比,我国增值税制度仍然存在一些问题,增值税的优点未能充分发挥出来。为此,增值税改革势在必行。

二、案例分析

【案例】

流转税:改革整体规划,渐次推进

2003年11月,中共中央下发《中共中央关于实施东北地区等老工业基地振兴战略的若干意见》,决定对东北三省及大连市若干行业的增值税一般纳税人扩大增值税抵扣范围。2004年9月14日,财政部、国家税务

---

① 参见刘剑文、熊伟:《财政税收法》,法律出版社2007年版,第200~201页。

总局联合下发《东北地区扩大增值税抵扣范围若干问题的规定》，明确对东北三省和大连市六大行业（装备制造业、石油化工业、冶金业、船舶制造业、汽车制造业、农产品加工业）试行扩大增值税抵扣范围，将企业购入固定资产所发生进项税额允许从销项税额中扣除。这一举措，拉开了我国增值税改革从生产型向消费型转型的序幕。

随后，2007年5月11日，财政部、国家税务总局联合发布《中部地区扩大增值税抵扣范围暂行办法》，决定对中部地区试行扩大增值税抵扣范围的试点，此次试点涉及中部地区26个老工业基地城市的部分行业。2008年7月、8月，财政部、国税总局又分别将内蒙古东部5个市（盟）和汶川地震受灾严重的51个市、区的相关行业也纳入增值税转型改革试点范围。

2008年5月11日，国务院总理温家宝主持召开国务院常务会议，决定在全国范围实施增值税转型改革。会议指出，为扩大国内需求，降低企业设备投资的税收负担，促进企业技术进步、产业结构调整和转变经济增长方式，自2009年1月1日起，在全国所有地区、所有行业推行增值税转型改革。改革的主要内容是：允许企业抵扣新购入设备所含的增值税，同时，取消进口设备免征增值税和外商投资企业采购国产设备增值税退税政策，将小规模纳税人的增值税征收率统一调低至3%，将矿产品增值税税率恢复到17%。经测算，明年实施该项改革将减少当年增值税收入约1200亿元、城市维护建设税收入约60亿元、教育费附加收入约36亿元、增加企业所得税约63亿元，增减相抵后将减轻企业税负共约1233亿元。① 此外，此次会议审议并原则通过《中华人民共和国增值税暂行条例（修订草案）》，将增值税全面转型的成果在法律中予以明确。

2011年3月，国民经济十二五规划纲要指出，扩大增值税征收范围，相应调减营业税的征税范围。这被誉为增值税扩围的总宣言。2011年7月，据媒体报道，增值税扩围改革将在上海率先试点。2011年8月4日，国税总局相关官员表示，增值税扩围改革专家、学者一直在讨论，但是目前在部委工作层面并没有实质性推进。

【问题聚焦】

如何理解增值税转型与扩围的经济法意义？

---

① 参见《国务院决定自明年起在全国推行增值税转型》，载http://finance.qq.com/a/20081110/002625.htm，2011年8月15日访问。

【法律剖析】

（一）增值税法改革之一：增值税转型

增值税是对增值额的征税，增值额是生产过程中创造的新价值，在计算上是指流转总额扣除一定扣除额（主要包括生产、经营的外购原材料、燃料、动力等物质资料的价值额）后的余额。根据扣除额范围中对购进固定资产价值额的处理不同，增值税分为生产型增值税、收入型增值税、消费型增值税。生产型增值税是指扣除范围中不包括购进固定资产的价值额；消费型增值税是指购进固定资产同其他原材料一样，纳入扣除范围中予以扣除；收入型增值税是指扣除范围中既不是全额扣除也不是完全不扣除购进固定资产的价值额，而是仅按固定资产的使用年限，扣除当期的固定资产折旧额。目前，世界上大多数国家实行消费型增值税。

自建立增值税制度以来，我国一直实行生产型增值税。这一模式是同当时的财政、经济状况相适应的，有利于最大限度地筹集财政收入。但是，生产型增值税的弊端是十分明显的，一方面是重复征税，增值税的中性功能发挥受阻。对于一个企业来说，购进固定资产本身是含有进项税款的，这部分税款构成了生产的成本，生产出产品后销售需要征收销项税款。在生产型增值税模式下，固定资产的进项税款不能在销项税款中抵扣，这就造成对固定资产的重复征税。二是扭曲了资源配置，阻碍了产业结构的良性调整。在生产型增值税条件下，购进固定资产的税款不能抵扣，导致资源配置的扭曲，也不利于产业结构的更新升级。一般而言，高科技产业、基础产业资产中固定资产的比例高于一般产业，采用生产型增值税不利于这些产业购进固定资产、改进技术，从而阻碍国家创新型产业的发展，不利于创新型国家建设。同时，生产型增值税也抑制了投资，影响了投资需求，有损投资需求所拉动的经济发展，等等。鉴于此，增值税转型已势在必行。

所谓增值税转型，是指由现行的生产型增值税改为消费型增值税，允许企业抵扣当年新增固定资产部分所含的增值税进项税金。这一转型意味着，企业缴纳增值税时，可以将购买机器设备所含增值税进项税金从其增值税销项税金中扣除。事实上，我国增值税制度中有一些类似于消费型增值税的规定。根据国务院、海关总署、财政部的相关文件规定，对于外商投资企业在规定范围内进口自用设备免征增值税，对于规定范围内采购国产设备，可以全额退还设备增值税款。可见，上述规定将购进固定资产的税款免征或退征，实际上相当于将购进固定资产的进项税额予以扣除，从而企业承担相当于消费型增值税的税负。当然，这些增加了外资企业和内资企业的税负不平等，导致了内外资企业的不平等竞争，在我国推行消费型增值税改革之前，这是生产型增值税的又一弊端。但是，上述做法无疑可以看做我国增值税转型的实践依据，为进一步推动全面的增值税转型提供了经验借鉴。为此，从2004年开始，我国便开始推行这一改革。

2004年9月14日，财政部、国际税务总局联合下发《东北地区扩大增值税抵扣范围若干问题的规定》，明确了对东北三省和大连市六大行业（装备制造业、石油化工业、冶金业、船舶制造业、汽车制造业、农产品加工业）试行扩大增值税抵扣范围。随后，2007年5月11日，财政部、国家税务总局联合发布《中部地区扩大增值税抵扣范围暂行办法》，决定对中部地区试行扩大增值税抵扣范围的试点，此次试点涉及中部地区的26个老工业基地城市的部分行业。2008年7月、8月，财政部、国家税务总局又分别将内蒙古东部5个市（盟）和汶川地震受灾严重的51个市、区的相关行业也纳入增值税转型改革试点范围。

2008年5月11日，国务院总理温家宝主持召开国务院常务会议，决定在全国范围实施增值税转型改革。会议指出，自2009年1月1日起，在全国所有地区、所有行业推行增值税转型改革。改革的主要内容是：允许企业抵扣新购入设备所含的增值税，同时，取消进口设备免征增值税和外商投资企业采购国产设备增值税退税政策，将小规模纳税人的增值税征收率统一调低至3%，将矿产品增值税税率恢复到17%。经测算，明年实施该项改革将减少当年增值税收入约1200亿元、城市维护建设税收入约60亿元、教育费附加收入约36亿元，增加企业所得税约63亿元，增减相抵后将减轻企业税负共约1233亿元。①

综上所述，我国增值税转型改革走了一条循序渐进的试点改革道路。改革整体设计、逐步推进，按两条线推进。一是按地区推进，增值税转型从东北地区开始，分别向中部进而向全国推进；一是按产业推进，首先从增值税重点税源的几大产业开始，逐步过渡到全部行业。2009年1月1日开始，我国已完成了改革试点，建立了消费型增值税模式。2008年11月5日国务院第34次常务会议修订通过了《中华人民共和国增值税暂行条例》，将增值税全面转型的成果在法律中予以明确。通过这一改革，避免了企业固定资产的重复征税，增强了企业扩大投资、进行技术更新改造的动力，有利于促进企业技术进步，推

---

① 参见《国务院决定自明年起在全国推行增值税转型》，载 http://finance.qq.com/a/20081110/002625.htm，2011年8月15日访问。

动了国家产业结构的调整和创新型国家建设。

(二) 增值税法改革之二：增值税扩围

所谓增值税扩围，是指增值税扩大征税范围，将原来属于营业税的征税范围纳入到增值税中，并逐步取消营业税。自1994年税制改革以来，我国流转税体制一直采用营业税和增值税并行的模式。其中，《增值税暂行条例》第1条规定了增值税的征税范围为销售货物、提供加工修理修配劳务以及进口货物，《营业税暂行条例》第1条规定了营业税的征税范围为提供应税劳务、转让无形资产、销售不动产。可见，增值税和营业税在征税范围上互相补充，共同对流通中的所有商品和劳务征税。

两税并行的模式，在1994年的改革初期适应了当时的经济体制和税收征管能力，为促进经济发展和财政收入增长发挥了重要的作用。然而，随着市场经济的建立和发展，两税并行的模式日渐显现出其内在的不合理性和缺陷，对经济的运行造成了一系列扭曲，不利于经济结构的转型。主要表现在：一是破坏了增值税的抵扣链条，造成重复征税。同时征收增值税和营业税，必然使得以增值税专用发票为依托的抵扣链条发生阻断，造成重复征税。对于增值税纳税人来说，如果其购进属于营业税应税项目，由于缺乏增值税发票类似的抵扣联，导致其应税税款不能纳入抵扣范围，在产成品销售中不能作为成本扣除反而成为销售额的一部分，从而造成了重复征税。二是不利于产业结构调整和经济方式转型。从目前两税范围来看，营业税主要是对第三产业服务业征税。这种模式，将第三产业排除在增值税的征税范围之外，对服务业的发展造成了极其不利的影响。由于营业税是对营业额全额征税，且无法抵扣，不可避免地会产生重复征税，进而扭曲企业的生产和投资决策。并且，由于企业外购服务所含营业税无法得到抵扣，企业更愿意自行提供所需服务而非外购服务，导致了整个服务业供给的内部化，进而影响到产业结构的优化升级。三是两税并行的模式造成了税收征管实践的一些困境，加剧了国税机关和地税机关的矛盾。随着多样化经营和新的经济形式不断出现，两税范围日益模糊化。在现代市场经济中，商品和服务捆绑销售的行为越来越多，形式越来越复杂，要准确划分商品和服务各自的比例也越来越难，这给两税的划分标准提出了挑战。随着信息技术的发展，某些传统商品已经服务化，商品和服务的区别越来越模糊，二者难以清晰界定，这些都给税收征管带来了难题。并且，现行增值税由国税机关征收，营业税由地税机关征税，二者的界限模糊。

上述问题说明了增值税扩大征税范围的必要性。国际经验也表明，绝大多数实行增值税的国家都是对商品和服务共同征收增值税。将增值税征税范围扩大至全部的商品和服务,以增值税取代营业税,符合国际惯例,是未来我国增值税改革的必然选择。①

但是,也应当看到,增值税扩围改革面临诸多难解之题。增值税扩围不可避免地会涉及中央和地方的收入分配、税收征管权限、征管技术难题等多方面的困难。一是中央地方之间的财政利益分配问题。在现行分税制财政体制下,增值税是中央和地方共享税,增值税收入按 75∶25 的比例在中央政府和地方政府间分成。营业税是地方税,除铁道部门、各银行总行、各保险公司总公司集中缴纳的营业税收入划归中央外,其他均归属地方财政收入。目前营业税是地方第一大税种,2008 年地方营业税收入占地方税收收入的比重为 31.8%。增值税全面"扩围"后,营业税将被增值税取代,营业税将有 3/4 上缴中央,地方税收受到较大影响。如何保证地方财政收入不受影响就成为首当其冲必须解决的问题。因此,增值税扩围改革,必然涉及财政利益分配的重新调整,只有妥善解决了中央地方的税收分配问题,增值税扩围改革才能顺利进行,否则,将会困难重重。二是国税地税税收征管权限划分问题。目前,增值税属于共享税,由国税机关征收。营业税属地方税,由地税机关征收。增值税扩围后,增值税将替代营业税,必然影响到地方税务机关的税收征管权。如何协调国税机关与地税机关之间的关系,重新划分两个机关的权限,也是增值税扩围改革必须面对的难题。

上述难题说明了增值税改革不是一蹴而就,而会涉及中央地方财政权力重构问题,触及整个财政体制。况且,这些问题的解决,是增值税改革的前提和基础。本书不探讨如何从财政体制上解决增值税改革的体制性难题。我们认为,并不能因为财政体制的问题,而阻却增值税改革。相反,增值税改革顺应了世界税制增值税改革的潮流,有利于充分发挥增值税的良税性能,也将带动整个流转税制的完善。在现行形势下,增值税扩围改革顺应国民经济发展需要,有利于大力发展服务业,推动产业结构的战略调整。从另一个角度考虑,透过增值税扩围,也可能为财政体制改革带来契机和激励。

事实上,我国增值税替代营业税改革渊源久远。我国增值税制度就是在原来的产品税、营业税的基础上建立的,从某种意义上是对营业税的替代。随后,1994 年的税制改革,奠定了两税平行的格局。2000 年,财政部、国家税务总局出台了《油气田企业增值税暂行管理办法》,规定对油气田企业为生产

---

① 参见施文泼、贾康:《增值税"扩围"改革与中央和地方财政体制调整》,载《财贸经济》2010 年第 11 期。

原油、天然气提供的生产性劳务应缴纳增值税。可见,将劳务纳入增值税的征税范围已有先例,这也说明将增值税扩围具有一定的可行性。但是,以上的改革并不彻底,增值税与营业税并行的格局并没有改变。为了彻底解决两税并行存在的诸多问题,增值税扩围改革必须继续推行。

2011年3月,国民经济十二五规划纲要指出,扩大增值税征收范围,相应调减营业税的征收范围。这被誉为增值税扩围的总宣言。我们认为,增值税扩围改革应整体设计、渐次推进。以增值税取消营业税是改革的最终目标,但鉴于种种困难所限,改革的步伐应渐进、温和。也需要注意的是,我国目前还不具备将营业税所涉及的劳务全面纳入到增值税范围的条件,由于金融、保险业存在技术上的障碍,现在世界上绝大部分国家都不征收增值税。对于不动产各国的做法也不一致。对上述项目,可以继续征收营业税。对于文化体育业、服务业等,由于和生产环节距离较远,同时大部分纳税人的规模一般较小,纳入增值税小规模纳税人管理,改革意义不大。[①] 当务之急,应先将和生产环节联系密切的交通运输业、建筑业、邮电通信业,转让商标权专利权、非专利技术、著作权、商誉等无形资产纳入到增值税征税范围,从而在这些重点领域先解决重复征税问题,促进这些领域服务业的发展。进而,再全盘推进,在其他营业税领域全面推动,最终实现增值税替代营业税的改革目标。

三、深度拓展思考题

1. 如何理解我国流转税在整个税制中的地位?
2. 如何理解我国渐进式的税制改革?如何用税收法定主义解释改革试点的法律依据?
3. 如何理解增值税改革对经济社会发展的意义?

第四节 所得税法

一、知识点精解

(一) 个人所得税法概述

1. 所得税的概念界定

所得税,亦称收益税,是指以纳税人在一定期间内的纯所得(净收入

---

① 参见刘剑文主编:《财税法学》,高等教育出版社2007年版,第438页。

为征税对象的一类税的统称。① 所得税制度首创于英国，同传统的流转税和财产税相比，所得税制度的确立较晚，但其发展迅速。国际上通常以纳税人为标准，将所得税分为个人所得税和企业所得税。我国现行所得税法将所得税分为个人所得税和企业所得税，分别制定了《个人所得税法》和《企业所得税法》。本节主要介绍个人所得税法。

相比于流转税、财产税及行为税，所得税被誉为"良税"。② 所得税是以净所得为征税对象，对个人来说，净所得是扣除生计费用后的所得，符合最低生存权保障理念；对于企业来说，净所得是扣除生产成本后的盈余，对净所得征税避免了税收对企业投资经营积极性的不利影响，避免税收对资源配置的扭曲，体现税收的中性原则。所得税易于采用累进税率，将收入划分级次，每一级次适用不同的税率，对高收入者多纳税、低收入者少纳税，体现量能课税原则。此外，所得税是国民收入再分配的重要工具，具有调节收入分配的功能。鉴于此，所得税几乎是所有国家普遍开征的一种税。尤其是发达国家，因其经济发达，国民收入殷实，所得税占税收收入的比重高。在这些国家，所得税往往成为主体税种。

个人所得税是以个人（主要是自然人）净所得为征税对象而征收的一类税。我国《个人所得税法》规定，在中国境内有住所，或者无住所而在境内居住满1年的个人，从中国境内和境外取得的所得，依照本法规定缴纳个人所得税。个人所得税制度自1799年在英国建立以来，已成为西方国家税制结构中的主体税种之一，其在国家财政收入、收入分配再调节中起着举足轻重的作用。

纵观世界各国个人所得税制度，按课征方式的不同，个人所得税制度一般有三种模式。(1) 分类所得税制。分类所得税制，是指把所得依其来源不同分为若干类别，对不同类别的所得适用不同的税率并分别计税的所得税制度。分类所得税制的优点在于：第一，它根据不同性质的所得，适用不同的税率，实现差别待遇，有利于实现特定的政策目标；第二，在征管上适用源泉课征法，从而既可以控制税源，又可以减少征税成本。其缺点在于，对不同性质的所得采取不同的税率和扣除标准，使得所得税结构过于复杂，导致征税成本增加，而且不能按照纳税人的真实纳税能力纳税，不符合量能课税原则。(2) 综合所得税制。综合所得税制，是对纳税人全年各种不同来源的所得综合起来

---

① 参见刘剑文主编：《财税法学》，高等教育出版社2007年版，第483页。
② 参见张守文：《税法原理》，北京大学出版社2009年版，第255页。

减除法定扣除额后的净所得依据统一的税率计征的所得税制度。综合所得税制的优点是，第一，将各种来源的所得加总，综合所得水平相同的纳税人，纳税能力相同，缴纳的税收相同，符合量能课税原则；第二，综合所得税制平等对待各种来源所得，对各种所得实行相同的边际税率，纳税人难以通过转移所得或更改所得性质进行避税；第三，综合所得税制不会改变收益率，税前收益率相同的所得组合税收净收益也相同，不会扭曲资源配置，符合税收中性原则。这种模式的缺点在于，计税依据的确定较为复杂，征税成本较高，不便于实行源泉扣缴，对个人申报和税务稽查水平要求较高，且以完善的信息设施和全面可靠的原始资料为条件。正是因为此，各国所实行的综合所得税制都不是完全的综合所得税制，而是一定程度的分类所得税制，例如分类综合所得税制。分类综合所得税制，是对纳税人具有连续性的各类所得，先按标准税率实行源泉扣缴，然后再综合年度不同来源所得，适用累进税率计征。对已扣缴的税款，准予在年度应纳税额中冲抵。分类综合所得税制结合了分类所得税制和综合所得税制的优点，受到诸多国家的广泛青睐。（3）单一所得税制。单一所得税制，是对各类所得按单一税率计征一次税，即对全部净所得按统一的税率征税。①

在适用范围上，综合所得税制是适用范围最广的所得税制，世界上大多数国家实行综合所得税制，分类所得税制适用范围次之，单一所得税制适用范围最小。我国目前实行分类所得税制。《个人所得税法》第 2 条将应税个人所得分为十一类，第 3 条确定了各类所得分别所适用的税率。

2. 个人所得税应税所得的界定

个人所得税是以所得为征税对象的税种。所得税制度设计中，何为应税所得便是一个至为关键的问题。纵观世界各国的所得税立法，应税所得应是指自然人或法人在一定期间内，由于劳动、经营、投资或把财产提供他人使用而获得的继续性收入，扣除为取得收入所需费用后的余额。应税所得具有以下几方面特征：一是应税所得是具有合法性来源性质的所得；二是以连续性的所得为主；三是以净所得为主；四是应为货币所得。②

我们以为，上述概念及特征有一定的借鉴意义，但有失偏颇。以连续性的所得为主，一定程度上反映了应纳税所得的特征，但是，对于偶然性所得、临时性所得完全也可能成为应纳税所得的范畴。我国《个人所得税法》将偶然

---

① 参见刘剑文、熊伟：《财政税收法》，法律出版社 2007 年版，第 256~257 页。
② 参见刘剑文主编：《财税法学》，高等教育出版社 2007 年版，第 485~487 页。

所得视为应纳税所得,并专门设定了偶然所得这一应税项目。应税所得以净所得为主,科学地界定了应纳税所得的外延,符合应纳税所得的固定属性。此外,应纳税所得也不一定完全是货币所得,货币、实务、无形资产或其他价值都可以成为应税所得。当然,在计量上,非货币所得必须可以以货币衡量和计算的价值所得,否则不能准确地界定计税依据,导致征税不能。但必须明确的是,应税所得并不仅仅表现为货币所得,还包括其他可以用货币衡量的非货币所得。

我们以为,应税所得是指自然人或非法人组织,由于劳动、经营、投资等方式取得的收入,扣除为取得收入所需费用后的余额。简言之,所有的纯收入都可能构成应税所得,而不论其来源,也不考虑其表现形式。我国《个人所得税法》对应税所得只作了列举界定,《个人所得税法》第 2 条列举规定了十一个应税项目,但没有对应税所得作出概括式规定。虽然第 2 条的第十一项的"经国务院财政部门确定征税的其他所得"是对以上十种应税项目的兜底性规定,但是"其他所得"必须"经国务院财政部门确定",这大大减损了兜底性条款的概括效果。这种立法,导致实践中大量存在不属于前十项规定的范畴,理应纳入第十一项中但却没有经国务院财政部门确定的所得没有据以征税的法律依据。鉴于此,建议《个人所得税法》增设一条关于应税所得的概括式规定,以弥补列举式规定可能的适用空白。在应税所得的立法上,《个人所得税法》应采取概括式规定加具体式列举的方式。

(二) 个人所得税法的改革历程及评述

1980 年,全国人大颁布了《个人所得税法》。这是中国第一部较为完整的个人所得税法。当时,由于我国公民的收入普遍偏低,个人所得税实际上只针对外籍人员。与此同时,1986 年国务院分别颁布《城乡个体工商户所得税暂行条例》和《个人收入调节税暂行条例》。为此,个人所得税、城乡个体工商户所得税、个人收入调节税构成了我国的个人所得税体系。随后,我国《个人所得税法》先后于 1993 年、1999 年、2005 年、2007 年(两次)、2011 年经历了共六次修改。

1993 年 10 月 31 日,八届全国人大常委会第四次会议审议通过了《关于修改〈个人所得税法〉的决定》。这次个人所得税法改革是我国个人所得税制的一次重大改革,标志着个人所得税朝着科学化、规范化和国际化的方向发展。此次修改,将个人所得税、城乡个体工商户所得税、个人收入调节税合并为统一的个人所得税;引入了居民概念,区分了居民和非居民概念,使纳税主体更为明确；拓宽了应税所得的范围，将原来个人所得税法的6个项目增列为11个项目；调整了适用税率和减除费用；统一个人所得税的计征方法。1999年8月30日，九届全国人大常委会第十一次会议对《个人所得税法》进行了第二次修改，此次修改的内容主要是取消储蓄存款的免税待遇，并授权国务院确定对储蓄存款利息所得征收个人所得税的开征时间和征收办法。2005年10月27日，十届全国人大常委会第十八次会议作出修改《个人所得税法》的决定，此次修改主要调整"工资、薪金所得"项目的费用扣除标准，由每月800元提高到每月1600元。承包经营、承租经营所得的费用扣除标准，个体工商户业主、个人独资企业和合伙企业投资者的费用扣除标准也作了相应的提高。此外，扩大了纳税人自行申报的范围，增加了扣缴义务人实行全员全额扣缴申报的内容。2007年6月29日，十届全国人大常委会第二十八次会议通过《关于修改〈个人所得税法〉的决定》，此次修订的主要内容是将对储蓄存款利息所得开征、减征、停征个人所得税及其具体办法，授权国务院具体规定。2007年12月29日，十届全国人大常委会第三十一次会议作出修改《个人所得税法》的决定，新法规定个人所得税"工资、薪金所得"费用扣除标准由1600元提高至2000元。2011年6月30日，十一届全国人大常委会第二十一次会议审议通过了《关于修改〈个人所得税法〉的决定》，本次修改将"工资、薪金所得"费用扣除标准由2000元提高至3500元。更值得注意的是，对现行工薪所得税率表进行调整和优化，将现行工薪所得9级超额累进税率修改为7级，取消15%和40%两档税率，将最低一档税率由5%降为3%，适当扩大了3%和10%两个低档税率的适用范围。并且，将个人所得税的申报缴纳税款时间由原先的次月7日内延长至15日内，与其他主要税种的申报缴纳时间相一致，便于纳税人、扣缴义务人到税务机关集中办税，以减轻扣缴义务人和纳税人的税务成本。

以上是个人所得税制度的改革历程。可以看到，个人所得税的修改实际上以调节收入再分配为导向。近几次的扣除标准的调整旨在降低低收入者的税收支出，而最新一次的税率结构级次的调整更体现了调增高收入阶层的税收支出，调减低收入者的税收负担，从而缩小贫富差距。但是，现行个人所得税法尤其是近一次的个税法改革仍然是小修小补，未能充分发挥个人所得税的收入调节功能。具体表现在以下几方面：

1. 现行分类所得税制，以个人为申报纳税单位，违背量能课税原则

我国目前实行分类所得税制，按收入来源不同，实行不同的税率。这种模式可能出现相同总收入的纳税人缴纳不同的税，也可能出现所得来源单一综合

收入低的纳税人比所得来源多综合收入高的纳税人缴纳更多的税。因此，分类所得课税模式实际上不是根据个人的所得总量为标准确定应纳税所得额，也不是依据税负能力确定应纳税额，违背了量能课税原则。并且，现行个税以个人为纳税单位，但是，生产生活实际上以家庭为单位，收入和支出也是以家庭整体为标准，也只有家庭整体才能反映真实纳税能力，以个人为纳税单位不能体现纳税人的真实纳税能力，违背量能课税原则。

2. 现行分类税目及其税率设置，违背调节收入分配差距的政策目标

目前，《个人所得税法》将收入类型分为十一类，规定了十一个税目。其中，工资薪金及个体工商户的生产、经营所得和对企事业单位的承包经营、承租经营所得实行超额累进税率，其余均实行比例税率。

但是，工资薪金、劳务报酬、稿酬及个体户的生产经营、承包经营和特许权使用费事实上都是个人的辛勤劳动所得，但在适用税率上有较大差距，扣除的标准也有不同，这实际上违背了量能课税原则。另外，个体经营户往往是高收入阶层，而对其生产经营、承包经营收入的纳税规定，一方面规定了准予扣除的项目，例如成本、费用、损失和准予扣除的税金，大幅减少需缴纳的个人所得税；另一方面规定的起征点也远远高于工资薪金，但最高税率及级距设置又少于工资薪金，这又缩小了同工薪阶层的税负差距。

更值得一提的是，股息红利所得及财产租赁所得均实行 10% 的税率。即使依照新的个税修正案，这也与月收入仅过 4500 元少于 7500 元的职工适用的税率齐平。财产转让所得中股票转让所得更是实行免税政策。然而，众所皆知的是，股票转让、股息红利、财产租赁所得是高收入者的主要收入来源，但却能享受免税或 10% 的低税优惠。而工资薪金往往是中低收入者的主要或唯一来源，但却承受相对较重的税负负担。

3. 免征额的设置，缺乏灵活性，违背量能课税原则

自开征个税以来，工资薪金的免征额调整过三次，从 800 元到 1600 元，再从 2000 元到 3500 元。现行免征额的调整方式是以修法的形式进行的，但是，经济迅速发展，物价水平持续波动，免征额也应随之不断调整，如果任何调整都是以立法机关修法的方式进行，不利于税法的稳定，也有损税法的权威，违背了信赖保护原则。因此，免征额的调整，应采取更为灵活的方式。

近次个税修正案以城镇居民人均消费性支出及每一就业人员扶养人数为依据将起征点调至 3500 元，但是消费性支出是否包括居民住房支出，3500 元是否能够扣除居民生存和发展所必需的费用，尤其是房价、教育、医疗费用居高不下，使得 3500 元生计标准更是捉襟见肘。另外，免征额标准的一刀切，并

没体现地区之间、城乡之间的消费水平差异，这也是和量能课税原则相抵触的。

二、案例分析

【案例】

所得税法：个人所得税，收入再分配之利器

2006年《国民经济发展十一个五年规划纲要》指出，实行综合和分类相结合的个人所得税制度。时隔五年后，2011年《国民经济发展十一个五年规划纲要》又指出，逐步建立健全综合与分类相结合的个人所得税制度，完善个人所得税征管机制。更为重要的是，十二五规划纲要还指出，加快健全以税收等为主要手段的再分配调节机制。合理调整个人所得税税基和税率结构，提高工资薪金所得费用扣除标准，减轻中低收入者税收负担，加大对高收入者的税收调节力度。从十一五规划纲要到十二五规划纲要，个人所得税法的地位发生了翻天覆地的变化，个人所得税已被视为调节收入分配的重要利器。这一地位的转变，是当前社会收入分配差距日益扩大的必然产物，也是个人所得税法自身所具有的收入分配调节功能的内在要求。

事实上，近几次个人所得税法修改，已体现了个人所得税的收入调控功能。2005年10月27日，十届全国人大常委会第十八次会议作出了修改《个人所得税法》的决定，此次修改主要调整"工资、薪金所得"项目的费用扣除标准，由每月800元提高到每月1600元。相应的，承包经营、承租经营所得的费用扣除标准，个体工商户业主、个人独资企业和合伙企业投资者的费用扣除标准也做了提高。2007年12月29日，第十届全国人民代表大会常务委员会第三十一次会议作出修改《个人所得税法》的决定，新法规定个人所得税"工资、薪金所得"费用扣除标准由1600元提高至2000元。2011年6月30日，第十一届全国人民代表大会常务委员会第二十一次会议又对《个人所得税法》进行修订，将工薪所得减除费用标准由每月2000元提高至3500元。随着经济发展、生活水平的提高，个人生计费用日益提高，以上两次个人所得税费用扣除标准的提高有利于保障低收入阶层的基本收入水平。

【问题聚焦】

调整个人所得税对缓和社会财富分配失衡有何意义？私人财产课税如何实现从"掠夺之手"到"扶持之手"的转变？

【法律剖析】

(一) 个人所得税法改革的指导思想

首先,个人所得税改革应坚持量能课税原则。量能课税原则的基本要求是,税负能力强的纳税人多纳税、税负能力弱的纳税人少纳税。这要求在税目、税率、税收减免等制度设定上体现区别对待,反对"一刀切"。量能课税原则是宪法公平原则在税法上的具体体现,是税法至为重要的基本原则,个人所得税法理应严格遵循这一基本原则。

其次,个人所得税改革应坚持贯彻调节收入分配差距的政策目的。个人所得税,不仅具有财政收入功能,还具有调节收入分配的功效。自1994年实施《个人所得税法》以来,个人所得税一直是调节收入分配差距的重要工具,个人所得税法的修改被赋予了更多的调控期待和目标。《中共中央关于制定国民经济和社会发展第十二个五年规划的建议》明确提出,加强税收对收入分配的调节作用,有效调节过高收入、提高低收入者收入。因此,个税修改应贯彻调节收入差距这一目标毫不动摇。

(二) 个人所得税法改革的具体建议

1. 实行综合所得税制,推行以家庭为申报纳税单位

从世界范围来看,绝大多数发达国家以及大部分的发展中国家都采用了综合所得税制模式,单纯采用分类所得税制模式的国家较少。这是因为,综合所得税制因对个人综合收入而非收入来源分类为课税标准,更能反映纳税人的真实负担能力,也更能体现量能课税原则,维系税收公平。同时,以家庭为申报主体,根据家庭成员的收入总和、实际的扶养人数,以及各项消费支出具体计算其净所得,作为计税依据进行纳税,也更能反映个人的实际税负能力,符合量能负担原则的要求。

个人所得税法实施30年以来,个人所得税征管已经积累了丰富的经验,相应的征管配套措施也逐渐健全,财税信息工程也逐步破除了信息障碍。这些都说明了,个人所得税推行体制性变革,条件已经成熟。因此,应果断实行综合所得税制、推行以家庭为申报纳税单位的改革。

2. 调整税目税率设置,提高高收入者的税负,降低中低收入者的税负

首先,调高资本利得税负,降低对资本利得的减免税优惠。现行个人所得税法对资本利得规定了大量的减免税优惠,这有利于鼓励投资,发展资本市场。但是,资本利得是高收入者财富的重要来源,若大幅减免,带来的将是贫富差距的进一步拉大,个人所得税的调节收入差距功能也将受到抵消。因此,

从调节收入差距的角度出发，个人所得税法修改应适当地调高资本利得税负，降低对资本利得的减免税优惠，可以考虑取消税收减免税项目，使税负在高低收入者之间不至于相差过大。

其次，调整税目税率设置，降低中低收入者的税负。对中低收入者减税，是个人所得税法修改的必然选择。如提高起征点，在保证居民基本生活成本外还要适当提高居民的生活质量；缩减级距，降低中低收入者适用的税率并扩大其级距的适用空间。另外，在税目、税率的设计上，要改变工资薪金与其他投资性所得的税负倒挂局面，真正做到量能课税，实现个人所得税调控收入差距的功能。

3. 建立费用扣除标准的灵活性调整机制

随着经济社会发展，费用扣除标准应灵活调整，但是通过修法的形式，易破坏法律的权威性、稳定性。为了解决这一矛盾，我们建议设立费用扣除标准灵活调整的法律规则，即公式化、指数化的费用扣除标准确定规则。即，费用扣除标准不规定具体数字，而是规定一个费用扣除标准的计量公式，这一公式里包括如通货膨胀率、经济发展率等指标，根据每年的经济发展形势，各指标的数字将会年度性变化，从而费用扣除标准也将年度性不同。具体在操作上，选定一个年度作为基准，确定基准起征点和物价指数，再根据当年物价水平指数的升降，通过一个固定的公式，计算出当年的费用扣除标准。费用扣除标准的具体确定，由国务院或国税总局根据国家有关部门公布的数据，纳入公式中，具体计算费用扣除标准。

三、深度拓展思考题

1. 如何理解个人所得税是收入再分配的利器？
2. 如何理解所得税改革所应遵循的量能课税原则及调节收入分配原则？
3. 如何理解税收的财政收入职能以及调节经济社会职能这两大职能？如何协调两者的关系？

第五节 税收程序法

一、知识点精解

（一）纳税人诉讼概述

1. 纳税人诉讼的概念

纳税人诉讼，是指纳税人基于政府财政资金的违法或不合理支出向法院提起的诉讼。① 纳税人诉讼的主体是纳税人。在租税国家，纳税人不仅包括直接纳税的纳税人，还包括承担税收负担的负税人，纳税人相当于全体国民。纳税人诉讼是针对政府的财政资金使用而提起的诉讼，是对政府财政支出行为的司法监督。

纳税人诉讼理论最先产生于19世纪末的美国，并及时得到实践承认，随后英国、法国、日本等国家相继建立了纳税人诉讼制度。在这些国家，纳税人诉讼对于保障纳税人权利，监督政府财政资金的支出起到了重要的作用。

2. 纳税人诉讼的性质

纳税人诉讼具有公益诉讼的属性。一方面，纳税人不是针对直接侵害其权益的政府违法行为提起的诉讼，故纳税人诉讼不是保障纳税人主观利益的私益诉讼。纳税人诉讼是针对政府违法或不合理使用财政资金而提起的公益性诉讼。财政涉及广泛的公益性，财政资金的使用直接关系到广大人民公共福利的享有，纳税人诉讼即是用司法方式监督政府财政支出，具有维护公共利益的目的。另一方面，纳税人并非基于私人利益而起诉，纳税人一般与政府财政支出无直接利害关系，不是诉讼的直接利害关系人。因此，纳税人诉讼符合公益诉讼的主体条件，即无直接利害关系。

具体而言，纳税人诉讼属于行政公益诉讼。关于行政公益诉讼，学界尚无统一的概念，制度设计尚付阙如。但毋庸讳言，行政公益诉讼是针对行政行为侵犯公共利益而提起的诉讼。政府的征税用税权应属于其他一切权力的基础和保障。显然，政府的征税用税权属于行政权的范围，且征税用税权属于最为核心的行政权。纳税人诉讼是针对政府用税权的诉讼，具体表现为对财政支出的诉讼，属于行政性公益诉讼。

需要指出的是，我国存在纳税人的诉讼制度。《税收征管法》第88条规定，纳税人、扣缴义务人、纳税担保人同税务机关在纳税上发生争议时，可以依法申请行政复议；对行政复议决定不服的，可以依法向人民法院起诉。当事人对税务机关的处罚决定、强制执行措施或者税收保全措施不服的，可以依法申请行政复议，也可以依法向人民法院起诉。但是，此处的纳税人诉讼仅是纳税人的私益诉讼。诉讼基于税务机关的征管行为侵犯其合法权益而提起，诉讼主体是直接的利害关系人，诉讼目的具有私益性。并且，提起诉讼也只能是针对税收征管中的违法行为，不包括用税层面的非法或不当行为。因此，此种意

---

① 参见甘功仁：《论纳税人的税收使用监督权》，载《税务研究》2004年第1期；张建：《纳税人诉讼基本问题探讨》，载《成都理工大学学报（社会科学版）》2006年第4期；张献勇：《浅谈设立纳税人诉讼制度》，载《当代法学》2002年第10期。

义的纳税人诉讼不同于本书探讨的纳税人诉讼。

(二) 纳税人诉讼的法理依据

1. 纳税人诉讼的理论依据:纳税人权利保护理论

纳税人权利保护理论渊源于现代国家的人民主权理论。在现代国家,国家的一切权力属于人民,国家的权力来源于人民,受人民监督。国家的存在是源于人民需要国家公权力的保护,人民将各自权利的一部分交付国家形成国家的公权力,以保护个人的权利。税收是人民交付一定财产权给予国家,从而形成国家的财政权,国家随之以财政支出为纳税人提供公共物品,满足纳税人的公共利益需求。纳税人权利保护理念是现代税收、税法的基本理念。同时,财政权之于国家、财产权之于公民都是极为重要的权利(力),税收具有重要的宪政意义。是故,纳税人权利保护又是一个宪政层面的话题。事实上,纳税人权利理论来自于日本的北野弘久税法学派。该学派便是以纳税人基本权利为中心,从宪法的角度构筑了一套以维护纳税人权利为宗旨的税法学。

将纳税人权利上升至税法、宪法之核心理念,为纳税人诉讼提供了理论基础。不仅税收的征收应保障纳税人的财产权和税务程序性权利,税收的使用也应注重对纳税人公共产品享有权的保障。现代国家日益重视司法途径对纳税人权利的保护,纳税人诉讼即是体现。通过纳税人对政府财政资金使用提起纳税人诉讼的方式,监督政府财政资金的使用,保障纳税人的基本权利。日本学者北野弘久认为,国家有必要从维护纳税者对国家财政实行民主管理的角度,依据宪法精神,设置一个以保护纳税者基本权为目的的诉讼制度,并以许可纳税者提起主观诉讼的形式,完善纳税者诉讼的法律。①

2. 纳税人诉讼的实践依据:国际经验的借鉴

纳税人诉讼是一个国际上共有的制度,无论是英美法系或是大陆法系,概莫能外。当然,由于各国的政治、经济、法律形态不同,纳税人制度也各有不同。

纳税人诉讼制度产生于19世纪的美国,在美国被称为纳税人提起的禁止令请求诉讼,即私人以纳税人身份提起请求禁止公共资金违法支出的诉讼。这一制度是以判例的形式确立的。美国的纳税人诉讼具有以下特点:第一,纳税人不仅可以对公共资金的违法支出行为提起诉讼,对造成金钱损失的违法行为

---

① 参见[日]北野弘久:《税法学原论》,陈刚、杨建广译,中国检察出版社2001年版,第32页。

也能够提起诉讼;第二,纳税人只有在政府的征款用款行为超出了宪法的特定限度时,才具备原告资格;第三,纳税人诉讼的适格被告仅限于州及州以下的地方政府。

在英国,纳税人诉讼是指纳税人对地方财政开支的合法性提出怀疑时,通过一定的程序,以检察总长的名义向法院提起诉讼。英国的纳税人诉讼适用的是一种混合程序,具体的做法是检察总长在私人请求禁制令或宣告令或同时请求这两种救济时,为阻止某种违法行为而提起诉讼,以检察总长的名义提起诉讼。检察总长在私人没有起诉资格申请其启动诉讼程序时,也可以为了公共利益主动请求司法审查。英国纳税人诉讼的最大特点是以总检察长的名义提起诉讼,私人提起诉讼必须由总检察长代为提起诉讼。但是,这并不否认私人的诉讼资格。

日本的纳税人诉讼规定于日本的地方自治法之中,又称为居民诉讼,是指普通地方公共团体的居民,对与自己法律上的利益无关,完全以公共团体财产管理的公正运行为目的,请求纠正公共团体机关不符合法规规定的行为而提起的诉讼。① 日本的居民诉讼仅限于与地方公共团体金钱支出相关的财务项目,对于国家的金钱支出行为,纳税人没有诉讼的权利。在程序上,居民诉讼的提起遵循监察请求前置,只有提起了监察请求,对于监察委员会及公共团体的对应措施仍然不服,才可以提起居民诉讼,未提起监察请求者,虽然可以参加诉讼,但不能成为原告。

可见,将政府的财政支出纳入到司法审查的范围,已成为国际性的惯例。我国虽然没有纳税人诉讼制度,但也存在纳税人意义上的司法诉讼,这种诉讼针对税收征管机关的征管行为,且只有纳税人、扣缴义务人等相关利害关系人有资格提起,理论上属于私益诉讼。但这也说明了将财政行为纳入司法审查范围,在我国并不罕见。

二、案例分析

【案例】

纳税人诉讼:纳税人权利保障之创举②

2006年4月3日,湖南省某市农民蒋某向人民法院提起诉讼,要求

---

① 参见张献勇:《浅谈设立纳税人诉讼制度》,载《当代法学》2002年第10期。
② 本案情介绍参见本案起诉书,载 http://apps.hi.baidu.com/share/detail/232160。

法院认定市财政局超出年度预算购买两台小轿车的行为违法,并将违法购置的轿车收归国库,以维护纳税人的合法权益。

据悉,2005年5月12日和2005年7月6日,该市财政局擅自违法超出当年预算,不通过正规的采购程序,违法使用国家资金自行分别购买两辆高级小轿车作为局长和副局长的"坐驾":一辆是上海通用汽车公司生产的别克SMG7200型,购买价格:199800元;一辆是长安福特汽车公司生产的蒙迪欧CAF7200A型,网上价格:209800元,政府采购价:199800元。根据了解,该市2005年财政预算中没有关于财政局可以购置汽车的专项预算。该案原告在被告市财政局目睹已有多辆较高级的公务用车,该单位的局长和副局长已达到每人有一台车,没有必要再购置公务用车。被告花将近40万元的购车行为超出了当年的财政预算,而且超出科级干部的配车标准。为此,蒋某以纳税人身份,向法院提起诉讼,具体诉求如下:一是确认被告拒不履行处理违法购车和给原告答复的法定职责行为违法;二是确认被告在2005年超出财政预算、超出政府小车编制自行购置的两辆高级轿车,滥用国家税款侵害纳税人合法权利的行为违法;三是依法将违法购置的轿车收归国库,维护纳税人的合法权益,促令被告当好纳税人的管家职责。

此案一出,舆论哗然,以纳税人身份起诉财政部门财政支出使用违法案在全国尚属首次,该案被媒体称为"全国首例纳税人诉讼案"。① 实践界、理论界也对此案产生了浓厚的兴趣,纷纷参与其中,探讨纳税人诉讼,掀起纳税人诉讼模式研究的高潮。但是,遗憾的是,该市人民法院裁定该案不属于行政诉讼受案范围,不符合起诉条件,不予受理。但是此案开启了我国纳税人诉讼的先河,具有重要的启蒙意义。

【问题聚焦】

在我国建立纳税人诉讼,面临哪些障碍?

【法律剖析】

关于我国建立纳税人诉讼,学界早已有探讨,但这是一个颇为复杂的问题。

1. 建立纳税人诉讼制度的现实障碍

纳税人对国家机关财政支出监督的制度设计早已有之。现行制度一般包括

---

① 参见《全国首例纳税人诉讼案:村主任状告市财政局公车超标》,载《中国青年报》2006年4月5日。

以下方式，一是纳税人选举人民代表组成人民代表大会以审批预算方式，安排和监督政府财政资金的使用。并且，当发现国家财政资金违法或不当使用时，人大代表可以提出质询，可组成调查组组织调查和追究违法者责任；二是我国《宪法》第41条规定，中华人民共和国公民对于任何国家机关和国家工作人员，有提出批评和建议的权利；对于任何国家机关和国家工作人员的违法失职行为，有向有关国家机关提出申诉、控告或者检举的权利。当纳税人发现政府机关违法使用财政资金时，可以直接向相关机关提出批评建议，也可以向国家监察机关和审计机关提出检举、举报，要求监察机关和审计机关进行监察、审计，从而启动监察和审计程序。前一种方式是纳税人对财政资金使用监督的专用方式，后一种方式则是宪法权利在财政资金监管使用中的具体体现。可见，现有制度中是存在纳税人的监督机制的，如果强化以上两种方式的使用效力，基本上可以保障政府机关财政支出的合法性。纳税人诉讼是否有必要急于推行，便是一个值得考量的问题。

我国的诉讼制度历来坚持当事人适格主义，只有与案件有直接利害关系的人才享有起诉的资格。现行行政诉讼中，只有直接利害关系人，才可能享有行政诉讼主体资格，从而启动行政诉讼程序。抽象而言，政府财政支出无疑会对不特定的人产生利益影响，但具体的纳税人不能证明其同具体的财政支出行为有任何的利害关系，为此，纳税人尚无资格向司法部门提起行政诉讼。纳税人属于典型的行政公益诉讼，从制度改革的逻辑上看，必须首先推行公益诉讼，进而推行行政公益诉讼，才可能尝试推动纳税人诉讼。当前，我国公益诉讼制度尚未确立，行政公益诉讼更是一个观念的产物。即将修订的民事诉讼法草案，没有扩大诉讼主体资格的相关规定，公益诉讼也尚未纳入到立法视野。可见，公益诉讼乃至于纳税人公益诉讼制度，都是一个长期的制度期待，现实制度化的空间极小。并且，税收是一个专业化、技术化的概念，我国法院在处理此类案件时往往力不从心。在现有纳税人的诉讼中，采用行政复议前置程序，只有纳税人对复议结果不服时，才能启动诉讼程序。这一制度的设计，一方面考虑到了法院现有的税收司法裁判能力，另一方面也说明了纳税人诉讼的推行缺乏现实基础。可以预计的是，如果放开纳税人诉讼，将有无数的无利害关系的纳税人向司法部门提起诉讼，导致诉讼爆炸，现有司法资源将无力承担。

2. 建立纳税人诉讼制度的理想期待

以上阐述了推行纳税人诉讼制度所面临的现实障碍。但毫无疑问的是，从纳税人权益保护的角度，建立纳税人诉讼制度是一个必然趋势。通过纳税人提起诉讼,对政府的财政支出行为予以司法审查,是纳税人权利保障的重要机制。此外,通过纳税人诉讼,督促政府机关践行法律规定,遵循既定的年度性预算法案,本身也推动着税收法定主义的实施。

纳税人保护需要一个系统化的机制。现行制度虽然存在纳税人权利保护机制,但这并不意味着纳税人诉讼没有存在的必要。预算是控制政府财政支出的重要措施,预算是透过代议制的方式,将财政支出纳入到人民代表意志之中,实现财政支出由人民决定,财政支出由人民监督。毋庸讳言,预算是重要的纳税人权利保护机制。透过批评建议权、申诉控告权等权利,纳税人也可以监督财政机关的财政支出行为。相对于预算而言,这种机制更为灵活,但是缺乏固有的机制和制度保护,且是一种事后监督机制。相比于前两种手段,纳税人诉讼是一种司法控权方式,是一种事后纠错手段。透过司法权监督行政权,矫正行政权运作的弊端,是权力制衡的重要要求。同时,对于作为个体的纳税人而言,司法是维护社会正义的最后一道防线。文明社会中主张自身权利,消除弊端的最终手段不失为三种,第一是诉讼,第二是诉讼,第三还是诉讼。① 凡此种种,都说明了司法介入财政权运作的必要性。我们认为,借纳税人诉讼,建立一个控制财政权运作的事前决定、事中监督、事后追责的一体化机制,将会更有利于纳税人权利的保护。

建立纳税人诉讼虽然面临着现行司法制度的限制,但是这不能构成否定纳税人诉讼制度必然条件。西方的诉讼制度发展史表明,当事人适格理论日益面临危机,原告资格由直接的利害关系日益扩展到无利害关系,公益诉讼也日益兴盛和发达。我们有理由相信,随着民主法治日益完善,诉讼制度也将日益完善,原告资格突破当事人适格主义也是必然的发展趋势,公益诉讼将会构成一种新的诉讼方式。事实上,透过纳税人诉讼渐进推动诉讼理论的改革,也不失为尚佳选择。因为财政权之于国家、财产权之于公民都是最为核心的权利,而财税直接关系到两权的冲突,无论从纳税人权益保护角度还是从控制财政权的角度,纳税人诉讼均应是公益诉讼的排头兵,是公益诉讼的焦点所在。建立纳税人诉讼制度,点燃公益诉讼的导火线,或许是推动诉讼理论改革的最佳策略选择。

3. 当前我国建立纳税人制度的路径探索

我们认为,纳税人权利已成为民主宪政的重要内容,成为一个时代性趋势。建立纳税人诉讼制度是纳税人权利保护必然的制度要求。但立足在中国当

---

① 参见朱伟一:《美国公司法判例解析》,中国法制出版社1995年版,第236页。

前,建立纳税人制度面临诸多的制度、现实和观念障碍。鉴于此,中国建立纳税人制度需要体现折中取舍的艺术,建立纳税人诉讼制度应缓和而行、渐进推进。可以考虑以下思路:

纳税人诉讼的首要问题是原告资格问题,解决纳税人资格问题是关键所在。我国行政诉讼遵循当事人适格主义,建立纳税人诉讼制度,必须首先突破这一理念限制。我们建议,通过拓展现行司法解释来解决纳税人诉讼资格的问题。最高人民法院《关于执行〈中华人民共和国行政诉讼法〉若干问题的解释》规定,与具体行政行为有法律上利害关系的公民、法人或其他组织对该行为不服的,可以提起行政诉讼。何为"利害关系",这是一个司法解释问题。建议对利害关系做扩大解释,既包括直接利害关系,也包括间接利害关系。具体在纳税人诉讼上,行政机关违法使用财政资金将会使纳税人不能享有本应享有的公共产品,进而也会导致增加下一次纳税人的税负,纳税人与该行为之间实际上存在了一定的利害关系。当然,以上是透过法官的自由解释为纳税人诉讼提供制度空间。为了避免这一解释被滥用,可以考虑在行政诉讼受案范围中增列纳税人诉讼的情形,明确规定对于行政机关违法使用财政资金的案件,纳税人有权提起行政诉讼。进一步而言,等到时机成熟,可以在立法上取消"利害关系"的纳税人资格限制,从而实现立法意义上对纳税人诉讼的认可。

在诉讼程序上,可以考虑设立纳税人诉讼前置程序,将纳税人诉讼同其他救济程序对接起来。① 规定纳税人认为行政机关有违法使用财政资金的行为应先向具有监督职责的审计、监察等部门提出对违法行为的审查申请,要求对该违法行为进行审查。如审查机关在一定期限内未做答复,或纳税人对处理决定不服的,纳税人有权在一定期限内向人民法院起诉。将纳税人诉讼和检举、控告机制结合起来,可以充分发挥内部纠错机制,同时也避免了司法资源的过度负重。通过这一前置程序,也无形中提升了检举、控制机制的重要性,给审计、监察部门带来了程序上的压力,也有利于督促检举、控告机制的实施。

除此之外,可以考虑建立检察机关纳税人诉讼制度。日本的纳税人诉讼即采用此种模式。在我国,检察机关是法律监督机关,对一切法律的实施进行监督。并且,检察机关代表国家履行检察职能,维护的是国家利益和社会利益。凡此种种,都决定了检察机关是重要的公益诉讼主体,现行的刑事诉讼就是体现。我们认为,可以借鉴日本纳税人诉讼模式,推行检察机关纳税人诉讼。具

---

① 参见闵睿、王太金:《用税监督权与纳税人诉讼》,载《理论界》2006年第3期。

体表现为，由检察机关代表国家和纳税人对财税机关违法财政支出提起公诉。检察机关提起纳税人诉讼可以自行决定，也可以依纳税人的申请。诉讼的方式可以由检察机关提起诉讼，也可以由检察机关支持纳税人提起诉讼。参与的方式除了直接提起外，在纳税人作为原告的场合下，还可以由法院通知参加。检察机关提起纳税人诉讼，以法律监督机关的名义对抗财政机关，保障纳税人诉讼的实效；同时，透过检察机关，可以先于审查筛选，避免了纳税人直接诉讼带来的诉讼爆炸。

三、深度拓展思考题

1. 如何理解纳税人诉讼是纳税人权利保障之创举？
2. 如何理解我国应建立具有中国特色的纳税人诉讼制度？
3. 如何从纳税人权利保障的角度来理解"税收是文明的对价"？

第十六章 金融法

[本章知识结构图]

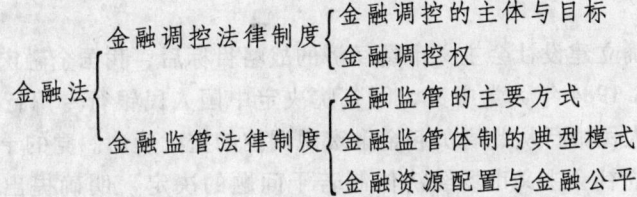

第一节 金融调控法律制度

一、知识点精解

（一）金融调控的基本含义与产生背景

金融调控，又称为金融宏观调控和宏观金融调控，是宏观经济调控的重要组成部分，是以中央银行或货币当局为主体，以货币政策为核心，借助于各种金融工具调节货币供应量或信用量，影响社会总需求进而实现社会总供求均衡，促进金融与经济协调稳定发展的机制与过程。金融调控直接的作用对象是货币经济（也称虚拟经济），通过货币经济的结构和总量发生变化，进而对实体经济（也称真实经济）产生重大影响。

金融调控的产生与市场经济的发展紧密相关。在计划经济体制下，金融资源由政府控制，配置方式以计划为主，金融资源的计划配置方式决定了货币政策传导机制的非市场化特征，金融调控无从产生。以信贷制度为例，在1985年，中国人民银行的信贷管理实行"统一计划、分级管理、存贷挂钩、差额包干"的制度，简称"差额包干"。这一制度对信贷数量的控制主要体现在以下几个方面：首先，中国人民银行通过"统一计划"进行总量控制。全国各类各级银行按照中国人民银行总行统一的规定编制信贷差额计划,逐级汇编上报,由人民银行总行统一平衡,编制全国信贷计划上报国务院批准,后由人民银行总行对各国有银行总行及人民银行分行分配差额包干计划,之后再逐级分配。其次,各级各类银行要将吸收的存款与发放的贷款挂钩,即"存贷挂钩",在规定的差额计划内,各银行的存差须上缴,借差①由上级银行弥补。各银行多存可多贷,少存则要少贷。最后,各级各类银行应当争取完成存差计划,但不能突破借差计划。② 整个信贷市场不存在现代市场经济意义上的宏观经济运行不稳,自然也没有金融调控的必要,市场经济中的货币政策工具是不存在的。

在我国确立建设社会主义市场经济的战略目标后,我国金融宏观调控体系才逐步建立。1984年,党中央、国务院决定中国人民银行专门行使中央银行职能,中国人民银行从此肩负起金融宏观调控的重大使命。党的十四届三中全会《关于建立社会主义市场经济体制若干问题的决定》明确提出,社会主义市场经济必须有健全的宏观调控体系。中央银行以稳定币值为首要目标,调节货币供应总量,并保持国际收支平衡。党的十六届三中全会《关于完善社会主义市场经济体制若干问题的决定》进一步提出,"要进一步健全国家计划和财政政策、货币政策等相互配合的宏观调控体系……货币政策要在保持币值稳定和总量平衡方面发挥重要作用,健全货币政策的传导机制"。

伴随着我国经济金融体制改革和社会主义市场经济体制建设进程,我国金融宏观调控体系也在不断探索、调整、完善,中国人民银行根据经济形势的变化采取不同的货币政策。1993—1999年,我国执行的是适度从紧的货币政策,1999—2007年我国执行的是稳健的货币政策,从2008年起,我国开始执行从紧的货币政策。从紧货币政策是为防止经济增长过热和通货膨胀所采取的宏观调控政策,其内涵一是人民银行通过货币政策工具减少货币供应量,控制信贷规模过快增长;二是严格限制对高耗能、高污染和产能过剩行业中落后企业贷款投放,加大对"三农"、中小企业、节能环保和自主创新等薄弱环节的支持。

在现代市场经济中,金融调控的作用越来越重要。尤其是在当代完全的信用货币制度下,金融已不再扮演简单的货币流通、资金融通和社会支付结算中心的角色,而是积极地发挥着创造货币和信用流通工具的功能,从而使其对经

---

① 存差是指资金来源大于资金运用的部分,借差指资金运用大于资金来源的部分。
② 参见易秋霖:《中国的非均衡金融》,经济管理出版社2004年版,第13页。

济发展的作用从最初适应性的便利和促进，发展到主动性的推动和引导上来，成为一国经济发展的决定因素。因此，金融市场的健康发展直接影响到国民经济的运作与发展，并与社会稳定息息相关，由此决定了只有加强对金融市场的宏观调控，才能充分发挥金融市场对国民经济的促进和带动作用。

（二）金融调控的主体与目标

在现代经济生活中，金融调控职能主要是由中央银行来履行。通常各国均在中央银行中设立专门的机构负责金融调控的具体实施。

根据1998年《英格兰银行法》，英国设有英格兰银行货币政策委员会，负责独立地制定英国的货币政策。该委员会有9名成员，包括：英格兰银行的行长和两名副行长；英格兰银行行长在征求财政大臣意见后任命两名委员（其中一名是行内货币政策分析方面的负责人，另一名是行内货币政策操作的负责人）；财政大臣任命四名委员，这四名委员必须要有与委员会职责相关的知识和经历。

美国是多元中央银行体制国家，联邦和地方两级的中央银行都有自己的权力机构。但地方中央银行无权独立制定货币政策，而要服从联邦中央银行权力机构的统一的货币政策。美国联邦储备系统的最高权力机构是联邦储备委员会，由7名委员组成。委员经参议院同意，由总统任命，任期14年，每两年改选1人。总统有权指派两名委员分别担任委员会的主席和副主席，任期4年。另外，联储还设有联邦公开市场委员会，该委员会由联邦委员会成员7人和联邦储备银行总裁5人共12人组成，决定联储系统在公开市场和外汇市场上的买卖活动。

欧盟国家的金融调控由欧洲中央银行负责。欧洲中央银行是世界上第一个管理超国家货币的中央银行。它的主要决策机构是行长理事会和执行理事会。其中行长理事会是欧洲中央银行的最高决策机构，负责制定欧元区的货币政策，并就涉及货币政策的中介目标、指导利率以及法定准备金等作出决策，同时确定其实施的行动指南。目前，行长理事会由执行董事会成员和欧元区12个成员国中央银行行长组成，每个成员拥有一份表决权，采取简单多数表决决定要实施的货币政策，欧洲中央银行行长担任行长理事会主席，并且拥有在表决中出现赞成票反对票相等时作出最后裁决的权力。

在我国，金融调控权主体是中国人民银行。《中国人民银行法》第1条规定了制定该法的目的是建立和完善中央银行宏观调控体系，维护金融稳定。第2条规定："中国人民银行是中华人民共和国的中央银行。中国人民银行在国务院领导下,制定和执行货币政策,防范和化解金融风险,维护金融稳定。"在中国人民银行内部设有货币政策委员会,作为其制定货币政策的咨询议事机构。其基本职责是在综合分析国家宏观经济形势的基础上,依据国家宏观经济调控目标,讨论货币政策事项,并提出建议。

中央银行制定、实施货币政策的目标有最终目标、中介目标和操作目标之分。最终目标是指一国中央银行采取货币政策所要达成的总目标,是中央银行制定和执行货币政策的出发点和归宿点,一般表述为稳定物价、充分就业、经济增长、平衡国际收支四项。但具体到各国的中央银行立法中,则往往根据自身国情的需要,选取其中的一个或若干个目标为中央银行的政策目标,从而形成单一目标、双重目标、多重目标等模式。中介目标,也称中间目标,是货币政策目标的操作目标和最终目标之间的过渡性指标。作为中介目标,应具有可控性、可测性、相关性、抗干扰性、适应性,一般包括货币供应量和信用总量。操作目标是指受货币政策工具直接作用的金融变量指标,一般包括短期利率和基础货币中的准备金。

(三)金融调控的权力形态——金融调控权

金融调控反映在权力形态上即为金融调控权。金融调控权是国家宏观经济调控权中的一个重要组成部分,是国家金融调控机关为稳定金融市场,以引导资金流向,控制信用规模为目的,对有关的金融变量实行调节和控制的权力,金融调控权的具体内容包括:

1. 货币政策制定权,是指中央银行就有关货币政策作出决定的权限。货币政策是指中央银行为了实现既定的经济目标,运用各种手段调节货币供给量或信用量,进而影响宏观经济的方针和措施的总称。货币政策一般包括货币供应量政策、利率政策、汇率政策等。《中国人民银行法》第5条规定:"中国人民银行就年度货币供应量、利率、汇率和国务院规定的其他重要事项作出的决定,报国务院批准后执行。中国人民银行就前款规定以外的其他有关货币政策事项作出决定后,即予执行,并报国务院备案。"

2. 货币政策执行权,指中央银行对自己作出、经国务院批准或备案后的货币政策独立依法行使的权力。批准或备案的货币政策有:

(1) 货币供应量政策,即货币存量,是指银行系统根据货币需求量,通过其资金运用,注入流通领域的货币总量。它表示银行系统向流通中供应了多少货币,货币分布的层次结构,流动性强弱等,借以观察和检验货币政策效果。货币供应量的变动是顺循环的,当经济高涨时,信贷扩张,货币供应量增加;反之,当经济衰退时,信贷减缩,货币供应量减少。作为政策变量,货币供应量增减变动与货币政策的松紧和社会总需求存在正相关的关系。

(2) 利率政策,是人民银行控制和调节市场利率以影响社会资金供求的方针和各种措施。一般认为利率是一个国家最重要的货币政策指标。人民银行依据物价变动、社会资金需求,调整市场利率,以调控经济的发展,对利率政策变动的决定报国务院批准后人民银行通过各商业银行的传导施行。

(3) 汇率政策,是人民银行控制和调节外汇市场实现外汇收支平衡的重要工具。国际收支持续顺差,外汇供大于求时,会引起本币汇率上涨,外汇汇率下跌,使得国外大量投资资本流入,从而产生通货膨胀,不利于经济的发展。人民银行可以通过控制外汇的来源与分配,防止外汇的过多输入,在汇率波动时干预外汇市场,使外汇供求趋于平衡,从而促进经济的发展。当国际收支出现持续逆差时,人民银行可以控制国内外汇的收支,减少资本的外流,并通过汇率调整,减少进口商品数量,增加出口创汇额,以实现外汇收支平衡。人民银行对汇率政策变动的决定应当报国务院批准才能施行。

(4) 存款准备金政策,存款准备金是银行及某些金融机构为应付客户提取存款和资金清算而准备的货币资金。存款准备金分为法定存款准备金和超额准备金两部分。法定存款准备金是金融机构按中央银行规定的比例上交的部分;超额准备金系指准备金总额减去法定存款准备金的剩余部分。准备金占存款或负债总额的比例就是存款准备金率。人民银行通过提高或降低存款准备金率,限制或增强金融机构扩张贷款、派生存款的能力,从而达到限制或扩大货币信用总量的目的。

从 2004 年 4 月 25 日起,我国开始实行差别存款准备金率制度。人民银行将资本充足率低于一定水平的金融机构存款准备金率提高 0.5 个百分点,执行 7.5% 的存款准备金率,其他金融机构仍执行 7% 的准备金率。此即差别存款准备金率制度。在我国,由于相当一部分金融机构的历史包袱问题尚未解决,难以达到最低资本充足率要求,在此情况下,采取差别存款准备金率制度,无疑具有重大意义:一方面有利于完善货币政策传导机制,抑制资本充足率不足且资产质量较差的金融机构盲目扩张贷款;另一方面,通过对金融机构区别对待的正向激励机制,有利于调动金融机构主要依靠自身力量健全金融治理结构的积极性,督促金融机构逐步达到资本充足率要求,最终实现调控货币供应总量和降低金融系统风险的双重目标。[1]

---

[1] 参见朱大旗:《金融法》(第二版),中国人民大学出版社 2007 年版,第 104~105 页。

(5) 再贴现政策，是金融机构以合格票据向人民银行贴现，人民银行可以从调整再贴现率和贴现条件两个方面来作用于货币供应量。通过再贴现可以直接影响金融机构向中央银行借款的数量，进而收缩或扩张货币供应量。再贴现政策之所以得到广泛的运用在于它自身的优势，它能为那些难以按市场条件从金融市场所需资金部门和地区融资提供便利。并且再贴现作为货币政策的重要工具，它具有双重效力，能起到引导信贷注入特定领域增加流动性总量的作用，而且能对社会信用结构、利率水平、商业银行资产质量等方面发挥调节作用，因此它是国外央行最早使用的货币政策工具。

(6) 公开市场业务，是指人民银行通过在金融市场上买卖有价证券，控制和调节信用量和货币供应量的一种手段。当资金短缺时，人民银行为扩大市场信用、放松银根，便在市场上买进有价证券，以投放货币，扩大信贷规模；反之，便在公开市场上卖出有价证券，以收回货币，紧缩信贷规模。①

二、案例分析

【案例】

次贷危机背景下的金融调控国际合作

2007年全面爆发的美国次贷危机，不仅给全球金融业带来巨大的威胁，也给各国经济带来了巨大压力，世界各大央行纷纷联合面对危局。2007年8月10日，欧洲央行出手相救，世界各地央行48小时内注资3262多亿美元救市，美联储一天三次向银行注资380亿美元以稳定股市；2007年8月14日，美国、欧洲和日本三大央行再度注入超过720亿美元救市，亚太央行再向银行系统注资；2007年8月20日，日本央行再向银行系统注资1万亿日元；澳联储向金融系统注入35.7亿澳元；2007年8月22日，美联储再向金融系统注资37.5亿美元，欧洲央行追加400亿欧元再融资操作；2008年10月8日各大央行同时行动，接连宣布降息。美联储宣布降息50个基点至1.5%，欧洲央行、英国央行、加拿大央行、瑞典央行也纷纷降息50个基点，利率分别降至3.75%、4.5%、2.5%、1.25%。澳大利亚当地时间10月7日下午，澳大利亚联邦储备银行（RBA）将银行基准利率下调1%至6.00%；以色列央行（Bank of Israel）

---

① 参见胡光志、周昌发：《金融调控权若干问题探讨》，载《经济体制改革》2009年第2期。

也宣布，由于全球金融市场急剧下降，下调利率50个基点至3.75%，新利率将于10月12日生效。10月9日，在美国之后，韩国、日本、中国香港地区等有关当局，纷纷采取措施放松了货币政策，向银行注资。中国人民银行决定：从2008年10月15日起下调存款类金融机构人民币存款准备金率0.5%；从2008年10月9日起下调一年期人民币存贷款基准利率各0.27%，同时，国务院决定9日起对储蓄存款利息所得暂免征收个人所得税，也即免征利息税。

【问题聚焦】

在金融全球化的背景下，中国的金融调控如何能够因势利导、趋利避害？在国际金融体系中，如何维护本国的金融主权？

【法律剖析】

随着经济全球化进程的加快，各国的金融市场连接日渐紧密，金融全球化在使各国、各地区之间经济关系密切化的同时，也为各种风险的形成与传导提供了条件，这客观上要求各国政府不断加强金融宏观调控的国际合作，以应对金融市场自由化发展带来的全球范围的失灵。

此次面对"百年一遇"的世界范围的金融危机，全球各国及各大经济体一致认为，如果不采取联合救市措施，金融危机会进一步蔓延，很可能带来更为严重的后果，因此在很短的时间内，各国央行采取了一系列措施合力遏制金融危机，一系列为应对危机，寻求对话和合作的会议相继召开。2008年11月8日，20国集团财政部长和中央银行行长2008年年会在巴西圣保罗开幕；11月15日，20国集团领导人金融市场和世界经济峰会在华盛顿召开；11月22日至23日，亚太经济合作组织（APEC）第十六次领导人非正式会议在秘鲁首都利马召开。20国集团金融峰会在宣言中再次强调了"与会国家决心加强合作，努力恢复全球增长"的重要性。会议的最重要的成果就是与会各方就下一步应对金融危机行动达成了协议，20国集团领导人承诺将共同行动，运用货币和财政政策，应对全球宏观经济挑战。APEC会议针对金融危机专门发表一份联合声明，承诺密切合作，进一步采取全面、协调的行动应对当前的金融危机。表示将采取一切必要的经济及金融行动，力求在18个月内战胜金融危机。这些会议均强调，全球要加强合作、共同抵御金融危机。在全球化的今天，危机对经济的打击是全球性的，而救治危机也需要全球的手段。

由于各国具有不同的运行框架，各自所采取的措施也就不尽相同。但在维持货币市场的流动性上，各国采取了类似的办法——降息。降息有利于刺激银行里的储蓄资金流入市场，从而提高货币的流动性，提升投资者的信心。尽管降息的幅度不大，但是各国央行统一行动，这说明了各国央行不仅有稳定全球金融市场的决心，也有稳定全球金融市场的工具与能力。如果各国央行能够在达成共识的前提下一起行动，那么全球的金融市场恶化局面有可能得到改善。

这次金融危机中，中国也参与了全球各国央行的统一行动。中国央行参与全球统一行动的意义不仅在于稳定国际金融市场，其实也是在稳定国内金融市场。这不仅是因为中国有不少金融资产放在国外，全球金融市场恶化，中国在外国的金融资产同样面临巨大的风险，更重要的是，中国金融市场尽管没有完全开放，但它早已经是全球市场的一部分，全球金融市场的波动同样会影响到中国金融市场的稳定。这是中国金融市场真正走向世界的一个标志性事件。中国央行能够在欧美金融市场困难之际，与世界各国央行统一行动，是我们未来与各国央行更为深入地交往、联系的重要一步，是中国金融市场走向世界的重要一步。

三、深度拓展思考题

1. 金融调控的目标应该一元还是多元？
2. 金融调控权的权力性质如何界定？
3. 中国如何在国际金融调控合作中强化自己的话语权？

第二节 金融监管法律制度

一、知识点精解

（一）金融监管的含义与主要内容

金融监管是金融监督管理的简称，它是指金融监管主体为实现监管目标而利用各种监管手段和措施对监管对象所采取的一种有意识的、主动的干预和控制活动。它有广义、狭义之分。广义的金融监管包括金融机构的自我监督管理、金融行业协会的自律监管、社会中介组织监管和有关金融监管主体对金融机构进行的外部监督管理。狭义的金融监管是指外部监管，即国家有关监管主体对金融机构及其活动所进行的监督和管理。在这里，国家有关监管主体可能是国家机构，也可能是依法设定的特殊法人（事业单位或公司），总之是法定机构。在我国，金融监管机关包括中国人民银行、中国银行业监督管理委员会、中国保险业监督管理委员会和中国证券业监督管理委员会。

金融监管制度的设计与各国金融业的发展状况、政治制度、法律制度甚至文化制度密切相关，各国的金融监管制度因此不尽相同，于是便有了单一监管、"双峰"监管、"伞形"监管、多头监管的差异。然而，随着经济一体化和金融全球化趋势的增强以及金融机构跨国业务的增多，各国逐渐突破国别金融监管体系，在金融政策上出现了一体化的倾向，金融监管的理念和具体措施也逐渐趋同。概括而言，各国为保障金融市场的有序运行，通常以金融机构的设立、运营、退出为线索，在各个阶段采取相应的监管措施。

1. 市场准入监管

金融业是具有社会公共性和高风险性的行业，对市场准入控制是有效金融监管的首要环节，各国的市场准入监管都是很严格的。在世界上大多数国家，进入金融业从事金融活动通常需要"特别许可"。在我国对金融业市场准入的监管是法律赋予监管机关的重要职责，主要体现为各监管机构对申请人实施市场准入许可，申请人必须先由监管机构审批颁发金融许可证，然后经工商登记后始可营业。实行市场准入监管是为了防止不合格的金融机构进入金融市场，保持金融市场主体的有序性。

2. 业务经营监管

市场准入监管通过严格的条件审核和准入控制将不合格的金融机构阻挡在市场之外，是防范金融风险的重要防火墙，但仅有市场准入制度是远远不够的。大量的金融风险往往是在金融机构日常业务经营过程中形成的，因此金融机构业务经营的合规监管和风险监管成为金融监管的重要环节。

（1）业务合规监管。业务合规监管是指监管金融机构开展业务活动是否符合监管当局的法律、法规的规定。包括金融机构在具体业务经营活动中是否存在诸如虚假宣传欺骗或误导客户、损害客户利益；对其他竞争对手进行歪曲、诋毁，损害竞争对手信誉的不正当竞争行为；金融机构的信息披露是否符合法定要求，是否存在提供虚假的或者隐瞒重要事实的报表、报告等文件、资料的情形；金融机构及其分支机构的设立、变更及其业务范围的变更、新的金融商品的开发、高级管理人员的任命是否符合法律规定的条件和程序。

（2）风险监管。金融机构在经营过程中所产生的风险，包括信用风险、市场风险、利率风险、流动性风险、操作风险、法律风险、信誉风险，严重威胁着金融市场的稳定。金融监管机构需要了解这些风险并确保能妥善测量和管理风险，并据此对金融机构的风险管理情况进行监督。以银行业为例，我国有关法律、行政法规和监管规章，都对银行业金融机构的审慎经营提出了要求并确定了具体的规则，内容涉及风险管理、内部控制、资本充足率、资产质量、损失准备金、风险集中、关联交易、资产流动性等内容。

3. 市场退出监管

在现代金融市场上，严格的金融监管并不能完全消除金融机构步入困境的可能性。特别是在金融企业经营失败的情况下，金融企业是否能够稳妥地退出市场，减少投资者损失，降低对社会造成的冲击和震荡，都直接关系到社会公众利益。这就需要建立金融企业的退出机制，从而更好地保护利益相关者的整体利益。从国际实践来看，各国都比较注重市场退出监管。巴塞尔核心原则规定，银行监管者需要在银行未能满足审慎要求或当存款人安全受到威胁时采取及时的纠正措施。根据国际经验，我国也建立了相应的市场退出机制，我国的《中国人民银行法》、《商业银行法》、《保险法》等在市场退出监管方面作出了规定，对诸如金融企业的接管、终止、解散、破产等问题进行了原则性规定。①

（二）金融监管产生的必要性——市场失灵的角度

为了克服金融市场失灵，控制由于金融业自身的外部负效应性、金融脆弱性、信息不对称带来的巨大的金融风险，维护金融市场的竞争秩序，保护存款人和投资者的利益，各国政府普遍实行金融监管。金融市场的失灵主要体现在以下几个方面：

1. 金融市场的外部负效应

外部效应也称为外部性，通常是指在市场经济中，某个经济主体的行为不通过价格体系而对其他经济主体产生直接影响，外部性是伴随着某一经济主体的决策而产生的，但是在决策之前，外部性的影响并不在经济主体决策的考虑因素之内。基于理性原则，市场经济下追求利润最大化的经济主体在作出决策的时候，主要考虑私人成本和收益，而不考虑社会成本或收益，从而引起私人成本与社会成本、私人收益与社会收益的不一致。外部效应有外部正效应和外部负效应之分。前者指私人收益增进的同时导致了社会收益的增加；后者指私人收益的增进或受损导致了社会收益的减少或更大幅度的下降。

就金融市场而言，如果一家金融机构因为其良好的经营业绩提高了人们对整个金融体系的信心，拉动了经济增长、促进了社会生产，即是外部正效应。但如果该金融机构因为其自身的经营不善而破产，其经营活动失败带来的外部成本超越了它自身能支付的边界，社会必须为其支付额外的成本，并因此而导

---

① 参见徐孟洲等：《金融监管法研究》，中国法制出版社2008年版，第50~51页。

致整个金融体系的不良反应和整个市场信心的下降,如货币信用紧缩等,就是外部负效应。

由于金融机构高负债经营的特点和金融市场的高风险性,使得金融市场的外部负效应较一般市场更为严重。这是因为:第一,金融机构不同于一般的商业企业,一般的商业企业的破产或倒闭影响的只是极少数企业主的利益,而金融机构的破产和倒闭则涉及众多客户的利益。第二,正因为金融机构是一种靠负债获取经营收益的特殊企业,使金融动荡和危机的"传染性"更大,造成的社会成本和负外部效应也更大。例如,一家银行因经营危机而造成的挤兑行为可能会引发客户对其他银行的判断,从而引发对其他银行的挤兑行为。另外,在现代金融机构之间的交叉负债现象比较多见的情况下,当一家金融机构出现金融危机时,可能会使多家金融机构陷入金融困难,从而给整个金融体系带来系统风险。第三,上述两点原因使金融市场上的负外部效应形成了一种独特的自我放大机制,这种自我放大机制能将某一微小的金融动荡,通过金融市场的利益传导机制迅速扩散到整个经济体系,使宏观经济系统的发展节奏受到破坏。①

上述原因所导致的金融市场外部负效应的存在无疑强化了金融体系的内在脆弱性,加剧了金融动荡发生的可能性与不确定性。同时,由于市场的自由交易机制无力解决市场外部性问题,因此需要超越于市场的外部力量来限制其影响,这就为政府介入市场,实施金融监管提供了重要的理论依据。

2. 金融市场的不完全竞争性

市场经济就是竞争经济,正因为有竞争,市场才能够高效地配置资源。然而完全竞争从来都只是作为一种理论形态存在,现实中几乎所有的行业都存在一定程度的不完全竞争。金融市场的不完全竞争性主要体现为两个方面:

一是金融机构的垄断行为。金融业存在着规模经济的倾向。就银行而言,其规模越大,分支机构和经营网点越多,就越能吸引客户的关注,其市场份额越容易提高,从而降低其交易成本。金融业具有的这一特点,极易导致大金融机构对市场的垄断。垄断必然冲击市场主体间的地位平等、自由竞争和公平交易。在垄断条件下,金融商品价格不由买卖双方共同决定而仅由垄断者操纵,就必然出现严重的价格扭曲,这种扭曲的价格就不再是真正反映市场供求状况的信号。所以,既破坏市场机制正常运行所必要的竞争秩序,也损害市场配置

---

① 参见陈元:《由金融危机引发的对金融资源配置方式的思考》,载《财贸经济》2009年第11期。

资源的效率，也给消费者的福利带来损失。

二是金融市场交易过程中的不正当竞争和过度竞争。近几年，随着金融全球化进程的加快，各国金融市场的联系更加紧密，各国金融机构已经不是在一国范围内，而是在世界范围内与各国金融机构展开竞争。激烈的竞争导致了一些行为偏差——不正当竞争和过度竞争。以不正当的方式争夺客户、诽谤竞争对手、过度的金融创新，种种行为不一而足。无论是不正当竞争还是过度竞争，都破坏了金融市场的自由竞争原则，降低了金融业的服务质量和有效产出，造成社会福利的损失。

3. 金融市场的不完全信息

按照信息经济学的有关理论，金融市场产生的主要原因就在于解决社会资金供求过程中存在的信息不对称问题。从人类的经济实践看，银行等金融机构的存在，的确有效解决了这一问题。但另一方面，以自身收益最大化为目标的金融市场主体的有限理性和机会主义行为以及金融交易商品对信息供给的极大依赖性①，又形成了新的信息不对称问题，如在银行与存款人、银行与贷款人之间就存在因信息不对称问题而产生的逆向选择和道德风险问题，造成市场失灵。

总的来说，金融市场上的信息不对称主要表现在以下几个方面：一是监管当局和金融机构之间的信息不对称。二是存款者和投资者与金融机构之间的信息不对称。三是银行与贷款者间的信息不对称。

就银行与存款人而言，银行掌握着信息供应的主导地位，而存款者由于获取全部信息的成本太高，事先并没有完全的信息了解自己选择的银行是否有足够的实力来保证存款的安全性、流动性和盈利性。当金融市场出现存款者自认为不利于自己资产的迹象时，存款者就难免会依据不完全的，甚至是错误的信息来作出选择和判断，如果他们认为风险足够大，就会产生到银行提款抽逃的动机。

在银行与贷款人之间，银行是信息劣势一方，而贷款需求者则拥有信息优势。由于银行获取客户完全信息的成本很高，银行只能根据客户的部分信息来判断客户的风险状况，这时就很难避免逆向选择和道德风险的产生。一方面，

---

① 与一般的商品不同，金融产品具有价值上的预期性，其价格会随主观预期的变化而变化。金融产品的这种主观预期性，使其交换机制主要取决于交易双方对相关信息的掌握程度以及在此基础上所作出的判断。金融产品的这一特性使金融市场的交易双方之间极有可能出现严重的信息不对称，从而影响金融市场的效率与公平。

在银行认为风险较高时，银行会提高贷款的利率或附加一些苛刻的条件，这时只有那些预期回报率较高但风险较大的企业才会接受银行的贷款条件，而那些风险较低的企业就会放弃贷款。其结果就有可能使银行信贷集中在高风险的企业，导致银行经营风险的扩大。另一方面，由于银行无法充分有效地监督贷款者资金运用的行为是否符合银行的利益，贷款者可能会违背承诺将资金运用于超出银行认可的范围，被用来从事高风险的经营，从而加大了造成银行坏账的可能。为了维护自身的利益，银行就可能会采取一些严格的非市场策略如信贷配给等，拒绝向它所认为的高风险企业进行贷款。由于信贷配给所强调的不是价格而是数量，所以信贷配给制度的出现也意味着传统金融市场的失灵。

金融市场上的信息不对称可能导致逆向选择的现象，即信息不利方可能依据市场的普遍情况作出决策，从而在市场中出现劣品驱逐良品的现象，并最终导致市场萎缩甚至消失。此外，信息不对称也加快了单个金融机构风险的积累。由于金融体系内的各个金融机构之间是以信用链互相依存的，如果一家金融机构发生困难或破产，就会影响到同破产机构有业务联系的其他金融机构，信息的不对称使投资者不能像其他产业那样根据公开信息来判断某个金融机构的清偿能力，投资者便会将某一金融机构的困难视为其他所有有着类似业务的金融机构发生困难的信号，从而加快了金融机构风险的扩散，增加了金融市场的波动和不稳定。

（三）金融监管体制的典型模式

金融监管体制是指一国有关金融监管机构的设置、各自职责、权限的划分及其协作配合的一种制度安排。金融监管体制的选择，与一国的政治、文化传统密切有关外，更与经济变化直接相关。从"二战"后的金融实践来看，世界各国的金融监管体制均不是一成不变的。当前，世界上的金融监管体制主要有四种模式：

第一种是高度集中的金融监管体制。这种体制主要是针对金融混业、金融全能化发展而形成的。早在20世纪80年代后期，北欧的挪威、丹麦和瑞典即已开始将分散的监管机构合并，成立综合性的金融监管机构，实行统一监管。1996年以后，日本和韩国也转向这种模式。而1997年英国的统一金融监管体制改革最为著名，并最终成立了为《2000年金融服务和市场法》所确认的超级金融监管机关——英国金融服务管理局。目前世界上越来越多的国家采用这种体制，包括英国、德国、日本、新加坡、韩国、比利时、瑞士、挪威、冰岛、瑞典、丹麦等国政府均设立专门机构或由中央银行统一负责金融监管。

第二种是双层多头的金融监管体制，即在中央和地方两级设立多家管理机构共同负责金融监管工作。这种模式以美国为代表。美国在联邦一级就有联储体系、联邦存款保险公司、证券交易委员会、财政部货币监理局、联邦住宅贷款银行局、全国信用社管理局等机构；在州一级，各州均设有银行管理委员会，分工协作，共同管理。1999年《金融服务现代化法案》规定，由美联储作为综合监管的上级机构对金融控股公司进行总体监管，货币监理局（OCC）、联邦存款保险公司（FDIC）、州银行监管机构负责对银行进行监管，证券交易委员会（SEC）对证券业进行监管。

美国次贷危机发生后，美国着手对金融监管体制进行改革。2008年3月，美国财政部公布了长达218页的《现代化金融监管结构蓝图》。美国财政部长盖特纳在国会众议院金融服务委员会介绍方案时说，政府此次对金融体系的监管改革"不是边边角角的小修小补，而是建立新的游戏规则"。《现代化金融监管结构蓝图》着眼于促进形成一个富有竞争力的、能够带动和支持美国经济持续创新的金融服务业。该计划提出了短期和中期的金融监管体制改革建议，并提出了长期的概念化的最优监管框架，其中短期的改革措施是向中期和长期最优监管框架的一种过渡。短期的建议主要针对目前的信贷和房屋抵押市场，通过设立按揭贷款监督委员会加强对房屋抵押贷款发起的监管。中期建议的主要目的在于弥补美国监管制度中的空白、提高监管的有效性，在现有监管框架下，使得某些金融服务行业，如银行、保险、证券和期货的监管体制更加现代化。长期的建议是向着"目标导向"的监管方式转变，确保美国在全球金融市场的核心地位。具体措施是设立三个不同的监管当局：一是负责市场稳定的监管当局（Market Stability Regulator），由美联储担任该职；二是负责与政府担保有关的安全稳健的审慎金融监管当局（Prudential Financial Regulator），同时它还负责金融控股公司的监管；三是负责商业行为的监管当局（Business Conduct Regulator），负责监管金融机构的商业运营以及保障投资者和消费者的利益。①

在改革方案中，美国政府计划对金融监管机构进行重整，改变过去美国金融体系中银行、保险、证券交易和商品期货交易等领域多头监管、顾此失彼的状况，将职能归聚于一个强大的"单一机构"，把大型金融机构、重要的支付和清算系统等都置于其监管之下。美国政界、法律界以及金融业人士多认为，

---

① 参见张波：《次贷危机下的美国金融监管体制变革及其启示》，载《金融理论与实践》2008年第12期。

美国联邦储备委员会很可能担当这一"全能监管者"角色。"全能监管者"的建构体现出美国金融监管当局力图弥合金融监管机构配合上的巨大裂缝,减少金融监管机构间协调上的摩擦与内耗。①

第三种是混合金融监管体制。该模式结合了高度统一监管和多头分业监管的优点。为防止混业监管中的监管真空或相互扯皮,特别确定某一监管机构为主或作为牵头监管机构负责不同监管主体之间的协调工作。巴西的金融监管,即属于该模式。

第四类是单层多头的金融监管体制,即只在中央一级设立几家管理机构分别进行金融监管。如法国设有信贷机构委员会、银行委员会、银行规章委员会、法兰西银行、金融市场管理局等机构,共同负责监管工作。

从我国的历史实践看,监管模式的选定有一个发展过程。1984年以前,中国人民银行既是金融管理机构又是金融企业,还算不上纯粹意义上的金融监管。1984年至1998年之间,我国奉行的是以中国人民银行为核心的金融监管体制,人民银行既是中央银行,同时又是银行业、证券业、保险业的监管者,人民银行同时还兼有金融调控者和金融监管者的职能。1998年,鉴于亚洲金融危机的教训,我国将银行业、证券业、保险业实行分业监管,中国人民银行、证监会、保监会各司其职。2003年,又将对银行业金融机构的监管职能交由新成立的银监会行使,但人民银行仍保留了一定的金融监管职能,从而在我国确立了目前仍实行的多头分业监管体制。② 我国现有的金融监管体制,具有监管专业化的优势,职责明确,分工细致,有利于达到监管目标,提高监管效率。但是,其也有明显缺点,主要的问题在于:混业经营是金融经营的发展趋势,特别是在外国金融机构进入我国的金融市场后,为了使我国的金融机构能够与外国金融机构开展有效竞争,允许我国金融业混业经营应当顺理成章,而现有监管体制与金融发展混业化、集团化、全球化的发展有一定差距,与国际金融监管的潮流有所背离。同时,这种分头监管模式成本高、效率低,各机关之间缺乏协调机制。③

---

① 参见冯果、田春雷:《金融危机下我国金融无缝隙监管体制的构建》,载《武汉大学学报》2009年第6期。

② 参见朱大旗:《金融法》(第二版),中国人民大学出版社2007年版,第132页。

③ 参见谢平、蔡浩仪:《金融经营模式及监管体制研究》,中国金融出版社2003年版,第37页。

二、案例分析

【案例】

金融资源配置失衡引发的金融监管变革

随着我国经济体制改革的深化,我国经济发展的不均衡问题逐渐凸现,在金融领域,主要表现在城市与农村之间、不同所有制经济体之间金融资源配置的严重失衡。首先,金融资源的城乡配置表现出了明显的城市化倾向,政府为了快速推进工业化和城市化,将资金大部分投向城市,相对于城市地区基本建设和企业生产、流通以及居民消费的借贷资金支持而言,专门针对农村经济发展提供的资金支持比重非常低,农村金融资源供给严重不足。其次,金融资源的所有制配置带有明显的歧视民间资本的色彩。这体现为民间资本很难进入金融领域,国有或国家控股的金融机构在金融体系中占绝对的优势地位。

我国金融资源配置严重失衡的现状引起了监管当局的重视,并进行了一系列的改革。2006年12月,中国银行业监管委员会发布《关于调整放宽农村地区银行业金融机构准入政策,更好支持社会主义新农村建设的若干意见》,鼓励各类资本设立主要为当地农户提供金融服务的村镇银行、贷款公司和资金互助合作社。2007年10月初,经国务院批准,银监会扩大调整放宽农村地区银行业金融机构准入政策试点范围,将试点省份进一步扩大到全部的31个省市区。2010年,国务院又颁布《国务院关于鼓励和引导民间投资健康发展的若干意见》(即"新非公36条"),其中的一项重要内容就是鼓励和引导民间资本进入金融服务领域,允许民间资本兴办金融机构。

【问题聚焦】

能否将金融公平锲入金融法的价值目标?

【法律剖析】

(一)我国金融监管目标的传统定位及其局限

金融监管的目标是金融监管活动所要达到的境地和标准。尽管由于国情和发展阶段的不同,各国法律对金融监管目标的表述及实际做法有一定差异,但总的来看:保护金融机构的安全、稳健经营;限制金融领域的不正当竞争,维护金融业的公平、有序竞争;保护存款人、投资者和社会公众利益,从整体上维护金融体系的安全和金融市场的秩序，促进金融、经济的稳定、健康发展，应该说是现在各国实施金融监管的共同目标。

在我国，对金融监管的目标作出明确规定的法律是 2003 年 12 月通过、2006 年 12 月修订的《中华人民共和国银行业监督管理法》，该法第 3 条明确规定："银行业监督管理的目标是促进银行业的合法、稳健运行，维护公众对银行业的信心。银行业监督管理应当保护银行业公平竞争，提高银行业竞争能力。"此外，该法和其他诸多法律、法规的"立法宗旨"也都体现和表征了金融监管的目标。如《银行业监督管理法》第 1 条规定："为了加强对银行业的监督管理，规范监督管理行为，防范和化解银行业风险，保护存款人和其他客户的合法权益，促进银行业健康发展，制定本法。"《中国人民银行法》第 1 条规定："为了确立中国人民银行的地位，明确其职责，保证国家货币政策的正确制定和执行，建立和完善中央银行宏观调控体系，维护金融稳定，制定本法。"第 2 条第 2 款规定："中国人民银行在国务院领导下，制定和执行货币政策，防范和化解金融风险，维护金融稳定。"《证券法》第 1 条规定："为了规范证券发行和交易行为，保护投资者的合法权益，维护社会经济秩序和社会公共利益，促进社会主义市场经济的发展，制定本法。"《保险法》第 1 条规定："为了规范保险活动，保护保险活动当事人的合法权益，加强对保险业的监督管理，维护社会经济秩序和社会公共利益，促进保险事业的健康发展，制定本法。"从这些金融监管法律、法规的规定中，我们可以归纳出我国金融监管的目标主要包括：

（1）促进金融消费者（包括存款人、投资人和其他社会公众等）的合法权益，维护公众对金融业的信心。

（2）促进金融业的合法、稳健运行，防范和化解金融风险，维护金融体系安全和金融市场稳定。

（3）维护公平竞争秩序，促进金融业的健康、有序发展，提高金融业竞争能力。[1]

应该说，我国目前的金融监管目标设计是建立在充分认识金融市场自由发展带来的诸如损害金融消费者利益、无序竞争、金融风险累积等弊端基础上的。将监管者的作用定位于矫正金融市场的种种失灵，不仅反映了市场经济中市场与政府关系的一般规律，也符合国际金融监管立法的趋势，如果只从金融监管法本身出发，我国的金融监管目标设计是合理的。但不容忽略的是，我国

---

[1] 参见朱大旗：《金融法》（第二版），中国人民大学出版社 2007 年版，第 125 页。

有不同于其他国家的特殊国情——城乡间、不同所有制间金融资源配置的失衡，这种国情是金融监管目标设计绕不开的背景，金融监管除了解决一般的金融市场失灵，也应该着力解决这一问题，这就需要更新金融监管理念，拓展金融监管目标，将金融资源配置公平作为金融监管的重要目标。

（二）金融监管的新目标——金融资源配置公平

金融资源配置公平对民营资本而言，意味着机会公平和竞争公平。机会公平指的是金融活动中的所有机会同时向所有的金融机构开放，除了这种活动本身所必然需要的条件外，没有任何其他附加条件加以限制。这意味着，在设立金融机构时，出资人不因非公有制的身份受到歧视和限制，具有平等进入金融领域的权利，在符合法律规定条件的情况下，设立金融机构，从事金融活动，凭借其自身的能力按共同认可的规则进行竞争，获得其相应的回报。竞争公平意味着金融机构在进行市场竞争的过程中遵循相同的竞争规则，并受相同市场秩序的约束。这种公平性表现在：一是参与市场竞争的金融机构，不考虑规模、所有制形式、地域上的差别，具有平等的法律地位；二是金融机构遵守相同的竞争规则，在享有同等权利和承担同等义务的条件下展开竞争，竞争规则不因金融机构的差异而有所差别；三是金融机构间竞争的核心应该是各机构提供的金融服务质量高低，而不是各个机构获得的国家保护的多少。金融机构应该依靠高质量的金融服务争取优势地位，而不是依靠国家的过度保护获取垄断地位。金融机构竞争核心的明确可以使竞争成为可预期、可信任、有理性的行为。

金融资源配置公平对农村金融需求者而言，意味着发展公平。发展公平是指一切有金融需求的地区和社会群体，包括落后地区、贫困群体、弱势行业作为整个社会的组成部分，都是金融体系的服务对象，都有平等获取金融资源的权利。发达地区、富裕群体、优势行业金融资源的获取不应以减少甚至是牺牲其他区域、群体、行业的发展为代价，发展公平追求的是平衡、协调、可持续的发展。

金融资源配置公平是从经济法视角对金融监管提出的要求。因为金融资源公平配置追求的社会整体利益。金融资源公平配置追求的不是私法意义上的私人利益，金融资源公平配置追求的也不是政府利益，因为政府利益是一种抽象性的、中介性的、再分配的、政治的、未必公共性的利益；金融资源公平配置追求的是社会整体利益，这种利益是普遍性的、终极性的、全局性的、公共性的利益，社会整体利益本质上是社会成员普遍享有的。

首先，金融资源的公平配置反映的是全社会的利益诉求。社会作为独立于国家的存在，有自己的利益诉求，这种诉求主要是对文明状态的渴望与需要，"是包含在文明社会中并基于这种生活的地位而提出的各种要求、需要或愿望"。① 具体体现在公共秩序的和平与安全；经济秩序的健康、安全及效率化；社会资源与机会的合理保存与利用；社会弱者利益的保障；公共道德的维护；人类朝文明方向发展的条件等各个方面。② 其中，社会资源与机会的利用与公平分享是社会的一个重要的诉求。一方面，社会追求资源、财富总量的增加，只有总量增加，全社会才有分享的前提和可能，另一方面，资源的总量增进的同时必须合理公平的配置，使全社会包括不同的群体、不同的阶层、不同的区域都能普遍地分享因社会资源总量增加带来的福利增进。社会的这种利益诉求在金融资源配置领域也有所体现，这就是要求金融资源配置的公平。

其次，金融资源的公平配置追求的整体性、普遍性的利益。金融资源的公平配置追求的不是部分的、个体的利益，而是整体的、普遍的利益。在金融资源配置的过程中，无论是市场主体，还是政府主体都有追求部分、个体利益的冲动。市场主体为了最大限度地获取利润，愿意将更多的货币资本投向利润率高的行业、地区、群体，公平不在它考虑的范围内；政府主体出于掌控更多资源的需要，愿意优先考虑合意经济体的金融需求，公平往往不是首先要考虑的目标。

这两种力量交互作用的结果就是，一个社会的金融资源总量虽然不断增加，但这种增加却没有惠及到全社会，甚至还以部分地区、部分成员的利益受损为代价，这种非均衡配置带来的危害，虽然短时间内不会立即显现，相反，金融资源的集中或是垄断可以迅速推动经济发展，但从长远看，当这种不均衡达到社会承受能力上限的时候，必将会损害整个社会的可持续发展，最终带来社会发展的"断裂"。因此金融资源的配置不应只考虑到某一地区、某一群体、某一行业的部分利益，而是应该站在维护社会整体利益的立场上，考虑各种利益的协调，阻止个体以损害社会整体利益的方式获得利益，追求社会的整体发展和可持续发展。

金融资源的公平配置追求整体性利益并不意味着对个体、局部利益的牺牲。实际上，个体、局部利益与社会整体利益始终对立而统一地存在着。没有

---

① 参见［美］罗斯科·庞德：《通过法律的社会控制——法律的任务》，沈宗灵、董世忠译，商务印书馆1984年版，第37页。

② 参见孙笑侠：《法的现象与观念》，山东人民出版社2003年版，第67页。

个体,社会也就没有了构成元素,也就无法成为社会,个体利益的增进在某些情形下也可以促进社会整体利益的增进,社会整体利益的增进如能够实现合理分配必然能够使所有个体的利益增进,因此二者具有统一的一面。但社会整体利益与个体利益也存在对立的一面,二者之间的冲突真实存在。当二者冲突时,公平配置并不是金融资源的平均、等量的分配,而是强调站在社会整体利益的立场上,充分考虑各阶层、各群体、各地区的金融需求,赋予金融需求者公平获取金融资源的机会,赋予金融机构公平配置金融资源的机会,并在机会均等的前提下对不均衡的结果适当调整,从而实现"总量增进、公平配置"的目标。

三、深度拓展思考题

1. 金融调控与金融监管是什么关系?
2. 金融资源配置对社会财富分配格局有何影响?
3. 中国的金融法制如何变革才能实现金融公平?

图书在版编目(CIP)数据

经济法:制度·学说·案例/冯果主编.—武汉:武汉大学出版社,
2012.3
全国法律硕士专业学位教育综合改革试点规划教材
　ISBN 978-7-307-09544-1

Ⅰ.经…　Ⅱ.冯…　Ⅲ.经济法—中国—研究生—教材
Ⅳ.D922.29

中国版本图书馆 CIP 数据核字(2012)第 026537 号

责任编辑:张　琼　钱　静　　责任校对:刘　欣　　版式设计:马　佳

出版发行:武汉大学出版社　(430072　武昌　珞珈山)
　　　　　(电子邮件:cbs22@whu.edu.cn　网址:www.wdp.com.cn)
印刷:通山金地印务有限公司
开本:720×1000　1/16　印张:33　字数:588 千字　插页:1
版次:2012 年 3 月第 1 版　　2012 年 3 月第 1 次印刷
ISBN 978-7-307-09544-1/D·1145　　定价:46.00 元

版权所有,不得翻印;凡购我社的图书,如有质量问题,请与当地图书销售部门联系调换。